GRUNDRISSE DES RECHTS

Matthias Herdegen · Völkerrecht

Völkerrecht

von

Dr. DDr. h. c. Matthias Herdegen
o. Professor an der
Rheinischen Friedrich-Wilhelms-Universität Bonn

18., überarbeitete und erweiterte Auflage 2019

C.H.BECK

www.beck.de

ISBN Print: 978 3 406 72957 7
ISBN E-Book: 978 3 406 73105 1

Wilhelmstraße 9, 80801 München
Druck und Bindung: Druckhaus Nomos
In den Lissen 12, D-76547 Sinzheim

Satz: Thomas Schäfer, www.schaefer-buchsatz.de
Umschlaggestaltung: Druckerei C.H.Beck Nördlingen

Gedruckt auf säurefreiem, alterungsbeständigem Papier
(hergestellt aus chlorfrei gebleichtem Zellstoff)

Vorwort zur 18. Auflage

Die neue Auflage, veranlasst durch eine wiederum sehr freundliche Aufnahme des Buches, nimmt eine Reihe neuer Entwicklungen auf. Berücksichtigung gefunden haben etwa die Aufkündigung des Atom-„Abkommens“ mit dem Iran durch die USA, die Bedeutung von „Soft Law“ wie dem UN-Migrationspakt und die Folgen des Beitritts von Palästina zu völkerrechtlichen Verträgen. Auch der Abschnitt zur Unternehmensverantwortlichkeit (*corporate social responsibility*) wurde ausgebaut. Dank für Unterstützung sage ich den Mitarbeitern meines Lehrstuhls.

Bonn, im Januar 2019 *Matthias Herdegen*

Vorwort zur 1. Auflage

Der vorliegende Grundriss will einen umfassenden Einblick in die Grundlagen des modernen Völkerrechts geben. Im Vordergrund steht dabei die Darstellung der Völkerrechtsregeln als wertgebundener Ordnung, wie sie sich im vergangenen Jahrzehnt herauskristallisiert hat.

Das Buch wendet sich an jeden interessierten Studenten der Rechtswissenschaft, der politischen Wissenschaften und anderer benachbarter Disziplinen, die sich mit der normativen Ordnung internationaler Beziehungen befassen. Vor allem will das Buch den Bedürfnissen von Wahlfachkandidaten Rechnung tragen.

Bonn, im März 2000 *Matthias Herdegen*

Inhaltsverzeichnis

II. Kapitel. Völkerrechtssubjekte

VII. Kapitel. Grundprinzipien zwischenstaatlicher Beziehungen

VIII. Kapitel. Vereinte Nationen

IX. Kapitel. Institutionelle Kooperation und Friedenssicherung auf regionaler Ebene

X. Kapitel. Menschenrechte

XI. Kapitel. Internationales Umweltrecht

XII. Kapitel. Internationale Wirtschaftsbeziehungen

XIII. Kapitel. Bewaffnete internationale und interne Konflikte

XIV. Kapitel. Völkerrechtliche Verantwortlichkeit

XV. Kapitel. Friedliche Streitbeilegung

Abkürzungsverzeichnis

aaO	am angegebenen Ort
Abs.	Absatz
AEUV	Vertrag über die Arbeitsweise der Europäischen Union
AJIL	American Journal of International Law
AMRK	Amerikanische Menschenrechtskonvention
AnnIDI	Annuaire de l'Institut de Droit International
Aufl.	Auflage
AVR	Archiv des Völkerrechts
AWD	Außenwirtschaftsdienst des Betriebs-Beraters
BayVBl.	Bayerische Verwaltungsblätter
Bd./Bde.	Band/Bände
BDGVR	Berichte der Deutschen Gesellschaft für Völkerrecht
BGBl.	Bundesgesetzblatt
BGH	Bundesgerichtshof
BGHSt	Entscheidungen des Bundesgerichtshofs in Strafsachen
BGHZ	Entscheidungen des Bundesgerichtshofs in Zivilsachen
BT-Drs.	Bundestags-Drucksache
Bull. BReg.	Bulletin des Presse- und Informationsamtes der Bundesregierung
BVerfG	Bundesverfassungsgericht
BVerfGE	Entscheidungen des Bundesverfassungsgerichts
BYIL	British Yearbook of International Law
Cal W Int'l LJ	California Western International Law Journal
CETA	Comprehensive Economic and Trade Agreement
EJIL	European Journal of International Law
EMRK	Europäische Menschenrechtskonvention
EPIL	Encyclopedia of Public International Law
Erg.-Lfg.	Ergänzungslieferung
EU	Europäische Union
EUV	Vertrag über die Europäische Union
EuG	Gericht erster Instanz der Europäischen Gemeinschaften
EuGH	Europäischer Gerichtshof

EuGRZ	Europäische Grundrechte-Zeitschrift
f. (ff.)	folgende Seite(n)
GA	General Assembly
GAOR	General Assembly Official Records
GATS	General Agreement on Trade and Services
GATT	General Agreement on Tariffs and Trade
German L.J.	German Law Journal
GG	Grundgesetz
GYIL	German Yearbook of International Law
Harv. Int'l L. J.	Harvard International Law Journal
HLKO	Haager Landkriegsordnung
HRLJ	Human Rights Law Journal
IAGMR	Inter-Amerikanischer Gerichtshof für Menschenrechte
ICJ	International Court of Justice
ICLQ	International and Comparative Law Quarterly
ICSID	International Centre for Settlement of Investment Disputes
IGH	Internationaler Gerichtshof
ILC	International Law Commission
ILM	International Legal Materials
ILR	International Law Reports
ITLOS	International Tribunal for the Law of the Sea
JICJ	Journal of International Criminal Justice
JURA	Juristische Ausbildung
JZ	Juristenzeitung
Kap.	Kapitel
KSZE	Konferenz für Sicherheit und Zusammenarbeit in Europa
m. Anm. v.	mit Anmerkung von
MIGA	Multilateral Investment Guarantee Agency
MJIL	Michigan Journal of International Law
MPEPIL	The Max Planck Encyclopedia of Public International Law
Max Planck UNYB	Max Planck Yearbook of United Nations Law
NAFTA	North American Free Trade Agreement

NATO	North Atlantic Treaty Organization
NGO	Non-Governmental Organization(s)
NILR	Netherlands International Law Review
NJIL	Nordic Journal of International Law
NJW	Neue Juristische Wochenschrift
Nr.	Nummer
NVwZ	Neue Zeitschrift für Verwaltungsrecht
NYIL	Netherlands Yearbook of International Law
NZA	Neue Zeitschrift für Arbeitsrecht
OAS	Organization of American States
OAU	Organization of African Unity
OECD	Organization for Economic Co-operation and Development
OLG	Oberlandesgericht
OSZE	Organisation für Sicherheit und Zusammenarbeit in Europa
para./paras.	Paragraph/Paragraphen
PCA	Permanent Court of Arbitration
PCIJ	Permanent Court of International Justice
PLO	Palestine Liberation Organization
RdC	Recueil des Cours de l'Académie de Droit International
Res.	Resolution
RGBl.	Reichsgesetzblatt
RGDIP	Revue Générale de Doit International Public
RGSt	Entscheidungen des Reichsgerichts in Strafsachen
RGZ	Entscheidungen des Reichsgerichts in Zivilsachen
RIAA	Reports of International Arbitral Awards
Rn.	Randnummer
S.	Seite
SchwJIR	Schweizerisches Jahrbuch für internationales Recht
Ser.	Series
sog.	sogenannte(r, s)
SRÜ	UN-Seerechtsübereinkommen von 1982
StAG	Staatsangehörigkeitsgesetz
StGB	Strafgesetzbuch
StIGH	Ständiger Internationaler Gerichtshof
StPO	Strafprozessordnung
SZIER	Schweizerische Zeitschrift für Internationales und Europäisches Recht

TPP	Trans-Pacific Partnership
TRIPS	Trade-Related Aspects of Intellectual Property Rights
TTIP	Transatlantic Trade and Investment Partnership
UAbs	Unterabsatz
UN	United Nations
U.S.	United States (Reports)
UNYB	United Nations Yearbook
VJIL	Virginia Journal of International Law
WEU	Westeuropäische Union
WM	Wertpapier-Mitteilungen (Zeitschrift für Wirtschafts- und Bankrecht)
WTO	World Trade Organization
WÜD	Wiener Übereinkommen über diplomatische Beziehungen
WÜK	Wiener Übereinkommen über konsularische Beziehungen
WVK	Wiener Vertragsrechtskonvention
ZaöRV	Zeitschrift für ausländisches öffentliches Recht und Völkerrecht
ZfP	Zeitschrift für Politik
ZGR	Zeitschrift für Gesellschaftsrecht

Literaturverzeichnis

1. Lehrbücher und allgemeine Darstellungen

Anzilotti, Dionisio, Corso di diritto internazionale, Bd. I, 4. Aufl. 1955
Berber, Friedrich, Lehrbuch des Völkerrechts, 2. Aufl., Bd. I (Allgemeines Friedensrecht) 1975; Bd. II (Kriegsrecht) 1969; Bd. III (Streiterledigung, Kriegsrecht, Integration) 1977
Bleckmann, Albert, Allgemeine Staats- und Völkerrechtslehre, 1995
ders., Völkerrecht, 2001
Buergenthal, Thomas/Doehring, Karl/Kokott, Juliane/Maier, Harold G., Grundzüge des Völkerrechts, 3. Aufl. 2003
Calvo, Charles, Le droit international théorique et pratique, sechs Bde., 5. Aufl. 1896
Cassese, Antonio, International Law, 2. Aufl. 2005
Crawford, James, Brownlie's Principles of Public International Law, 8. Aufl. 2012
Dahm, Georg, Völkerrecht, Bd. I, 1958; Bd. II, 1961; Bd. III, 1961
Dahm, Georg/Delbrück, Jost/Wolfrum, Rüdiger, Völkerrecht, 2. Aufl., Bd. I/1, 1989; Bd. I/2, 2002; Bd. I/3, 2003
Daillier, Patrick/Pellet, Alain/M. Forteau/D. Müller, Droit international public, 8. Aufl. 2009
Doehring, Karl, Völkerrecht, 2. Aufl. 2004
Franck, Thomas M., The Power of Legitimacy among Nations, 1990
ders., Fairness in International Law and Institutions, 1995
Friedmann, Wolfgang, The Changing Structure of International Law, 1964
von Glahn, Gerhard/J. L. Taulbee, Law Among Nations, 10. Aufl. 2012
Ipsen, Knut (Hrsg.), Völkerrecht, 7. Aufl. 2018
Higgins, Rosalyn, Problems and Process – International Law and How We Use It, 1994
Hobe, Stephan, Einführung in das Völkerrecht, 10. Aufl. 2014
Kelsen, Hans, Principles of International Law, 1959; 2. Aufl., bearbeitet von *Tucker, Robert W.*, 1966
Kempen, Bernhard/Hillgruber, Christian, Völkerrecht, 2. Aufl. 2012
Lowe, Vaughan, International Law, 2007
Malanczuk, Peter, Akehurst's Modern Introduction to International Law, 8. Aufl. 2011
O'Connell, D. P., International Law, zwei Bde., 2. Aufl. 1970
Oppenheim, Lassa F./Lauterpacht, Hersch, International Law, Bd. I, 8. Aufl. 1955, Bd. II, 7. Aufl. 1952; 9. Aufl. Bd. I: Peace (zwei Halbbände), bearbeitet von *Jennings, Robert/Watts, Arthur*, 1992
Rousseau, Charles, Droit International Public, fünf Bde., 1970–1983
Schachter, Oscar, International Law in Theory and Practice, 1991

Schwarzenberger, Georg, A Manual of International Law, 6. Aufl. 1976
Schweisfurth, Theodor, Völkerrecht, 2006
Seidl-Hohenveldern, Ignaz (Hrsg.), Lexikon des Völkerrechts, 3. Aufl. 2001
Shaw, Malcolm N., International Law, 8. Aufl. 2017
Stein, Torsten/von Buttlar, Christian/Kotzur, Markus, Völkerrecht, 14. Aufl. 2017
Verdross, Alfred, Völkerrecht, 5. Aufl. 1964
Verdross, Alfred/Simma, Bruno, Universelles Völkerrecht, 3. Aufl. 1984
Vitzthum, Wolfgang Graf/Proelß, Alexander (Hrsg.), Völkerrecht, 7. Aufl. 2016
von Arnauld, Andreas, Völkerrecht, 3. Aufl. 2016
Wheaton, Henry, Elements of International Law, 8. Aufl. 1866

2. Kommentare und Sammelwerke

American Law Institute, Restatement of the Law Third: The Foreign Relations Law of the United States, zwei Bde., 1987
Cot, Jean-Pierre/Pellet, Alain (Hrsg.), La Charte des Nations Unies, 1985
Fleck, Dieter (Hrsg.), The Handbook of International Humanitarian Law, 3. Aufl. 2013
Neuhold, Hanspeter/Hummer, Waldemar/Schreuer, Christoph, Österreichisches Handbuch des Völkerrechts, Bd. I: Textteil, 5. Aufl. 2013
Simma, Bruno/Kahn, Daniel-Erasmus/Nolte, Georg/Paulus, Andreas (Hrsg.), The Charter of the United Nations, 3. Aufl. 2012
Wolfrum, Rüdiger (Hrsg.), Handbuch der Vereinten Nationen, 2. Aufl. 1991; englische (überarbeitete) Ausgabe: United Nations: Law, Policies and Practice, zwei Bde., 1995
Wolfrum, Rüdiger (Hrsg.), The Max Planck Encyclopedia of Public International Law, zehn Bde., 2012

3. Dokumenten- und Entscheidungssammlungen

S. Besson/S. Breitenmoser/M. Sassòli/A. R. Ziegler, Völkerrecht, 2. Aufl. 2013
Brownlie, Ian (Hrsg.), Basic Documents in International Law, 6. Aufl. 2009
Damrosch, Lori/Murphy, Sean, Basic Documents Supplement to International Law: Cases and Materials, 6. Aufl. 2014
Fontes Juris Gentium, series A, sectio I, Digest of the Decisions of the Permanent Court of International Justice/International Court of Justice (Handbuch der Entscheidungen des Ständigen Internationalen Gerichtshofs, 1922–1940/des Internationalen Gerichtshofs, 1947–1985); World Court Digest, hrsg. vom Max-Planck-Institut für ausländisches öffentliches Recht und Völkerrecht, Bd. I 1986–1990, 1993, Bd. II 1991–1995, 1997
Harris, David/Sivakumaran, Sandesh, Cases and Materials on International Law, 8. Aufl. 2015
Heintschel von Heinegg, Wolf, Casebook Völkerrecht, 2005

International Law Reports, hrsg. von *Lauterpacht, Elihu/Greenwood, Christopher J.*, 1956ff. (vorher: Annual Digest and Reports of Public International Law Cases)

Iran – United States Tribunal Reports (Decisions, Awards and Selected Orders), 1983ff.

League of Nations Treaty Series (Sammlung der beim Völkerbund registrierten Verträge), 1920–1946

Menzel, Jörg/Pierlings, Tobias/Hoffmann, Jeannine (Hrsg.), Völkerrechtsprechung, 2005

Moore, John B., A Digest of International Law, acht Bde., 1906

Müller, Jörg Paul/Wildhaber, Luzius, Praxis des Völkerrechts, 3. Aufl. 2001

v. Münch, Ingo/Buske, Andreas (Hrsg.), International Law. The Essential Treaties and Other Relevant Documents, 1985

Neuhold, Hanspeter/Hummer, Waldemar/Schreuer, Christoph, Österreichisches Handbuch des Völkerrechts, Bd. II: Materialienteil, 5. Aufl. 2013

Talmon, Stefan, Essential Texts in International Law, 2016

Tomuschat, Christian (Hrsg.), Völkerrecht, 8. Aufl. 2018

United Nations Treaty Series (Sammlung der bei den Vereinten Nationen registrierten Verträge), 1946ff.

4. Periodika

American Journal of International Law
Annuaire de l'Institut de Droit International
Annuaire français de droit international
Archiv des Völkerrechts
Austrian Journal of Public and International Law (Österreichische Zeitschrift für öffentliches Recht und Völkerrecht)
British Yearbook of International Law
Clunet (Journal du droit international)
Columbia Journal of Transnational Law
Die Friedens-Warte (Journal of International Peace and Organization)
European Journal of International Law
German Yearbook of International Law
Harvard International Law Journal
Human Rights Law Journal
International Legal Materials
Journal of World Trade
Michigan Journal of International Law
Netherlands International Law Review
Netherlands Yearbook of International Law
Rabels Zeitschrift für ausländisches internationales Privatrecht
Recueil des Cours (de l'Académie de Droit International)
Vanderbilt Journal of Transnational Law
Vereinte Nationen
Virginia Journal of International Law

Yale Journal of International Law
Zeitschrift für ausländisches öffentliches Recht und Völkerrecht (Heidelberg Journal of International Law)

5. Bibliographie

Public International Law (Sytematische Bibliographie des Max-Planck-Instituts für ausländisches öffentliches Recht und Völkerrecht): www.mpil.de/en/pub/publications/periodic-publications/public-international-law.cfm

6. Internet-Adressen

Europarat: http://www.coe.int/
Europäische Union: http://europa.eu/
NATO: http://www.nato.int/
OAS: http://www.oas.org/
OECD: http://www.oecd.org/
OSZE: http://www.osce.org/
Vereinte Nationen: http://www.un.org/
Weltbank: http://www.worldbank.org/
Welthandelsorganisation: http://www.wto.org/
Europäischer Gerichtshof für Menschenrechte: http://www.echr.coe.int/
Gerichtshof der Europäischen Union: http://www.curia.europa.eu/
Inter-Amerikanischer Gerichtshof für Menschenrechte: http://www.corteidh.or.cr/
Internationaler Gerichtshof: http://www.icj-cij.org/
Internationaler Strafgerichtshof: http://www.icc-cpi.int/
Strafgerichtshof für das frühere Jugoslawien: http://www.icty.org/
Strafgerichtshof für Ruanda: http://www.unictr.org/
International Law Commission: http://legal.un.org/ilc/
American Society of International Law: http://www.asil.org/
Max-Planck-Institut für ausländisches öffentliches Recht und Völkerrecht: http://www.mpil.de/de/pub/aktuelles.cfm
New York University Law Library: http://www.law.nyu.edu/library/research/foreign_intl/index.htm

I. Kapitel. Einführung

§ 1. Der Begriff des Völkerrechts

1. Definition

Ähnlich wie das Zusammenleben der Menschen innerhalb einer staatlichen Gemeinschaft verlangt auch die *Ordnung der Staatenwelt* (Völkergemeinschaft) insgesamt nach verbindlichen *Regeln*, welche die Beziehungen zwischen den Staaten näher ausgestalten. Zu diesem Grundbestand an Rechtssätzen gehören seit Jahrhunderten ungeschriebene oder in Verträgen niedergelegte Regeln über das Staatsgebiet, den Gebietserwerb, das Gesandtschaftswesen oder die Nutzung der Meere. Diese Regeln setzen dem politischen Entscheidungsspielraum der Staaten von alters her Schranken. Ihre Verletzung aus Gründen der politischen Opportunität oder schlichter Nachlässigkeit gilt in der Völkergemeinschaft als Unrecht. 1

Seit Ende des 19. Jahrhunderts und insbesondere seit dem Zweiten Weltkrieg hat sich das Netz zwischenstaatlicher Normen immer weiter verfeinert und verdichtet. Die bis zu Beginn des 20. Jahrhunderts bestehende Freiheit der Staaten zum Kriege als Mittel der Politik wurde nach dem Ersten Weltkrieg durch das Verbot des Angriffskrieges und mit der Charta der Vereinten Nationen (1945) durch ein umfassendes Gewaltverbot abgelöst. Die Zusammenarbeit der Staaten und die Austragung von Konflikten werden in zunehmendem Maße durch die Schaffung *internationaler Organisationen* (etwa Völkerbund und Vereinte Nationen, Europarat, NATO oder Welthandelsorganisation) gesteuert. Diese von Staaten geschaffenen Organisationen agieren ihrerseits neben den Staaten als Träger eigener Rechte, Pflichten und Kompetenzen, etwa mit dem Erlass verbindlicher Regelungen für ihre Mitglieder oder mit dem Abschluss von Verträgen. 2

Daneben haben sich auf einem weiteren wichtigen Gebiet Regeln für das Verhalten der Staaten herausgebildet, nämlich Bindungen der staatlichen Gewalt nach innen. Von zentraler Bedeutung ist dabei die Anerkennung von *Menschenrechten* gegenüber staatlicher Gewalt und die fortschreitende Entwicklung menschenrechtlicher Standards durch weltweite oder regionale Verträge. Bei den Menschenrechten steht der Schutz des Einzelnen (Individualschutz) im Vordergrund, auch wenn es völkerrechtliche Gewährleistungen zugunsten von Bevölkerungsgruppen gibt (kollektive Menschenrechte, Minderheitenschutz).

3 Im *Begriff des Völkerrechts* spiegeln sich diese Entwicklungen. Das klassische Völkerrecht kannte im Wesentlichen nur Staaten als Träger eigener Rechte und Pflichten im Frieden und im Kriege. Dies galt lange Zeit selbst dort, wo völkerrechtliche Regeln den Schutz von Einzelpersonen bewirkten, etwa bei Vorschriften zum Schutz von Kriegsgefangenen oder zum Schutz der Zivilbevölkerung während militärischer Besetzung. Auch heute noch regelt das Völkerrecht im Kern die Beziehungen zwischen den Staaten als den ursprünglichen („geborenen") Völkerrechtssubjekten und Hauptakteuren in der Völkergemeinschaft. Dabei ist eine Präzisierung geboten: Das Völkerrecht regelt nämlich nur diejenigen Beziehungen der Staaten, die sich wegen ihrer hoheitlichen Natur oder nach dem Willen der beteiligten Staaten dem Zugriff eines nationalen Rechts entziehen.

Um völkerrechtliche Beziehungen geht es, wenn zwei Staaten einen Vertrag über die Förderung und den Schutz von Investitionen oder über die wechselseitige Auslieferung von Straftätern schließen. Dagegen unterfällt ein Vertrag zwischen dem Staat Utopia und der Bundesrepublik Deutschland über den Ankauf eines im Eigentum der Bundesrepublik stehenden Grundstückes in Berlin für die Botschaft von Utopia ähnlich wie derartige Grundstücksgeschäfte unter Privaten dem deutschen Recht.

Über die zwischenstaatlichen Beziehungen hinaus regelt das moderne Völkerrecht die Stellung von internationalen Organisationen und anderen Einheiten oder Verbänden, die als Völkerrechtssubjekte eigene Rechte und Pflichten haben (wie etwa der Heilige Stuhl, das Internationale Komitee vom Roten Kreuz oder Befreiungsbewegungen). Schließlich erstreckt sich der Begriff des Völkerrechts auch noch auf die Beschränkung der Staatsgewalt nach innen, insbesondere im Dienste des Schutzes der Menschenrechte.

4 Damit lässt sich das Völkerrecht *definieren* als die Gesamtheit der rechtlichen Regeln über die (hoheitlichen) Beziehungen von Staaten, internationalen Organisationen und anderen Völkerrechtssubjekten untereinander einschließlich der für die Völkergemeinschaft (oder Teile hiervon) relevanten Rechte oder Pflichten Einzelner.

Der Begriff „Völkerrecht" ist insoweit irreführend, als er verdeckt, dass im Zentrum der Weltgemeinschaft bis heute noch die Staaten stehen und auch das Völkerrecht im Wesentlichen das Recht zwischenstaatlicher Beziehungen bildet. Zu erklären ist der deutschsprachige Begriff als direkte Übersetzung des lateinischen *ius gentium*, das sich in römischer Zeit auf die rechtlichen Beziehungen zwischen römischen Staatsbürgern und Fremden (insbesondere im Hinblick auf Handelsgeschäfte) bezogen hat. Auf die zwischenstaatlichen Beziehungen gemünzt erscheint der Begriff des *ius gentium* (oder des *droit des gens*) in der spanischen Spätscholastik sowie bei den völkerrechtlichen Klassikern des 17. und 18. Jahrhunderts. Im Englischen entspricht dem Begriff „Völkerrecht" der von *Jeremy Bentham* 1789 geprägte Begriff des *(public) international law* (früher: *law of nations*), im Französischen der Begriff des *droit international public* und im Spanischen der Begriff des *derecho internacional público.*

Dem Begriff „Völkerrecht" lässt sich im Übrigen auch eine beson- **5**
dere Rechtfertigung abgewinnen. Zum einen dient die Völkerrechtsordnung letztlich nicht dem Interessenausgleich zwischen Staaten oder den für sie handelnden Regierungen, sondern den Völkern und einzelnen Menschen. Zum anderen lässt die aktuelle Entwicklung die Staatsvölker und Minderheiten allmählich aus der „Mediatisierung" durch den Staat heraustreten. Zu denken ist hier an das Selbstbestimmungsrecht der Völker, den Minderheitenschutz, das Eingreifen der Vereinten Nationen beim völligen Zusammenbruch staatlicher Gewalt oder an den Schutz demokratischer Willensbildung auch gegen amtierende Regime.

Vom räumlichen Geltungsbereich her lässt sich eine Unterschei- **6**
dung zwischen *universellem* (weltweit geltendem) Völkerrecht und *partikulärem* Völkerrecht vornehmen, welches nur für ein Segment der Staatengemeinschaft oder gar nur für zwei Staaten gilt (etwa regionales Gewohnheits- oder Vertragsrecht).

Literatur: *A. D'Amato*, International Law: Process and Prospect, 2. Aufl. 1995, Kap. 1; *W. Friedmann*, The Changing Structure of International Law, 1964; *M. W. Janis*, Jeremy Bentham and the Fashioning of „International Law", AJIL 78 (1984), S. 405 ff.; *R. Jennings*, What is international law and how do we tell it when we see it?, SchwJIR 37 (1981), S. 59 ff.

2. Abgrenzung des Völkerrechts zu anderen Regelungskomplexen

7 Das Völkerrecht ist von anderen Regelungskomplexen abzugrenzen, die sich ebenfalls auf internationale Sachverhalte beziehen.

a) Recht der Europäischen Union

8 Das Recht der Europäischen Union baut auf dem Vertrag über die Europäische Union, dem Vertrag über die Arbeitsweise der Europäischen Union und dem Vertrag über die Europäische Atomgemeinschaft (früher auch auf dem Vertrag über die Europäische Gemeinschaft) auf; es hat also seine Grundlage in völkerrechtlichen Vereinbarungen der mittlerweile 28 Mitgliedstaaten. Wegen der Übertragung von Hoheitsrechten der Mitgliedstaaten auf die Union und der besonderen Wirkungen der Unionsverträge sowie der Rechtsakte der Unionsorgane im innerstaatlichen Recht der Mitgliedstaaten lässt sich das System des Rechts der Europäischen Union (früher des Gemeinschaftsrechts) längst nicht mehr mit einer rein völkerrechtlichen Betrachtungsweise angemessen erfassen. Vielmehr haben die Gründungsverträge der Gemeinschaften und später die Verträge über die Europäische Union eine eigenständige Rechtsordnung geschaffen. Hierzu hat der Europäische Gerichtshof schon vor Jahrzehnten ausgeführt:

> „Zum Unterschied von gewöhnlichen internationalen Verträgen hat der E[W]G-Vertrag eine eigene Rechtsordnung geschaffen, die bei seinem Inkrafttreten in die Rechtsordnungen der Mitgliedstaaten aufgenommen worden und von ihren Gerichten anzuwenden ist. Durch die Gründung einer Gemeinschaft für unbegrenzte Zeit, die mit eigenen Organen, mit der Rechts- und Geschäftsfähigkeit, mit internationaler Handlungsfähigkeit und insbesondere mit echten, aus der Beschränkung der Zuständigkeit der Mitgliedstaaten oder auch der Übertragung von Hoheitsrechten der Mitgliedstaaten auf die Gemeinschaft herrührenden Hoheitsrechten ausgestattet ist, haben die Mitgliedstaaten ihre Souveränitätsrechte beschränkt und so einen Rechtskörper geschaffen, der für ihre Angehörigen und sie selbst verbindlich ist" (EuGH, Rs. C-6/64, EU:C:1964:66 – *Costa/E. N. E. L.*).

9 Der Europäische Gerichtshof hat angedeutet, dass die Mitgliedstaaten selbst einvernehmlich das Vertragssystem in seinen zentralen Elementen nicht mehr nach Belieben umgestalten können (EuGH, Gutachten 1/94, EU:C:1994:384, Rn. 72 – *EWR*). Der Europäische

Gerichtshof spricht in diesem Zusammenhang vom Vertrag zur Gründung der Europäischen Gemeinschaft als der „grundlegenden Verfassungsurkunde einer Rechtsgemeinschaft" (aaO, Rn. 21). Letztlich bildet das EU-Recht eine Rechtsordnung, die von einer völkerrechtlichen Grundlage aus im Laufe ihrer Entwicklung zunehmend Elemente aufgenommen hat, wie sie sich sonst nur in einem bundesstaatlichen System finden. Diese mit herkömmlichen Kategorien des Völkerrechts nicht erfassbare Schwebelage erschwert die Antwort auf die fortschwelenden Fragen, inwieweit die Mitgliedstaaten der Europäischen Union noch „Herren der Verträge" sind, inwieweit sie das System der Union ändern oder gar beenden können und unter welchen Voraussetzungen ein Ausscheiden möglich ist.

Der Ende 2009 in Kraft getretene Vertrag von Lissabon stellt das gesamte Recht der Europäischen Union in einen neuen vertraglichen Rahmen. Die Europäische Gemeinschaft (nicht aber die weiter fortbestehende Europäische Atomgemeinschaft) geht mit dem Inkrafttreten des Vertrages von Lissabon in der Europäischen Union auf, die zu einer Organisation mit Völkerrechtssubjektivität wird.

Kennzeichen der Europäischen Union und der Europäischen Atomgemeinschaft als „supranationale" Organisationen ist die Übertragung von Hoheitsrechten und das unmittelbare Hineinwirken von EU-Rechtsakten in das innerstaatliche Recht. Jedoch bleibt das Handeln der Europäischen Union auf den Gebieten der Gemeinsamen Außen- und Sicherheitspolitik (GASP) ohne eine Übertragung von Hoheitsrechten auf diesem Gebiet weithin in den herkömmlichen Bahnen völkervertraglicher Kooperation, allerdings mit der Union als einem neuen Völkerrechtssubjekt.

b) Kollisionsrecht (internationales Privatrecht, internationales öffentliches Recht und internationales Strafrecht)

Das *Kollisionsrecht* eines jeden Staates bestimmt, welches Recht auf 10
einen Sachverhalt Anwendung finden soll, der Bezüge zu mehreren Staaten (mehreren Rechtsordnungen) hat. Für den nationalen Richter sind dabei immer die Regeln seines Heimatrechtes *(lex fori)* maßgeblich, die je nach Sachlage entweder die Anwendung des eigenen Rechts gebieten oder auf die Rechtsordnung eines anderen Staates verweisen. Je nach anwendbarem Sachgebiet geht es hier um die Regeln des internationalen Privatrechts, des internationalen Strafrechts oder des internationalen öffentlichen Rechts. Das internationale Pri-

vatrecht bestimmt das anwendbare nationale Recht im Rahmen privatrechtlicher Beziehungen (etwa Schuldrecht, Gesellschaftsrecht oder Sachenrecht).

Beispiel: Ein französisches Unternehmen schließt mit einer deutschen Firma einen Vertrag über die Lieferung von Baustoffen nach Russland. Hier bestimmt das internationale Privatrecht (Recht des jeweiligen Gerichtsstaates), inwieweit deutsches, französisches oder russisches Recht auf die Vertragsbeziehung Anwendung findet.

11 Beim *internationalen öffentlichen Recht* geht es darum, welches nationale Recht auf öffentlich-rechtliche Beziehungen bei Sachverhalten mit Beziehungen zu zwei oder mehreren Staaten Anwendung findet. So entscheidet das Kollisionsrecht des Gerichtsstaates, inwieweit im Immissionsschutzrecht bei einer umweltbelastenden Anlage jenseits der Grenze die Genehmigung ausländischer Behörden Rechtswirkungen im Inland hat. Hierüber können sich die beteiligten Staaten auch in einer völkerrechtlichen Übereinkunft verständigen (siehe zum Vertrag zwischen der Bundesrepublik Deutschland und Österreich über den Betrieb des in Grenznähe gelegenen Flughafens von Salzburg BVerfGE 72, 66). Zuweilen enthält das Völkerrecht selbst Regeln für die Maßgeblichkeit ausländischen (öffentlichen) Rechts. So richtet sich der Erwerb oder der Verlust der Staatsangehörigkeit nach dem Recht des Heimatstaates. Andere Staaten brauchen die Verleihung der Staatsangehörigkeit aber nur dann anzuerkennen, wenn eine hinreichend enge Verbindung zwischen dem Einzelnen und dem die Staatsangehörigkeit verleihenden Staat besteht (hierzu unten § 25 Rn. 6.).

12 Die Anwendung innerstaatlichen Strafrechts auf Taten mit Auslandsberührung (etwa die Mitwirkung eines eigenen Staatsangehörigen am Bau einer ausländischen Giftgasfabrik oder vom Ausland aus betriebene Spionagetätigkeiten) regelt das *internationale Strafrecht* (in Deutschland die §§ 3 ff. StGB).

Vom internationalen Strafrecht (Zweig des nationalen Rechts) abzugrenzen ist das *Völkerstrafrecht*, welches völkerrechtliche Regeln über strafrechtliche Sanktionen (etwa wegen schwerwiegender Menschenrechtsverletzungen oder Kriegsverbrechen) enthält.

c) Lex mercatoria

13 Die Herausbildung bestimmter Regeln für den (privaten) internationalen Handelsverkehr hat die Ansicht genährt, es gebe für diese Beziehungen von Handelspartnern eine eigene, aus internationalen

Handelsbräuchen, der internationalen Vertragspraxis und allgemeinen Rechtsgrundsätzen gebildete Rechtsordnung: die *lex mercatoria* (manche sprechen in diesem Zusammenhang auch vom „transnationalen Recht"). Die Existenz eines derartigen anationalen Rechts ist umstritten. Eine lange vorherrschende Meinung will alle Rechtsbeziehungen entweder dem Völkerrecht oder dem nationalen Recht unterstellen und sieht für die Existenz einer dazwischen gelagerten dritten Rechtsordnung keinen Raum. In der neueren Rechtsprechung nationaler, insbesondere westeuropäischer Gerichte besteht zunehmend die Bereitschaft, bei internationalen Handelsgeschäften – namentlich im Rahmen von Schiedsverfahren – den Verweis in einer vertraglichen Vereinbarung auf ungeschriebene Rechtsgrundsätze der *lex mercatoria* oder allgemeine Grundsätze des Vertragsrechts als maßgebliches „Recht" für die Regelung der Geschäftsbeziehungen anzuerkennen (siehe Cour de Cassation, *Compania Valenciana de cementos Portland c. Primary Coal*, Rev. Arb. 1992, S. 663; englischer Court of Appeal, *Deutsche Schachtbau- und Tiefbaugesellschaft v. R'As Al-Khaimah National Oil Co.* [1987] 3 W. L. R. 1023; siehe zum deutschen Schiedsverfahrensrecht § 1051 Abs. 1 ZPO).

Grundlage für eine derartige Anerkennung bildet aus der Sicht des 14
jeweiligen Gerichtsstaates die Privatautonomie der Vertragsparteien, die ihre Beziehungen dem Zugriff nationalen Rechts entziehen wollen. Von Bedeutung ist diese Möglichkeit vor allem in Verträgen zwischen Privaten und ausländischen Staaten (oder Staatsunternehmen), wenn beide Seiten sowohl der Unterwerfung unter das Recht der staatlichen Vertragspartei als auch unter das Heimatrecht des Privaten oder der Rechtsordnung eines dritten Staates ausweichen möchten. Denkbar ist allerdings auch, dass ein Staat und ein ausländisches Privatunternehmen ihre vertraglichen Beziehungen unmittelbar dem Völkerrecht unterwerfen (hierzu unten § 13 Rn. 2).

Literatur: zu a) Recht der Europäischen Union: *U. Everling*, Sind die Mitgliedstaaten der Europäischen Gemeinschaft noch Herren der Verträge? Zum Verhältnis von Europäischem Gemeinschaftsrecht und Völkerrecht, in: Festschrift für H. Mosler, 1983, S. 173 ff.; *ders.*, Zur Stellung der Mitgliedstaaten der Europäischen Union als „Herren der Verträge", in: Festschrift für R. Bernhardt, 1995, S. 1161 ff.; *M. Herdegen*, Europarecht, 20. Aufl. 2018; *T. Oppermann/D. Classen/M. Nettesheim*, Europarecht, 8. Aufl. 2018; *S. Weatherill/P. Beaumont*, EU Law, 4. Aufl. 2004; *S. Weatherill*, Cases and Materials on EU Law, 12. Aufl. 2016.

zu b) Kollisionsrecht: *K. Ambos*, Internationales Strafrecht, 5. Aufl. 2018; *C. von Bar/P. Mankowski*, Internationales Privatrecht, Bd. I (2. Aufl. 2003),

Bd. II (1991); *G. Kegel/K. Schurig*, Internationales Privatrecht, 9. Aufl. 2004; *J. Kropholler*, Internationales Privatrecht, 6. Aufl. 2006.

zu c) ***lex mercatoria:*** *K. P. Berger*, Formalisierte oder „schleichende" Kodifizierung des transnationalen Wirtschaftsrechts, 1996; *ders.*, The Creeping Codification of the New Lex Mercatoria, 2. Aufl. 2010; *B. Goldman*, La *lex mercatoria* dans les contrats et l'arbitrage internationaux: Réalité et perspectives, Clunet 106 (1979), S. 475 ff.; *E. Langen*, Transnationales Recht, 1981; *V. Piergiovanni* (Hrsg.), From lex mercatoria to commercial law, 2005; *U. Stein*, Lex mercatoria: Realität und Theorie, 1995.

3. Völkerrecht als Rechtsordnung

15 Aus der Perspektive des innerstaatlichen Rechts erwächst auch heute noch die Vorstellung, „Recht" sei mit der möglichen *Durchsetzung* von Geboten oder Verboten im Wege des Zwanges verknüpft. Recht erscheint so durch das Element des Zwanges und der Sanktion für die Missachtung von Sollenssätzen charakterisiert. Im nationalen Recht sichern die Instrumente des Polizei- und sonstigen Ordnungsrechts, die Verwaltungsvollstreckung, die gerichtliche Durchsetzung und die Sanktionen des Strafrechts die Rechtskonformität innerhalb der staatlich verfassten Gemeinschaft. Die Durchsetzung der Völkerrechtsordnung ist nicht mit vergleichbarer Wirksamkeit gesichert. Weder existiert eine zwingende, umfassende Gerichtsbarkeit für völkerrechtliche Streitigkeiten, noch eine zentrale Instanz der Weltgesetzgebung oder eine allzeit verfügbare „Polizeigewalt" zur wirksamen und gleichförmigen Durchsetzung völkerrechtlicher Grundsätze.

Mit diesen Defiziten in der Rechtsdurchsetzung haben die Leugner des Völkerrechts als echter Rechtsordnung vor allem im letzten Jahrhundert argumentiert, als die Staatengemeinschaft erst zu bescheidenen Formen der institutionalisierten Zusammenarbeit auf globaler oder regionaler Ebene gefunden hatte und als der Handlungsspielraum der Staaten im Frieden wie im Kriege durch vergleichsweise wenige Regeln beschränkt war. Auf das Fehlen einer obersten Autorität für die Setzung zwischenstaatlichen Rechts und auf Sanktionsschwächen des Völkerrechts hat sich namentlich die positivistische Schule von *John Austin* (Lectures on Jurisprudence Bd. I 1885, Lecture I, S. 86 ff.; Lecture V, S. 172) berufen. Danach kann das Völkerrecht nur moralische Verbindlichkeit für sich in Anspruch nehmen.

Die Auseinandersetzung um den Rechtscharakter der Völkerrechtsordnung gehört jedoch längst der Vergangenheit an. Dies liegt vor allem an der unbestreitbaren verhaltenslenkenden und legitimationsstiftenden Kraft von Völkerrechtsregeln, die in den letzten Jahrzehnten deutlich zugenommen hat.

Es gibt allerdings auch in neuerer Zeit vereinzelte Deutungen der Staatenpraxis, welche die verhaltenssteuernde Wirkung völkerrechtlicher Regeln weithin in Frage stellen (in diesem Sinne etwa von einem *„rational choice"*-Ansatz ausgehend *J. L. Goldsmith & E.A. Posner*, The Limits of International Law, 2005). Damit bestimmt politische oder ökonomische Opportunität in beachtlichem Maße Handlungsmuster in zwischenstaatlichen Beziehungen. Aber oft genug lässt sich das Bewusstsein einer rechtlichen Bindung an Regeln des Völkergewohnheitsrechts und allgemeine Rechtsgrundsätze schon aus ausdrücklichen Bekundungen ablesen. Bei völkerrechtlichen Verträgen ist der rechtliche Bindungswille ohnehin schon Geltungsvoraussetzung.

Eine wichtige Erklärung für die Zustimmung der Staaten zu völkerrechtlichen Bindungen und für die Völkerrechtskonformität liefert der Gedanke der *Reziprozität*, d. h. der Wechselbezüglichkeit von Rechten und Pflichten. Danach schafft ein Staat mit der Eingehung und Erfüllung völkerrechtlicher Pflichten auch die Grundlage für pflichtgemäßes Verhalten anderer Staaten ihm gegenüber. Der Reziprozitätsgedanke ist als Entstehungsgrund und zunächst verhaltensleitendes Motiv etwa im Recht der diplomatischen Beziehungen und im Kriegsvölkerrecht (humanitärem Völkerrecht) greifbar und erklärt auch, warum diese beiden Materien zu den älteren Schichten des Völkerrechts gehören. **16**

Nach Art. 96 Abs. 2 Satz 2 des Zusatzprotokolls I zu den Genfer Rotkreuzabkommen über den Schutz der Opfer internationaler bewaffneter Konflikte sind an einem Konflikt beteiligte Vertragsparteien an die Vorschriften des Protokolls auch gegenüber einer Nichtvertragspartei gebunden, wenn diese die Bestimmungen des Protokolls annimmt und anwendet.

Stark von der Reziprozität bestimmt sind auch völkervertragliche Handelsregeln.

So spricht die Präambel des GATT vom Abbau von Handelsschranken und der Beseitigung der Diskriminierung im internationalen Handel „auf der Grundlage der Gegenseitigkeit".

Das bei Völkerrechtsverletzungen bestehende Reaktionspotential anderer Staaten (vor allem die Repressalie als Nichteinhaltung einer völkerrechtlichen Pflicht in Antwort auf die Völkerrechtsverletzung der anderen Partei) lässt sich weithin im Sinne des Reziprozitätsprinzips deuten.

Im Recht der Welthandelsorganisation kann bei Verletzung von Vertragspflichten im Rahmen eines Streitbeilegungsverfahrens die beschwerdeführende Partei zur Aussetzung von Zugeständnissen oder sonstigen Pflichten ermächtigt werden, die dem Umfang nach dem durch die Vertragsverletzung geminderten Vorteil entsprechen (Art. 22 Abs. 4 des Abkommens über die Streitbeilegung).

Eine erhebliche Verletzung einer Vertragspartei berechtigt die andere Partei zur Beendigung oder gänzlichen oder teilweisen Suspendierung des Vertrages (siehe Art. 60 WVK).

Zugleich sind die mit dem Reziprozitätsgedanken verbundenen Gegenmaßnahmen ein wichtiges Druckmittel, um die Gegenseite wieder zur Einhaltung des Völkerrechts zu bewegen. Dagegen verflüchtigt sich der Reziprozitätsaspekt beim völkerrechtlichen Schutz von Belangen, die sich von den Interessen der einzelnen Staaten gelöst haben wie dem Schutz der Menschenrechte oder dem Umweltschutz. Auch im humanitären Völkerrecht kann ein Staat mittlerweile die Nichtbeachtung bestimmter Grundregeln zum Schutz Einzelner nicht damit rechtfertigen, dass die andere Konfliktpartei ihrerseits diese Regeln verletzt hat.

Eine Verletzung der Verbote zum Schutz der Zivilbevölkerung nach Art. 51 des Zusatzprotokolls I zu den Genfer Rotkreuzabkommen

„enthebt die am Konflikt beteiligten Parteien nicht ihrer rechtlichen Verpflichtungen gegenüber der Zivilbevölkerung und Zivilpersonen" (Art. 51 Abs. 8).

Ausdruck dieser Lösung grundlegender Völkerrechtsregeln von der Reziprozität ist insbesondere das Verbot bestimmter Repressalien (zu Repressalienverboten im Entwurf der International Law Commission zur Staatenverantwortlichkeit unten § 59 Rn. 6).

So bestimmt etwa Art. 13 Abs. 3 des III. Genfer Abkommens über die Behandlung der Kriegsgefangenen:

„Vergeltungsmaßnahmen gegen Kriegsgefangene sind untersagt."

17 Die Wirklichkeit der gegenwärtigen Staatenwelt wird in sehr hohem Maße durch die Befolgung von völkerrechtlichen Verpflichtungen als Regelfall geprägt, obwohl von mancher politologischen Warte oder in den Medien der pathologische Ausnahmefall der Missachtung völkerrechtlicher Verpflichtungen als Beleg für die Dominanz der Machtverhältnisse und der politischen Opportunität in den Vordergrund gerückt wird. Zwar erfreut sich der Rückzug auf die „Souveränität" der Staaten als Bastion der Handlungsfreiheit gegenüber als

allzu einengend empfundenen Beschränkungen auch heute noch großer Beliebtheit. Aber kein Staat leitet aus der eigenen Souveränität offen die Freiheit zur beliebigen Missachtung von Verträgen oder sonstigen völkerrechtlichen Regeln ab. Im Gegenteil lässt sich Souveränität heute als ein von der Einhaltung völkerrechtlicher Regeln geprägter Status verstehen, der sich aus der Einbindung eines Staates in die internationale Gemeinschaft ergibt:

„Sovereignty, in the end, is status – the vindication of the state's existence as a member of the international system. In today's setting, the only way most states can realize and express their sovereignty is through participation in the various regimes that regulate and order the international system. Isolation from the pervasive and rich international context means that the state's potential for economic growth and political influence will not be realized. Connection to the rest of the world and the political ability to be an actor within it are more important than any tangible benefits in explaining compliance with international regulatory agreements" (*A. Chayes/A. Handler Chayes*, The New Sovereignty. Compliance with International Regulatory Agreements, 1995, S. 27).

Manche Theorien zur Befolgung von Völkerrechtsregeln greifen auf Ansätze analytischer Modelle zu ökonomischen Anreizen als Erklärungsmuster (*rational choice*) zurück. So werden die Sorge um Reputation (die Sorge um sichere Kooperationspartner), mögliche Gegenmaßnahmen und Reziprozität als Anreize zu völkerrechtskonformem Handeln gedeutet (*A.T. Guzman*, How International Law Works. A Rational Choice Theory, 2010). Andere Deutungen begreifen internationale Beziehungen als Konkurrenz um die Geltendmachung und Durchsetzung staatlicher Präferenzen im Rahmen des Völkerrechts und dessen Allokation von Regelungsgewalt (*jurisdiction*) (*J. P. Trachtman*, The Economic Structure of International Law, 2008).

Die Unbestimmtheit mancher Völkerrechtssätze und offensichtliche Schwächen in der kollektiven Rechtsdurchsetzung vermögen die Geltungsautorität des Völkerrechts heute nicht mehr ernsthaft in Frage zu stellen. Auch manche Beispiele der einseitigen Durchsetzung von Rechtspositionen mit Gewalt indizieren eher Schwächen in der Handlungsfähigkeit der Vereinten Nationen als eine Aufkündigung des Rechtsgehorsams. **18**

Dies gilt etwa für die – in diesem Zusammenhang gerne herangezogenen – Militärinterventionen der USA aus jüngerer Zeit (Vorgehen gegen internationale Terrororganisationen und deren Unterstützung durch gewisse Staaten Luftangriffe gegen Libyen [1986] sowie gegen Einrichtungen in Afghanistan und Sudan [1998]; Besetzung von Grenada [1983] auf Einladung des Generalgouverneurs; Militärintervention in Panama [1989] zur Beseitigung eines in den internationalen Drogenhandel verwickelten Machthabers und zum Schutz amerikanischer Staatsangehöriger). Auch in einigen besonders problematischen Fällen (wie der vom Internationalen Gerichtshof verurteilten Intervention in Nicaragua oder der Invasion von Panama) hat sich das Vorbringen der USA zur Rechtfertigung ihres Eingreifens im Rahmen einer nach geltendem Völkerrecht noch *vertretbaren* Argumentation bewegt (siehe etwa *A. D'Amato*, The Invasion of Panama was a Lawful Response to Tyranny, AJIL 84 [1990], S. 516ff.). Wohl schon jenseits des Vertretbaren bewegt sich die Rechtfertigung der Invasion des Irak durch die USA und das Vereinigte Königreich (2003), welche in der Völkerrechtslehre fast einhellig als Verletzung des Gewaltverbots eingestuft wird (hierzu unten § 34 Rn. 12).

Die Orientierung der Staatenpraxis an Völkerrechtsregeln findet in einem berühmten Diktum des amerikanischen Völkerrechtslehrers *Louis Henkin* prägnanten Ausdruck: „Almost all nations observe almost all principles of international law and almost all of their obligations almost all of the time" (*L. Henkin*, How Nations Behave: Law and Foreign Policy, 2. Aufl. 1979, S. 47).

19 Entscheidend für die Herausbildung eines universellen Systems rechtlicher Grundprinzipien ist die Charta der Vereinten Nationen als „Verfassung" der Völkergemeinschaft. Mittlerweile sind fast alle Staaten Mitglieder der Vereinten Nationen oder bekennen sich (wie etwa vor ihrem Beitritt die Schweiz) zumindest ausdrücklich zu deren Prinzipien.

Sehr häufig ist die Einhaltung völkerrechtlicher Verpflichtungen verfassungsrechtlich abgesichert. So bestimmt etwa Art. 25 GG:

> „Die allgemeinen Regeln des Völkerrechts sind Bestandteil des Bundesrechtes. Sie gehen den Gesetzen vor und erzeugen Rechte und Pflichten unmittelbar für die Bewohner des Bundesgebietes."

Die politische Kultur der meisten Staaten gestattet die Lossagung von völkerrechtlichen Pflichten aus Gründen der Staatsräson auch dann nicht, wenn es sich um gewichtige Belange des Staates handelt. Allerdings hatten einzelne Teile der Staatengemeinschaft lange Zeit ein gebrochenes Verhältnis zur Normativität der Völkerrechtsordnung. Für die universelle Geltung des Völkerrechts als Rechtsordnung bedeutete es deshalb einen wichtigen Schritt, als sich die Sowjetunion in der Endphase ihrer Existenz im Rahmen der *Perestroika* ausdrücklich zum Primat des Völkerrechts gegenüber der Außenpolitik bekannte.

20 Heute lebt die normative Steuerungskraft der Völkerrechtsordnung wesentlich von ihrer *Internalisierung* durch die Staaten. Dies bedeutet, dass im staatlichen Binnenbereich die staatsrechtliche Absi-

cherung völkerrechtlicher Pflichten und der gesellschaftliche Konsens politische Entscheidungsprozesse in die Bahnen des Völkerrechts lenken. So ist etwa in der Bundesrepublik Deutschland ein bewusster Verstoß der politischen Organe gegen völkerrechtliche Verpflichtungen ebenso tabu wie ein offener Verfassungsbruch. Der offene Verstoß gegen völkerrechtliche Verpflichtungen gilt in der heutigen Staatenwelt weithin als ein Mangel an Rechtskultur. Schroffe Kritik in der Völkerrechtslehre hat in der Vergangenheit die US-amerikanische Staatspraxis wegen des zuweilen laxen Umgangs mit vertraglichen Verpflichtungen erfahren (*D. Vagts*, Taking Treaties Less Seriously, AJIL 92 [1998], S. 458 ff.).

Spezielle Probleme können sich in Bundesstaaten dann ergeben, wenn einzelne Gliedstaaten ein distanziertes Verhältnis zu völkerrechtlichen Verpflichtungen zeigen, die den Gesamtstaat binden und deren Verletzung dem Gesamtstaat zuzurechnen ist. Ein schlicht skandalöser Vorgang ist die Hinrichtung eines Staatsangehörigen von Paraguay durch den amerikanischen Bundesstaat Virginia (dem in den USA kein konsularischer Beistand im Sinne des Wiener Übereinkommens über konsularische Beziehungen und des Freundschaftsvertrages zwischen beiden Staaten gewährt worden war) unter bewusster Missachtung einer einstweiligen Anordnung des Internationalen Gerichtshofs (IGH, *Vienna Convention on Consular Relations [Paraguay v. USA]*, ICJ Reports 1998, S. 248 ff.; hierzu der Bericht von *W. J. Aceves*, AJIL 92 [1998], S. 517 ff.; siehe auch IGH, *LaGrand [Germany v. USA]*, ICJ Reports 1999, S. 9 ff. [vorläufige Maßnahmen]; ICJ Reports 2001, S. 466). Vor der Hinrichtung hatte der amerikanische Supreme Court einen Aufschub der Hinrichtung mit der Begründung abgelehnt, dass der Verurteilte und Paraguay kein Vollstreckungshindernis auf Grund der verletzten Verträge geltend machen könnten (*B. v. Greene*, ILM 37 [1998], S. 824). Der Fall ist auch ein Lehrstück für die unterschiedlich ausgeprägte Sensibilität für völkerrechtliche Bindungen innerhalb ein- und derselben Regierung. Das amerikanische State Department drängte hier auf einen Aufschub der Hinrichtung und wies unter dem Gesichtspunkt der Reziprozität auf die Belange amerikanischer Staatsbürger im Ausland hin. Dagegen hatte das Justizministerium anscheinend eher die Ahndung der Straftat durch Vollstreckung des rechtskräftigen Urteils im Blickfeld.

In der modernen Staatengemeinschaft muss der Rechtsbrecher in 21
weit höherem Maße mit fühlbaren Sanktionen rechnen als noch vor einigen Jahrzehnten. Wesentlichen Anteil an dieser Entwicklung hat die neue Vitalität des Sicherheitsrates der Vereinten Nationen seit dem Ende des Kalten Krieges (insbesondere seit dem zweiten Golf-Konflikt von 1990/91 mit der von der Resolution des Sicherheitsrates gesteuerten Vertreibung Iraks aus Kuwait und den anschließenden

Maßnahmen zum Schutz irakischer Minderheiten sowie zur Domestizierung des irakischen Militärpotentials). Daneben leisten andere internationale Organisationen (etwa die Welthandelsorganisation oder die NATO) und nichtstaatliche Organisationen (wie Amnesty International) einen zunehmend wichtigen Beitrag zur Durchsetzung völkerrechtlicher Pflichten. Hinzu kommt die gewachsene Reaktionsbereitschaft der einzelnen Staaten bei Verstößen gegen das Gewaltverbot, bei schwerwiegenden Verletzungen der Menschenrechte oder der Förderung des internationalen Terrorismus. Wirtschaftliche Sanktionen wichtiger Handelspartner vermögen den Rechtsbrecher in diesen Fällen empfindlich, zuweilen existentiell zu treffen. Auch sonst tritt die Gestaltung der internationalen Wirtschaftsbeziehungen in engen Kontakt mit der Sicherung völkerrechtlicher Standards. Kooperationsverträge, etwa der Europäischen Union mit Entwicklungsländern, enthalten vielfach Menschenrechtsklauseln.

So heißt es im Kooperationsabkommen zwischen der Europäischen Gemeinschaft und der Republik Indien über Partnerschaft und Entwicklung von 1994 (ABl. 1994 Nr. L 223, S. 23): „Die Achtung der Menschenrechte und der demokratischen Grundsätze ist die Grundlage der Zusammenarbeit zwischen den Vertragsparteien und der Bestimmungen dieses Abkommens sowie wesentlicher Bestandteil dieses Abkommens“ (Art. 1 Abs. 1).

22 In der vertraglichen Ordnung des Welthandels ist im Rahmen der neu geschaffenen Welthandelsorganisation ein wirksames Verfahren zur Streitbeilegung geschaffen und durch ein beachtliches Sanktionspotential aufgewertet worden. Selbst für große Wirtschaftsmächte ist mittlerweile die Verletzung von Regeln der neuen Welthandelsordnung mit einem empfindlichen Risiko belastet.

Allerdings zeigen die Auseinandersetzungen etwa über die protektionistische „Bananenmarktordnung“ der Europäischen Gemeinschaft (jetzt: Europäische Union) (mit klar GATT-widrigen Beschränkungen des Importes von Bananen aus mittel- und südamerikanischen Ländern), wie zuweilen mit einer gewissen Dickfelligkeit an der vertragswidrigen Durchsetzung wirtschaftlicher Interessen festgehalten wird. Insoweit ist es bedauerlich, dass der Europäische Gerichtshof Rechtsakte der Europäischen Union grundsätzlich nicht an Verpflichtungen aus dem GATT misst (EuGH, Rs. C-280/93, EU:C:1994:367, Rn. 110).

23 Im Rahmen mancher regionaler Verträge (insbesondere der Europäischen Menschenrechtskonvention) ist inzwischen die Befolgung und Überwachung menschenrechtlicher Standards in ähnlicher oder besserer Weise gesichert als in vielen Rechtsordnungen die Einhal-

tung innerstaatlicher Gewährleistungen. Im Falle von *Somalia* haben die Vereinten Nationen auf der Grundlage von Resolutionen des Sicherheitsrates vorübergehend Ordnungsfunktionen anstelle der völlig zusammengebrochenen Staatsgewalt wahrgenommen. Mit neuen Formen der internationalen Strafgerichtsbarkeit (Schaffung der internationalen Strafgerichtshöfe für das frühere Jugoslawien und Ruanda, Abkommen von Rom über einen Internationalen Strafgerichtshof) ist ein wichtiger Schritt zur Durchsetzung völkerrechtlicher *Pflichten des Einzelnen* gemacht worden.

Eine Gefährdung des Völkerrechts als Rechtsordnung ergibt sich heute kaum aus einem unzureichenden Bestand an Völkerrechtssätzen oder durchgängigen Mängeln in der Rechtsdurchsetzung. Problematisch ist vielmehr die Versuchung, immer neue Rechte und Prinzipien zu entwickeln, deren Inhalt sich schwer fassen lässt (wie etwa ein Recht auf Entwicklung).

Ein großes Defizit der Völkerrechtsordnung bilden Schwächen in **24**
der kollektiven oder individuellen Rechtsdurchsetzung bei schwerwiegenden Völkerrechtsverletzungen. Hier nagt der Schutz des Rechtsbrechers (etwa bei Unterstützung des internationalen Terrorismus durch gewisse Staaten) durch das strikte Gewaltverbot bei allzu großer Einengung des Selbstverteidigungsrechtes an der Autorität des Völkerrechts (Beispiel für Rechtfertigungsschwierigkeiten: die militärische Befreiungsaktion Israels nach der Entführung eines israelischen Verkehrsflugzeugs in Entebbe [1976]). Die humanitäre Intervention der NATO-Staaten zum Schutz der albanischen Bevölkerungsminderheit im Kosovo (Frühjahr 1999) hat eine grundlegende Diskussion in der Völkerrechtslehre über die Grenzen des Gewaltverbotes ausgelöst. Seither hat in der Völkerrechtswissenschaft eine Strömung Auftrieb gewonnen, welche das Gewaltverbot in eine Abwägung mit dem Schutz elementarer Menschenrechte stellt (hierzu unten § 34 Rn. 35 ff.). Die neuere Praxis des UN-Sicherheitsrates zu kollektiven Maßnahmen bei Friedensgefährdungen, die Schaffung internationaler Strafgerichtshöfe und die Anerkennung des Selbstverteidigungsrechtes gegen Angriffe terroristischer Organisationen haben die Durchsetzungsqualität des Völkerrechts erheblich gestärkt.

Diese Maßnahmen können einen grundlegenden Wandel der politischen Ordnung einschließen. So lässt sich der Vollzug eines Haftbefehls des Internationalen Strafgerichtshofs gegen ein Staatsoberhaupt oder einen Regierungschef kaum ohne eine Form des „regime change“ verwirklichen. Eine vom UN-Sicherheitsrat autorisierte humanitäre Intervention (wie im Jahre 2011 im Falle Libyen s) fördert aller Erfahrung nach einen politischen Umbruch, auch wenn sie unmittelbar nur auf den Schutz der Zivilbevölkerung zielt.

Literatur: *P. Allot*, The Concept of International Law, EJIL 10 (1999), S. 31 ff.; *T. M. Franck*, The Power of Legitimacy Among Nations, 1990; *H. L. A. Hart*, The Concept of Law, 3. Aufl. 2012; *L. Henkin*, How Nations Behave: Law and Foreign Policy, 2. Aufl. 1979; *H. H. Koh*, Why Do Nations Obey International Law?, Yale Law Journal 106 (1997), S. 2599 ff.; *H. Mosler*, Völkerrecht als Rechtsordnung, ZaöRV 36 (1976), S. 6 ff.; *G. Radbruch*, Rechtsphilosophie, 8. Aufl. 1973, § 28; *D. F. Vagts*, International Relations Looks at Customary International Law: A Traditionalist's Defence, EJIL 15 (2004), S. 1031 ff.

4. Legalität und Legitimität in der Völkerrechtsordnung

25 Ein immer wiederkehrendes Thema ist das Verhältnis von Legalität und Legitimität in der Völkerrechtsordnung. Insbesondere beim militärischen Eingreifen zum Schutz elementarer Menschenrechte ohne Ermächtigung des UN-Sicherheitsrates findet sich die Einschätzung, derartige humanitäre Interventionen seien einerseits völkerrechtswidrig, aber andererseits moralisch gerechtfertigt und insoweit legitim.

Diese ambivalente Bewertung hat etwa eine unabhängige internationale Kommission zum Eingreifen der NATO-Staaten im Kosovo (1999) getroffen:

„The problems that Kosovo revealed are not confined simply to the dissonance between the military means employed and the moral ends in view. The intervention laid bare the inadequate state of international law. The intervention was not legal because it contravened the Charter prohibition on the unauthorized use of force. This is a troubling fact and one which the necessity and legitimacy of the action cannot conjure away. There is a standoff between incompatible principles, those safeguarding the territorial integrity of states and prohibiting the non-defensive use of force, versus those seeking to protect the human rights of vulnerable populations within these states“(The Independent International Commission on Kosovo, *The Kosovo Report 2000,* S. 290).

Ein solcher Bewertungsansatz, der Rechtswidrigkeit mit moralischer Rechtfertigung verknüpft, ist aus grundsätzlichen Erwägungen unbefriedigend. Es ist nicht erkennbar, aus welchen Quellen sich moralische Standards speisen sollen, die mit universeller Anerkennung in der Staatengemeinschaft rechnen können und trotzdem im Widerstreit zur Völkerrechtsordnung treten können. Letztlich handelt es sich beim Widerspruch zwischen Legalität und moralischer Legitimität immer um stark subjektiv gefärbte Wertungen, die vielleicht für höchstpersönliche Gewissensentscheidungen erheblich sein mögen, aber nicht für die objektive Bewertung staatlichen Handelns. Aus normativer Sicht fehlt es für die Annahme einer neben dem positiven Recht stehenden moralischen Ordnung an jeglicher Grundlage, die einen interkulturell begründeten Geltungsanspruch tragen könnte.

§ 2. Entwicklungslinien des Völkerrechts

1. Ursprünge des modernen Völkerrechts im entstehenden System von Territorialstaaten

Die Idee eines umfassenden, die Beziehungen zwischen unabhängigen Herrschaftsverbänden regelnden (Völker-)Rechtssystems ist der Antike und dem Mittelalter fremd gewesen. Im Römischen Reich regelte das *ius gentium* als Teil des römischen Rechts die Beziehungen zwischen Römern und Fremden. Erst sehr viel später hat der Begriff einen Bedeutungswandel erfahren: als Ausdruck einer übergreifenden Ordnung für die Rechte und Pflichten zwischen Staaten und anderen Herrschaftsverbänden. Das Völkerrecht im „modernen" Sinne ist eine Schöpfung der Neuzeit. Die Herausbildung fester Regeln für das Gesandtschaftswesen, den Gebietserwerb, die Streitbeilegung durch neutrale Instanzen sowie für die Art und Weise der Kriegsführung ist mit der Entstehung von Territorialstaaten in Europa verbunden. Für die Herausbildung des Völkerrechts als einer Koordinationsrechtsordnung unabhängiger Herrschaftsverbände spielt der Begriff der umfassenden, von außen unbeschränkten Herrschaftsgewalt eine wesentliche Rolle. Hierfür hat der französische Staatsrechtslehrer *Jean Bodin* den Begriff „Souveränität" geschaffen (Six livres de la République, 1576, erstes Buch, Kap. X). Linien der Kontinuität zu einzelnen Instituten früherer Perioden lassen sich allenfalls mit großen Vorbehalten ziehen. 1

Allerdings reicht der Gedanke einer universellen Ordnung bis in die Staatslehre der Antike zurück.

2. Ansätze zu einer universellen Rechtsordnung und die spanische Spätscholastik

2 Dem Gedanken einer universellen, für Christen, Juden und Heiden (sowie für deren Herrschaftsverbände) geltenden Rechtsordnung, hat im Mittelalter die Scholastik, insbesondere die Naturrechtslehre des *Thomas von Aquin* (1227–74), wesentlich den Boden bereitet. Dabei geht es um die Idee eines für alle geltenden Naturrechts, das sich menschlicher Vernunft – unabhängig von der religiösen Prägung des Einzelnen – erschließt. Allerdings ist die Universalität einer derart übergreifenden Ordnung im Mittelalter durch die Gegenüberstellung einer Gemeinschaft der Christen *(res publica christiana)* und einer Gemeinschaft aller Völker *(communitas omnium gentium)* relativiert worden. Die Lehre von *Thomas von Aquin* erlaubt Gewalt gegen Heiden, wenn sie sich gegen Blasphemie, gegen verderbliche religiöse Überzeugung oder gegen die Verfolgung von Christen richtet (Summa theologica II 2 quaestio 10, 8). Auf diese Lehre vom gerechten Kriege *(bellum iustum)* konnten sich später die Apologeten der kolonialen Eroberung stützen. In der Zeit der Kreuzzüge trat die Auseinandersetzung darüber hinzu, inwieweit Christen und heidnische Staaten überhaupt miteinander in vertragliche Beziehungen treten dürften. Später, im Zeitalter der Entdeckungen, stellten die Kolonisierungsansprüche Spaniens und Portugals die Idee einer universellen Ordnung erneut vor eine schwere Herausforderung. Die Bulle von Papst Alexander VI. *Inter caetera* von 1493 und der hierauf zurückgehende Vertrag zwischen der spanischen und der portugiesischen Krone von Tordesillas von 1494 teilten die Neue Welt (alle entdeckten oder zu entdeckenden Inseln und Festländer) entlang einer Nord-Süd-Linie zwischen Spanien und Portugal auf und setzten sich dabei völlig über die Rechte der heidnischen Völker hinweg.

3 In der spanischen Spätscholastik sind wesentliche Impulse für die Anerkennung einer universellen Völkerrechtsordnung im Kolonialzeitalter vom Dominikaner *Francisco de Vitoria* (1486–1546) ausgegangen. Aus der naturrechtlichen Begründung des Völkerrechts leitete *Vitoria* im Zusammenhang mit der Eroberung Lateinamerikas durch Spanien ab, dass auch die indianischen Völker Träger eigener Rechte seien, ohne sie den christlichen Staaten Europas gleichzustellen. Ein Eroberungskrieg gegen die indianische Bevölkerung bedurfte

für *Vitoria* stets einer besonderen Rechtfertigung, die er im Schutz vor Menschenopfern oder Kannibalismus sowie in der Durchsetzung missionarischer Ziele gegen den Widerstand der heidnischen Bevölkerung sah (Relectiones theologicae [Vorlesungsniederschriften]: *De Indis recenter inventis* und *De iure belli Hispanorum in barbaros*, 1557). Ein anderer Völkerrechtsklassiker der spanischen Spätscholastik, der Jesuit *Francisco Suárez* (1548–1617), rückt die Weltgemeinschaft der Staaten und Völker und deren Rückbindung an allgemeine, naturrechtlich fundierte Rechtsgrundsätze in den Mittelpunkt seines völkerrechtlichen Systems (*Tractatus de legibus ac Deo legislatore*, 1613). *Suárez* stellt neben den unveränderlichen Inhalt eines primären Naturrechts die Gebote einer sekundären Naturrechtsordnung, die der Ausgestaltung durch sich wandelnde Anforderungen und damit Veränderungen zugänglich ist. Hierin liegt eine behutsame Emanzipierung des Völkerrechts von religiösen Postulaten. Entscheidend vorangetrieben haben die schon in der spanischen Spätscholastik angelegte Säkularisierung des Völkerrechts die Lehren des in Oxford tätigen Völkerrechtlers *Alberico Gentili* (1552–1608), der zum Protestantismus konvertiert und aus Italien nach England geflohen war. Bei ihm tritt die theologische Rechtfertigung der Gewaltanwendung hinter ein objektives System wechselseitiger Rechte und Pflichten der Staaten zurück. Der Blick auf die Staatenpraxis, etwa bei der Gestaltung vertraglicher Beziehungen, verdrängt die strenge Deduktion völkerrechtlicher Regeln aus höheren und höchsten Prinzipien eines religiös geprägten Naturrechts. Von besonderem Einfluss ist *Gentilis* Werk vom Recht des Krieges (*De iure belli*, 1598). *Gentili* betrachtet den Krieg hier als ein prozesshaftes Geschehen und eine Art Duell, in dem sich die beiden Gegner als Träger gleicher Rechte zu achten hätten. Mit der Lehre vom gerechten Frieden enthält das Werk *Gentilis* Anklänge an die heutige Diskussion um „Fairness“ als zentralem Anliegen der Völkerrechtsordnung.

3. *Grotius* und die Enttheologisierung des Völkerrechts

Den nachhaltigsten Einfluss auf die Entwicklung eines „weltlichen“ Naturrechts hat die Lehre des Niederländers *Hugo Grotius* (1583–1645) geäußert, der auch heute noch gerne als „Vater des Völkerrechts“ bezeichnet wird. In seinem Hauptwerk *„De iure belli ac pacis libri tres“* (1625) hat *Grotius* neben ein aus der menschlichen 4

Vernunft abgeleitetes Naturrecht die Staatenpraxis als Quelle des Völkerrechts gestellt. Der in Verträgen dokumentierte Wille der Staaten und damit der Konsens in der Staatengemeinschaft wird zur eigenständigen Geltungsgrundlage des Völkerrechts. In welchem Verhältnis die naturrechtlich abgeleiteten und die in der Staatenpraxis gründenden Regeln, das *ius gentium naturalis* und das *ius gentium voluntarium* zueinander stehen, lässt *Grotius* weitgehend in der Schwebe. In der Tradition der theologisch geprägten Völkerrechtslehre steht noch das Bemühen, Gründe für einen gerechten Krieg *(iusta causa)* herauszuarbeiten. Dabei lässt *Grotius* neben der Verteidigung nur die Wiedererlangung genommener Gebiete und die Strafe für vorausgegangene Verbrechen zu. Angesichts der Schrecken der Konfessionskriege entwickelt *Grotius* formale Regeln für die Kriegsführung und die Rechtsstellung Neutraler. In Auseinandersetzung mit dem Anspruch Spaniens und Portugals auf Kontrolle des maritimen Verkehrs mit den neuentdeckten Gebieten tritt *Grotius* für die Freiheit der Meere ein (*Mare liberum*, 1609). Hiergegen wendet sich dann später der Engländer *John Selden* (1584–1654), der mit der These von der Aneignungsfähigkeit des Meeres Interessen der Seemacht Großbritannien verfochten hat (*Mare clausum*, 1635).

4. Die Epoche des *ius publicum europaeum* (1648–1815)

5 Die Zeit von der Beendigung des Dreißigjährigen Krieges (Westfälischer Friedensschluss von Münster und Osnabrück, 1648) bis zum Wiener Kongress (1815) wird durch eine territoriale Ordnung Europas und der überseeischen Gebiete der Kolonialmächte auf großen Staatenkonferenzen und das Ringen um ein Gleichgewicht der großen europäischen Mächte geprägt. Die „Westfälische Ordnung" gilt als ein pluralistisches System souveräner Staaten, das in Achtung der Binnenstruktur und der religiösen Ausrichtung seiner Glieder auf ein Machtgleichgewicht in Europa gerichtet ist:

„The Westphalian peace reflected a practical accommodation to reality, not a unique moral insight. It relied on a system of independent states refraining from interference in each other's domestic affairs and checking each other's ambitions through a general equilibrium of power. No single claim to truth or universal rule had prevailed in Europe's contests. Instead, each state was assigned the attribute of sovereign power over its territory. Each would acknowledge the domestic structures and religious vocations of its fellow states as realities and refrain from challenging their existence. With a balance of power now perceived as natural and desireable, the ambitions of rulers would be set in counterpoise against each other, at least in theory curtailing the scope of conflicts. Division and multiplicity, an accident of Europe's history, became the hallmarks of a new system of international order with its own distinct philosophical outlook. In this sense the European effort to end its conflagration shaped and prefigured the modern sensibility: it reserved judgement on the absolute in favor of the practical and ecumenical; it sought to distill order from multiplicity and restraint" (*Henry Kissinger*, World Order, 2014, S. 3 f.).

Die Zeit vom Westfälischen Frieden bis zum Wiener Kongress gilt als die klassische Zeit des europäischen Völkerrechts *(ius publicum europaeum).* Frankreich löst das spanische Königreich als Hegemonialmacht des europäischen Kontinents ab und tritt dadurch in einen anhaltenden Interessengegensatz zu Großbritannien. Die diplomatischen Beziehungen erfahren einen zunehmenden Ausbau durch ständige Gesandtschaften mit sich verfeinernden Regeln über Privilegien und Immunitäten. Die internationale Schiedsgerichtsbarkeit als Mechanismus der Streitbeilegung gerät in allmählichen Verfall, um gegen Ende des 18. Jahrhunderts mit dem *Jay*-Vertrag von 1794 zwischen den Vereinigten Staaten und Großbritannien erneuten Aufschwung zu nehmen. Regeln über die Abgrenzung von Hoheitsansprüchen zu Lande und zur See werden ebenso weiter fortgebildet wie die Rechtsordnung der Hohen See und das Neutralitätsrecht.

Der im Werk von *Grotius* angelegte Dualismus einer naturrechtlichen Fundierung des Völkerrechtes und einer „positivistischen" Sicht (abstellend auf die Staatspraxis) wirkt mit unterschiedlicher Akzentsetzung in der Völkerrechtslehre des 18. Jahrhunderts fort. Dabei setzt sich allmählich ein positivistisches Verständnis des Völkerrechts gegen eine vernunftrechtliche Begründung von Völkerrechtsregeln durch. Dies gilt insbesondere für die Lehre von *Emer de Vattel* (1714–1767), der dem Prinzip der Gleichheit der Staaten zum Durchbruch verholfen hat (Droit des gens, 1758). *Vattel* hat den Gedanken der Staatenwelt als Gemeinschaft in einen programmatischen Begriff gekleidet: *société des nations.* Mit dem Völkerbund von 1919 haben die Siegermächte des Ersten Weltkrieges diesen Begriff aufgenommen. Bei *Vattel* und dem Niederländer *Cornelis van Bynkershoek* (1673–1743) spielt letztlich die Staatenpraxis die entscheidende Rolle. 6

Immanuel Kant (1724–1804) entwickelt in seiner visionären Schrift „Zum ewigen Frieden" (1795) den Gedanken einer institutionell verfestigten Staatengemeinschaft und hat damit dem Gedanken einer weltweiten Organisation zur Gewährleistung kollektiver Sicherheit 7 den Boden bereitet. *Kant* schlägt einen föderal geordneten „Völkerbund zur Verhinderung aller Kriege“ vor (II. Definitivartikel). Ältere Ansätze zu einer Domestizierung der Kriegsführung greift *Kant* mit der Maxime auf, „es soll sich kein Staat im Kriege mit einem anderen solche Feindseligkeiten erlauben, die das wechselseitige Zutrauen im künftigen Frieden unmöglich machen müsse“ (aaO, VI. Preliminarartikel).

Dabei nimmt *Kant* eine Einsicht vorweg, die manch moderne Theorie der internationalen Beziehungen als eigene Frucht feiert: die Erkenntnis, dass demokratisch verfasste Staatswesen (auch wegen der gesteigerten Sensibilität für drohende Verluste) konstitutionell größere Friedensbereitschaft zeigen als autokratische Regime. In besonderer Weitsicht verknüpft *Kant* die Friedensbereitschaft der Staaten mit deren innerer Ordnung, die einer republikanischen (repräsentativen) Verfassung entsprechen müsse (aaO, I. Definitivartikel: „Die bürgerliche Verfassung in jedem Staat soll republikanisch sein“):

> „Wenn … die Beistimmung der Staatsbürger dazu erfordert wird, um zu beschließen, 'ob Krieg sein solle, oder nicht' so ist nichts natürlicher, als das, da sie alle Drangsale des Krieges über sich selbst beschließen müssten …, sie sich sehr bedenken werden, ein so schlimmes Spiel anzufangen …“

Bei Bürgerkriegen und ähnlichen inneren Auseinandersetzungen verficht *Kant* das Prinzip der Nichteinmischung: Ein Volk habe ein Recht darauf, bei internen Konflikten von den anderen Staaten alleine gelassen zu werden:

> „Solange aber dieser innere Streit noch nicht entschieden ist, würde diese Einmischung äußerer Mächte Verletzung der Rechte eines nur mit seiner inneren Krankheit ringenden, von keinem anderen abhängigen Volks, selbst also ein gegebener Skandal sein, und die Autonomie aller Staaten unsicher machen“ (V. Preliminarartikel).

8 Im letzten Viertel des 18. Jahrhunderts bereiten die *Bills of Rights* (Grundrechtsverbürgungen) der nordamerikanischen Kolonien und späteren amerikanischen Bundesstaaten, die Erklärung der Menschen- und Bürgerrechte von 1789 sowie die Verfassungszusätze zur amerikanischen Verfassung von 1791 mit einer Reihe von Grundrechten der Menschenrechtsidee im Völkerrecht den Boden.

9 In Lateinamerika beginnen im frühen 19. Jahrhundert die Kolonien Spaniens, sich die Unabhängigkeit vom Mutterland zu erkämpfen. Der Wiener Kongress (1814/1815), dem Gedanken eines Gleichgewichtes der großen Mächte (Frankreich, Großbritannien, Preußen,

Russland und Österreich) verpflichtet, prägt auf lange Zeit die territoriale Ordnung Europas. Er ist die letzte der großen Staatenkonferenzen, die ganz von den im „europäischen Konzert" zusammenwirkenden Monarchien beherrscht wird.

5. Zeitalter der Nationalstaaten bis zum Ersten Weltkrieg

Nationale Unabhängigkeitsbestrebungen führen in Griechenland 10
und in den lateinamerikanischen Kolonien Spaniens und Portugals zur Befreiung von fremder Herrschaft.

In Deutschland organisieren sich die „souveränen Fürsten und freien Städte" im Deutschen Bund (1815–1866) als einem „völkerrechtlichen Verein". In Deutschland wird nach dem Preußisch-Österreichischen Krieg von 1866 zunächst der Norddeutsche Bund und dann durch die Einbeziehung der süddeutschen Staaten das Deutsche Reich (1871) geschaffen.

Unter Führung des Königreiches Sardinien (Piemont) vollzog sich 11
die Einigung Italiens. Der Friedensvertrag von Paris über die Beendigung des Krimkrieges (1856) nimmt das Osmanische Reich (die Hohe Pforte) ausdrücklich in die Gemeinschaft des europäischen Völkerrechts *(droit public européen)* und das „europäische Konzert" der großen Mächte auf (Art. 7). Die Unabhängigkeit der lateinamerikanischen Staaten und der Aufstieg der Vereinigten Staaten zur Großmacht verändern das weltpolitische Machtgefüge. Die 1. Panamerikanische Konferenz von Washington (1890) ächtet Eroberungskriege und verwirft die gewaltsame Annexion als wirksamen Erwerbstitel (Beschluss über das Recht auf Eroberung). In Fernost öffnet sich Japan nach außen und wird unter Orientierung an europäischen Vorbildern zur führenden Wirtschafts- und Militärmacht. Diese Entwicklungen wandeln das zunächst „christliche", dann europäische Völkerrecht zur universalen Rechtsordnung.

So konnte der Schweizer Staats- und Völkerrechtler *Johann Kaspar Bluntschli* von einem „humanen Weltrecht" sprechen und schreiben: „Das Völkerrecht verbindet als allgemeines Menschenrecht Christen und Muhammedaner, Brahmanisten, Buddhisten, die Anhänger des Kongfutsü und die Verehrer der Gestirne, die Gläubigen und die Ungläubigen" (Das moderne Völkerrecht der civilisierten Staaten als Rechtsbuch dargestellt, 1868, S. 49, 55).

Im 19. Jahrhundert nahm das Vertragswesen mit Konventionen zur 12
internationalen Zusammenarbeit auf technischem und humanitärem

Gebiet, bilateralen Abkommen wie Freundschafts-, Handels- und Schifffahrtsverträgen großen Aufschwung. Das Bemühen um eine dauerhafte Friedenssicherung führte zu den beiden großen Friedenskonferenzen von Den Haag (1899 und 1907). Eine Frucht dieser Bewegung ist das Abkommen zur friedlichen Beilegung internationaler Streitfälle von 1899 (RGBl. 1901, S. 393). Zur Humanisierung der Kriegsführung zu Lande und zur See wurden eine Reihe von Abkommen geschlossen. Einen Meilenstein bilden die (noch heute geltenden) Haager Abkommen betreffend die Gesetze und Gebräuche des Landkrieges mit der als Anhang beigefügten Haager Landkriegsordnung (von 1899/1907).

13 Im Gegensatz zur Beschränkung der Mittel der Kriegsführung *(ius in bello)* konnte sich bis zum Ersten Weltkrieg in der Staatenpraxis und in der Völkerrechtslehre eine echte Beschränkung des Rechtes zum Kriege *(ius ad bellum)* nicht Bahn brechen. Dem Krieg als Vehikel zur Durchsetzung existentieller politischer Interessen wurden kaum wirkliche Fesseln angelegt.

Die Völkerrechtslehre des 19. Jahrhunderts sah die gewaltsame Interessenverwirklichung als eine Art Grundrecht eines jeden Staates jedenfalls insoweit an, als es um die Durchsetzung umstrittener Rechtspositionen gegenüber einem anderen Staat geht: „Every State has ... a right to resort to force as the only means of redress for injuries inflicted upon it by others, in the same manner as individuals would be entitled to that remedy were they not subject to the laws of civil society. Each State is also entitled to judge for itself, what are the nature and extent of the interest which will justify such a means of redress" (*H. Wheaton*, Elements of International Law, 8. Aufl. 1866, § 290 [S. 309]).

Auch in der deutschen Rechtswissenschaft war noch bis zum Ersten Weltkrieg die Vorstellung lebendig, Selbsterhaltung und Selbstdurchsetzung der einzelnen Staaten sei der elementare Belang in der Völkerrechtsordnung. Letztlich entscheide der Krieg über die Legitimität im Widerstreit der Interessen (*E. Kaufmann*, Das Wesen des Völkerrechts und die clausula rebus sic stantibus, 1911: „So weit inhaltlich auch die Bindung gehen mag, die ein Staat eingeht, zuletzt muss doch immer der Staat sich selbst der Nächste bleiben, zuletzt muss doch immer sein Wille, sein Interesse das maßgebende bleiben. Das Koordinationsrecht muss stets auf dem Willen und dem Solidarinteresse aller Beteiligten beruhen ..." [S. 179]. „Wenn ... eine friedliche Einigung über das zum Weichen bestimmte geringere Interesse nicht möglich ist, so muss eben der Krieg zeigen, welches Selbsterhaltungsrecht das stärkere war" [S. 198]).

6. Zeit zwischen den Weltkriegen

Unter dem Eindruck des Ersten Weltkrieges wurde durch die Friedensverträge von 1919/20 der Völkerbund *(Société des Nations, League of Nations)* „zur Förderung der Zusammenarbeit unter den Nationen und zur Gewährleistung des internationalen Friedens und der internationalen Sicherheit“ geschaffen (Präambel der Satzung). Obwohl die Initiative zum Völkerbund vom amerikanischen Präsidenten *Woodrow Wilson* ausgegangen war, traten die Vereinigten Staaten dieser Organisation nicht bei. Das System des Völkerbundes, das auf die Verwirklichung eines Systems kollektiver Sicherheit angelegt war, scheiterte gegenüber der aggressiven Politik einzelner Mächte, die sich nach der Errichtung einer totalitären Herrschaftsordnung mit Eroberungsbestrebungen nach außen wandten. Das Deutsche Reich (erst 1926 aufgenommen) und Japan erklärten im Jahr 1933 (mit Wirkung im Jahre 1935) den Austritt aus dem Völkerbund. Italien (das sich vom Völkerbund nicht an der Annektierung Äthiopiens hatte hindern lassen) schied 1939 aus, Spanien 1941. Die Sowjetunion wurde nach dem Angriff auf Finnland 1939 aus dem Völkerbund ausgeschlossen. 14

Im Umkreis des Völkerbundes wurde der Ständige Internationale Gerichtshof *(Cour Permanente de Justice Internationale, Permanent Court of International Justice)* in Den Haag geschaffen, der seine Tätigkeit 1922 aufnahm. Von den nach dem Ersten Weltkrieg geschaffenen Organisationen besteht die Internationale Arbeitsorganisation *(International Labour Organization)* noch heute fort. 15

Der Pakt zur Ächtung des Krieges von 1928 (*Briand-Kellogg-Pakt*, RGBl. 1929 II, S. 97) untersagte den Krieg als Mittel zur Durchsetzung von Zielen nationaler Politik:

> „Die Hohen Vertragsschließenden Parteien erklären feierlich im Namen ihrer Völker, dass sie den Krieg als Mittel für die Lösung internationaler Streitfälle verurteilen und auf ihn als Werkzeug nationaler Politik in ihren gegenseitigen Beziehungen verzichten“ (Art. I).

Diese vertragliche Ächtung des Krieges bildete eine wichtige Vorstufe zum umfassenden Gewaltverbot der UN-Charta (Art. 2 Nr. 4).

7. Gründung der Vereinten Nationen und die Völkerrechtsentwicklung der Nachkriegszeit

16 Noch während des Zweiten Weltkrieges nahmen Pläne der Alliierten unter Führung der Vereinigten Staaten von Amerika, eine wirklich universale Organisation für die Völkergemeinschaft mit effektiveren Mechanismen zur Friedenssicherung zu schaffen, konkrete Gestalt an. Auf der Gründungskonferenz von San Francisco wurde die Charta (Satzung) der Vereinten Nationen ausgearbeitet und am 25. Juni 1945 von den Mitgliedern dieser Staatenkonferenz einstimmig angenommen. Noch im Oktober 1945 trat die Charta der Vereinten Nationen in Kraft. Die damals geschaffene Organisationsstruktur mit der Generalversammlung, dem Sicherheitsrat, dem Sekretariat (mit dem Generalsekretär an der Spitze) und dem Internationalen Gerichtshof ist seither unverändert geblieben. Fort besteht auch die Dominanz der fünf ständigen Mitglieder des UN-Sicherheitsrates (Frankreich, Großbritannien, Sowjetunion [seit 1992 Russland], USA und China) mit ihrem „Vetorecht" im Sicherheitsrat, der für Maßnahmen zum Schutz und zur Wiederherstellung des Weltfriedens und der internationalen Sicherheit zuständig ist.

17 Die Prozesse vor den Internationalen Militärtribunalen von Nürnberg und Tokyo (1945–48) mit der Verfolgung von Verbrechen gegen den Frieden, schwerwiegenden Verletzungen des Kriegsvölkerrechts und Verbrechen gegen die Menschlichkeit bildeten einen Meilenstein in der Durchsetzung elementarer Verhaltenspflichten des Einzelnen. Erst ein halbes Jahrhundert später hat die UN-Staatenkonferenz von Rom (1998) das Abkommen über einen Internationalen Völkerstrafgerichtshof beschlossen.

Die Generalversammlung der Vereinten Nationen (bestehend aus allen Mitgliedstaaten) hat der jüngeren Völkerrechtsentwicklung immer wieder wesentliche Impulse gegeben. Die von der Generalversammlung angenommene Allgemeine Erklärung der Menschenrechte vom 10. Dezember 1948 hat der universellen Anerkennung der Menschenrechte entscheidenden Auftrieb verliehen und den Anstoß zum vertraglichen Menschenrechtsschutz auf universeller und regionaler Ebene gegeben. Allerdings sind bis heute längst nicht alle in der Erklärung enthaltenen Menschenrechte für die einzelnen Staaten kraft Gewohnheitsrechts (also ohne vertragliche Verpflichtung) bindend.

Daneben hat die Generalversammlung der Vereinten Nationen eine Reihe von Resolutionen zu Grundprinzipien des Völkerrechts beschlossen. Diese Resolutionen haben unterschiedlichen Stellenwert (abhängig vom Grad des darin bekundeten Konsenses unter den Mitgliedstaaten).

Von größter Bedeutung ist die Erklärung der Generalversammlung über „Völkerrechtliche Grundsätze für freundschaftliche Beziehungen und Zusammenarbeit zwischen den Staaten im Sinne der Charta der Vereinten Nationen“ *(Declaration on Principles of International Law Concerning Friendly Relations and Cooperation among States in Accordance with the Charter of the United Nations)* von 1970 (Annex zu GA/Res. 2625 [XXV], UNYB 1970, S. 788). Diese Erklärung bekennt sich zu folgenden Grundprinzipien des Völkerrechts in den zwischenstaatlichen Beziehungen: 18

- das Verbot der Anwendung von Gewalt gegen die territoriale Integrität oder politische Unabhängigkeit eines Staates,
- die friedliche Streitbeilegung,
- das Verbot der Intervention in innere Angelegenheiten eines Staates,
- die Gleichberechtigung und Selbstbestimmung der Völker,
- die souveräne Gleichheit der Staaten,
- die getreuliche Erfüllung von Verpflichtungen im Einklang mit der UN-Charta und
- der Pflicht zur zwischenstaatlichen Zusammenarbeit.

Die Ost-West-Polarität hat das Sicherheitssystem der Vereinten Nationen lange Zeit gelähmt und nur bei einzelnen Konfliktherden eine nachhaltige Befriedung durch die Weltorganisation gestattet. Die Ära Gorbatschow mit dem Umbruch in der Sowjetunion führte zu einem Ende des Ost-West-Konfliktes.

Die Überwindung dieses Konfliktes hat die Voraussetzung für eine lange nicht für möglich gehaltene Aktivität des Sicherheitsrates geschaffen, der insbesondere seit dem zweiten Golf-Konflikt (1990/91) seine Kompetenz zur Wahrung des Weltfriedens in zunehmend dynamischer Weise wahrgenommen hat und sich dabei auch der Bedrohung wichtiger Rechtsgüter innerhalb eines Staates (schwerwiegende Menschenrechtsverletzungen, Zusammenbruch staatlicher Gewalt, Missachtung demokratischer Prinzipien) angenommen hat. 19

Unter dem Dach der Vereinten Nationen sind eine Reihe bedeutender Kodifikationen einzelner völkerrechtlicher Materien (etwa

Vertragsrecht, Recht der diplomatischen und konsularischen Beziehungen, Seerecht) durch internationale Abkommen abgeschlossen oder wenigstens vorangetrieben worden.

20 Die Entwicklungsländer haben innerhalb und außerhalb der Vereinten Nationen an Zahl (insbesondere durch den Dekolonialisierungsprozess) und an Gewicht gewonnen. Dabei sind viele Regeln, die aus der Sicht der Dritten Welt den Stempel europäischen Rechtsdenkens tragen oder als Bevorzugung der westlichen Industriestaaten gedeutet werden, unter Rechtfertigungsdruck geraten. Die Forderung nach einem besseren Interessenausgleich zwischen Entwicklungsländern und Industriestaaten hat im Ruf nach einer „Neuen Weltwirtschaftsordnung" Ausdruck gefunden. Mittlerweile sind diese Auseinandersetzungen durch die Einsicht in die zunehmende Interdependenz und in den geringen Ertrag mancher eingeforderter neuer Rechtsprinzipien abgeebbt und einer realistischeren Perspektive gewichen.

21 Von Anfang an gehörte der Schutz der Menschenrechte zu den zentralen Anliegen der Vereinten Nationen, deren Generalversammlung 1948 die Allgemeine Erklärung der Menschenrechte angenommen hat. Marksteine der weiteren Entwicklung sind insbesondere die Europäische Menschenrechtskonvention von 1950 (die als Vorbild für andere regionale Menschenrechtsverträge gewirkt hat) sowie die beiden UN-Menschenrechtspakte von 1966.

22 Neben den Vereinten Nationen (und häufig in ihrem Umfeld) haben sich insbesondere seit dem Zweiten Weltkrieg eine Fülle internationaler Organisationen gebildet, welche die Zusammenarbeit zwischen ihren Mitgliedern institutionalisieren und vertiefen. Hier wird vielfach, oft auch über zentrale Fragen, nach dem Mehrheitsprinzip entschieden. Bei den höher entwickelten Organisationen (wie etwa der neu geschaffenen Welthandelsorganisation) besteht zunehmend die Tendenz, für Streitigkeiten unter den Mitgliedern justizförmig geordnete Verfahren zu schaffen und Vertragspflichten mit fühlbaren Sanktionen zu bewehren. Das ständig wachsende Tätigkeitsfeld internationaler Organisationen führt auch dazu, dass das Mehrheitsprinzip immer mehr an Bedeutung gewinnt. Das Völkerrecht verliert durch derartige Entwicklungen zunehmend seinen Charakter als bloße „Koordinationsrechtsordnung". Die Staatenwelt wandelt sich zur Rechtsgemeinschaft mit einer wachsenden institutionellen Verflechtung.

Unterhalb der Weltorganisation der Vereinten Nationen haben regionale Organisationen und andere Formen der regionalen Zusammenarbeit wie etwa die Organisation Amerikanischer Staaten (OAS), der Europarat oder das schon außerordentlich weit integrierte System der Europäischen Union erheblich an Relevanz gewonnen. Dies liegt sowohl an dem organisatorischen Ausbau dieser Organisationen als auch an der gesteigerten Homogenität ihrer Mitglieder.

Besonders eindrucksvoll ist die Entwicklung im Rahmen der Organisation (früher: Konferenz) für Sicherheit und Zusammenarbeit in Europa (OSZE). Hier werden bislang dem Verfassungsleben zugeordnete Werte und Prinzipien (Grundrechte, Rechtsstaatsprinzip, Binnenpluralismus und Soziale Marktwirtschaft) zu internationalen Standards aufgewertet. Diese Standards sind auch in vielen außereuropäischen Rechtsordnungen anerkannt und haben mittlerweile im Zuge der politischen und wirtschaftlichen Transformation vieler Staaten Osteuropas, Lateinamerikas, Asiens und Afrikas ihren Siegeszug um den Globus angetreten. Es ist vielleicht nicht verfrüht, in dieser Entwicklung den Keim einer neuen, universellen Wertordnung zu sehen. 23

Am Ende des 20. Jahrhunderts hat es die Ordnung des Völkerrechts zu einer beachtlichen normativen Dichte gebracht. Die wesentlichen Gründe hierfür liegen in 24

- dem geweiteten Kreis völkerrechtlich geordneter Materien (Menschenrechte, Selbstbestimmungsrechte der Völker, internationale Wirtschaftsbeziehungen, innerstaatliche Transformationsprozesse);
- der Erweiterung des Kreises der Völkerrechtssubjekte (insbesondere im Hinblick auf den Einzelnen als Träger von Rechten und Pflichten);
- der Institutionalisierung der internationalen Zusammenarbeit (internationale Organisationen, Ausbau von Streitschlichtungsmechanismen, universelle und regionale Mechanismen zur Sicherung der Menschenrechte);
- dem gesteigerten Interventionspotential des Sicherheitsrates der Vereinten Nationen;
- dem wachsenden Netzwerk multilateraler Verträge.

Zu den großen Herausforderungen für das Völkerrecht am Beginn des 21. Jahrhunderts gehören die neuen Bedrohungen durch den internationalen Terrorismus und die Vernichtungspotentiale in Händen unberechenbarer Regime sowie humanitäre Katastrophen in unbefriedeten Gebieten von „failed (failing) states“. Auf eine Belastungsprobe stellen die Einheit der Völkerrechtsordnung vor allem die nor- 25 mativen Ansprüche bestimmter religiöser Richtungen, wie sie mit den Ideen einer transnationalen islamischen Gemeinschaft („Umma") und dem islamischen Recht („Scharia") als Maßstab aller Gesetzgebung verbunden sind. Jedoch anerkennen die meisten islamisch geprägten Staaten das Nebeneinander souveräner Staaten unter dem Dach der Völkerrechtsordnung.

Literatur: *T. M. C. Asser Instituut* (Hrsg.), International Law and the Grotian Heritage, 1985; *A. Becker Lorca*, Mestizo International Law: A Global Intellectual History 1842–1933, 2015; *B. Fassbender/H. P. Aust* (Hrsg.), Basistexte: Völkerrechtsdenken, 2012; *W. Grewe*, Epochen der Völkerrechtsgeschichte, 1984; *ders.* (Hrsg.), Fontes Historiae Iuris Gentium, Bd. 1: 1380 v. Chr. – 1483, 1995, Bd. 2: 1493–1815, 1988, Bd. 3 (zwei Halbbände): 1815–1945, 1992; *ders.*, The Epochs of International Law, 2000; *M. Herdegen*, The Dynamics of International Law in a Globalised World, 2016; *S. Kadelbach/T. Kleinlein/D. Roth-Isigkeit*, System, Order and International Law, 2017; *M. Koskenniemi*, The Gentle Civilizer of Nations, 2002; *K.-H. Lingens*, Internationale Schiedsgerichtsbarkeit und Jus Publicum Europaeum 1648–1794, 1988; *S. C. Neff*, Justice among Nations, 2014; *W. Preiser*, Die Völkerrechtsgeschichte, ihre Aufgabe und ihre Methode, 1964; *E. Reibstein*, Völkerrecht. Eine Geschichte seiner Ideen in Lehre und Praxis, Bd. I 1958, Bd. II, 1963; *T. Schweisfurth*, Sozialistisches Völkerrecht?, 1979; *H. Steiger*, Rechtliche Strukturen der Europäischen Staatenordnung 1648–1792, ZaöRV 59 (1999), S. 609 ff.; *F. Tesón*, The *Kantian* Theory of International Law, Columbia Law Review 92 (1992), S. 54 ff.; *J. H. W. Verzijl*, International Law in Historical Perspective, neun Bde., 1968–1979; *W. Graf Vitzthum*, Die herausgeforderte Einheit der Völkerrechtsordnung in: Weltinnenrecht, Liber amicorum Jost Delbrück, 2005, S. 849 ff.; *B. Vogel/R. Dolzer/M. Herdegen* (Hrsg.), Die Zukunft der UNO und des Völkerrechts, 2004; *A. von Arnauld* (Hrsg.), Völkerrechtsgeschichte(n). Historische Narrative und Konzepte im Wandel, 2017; *K.-H. Ziegler*, Völkerrechtsgeschichte, 2. Aufl. 2007.

§ 3. Geltungsgrund des Völkerrechts

1 Bis weit in das 20. Jahrhundert hinein hat die Frage nach dem Geltungsgrund für das Völkerrecht, also nach der letzten und tiefsten Begründung für die bindende Wirkung völkerrechtlicher Verpflichtungen, die Völkerrechtslehre in einem hohen Maße fasziniert. Dabei kann es nur um die Rückführung auf ein außerhalb der Völkerrechtsordnung gelegenes Bezugssystem wie etwa religiöse Vorstellungen oder Annahmen über die Natur des Menschen oder einen soziologischen Befund (faktische Akzeptanz von Völkerrechtsregeln in der Staatengemeinschaft) gehen.

In der christlichen Naturrechtslehre wurzelnde oder von bestimmten anthropologischen Prämissen geprägte vernunftrechtliche Ableitungen der Völkerrechtsordnung scheitern daran, dass sich der universelle Geltungsanspruch des Völkerrechts in einer heterogenen Staatenwelt bewähren muss. Insoweit rückt die Anerkennung völkerrechtlicher Grundwerte doch wieder in die Nähe zu bestimmten Grundprinzipien, welche das Gedankengut der Aufklärung (insbesondere im Hinblick auf den Achtungsanspruch des Einzelnen) von jeder positiven Rechtsordnung einfordert. Jedoch lassen sich jüngere Rechtsentwicklungen auf einen dem Völkerrecht vorausliegenden Wertekanon zurückführen. Dies gilt für zwingende (nicht vertragsdispositive) Standards der Menschenrechte ebenso wie für aufkeimende Anforderungen an die staatliche Binnenstruktur (wie ein Mindestmaß an demokratischen Elementen). 2

Einen eigenen, *normativen* Begründungsansatz liefert die „Wiener Schule". Im Sinne der „reinen Rechtslehre" von *Hans Kelsen* wird der Stufenbau der hierarchisch geordneten Normen zurückverfolgt bis zu einer obersten „*Grundnorm*": nämlich der Norm, die „die durch das gegenseitige Verhalten der Staaten konstituierte Gewohnheit als rechtserzeugenden Tatbestand einsetzt" (*H. Kelsen*, Reine Rechtslehre, 2. Aufl. 1969, S. 324 f.). Die Rechtsbindung an Verträge *(pacta sunt servanda)* wurzelt ihrerseits in einer Norm des Gewohnheitsrechts. Die Grundnorm, die auf Rechtsbindung durch Gewohnheit zielt, liefert aber nur eine letzte Begründung aus der Innensicht der als bestehend vorausgesetzten Völkerrechtsordnung. Sie liefert für sich genommen noch keine tragfähige Erklärung für die Steuerungskraft des Völkerrechts in der Staatenpraxis. Hierfür bedarf es der Rückkopplung auf einen faktischen (soziologischen) Befund, nämlich die Akzeptanz in der Staatengemeinschaft. Bei einer modernen Sichtweise bezieht sich diese Akzeptanz längst nicht mehr nur auf eine bestimmte Grundnorm, sondern auf elementare Werte der Völkergemeinschaft, die sowohl einer stabilen zwischenstaatlichen Ordnung dienen als auch in der Anerkennung des einzelnen Menschen als Person wurzeln. 3

Nach wie vor herrschend in der Völkerrechtslehre ist eine positivistische Sichtweise mit der Rückbindung der Völkerrechtsgeltung an die Zustimmung der Staaten: das *Konsensprinzip.* Dahinter steht die Einsicht, dass das Völkerrecht (nach wie vor) vor allem eine zwischenstaatliche Rechtsordnung in doppeltem Sinne bildet. Einmal richtet es sich in erster Linie an die Staaten als Normadressaten. 4

Zum anderen sind die Staaten zugleich die wesentlichen Akteure bei der Erzeugung von Völkerrecht (völkerrechtlichen Verträgen und Gewohnheitsrecht sowie allgemeinen Rechtsgrundsätzen des Völkerrechts). Hierin liegt der zentrale Unterschied zu nationalen Rechtsordnungen, die ganz auf einer zentralisierten Rechtsetzung durch staatliche Organe aufbauen. Die Völkerrechtslehre hat eine Reihe von Spielarten des Konsensprinzips entwickelt.

5 Eine von der Rechtsphilosophie *Hegels* (Grundlinien der Philosophie des Rechts, 1821, §§ 30ff.) ausgehende Lehre (etwa *Georg Jellinek* oder *Erich Kaufmann*) verortet die Geltung des Völkerrechts in der Selbstbindung des einzelnen Staates. Die konsequent angewandte Selbstbindungslehre stößt auf Schwierigkeiten bei Willensänderungen des einzelnen Staates und vermag nicht zu erklären, weshalb ein neu entstandener Staat unmittelbar an Völkerrechtsregeln gebunden ist. Durchgesetzt hat sich deshalb eine von der individuell begründeten und fortwirkenden Zustimmung des einzelnen Staates abstrahierende Lehre, die auf die Willensübereinstimmung der Staaten abstellt, die nicht mehr einseitig aufkündbar ist. Dies ist entweder der übereinstimmende Verpflichtungswille bei Verträgen oder der Grundkonsens der Staatengemeinschaft insgesamt über bestimmte Ordnungsprinzipien. Dabei betonen Völkerrechtslehren, denen die Entscheidungsfreiheit des einzelnen Staates (etwa nach innen gegenüber den eigenen Staatsangehörigen) ein besonderes Anliegen ist oder die bestimmte Wertvorstellungen der Staatenmehrheit fürchten, in besonderer Weise die notwendige Zustimmung für die Bindung an neu entstehendes Völkergewohnheitsrecht (wie etwa die frühere sozialistische Völkerrechtslehre).

6 Einen praktisch bedeutsamen Test für das Konsensprinzip bilden Situationen, in denen sich weder eine völkerrechtliche Erlaubnis für ein bestimmtes Verhalten der Staaten noch eine völkerrechtliche Verbotsnorm klar nachweisen lassen *(nonliquet).* Das Konsensprinzip legt nahe, dass die Nichterweislichkeit der Zustimmung zu einer Verbotsregel zugunsten der Freiheit des einzelnen Staates wirkt. Danach besteht eine Vermutung gegen Beschränkungen der Handelsfreiräume der Staaten. In diesem Sinne hat sich auch der Ständige Internationale Gerichtshof im *Lotus*-Fall geäußert:

„International law governs relations between independent States. The rules of law binding upon States therefore emanate from their own free will as expressed in conventions or by usages generally accepted as expressing principles of law and established in order to regulate the relations between these coexisting independent communities or with a view to the achievement of common aims. Restrictions upon the independence of States cannot therefore be presumed" (PCIJ Reports Ser. A, No. 10, S. 18).

Eine Vermutung gegen Freiheitsbeschränkungen der einzelnen Staaten lässt sich wohl auch dem Gutachten des Internationalen Gerichtshofs zur Drohung und zum Einsatz von Nuklearwaffen entnehmen: 7

„The Court notes by way of introduction that international customary and treaty law does not contain any specific prescription authorizing the threat or use of nuclear weapons or any other weapon in general or in certain circumstances, in particular those of the exercise of legitimate self-defence. Nor, however, is there any principle or rule of international law which would make the legality of the threat or use of nuclear weapons or of any other weapons dependent on a specific authorization. State practice shows that the illegality of the use of certain weapons as such does not result from an absence of authorization but, on the contrary, is formulated in terms of prohibition" (*Legality of the Threat or Use of Nuclear Weapons*, ICJ Reports 1996, S. 226 [247 para. 52]).

Die herrschende Konsenstheorie lässt sich nur mit beachtlichen Konzessionen aufrechterhalten, die sich auf objektive Strukturelemente des Völkerrechts beziehen. Zu diesen objektiven Elementen gehören bestimmte *Grundwerte* und *Fundamentalinteressen* der internationalen Gemeinschaft, welche der einseitigen oder vertraglichen Disposition der einzelnen Staaten entzogen sind (etwa elementare Menschenrechte wie das Folterverbot oder das Selbstbestimmungsrecht der Völker). Solche Grundwerte stehen hinter den Normen des zwingenden Völkerrechts *(ius cogens)*, das die Staaten nicht durch vertragliche Regelungen abbedingen können (siehe Art. 53 WVK). Zwar kann sich ein Staat durch beharrliche Einwendung (als *persistent objector*) grundsätzlich der Bindung an gegen seinen Willen entstehendes Gewohnheitsrecht entziehen. Dies gilt aber nicht für Fundamentalnormen, deren Einhaltung die Staatengemeinschaft fast einhellig als unabdingbar einstuft (wie das Verbot der Apartheid). Das Konsensprinzip versagt als ausschließliche Letztbegründung auch insoweit, als das Völkerrecht seinerseits Legitimitätsstandards an den Staatswillen heranträgt und die Staatengemeinschaft sich über den Willen einer undemokratischen Staatsgewalt hinwegsetzt (Beispiel: Intervention des Sicherheitsrates zur Verdrängung der Militärregierung in Haiti, S/Res. 940 [1994], VN 1994, S. 195). Hier bestehen erste Ansätze, dass die Legitimität stärker wiegt als die faktische Staatsgewalt. In enger Verbindung hiermit stehen Anforderungen des 8

Völkerrechts an die staatliche Binnenstruktur, wie sie auf regionaler Ebene etwa die neueren OSZE-Prinzipien (in diesem Sinne vor allem die Charta von Paris von 1990) beinhalten. Schließlich wirken völkerrechtliche Prozesse auf die Transformation mancher Staaten ein; staatsrechtliche Strukturen werden so „internationalisiert" (etwa durch das Abkommen von Dayton zu Bosnien und Herzegowina oder die Friedensabkommen für El Salvador und Guatemala). Auch der Aufbau des palästinensischen Autonomiegebietes zeigt eine Vernetzung von Staats- und Völkerrecht.

9 Eine wesentliche Abschwächung des Konsensprinzips liegt darin, dass die moderne Völkerrechtsentwicklung die Anforderungen an den nachweisbaren Konsens des einzelnen Staates als Voraussetzung der Rechtsbindung deutlich zurücknimmt und sich vielfach mit einem angenommenen oder stillschweigenden Konsens begnügt, bei dem die Zustimmung bis zur bloßen Fiktion verblassen kann. Dies gilt vor allem für die Rechtsentwicklung innerhalb der Vereinten Nationen und anderer internationaler Organisationen, deren Organe nach dem Mehrheitsprinzip arbeiten und durch ihre Praxis das Recht der Gründungsverträge zuweilen bis an die Grenze der Vertragsänderung fortbilden. Ein Beispiel liefert etwa die dynamische Auslegung des Friedensbegriffes in Art. 39 UN-Charta durch den UN-Sicherheitsrat. Manche multilateralen Verträge sehen vor, dass mit qualifizierter Mehrheit beschlossene Vertragsänderungen auch für nicht zustimmende Mitgliedstaaten gelten (siehe etwa Art. 108 UN-Charta: „Änderungen dieser Charta treten für alle Mitglieder der Vereinten Nationen in Kraft, wenn sie mit Zweidrittelmehrheit der Mitglieder der Generalversammlung angenommen und von zwei Dritteln der Mitglieder der Vereinten Nationen einschließlich aller ständigen Mitglieder des Sicherheitsrates nach Maßgabe ihres Verfassungsrechts ratifiziert worden sind.") Bei der Reform des Meeresbodenregimes des UN-Seerechtsübereinkommens von 1982 bildet eine Resolution der Generalversammlung in gewisser Weise als Substitut für die ausdrückliche vertragliche Zustimmung die Brücke zu einem speziellen Abkommen über den Tiefseebergbau.

10 Eine nachhaltige Relativierung des Konsensprinzips ergibt sich aus der Tätigkeit der Vereinten Nationen (insbesondere des Sicherheitsrates) als dem bedeutendsten Forum kollektiver Willensbildung in der Staatengemeinschaft. Auch Staaten, die gar nicht der UN-Charta beigetreten sind, können zu Adressaten von Maßnahmen der Vereinten Nationen werden.

So bestimmt Art. 2 Nr. 6 UN-Charta: „Die Organisation und ihre Mitglieder handeln im Verfolg der in Artikel 1 dargelegten Ziele nach folgenden Grundsätzen: ... 6. Die Organisation trägt dafür Sorge, dass Staaten, die nicht Mitglieder der Vereinten Nationen sind, insoweit nach diesen Grundsätzen handeln, als dies zur Wahrung des Weltfriedens und der internationalen Sicherheit erforderlich ist."

Bei einem Bruch oder einer Bedrohung des Friedens i. S. d. Art. 39 11
UN-Charta kann der Sicherheitsrat bindende Beschlüsse auch an Nicht-Mitgliedstaaten richten. Dies gilt selbst dann, wenn die Gefährdung des Friedens gar nicht von dem Nicht-Mitgliedstaat ausgeht. So gelten Embargobeschlüsse nach ständiger Praxis des Sicherheitsrates für *alle* Staaten (siehe etwa die Verhängung eines umfassenden Wirtschaftsembargos gegen Serbien und Montenegro in S/Res. 757 [1992], VN 1992, S. 110: „Der Sicherheitsrat beschließt, dass alle Staaten die nachstehenden Maßnahmen ergreifen werden ..."). Der Sicherheitsrat der Vereinten Nationen hat mehrfach Verpflichtungen begründet, die aus traditioneller Sicht eine vertragliche Regelung voraussetzen.

Ein prägnantes Beispiel ist das Vorgehen des Sicherheitsrates der Vereinten Nationen gegen das biologische und chemische Waffenpotential Iraks (S/Res. 687 [1991], VN 1991, S. 74). Der Irak hatte sich damals keinen vertraglichen Beschränkungen biologischer und chemischer Waffen unterworfen. Die Sicherheitsratsresolutionen zur Schaffung der internationalen Strafgerichtshöfe für das frühere Jugoslawien (S/Res. 827 [1991], VN 1993, S. 156) und Ruanda (S/Res. 955 [1994], VN 1995, S. 39) mit Verpflichtungen der Staaten zur Auslieferung substituieren einen multilateralen Vertrag. Hier tritt eine Art Gesetzgebung durch den Sicherheitsrat an die Stelle der konkreten Zustimmung. Der Konsens der Staaten reduziert sich auf die vertragliche Zustimmung zur UN-Charta, auf deren Grundlage der Sicherheitsrat die Strafgerichtshöfe ins Leben gerufen hat.

Literatur: *J. L. Brierly*, The Basis of Obligation in International Law, 1958, S. 1 ff.; *J. A. Carrillo Salcedo*, El fundamento del Derecho internacional: algunas reflexiones sobre un problema clásico, Revista Española de Derecho Internacional 50 (1998), S. 13 ff.; *A. Carty*, Critical International Law: Recent Trends in the Theory of International Law, EJIL 2 (1991), S. 66 ff.; *A. Chayes/A. Handler Chayes*, The New Sovereignty. Compliance with International Regulatory Agreements, 1995; *G. Jellinek*, Die rechtliche Natur der Staatsverträge, 1880; *H. Kelsen*, Reine Rechtslehre, 2. Aufl. 1969; *ders.*, Principles of International Law, 2. Aufl. (hrsg. von R. W. Tucker) 1966; *M. Koskenniemi*, From Apology to Utopia, 1989; *T. Schweisfurth*, Das Völkergewohnheitsrecht – verstärkt im Blickfeld der sowjetischen Völkerrechtslehre, GYIL 30 (1987), S. 36 ff.; *F. R. Teson*, A Philosophy of International Law, 1998; *C. Tomuschat*, Obligations Arising for States Without or Against Their

Will, RdC 241 (1993 – IV), S. 195 ff.; *V. S. Vereshchetin/G. M. Danilenko*, Cultural and Ideological Pluralism and International Law, GYIL 29 (1986), S. 56 ff.

§ 4. Ordnungsfunktionen und Gestaltungsaufgaben des Völkerrechts

1. Primat des Völkerrechts gegenüber der Politik

1 Als normative Ordnung bindet das Völkerrecht Staaten und andere Völkerrechtssubjekte. In ihrer verhaltenslenkenden Wirkung kanalisieren Völkerrechtsregeln politische Entscheidungen und schließen bestimmte Handlungsoptionen als rechtswidrig aus. Dieses Primat des Völkerrechts gegenüber der Politik ist nicht ganz so banal, wie es auf den ersten Blick scheinen mag. So hat die sowjetrussische Völkerrechtsdoktrin erst in der Endphase des kommunistischen Regimes gegen Ende der achtziger Jahre die unbedingte Unterwerfung außenpolitischer Entscheidungen unter das Völkerrecht anerkannt. Daneben wirken völkerrechtliche Prinzipien längst auch auf den politischen Handlungsspielraum der Staaten *nach innen* ein.

2 Die Geltung des Völkerrechts als normative Ordnung mit einem festen Bestand von strikten Regeln wird auch von vereinzelten Strömungen der modernen Völkerrechtslehre relativiert. So vermengt etwa die „Schule von New Haven“ mit ihrer *policy-oriented jurisprudence* (*Lasswell, McDougal, Reisman* u. a.) völkerrechtliche Prinzipien recht unbefangen mit Konzepten aus anderen Disziplinen (etwa den politischen Wissenschaften). Führende Vertreter dieser Schule beziehen die Steuerungskraft des Völkerrechtes auf die Heranführung der jeweiligen Entscheidungsträger an die maßgeblichen Entscheidungsfaktoren und eine Vorstrukturierung politischer Abwägungsprozesse durch bestimmte Vermutungen (*M. S. McDougal*, Studies in World Public Order, 1960, S. 157 ff., S. 887, Anm. 109). Die Schule von New Haven distanziert sich von einem Verständnis des Völkerrechts als Ordnung festgefügter Regeln und Ausnahmen. Vielmehr begreift sie das Völkerrecht als Gegenstand einer prozesshaften Entscheidung *(process)*. Für diese Schule steht die effektive Sicherung einer an der Menschenwürde orientierten Weltordnung im Vordergrund (*McDougal*, aaO, S. 987 ff.). So hat die Schule von New Haven recht früh die Rettung eigener Staatsangehöriger oder

den Schutz vor schwerwiegenden Menschenrechtsverletzungen (wie Genozid) als Rechtfertigungstitel für gewaltsames Eingreifen (humanitäre Intervention) anerkannt.

Der *policy-oriented jurisprudence* der Schule von New Haven ist 3 vorgehalten worden, mit der Verkürzung von Völkerrechtsregeln auf bloße Abwägungsfaktoren im politischen Prozess negiere sie im Grunde die strikte Verbindlichkeit von Völkerrechtsregeln und stelle damit das Völkerrecht als Rechtsordnung grundsätzlich in Frage. Sie laufe – so manche Kritik – vielfach auf eine allzu großzügige Rechtfertigung der Durchsetzung westlicher Wertvorstellungen hinaus. Dabei ist andererseits zu bedenken, dass die heutige Völkerrechtsordnung das Ergebnis eines langen Ringens um die Konkretisierung bestehender Prinzipien und die Entwicklung von Völkerrechtsregeln im Dienste bestimmter Wertpositionen darstellt. Insbesondere die modernen Menschenrechtsstandards verdanken eben den demokratischen Rechtsstaaten westlicher Prägung entscheidende Impulse.

Das Verständnis des Völkerrechts als Prozess hat für sich, dass das 4 zu beurteilende Verhalten von Staaten oder internationalen Organisationen selbst und die Reaktion der Staatengemeinschaft hierauf die rechtliche Würdigung des Verhaltens mitprägen können. Zu denken ist etwa an den Einsatz militärischer Gewalt zum Schutz von Menschenleben (wie etwa bei der gewaltsamen Befreiung der entführten Air France Maschine durch Israel in Entebbe) oder zur Sicherung von demokratischen Strukturen. Auf der anderen Seite liegt in der Qualifizierung von Völkerrechtsnormen als Determinanten in politischen Entscheidungsprozessen die Gefahr, dass sie zu bloßen Abwägungsfaktoren verkümmern. Über der Konkretisierungsbedürftigkeit mancher Völkerrechtsprinzipien darf nicht verkannt werden, dass das Völkerrecht in vielen Bereichen (regionale Menschenrechtsverträge, Übereinkommen im Rahmen der Welthandelsorganisation) längst einen Grad an Regelungsdichte und Präzision erreicht hat, der auch mit hoch entwickelten nationalen Rechtssystemen Schritt zu halten vermag.

Die Diskussion um den Militäreinsatz der NATO zum Schutz der Zivilbevölkerung im Kosovo im Frühjahr 1999 scheint der prozesshaften Sichtweise des Völkerrechts recht zu geben. Nach bislang herrschender Völkerrechtslehre setzt ein derartiger Militäreinsatz grundsätzlich eine Ermächtigung des Sicherheitsrates der Vereinten Nationen (nach dem VII. Kapitel der UN-Charta) voraus. Dagegen lässt eine gewichtige Minderheit in der Völkerrechtsdoktrin seit jeher ein militärisches Eingreifen „als humanitäre Intervention“

jedenfalls bei genozidartigen Vorgängen (und ähnlich schwerwiegenden Völkerrechtsverletzungen) zu. Die Berufung der NATO-Staaten auf die genozidartigen Vorgänge unter Verantwortung des serbischen Regimes von Milosevic hat der Rechtfertigung einer derartigen humanitären Intervention mächtigen Auftrieb gegeben. Die Verbindung einer beachtlichen (wenngleich in der Minderheit befindlichen) Position in der Völkerrechtslehre mit einem wichtigen Segment der Staatengemeinschaft wirkt hier als Katalysator für eine grundlegende Neugewichtung des Verhältnisses staatlicher Souveränität (Gewaltverbot) und des Schutzes elementarer Menschenrechte zueinander.

2. Legitimationsstiftende Wirkung

5 Die Steuerungskraft des Völkerrechts hängt eng mit seiner legitimationsstiftenden Wirkung in politischen Prozessen zusammen. Es ist ein Teil der Rechtskultur nicht nur der westlichen Staatenwelt, dass die Einhaltung völkerrechtlicher Verpflichtungen ihre legitimationsstiftende Wirkung in sich selbst trägt. Völkerrechtliche Verhaltensgebote entlasten von der politischen Verantwortung. Umgekehrt bringt jedenfalls der offene Verstoß gegen völkerrechtliche Normen den Makel der Illegitimität mit sich. In der Staatengemeinschaft wächst die Neigung, gegen schwerwiegende Völkerrechtsverletzungen auch dann vorzugehen, wenn sie nur nach innen wirken und keinen anderen Staat unmittelbar in dessen Rechten beeinträchtigen.

6 Die legitimationsstiftende Wirkung gilt nicht nur für völkerrechtliche Gebote, sondern auch für die schlicht völkerrechtskonforme Durchsetzung von Grundwerten der Völkerrechtsordnung. Darauf dürfte auch manche großzügige Auslegung verfassungsrechtlicher und gesetzlicher Kompetenzbestimmungen durch innerstaatliche Gerichte zurückzuführen sein.

Dies gilt wohl auch für die Rechtfertigung des Bundeswehreinsatzes in der Adria (zur Durchsetzung eines Embargos der Vereinten Nationen) und in Somalia (im Dienste einer vom UN-Sicherheitsrat beschlossenen humanitären Intervention) durch das Bundesverfassungsgericht (BVerfGE 90, 286). Hier hat die Anerkennung völkerrechtlich geschützter Belange im Rahmen der Vereinten Nationen und der NATO (als Systeme kollektiver Sicherheit im Sinne von Art. 24 Abs. 2 GG) zur Annahme gedrängt, ein solcher Einsatz der Streitkräfte sei vom Grundgesetz „ausdrücklich zugelassen" (Art. 87 a Abs. 2 GG). Das Bekenntnis zur Einbindung in Systeme kollektiver Sicherheit wird so als explizite Ermächtigung zur Durchsetzung von Grundwerten der Völkerrechtsordnung auch ohne eine völkerrechtliche Verpflichtung zur Mitwirkung Deutschlands gedeutet (selbst in einem internen Konflikt wie in dem von Hunger und lokalen Bandenkriegen geschundenen Somalia).

Als Grundlage für faktischen Rechtsgehorsam muss sich die Entwicklung von Völkerrechtsregeln ihrerseits an bestimmten Legitimitätsstandards messen lassen. Hierzu gehören Minimalanforderungen an die inhaltliche Klarheit, innere Schlüssigkeit und notwendige Flexibilität. Namentlich *Thomas Franck* hat für den Konformitätsdruck *(pull to compliance)* von Völkerrechtsregeln derartige qualitative Voraussetzungen entwickelt (*Franck*, The Power of Legitimacy among Nations, 1990, S. 24 ff. und *passim*). Dabei darf sich das Legitimitätsprofil von Völkerrechtsregeln nicht in bloß formal-logischen Standards erschöpfen, sondern bedarf der Rückbindung an bestimmte materielle Grundwerte. 7

Ein Beispiel für die schwierige Gratwanderung zwischen wünschenswerter Präzision und angemessener Beweglichkeit von Völkerrechtsregeln bildet die fortdauernde Diskussion um das Gewaltverbot und die mögliche Rechtfertigung militärischer Gewaltanwendung. Die Charta der Vereinten Nationen rechtfertigt den Einsatz von Gewalt als Selbstverteidigung im Falle eines „bewaffneten Angriffs" bis zu einem Eingreifen des Sicherheitsrates (Art. 51 UN-Charta). Bei einer engen Auslegung dieses Rechtfertigungstatbestandes (beschränkt auf den mit massivem Militäreinsatz verwirklichten Angriff auf fremdes Staatsgebiet oder fremde Streitkräfte) kann das Festhalten am Gewaltverbot zugunsten des Rechtsbrechers das Reaktionspotential des verletzten Staates unerträglich einschränken (etwa beim Vorgehen gegen Zentren des internationalen Terrorismus). Hier herrscht in der Völkerrechtslehre – noch – die Vorstellung, die Missbrauchsgefahr bei einer Ausweitung der gerechtfertigten Gewaltanwendung wiege schwerer als der Schutz des Rechtsbrechers durch das Gewaltverbot. Auf der anderen Seite gibt es Szenarien gravierender Völkerrechtsverletzungen (genozidartige Vorgänge), die über die Fälle der Selbstverteidigung hinaus zu einer Relativierung des Gewaltverbotes drängen können (etwa in dem Sinne, dass ein Völkermord praktizierender Staat den Schutz der territorialen Integrität verwirkt). 8

Auch in anderen Bereichen wie der Einschränkung nationaler Regelungsgewalt durch den vertraglichen Investitionsschutz sind das Interesse an vertrauensschützender Bestimmtheit und Rücksicht auf unvorhersehbare Veränderungen zum Ausgleich zu bringen.

Legitimitätserwartungen zielen auch auf ein bestimmtes Maß an Verteilungsgerechtigkeit beim Zugang zu wirtschaftlichen Ressourcen und bei Entscheidungen innerhalb internationaler Organisationen. Überspannte Erwartungen können dabei aber auch kontrapro- 9 duktiv wirken. Ein Beispiel bildet das von der Mehrheit der zahlreichen Entwicklungsländer betriebene Konzessionsmodell für den Tiefseebergbau nach dem UN-Seerechtsübereinkommen von 1982. Dieses dirigistische Verteilungsregime mit unrealistischen Maßstäben für den Technologietransfer hat die Seerechtskonvention lange Zeit um jede Aussicht auf Ratifikation durch die USA und andere wichtige Industriestaaten gebracht, die für eine praktische Umsetzung des Meeresbodenregimes unerlässlich ist. Erst ein Zusatzabkommen zum UN-Seerechtsübereinkommen, welches das ursprüngliche Regime zugunsten marktwirtschaftlicher Vorstellungen umgestaltet, hat die Perspektive einer universellen Akzeptanz unter Beteiligung der Industriestaaten eröffnet (hierzu unten § 31 Rn. 14ff.).

Die inhaltliche Akzeptanz von Völkerrechtsregeln fordert auch Abstriche von allzu formalen und abstrakten Legitimitätsstandards. Bei der politischen Willensbildung in internationalen Organisationen kann das Völkerrecht sich nicht einfach über bestehende Asymmetrien hinwegsetzen. Dies zeigt etwa die Stimmengewichtung unter den Mitgliedstaaten internationaler Finanzorganisationen (Weltbank, Internationaler Währungsfonds) oder Wirtschaftsorganisationen mit hohem Integrationsgrad (Europäische Union). Beim Sicherheitsrat der Vereinten Nationen würde die konsequente Verwirklichung formaler Gleichheit (etwa bei periodischer Wahl aller Mitglieder) zu einer nachhaltigen Lähmung des gesamten Systems kollektiver Sicherheit führen.

3. Stabilisierung zwischenstaatlicher Rechtsbeziehungen

10 Eine wesentliche Ordnungsfunktion des Völkerrechts liegt in der Stabilisierung zwischenstaatlicher Rechtsbeziehungen. Grundlegende Ordnungsprinzipien sind insoweit die souveräne Gleichheit der Staaten (siehe Art. 2 Nr. 1 UN-Charta) und der Schutz der territorialen Integrität des einzelnen Staates vor Anwendung und Androhung von Gewalt (Art. 2 Nr. 4 UN-Charta). Die Erhaltung der Staaten in ihrem vorgefundenen territorialen Bestand ist ein schlechthin konstituierendes Element der Völkerrechtsordnung. Die Prämierung dieses Bestandsinteresses findet eine einleuchtende Erklärung im Gegenstand des Völkerrechts und in der Erzeugung von Völkerrechtsregeln. Als primär zwischenstaatliche Ordnung ruht das Völkerrecht auf der Akzeptanz der einzelnen Staaten, in deren Händen auch die

Fortentwicklung des Völkerrechts (durch völkerrechtliche Verträge und Gewohnheitsrecht) liegt. Dieses System drängt geradezu nach einer Privilegierung des *status quo.* Die Außenvertretung eines Staates liegt grundsätzlich bei der effektiven Staatsgewalt. Die Sicherheit und Stabilität in zwischenstaatlichen Rechtsbeziehungen privilegierten das Bestandsinteresse gegenüber materieller Gerechtigkeit.

Ein Beispiel liefert die Grenzziehung in den ehemaligen Kolonial- 11
gebieten Afrikas. Diese Grenzziehung wird bis heute entscheidend durch die Außen- oder Verwaltungsgrenzen der früheren Kolonialmächte bestimmt (*uti possidetis*-Doktrin). Dieses Prinzip hat in Afrika (im Gegensatz zu Lateinamerika mit der homogenitätsprägenden Wirkung des spanischen Kolonialreiches) vielfach zu künstlich erscheinenden Grenzverläufen mit schwierigen ethnischen Konflikten geführt.

Selbst in den Fällen einer rechtswidrigen Annexion (Gebietserwerb unter Verstoß gegen das Gewaltverbot) tendiert die völkerrechtliche Praxis bei einer Verfestigung der effektiven Gebietsherrschaft über einen längeren Zeitraum dazu, sich mit den faktisch bestehenden Verhältnissen abzufinden, wenn ein Umsturzversuch die territoriale Ordnung in der Region nachhaltig zu destabilisieren drohen würde. So haben sich die meisten westlichen Staaten mit der gewaltsamen Eingliederung Tibets in den chinesischen Staatsverband abgefunden, ohne ausdrücklich einen Gebietstitel Chinas anzuerkennen. Stattdessen gelten die Bemühungen hier einem autonomen Status Tibets möglichst unter Bewahrung des ethnischen und religiösen Erbes. Auf der anderen Seite hat sich im Fall der Sezession der Krim und deren Eingliederung in die Russische Föderation die UN-Generalversammlung klar für eine Pflicht zur Nichtanerkennung ausgesprochen (hierzu unten § 24 Rn. 11).

In der modernen Völkerrechtsentwicklung gibt es aber gegenläu- 12
fige Tendenzen, welche das Bewahrungsinteresse an bestehenden Positionen zugunsten anderer Belange zurückdrängen und relativieren. Das Vorgehen des UN-Sicherheitsrates gegen das Militärregime auf Haiti zugunsten des demokratisch gewählten Präsidenten zeigt, dass das Legitimitätsprinzip (insbesondere beim Schutz menschenrechtlicher und demokratischer Standards) gegenüber dem Effektivitätsgrundsatz an Boden gewonnen hat. Auch das Selbstbestimmungsrecht der Völker sowie der völkerrechtliche Minderheitenschutz treten in Wettstreit mit dem Bewahrungsinteresse bestehender Herrschaftsverhältnisse. Die herrschende Völkerrechtsdoktrin zeigt aber nach wie vor größte Zurückhaltung gegenüber daraus abgeleiteten territorialen Veränderungen. Ein Sezessionsrecht ethnischer oder religiöser Minderheiten lässt sich (im Rahmen des Selbstbestimmungs-

rechts der Völker) auch bei diskriminierender Behandlung nur schwer begründen. Die jüngere Rechtsprechung des Internationalen Gerichtshofes hat im Spannungsverhältnis zwischen dem Selbstbestimmungsrecht der Völker einerseits und dem territorialen Bestandsinteresse andererseits bei Anwendung der *uti possidetis*-Doktrin in Afrika letztlich der Rechtssicherheit den Vorrang gegeben:

„[...] it may be wondered how the time-hallowed principle *[uti possidetis]* has been able to withstand the new approaches to international law as expressed in Africa, where the successive attainment of independence and the emergence of new States have been accompanied by a certain questioning of traditional international law. At first sight this principle conflicts outright with another one, the right of peoples to self-determination. In fact, however, the maintenance of the territorial status quo in Africa is often seen as the wisest course, to preserve what has been achieved by peoples who have struggled for their independence, and to avoid a disruption which would deprive the continent of the gains achieved by much sacrifice. The essential requirement of stability in order to survive, to develop and gradually to consolidate their independence in all fields, has induced African States judiciously to consent to the respecting of colonial frontiers, and to take account of it in the interpretation of the principle of self-determination of peoples" (IGH, *Frontier Dispute Case [Burkina Faso v. Mali]*, ICJ Reports 1986, S. 554 [566f. para. 25]).

Diese Judikatur mag man so deuten, dass sie das Selbstbestimmungsrecht der Völker gewissermaßen auf dem Altar einer stabilen territorialen Ordnung opfert. Auf der anderen Seite sieht der Internationale Gerichtshof die tiefere Rechtfertigung für eine Kontinuität des kolonialen Grenzverlaufes im Schutz der Unabhängigkeit und Stabilität neuer Staaten:

„Its obvious purpose is to prevent the independence and stability of new States being endangered by fratricidal struggles ..." (IGH, aaO, S. 565 para. 20).

4. Konfliktsteuerung

13 Eine zentrale Gestaltungsaufgabe der modernen Völkerrechtsordnung liegt in der Prävention von Konflikten, ihrer friedlichen Beilegung und der Konflikt-Nachsorge. Die Beendigung des Ost-West-Konfliktes mit dem Systemwandel der meisten kommunistischen Regime hat der Welt eine Reihe neuer Konflikte beschert. Die meisten dieser Konflikte werden innerhalb des Gebietes eines Staates ausgetragen. Konfliktsteuerung durch das Völkerrecht setzt hier die Ein-

wirkung auf nichtstaatliche Verbände und Individuen voraus. Daneben geht es um die Entwicklung von Völkerrechtsnormen, die den Wiederaufbau zerbrochener Ordnungsstrukturen in einem Staatswesen begleiten.

Die Aufgabe der Konfliktsteuerung hat im Rahmen der Vereinten Nationen seit Ende der achtziger Jahre eine vorher ungeahnte Dynamik erfahren. Entscheidend ist hier die Ausdehnung des Friedensbegriffs nach dem VII. Kapitel der UN-Charta, zu dessen Wahrung und Wiederherstellung der UN-Sicherheitsrat berufen ist (siehe Art. 24 Abs. 1 UN-Charta). Die Abwesenheit zwischenstaatlicher Konflikte mit militärischer Gewaltanwendung („negativer" Friedensbegriff) bildet nur noch den Kern eines dynamischen Friedensverständnisses, das die Bewältigung weiterer Konfliktlagen einschließt. Dies erstreckt die konfliktsteuernde Aufgabe des Völkerrechtes (im Rahmen der UN-Charta) auch auf Destabilisierungsfaktoren, die über die militärische Gewaltanwendung zwischen Staaten hinausgehen und selbst interne Konflikte innerhalb eines Staates einschließen. Hierzu gehört die Bekämpfung des internationalen Terrorismus ebenso wie das Vorgehen gegen Genozid und andere massive Menschenrechtsverletzungen. Auch Bürgerkriege fordern die Ordnungsfunktion der Vereinten Nationen jedenfalls dann heraus, wenn von ihnen destabilisierende Wirkungen auf Nachbarstaaten ausgehen.

Besondere Herausforderungen für das Völkerrecht ergeben sich **14** aus der Bekämpfung des internationalen Terrorismus. In Ergänzung des allgemeinen Schutzes von Schiffen und Luftfahrzeugen gegen Gewaltakte auf völkervertraglicher Grundlage richtet sich eine Reihe neuer Übereinkommen speziell gegen terroristische Staaten und die Unterstützung des Terrorismus (*International Convention for the Suppression of Terrorist Bombings*, angenommen durch GA/Res. 52/164 vom 15.12.1997; *International Convention for the Suppression of the Financing of Terrorism*, angenommen durch GA/Res. 54/109 vom 9.12.1999).

Das *Übereinkommen zur Bekämpfung der Finanzierung des Terrorismus* aus dem Jahre 1999 unternimmt sogar den Versuch, den Terrorismus zu definieren:

> „Any ... act intended to cause death or serious bodily injury to a civilian, or to any other person not taking active part in the hostilities in a situation of armed conflict, when the purpose of such act, by its nature or context, is to intimidate a population, or to compel a Government or an international organization to do or to abstain from doing any act" (Art. 2 Abs. 1 *lit.* b).

Die Berufungskammer des *Special Tribunal for Lebanon* hat dem Völkergewohnheitsrecht eine Definition des Terrorismus entnommen, die drei begriffsbestimmende Elemente enthält: „(i) the perpetration of a criminal act (such as murder, kidnapping, hostage-taking, arson, and so on), or threatening such an act; (ii) the intent to spread fear among the population (which would generally entail the creation of public danger) or directly or indirectly coerce a national or international authority to take some action, or to refrain from taking it; (iii) when the act involves a transnational element" (Interlocutory Decision on the Applicable Law: Terrorism, Conspiracy, Homicide, Perpetration, Cumulative Charging, Case No. STL-11–01/I, para. 85).

Nach den Anschlägen vom 11. September 2001 hat der UN-Sicherheitsrat diese Erscheinungsform des internationalen Terrorismus als „Bedrohung des Weltfriedens und der internationalen Sicherheit" im Sinne von Art. 39 UN-Charta qualifiziert (S/Res. 1373 [2001], ILM 40 [2001], S. 1278 ff.).

Die UN-Generalversammlung hat sich für eine weltweite Strategie zur Bekämpfung des Terrorismus ausgesprochen (GA/Res. 60/288 [2006]). Dabei unterstreicht die Generalversammlung die Achtung der Menschenrechte und der Rechtsstaatlichkeit bei der Terrorismusbekämpfung.

5. Schutz der Menschenrechte

15 Die Achtung elementarer Menschenrechte (etwa das Verbot der Folter und anderer unmenschlicher Behandlung oder der Schutz vor willkürlicher Verhaftung) gehört zu den Grundwerten der gegenwärtigen Völkerrechtsordnung. Um den als unabdingbar erkannten Bestand an Menschenrechten lagert sich ein weiterer Kreis vertraglich gesicherter Standards, wie sie sich etwa aus den UN-Menschenrechtspakten von 1966 oder regionalen Menschenrechtsverträgen (Europäische Menschenrechtskonvention, Amerikanische Menschenrechtskonvention, Afrikanische Charta der Menschenrechte und der Rechte der Völker) ergeben. Die klassischen Menschenrechte der „ersten Generation" (klassische Freiheitsrechte) haben in beachtlichem Umfang gewohnheitsrechtliche Geltung erlangt. Etwas anderes gilt für die wirtschaftlichen, kulturellen und sozialen Rechte der „zweiten Generation", die immerhin in Verträgen vielfach Absicherung gefunden haben. Noch ohne feste Konturen sind die Menschen-

rechte der „dritten Generation", wie das seit einigen Jahrzehnten eingeforderte Recht auf Entwicklung. Hier bleibt immer noch zu klären, ob es sich überhaupt um ein echtes Menschenrecht handeln soll und ob Verpflichtungsadressaten andere (reichere) Staaten oder vielleicht sogar der eigene Staat (gegenüber seiner Bevölkerung) sein soll. Ob es (schon) ein individuelles oder kollektives Recht auf eine demokratische Herrschaftsform gibt, ist in den letzten beiden Jahrzehnten zu einer lebhaft diskutierten Frage geworden.

Eine große Herausforderung für die Sicherung universeller Menschenrechtsstandards sind unterschiedliche kulturelle und religiöse Vorstellungen in der heterogenen Staatenwelt. Hier ringt die Rücksicht auf unterschiedliche kulturelle Vorverständnisse mit dem Bekenntnis zur Universalität der Menschenrechte.

6. Einwirkung des Völkerrechts auf staatliche Binnenstrukturen

Aus traditioneller Sicht hat die Einwirkung des Völkerrechts auf 16
staatliche Binnenstrukturen geradezu revolutionäre Züge. Zunächst hat die dynamische Entwicklung menschenrechtlicher Standards die gewissermaßen unantastbare Innensphäre des Staates, den seiner freien Gestaltung überlassenen Bereich innerer Angelegenheiten *(domaine réservé)* zunehmend schrumpfen lassen. Die Ächtung der Apartheid in Südafrika erfasste die Diskriminierung gerade auch bei den politischen Mitwirkungsrechten und griff damit auf Grundstrukturen des weißen Minderheitsregimes in Südafrika (und später in Rhodesien) über. Der OSZE- (früher: KSZE)-Prozess förderte das Bekenntnis zu einer demokratischen Ordnung mit freien Wahlen und Mehrparteiensystem. Im Schlussdokument des Moskauer Treffens der Konferenz über die menschliche Dimension der KSZE (1991) bekunden die Teilnehmerstaaten ihre Bereitschaft, die demokratisch legitimierten Organe eines Teilnehmerstaates gegen Umsturzversuche im Einklang mit der UN-Charta zu unterstützen (Abschnitt II, 17.2, EuGRZ 1991, S. 495 ff.). Zur Wiedereinsetzung der demokratisch gewählten Regierung von Haiti hat der UN-Sicherheitsrat Zwangsmaßnahmen nach dem VII. Kapitel gegen das Militärregime beschlossen (S/Res. 940 [1994], VN 1994, S. 195). In jüngerer Zeit haben sich Prozesse der Neuordnung von Staatsstrukturen (auch) in völkerrechtlichen Bahnen vollzogen. Ein besonders präg-

nantes Beispiel sind die Vereinbarungen von Dayton (1995) über das staatsrechtliche Gefüge von Bosnien und Herzegowina (ILM 35 [1996], S. 170 ff.). Im Grenzbereich zwischen Staatsrecht und Völkerrecht sind die Vereinbarungen zur Befriedung der internen Konflikte in El Salvador (UN-Doc. A 46/864 [1994]) und Guatemala (ILM 36 [1997], S. 258 ff.) angesiedelt.

17 In enger Berührung mit demokratischen Standards steht das Konzept der *good governance*. Dieses Konzept verbindet Transparenz und Effektivität der Staatsverwaltung mit bestimmten demokratischen, rechtsstaatlichen und menschenrechtlichen Standards. Offen ist, ob eine marktwirtschaftliche Ordnung zu den Elementen von *good governance* gehört. Viele Definitionen erwähnen diese Komponente nicht. Aber eine demokratische Ordnung lässt sich langfristig nur mit privatwirtschaftlicher Freiheit des Einzelnen verwirklichen. Die Entschließung des Rates der Europäischen Gemeinschaften und der im Rat vereinigten Vertreter der Mitgliedstaaten über Menschenrechte, Demokratie und Entwicklung von 1991 (Bulletin EG 11/1991, S. 128 ff.) versammelt unter dem begrifflichen Dach der *good governance* ein ganzes Bündel von Faktoren:

> „5. Der Rat unterstreicht die Bedeutung einer verantwortungsvollen Regierungsführung. Souveräne Staaten haben sicherlich das Recht, ihre eigenen Verwaltungsstrukturen zu schaffen und sich ihre eigenen verfassungsrechtlichen Strukturen zu geben, doch eine ausgewogene Entwicklung kann auf Dauer nur wirksam erzielt werden, wenn eine Reihe allgemeiner Grundsätze des Regierens beachtet werden: eine vernünftige Wirtschafts- und Sozialpolitik, demokratische Beschlussfassung, angemessene Transparenz des Regierens und finanzielle Verantwortlichkeit, Schaffung eines mit marktwirtschaftlichen Grundsätzen kompatiblen Entwicklungsumfelds, Maßnahmen zur Bekämpfung der Korruption sowie Wahrung der Rechtsstaatlichkeit, der Menschenrechte sowie der Presse- und Meinungsfreiheit. Die Gemeinschaft und ihre Mitgliedstaaten werden die Bemühungen der Entwicklungsländer zur Förderung einer verantwortungsvollen Regierungsführung unterstützen, und diese Grundsätze werden im Rahmen ihrer derzeitigen oder künftigen Beziehungen im Bereich der Entwicklungszusammenarbeit eine zentrale Rolle spielen."

Die Standards verantwortungsvoller Regierungsführung haben auf vertraglicher Ebene etwa Eingang in das Partnerschaftsabkommen zwischen den AKP-Staaten einerseits und der Europäischen Gemeinschaft (jetzt: Union) und ihren Mitgliedstaaten anderseits (Abkommen von Cotonou, ABl. 2000 Nr. L 317, S. 3, Art. 9 Abs. 3) gefunden.

18 Zu einem völkerrechtlichen Begriff hat sich dieses Konzept noch nicht verdichten können. Sein Anwendungsfeld liegt vor allem auf

dem Gebiet der Entwicklungspolitik, bei dem die Geberländer (vorbehaltlich bestehender Verträge) Bedingungen für Entwicklungshilfe in größter Freiheit formulieren können. Weltbank und Internationaler Währungsfonds machen bei der Vergabe von Finanzhilfen im Hinblick auf die Förderungswürdigkeit von Projekten und die sinnvolle Mittelverwendung einzelne Aspekte des schillernden Begriffes *good governance* zum Gegenstand der Prüfung. Völkerrechtliche Abkommen und andere Instrumente zur Bekämpfung der Korruption wie die UN-Konvention gegen Korruption von 2002 (ILM 43 [2002], S. 37) und das OECD-Übereinkommen über die Bekämpfung der Bestechung ausländischer Amtsträger im internationalen Geschäftsverkehr (BGBl. 1998 II, S. 2327) zielen auf eine transparente Verwaltung und ein dem Allgemeinwohl verpflichtetes Amtsethos. Daneben leisten auch der vertragliche Menschenrechtsschutz sowie Regeln des Wirtschaftsvölkerrechts (etwa Verträge zum Investitionsschutz) einen wichtigen Beitrag zu einer willkürfreien und rechtsstaatlichen Gesetzgebung, Verwaltung und Justiz.

7. Umweltschutz

Der schonende Umgang mit nicht regenerierbaren Ressourcen, die 19
Rücksicht auf das ökologische Gleichgewicht und der Klimaschutz haben in der Staatengemeinschaft einen hohen Stellenwert erlangt, der sich in einer Reihe multilateraler Verträge zum Umweltschutz niederschlägt. Ein Meilenstein in der Entwicklung des Völkerrechts und Umweltschutzes bildet die UN-Konferenz von Rio zu Umwelt und Entwicklung (1992). Diese Konferenz hat unter anderem die Rahmenkonvention über den Klimaschutz, das Übereinkommen zur Biodiversität und den Aktionsplan „*Agenda 21*" verabschiedet. Ein zentrales Anliegen ist die Verknüpfung der Wirtschaftsentwicklung mit der Verantwortung für Umweltbelange unter dem Dach des *sustainable development* in der deutschen Übersetzung: „nachhaltige Entwicklung". Eine große Herausforderung für die vertragliche Ausgestaltung der Welthandelsordnung im Rahmen der Welthandelsorganisation bildet die Einbeziehung von Maßnahmen des Umweltschutzes in die zulässigen Handelsbeschränkungen in einer Weise, die Belangen der Entwicklungsländer (im Hinblick auf die Wettbewerbsvorteile umweltschonend produzierender Industrieländer) Rechnung trägt *(Greening the GATT)*.

8. Internationale Wirtschaftsordnung

20 In der Ausgestaltung bi- und multilateraler Wirtschaftsbeziehungen hat das Völkerrecht einen hohen Grad normativer Dichte erreicht, der sich in anderen Bereichen des Völkerrechts kaum findet. Im internationalen Wirtschaftsrecht ist auch der Gedanke des wechselseitigen Vorteiles (beim Abbau von Zöllen und anderen Handelsbeschränkungen) besonders augenfällig. Die Welthandelsordnung ist mit der Beendigung der Verhandlungsrunde von Uruguay und der Schaffung der neuen Welthandelsorganisation in eine neue Phase getreten. Das Vertragsregime der *World Trade Organization* (WTO) erstreckt sich nicht nur auf den freien Handel mit Waren, sondern auch auf Dienstleistungen und den Schutz des geistigen Eigentums. Die Schaffung eines justizförmigen Streitbeilegungsmechanismus der WTO hat wirtschaftliche Konflikte einer starken Verrechtlichung zugeführt. Der vertragliche Investitionsschutz hat in den vergangenen beiden Jahrzehnten großen Aufschwung genommen. Die regionale Wirtschaftskooperation auf der Grundlage von Verträgen über Zollunionen, Freihandelszonen und höhere Stufen der wirtschaftlichen Integration hat Wirtschaftsblöcke von unterschiedlichem Gewicht entstehen lassen (insbesondere die Europäische Union, NAFTA und Mercosur).

21 Der Ruf vieler Entwicklungsländer nach einer „neuen Weltwirtschaftsordnung“ (mit der Einforderung gesteigerter Solidarität der Industriestaaten, uneingeschränkter Nutzung der eigenen Ressourcen durch die Entwicklungsländer und der Möglichkeit erleichterter Enteignung ausländischer Investoren) ist im Laufe der letzten Jahre abgeklungen. Dahinter stehen neben dem Zusammenbruch der kommunistischen Regime des früheren Ostblocks die Einsicht in die relative Überlegenheit des marktwirtschaftlichen Modells und die Vorteile einer liberalen Welthandelsordnung sowie der Wettbewerb der Entwicklungsländer um ausländische Investitionen.

Literatur: *M. Byers*, The Role of Law in International Politics, 2001; *ders./G. Nolte* (Hrsg.), United States Hegemony and the Foundations of International Law, 2003; *R. Dolzer/M. Herdegen/B. Vogel*, Good Governance, 2007; *G. L. Dorsey*, The McDougal-Lasswell Proposal to Build a World Public Order, AJIL 82 (1988), S. 41 ff.; *T. M. Franck*, The Power of Legitimacy among Nations, 1990; *ders.*, Fairness in International Law and Institutions, 1995; *L. Henkin*, International Law: Politics and Values, 1995; *R. Higgins*, Peace and

Security: Achievements and Failures, EJIL 6 (1995), S. 445 ff.; *dies./M. Flory* (Hrsg.), Terrorism and International Law, 1997; *M. S. McDougal/W. M. Reisman*, International Law in Policy-Oriented Perspective, in: R. St. J. Macdonald/D. M. Johnston (Hrsg.), The Structure and Process of International Law: Essays in Legal Philosophy, 1983, S. 103 ff.; *B. Rudolf*, Is „Good Governance“ a Norm of International Law?, in: Festschrift für C. Tomuschat 2006, S. 1007; *C. Schreuer*, The Waning of the Sovereign State: Towards a New Paradigm for International Law?, EJIL 4 (1993), S. 447 ff.; *A.-M. Slaughter*, International Law in a World of Liberal States, EJIL 6 (1995), S. 503 ff.; *dies./W. Burke-White*, The Future of International Law Is Domestic (or, The European Way of Law), Harv. Int'l L. J. 2006, S. 327; *dies.*; *C. Walter/S. Vöneky/V. Röben/F. Schorkopf* (Hrsg.), Terrorism as a Challenge for National and International Law: Security versus Liberty?, 2004.

§ 5. Staatenwelt als Rechtsgemeinschaft und das Völkerrecht als objektive Wertordnung

1. Die Lehre von der internationalen Rechtsgemeinschaft

Bis in die jüngere Zeit hinein herrschte eine Perspektive des Völkerrechts, welche die aufeinander bezogenen Rechte und Pflichten eines Staates gegenüber einem anderen Staat (oder sonstigen Völkerrechtssubjekten) in den Mittelpunkt rückte. Nach dieser Sichtweise stehen ganz die rechtlich geschützten Interessen (und Pflichten) eines Staates in konkreten zwischenstaatlichen Beziehungen im Vordergrund. So erscheint die Missachtung eines diplomatischen Vertreters durch den Empfangsstaat als Verletzung der Rechte des Entsendestaates, der zur Verteidigung seiner rechtlich geschützten Interessen auf dieses Unrecht mit Gegenmaßnahmen reagieren darf. Eine solche Deutung des Völkerrechts von den subjektiven Interessen der betroffenen Staaten her liegt insbesondere dann nahe, wenn man den Geltungsgrund des Völkerrechts im Konsens der einzelnen Staaten sieht. Etwas vergröbert lässt sich hier vom Bild einer „atomisierten“ Staatenwelt sprechen, die von subjektiven Interessen der einzelnen Staaten beherrscht wird. 1

Ein anderes Profil von der Staatenwelt entwickelt die moderne Lehre von der Staatenwelt als internationaler Rechtsgemeinschaft *(international legal community)*. Diese Lehre begreift das Völkerrecht als Grundlage einer internationalen Gemeinschaft, die durch bestimmte formelle und materielle Grundprinzipien verbunden ist. 2

Hermann Mosler hat das Konzept der Völkerrechtsgemeinschaft in seiner Haager Vorlesung von 1974 (RdC 140 [1974 – IV], S. 1 ff.) entwickelt und später weiter ausgebaut:

„The constitution of a society, whether it regulates life within a State or the coexistence of a group of States, is the highest law in society. It transforms a society into a community governed by law. It provides for the necessary organisation and for the division of competence of organs established under fixed procedural rules. In spite of the lack of a general constitution for the functioning of the international community there are many constitutional elements of varying form and importance“ (*H. Mosler*, The International Society as a Legal Community, 1980, S. 15 f.).

3 Dieses Konzept gründet die Völkerrechtsgemeinschaft zum einen auf bestimmte Grundregeln der Rechtserzeugung, die als konstitutionelles Element der internationalen Gemeinschaft fungieren (*Mosler*, aaO, S. 15 f.). Zum anderen ruht die Völkerrechtsgemeinschaft auf gewissen *materiellen* Prinzipien, in denen ein Mindestmaß an gemeinsamen Grundwerten zum Ausdruck kommt (*international public order*, siehe *Mosler*, aaO, S. 17 ff.).

4 Wesentliche Impulse verdankt das moderne Konzept der internationalen Rechtsgemeinschaft den Lehren von *Alfred Verdross*, der – ausgehend von einem formellen konstitutionellen Ansatz (Grundregeln der Rechtserzeugung) – die rechtliche Basis der Staatengemeinschaft zunehmend mit materiellen Grundprinzipien (ein frühes Beispiel: die Ächtung des Angriffskrieges) angereichert hat, die sich insbesondere aus der UN-Charta speisen. In dem Lehrbuch „Universelles Völkerrecht“ von *Verdross* und seinem Schüler *Bruno Simma* erscheint schließlich die Charta der Vereinten Nationen *unmittelbar* als Verfassung der Staatengemeinschaft:

„… Die UN-Charta war … zunächst nur die Verfassung einer Teilordnung innerhalb der universellen Völkerrechtsordnung, da die UNO ursprünglich nur 51 Staaten umfasste. Seitdem aber nahezu alle Staaten Mitglieder dieser Organisation geworden sind und auch die restlichen Staaten ihre leitenden Grundsätze anerkannt haben, ist die UN-Charta zur Grundordnung des gesamten universellen Völkerrechts aufgerückt. In ihrer Präambel verpflichtet sie ihre Mitglieder nicht nur zur Achtung der völkerrechtlichen Verträge, sondern auch der in anderen Quellen des Völkerrechts enthaltenen Normen, also auch zur Achtung des traditionellen allgemeinen Völkerrechts, soweit es nicht durch die Charta abgeändert wurde. Auf diese Weise ist das bisher geltende allgemeine Völkerrecht der neuen universellen Ordnung eingegliedert worden“ (*A. Verdross/B. Simma*, Universelles Völkerrecht, 3. Aufl. 1984, S. 72).

5 Diese Sichtweise hat für sich, dass die Charta der Vereinten Nationen längst universal anerkannte Grundprinzipien enthält, wie sie namentlich in Artikel 1 und Artikel 2 umschrieben sind (etwa: Selbstbestimmungsrecht der Völker, souveräne Gleichheit der Staaten, friedliche Streitbeilegung und Gewaltverbot). Außerdem misst sich die UN-Charta Vorrang gegenüber anderen völkerrechtlichen Verträgen bei (Art. 103 UN-Charta). Jedoch kann die Anwendung und mögliche Änderung der Charta nicht ganz auf den Rückgriff auf externe Völkerrechtsregeln (des Gewohnheitsrechtes) verzichten (etwa im Hinblick auf die Beachtung zwingenden Völkerrechtes durch den Sicherheitsrat). Außerdem gilt die UN-Charta unmittelbar nur für die Mitgliedstaaten, die eben nur *fast* die ganze Staatengemeinschaft ausmachen.

6 Diese Einwände vermeidet ein anderer „konstitutioneller" Ansatz, der formelle Grundregeln über die Rechtserzeugung mit materiellen Leitprinzipien (als Ausdruck gemeinsamer Werte) verbindet und in diesem Gefüge von Grundregeln die Verfassung der internationalen Gemeinschaft sieht (*C. Tomuschat*, Obligations Arising for States Without or Against Their Will, RdC 241 [1993 – IV], S. 195 ff. [216 ff.]). Die UN-Charta gibt der Grundordnung der Staatengemeinschaft entscheidende Impulse, ohne mit einer Weltverfassung identisch zu sein:

> „[…] the international community can indeed be conceived of as a legal entity, governed by a constitution, a term which, as pointed out, serves to denote the basic functions of governance within that entity. The international community and its constitution were created by States. Over centuries up to the present time, buttressed in particular by the UN Charter, the idea of a legal framework determining certain common values as the guiding principles States are bound to observe and respect has gained ground and has been progressively strengthened. Today, international legal discourse is profoundly marked by the concept of international community, and precisely in documents established by State representatives. The international community is not an invention by academic scholars" (*Tomuschat*, aaO, S. 236).

7 Das Verdienst des „konstitutionellen" Ansatzes liegt in der nachhaltigen Abschwächung des Konsensprinzips und der mit dem notwendigen Konsens verbundenen Volatilität in der Regelung zwischenstaatlicher Beziehungen. Die Grundordnung der Staatengemeinschaft erscheint als Netzwerk (auch materieller) Leitprinzipien, die dem einzelnen Staat und seiner Existenz vorausliegend zu denken sind. Ein Staat, der Mitglied der internationalen Gemeinschaft sein

will, muss bestimmte rechtlich geschützte Grundwerte anerkennen und sich bestimmten Formen der Rechtserzeugung beugen. Die Vorstellung solcher einmal von der Staatengemeinschaft insgesamt akzeptierter, jetzt nicht mehr von der Zustimmung jedes einzelnen Staates abhängiger Grundprinzipien trägt entscheidend dazu bei, die zwischenstaatlichen Beziehungen zu stabilisieren. Auf der anderen Seite birgt das konstitutionelle Denken mit seinen begrifflichen Anleihen beim nationalen Verfassungsrecht die Gefahr, dass es überzogene Erwartungen weckt und dann nicht einzulösen vermag. Die rechtliche Grundordnung der internationalen Gemeinschaft findet sich weit stärker im Fluss als nationale Verfassungen. Sie begründet auch keinen Verband, der durch seine Organe zu handeln vermag. Maßnahmen des UN-Sicherheitsrates mag man allenfalls verkürzt in einem politologischen Sinne als Handeln für die Staatengemeinschaft deuten; rechtlich sind diese Maßnahmen der internationalen Organisation „Vereinte Nationen" zuzurechnen. Völlig verfehlt wäre es, die Völkerrechtsgemeinschaft als Rechtssubjekt mit eigenen Rechten und Pflichten zu begreifen.

Selbst beim System der Europäischen Union (die in ihrer Organisationsstruktur und ihrer Kompetenzfülle einem Staat näher kommt als irgendeine andere internationale Organisation) ist es höchst umstritten, inwieweit die Rede von einer europäischen „Verfassung" Sinn macht. Der im Oktober 2004 unterzeichnete „Vertrag über eine Verfassung für Europa" (https://europa.eu/european-union/sites/europaeu/files/docs/body/treaty_establishing_a_constitution_for_europe_de.pdf; zuletzt abgerufen am 29.11.2018) sollte terminologisch einen Qualitätssprung in der europäischen Integration signalisieren und ist wohl auch an diesem Anspruch gescheitert.

Literatur: *A. Buchanan*, Justice, Legitimacy, and Self-determination, 2003; *B. Fassbender*, The United Nations Charter as Constitution of the International Community, CJTL 36 (1998), S. 529 ff.; *J. Klabbers/A. Peters/G. Ulfstein*, The Constitutionalization of International Law, 2009; *T. Kleinlein*, Konstitutionalisierung im Völkerrecht, 2012; *H. Mosler*, The International Society as a Legal Community, RdC 140 (1973), S. 1 ff. (aktualisierte Fassung: The International Society as a Legal Community, 1980); *A. L. Paulus*, Die internationale Gemeinschaft im Völkerrecht, 2001; *B. Simma*, From Bilateralism to Community Interest in International Law, RdC 250 (1994 – VI), S. 225 ff.; *C. Tomuschat*, Obligations Arising for States Without or Against Their Will, RdC 241 (1993 – IV), S. 195 ff.; *ders.*, Die internationale Gemeinschaft, AVR 33 (1995), S. 1 ff.; *ders.*, International Law: Ensuring the Survival of Mankind on the Eve of a new Century, RdC 281 (1999), S. 9 ff.; *A. Verdross*, Die Verfassung der Völkerrechtsgemeinschaft, 1926; *C. Walter*, Constitutionalizing (Inter-)national Governance – Possibilities for and Limits to the Development of an International Constitutional Law, GYIL 44 (2001), S. 170 ff.

2. Das Völkerrecht als Ausdruck einer objektiven Wertordnung

Der Gedanke einer internationalen Rechtsgemeinschaft lebt wesentlich von der Annahme, dass materielle Grundprinzipien des Völkerrechts Ausdruck einer objektiven Wertordnung sind, die (jedenfalls in einem normativen Sinne) alle Mitglieder der Staatengemeinschaft verbindet. Staaten, die sich von solchen Grundwerten distanzieren (etwa durch Rassendiskriminierung) bleiben auch ohne ihre Zustimmung an Rechtsnormen zum Schutz dieser Grundwerte gebunden und riskieren Sanktionen durch die gesamte Staatengemeinschaft. 8

In enger Nähe zum Verständnis des Völkerrechts als Wertordnung steht die Idee einer „Konstitutionalisierung" des Völkerrechts, die vor allem in der deutschsprachigen Völkerrechtslehre beachtlichen Anhang gefunden hat. Damit ist die Vorstellung einer („konstitutionellen") Grundordnung verbunden, die sich bis zu einem gewissen Grade vom Willen der einzelnen Staaten emanzipiert hat. Dabei suggeriert die Formel von der „Konstitutionalisierung" eine Parallele zu nationalen Verfassungen und zur vertraglichen Ordnung der Europäischen Union, die außerordentlich problematisch ist und kaum einlösbare Erwartungen an die normative Dichte nichtdisponibler Völkerrechtsnormen weckt. Die Charta der Vereinten Nationen mag man in einem weiteren Sinne als vertragliche Grundordnung der Staatengemeinschaft begreifen; die Verfassung der einzelnen Staatsvölker bildet sie nicht.

a) Objektive Werte im Völkerrecht

Objektive Werte, die (auch) um ihrer selbst willen (und nicht nur im Interesse einzelner Staaten) geschützt sind, stehen insbesondere hinter den Regeln des zwingenden Völkerrechts *(ius cogens)*, das der vertraglichen Dispositionsfreiheit der Staaten unübersteigbare Grenzen setzt. Das Wiener Übereinkommen über das Recht der Verträge weist in der Definition der zwingenden Völkerrechtsregeln auf das Interesse der internationalen Staatengemeinschaft an deren Einhaltung als unabdingbare Normen hin: 9

„Ein Vertrag ist nichtig, wenn er im Zeitpunkt seines Abschlusses im Widerspruch zu einer zwingenden Norm des allgemeinen Völkerrechts steht. Im

Sinne dieses Übereinkommens ist eine zwingende Norm des allgemeinen Völkerrechts eine Norm, die von der internationalen Staatengemeinschaft in ihrer Gesamtheit angenommen und anerkannt wird als eine Norm, von der nicht abgewichen werden darf und die nur durch eine spätere Norm des allgemeinen Völkerrechts derselben Rechtsnatur geändert werden kann" (Art. 53 WVK).

Zu diesen zwingenden Normen gehören etwa elementare Menschenrechte (wie das Verbot der Folter oder Sklaverei, die Ächtung des Völkermordes oder der Rassendiskriminierung) oder das Selbstbestimmungsrecht der Völker.

Die Normen des zwingenden Völkerrechts stehen inhaltlich in engem Zusammenhang mit den Verpflichtungen *erga omnes*, also Verpflichtungen, die gegenüber der gesamten Staatengemeinschaft bestehen (wie die Einhaltung des zwingenden Völkerrechts oder etwa die elementaren Pflichten im diplomatischen Verkehr). Auf die Verletzung solcher Verpflichtungen kann nach vordringender Auffassung jeder Staat mit sonst unzulässigen Gegenmaßnahmen (Repressalien) reagieren.

Ein Beispiel für eine Reaktion auf schwerwiegende Völkerrechtsverletzungen bildet die Verhängung eines Flugverbotes der Europäischen Gemeinschaft für jugoslawische Fluggesellschaften wegen der „ernsthaften Verletzung der Menschenrechte und des humanitären Völkerrechts" im Kosovo durch die Bundesrepublik Jugoslawien (Verordnung [EG] Nr. 1901/98, ABl. 1998 Nr. L 248/1).

10 Der Gedanke gemeinsamer Grundwerte in der Völkerrechtsordnung steht auch hinter dem Konzept des „völkerrechtlichen Verbrechens", wie es die International Law Commission entwickelt hat. Ein völkerrechtliches Verbrechen ist danach durch den Bruch einer völkerrechtlichen Verpflichtung gekennzeichnet, die für die Wahrung der grundlegenden Interessen der internationalen Gemeinschaft so wesentlich ist, dass diese Gemeinschaft als Ganze die Verletzung als ein völkerrechtliches Verbrechen einstuft:

„An internationally wrongful act which results from the breach by a State of an international obligation so essential for the protection of fundamental interests of the international community that its breach is recognized as a crime by the community as a whole constitutes an international crime" (in erster Lesung von der International Law Commission angenommener Entwurf zur Staatenverantwortlichkeit, in der Fassung von 1996, Teil I, Art. 19 Abs. 2, ILM 37 [1998], S. 440 ff.).

In den 2001 in zweiter Lesung verabschiedeten Artikeln zur Staatenverantwortlichkeit hat sich die International Law Commission allerdings vom Konzept des „völkerrechtlichen Verbrechens" gelöst, da dieser Begriff eine völkerrechtliche Strafbarkeit suggeriert und dadurch Verwirrung stiftet. Der Entwurf der International Law Commission hat nunmehr den Tatbestand der schwerwiegenden Völkerrechtsverletzung geprägt (Art. 40) und sieht die Verpflichtung der Staaten vor, den Folgen solcher Völkerrechtsverletzungen die Anerkennung zu versagen (Art. 41) (hierzu unten § 58 Rn. 9 f.). Diese Nichtanerkennung spielt vor allem bei gewaltsamen Annexionen eine wichtige Rolle (hierzu unten § 21 Rn. 9 ff.).

Der IGH hat in seinem Gutachten zum israelischen Sperrzaun eine Pflicht von Drittstaaten angenommen, schwerwiegenden Verletzungen des humanitären Völkerrechts entgegenzutreten. Dabei hat sich der IGH insbesondere auf die Verpflichtung der Vertragsstaaten in Art. 1 der IV. Genfer Konvention („The High Contracting Parties undertake to respect and to ensure respect for the present Convention in all circumstances.") gestützt. Daneben bekennt sich der IGH in diesem Gutachten auch zur Pflicht aller Staaten für das Selbstbestimmungsrecht der Völker als zentralem Grundwert der internationalen Gemeinschaft einzutreten (IGH, *Legal Consequences of the Construction of a Wall in the Occupied Palestinian Territory*, ICJ Reports 2004, S. 194 paras. 158 f.).

Eine zusätzliche Bewehrung objektiver Belange liegt in der Staa- 11
tenverpflichtung, elementare Menschenrechtsverletzungen durch einzelne (Amtsträger oder Privatpersonen) strafrechtlich zu verfolgen. So bestimmt die Konvention über die Verhütung und Bestrafung des Völkermordes von 1948:

> „Personen, die Völkermord oder eine der sonstigen in Artikel III aufgeführten Handlungen begehen, sind zu bestrafen, gleichviel ob sie regierende Personen, öffentliche Beamte oder private Einzelpersonen sind" (Art. IV).

Hier agiert ein Staat mit der individuellen Strafverfolgung zugleich als Vollstrecker der gesamten Staatengemeinschaft. Für den Fall, dass die staatliche Strafverfolgung schwerster Völkerrechtsverletzungen versagt, ist die Zuständigkeit des Internationalen Strafgerichtshofs geschaffen worden (hierzu unten § 61 Rn. 4 ff.).

Die Vorstellung einer verbindlichen Wertordnung steuert auch die grundsätzliche Behandlung eines territorialen Regimes, eines Staates oder einer Regierung durch die Völkergemeinschaft. Eine schwerwiegende Missachtung des Völkerrechts (etwa auf dem Gebiet der Menschenrechte) kann den Vertretungsanspruch einer Regierung nach außen gefährden (Beispiele: Behandlung des südafrikanischen Apartheid-Regimes oder der Militärregierung von Haiti, S/Res. 940 [1994], VN 1994, S. 195). Noch weiter geht eine neuere Staatenpraxis, welche die Anerkennung von Staaten mit der Einhaltung bestimmter Grundprinzipien des Völkerrechts verknüpft. Neuland hat hier die Erklärung der EU-Außenminister zur Anerkennung neuer Staaten im Hinblick auf das frühere Jugoslawien beschritten (EA 47 [1992], D 120 = ILM 31 [1992], S. 1495; hierzu unten § 8 Rn. 15).

Schließlich muss ein Staat bei gravierender Missachtung völkerrechtlicher Grundwerte (bei Angriffshandlungen oder Verstrickung in den internationalen Terrorismus) damit rechnen, dass sein Status als Mitglied der Staatengemeinschaft Einbußen erleidet. Nach der neueren Praxis des UN-Sicherheitsrates können einem solchen Staat Beschränkungen aufgezwungen werden, die an sich eine besondere vertragliche Unterwerfung voraussetzen (Beschränkungen des Militärpotentials von Irak, S/Res. 687 [1991], VN 1991, S. 74; Anordnung an Libyen, terroristische Straftäter auszuliefern, S/Res. 731 [1992], VN 1992, S. 67). Die (längst obsolete) „Feindstaatenklausel" der UN-Charta (Art. 107) ist ein weiteres Beispiel für die Ächtung von Staaten, die sich außerhalb der völkerrechtlichen Wertordnung gestellt haben. An diesen Gedanken der Stigmatisierung knüpft die höchst umstrittene Formel von sogenannten „Schurkenstaaten" *(rogue States)* an, die die US-amerikanische Politik geprägt hat.

12 Auch das neue Konzept einer „responsibility to protect", welche sowohl den einzelnen Staaten (gegenüber ihrer eigenen Bevölkerung) als auch der gesamten Staatenwelt obliegt, ist Ausdruck einer die Staatengemeinschaft verbindenden objektiven Wertordnung (hierzu unten § 41 Rn. 28).

In prononcierter Weise findet sich das Bekenntnis zu einer gemeinsamen Wertordnung in (Gründungs-)Verträgen internationaler Organisationen. Der Vertrag über die Europäische Union bestimmt:

„Die Union beruht auf den Grundsätzen der Freiheit, der Demokratie, der Achtung der Menschenrechte und Grundfreiheiten sowie der Rechtsstaatlichkeit; diese Grundsätze sind allen Mitgliedstaaten gemeinsam" (Art. 6 Abs. 1 EUV).

b) Die Grundwerte der modernen Völkerrechtsordnung

13 Die UN-Charta, die Rechtsprechung des Internationalen Gerichtshofs und anderer internationaler Gerichte, die Resolutionen des UN-

Sicherheitsrates und der UN-Generalversammlung, das immer dichtere Netzwerk universeller Verträge zum Schutz der Menschenrechte und der Umwelt sowie die neuere Staatenpraxis lassen ein Gefüge bestimmter Grundwerte erkennen, auf denen die moderne Völkerrechtsordnung ruht. Diese Grundwerte sind

- die souveräne Gleichheit der Staaten mit dem Konsensprinzip bei der Entstehung neuer Staatenverpflichtungen,
- der Anspruch der Staaten auf territoriale Unversehrtheit,
- das Selbsterhaltungsrecht der Staaten (einschließlich des Lebensschutzes der Bevölkerung),
- elementare Menschenrechte,
- das Selbstbestimmungsrecht der Völker und
- der Schutz der natürlichen Lebensgrundlagen.

Die Grundwerte der Völkerrechtsordnung stehen nicht isoliert nebeneinander. Vielmehr begrenzen sie sich gegenseitig und drängen zum angemessenen Ausgleich.

Die Leistungsfähigkeit internationaler Regime einschließlich des Systems kollektiver Sicherheit der Vereinten Nationen beurteilt sich nach der effektiven Sicherung dieser Grundwerte und deren angemessenen Ausgleichs im Falle des Wertekonflikts.

c) Abwägung zwischen Grundwerten

Die Deutung des Völkerrechts als Wertordnung birgt wie alles Wertordnungsdenken ein zentrales Problem: die Abwägung zwischen Grundwerten und die Aufweichung des kategorischen Geltungsanspruchs bestimmter Normen. Der prägnanteste Fall ist die Relativierung des Gewaltverbots zugunsten des Schutzes elementarer Menschenrechte. 14

Das Abwägungsmodell hat vor allem durch die humanitäre Intervention der NATO-Staaten zum Schutz der Zivilbevölkerung im Kosovo ohne Ermächtigung des UN-Sicherheitsrats (Frühjahr 1999) mächtigen Auftrieb erhalten. Die hohe Valenz elementarer Menschenrechte findet in deren Anerkennung als zwingendes Völkerrecht Ausdruck. Das Konzept der Abwägung ist für eine Erweiterung zugunsten anderer Grundwerte offen, insbesondere zugunsten elementarer Belange des Lebensschutzes und der Umwelt (etwa bei Bedrohungen durch höchst unsichere Atomkraftwerke in Grenznähe). Die Grenzen der Abwägungsoffenheit sind bei einer Relativierung völkerrechtlicher Normen zugunsten eines „Regimewechsels“ überschritten. Denn eine demokratische Ordnung in den einzelnen Staaten hat sich noch nicht zu einem Grundwert der Völkerrechtsordnung verdichtet.

15 Bei aller Anerkennung des Völkerrechts als wertgebundene Ordnung muss sich die Völkerrechtslehre stets mit der Gefahr auseinandersetzen, dass das Wertordnungsdenken zur Auflösung einer verlässlichen juristischen Methodik und eines stabilen Systems klar umgrenzter Rechte und Pflichten führt. Dabei ist streng darauf zu achten, ob zwischen den aus völkerrechtlichen Prinzipien abgeleiteten Grundwerten überhaupt ein Konflikt besteht.

Ein Beispiel hierfür bildet der *Al-Adsani*-Fall. Hier ging es um eine Schadensersatzklage, die ein kuwaitischer Staatsangehöriger gegen den Staat Kuwait wegen behaupteter Menschenrechtsverletzungen (schwere körperliche Misshandlungen) vor englischen Gerichten erhoben hat. Die englischen Gerichte wiesen die Klage aus Gründen der Staatenimmunität ab. Daraufhin erhob der Beschwerdeführer Individualbeschwerde vor dem Europäischen Gerichtshof für Menschenrechte gegen das Vereinigte Königreich nach Art. 6 Abs. 1 EMRK. Der EGMR wies die Beschwerde ab (EGMR, *Al-Adsani v. the United Kingdom*, EuGRZ 2002, S. 403). Die Mehrheit des Gerichtshofs sah in den Grundsätzen über die Staatenimmunität eine immanente Schranke der Rechte aus Art. 6 Abs. 1 EMRK. Sie verneinte dabei eine völkergewohnheitsrechtliche Durchbrechung der Staatenimmunität für schwere Menschenrechtsverletzungen. Die Minderheit des Gerichts sah in der Wertordnung des Völkerrechts den Schutz der Menschenrechte als Höchstwert an, hinter dem Ansprüche auf Staatenimmunität vor fremden Gerichten zurückstehen müssten. Nach dieser Deutung kämen die Vertragsstaaten der EMRK in eine nichtauflösbare Spannung zwischen einem wertordnungsgetriebenen Menschenrechtsschutz nach der EMRK einerseits und ihren Verpflichtungen gegenüber anderen Staaten nach Völkergewohnheitsrecht andererseits. Entscheidend ist hier, dass Menschenrechte grundsätzlich keinen Anspruch auf die Durchsetzung von Wiedergutmachungsansprüchen in unbeteiligten Staaten begründen. Insoweit besteht überhaupt kein Konflikt zwischen dem Schutz der Menschenrechte und den Regeln über die Staatenimmunität. Der Internationale Gerichtshof hat mit ähnlichen Erwägungen eine Durchbrechung der Staatenimmunität bei schweren Verletzungen der Menschenrechte oder des Kriegsvölkerrechts im Fall *Jurisdictional Immunities of the State (Germany v. Italy: Greece Intervening)* abgelehnt.

Das House of Lords hat im Fall *Jones v. The Kingdom of Saudi Arabia* (ILM 45 [2006], S. 1108) im Zusammenhang mit Foltervorwürfen und den möglichen Schranken der Staatenimmunität grundsätzliche Bedenken gegen eine Abwägung zwischen Werten der Völkerrechtsordnung geäußert. Das Leitvotum von Lord *Hoffman* sah in einer im nationalen Recht durchaus anerkannten Wertordnungsjurisprudenz keine Grundlage für eine einseitige Fortbildung des Völkerrechts durch nationale Gerichte. Denn das Völkerrecht ruhe auf dem Konsensprinzip:

„As Professor Dworkin demonstrated in *Law's Empire* (1986), the ordering of competing principles according to the importance of the values which they embody is a basic technique of adjudication. But the same approach cannot be adopted in international law, which is based upon the common consent of nations. It is not for a national court to develop international law by unilaterally adopting a version of that law which, however desirable, forward-looking and reflective of values it may be, is simply not accepted by other states" (aaO, S. 1123).

Verdienstvoll an dieser Sichtweise ist die Sensibilisierung für die Problematik einer wertgesteuerten Rechtsfortbildung unter Lösung vom Konsens der Staatenwelt. Auf der anderen Seite stellt sich für nationale Gerichte die Aufgabe der Erkenntnis und Anwendung geltenden Völkerrechts nicht wesentlich anders dar als für ein internationales Gericht. Entscheidend bleibt in jedem Falle, dass jede Rechtsfortbildung (ob über wertgetragene Abwägung oder Syllogismen) methodisch berechenbar bleibt und an die in der Staatengemeinschaft vorherrschenden Rechtsvorstellungen rückgebunden ist.

Vor allem beim Schutz der territorialen Integrität begründet jede **16**
Verdrängung streng formaler Regeln (Kompetenz des UN-Sicherheitsrates für gewaltsame Maßnahmen) durch Abwägungsmechanismen Auslegungsspielräume. Die Begünstigten sind Staaten mit wirtschaftlicher und militärischer Hegemonial- oder Oligopolstellung. Denn derart potenten Akteuren kommen die durch Abwägung geschaffenen Freiräume in der Rechtswirklichkeit zugute. Derartige Abwägungsspielräume fördern die Rechtsunsicherheit, die durch das Fehlen einer umfassenden internationalen Gerichtsbarkeit weiter gesteigert wird. Dies macht vor allem bei Durchbrechung des Gewaltverbots operable Abwägungskriterien notwendig (hierzu unten § 34).

Literatur: *P. Capps*, Human Dignity and the Foundations of International Law, 2009; *J. L. Dunoff/J. P. Trachtmann* (Hrsg.), Ruling the World? Constitutionalism, International Law, and Global Governance, 2009; *M. Herdegen*, Asymmetrien in der Staatenwelt und die Herausforderungen des „konstruktiven Völkerrechts", ZaöRV 64 (2004), S. 571 ff.; *J. Klabbers/A. Peters/G. Ulfstein*, The Constitutionalisation of International Law, 2009; *T. Kleinlein*, Konstitutionalisierung im Völkerrecht, 2012; *N. Krisch*, Beyond Constitutionalism – The Pluralist Structure of Postnational Law, 2010; *B. Vogel/R. Dolzer/M. Herdegen* (Hrsg.), Die Zukunft der UNO und des Völkerrechts, 2004.

3. Aufkeimen eines „konstruktiven Völkerrechts"

17 Das überkommene Völkerrecht baut methodisch auf der konsensgetragenen Bildung von Gewohnheitsrecht im Lichte von Praxis und einem (basis-)universellen Rechtsbewusstsein und einer wortlautgeleiteten Interpretation völkerrechtlicher Verträge auf. Der Aufschwung des Wertordnungsdenkens, die fortschreitende Kodifizierung von Völkerrechtsnormen in Verträgen und die Entwicklung von neuem Völkergewohnheitsrecht unter Abschwächung des Konsensprinzips bringen eine völlig neue Dynamik in die Entwicklung von Völkerrechtssätzen.

Diese Entwicklung prägt einen neuen Typus von Völkerrechtssätzen, der von wertender Abwägung zwischen etablierten Grundsätzen und dynamischer Fortentwicklung des anerkannten Normenbestandes durch Konkretisierung lebt: Der Typus des „konstruktiven Völkerrechts" *(constructive international law).*

Alimentiert wird dieser völkerrechtliche Typus von

- der Anerkennung völkerrechtlicher Werte, die bei der Konkretisierung von Völkerrechtsnormen zum wechselseitigen Ausgleich und zur Abwägung drängen,
- der Ausbreitung auslegungsbedürftigen Vertragsrechts und Sekundärrechts internationaler Organisationen, das mit „offenen Normen" nach weiterer Konkretisierung verlangt oder bewusst unterschiedlichen Deutungen Raum gibt (Formelkompromisse),
- der teleologischen Anpassung von Völkerrechtsnormen an neue Herausforderungen (etwa durch den internationalen Terrorismus),
- dem Bemühen um Harmonisierung konkurrierender Vertragswerke und
- der Sicherung innerer Stimmigkeit durch Syllogismen (etwa Analogieschlüsse).

Vor allem bei der UN-Charta begründen eine wertgebundene Auslegung und eine die Grenzen zur Rechtsfortbildung überschreitende Abwägung beachtliche Konkretisierungsspielräume, die ihrerseits neue Handlungsoptionen eröffnen können. Dies zwingt zur Rückbindung an Parameter, die ein Mindestmaß an Vorhersehbarkeit und Berechenbarkeit der Rechtsfindung sicherstellen.

Ein Beispiel für die deduktive Gewinnung von Völkerrechtssätzen bildet die Begründung der Immunität von amtierenden Außenministern. Im Falle *Arrest Warrant of 11 April 2000* hat der Internationale Gerichtshof einmal auf die Analogie zwischen Außenminister und Staatsoberhäuptern sowie diplomatischen Vertretern abgestellt. Zum anderen hat der Internationale Gerichtshof die Immunität eines Außenministers auf den Schutz seiner Funktionen gestützt:

51. The Court would observe at the outset that in international law it is firmly established that, as also diplomatic and consular agents, certain holders of high-ranking office in a State, such as the Head of State, Head of Government and Minister for Foreign Affairs, enjoy immunities from jurisdiction in other States, both civil and criminal. For the purposes of the present case, it is only the immunity from criminal jurisdiction and the inviolability of an incumbent Minister for Foreign Affairs that fall for the Court to consider.
[...]
53. In customary international law, the immunities accorded to Ministers for Foreign Affaires are not granted for their personal benefit, but to ensure the effective performance of their functions on behalf of their respective States. In order to determine the extent of these immunities, the Court must therefore first consider the nature of the functions exercised by a Minister for Foreign Affairs. He or she is in charge of his or her Government's diplomatic activities and generally acts as its representative in international negotiations and intergovernmental meetings. Ambassadors and other diplomatic agents carry out their duties under his or her authority. His or her acts may bind the State represented, and there is a presumption that a Minister for Foreign Affairs, simply by virtue of that office, has full powers to act on behalf of the State [...].
54. The Court accordingly concludes that the functions of a Minister for Foreign Affairs are such that, throughout the duration of his or her office, he or she when abroad enjoys full immunity from criminal jurisdiction and inviolability. That immunity and that inviolability protect the individual concerned against any act of authority of another State which would hinder him or her in the performance of his or her duties" (IGH, *Arrest Warrant of 11 April 2000 [Democratic Republic of the Congo v. Belgium]*, Judgment, ICJ Reports 2002, S. 3 [20–22]).

Die Konkretisierung und Fortbildung von Völkerrechtsregeln durch Abwägungsprozesse und Syllogismen stellt sowohl die Methodenlehre als auch das Rechtsquellensystem des Völkerrechts vor eine große Herausforderung. Entscheidend ist dabei die Verbindung methodischer Standards mit den Regeln für die Rechtserzeugung. Je weiter sich die Rechtsfortbildung von den ursprünglichen Rechtsvorstellungen in der Staatengemeinschaft (beim Gewohnheitsrecht) oder den Vertragsstaaten entfernt, desto wichtiger ist der Brückenschlag zu einem ebenfalls fortentwickelten Konsens. Dieser Konsens braucht weder umfassend zu sein noch muss er sich auf jeden Konkretisierungsschritt erstrecken. Er muss aber von einem überwiegenden Teil der betroffenen Staaten getragen sein und sich jedenfalls auf die Methode der Rechtsgewinnung erstrecken. Die Rechtsfindung durch Vertragsorgane mag sich dabei den jeweiligen Vertragsstaaten auch für die Zwecke der Konsensbildung zurechnen lassen. Denkbar ist auch, dass eine „mutige" Rechtsfortbildung durch internationale oder nationale Gerichte und sonstige Instanzen durch einen nachfolgenden Konsens gestützt wird.

Literatur: *H.-G. Dederer,* Paradigmenwechsel im Völkerrecht?, in Politisches Denken 25 (2015), S. 123 ff.; *B. Fassbender,* Grund und Grenzen der konstitutionellen Idee im Völkerrecht, in: Festschrift für J. Isensee, 2007, S. 73 ff.; *M. Herdegen,* Das „konstruktive Völkerrecht" und seine Grenzen: die Dynamik des Völkerrechts als Methodenfrage, in: Festschrift für C. Tomuschat, 2006, S. 899 ff.; *M. Knauff,* Konstitutionalisierung im inner- und überstaatlichen Recht – Konvergenz oder Divergenz, ZaöRV 68 (2008), S. 453 ff.

4. „Gemeinsames Anliegen der Menschheit" und „Gemeinsames Erbe der Menschheit"

18 Die Anerkennung einer durch gemeinsame Grundanliegen verbundenen internationalen Gemeinschaft nährt die mehr oder weniger weit gehende Internationalisierung von Rechtsgütern oder territorialen Nutzungsbefugnissen. Der Weltraumvertrag von 1967 bezeichnete die Erforschung und Nutzung des Weltraumes einschließlich des Mondes und anderer Himmelskörper als „Sache der gesamten Menschheit" („province of all mankind", Art. I Abs. 1). Damit wird ein Regime umschrieben, das vorbehaltlich bestimmter Beschränkungen im Interesse der gesamten Staatenwelt (etwa Verbot nationaler Aneignung oder Untersagung nicht-friedlicher Nutzung) allen Staaten freien Zugang erlaubt. Das Übereinkommen über die biologische Vielfalt von 1992 (Biodiversitätskonvention) sieht in der Erhaltung der biologischen Vielfalt ein „gemeinsames Anliegen der Menschheit" („common concern of mankind", Präambel). Damit wird das Interesse der internationalen Gemeinschaft an der Biodiversität im Sinne eines schonungsvollen Umgangs mit biologischen Ressourcen anerkannt.

19 Mit einer stärkeren Internationalisierung der Nutzungs- und Verfügungsbefugnisse verbunden ist das Konzept des „gemeinsamen Erbes der Menschheit“ *(common heritage of mankind).* In diesem Sinne qualifiziert das UN-Seerechtsübereinkommen von 1982 den Meeresboden und seine Ressourcen (Präambel, Art. 136). Hier verdichtet sich das Interesse der Staatengemeinschaft zu einem internationalisierten Verteilungsregime, das den einzelnen Staaten die freie Nutzung versagt. Die possessive Zuordnung zur „Menschheit“ macht diese aber noch nicht selbst zum Rechtsträger. Denn das Zulassungsregime bedarf einer vertraglichen Grundlage und gilt nur für die Vertragsstaaten. Hier wird wieder deutlich, dass Konzepte wie die „internationale Gemeinschaft“ oder die „Menschheit“ nicht ein eigenes Zurechnungsobjekt (als Träger von Rechten und Pflichten) bezeichnen. Vielmehr fungieren sie als Kürzel für universell anerkannte oder anzuerkennende Belange, an deren Wahrung die Staatenwelt insgesamt ein Interesse hat. So bezeichnet die *allgemeine Erklärung der UNESCO über das menschliche Genom und Menschenrechte* von 1997 (UNESCO Record of the General Conference, 29th Session, Vol. 1, S. 41 ff.) das menschliche Genom in „einem symbolischen Sinne“ als das Erbe der Menschheit (Art. 1 Satz 2).

Literatur: *B. Larschan/B. C. Brennan*, The Common Heritage of Mankind Principle in International Law, CJTL 21 (1983), S. 305 ff.; *R. St. J. Macdonald*, The Common Heritage of Mankind, in: Recht zwischen Umbruch und Bewahrung, Festschrift für R. Bernhardt, 1995, S. 153 ff.

5. Ausdifferenzierung und „Fragmentierung“ des Völkerrechts

Die Entwicklung der letzten Jahrzehnte hat zu einer zunehmenden 20
Ausdifferenzierung des Völkerrechts in unterschiedlichen Regelungsbereichen geführt. An diesem Prozess haben besondere vertragliche Regime für einzelne Sektoren und das Wirken spezieller internationaler Organisationen entscheidenden Anteil. Die fortschreitende normative Verfeinerung hat den universellen und regionalen Menschenrechtsschutz ebenso erfasst wie die Ordnung des Welthandels, den Umweltschutz, den Investitionsschutz oder die Regeln des bewaffneten Konflikts.

Das Nebeneinander verschiedener völkerrechtlicher Teilordnungen 21
hat eine lebhafte Diskussion über die sog. „Fragmentierung“ des Völkerrechts ausgelöst. Hintergrund dieser Diskussion sind die Sorge um ein Auseinanderdriften der einzelnen Regelungskomplexe und

das Bemühen um deren konsistente Verknüpfung im Sinne der Einheit des Völkerrechts als in sich schlüssige und widerspruchsfreie Rechtsordnung. Dabei erscheint der Hinweis angezeigt, dass das Bewusstsein für die Gesamtschau unterschiedlicher Regelungskomplexe kaum jemals so ausgeprägt war wie heute. Internationale und nationale Gerichte sowie andere Streitbeilegungsinstanzen nehmen zunehmend auf eine völkerrechtliche Gesamtschau Bedacht. Die einzelnen sektoralen Regelungsgefüge erscheinen nicht als voneinander isolierte Ordnungen, sondern durchdringen einander. Eine wesentliche Rolle spielt dabei die Auslegung völkerrechtlicher Verträge im Lichte anderer Völkerrechtsnormen, welche für die jeweiligen Vertragsparteien gelten (Art. 31 Abs. 3 *lit.* c WVK). So finden in die Auslegung des GATT auch völkerrechtliche Regeln zum Umweltschutz Eingang. Der Schutz des Einzelnen im bewaffneten Konflikt richtet sich nicht nur nach dem humanitären Völkerrecht, sondern auch nach menschenrechtlichen Standards. Im Übrigen ist es Aufgabe der Staaten, bei der Formulierung völkerrechtlicher Verträge auf das Gesamtgefüge ihrer Rechte und Pflichten zu achten.

22 Der Bericht der International Law Commission zur Fragmentierung im Völkerrecht (Report of the Study Group of the International Law Commission, Finalized by *Martii Koskenniemi*, A/CN.4/L.682, 13. April [2006]) begreift dieses Phänomen vor allem als das Problem eines Konfliktes zwischen Regeln und Prinzipien unterschiedlicher Normenkomplexe mit der Aufgabe einer harmonisierenden Konkretisierung (Auslegung). Dabei folgt der Bericht einem weiten Verständnis von Regelungskonflikten, das sich nicht nur auf kollidierende Rechtsfolgen bezieht, sondern auch auf unterschiedliche Wertungen:

„24. What does „pointing in different direction" mean? A strict notion would presume that conflict exists if it is possible for a party to two treaties to comply with one rule only by thereby failing to comply with another rule. This is the basic situation of incompatibility. An obligation may be fulfilled only by thereby failing to fulfil another obligation. However, there are other, looser understandings of conflict as well. A treaty may sometimes frustrate the goals of another treaty without there being any strict incompatibility between their provisions. Two treaties or sets of rules may possess different background justifications or emerge from different legislative policies or aim at divergent ends. The law of State immunity and the law of human rights, for example, illustrate two sets of rules that have very different objectives. Trade law and environmental law, too, emerge from different types of policy and that fact may have an effect on how the relevant rules are interpreted or applied. While such „policy-conflicts" do not lead into logical incompatibilities between obligations upon a single party, they may nevertheless also be relevant for fragmentation.

25. This Report adopts a wide notion of conflict as a situation where two rules or principles suggest different ways of dealing with a problem. Focusing on a mere logical incompatibility mischaracterizes legal reasoning as logical subsumption. In fact, any decision will involve interpretation and choice between alternative rule-formulations and meanings that cannot be pressed within the model of logical reasoning."

Den Schlüssel zur Konfliktlösung sieht der Bericht vor allem in einer harmonisierenden Auslegung völkerrechtlicher Verträge, die das gesamte System des Völkerrechts als eine möglichst in sich stimmige Gesamtordnung in den Blick nimmt und verweist dabei auf Art. 31 Abs. 3 *lit.* c WVK:

„479. Article 31 (3) (c) VCLT [Vienna Convention on the Law of Treaties] and the „principle of systemic integration" for which it gives expression summarize the results of the previous sections. They call upon a dispute-settlement body – or a lawyer seeking to find out „what the law is" – to situate the rules that are being invoked by those concerned in the context of other rules and principles that might have bearing upon a case. In this process the more concrete or immediately available sources are read against each other and against the general law „in the background". What such reading rules „against each other" might mean cannot be stated in the abstract. But what the outcome of that specific reading is may, from the perspective of article 31 (3) (c) in fact be less important than that whatever the outcome, its justification refers back to the wider legal environment, indeed the"system" of international law as a whole."

Dieser Ansatz hat den Charme, dass er der Einheit der Völkerrechtsordnung und deren inneren Kohärenz verpflichtet ist. Auf der anderen Seite gibt dieser Ansatz dem Rechtsanwender (Interpreten) sehr weite Spielräume zu dynamischer Vertragsauslegung bis hin zur mehr oder weniger offenen Rechtsfortbildung. Problematisch ist das weite Mandat zur Harmonisierung wenn es sich nur auf die Lösung echter Normkonflikte beschränkt. So handelt es sich bei der Staatenimmunität im Fall von Menschenrechtsverletzungen nicht um einen eigentlichen Konflikt zwischen Befreiung von fremder Gerichtsbarkeit und der gebotenen Achtung der Menschenrechte. Denn die Nichtausübung nationaler Gerichtsbarkeit über Menschenrechtsverletzungen eines anderen Staates bedeutet jedenfalls keine unmittelbare Menschenrechtsverletzung. Ein Spannungsverhältnis besteht hier nur zwischen den Regeln der Staatenimmunität und der gebotenen Achtung von Menschenrechten.

Harmonisierung als Leitmaxime aller Auslegung droht sich insbesondere über den Willen der Vertragsparteien hinwegzusetzen, mit bestimmten Regelungen eigenen Wertungen zu folgen und dabei auch von den hinter gewohnheitsrechtlichen Grundsätzen oder multilateralen Verträgen stehenden Wertungen abzuweichen. Dies zwingt zu einer gewissen Zurückhaltung des Interpreten bei einer dynamischen Harmonisierung.

Literatur: *M. Andenas/E. Bjorge* (Hrsg.), A Farewell to Fragmentation: Reassertion and Convergence in International Law, 2015; *G. Hafner*, Pros and Cons Ensuing from Fragmentation of International Law, MJIL 25 (2003), S. 849 ff.; *J. Pauwelyn*, Conflicts of Norms in International Law, 2003; *B. Simma*, Fragmentation in a Positive Light, MJIL 25 (2003), S. 854 ff.

§ 6. Bezüge zu den Politischen Wissenschaften (Lehre von den internationalen Beziehungen)

1 Die Völkerrechtswissenschaft steht in enger Nähe zu der Lehre von den internationalen Beziehungen (die weithin als Zweig der Politikwissenschaft begriffen wird). Für den Juristen erschließt sich der Zugang zu dieser Nachbardisziplin nicht einfach. Denn die Lehre von den internationalen Beziehungen ringt im Hinblick auf ihre Untersuchungsgegenstände und die Entwicklung eigener Methoden immer noch heftig mit ihrem Selbstverständnis. Bei alledem ist aber offensichtlich, dass die Völkerrechtslehre und die Theorie von den internationalen Beziehungen eine Fülle von Fragestellungen gemeinsam haben und voneinander wesentliche Impulse beziehen können. Aus völkerrechtlicher Sicht wird dieser Befund zuweilen dadurch verdunkelt, dass manche Untersuchung zu internationalen Beziehungen gewissermaßen das Rad neu erfindet und längst Bekanntes als Frucht neuer Erkenntnis anbietet. Dabei ist zu bedenken, dass manche Einsichten der Völkerrechtswissenschaft gerade auf empirischen Ansätzen beruhen, die ihrerseits über die rein normative Ebene hinausweisen. Dies gilt etwa für meta-juristische Erklärungen, warum Staaten Völkerrechtsregeln befolgen (*Chayes/Handler Chayes* [1995], *Koh* [1998], *Henkin* [1979]) oder inwieweit die anerkannte „Legitimität“ von Völkerrechtssätzen zu deren Einhaltung motiviert (*Franck* [1990]). Zu bedenken ist weiter, dass in der akademischen Tradition etwa der USA oder Österreichs die Völkerrechtswissen-

schaft und die Theorie von den internationalen Beziehungen weit enger miteinander verflochten sind als in Deutschland.

Lange Zeit prägten empirische Untersuchungen zur Außenpolitik 2
das Profil der Lehre von den internationalen Beziehungen. Dabei war ein macht- und interessenpolitischer Erklärungsansatz (etwa unter Betonung hegemonialer Einflüsse) bestimmend (*Schwarzenberger* [1964]). Der „Realismus" in den Internationalen Beziehungen deutete Politik als nationale Interessenverfolgung. So schreibt *Hans J. Morgenthau*:

„International politics [...] is a struggle for power" (*H.J. Morgenthau*, Politics among Nations, 5. Aufl. 1973, S. 16).

Morgenthau sah die Aufgabe der Politikwissenschaft darin, gewissermaßen den handelnden Staatsmännern über die Schulter schauend das interessengeleitete Verhalten der Staaten nachzuvollziehen und daraus Schlüsse für die künftige Gestaltung der Außenpolitik zu ziehen:

„The main signpost that helps political realism to find its way through the landscape of international politics is the concept of interest defined in terms of power. This concept provides the link between reason trying to understand international politics and the facts to be understood [...]. We assume that statesmen think and act in terms of interest defined as power, and the evidence of history bears that assumption out. That assumption allows us to retrace and anticipate, as it were, the steps a statesmen – past, present, or future – has taken or will take on the political scene. We look over his shoulder when he writes his dispatches; we listen in on his conversation with other statesmen; we read and anticipate his very thoughts. Thinking in terms of interest defined as power, we think as he does, and as disinterested observers we understand his thoughts and actions perhaps better than he, the actor on the political scene, does himself" (*H. J. Morgenthau*, Politics among Nations, 5. Aufl. 1973, S. 5).

Von einer modernen „realistischen" Warte aus knüpft *Henry Kissinger* eine internationale Ordnung einmal an verbindliche Regeln für zulässige Handlungsoptionen und zum anderen an eine verlässliche Gewaltenbalance, die faktisch hegemonialen Bestrebungen unter Verletzung des normativen Handlungsrahmens entgegenwirkt:

„World Order describes the concept held by a region or civilization about the nature of just arrangements and the distribution of power thought to be applicable to the entire world. An international order is the practical application of these concepts to a substantial part of the globe – large enough to affect the global balance of power. Regional orders involve the same principles applied to a defined geographic area.

Any one of these systems of order bases itself on two components: a set of commonly accepted rules that define the limits of permissible action and a balance of power that enforces restraint where rules break down, preventing one political unit from subjugating all others. A consensus on the legitimacy of existing arrangements does not – now or in the past – foreclose competitions or confrontations, but it helps ensure that they will occur as adjustments within the existing order rather than as fundamental challenges to it. A balance of forces does not in itself secure peace, but if thoughtfully assembled and invoked, it can limit the scope and frequency of fundamental challenges and curtail their chance of succeeding when they do occur" (*Henry Kissinger*, World Order, 2014, S. 9).

Hier geht es das Zusammenspiel einer völkerrechtlichen Ordnung mit politischen Bedingungen, welche der völkerrechtswidrigen Machtausübung durch einzelne Staaten Schranken setzt. Dieses Bedingungsgeflecht führt Völkerrechtslehre und politische Wissenschaften (*strategic studies*) zusammen.

3 Eine einflussreiche Strömung in der politischen Wissenschaft verknüpft die Wirksamkeit einer internationalen Ordnung mit dem Gleichgewicht von Legitimität und Macht (das als Leitgedanke der europäischen Ordnung auch den Wiener Kongress geprägt hat):

„The vitality of an international order is reflected in the balance it strikes between legitimacy and power and the relative emphasis given to each. Neither aspect is intended to arrest change; rather, in combination they seek to ensure that it occurs as a matter of evolution, not a raw contest of wills. If the balance between power and legitimacy is properly managed, actions will acquire a degree of spontaneity. Demonstrations of power will be peripheral and largely symbolic; because the configuration of forces will be generally understood, no side will feel the need to call forth its full reserves. When that balance is destroyed, restraints disappear, and the field is open to the most expansive claims and the most implacable actors; chaos follows until a new system of order is established" (*Henry Kissinger*, World Order, 2014, S. 66).

4 Längst hat sich die Lehre von den internationalen Beziehungen von der Fixierung des Staates als geschlossene Handlungseinheit gelöst und den Blick auf nichtstaatliche Akteure gerichtet, die von innen (über die nationalen Regierungen) auf die Gestaltung internationaler Beziehungen einwirken oder unmittelbar auf internationaler Ebene tätig sind (Nicht-Regierungsorganisationen [NGOs] wie Greenpeace oder Amnesty International). Damit weicht die Fixierung auf Machtpositionen und Interessen der Staaten einer Berücksichtigung anderer Faktoren. Dies bringt die Theorie von den internationalen Beziehungen in Gleichklang mit der Entwicklung des Völker-

rechtes, das zunehmend nichtstaatliche Verbände und Individuen als Träger rechtlich geschützter Interessen und Pflichten anerkennt. Für beide Disziplinen ist die Verknüpfung innenpolitischer Prozesse mit völkerrechtlichen Entwicklungen (sei es die Internationalisierung völkerrechtlicher Regeln und sonstiger internationaler Verhaltenserwartungen oder die externen Auswirkungen innenpolitischer Einflüsse) fruchtbar. Diese Blickrichtung weitet das herkömmliche Bild von der Staatenwelt oder Völkergemeinschaft zur *international (global) civil society*. Die Einbeziehung nichtstaatlicher Akteure gestattet auch ein tieferes Verständnis zwischenstaatlicher Konflikte, an deren Entstehung die innenpolitische Einflussnahme von Interessengruppen mitwirkt.

Ein Beispiel sind etwa die Auseinandersetzungen im Rahmen der Welthandelsordnung (WTO/GATT) über Einfuhrverbote der USA zum Schutze bestimmter Tierarten (Verbot der Einfuhr von Fisch und anderen Meerestieren, die mit Schleppnetzen oder anderen Meeressäuger gefährdenden Methoden gefangen worden sind, siehe Appellate Body Report, *United States – Import Prohibition of Certain Shrimp and Shrimp Products*, WT/DS 58/AB/R (1998), ILM 38 (1999), S. 118ff., hierzu unten § 55 Rn. 6). Hier stehen sich letztlich die Forderungen von Umweltschutzorganisationen sowie die Interessen von Fischern aus Entwicklungs- und anderen Ländern gegenüber. Ein aktuelles Beispiel zur Spannung zwischen Handelsliberalisierung und dem auch von Nichtregierungsorganisationen angemahnten Tierschutz sind die EU-Handelsbeschränkungen, für die sich die Europäische Union auf Gründe der öffentlichen Moral berufen hat (WTO, *European Communities: Measures Prohibiting the Importation and Marketing of Seal Products* –Reports of the Appellate Body [2014] WT/DS400/AB/R und WT/DS401/AB/R).

Besondere Faszination üben für manche Strömungen in der Lehre 5 von den internationalen Beziehungen die externen Einflüsse der staatlichen Binnenstruktur aus (*Slaughter* [1995]). So betonen „liberale" Theorien die Wechselbeziehung zwischen einer demokratisch-pluralistischen Staatsordnung und der Friedensgeneigtheit von Staaten (*Slaughter Burley*, AJIL 87 [1993], S. 225f.). Dem Leser von *Kants* „Zum ewigen Frieden" (1795) wird diese Botschaft bekannt vorkommen (hierzu oben § 2 Rn. 7).

Auch sonst hat sich aber das Untersuchungsfeld der Theorie von den internationalen Beziehungen deutlich ausgeweitet. Zu den modernen Forschungsrichtungen der Lehre von den internationalen Beziehungen gehören etwa die Friedensforschung, die Untersuchung einzelner Politiksektoren (Wirtschaftsregime oder Umweltregime) sowie regional abgegrenzte Felder (etwa Lateinamerikaforschung).

Methodisch hat sich die Theorie von den internationalen Beziehungen etwa für wirtschaftswissenschaftliche Ansätze (wie spieltheoretische Modelle) und statistische Untersuchungsmethoden geöffnet.

6 Von besonderem Interesse für den Völkerrechtler ist die Theorie internationaler Regime. Dabei handelt es sich um ein Gefüge von Rechtsnormen, (noch) nicht verbindlichen Verhaltensgrundsätzen und Entscheidungsmechanismen, die ein bestimmtes Gebiet internationaler Beziehungen ordnen:

> „Regimes can be defined as sets of implicit or explicit principles, norms, rules, and decision-making procedures around which actors' expectations converge in a given area of international relations. Principles are beliefs of fact, causation, and rectitude. Norms are standards of behaviour defined in terms of rights and obligations. Rules are specific prescriptions or proscriptions for action. Decision-making procedures are prevailing practices for making and implementing collective choice" (*Krasner* [Hrsg.], International Regimes, 1983, S. 2).

7 Trotz einer gewissen Konturenlosigkeit ihres Forschungsgegenstandes hat die Theorie von den internationalen Regimen den Vorzug, dass sie über rechtlich verbindliche Regeln hinaus auch sonstige stabilisierte Verhaltenserwartungen innerhalb eines internationalen Systems mit einschließt. Dies gestattet die Würdigung von Prozessen, die allmählich zur Bildung völkerrechtlicher Normen hinführen können (etwa die Resolutionspraxis der Generalversammlung und des Sicherheitsrates der Vereinten Nationen oder der OSZE-Prozess).

Eine große Rolle in der Theorie von den internationalen Beziehungen spielt die rationale (Re-) Konstruktion des Verhaltens der einzelnen Akteure (*rational choice*-Ansatz, hierzu oben § 1 Rn. 17). Der Dialog mit der Völkerrechtswissenschaft hat hier dazu geführt, dass die rationale Interessendurchsetzung als Erklärungsansatz überlagert wird von der Verwirklichung bestimmter Grundwerte der Staatengemeinschaft, die neben genuin nationale Interessen treten oder die dank ihrer Internalisierung im Binnenraum der einzelnen Staaten selbst die Formulierung nationaler Interessen prägen.

8 Aus politik- und geschichtswissenschaftlicher Sicht hat sich nach dem Ende des Kalten Krieges die Annahme eines „end of history" (*F. Fukuyama*, The End of History and the Last Man, 1992) mit dem Triumph eines westlichen, demokratisch, freiheitlich und pluralistisch geprägten Ordnungsmodells als voreilig erwiesen. Als neuer Ansatz hat in der Lehre von den internationalen Beziehungen das Konzept einer neuen globalen Steuerung (*governance turn)* stark an

Boden gewonnen. Diesem Modell liegt die Vorstellung einer stark institutionalisierten Ordnung und einer „Weltgesellschaft" zugrunde, in der Staaten mit wirkungsmächtigen transnationalen Akteuren konkurrieren. Der *governance*-Ansatz zielt auf eine bessere Lösung transnationaler Probleme und eine angemessenen Verteilung öffentlicher Güter in der Welt. Die Vision einer geminderten Rolle des modernen Staates gegenüber anderen Akteuren – und damit auch der nationalen Interessen – ist mit dem empirischen Befund schwerer in Einklang zu bringen als herkömmliche „realistische" Modelle. Dies gilt insbesondere für die Formulierung und Durchsetzung von Interessen der Großmächte USA, Volksrepublik China und Russische Föderation. Diese staatliche Interessenpolitik ist auch wesentlich für die Konkretisierung und Fortentwicklung von völkerrechtlichen Normen mitbestimmend.

Ganz im Sinne und im Stil von *Morgenthau* folgt die Nationale Si- 9
cherheitsstrategie der USA von 2017 (https://www.whitehouse.gov/wp-content/uploads/2017/12/NSS-Final-12–18–2017–0905.pdf) einem klassischen Realismus, wenn sie im Wettbewerb um Macht die große Konstante in der internationalen Politik sieht:

> „A central continuity in history is the contest for power. The present time period is no different. Three main sets of challengers — the revisionist powers of China and Russia, the rogue states of Iran and North Korea, and transnational threat organizations, particularly jihadist terrorist groups — are actively competing against the United States and our allies and partners. Although differing in nature and magnitude, these rivals compete across political, economic, and military arenas, and use technology and information to accelerate these contests in order to shift regional balances of power in their favor. These are fundamentally political contests between those who favor repressive systems and those who favor free societies" (S. 25).

Literatur: *J. Bew*, Realpolitik: A History, 2015; *K. Booth/S. Smith* (Hrsg.), International Relations Theory Today, 1996; *A. Chayes/A. Handler Chayes*, The New Sovereignty. Compliance with International Regulatory Agreements, 1995; *E. O. Czempiel*, Die Lehre von den internationalen Beziehungen, 1969; *J. L. Dunoff/M. A. Pollack* (Hrsg.), Interdisciplinary Perspectives on International Law and International Relations: The State of the Art, 2013; *M. Finnemore/K. Sikkink*, International Norms and Political Change, International Organization, Vol. 52, No. 4 (1998); *T. M. Franck*, The Power of Legitimacy Among Nations, 1990; *F. Fukuyama*, The End of History and the Last Man, 1992; *J. L. Goldsmith/E. A. Posner*, The Limits of International Law, 2005; *J. M. Goldstein/M. Kahler/R. O. Keohame/A. M. Slaughter* (Hrsg.), Legalization and World Poltitics, International Organization (special issue) 54/3 (2000); *L. Henkin*, How Nations Behave: Law and Foreign Policy, 2. Aufl.

1979; *M. Herdegen*, Der Kampf um die Weltordnung: Eine strategische Betrachtung von Macht und Recht, 2018; *S. Hobe*, Der offene Verfassungsstaat zwischen Souveränität und Interdependenz, 1998; *R. Jackson/G. Sørensen*, Introduction to International Relations, 6. Aufl. 2016; *O. Jütersonke*, The image of law in Politics Among Nations, in: M.C. Williams (Hrsg.), Realism Reconsidered: The Legacy of Hans Morgenthau in International Relations, 2008, S. 181 ff.; *K. Kaiser/H.-P. Schwarz* (Hrsg.), Die neue Weltpolitik, 1995; *R. O. Keohane*, International Relations and International Law: Two Optics, Harv. Int'l L. J. 38 (1997), S. 487 ff.; *S. D. Krasner* (Hrsg.), International Regimes, 1983; *ders.*, Realist Views of International Law, in: Proceedings of the Annual Meeting (American Society of International Law), Vol. 96, 2002, S. 265 ff.; *D. Lake*, Authority, Order, and the Foundations of Global Governance, in: International Studies Quarterly 54, Nr. 3 (2010), S. 587 ff.; *H. J. Morgenthau*, Politics Among Nations, 5. Aufl. 1973; *H. Müller*, Die Chance der Kooperation, 1993; *J. S. Nye/D. A. Welch*, Understanding International Conflicts, 9. Aufl. 2012; *S. Oeter*, International Law and General Systems Theory, GYIL 44 (2001), S. 72 ff.; *I. Oren*, The unrealism of contemporary realism: the tension between realist theory and realist practice, Perspectives on Politics 7, S. 283 ff.; *C. Reus-Smit/D. Snidal* (Hrsg.), The Oxford Handbook of International Relations, 2008; *F. Sauer/C. Marsala* (Hrsg.), Handbuch der Internationalen Beziehungen, 2. Aufl. 2017; *G. Schwarzenberger*, Power Politics. A Study of International Society, 3. Aufl. 1964; *D. Senghaas*, Weltinnenpolitik – Ansätze für ein Konzept, Europa-Archiv 47 (1992), S. 643 ff.; *A.-M. Slaughter*, International Law and International Relations Theory: A Dual Agenda, AJIL 87 (1993), S. 205 ff.; *dies.*, International Law in a World of Liberal States, EJIL 6 (1995), S. 503 ff.; *dies.*, International Law and International Relations, RdC 285 (2000), S. 9 ff.; *dies./A. S. Tulumello/S. Wood*, International Law and International Relations Theory: A New Generation of Interdisciplinary Scholarship, AJIL 92 (1998), S. 367 ff.; *M. Terhalle*, The Transition of Global Order: Legitimacy and Contestation, 2015; *ders.*, Warum das *Governance*-Axiom gescheitert ist – eine notwendige Kritik, ZfP 3 (2015), S. 263 ff.

II. Kapitel. Völkerrechtssubjekte

§ 7. Rechtspersönlichkeit im Völkerrecht

1. Bedeutung der Rechtspersönlichkeit im Völkerrecht

Rechtspersönlichkeit im Völkerrecht (Völkerrechtssubjektivität) 1
bedeutet die Fähigkeit, völkerrechtliche Rechte und Pflichten innezuhaben. In der Regel bedeutet diese Fähigkeit auch, die eigenen Rechte auf völkerrechtlicher Ebene geltend zu machen.

Nach einer von einzelnen Völkerrechtlern vertretenen Ansicht soll die Rechtspersönlichkeit im Völkerrecht die Fähigkeit voraussetzen, an der Fortentwicklung des Völkerrechts mitzuwirken. Hieran fehlt es bei Individuen, die nach der restriktiven Sicht schon aus diesem Grund keine Völkerrechtssubjekte sein können.

Der Kreis der Akteure auf der internationalen Szene ist dabei weiter als der Kreis der Völkerrechtssubjekte. Nichtstaatliche Organisationen (wie Amnesty International oder Greenpeace) mögen erheblichen internationalen Einfluss ausüben; aber aus völkerrechtlicher Sicht nehmen sie nicht als Träger eigener Rechte und Pflichten am Leben der internationalen Gemeinschaft teil. Auch große Unternehmen mit weltumspannendem Geschäftsfeld (multinationale Gesellschaften) existieren nicht schon deswegen als Völkerrechtssubjekte.

Von der Völkerrechtssubjektivität zu trennen ist die rechtliche 2
Handlungsfähigkeit, die mit der Rechtspersönlichkeit im Völkerrecht regelmäßig, aber nicht begriffsnotwendig verbunden ist. Das Deutsche Reich ist als Völkerrechtssubjekt jedenfalls nicht dadurch untergegangen, dass es mit dem Zusammenbruch handlungsfähige Organe verloren hat und dass die alliierten Mächte im Juni 1945 die oberste Regierungsgewalt übernommen haben. Staaten wie Somalia haben mit dem Wegfall effektiver Staatsgewalt die Handlungsfähigkeit nach außen eingebüßt, bestehen aber als Völkerrechtssubjekte fort.

2. Kreis der Völkerrechtssubjekte

3 Der Kreis der Völkerrechtssubjekte hängt eng mit dem Gegenstand völkerrechtlicher Regeln und der Erzeugung von Völkerrecht zusammen. Im Kern bildet das Völkerrecht immer noch die Ordnung der Rechtsbeziehungen zwischen Staaten. Die Entwicklung des Völkerrechts fand ihren Nährboden in der Herausbildung der modernen Staaten. Die Staaten sind die wesentlichen Motoren der Schaffung von Völkerrecht. Deshalb werden die Staaten auch als die „originären" oder „geborenen" Völkerrechtssubjekte bezeichnet. Staaten zeichnen sich auch dadurch aus, dass sie (im Gegensatz zu anderen Völkerrechtssubjekten) umfassende Rechtspersönlichkeit im Völkerrecht haben, also keiner gegenständlichen Beschränkung ihrer Rechte und Pflichten unterliegen.

4 Eine massive Ausweitung des Kreises der Völkerrechtssubjekte hat das Aufkommen internationaler Organisationen als Foren der zwischenstaatlichen Zusammenarbeit gebracht. Ihre Funktionen können internationale Organisationen wie die Weltbank, die Europäische Union oder die NATO nur dann erfüllen, wenn sie auf völkerrechtlicher Ebene (gegenüber ihren Mitgliedern oder gegenüber Drittstaaten) als Träger eigener Rechte und Pflichten in Erscheinung treten können (etwa durch den Abschluss von Verträgen). Diesen Zusammenhang zwischen Funktionsfähigkeit und Anerkennung als Völkerrechtssubjekt hat der Internationale Gerichtshof frühzeitig für die Organisation der Vereinten Nationen betont. In seinem Gutachten zu Wiedergutmachungsansprüchen der Vereinten Nationen wegen der Ermordung des UN-Unterhändlers *Graf Bernadotte* im israelisch kontrollierten Teil von Jerusalem (1948) hat der Internationale Gerichtshof zugleich zwischen der umfassenden Rechtspersönlichkeit von Staaten und der begrenzten Völkerrechtssubjektivität internationaler Organisationen differenziert:

„In the opinion of the Court, the Organization was intended to exercise and enjoy, and is in fact exercising and enjoying, functions and rights which can only be explained on the basis of the possession of a large measure of international personality and the capacity to operate upon an international plane. It is at present the supreme type of international organization, and it could not carry out the intentions of its founders if it was devoid of international personality. It must be acknowledged that its Members, by entrusting certain functions to it, with the attendant duties and responsibilities, have clothed it with the competence required to enable those functions to be effectively discharged.

Accordingly, the Court has come to the conclusion that the Organization is an international person. That is not the same thing as saying that it is a State, which it certainly is not, or that its legal personality and rights and duties are the same as those of the State [...] It does not even imply that all its rights and duties must be upon the international plane, any more than all the rights and duties of a State must be upon that plane. What it does mean is that it is a subject of international law and capable of possessing international rights and duties, and that it has capacity to maintain its rights by bringing international claims" (IGH, *Reparation for Injuries Suffered in the Service of the United Nations*, ICJ Reports 1949, S. 174 [179]).

In eingeschränktem Umfang haben auch Verbände mit zumindest faktischer Hoheitsgewalt Rechte und Pflichten nach Völkerrecht. Hierzu können etwa im bewaffneten Konflikt Bürgerkriegsbewegungen gehören. Kraft Tradition werden als Völkerrechtssubjekte ohne Staatsqualität der Heilige Stuhl und der Souveräne Malteser Orden sowie das Internationale Komitee vom Roten Kreuz anerkannt. **5**

Von größter Bedeutung für die jüngere Völkerrechtsentwicklung ist die Anerkennung eigener Rechte (Menschenrechte) und Pflichten für das Individuum. Dies bedeutet, dass der einzelne Mensch als Rechtsträger nicht mehr völlig durch seinen Heimatstaat mediatisiert ist und für schwerwiegende Verletzungen völkerrechtlicher Pflichten (etwa Kriegsverbrechen) auch persönlich zur Verantwortung gezogen werden kann.

Bevölkerungsgruppen wie ethnische Minderheiten und deren Angehörige genießen vielfach völkerrechtlichen Schutz nach Gewohnheitsrecht und völkerrechtlichen Verträgen. Eigene Rechte und Pflichten nach Völkerrecht ergeben sich daraus nur für die einzelnen Angehörigen dieser Gruppen. Ob Privatpersonen ihre Rechtsbeziehungen mit einem ausländischen Staat dem Völkerrecht unterstellen können, ist eine seit geraumer Zeit umstrittene Frage. In der Praxis geht es dabei insbesondere um Verträge zwischen Investoren (meist multinationalen Unternehmen) und einem fremden Staat. **6**

Bestimmte Personenverbände, die nach eigener Staatsgewalt über fremdbeherrschtes Gebiet streben, können eine eingeschränkte Völkerrechtssubjektivität erlangen. Dies gilt seit langem für *de facto*-Regimes, die über ein bestimmtes Gebiet Herrschaftsgewalt für längere Zeit zu stabilisieren vermögen. Die Anerkennung von Befreiungsbewegungen im Kampf gegen koloniale Herrschaft als Rechtssubjekte spielt heute keine Rolle mehr. **7**

Das Völkerrechtssubjekt „Palästina", das die 1967 von Israel besetzten Gebiete im Westjordanland und im Gazastreifen umfasst, ist in letzter Zeit weit auf dem Weg zur Staatsbildung vorangeschritten. Jedoch ist die Staatsqualität Palästinas sehr umstritten. Während die meisten Staaten Palästina förmlich als Staat anerkannt haben, ist ein Großteil der westlichen Staatenwelt hierzu (noch) nicht bereit. Unabhängig von seiner Staatsqualität bildet Palästina aber zumindest ein staatsähnliches Völkerrechtssubjekt, das auch mit nicht anerkennenden Staaten vertragliche Beziehungen unterhält.

Längst hat Palästina auf Grund besonderer Vereinbarungen zwischen Israel und der PLO über die palästinensische Selbstverwaltung und den Rückzug der israelischen Streitkräfte einen völkerrechtlichen Status erlangt, der es einem Staat zumindest annähert (siehe die Grundsatzerklärung von Israel und der PLO zur Interimsabmachung über die Selbstverwaltung von 1993, ILM 32 [1993], S. 1525 ff.; Interimsabkommen zwischen Israel und der PLO von 1995, ILM 34 [1995], S. 455 ff.; Interimsabkommen zwischen Israel und der PLO von 1997, ILM 36 [1997], S. 551 ff.; Wye River Memorandum, ILM 37 [1998], S. 1251). Die begrenzte Übertragung von Hoheitsbefugnissen durch Israel auf die palästinensische Selbstverwaltung (Art. I Nr. 1 des Interimsabkommens von 1997) schließt aber die Gestaltung der auswärtigen Beziehungen der Autonomiegebiete – mit bestimmten Ausnahmen – und die Verantwortung für die äußere Sicherheit aus. (Hierzu *S. Sina*, Der völkerrechtliche Status des Westjordanlandes und des Gaza-Streifens nach den Osloer Verträgen, 2004). Die auf Grundlage der Selbstverwaltungsabkommen geschaffene Palästinensische Autonomiebehörde hat eine Reihe völkerrechtlicher Verträge abgeschlossen (siehe etwa das Abkommen mit der Bundesrepublik Deutschland über technische Zusammenarbeit, BGBl. 1998 II, S. 2078; Investitionsabkommen mit Deutschland, BGBl. 2005 II, S. 526).

Der Palästinensischen Befreiungsbewegung PLO (Palestine Liberation Organization) hat die UN-Generalversammlung Beobachterstatus zuerkannt (GA/Res. 3237 [XXIX] von 1974) und diesen Status nach der Proklamation eines palästinensischen Staates auf „Palästina" bezogen (GA/Res. 43/177 von 1988). Im Jahre 2012 hat die UN-Generalversammlung Palästina den Status eines „Beobachter-Staates" zuerkannt (GA/Res.67/19 [2012]).

8 Eine ungeklärte Frage ist, inwieweit nichtstaatliche Adressaten von Resolutionen des Sicherheitsrates (wie etwa die Parteien in internen Konflikten) als beschränkte Völkerrechtssubjekte einzustufen sind. Gute Gründe sprechen dafür, dass diese Adressaten mit der Einforderung von Verhaltensregeln durch den Sicherheitsrat zu Völkerrechtssubjekten werden. Damit weist freilich der Begriff des Völkerrechtssubjektes ins Uferlose. Dies zeigt aber auch, dass die moderne Völkerrechtslehre weniger die Frage der Völkerrechtssubjektivität

als das Bestehen völkerrechtlicher Rechte und Pflichten in den Vordergrund stellen sollte.

3. Beschränkte (partielle) Völkerrechtssubjektivität

Nur Staaten unterliegen im Hinblick auf den möglichen Umfang 9
ihrer Rechte und Pflichten nach Völkerrecht keinen gegenständlichen Beschränkungen. Internationale Organisationen sind in ihrer Völkerrechtssubjektivität durch den vertraglich festgelegten Organisationszweck begrenzt. Sie haben weder Staatsgebiet noch Staatsangehörige und vermögen die damit verbundenen Hoheitsrechte nicht auszuüben. Internationale Organisationen können völkerrechtliche Rechte und Pflichten nur im Rahmen des Gründungsvertrages erlangen, dem sie ihre Existenz verdanken. Die Völkerrechtssubjektivität des Individuums beschränkt sich auf Menschenrechte und gewisse Grundpflichten (wie das Verbot von Kriegsverbrechen).

Gliedstaaten von Bundesstaaten (wie die deutschen Länder) können auf völkerrechtlicher Ebene (etwa durch den Abschluss von Verträgen) nur insoweit agieren, als dies der Bundesstaat (die bundesstaatliche Verfassung) gestattet. Ihre (partielle) Völkerrechtssubjektivität ist vom Gesamtstaat abgeleitet.

4. Absolute und relative Völkerrechtssubjektivität

Die Völkerrechtssubjektivität entfaltet grundsätzlich gegenüber al- 10
len Mitgliedern der internationalen Gemeinschaft Wirkung. In diesem Sinne ist sie *absolut.* Bei manchen Völkerrechtssubjekten gilt die Rechtspersönlichkeit jedoch nur auf Grund einer besonderen Anerkennung. Die rechtliche Existenz von internationalen Organisationen als Völkerrechtssubjekte brauchen Nichtmitglieder nicht anzuerkennen. Diese Abhängigkeit der Rechtspersönlichkeit von der Anerkennung im Verhältnis zu Nichtmitgliedern lässt sich als *relative* Völkerrechtssubjektivität bezeichnen. Von den internationalen Organisationen genießen nur die Vereinten Nationen wegen ihres fast alle Staaten umfassenden Mitgliederbestandes absolute Völkerrechtssubjektivität in der gesamten Völkergemeinschaft.

Relative Rechtsbeziehungen können sich dann ergeben, wenn ein 11
nicht von allen anderen Vertragsparteien als Staat anerkanntes Ge-

bilde einem völkerrechtlichen Vertrag beitritt, der nur „Staaten“ offensteht.

Ein Beispiel ist der Beitritt Palästinas zum Römischen Statut des Internationalen Strafgerichtshofs (dazu unten § 61 Rn. 4) und zur Wiener Übereinkunft über diplomatische Beziehungen (siehe die Klage Palästinas gegen die USA wegen einer angeblichen Verletzung des Wiener Übereinkommens durch die Verlegung der amerikanischen Botschaft nach Jerusalem vor dem Internationalen Gerichtshof vom 28. September 2018, ICJ, *Relocation of the United States Embassy to Jerusalem*). Zwar ist Palästina unstreitig ein staatsähnliches Völkerrechtssubjekt, aber gerade seine Staatsqualität ist in der internationalen Gemeinschaft höchst umstritten (hierzu § 8, 12).

Hier ist offen, ob es für die Wirksamkeit des Beitritts auf eine rein objektive Betrachtung ankommt. Bei einer solchen objektiven Sicht wird der erklärte Beitritt gegenüber allen anderen Vertragsparteien wirksam oder gegenüber keiner. Bei einer subjektiven Betrachtungsweise käme es auf die Anerkennung an, so dass nur gegenüber den anerkennenden Staaten Vertragsbeziehungen entstehen. Überzeugender scheint die subjektive Betrachtungsweise, sofern die Staatsqualität objektiv erheblichen Bedenken ausgesetzt ist. Dann entspricht es nicht dem vertraglichen Bindungswillen eines Staates, in vertragliche Beziehungen zu einem Gebilde zu treten, das er nicht als Staat anerkannt hat. Etwas anderes gilt dann, wenn über die Wirksamkeit des Beitritts ein Vertragsorgan entscheiden soll, etwa bei der Aufnahme in eine internationale Organisation (wie bei der Aufnahme Palästinas in die UNESCO die Generalkonferenz auf Empfehlung des Exekutivrats nach Art. II Abs. 2 des UNESCO-Statuts). Ablehnenden Staaten bleibt dann nur der Austritt.

Literatur: *J. A. Barberis*, Nouvelles questions concernant la personnalité juridique internationale, RdC 179 (1983 – I), S. 145 ff.; *B. Broms*, Subjects: Entitlement in the International Legal System, in: R. St. J. Macdonald/D. M. Johnston (Hrsg.), The Structure and Process of International Law, 1983, S. 383 ff.; *B. Fassbender*, Der offene Bundesstaat. Studien zur auswärtigen Gewalt und zur Völkerrechtssubjektivität bundesstaatlicher Teilstaaten in Europa, 2007.

§ 8. Staaten

1 In der gegenwärtigen Völkerrechtsordnung bilden die Staaten immer noch den beherrschenden Faktor. Nur Staaten können Mitglie-

der der Vereinten Nationen sein (Art. 3 und 4 UN-Charta), den UN-Sicherheitsrat anrufen (Art. 35 UN-Charta) oder als Partei vor dem Internationalen Gerichtshof auftreten (Art. 34 IGH-Statut). Die heterogene Staatenwelt umfasst über 190 Staaten. In der jüngeren Vergangenheit hat insbesondere der Zerfall der Sowjetunion und anderer kommunistischer Staaten (wie Jugoslawien) durch Abspaltungs- und Dismembrationsprozesse zur Entstehung einer Reihe neuer Staaten geführt.

1. Staatsmerkmale

a) Staatsbegriff des Völkerrechts

Das Völkerrecht bedarf eines eigenen Staatsbegriffes, der sich von 2
den Besonderheiten des jeweiligen Verfassungsrechts löst. Wenn das Bundesverfassungsgericht die Länder der Bundesrepublik Deutschland als „Staaten mit eigener Hoheitsmacht" bezeichnet (BVerfGE 1, 14 [34]), so ist dies zunächst nur für die verfassungsrechtliche Binnenperspektive der Bundesrepublik von Interesse. Aus völkerrechtlicher Sicht verfügt in einer bundesstaatlichen Ordnung nur der Gesamtstaat über echte Staatsqualität.

Der Anspruch des Völkerrechts, seine Gestaltungskraft in der Wirklichkeit zwischenstaatlicher Beziehungen zu beweisen, prägt den völkerrechtlichen Staatsbegriff. Die Staatsmerkmale des Völkerrechts müssen auf der Realität organisierter Herrschaft und weniger auf dem Postulat bestimmter Staatszwecke aufbauen. Der Staatsbegriff des Völkerrechts zielt auf eine empirisch greifbare Umschreibung eines Herrschaftsverbandes (und nicht auf ein wertgebundenes Idealbild). Zugleich zwingt die Vielgestaltigkeit der Staatenwelt zu einem weitmaschigen Staatsbegriff.

Diesen Anforderungen wird die „Drei-Elemente-Lehre" von 3
Georg Jellinek (Allgemeine Staatslehre, 3. Aufl. 1914, S. 396 ff.) am ehesten gerecht. Danach setzt der Staat als rechtliche Zurechnungseinheit ein Staatsgebiet, ein Staatsvolk und eine Staatsgewalt voraus. Die Grobmaschigkeit dieser Definition ist immer wieder auf Kritik gestoßen, etwa weil sie das Wesen des Staates als lebendige Wirkungseinheit nicht erklären könne. Jedoch ist gerade die Schlichtheit der Drei-Elemente-Lehre von *Jellinek* ihr entscheidender Vorteil in einer heterogenen und ständigen Wandlungen unterworfenen Staatenwelt.

Im Übrigen erlaubt die Lehre von den drei Elementen (insbesondere über das Merkmal der Staatsgewalt) sehr wohl eine begriffliche Feinsteuerung in problematischen Einzelfällen.

4 An die Elemente des Staatsbegriffs von *Jellinek* knüpft auch die berühmte Definition des Staates als Völkerrechtssubjekt in der *Konvention von Montevideo über die Rechte und Pflichten der Staaten* von 1933 (LNTS No. 165, S. 19) an. Die Konvention von Montevideo fügt als weiteres Staatsmerkmal die Fähigkeit hinzu, in Beziehungen zu anderen Staaten zu treten. Diese Konvention bestimmt in Art. 1:

„The State as a person of international law possesses the following qualifications: a) a permanent population; b), a defined territory; c) a government and d) capacity to enter into relations with other States."

Die Definition der Konvention von Montevideo bildet gewissermaßen eine „moderne" Fortschreibung der Drei-Elemente-Lehre von *Jellinek* mit einer qualitativen Präzisierung der Staatsgewalt. Damit wird deutlich, dass der einzelne Staat als Wirkungseinheit von der tätigen Einbindung in die internationale Gemeinschaft lebt. Dies erleichtert die Einsicht, dass die Übernahme völkerrechtlicher Verpflichtungen weniger Beschränkung der Staatsgewalt als deren lebendige Betätigung ist.

b) Staatsgebiet

5 Das Staatsgebiet bildet das territoriale Substrat des Staates. Dabei handelt es sich um ein Segment der Erdoberfläche einschließlich der darüberliegenden Luftsäule und des darunterliegenden Erdreiches sowie einen Küstenstreifen von bis zu 12 Seemeilen. Der Staatsbegriff des Völkerrechts verlangt keine bestimmte Mindestgröße des Staatsgebietes und schließt daher auch sog. „Mikrostaaten" wie Grenada, San Marino oder den Vatikanstaat ein.

In dem kuriosen „*Sealand*-Fall" hat das Verwaltungsgericht Köln entschieden, dass eine verlassene Flakstellung auf der Nordsee schon deshalb nicht als Staatsgebiet taugt, weil es hier an einem festen Teil der Erdoberfläche fehlt (VG Köln, DVBl. 1978, S. 510).

c) Staatsvolk

6 Ein Staatsvolk als personelles Substrat des Staates setzt einen auf Dauer angelegten Zusammenschluss von Menschen (den Staatsangehörigen) unter dem Dach einer gemeinsamen Herrschafts- und

Rechtsordnung voraus. Nicht entscheidend ist dabei die sprachliche, ethnische, religiöse oder kulturelle Homogenität. Wohl aber wird ein Personenverband erst durch ein Mindestmaß an Zugehörigkeitsgefühl, das jedenfalls die Mehrheit der Bevölkerung auf einem bestimmten Gebiet verbindet, zum Staatsvolk. Wenn dieses staatstragende Bewusstsein schwindet, beginnt auch die effektive Staatsgewalt wegzubrechen.

d) Staatsgewalt

Die Staatsgewalt verbindet als organisatorische Klammer das personelle und territoriale Substrat des Staates. Denn die Staatsgewalt wird inhaltlich durch die Zuordnung zu einem Gebiet (Gebietshoheit) und einem Staatsvolk (Personalhoheit) näher bestimmt. Nach innen sichert die Staatsgewalt die Ordnungsaufgaben des Staates, nach außen seine Handlungsfähigkeit als Völkerrechtssubjekt. Die sog. „Souveränität" bildet kein zusätzliches Definitionsmerkmal, sondern ist gewissermaßen rechtliche Konsequenz der Staatsqualität eines Personenverbandes. 7

Als konstituierendes Staatselement setzt die Staatsgewalt ein Mindestmaß an *Effektivität* voraus. Für die Existenz eines Staates kommt es insoweit in erster Linie auf die Wirksamkeit der Staatsgewalt und nicht auf deren Legitimität an. Als Völkerrechtssubjekt kann also auch ein bloßer Zwangsverband ohne demokratische Strukturen existieren. Jedoch gibt es vor allem auf regionaler Ebene, aber auch im Rahmen der Vereinten Nationen zunehmend Tendenzen, demokratische Binnenstrukturen einzufordern. Dabei geht es aber um eine Anforderung an die Staatsgewalt und nicht schon um eine Voraussetzung der Staatlichkeit schlechthin. Beides vermischt sich dann, wenn bestimmte inhaltliche Anforderungen an die Staatsgewalt (etwa demokratische Struktur oder Minderheitenschutz) zur Voraussetzung der Anerkennung durch einen anderen Staat im bilateralen Verhältnis gemacht werden. 8

In speziellen Fällen ist die Staatsgewalt über ein bestimmtes Gebiet zwei oder mehreren Staaten zugeordnet. Ein solches *Kondominium* bildete bis 1980 die Inselgruppe der Neuen Hebriden (jetzt: Vanuatu). Hier übten Frankreich und Großbritannien gemeinsam die Gebietshoheit aus. 9

Einen Sonderfall mit Elementen eines Kondominiums bildet die Republik Andorra. Hier übten der französische Staatspräsident und der Bischof der spanischen Diözese von Urgel lange als Mitherrscher gemeinsam Gebietshoheit (unter Delegation auf zwei Landvögte) aus. Die neue Verfassung von 1993 hat die Stellung dieser beiden Staatsoberhäupter erheblich beschnitten und im Wesentlichen auf bloß repräsentative Befugnisse zurückgeführt.

Literatur: *J. R. Crawford*, The Criteria for Statehood in International Law, BYIL 48 (1976–1977), S. 93 ff.; *ders.*, State, in: R. Wolfrum (Hrsg.), MPEPIL, Bd. 9, 2012, S. 475 ff.

2. Anerkennung

10 Bei der Anerkennung handelt es sich um ein einseitiges Rechtsgeschäft, mit dem ein Staat bekundet, dass für ihn eine bestimmte Rechtslage besteht. Die Anerkennung eines völkerrechtlich ausgeformten Befundes schließt die Bereitschaft ein, die sich hieraus ergebenden Konsequenzen zu tragen. Die Bedeutung einer Anerkennung liegt heute vor allem in der Klärung zweifelhafter Rechtslagen im Verhältnis zwischen den beteiligten Völkerrechtssubjekten. Dies gilt vor allem für die Anerkennung von Staaten.

a) Anerkennung von Staaten

11 Je schwieriger die Beurteilung eines territorialen Gebildes als Staat ist und je stärker die Zweifel an der Staatsqualität sind, desto größer ist die Bedeutung der Anerkennung als Staat durch die internationale Gemeinschaft. Dies zeigt etwa das stete Ringen der früheren Deutschen Demokratischen Republik um Anerkennung in der Staatengemeinschaft. Die rechtlichen Wirkungen der Anerkennung von Staaten sind umstritten. Nach einer vor allem früher in der Völkerrechtslehre vertretenen Meinung hat die (mehrheitliche) Anerkennung eines Gebildes als Staat *konstitutive* Wirkung, ist also notwendige Voraussetzung für das Bestehen eines Staates als Völkerrechtssubjekt. Durchgesetzt hat sich die Gegenmeinung von der *deklaratorischen* Wirkung der Anerkennung. Danach hängt die Existenz eines Staates als Völkerrechtssubjekt nicht von der Anerkennung durch andere Staaten ab. Für diese ganz herrschende Ansicht spricht, dass keine Pflicht zur Anerkennung eines anderen Staates besteht. Staaten können von der Anerkennung eines anderen Staates auch aus politischen Gründen (und nicht nur wegen des Nichtvorliegens der Staatsmerkmale) absehen.

Ganz im Sinne der heute herrschenden Meinung bekennt sich auch die Charta der Organisation amerikanischer Staaten (OAS) zur bloß deklaratorischen Bedeutung der Anerkennung:

„The political existence of the State is independent of recognition by other States. Even before being recognized, the State has the right to defend its integrity and independence …" (Art. 13).

In einem ganz beschränkten Sinne wird man der Anerkennung durch die Staatenwelt aber eine konstitutive Wirkung beimessen können, nämlich in dem Sinne, dass die Anerkennung durch einen Großteil der Staatengemeinschaft Zweifel am Vorliegen aller Staatselemente (insbesondere einer effektiven Staatsgewalt) kompensieren kann.

Bei bestimmten Gebietseinheiten zeigt die unterschiedliche Praxis 12
der Anerkennung ein gespaltenes Bild. Dies gilt insbesondere für die Anerkennung Palästinas. Objektiv ist die effektive Staatsgewalt Palästinas wegen der vertraglichen Einwirkungsbefugnisse Israels und der israelischen Militärpräsenz durchaus zweifelhaft. Subjektiv konkurrieren völlig unterschiedliche Bewertungen einer „Zwei-Staaten-Lösung" und einer stabilen Friedensordnung zwischen Israel und Palästina als Voraussetzung der Anerkennung miteinander.

Die meisten Staaten (Stand Dezember 2018: 137 Staaten und der Heilige Stuhl) haben Palästina förmlich als Staat anerkannt. Australien, Japan, die USA, Kanada, die Bundesrepublik Deutschland, Frankreich und das Vereinigte Königreich gehören zu den Staaten, die (noch) nicht zu einer Anerkennung Palästinas als Staat bereit sind. Die UNESCO hat 2011 Palästina als neuen Mitgliedstaat aufgenommen. Palästina ist Mitglied der Liga Arabischer Staaten, der Bewegung blockfreier Staaten, der Organisation für Islamische Kooperation sowie der Gruppe der 77 und China. Im Dezember 2012 hat die UN-Generalversammlung Palästina zum Beobachter-„Staat" (*non-member observer State*) hochgestuft (GA/Res. 67/19 [2012]). Diese Anerkennung Palästinas hat keine unmittelbare Rechtswirkung außerhalb der Vereinten Nationen, stärkt aber die Argumente für die Staatsqualität von Palästina. Die Regierung von Palästina hat 2015 den Beitritt zum Statut des Internationalen Strafgerichtshofs erklärt. Die Wirksamkeit dieses Beitrittes ist ungeklärt. Ähnliches gilt für den Beitritt Palästinas zu dem Wiener Übereinkommen über diplomatische Beziehungen und zu dessen Fakultativprotokoll zur Streitbeilegung durch den Internationalen Gerichtshof.

In Bürgerkriegssituationen und anderen Fällen der Staatswerdung 13
unter Abspaltung von einem anderen Staat darf die Anerkennung als Staat erst dann ausgesprochen werden, wenn sich die neue Staatsgewalt hinreichend fest etabliert hat. Die vorzeitige Anerkennung bei noch unentschiedenem Ausgang des Machtkampfes auf dem als

neuem Staatsgebiet beanspruchten Territorium verletzt das völkerrechtliche Interventionsverbot.

Nach der Unabhängigkeitserklärung der kosovarischen Regierung haben die meisten Staaten das Kosovo als eigenen Staat anerkannt. Umstritten ist die Unabhängigkeit wegen Zweifeln an einer eigenen effektiven Staatsgewalt („UN-Protektorat") und wegen des Bekenntnisses zur territorialen Integrität Serbiens in der Sicherheitsratsresolution 1244 (1999). Zur Vereinbarkeit der Unabhängigkeitserklärung der Regierung des Kosovo mit dem Völkerrecht hat der Internationale Gerichtshof auf Anfrage der UN-Generalversammlung ein Gutachten erstattet (IGH, *Accordance with International Law of the Unilateral Declaration of Independence in Respect of Kosovo*, ICJ Reports 2010, S. 403; hierzu unten § 36 Rn. 7).

14 Die Anerkennung eines Staates kann ausdrücklich oder konkludent (etwa durch Aufnahme diplomatischer Beziehungen oder mit Abschluss eines völkerrechtlichen Vertrages) erfolgen. Wenn ein Gebilde als Mitglied einer internationalen Organisation aufgenommen wird, so liegt hierin noch nicht unbedingt die Anerkennung als Staat durch alle anderen Mitglieder. Etwas anderes gilt aber wohl für die Aufnahme in die Vereinten Nationen (auf Empfehlung des Sicherheitsrates durch Beschluss der Generalversammlung gemäß Art. 4 Abs. 2 UN-Charta). Denn die Mitglieder der Vereinten Nationen haben ihre Beziehungen nach dem Grundsatz souveräner Gleichheit aller Mitglieder und den anderen Prinzipien des Art. 2 UN-Charta zu gestalten.

Auf Völkerrechtsverstöße und andere Legitimitätsmängel bei der Entstehung eines territorialen Regimes (insbesondere die Geburtshilfe durch militärisches Eingreifen eines anderen Staates) reagiert die Staatenwelt zuweilen mit der Verweigerung der Anerkennung. Dies gilt insbesondere dann, wenn die Unabhängigkeit der Herrschaftsgewalt von einem anderen Staat in Frage steht. So hat die internationale Gemeinschaft – im Einklang mit einer Resolution des UN-Sicherheitsrates (S/Res. 541 [1983], VN 1984, S. 69) – die Errichtung der Türkischen Republik von Nordzypern im Jahre 1983 nicht anerkannt.

In der Art der Anerkennung können sich qualitative Unterschiede im bilateralen Verhältnis äußern. Die Anerkennung eines Staates *de iure* bedeutet die endgültige Anerkennung eines Staates in Erwartung dauerhafter Existenz. Mit der bloßen Anerkennung *de facto* verbinden sich Zweifel an der Stabilität der Herrschaftsverhältnisse, möglicherweise auch Vorbehalte gegenüber der Legitimität der Staatsgewalt. Heutzutage spielt der Unterschied zwischen beiden Formen der Anerkennung eine weitaus geringere Rolle als in der Vergangenheit.

Eine neuere Tendenz zielt auf die Verknüpfung der Anerkennung mit bestimmten qualitativen Kriterien. Von besonderem Interesse sind die „Richtlinien“ der EU-Außenminister für die Anerkennung neuer Staaten in Osteuropa und in der Sowjetunion (ILM 31 [1992], S. 1486). Danach setzt die Anerkennung voraus: 15

- „Achtung der Bestimmungen der UN-Charta und der Verpflichtungen aus der Schlussakte von Helsinki und der Charta von Paris, insbesondere im Hinblick auf Rechtsstaatlichkeit, Demokratie und Menschenrechte;
- Garantien für die Rechte ethnischer und nationaler Gruppen und Minderheiten im Einklang mit den im Rahmen der KSZE eingegangenen Verpflichtungen;
- Kleindruck Stop
- Achtung der Unverletzlichkeit aller Grenzen, die nur auf friedlichem Wege und einvernehmlich geändert werden dürfen;
- Übernahme aller einschlägigen Verpflichtungen in Bezug auf Abrüstung und nukleare Nichtverbreitung sowie auf Sicherheit und regionale Stabilität;
- Verpflichtung zur Regelung aller Fragen im Zusammenhang mit Staatennachfolge und regionalen Streitigkeiten durch Vereinbarung und, wo angebracht, durch Rückgriff auf Schiedsverfahren.“

b) Anerkennung von Regierungen

Die Anerkennung von Regierungen bezieht sich auf deren Vertretungsanspruch im Verhältnis zum anerkennenden Staat. Dabei hat etwa die englische Staatspraxis lange zwischen der Anerkennung einer Regierung *de iure* und der Anerkennung *de facto* (Anerkennung der faktischen Staatsgewalt bei Vorbehalten gegenüber ihrer Legitimität) differenziert. Die ausdrückliche Anerkennung von Regierungen zwingt häufig zu delikaten Gratwanderungen zwischen Effektivitäts- und Legitimitätserwägungen. 16

Die britische Rechtsprechung hat lange Zeit auf die Rechtsposition der eigenen Regierung abgestellt. Britische Gerichte haben sich – wie bei der Anerkennung von Staaten – an einer für die Zwecke von Gerichtsverfahren ausgestellten Bescheinigung (*certificate*) des Außenministeriums zur Anerkennung orientiert und diese amtliche Äußerung der eigenen Regierung als verbindliche Klärung der Statusfrage angesehen. Vor längerer Zeit haben die USA und das Vereinigte Königreich bekundet, dass sie künftig keine Anerkennung von Regierungen mehr aussprechen und statt dessen auf die Opportunität einer Aufnahme diplomatischer Beziehungen abstellen wollen (Erklärung des U. S. State Department, U. S. Department of State Bulletin 1977, S. 77; Erklärung des britischen Außenministers von 1980, BYIL 51 [1980], S. 367 f.). Die englischen Gerichte haben in Abwesenheit einer verbindlichen Äußerung der eigenen Regierung entscheidend auf folgende Kriterien abgestellt: (1) ob das neue Regime diplomatische Beziehungen mit dem Vereinigten Königreich unterhielt, (2) ob das neue Regime effektive Kontrolle über das Staatsgebiet ausübte und (3) inwieweit das neue Regime in der Staatengemeinschaft Anerkennung gefunden hatte (*Sierra Leone Telecommunications Co. Ltd. v. Barclays Bank, Plc.*, [1998] 2 All E. R. 821, ILR 114 [1999], S. 466 ff.).

Mittlerweile ist aber die Regierung des Vereinigten Königreiches zur früheren Praxis zurückgekehrt, Bescheinigungen zur Anerkennung von Regierungen auszustellen.

So hat der britische Außenminister im Zusammenhang mit dem Zugriff auf Bankguthaben Libyens in London im August 2011 mit Bindungswirkung für das angerufene Gericht bescheinigt, dass die britische Regierung den Nationalen Übergangsrat anstelle des bisher anerkannten Regimes als alleinige Regierung Libyens anerkennt. Damit war für die englischen Gerichte die Vertretung Libyens nach außen geklärt (High Court of Justice, *British Arab Commercial Bank PLC v. The National Transitional Council of the State of Libya*, [26 August 2011], 147 ILR 667).

17 Im *Tinoco*-Fall (*Great Britain v. Costa Rica*, R. I. A. A. 1 [1923], S. 369) hatte sich ein Schiedsgericht mit Verpflichtungen zu befassen, welche die mittlerweile gestürzte Regierung von Tinoco im Namen von Costa Rica gegenüber britischen Staatsangehörigen eingegangen war. Die Regierung von Tinoco hatte während des relevanten Zeitraumes die effektive Staatsgewalt über Costa Rica ausgeübt. Deswegen wies der Schiedsrichter *William H. Taft* den Einwand zurück, die Regierung von Tinoco sei von vielen führenden Mächten nicht anerkannt worden (mit der Folge, dass die von ihr eingegangenen Verpflichtungen unbeachtlich seien). Die Nichtanerkennung, so der Schiedsrichter, sei zwar ein Indiz für das Fehlen effektiver Regierungsgewalt. Darauf komme es aber dann nicht an, wenn die Effektivität der Regierung nachgewiesen sei und die Nichtanerkennung nur durch die Art und Weise der Herrschaftserlangung (Illegitimität) motiviert ist:

„The non-recognition by other nations of a government claiming to be a national personality is usually appropriate evidence that it has not attained the independence and control entitling it by international law to be classed as such. But when recognition *vel non* of a government is by such nations determined by enquiry, not into its *de facto* sovereignty and complete governmental control, but into its illegitimacy or irregularity of origin, their non-recognition loses something of evidential weight on the issue with which those applying the rules of international law are alone concerned … Such non-recognition for any reason … cannot outweigh the evidence disclosed by this record before me as to the *de facto* character of Tinoco's government …" (aaO, S. 381).

Die Behandlung der Rechtsakte eines nicht anerkannten Staates und einer nicht anerkannten Regierung im innerstaatlichen Recht wird in der Staatenpraxis nicht einheitlich gehandhabt. Britische und US-amerikanische Gerichte haben lange Zeit Akte eines von ihrer Regierung nicht anerkannten Staates oder einer nicht anerkannten Regierung als eine Art rechtliches Nullum schlicht ignoriert. Hier hat sich aber seit einigen Jahren ein Wandel in dem Sinne angebahnt, dass im Interesse betroffener Privatpersonen bestimmte Rechtsakte einer *effektiven* Staatsgewalt (wie Eheschließungen oder Scheidungen) unabhängig von der Anerkennung durch die eigene Regierung vor amerikanischen und britischen Gerichten Beachtung finden können (zur Erklärung der amerikanischen Regierung im Fall *Meridian International Bank Ltd. v. Government of the Republic of Liberia* der Bericht von *M. Nash [Leich]*, AJIL 90 [1996], S. 263). Eine solche Rücksicht auf die Effektivität der über ein bestimmtes Gebiet ausgeübten Herrschaft praktizieren seit jeher die Gerichte in Deutschland (KG, IPRspr. 1932, Nr. 21) und in anderen kontinentaleuropäischen Staaten (siehe etwa Schweizerisches Bundesgericht, BGE 50 II, S. 507 [1924]). So wird verhindert, dass aus der Sicht eines ausländischen Richters Privatpersonen wegen der Nichtanerkennung ihres Staates oder einer effektiven Regierung in ein rechtliches Vakuum gestürzt werden. **18**

Vor den Gerichten fremder Staaten greifen die Akte eines Regimes, das weder Anerkennung genießt noch effektive Gebietsherrschaft ausübt, ins Leere. **19**

Einen interessanten Beispielsfall liefert der Streit um Bankanweisungen der Manager eines Staatsunternehmens aus Sierra Leone nach einem Regierungsputsch (*Sierra Leone Telecommunications Co. Ltd. v. Barclays Bank, Plc.*, [1998] 2 All E. R. 821, ILR 114 [1999], S. 466 ff.). Nach einem Putsch gegen die demokratisch gewählte Regierung von Sierra Leone (die sich ins Ausland abgesetzt hatte) wechselte die neue „Regierung" die Geschäftsführung des staatlichen Telekommunikationsunternehmens *Sierratel* aus. Die britische Barclays Bank (bei der Sierratel ein Konto unterhielt) weigerte sich, Anweisungen des neuen Managements zu folgen, welche die alte Geschäftsführung (im Einklang mit der gestürzten Exilregierung) für unbeachtlich erklärte. Der englische High Court wies eine Klage der neuen Geschäftsführung ab, weil das Putschregime nicht als Regierung von Sierra Leone anzusehen sei.

Literatur: *R. L. Bindschedler*, Die Anerkennung im Völkerrecht, BDGVR 4 (1981), S. 1 ff.; *C. Engel*, Die Bedeutung völkerrechtlicher Anerkennungen für das Internationale Privatrecht, in: Festschrift für Dietrich Rothoeft, 1994, S. 87 ff.; *J. A. Frowein*, Recognition, in: R. Wolfrum (Hrsg.), MPEPIL, Bd. 8, 2012, S. 656 ff.; *M. Herdegen*, Erklärungen der englischen Krone vor Gerichten in auswärtigen Fragen, ZaöRV 40 (1980), S. 782 ff.; *C. Hillgruber*, Die Aufnahme neuer Staaten in die Völkerrechtsgemeinschaft, 1998; *F. A. Mann*, Foreign Affairs in English Courts, 1986, S. 42 ff.; *M. J. Peterson*, Recognition of Governments: Legal Doctrine and State Practice, 1815–1995, 1997; *S. Talmon*, Recognition of Governments in International Law, 1998; *ders.*, Kollektive Nichtanerkennung illegaler Staaten, 2006.

3. Entstehung und Untergang von Staaten

a) Entstehung von Staaten

20 Die Entstehung eines neuen Staates setzt die freiwillige Ersetzung oder sonstige Verdrängung der bisherigen Staatsgewalt voraus. Die Gründung von Staaten auf unbesiedeltem Gebiet oder auf trotz dort vorgefundener Bevölkerung für aneignungsfähig gehaltenem Territorium (Beispiel: die Burenstaaten Südafrikas) gehört der Vergangenheit an.

Für die Entstehung eines neuen Staates ist das Faktum effektiver Staatsgewalt und nicht die Zustimmung der bisherigen Staatsgewalt entscheidend. Vollzieht sich die Staatswerdung in streitiger Auseinandersetzung mit der zunächst herrschenden Staatsgewalt, bedarf die Effektivität der neuen Staatsgewalt besonders eingehender Prüfung. In Dekolonialisierungsprozessen hat sich die Anerkennungspraxis der Staatengemeinschaft (insbesondere im Hinblick auf die Aufnahme in die Vereinten Nationen) im Interesse des Selbstbestimmungsrechts der Völker oft über deutliche Effektivitätsmängel der Staatsgewalt hinweggesetzt.

21 Ein neuer Staat entsteht durch *Fusion*, wenn zwei oder mehr Staaten unter Aufgabe ihrer Eigenständigkeit zu einem neuen Staat verschmelzen (Beispiele: Gründung des Norddeutschen Bundes im Jahre 1867, aus dem im Jahr 1871 das Deutsche Reich hervorgegangen ist; der Zusammenschluss von Ägypten und Syrien zur Vereinigten Arabischen Republik im Jahre 1958). Bei der *Sezession* spaltet sich ein Gebiet aus einem bestehenden Staat unter Entstehung eines neuen Staates oder unter Eingliederung in einen anderen Staat ab (Beispiele: Die Abspaltung Panamas von Kolumbien im Jahre 1903 und die Abspaltung des Südsudans vom Sudan im Jahre 2011).

b) Untergang von Staaten

22 Der dauernde Wegfall eines konstituierenden Elementes (Staatsgewalt, Staatsgebiet oder Staatsvolk) führt zum Erlöschen eines Staates

als Völkerrechtssubjekt. Im Interesse klarer Zuordnung nimmt das Völkerrecht auf das Bestandsinteresse von Staaten in sehr großzügiger Weise Rücksicht. Die Existenz eines Staates vermag auch krisenhafte Erschütterungen von längerer Dauer zu überstehen. Erst bei mit Evidenz feststellbarem, endgültigem Verlust der Staatsgewalt oder anderer Staatsmerkmale geht ein Staat unter (Beispiel: Untergang der Deutschen Demokratischen Republik mit dem Beitritt zur Bundesrepublik Deutschland). In diesem Sinne führen Staaten eine recht zählebige Existenz als Völkerrechtssubjekte.

Änderungen des Regierungssystems und andere organisatorische Wandlungen (Revolution und sonstiger Verfassungswandel) berühren den Fortbestand eines Staates als Völkerrechtssubjekt nicht. So hat die russische Revolution von 1917 mit der Auflösung der Zarenherrschaft durch das Sowjetregime keinen neuen Staat hervorgebracht. In Deutschland hat der Übergang von der Monarchie zur Weimarer Republik ebenso wenig etwas am Fortbestand des Deutschen Reiches geändert wie der nationalsozialistische Systemwechsel.

Auch die kriegerische Besetzung eines Staates *(occupatio bellica)* 23
mit der vorübergehenden Verdrängung der Staatsgewalt durch die Besatzungsmacht bedeutet nicht das Erlöschen eines Staates (Beispiele: deutsche Besetzung Polens im Zweiten Weltkrieg, Besatzungsgewalt über Deutschland durch die alliierten Mächte). Bei der Übernahme der Hoheitsgewalt über Deutschland durch die vier alliierten Mächte wurde ausdrücklich festgehalten, dass keine Annexion Deutschlands beabsichtigt sei (Berliner Erklärung vom 5. Juni 1945; siehe auch das Potsdamer Abkommen vom 2. August 1945, Abschnitt III). Ebenso wenig führt die militärische Kapitulation zum Untergang eines Staates. Jedenfalls nach der überwiegenden westlichen Völkerrechtslehre ist das Deutsche Reich weder mit dem militärischen Zusammenbruch im Jahre 1945 noch später untergegangen; dies entspricht auch der ganz herrschenden Auffassung im deutschen Staatsrecht. Das Bundesverfassungsgericht hat die Kontinuitätsthese mit aller Deutlichkeit verfochten: Danach ist die Bundesrepublik Deutschland als Völkerrechtssubjekt mit dem im Jahre 1867 gegründeten Norddeutschen Bund identisch (vgl. BVerfGE 36, 1 [15 f.]).

Gebietsänderungen lassen die Existenz eines Staates grundsätzlich 24
unberührt. So besteht die Bundesrepublik Deutschland nach dem Beitritt der Deutschen Demokratischen Republik mit vergrößertem Staatsgebiet fort. Aufspaltungsprozesse mit massiven Gebietsverlusten können (müssen aber nicht stets) zum Untergang eines Staates

führen (sog. *Dismembration*). Von Dismembration ist die Rede, wenn ein Staat völlig in zwei oder mehreren Nachfolgestaaten aufgeht, also kein die staatliche Existenz fortführender „Rumpfstaat" verbleibt (Beispiele: Zerfall von Großkolumbien in die drei Staaten Neugranada [Kolumbien], Venezuela und Ecuador im Jahre 1829; Zerfall der Sowjetunion; Untergang der Tschechoslowakei durch das Auseinanderbrechen in die Republiken Tschechien und Slowakei im Jahre 1993). Im Fall der *Inkorporation* geht ein Staat durch Beitritt in einem anderen Staatsverband auf (Beispiel: Aufnahme von Texas in die Vereinigten Staaten im Jahre 1845; Beitritt der DDR zur Bundesrepublik Deutschland im Jahre 1990).

25 Entscheidend kommt es bei einem solchen Zerfallsprozess auf eine wertende Betrachtung des jeweiligen Falles an. Dabei sind quantitative Kriterien (etwa Verbleib des größten Bevölkerungs- und Gebietsanteils bei dem Fortexistenz beanspruchenden „Rumpfstaat") von großer Bedeutung, aber nicht allein ausschlaggebend. Eine wesentliche Rolle spielt daneben das Selbstverständnis der unmittelbar beteiligten Staaten. Schließlich ist die Haltung der Staatengemeinschaft insgesamt zu berücksichtigen. Dies gilt insbesondere dann, wenn die unbeteiligten Staaten über die Fortsetzung des ursprünglichen Staates durch einen verbleibenden „Staatsrumpf" keine Einigkeit erzielen können. Nach dem Entstehen zahlreicher neuer Staaten auf dem Gebiet der Sowjetunion nach dem Untergang des kommunistischen Systems hätte Russland angesichts der Größe des Territoriums und des Bevölkerungsanteils durchaus die Möglichkeit gehabt, erfolgreich die Identität mit der (nunmehr geschrumpften) Sowjetunion zu beanspruchen (und so ohne weiteres vertragliche Rechtspositionen wie den ständigen Sitz im Sicherheitsrat der Vereinten Nationen wahrzunehmen). Stattdessen haben sich die Regierungen Russlands und der anderen GUS-Staaten darüber verständigt, dass die Sowjetunion als Völkerrechtssubjekt untergegangen sei und Russland den ständigen Sitz im Sicherheitsrat einnehmen solle. Die Vereinbarung der ehemaligen Republiken der Sowjetunion über die Gründung der Gemeinschaft Unabhängiger Staaten (GUS) von Alma Ata aus dem Jahre 1991 (ILM 31 [1992], S. 149) stellte ausdrücklich den Untergang der Sowjetunion fest.

Anders ist die Entwicklung beim Zerfall Jugoslawiens verlaufen. Hier hat der nur aus Serbien und Montenegro bestehende Staatsverband in Auseinandersetzung mit den neu entstandenen Nachfolgestaaten vergeblich versucht, seine Identität mit der früheren Bundesrepublik Jugoslawien geltend zu machen. Dieser Anspruch hat in der Staatengemeinschaft keine Anerkennung gefunden. Eine Schiedskommission der EG („Badinter-Kommission") diagnostizierte die Auflösung Jugoslawiens (ILM 31 [1992], S. 1494). Die Generalversammlung der Vereinten Nationen hat den Anspruch des Staatsverbandes von Serbien und Montenegro auf den jugoslawischen Sitz nicht anerkannt (GA/Res. 47/1 [1992], VN 1992, S. 218). Auch der UN-Sicherheitsrat hat förmlich festgestellt, dass die Sozialistische Föderale Republik Jugoslawien erloschen ist (S/Res. 777 [1992], VN 1992, S. 218).

Besondere Grundsätze gelten dann, wenn ein Staat in *völkerrechtswidriger* Weise zum Erlöschen gebracht wird. Vom Untergang ist hier erst dann auszugehen, wenn eine Wiedererlangung effektiver Staatsgewalt (und anderer Staatsmerkmale) auf längere Sicht klar ausgeschlossen scheint. Bei der gewaltsamen Einverleibung eines Staates kann auch die Haltung der Bevölkerung (mehrheitliche Akzeptanz oder Ablehnung) in die Bewertung der Staatengemeinschaft einfließen. Im Falle des Unterganges bleiben die beteiligten Staaten (der annektierende Staat und der nachfolgende Staat) frei, sich im Nachhinein auf den Fortbestand eines völkerrechtswidrig ausgelöschten Staates zu verständigen. In einem solchen Falle ist damit zu rechnen, dass auch die übrigen Staaten von der – fingierten – Fortexistenz des jeweiligen Staates ausgehen. 26

Ein Beispiel bildet Österreich, das 1938 dem Deutschen Reich völkerrechtswidrig einverleibt worden und damit untergegangen ist (nach anderer, insbesondere in Österreich verbreiteter Ansicht soll es sich nur um eine vorübergehende Verdrängung der österreichischen Staatsgewalt durch rechtswidrige Okkupation gehandelt haben). Dem Verständnis des heutigen Österreichs und der Alliierten folgend, behandelt die Staatengemeinschaft Österreich als identisch mit der im Jahre 1938 erloschenen Republik Österreich.

Bei besonders flagranten Völkerrechtsverletzungen selbst ohne den plausiblen Anschein einer Zustimmung der Bevölkerung gehen manche Staaten auch nach langer Zeit von der Fortexistenz des Staates aus. Nach der sog. *Stimson*-Doktrin (benannt nach einer Erklärung des amerikanischen Außenministers Stimson von 1932 anlässlich des japanischen Angriffs auf China) findet der gewaltsame Gebietserwerb (Annexion) unter Verstoß gegen das Völkerrecht keine Anerkennung. Ein Beispiel bildet die Nichtanerkennung der gewaltsamen Eingliederung der baltischen Staaten in den sowjetischen Staatsverband durch Stalin im Jahre 1940. Nach Ansicht der meisten westlichen Staaten haben die baltischen Staaten nie zu bestehen aufgehört. Hier hat der Zerfallsprozess der Sowjetunion mit der Wiedererstehung von Est- 27 land, Lettland und Litauen Fiktion und Rechtswirklichkeit zur Deckung gebracht.

Literatur: *R. Bernhardt*, Die deutsche Teilung und der Status Gesamtdeutschlands, in: J. Isensee/P. Kirchhof (Hrsg.), Handbuch des Staatsrechts der Bundesrepublik Deutschland, Bd. I, 3. Aufl. 2003, § 8; *J. Crawford*, The Creation of States in International Law, 2. Aufl. 2007; *K. Doehring*, Staatsrecht der Bundesrepublik Deutschland, 3. Aufl. 1984, S. 52ff.; *J. A. Frowein*, Die Verfassungslage Deutschlands im Rahmen des Völkerrechts, VVDStRL 49 (1990), S. 7ff.; *P. Hilpold*, Das Kosovo-Problem – ein Testfall für das Völkerrecht, ZaöRV 68 (2008), S. 779ff.; *M. G. Kohen* (Hrsg.), Secession, 2006; *J. Quigley*, The Statehood of Palestine: International Law in the Middle East Conflict, 2010; *C. Schaller*, Die Sezession des Kosovo und der völkerrechtliche Status der internationalen Präsenz, AVR 46 (2008), S. 131ff.; *M. Weller*, The International Response to the Dissolution of the Socialist Federal Republic of Yugoslavia, AJIL 86 (1992), S. 596ff.; *ders.*, Contested Statehood. Kosovo's Struggle for Independence, 2009.

4. Staatenverbindungen

28 Die Staatenwelt kennt vielgestaltige Staatenverbindungen. Gekennzeichnet sind solche Verbindungen durch eine dauerhafte Verflechtung von zwei oder mehreren Staaten, zumeist mit einem bestimmten Maß organisatorischer Verfestigung.

a) Staatenbund

29 Ein Staatenbund umfasst zwei oder mehrere Staaten auf Grund eines völkerrechtlichen Vertrages, der dem Staatenbund die Wahrnehmung wesentlicher staatlicher Aufgaben zuweist und damit über die bloße Kooperation in eng umgrenztem Bereich hinausgeht. Ein Staatenbund verfügt über eigene Völkerrechtssubjektivität und nimmt die ihm zugewiesenen Aufgaben nach innen (d. h. gegenüber den Mitgliedern) und nach außen durch eigene Organe wahr. Die einzelnen Mitgliedstaaten behalten ihre ursprüngliche, unbeschränkte Völkerrechtssubjektivität. In der Regel verfügen die einzelnen Mitgliedstaaten über ein Austrittsrecht. Einen Staatenbund bildete etwa der Deutsche Bund (1815–1866). Ein modernes Beispiel bildet die Gemeinschaft Unabhängiger Staaten (GUS) als Zusammenschluss von Nachfolgern der untergegangenen Sowjetunion. Nicht zu den Staatenbünden gehört das *British Commonwealth of Nations*, das keine Völkerrechtspersönlichkeit und keinen organisatorischen Unterbau hat. In der jüngeren Völkerrechtsentwicklung ist der Staatenbund weitgehend von internationalen Organisationen mit vielfach weitreichenden Befugnissen und breiter Zwecksetzung (auf dem Gebiet der Wirtschafts-, Außen- und Sicherheitspolitik) verdrängt worden (etwa das System der Europäischen Union und die NATO).

b) Bundesstaat

Zu den Staatenverbindungen im weiteren Sinne gehören die Bundesstaaten. Hier ist das Verhältnis zwischen den Mitgliedstaaten und dem Gesamtstaat (Bund) nicht völkerrechtlich, sondern staatsrechtlich (insbesondere durch die Bundesverfassung) geordnet. Die Beziehungen der Gliedstaaten (Bundesstaaten) untereinander sind staatsrechtlicher Natur. Dabei kommt eine Analogie völkerrechtlicher Grundsätze zur Lückenfüllung in Betracht (zum Verhältnis der Staaten des Deutschen Reiches unter der Weimarer Verfassung RGZ 116, Anhang, S. 18ff. – *„Donauversinkungsfall"*; zur Rechtslage unter dem Grundgesetz BVerfGE 1, 13 [51f.]; 34, 216 [230ff.]). 30

Die originäre, unbeschränkte Völkerrechtssubjektivität liegt beim Gesamtstaat. Die Gliedstaaten verfügen – nur – insoweit über eine (partielle und abgeleitete) Völkerrechtssubjektivität, als ihnen durch die Bundesverfassung Kompetenzen in auswärtigen Angelegenheiten eingeräumt werden. Das deutsche Grundgesetz begründet eine solche abgeleitete Völkerrechtssubjektivität für den Abschluss von Verträgen in Art. 32 Abs. 3 GG:

> „Soweit die Länder für die Gesetzgebung zuständig sind, können sie mit Zustimmung der Bundesregierung mit auswärtigen Staaten Verträge abschließen".

Daneben können die Länder im Rahmen ihrer Kompetenzen mit Zustimmung der Bundesregierung Hoheitsrechte auf grenznachbarschaftliche Einrichtungen übertragen (Art. 24 Abs. 1a GG). Die deutschen Bundesländer haben von diesen verfassungsrechtlichen Ermächtigungen in beachtlichem Umfang Gebrauch gemacht (siehe *U. Beyerlin/Y. Lejeune*, Sammlung der Internationalen Vereinbarungen der Länder der Bundesrepublik Deutschland, 1994).

Zu den Bundesstaaten mit einer starken Position der Gliedstaaten gehören die Bundesrepublik Deutschland, die Vereinigten Staaten von Amerika, die Schweiz (Schweizerische Eidgenossenschaft), Kanada und Australien sowie Belgien und Österreich. Die Gliedstaaten heißen in der Bundesrepublik Deutschland und in Österreich *(Bundes-)Länder*, in der Schweiz *Kantone*, in den USA sowie in Austra- 31 lien *States*, in Kanada *Provinces* und in Belgien *Regionen.* Nach dem britischen Rückzug aus der Golfregion haben sich im Jahre 1971 sieben Scheichtümer zu den Vereinigten Arabischen Emiraten zusammengeschlossen.

Eine wesentliche Aufwertung hat die Rechtsstellung der Gliedstaaten in einigen föderal strukturierten Mitgliedstaaten der Europäischen Union erfahren: nämlich durch die Beteiligung an der Außenvertretung des Gesamtstaates. So soll nach Art. 23 Abs. 6 Satz 1 GG die Wahrnehmung der Rechte, die der Bundesrepublik Deutschland als Mitgliedstaat der Europäischen Union zustehen, vom Bund auf einen vom Bundesrat ernannten Vertreter der Länder übertragen werden, wenn im Schwerpunkt ausschließliche Gesetzgebungsbefugnisse der Länder betroffen sind. Ähnliche Außenkompetenzen im Rahmen der Europäischen Union sind den Regionen Belgiens und den Ländern Österreichs eingeräumt worden. Dies bedeutet, dass Minister der Gliedstaaten im Rahmen der Europäischen Union (im Rat der Europäischen Union) für den Gesamtstaat verhandeln und abstimmen können.

Manche Staaten firmieren als „Bundesstaaten" oder „Vereinigte Staaten", obwohl die Gliedstaaten nur über recht eingeschränkte Kompetenzen und bescheidene Finanzautonomie verfügen sowie geringen Einfluss auf die Bundespolitik ausüben (Beispiele: Vereinigte Staaten von Mexiko oder Venezuela).

c) Europäische Union

32 Das System der Europäischen Union bildet ein außerordentlich komplexes Gefüge, das sich mit herkömmlichen Kategorien der Staatenverbindungen nicht recht erfassen lässt. Die Europäische Union verfügt (vor allem als Rechtsnachfolgerin der Europäischen Gemeinschaft) über weitreichende Kompetenzen (insbesondere auf dem Gebiet der Wirtschafts- und Währungspolitik, Wettbewerbs- und Handelspolitik, Agrarpolitik und der Einwanderungspolitik) und nimmt auf dem Feld der Gemeinsamen Außen- und Sicherheitspolitik eine wichtige Rolle wahr. Trotz der von den Mitgliedstaaten übertragenen, umfangreichen Kompetenzen ist das System der Europäischen Union noch weit von der Annäherung an ein (bundes-)staatliches Gebilde entfernt. Die übertragenen Befugnisse sind bei aller Bedeutung gegenständlich beschränkt. Sie verdichten sich nicht zu einer grundsätzlich unbeschränkten Gebiets- und Personalhoheit, wie sie für die Staatsgewalt kennzeichnend ist. Das System der Europäischen Union verfügt noch nicht über ein eigenes europäisches Staatsvolk, das als entscheidendes Zurechnungssubjekt eine europäische Föderation anstelle der bisherigen Nationalstaaten anzuerkennen bereit wäre. Viel-

mehr spricht der *Vertrag über die Europäische Union* selbst von einer „immer engeren Union der Völker Europas“ (Art. 1 Abs. 2 EUV). Auch das deutsche Bundesverfassungsgericht hat mit aller Deutlichkeit der Annahme eines europäischen Staatsvolkes (wohl auch für die nähere Zukunft) eine deutliche Absage erteilt. Zugleich anerkennt das Bundesverfassungsgericht die besondere Position des Systems der Europäischen Union mit seiner beispiellosen Kompetenzfülle. Zur begrifflichen Erfassung dieser Stellung zwischen herkömmlichen internationalen Organisationen und einem Bundesstaat bedient sich das Bundesverfassungsgericht einer neuen Sprachschöpfung, des „Staatenverbundes“:

> „Der Unions-Vertrag begründet … einen Staatenverbund zur Verwirklichung einer immer engeren Union der – staatlich organisierten – Völker Europas [Art. 1 EUV], keinen sich auf ein europäisches Staatsvolk stützenden Staat“ (BVerfGE 89, 155 [188]; hierzu mit überzogener Kritik etwa *J. H. H. Weiler*, The State „über alles“, in: Festschrift für U. Everling, Bd. 2, 1995, S. 1651 ff.).

d) Protektorat

Bei einem Protektorat handelt es sich um die Unterordnung eines Staates unter einen anderen Staat. Dabei behält der untergeordnete Staat typischerweise die (meisten) Kompetenzen nach innen, überlässt aber die Gestaltung der auswärtigen Beziehungen ganz oder weitgehend dem übergeordneten Staat. Nach dem Abschluss der Dekolonialisierungsprozesse spielt die Figur des Protektorates nur noch eine geringe Rolle. **33**

Ein Beispiel bildet das Protektorat Indiens über Bhutan. Der Vertrag zwischen Indien und Bhutan von 1949 bestimmt:

> „The Government of India undertakes to exercise no interference in the internal administration of Bhutan. On its part the Government of Bhutan agrees to be guided by the advice of the Government of India in regard to its external relations“ (Art. 2).

Das Fürstentum Monaco darf auf Grund eines Vertrages von 1918 völkerrechtliche Verträge nur mit vorheriger Zustimmung Frankreichs schließen.

Wesensverwandtschaft mit einem Protektorat hatten die palästinensischen Gebiete der Westbank und des Gaza-Streifens. Auf der Grundlage eines Abkommens zwischen Israel und der PLO haben diese Gebiete ein hohes Maß an Selbstverwaltung erlangt und mittlerweile eine staatsähnliche Qualität gewonnen (hierzu oben § 7 Rn. 7). **34**

Literatur: *U. Beyerlin*, Rechtsprobleme der lokalen grenzüberschreitenden Zusammenarbeit, 1988; *P. Kirchhof*, Die Gewaltenbalance zwischen staatlichen und europäischen Organen, JZ 1998, S. 965 ff.; *A. Kleffner-Riedel*, Die Mitwirkung der Länder und Regionen im EU-Ministerrat, BayVBl. 1995, S. 104 ff.; *W. Rudolf*, Bundesstaat und Völkerrecht, AVR 27 (1989), S. 1 ff.; *T. Schweisfurth*, Vom Einheitsstaat (UdSSR) zum Staatenbund (GUS), ZaöRV 52 (1992), S. 541 ff.; *C. Starck*, Die deutschen Länder und die auswärtige Gewalt, in: Festschrift für P. Lerche, 1993, S. 561 ff.; *M. Trilsch*, Protectorates and Protected States, in: R. Wolfrum (Hrsg.), MPEPIL, Bd. 8, 2012, S. 551 ff.

5. Das Problem des *failed state*

35 Besondere Probleme ergeben sich bei inneren Krisen, welche die Funktionsfähigkeit der Staatsgewalt nachhaltig erschüttern wie lange Zeit im Libanon und in Kambodscha *(failing state)* oder zum völligen Wegbrechen der Staatsgewalt führen wie in Somalia *(failed state)*. In diesen Fällen besteht der Staat nur noch als kaum oder überhaupt nicht mehr funktionsfähige Hülse fort. Erst wenn endgültig jede Aussicht auf Wiedererlangung einer mehr oder weniger effektiven Staatsgewalt ausgeschlossen erscheint, nimmt die Staatengemeinschaft das Erlöschen eines Staates an. Bis dahin werden auch völlig handlungsunfähige Staatsruinen als weiter fortbestehende Mitglieder der Staatengemeinschaft betrachtet (schon, um insoweit kein rechtliches Vakuum für die Zuordnung des Staatsgebiets und des Staatsvolkes aufkommen zu lassen).

36 Im Falle des von lokalen Bandenkriegen zerrissenen, weithin unter schwerer Hungersnot leidenden Somalia sahen sich die Vereinten Nationen aus humanitären Gründen zu einem Eingreifen mit der quasi treuhänderischen Wahrnehmung elementarer Versorgungs- und Ordnungsfunktionen getrieben. Zur Absicherung humanitärer Maßnahmen beschloss der UN-Sicherheitsrat die United Nations Operation in Somalia (UNOSOM) mit Militärbeobachtern und einer später ausgeweiteten Zahl von Sicherheitskräften (S/Res. 751 [1992], VN 1993, S. 63). Nachdem sich diese Maßnahmen als unzureichend erwiesen hatten, gab der UN-Sicherheitsrat die Ermächtigung zu einem massiven Militäreinsatz zur Flankierung der humanitären Hilfsmaßnahmen. Die auf das VII. Kapitel der UN-Charta gestützte Resolution des Sicherheitsrates 794 (1992) stufte die interne Situation in Somalia im Zusammenhang mit der Behinderung humanitärer Maßnahmen ausdrücklich als Bedrohung des internationalen Friedens und der internationalen Sicherheit ein. Gestützt auf diese Einschätzung ermäch-

tigte der Sicherheitsrat in der Resolution den UN-Generalsekretär, alle notwendigen Maßnahmen zu ergreifen, um für die humanitären Hilfsmaßnahmen ein sicheres Umfeld zu schaffen (S/Res. 794 [1992], VN 1993, S. 65):

„Der Sicherheitsrat [...], in Erkenntnis der Einmaligkeit der derzeit in Somalia herrschenden Situation [...] feststellend, dass das Ausmaß der durch den Konflikt in Somalia verursachten menschlichen Tragödie, die noch weiter verschärft wird durch die Hindernisse, die der Verteilung der humanitären Hilfsgüter in den Weg gelegt werden, eine Bedrohung des Weltfriedens und der internationalen Sicherheit darstellt [...] tätig werdend nach Kapitel VII der Charta der Vereinten Nationen, ermächtigt den Generalsekretär und die [...] Mitgliedstaaten, alle erforderlichen Mittel einzusetzen, umso bald wie möglich ein sicheres Umfeld für die humanitären Hilfsmaßnahmen in Somalia zu schaffen; [...]"

Das Einschreiten der Vereinten Nationen im humanitären Interesse 37
bei einem rein internen Konflikt ohne Ermächtigung der Regierung im Rahmen des VII. Kapitels ist Ausdruck einer neuen Dynamik in der Praxis des UN-Sicherheitsrates. Wegen des Widerstandes lokaler Kriegsherren, der zum Rückzug aller Truppen bis Ende 1995 geführt hatte, ist die humanitäre Intervention der Vereinten Nationen in Somalia weitgehend ein Fehlschlag gewesen.

In verschiedenen Bürgerkriegssituationen mit ausgehöhlter Staatsgewalt haben sich die Vereinten Nationen in den Aufbau funktionsfähiger Strukturen eingeschaltet. Das Vertragswerk von Paris zur Befriedung Kambodschas (1991) sah sogar vor, dass die Übergangsbehörde der Vereinten Nationen in Kambodscha *(United Nations Transitional Authority in Cambodia)* für eine Übergangszeit an der Zentralgewalt teilhatte (Art. 6 und Annex 1 des Übereinkommens über eine umfassende politische Regelung des Kambodscha-Konflikts, BGBl. 1994 II, S. 543). Hier zeichnet sich ebenso wie bei der treuhänderischen Übernahme hoheitlicher Befugnisse in Somalia in ersten Ansätzen die Entwicklung der Vereinten Nationen zu einer Organisation mit supranationalen Elementen ab.

Literatur: *C. Richter*, Collapsed States – Perspektiven nach dem Wegfall von Staatlichkeit. Zugleich ein Beitrag zu den Grundlagen des Selbstbestimmungsrechts der Völker und zur Struktur des völkerrechtlichen Staatsbegriffs, 2011; *D. Thürer/M. Herdegen/G. Hohloch*, Der Wegfall effektiver Staatsgewalt: „The Failed State", BDGVR 34 (1995), S. 9 ff.; The United Nations and Somalia 1992–1996, 1996 (The United Nations Blue Book Series, Bd. VIII); The United Nations and Cambodia 1991–1995, 1995 (The United Nations Blue Book Series, Bd. II).

§ 9. Atypische Völkerrechtssubjekte

1. Heiliger Stuhl

1 Der Heilige Stuhl mit dem Papst als Inhaber bildet ein eigenes Völkerrechtssubjekt, das vom (Mikro-)Staat der Vatikanstadt zu unterscheiden ist. Die Völkerrechtspersönlichkeit des Heiligen Stuhls hat die Einverleibung des Kirchenstaates durch Italien im Jahre 1870 überdauert. Die Lateranverträge zwischen Italien und dem Heiligen Stuhl von 1929 schufen den Staat der Vatikanstadt mit dem Papst als Staatsoberhaupt, einer eigenen Staatsangehörigkeit und einer Fläche von 0,44 km^2. Der neben dem Staat der Vatikanstadt als eigenes Völkerrechtssubjekt fortbestehende Heilige Stuhl unterhält mit dem Großteil der Staatengemeinschaft diplomatische Beziehungen. An der Spitze der diplomatischen Vertretungen stehen sog. Nuntien. Der Heilige Stuhl hat etwa bei den Vereinten Nationen oder den UN-Sonderorganisationen Beobachterstatus. Im Netzwerk der völkerrechtlichen Verträge des Heiligen Stuhls verdienen die staatskirchenrechtlichen Regelungen (Konkordate) besondere Erwähnung. Immer wieder agiert der Heilige Stuhl als Mittler in zwischenstaatlichen Streitigkeiten (etwa mit dem Schiedsspruch von 1984 im Streit zwischen Argentinien und Chile über den Beagle-Kanal).

Literatur: *I. Cardinale*, The Holy See and the International Order, 1976; *F. Germelmann,* Heiliger Stuhl und Vatikanstaat in der internationalen Gemeinschaft, AVR 47 (2009), S. 147 ff.; *G. Westdickenberg*, Holy See, in: R. Wolfrum (Hrsg.), MPEPIL, Bd. 4, 2012, S. 953 ff.

2. Souveräner Malteser Orden

2 Als Völkerrechtssubjekt ohne territoriales Substrat besteht der Souveräne Malteser Ritter-Orden. Der während der Kreuzzüge 1099 errichtete und 1113 durch päpstliche Bulle (als Orden vom Heiligen Johannes zu Jerusalem) anerkannte Orden eroberte und regierte die Insel Rhodos; nach der Vertreibung von Rhodos herrschte der Orden bis 1798 auf Malta. Seit 1834 hat der Orden seinen Sitz in Rom. Nach dem Verlust eigener Herrschaftsgebiete hat sich der Orden der Krankenpflege und anderen humanitären Aufgaben gewidmet. Er unter-

hält diplomatische Beziehungen mit dem Heiligen Stuhl und mit einem Großteil der Staaten. Die UN-Generalversammlung hat den Orden als ständigen Beobachter zugelassen.

Literatur: *C. D'Olivier Farran*, The Sovereign Order of Malta in International Law, ICLQ 3 (1954), S. 217 ff.; *B. de Fischer*, L'Ordre Souverain de Malte, RdC 163 (1979 – II), S. 1 ff.

3. Internationales Komitee vom Roten Kreuz

Zu den traditionellen Völkerrechtssubjekten ohne Gebietshoheit 3
gehört das 1863 gegründete Internationale Komitee vom Roten Kreuz, eine privatrechtliche Vereinigung nach Schweizer Recht (mit Sitz in Genf). Nach der III. und der IV. Genfer Rotkreuzkonvention von 1949 sowie dem I. Zusatzprotokoll von 1977 nimmt das Internationale Komitee humanitäre Aufgaben in bewaffneten Konflikten wahr (etwa die Durchführung von Hilfstransporten oder die Überwachung vertraglicher Standards zum Schutz von Kriegsgefangenen). Diese Verträge sehen auch die mögliche Bestellung des Internationalen Komitees vom Roten Kreuz als Ersatzschutzmacht vor (Art. 10 Abs. 3 der III. Genfer Konvention über die Behandlung der Kriegsgefangenen, Art. 11 Abs. 3 der IV. Genfer Konvention zum Schutze von Zivilpersonen, Art. 5 Abs. 4 des I. Zusatzprotokolls).

Literatur: *H. Gasser*, International Committee of the Red Cross (ICRC), in: R. Wolfrum (Hrsg.), MPEPIL, Bd. 5, 2012, S. 445 ff.

§ 10. Internationale Organisationen

1. Internationale Organisationen im engeren Sinne

a) Begriff und Entwicklung

Der Begriff „internationale Organisationen“ bezieht sich zumeist 1
(wie auch in der vorliegenden Darstellung) auf zwischenstaatliche Organisationen, an denen Staaten und andere Völkerrechtssubjekte beteiligt sind *(intergovernmental organizations)*. Diese zwischenstaatlichen Organisationen werden auch als internationale Organisationen im engeren Sinne bezeichnet, um sie von nichtstaatlichen internatio-

nalen Organisationen *(non-governmental organizations)* zu unterscheiden.

Die Geschichte der internationalen Organisationen reicht bis in die ersten Jahrzehnte des 19. Jahrhunderts zurück. Frühe Formen bildeten die internationalen Flusskommissionen (wie die internationale Schifffahrtskommission für den Rhein von 1831/68) und die sog. Verwaltungsunionen für die internationale Zusammenarbeit auf technischem Gebiet (etwa die Internationale Fernmeldeunion von 1865 oder der Weltpostverein von 1874).

2 Der große Aufschwung der internationalen Organisationen als Institutionen der politischen Zusammenarbeit mit eigener Rechtspersönlichkeit vollzog sich mit der Errichtung des Völkerbundes im Jahre 1919 *(League of Nations, Société des Nations)* und der zeitgleich geschaffenen Internationalen Arbeitsorganisation *(International Labour Organization).* Eine neue Entwicklungsstufe wurde mit der Errichtung der Vereinten Nationen und ihnen verbundener Spezialorganisationen erreicht. Heute vollzieht sich das zwischenstaatliche Zusammenwirken auf außen- und verteidigungspolitischem, wirtschaftlichem und technischem Gebiet ganz entscheidend über internationale Organisationen. Eine neue Entwicklung liegt in der Verleihung von Völkerrechtspersönlichkeit an internationale Gerichte und andere Organe der Streitbeilegung wie den Internationalen Strafgerichtshof (Art. 4 des Römischen Statuts; hierzu unten § 61 Rn. 4 ff.) und das *International Center for Settlement of Investment Disputes* (ICSID, Art. 18 des ICSID-Übereinkommens; hierzu unten § 54 Rn. 9 f.)

3 Eine feststehende *Definition* der internationalen Organisationen hat sich in der Völkerrechtslehre bislang noch nicht durchgesetzt. Bei allen unterschiedlichen Ansätzen besteht immerhin Einigkeit über zwei konstituierende Elemente:

- eine internationale Organisation ist auf einen völkerrechtlichen (Gründungs-)Vertrag von mindestens zwei Staaten (oder anderen Völkerrechtssubjekten) zurückzuführen;
- eine internationale Organisation vermag auf Grund ihrer Binnenstruktur über eigene Organe einen selbstständigen Willen zu bilden und nach außen umzusetzen.

b) Völkerrechtsfähigkeit

Die Völkerrechtsfähigkeit kann einer internationalen Organisation durch ausdrückliche Bestimmung im Gründungsvertrag verliehen sein (siehe etwa zur Völkerrechtsfähigkeit der Europäischen Union Art. 47 EUV: „Die Union besitzt Rechtspersönlichkeit"), sie kann sich aber auch implizit aus dem vertraglichen Organisationszweck oder sonst aus vertraglichen Vorschriften über Rechte und Pflichten der Organisation (insbesondere den möglichen Abschluss völkerrechtlicher Verträge) ergeben *(implied powers)*. Einen entscheidenden Impuls zur Anerkennung der Völkerrechtsfähigkeit internationaler Organisationen hat der Internationale Gerichtshof mit seinem Gutachten zu Wiedergutmachungsansprüchen der Vereinten Nationen im *Bernadotte-Fall* gesetzt (IGH, *Reparation for Injuries Suffered in the Service of the United Nations*, ICJ Reports 1949, S. 174; hierzu oben § 7 Rn. 4). 4

Im Regelfall entsteht eine internationale Organisation als rechtsfähiges Gebilde unmittelbar mit der Errichtung auf Grund des Gründungsvertrages, aus dem sich ausdrücklich oder mittelbar mögliche Rechte und Pflichten der Organisation auf völkerrechtlicher Ebene ergeben. Es ist dabei auch denkbar, dass Formen der institutionalisierten Zusammenarbeit von Staaten allmählich zu einer internationalen Organisation erstarken und gewissermaßen schrittweise (etwa mit dem Abschluss von völkerrechtlichen Abkommen) in die Völkerrechtspersönlichkeit „hineinwachsen". Ein Beispiel für ein solches prozesshaftes Geschehen bildet die Entwicklung der OSZE, die über eine Reihe von Organen und Institutionen mit eigener Rechtsfähigkeit verfügt. Die OSZE ist mittlerweile – etwa durch die Übernahme von Überwachungsfunktionen zur Befriedung des Kosovo auf Grund eines Vertrages mit der Bundesrepublik Jugoslawien – in völkerrechtliche Beziehungen nach außen getreten. 5

c) Rechts- und Geschäftsfähigkeit im innerstaatlichen Recht

Von der Völkerrechtsfähigkeit einer internationalen Organisation ist ihre Rechts- und Geschäftsfähigkeit im innerstaatlichen Recht der Mitgliedstaaten sowie in Drittstaaten zu unterscheiden. Von der innerstaatlichen Rechts- und Geschäftsfähigkeit hängt ab, ob eine internationale Organisation in einem Staat Grundstücke und anderes Vermögen erwerben kann, Verträge abschließen und im sonstigen Privatrechtsverkehr auftreten kann. Vielfach ist die Rechts- und Ge- 6 schäftsfähigkeit einer internationalen Organisation in den einzelnen Mitgliedstaaten ausdrücklich im Gründungsvertrag geregelt.

So bestimmt Art. 335 AEUV in Satz 1 und 2: „Die Union besitzt in jedem Mitgliedsstaat die weitestgehende Rechts- und Geschäftsfähigkeit, die juristischen Personen nach dessen Rechtsvorschriften zuerkannt ist; sie kann insbesondere bewegliches und unbewegliches Vermögen erwerben und veräußern sowie vor Gericht stehen. Zu diesem Zweck wird sie von der Kommission vertreten."

7 Im Übrigen ergibt sich die Anerkennung der innerstaatlichen Rechts- und Geschäftsfähigkeit meist schon aus der dem Gründungsvertrag entnehmbaren Verpflichtung der Mitgliedstaaten, einer internationalen Organisation die Erfüllung ihrer Aufgaben auch im innerstaatlichen Recht zu ermöglichen *(implied powers).* Für die Rechtsfähigkeit einer internationalen Organisation im innerstaatlichen Recht eines Drittstaates kommt es in erster Linie darauf an, ob dieser Drittstaat die Rechtspersönlichkeit (auch) im Privatrechtsverkehr anerkennt (etwa in einem Sitzübereinkommen oder nach den Regeln des jeweiligen internationalen Privatrechts). Das britische House of Lords stellt dabei auf die Verleihung der Rechtspersönlichkeit am Sitz der internationalen Organisation ab (*Arab Monetary Fund v. Hasham* [No. 3] [1991] 2 W. L. R. 729).

d) Organisationsstruktur

8 Die *Organisationsstruktur* internationaler Organisationen zeigt ein vielgestaltiges Bild. Alle internationalen Organisationen verfügen über ein Organ, in dem alle Mitgliedstaaten repräsentiert sind. Dieses Plenarorgan heißt bei den Vereinten Nationen „Generalversammlung", im Europarat „Ministerkomitee", in der Europäischen Union „Rat (der Europäischen Union)" oder bei der Weltbank „Gouverneursrat". Bei der Repräsentanz der einzelnen Mitgliedstaaten sind der Grundsatz der souveränen Gleichheit aller Staaten einerseits und das unterschiedliche demographische, wirtschaftliche oder politische Gewicht andererseits zum Ausgleich zu bringen. Dies kann durch die Herausbildung besonderer Organe geschehen, die einzelne Mitgliedstaaten privilegieren (wie etwa den UN-Sicherheitsrat mit seinen fünf ständigen Mitgliedern). Ein anderer Mechanismus zur Differenzierung ist die Stimmenwägung, wie sie insbesondere bei Wirtschafts- und Finanzorganisationen praktiziert wird (etwa bei der Europäischen Union, der Weltbank und dem Internationalen Währungsfonds).

9 Zur Sicherung der Handlungsfähigkeit nach innen und außen bedarf jede internationale Organisation eines oder mehrerer Exekutivorgane (etwa das Sekretariat der Vereinten Nationen, bei der Europäischen Union die Europäische Kommission, das Sekretariat des Europarates oder das Exekutivdirektorium der Weltbank). Manche internationalen Organisationen kennen außerdem (quasi-)parlamentarische Organe, die der demokratischen Rückbindung des Organhandelns an das Staatsvolk der einzelnen Mitgliedstaaten dient (etwa das Europäische Parlament oder die Beratende Versammlung des Europarates).

Literatur: *C. F. Amerasinghe*, Principles of the Institutional Law of International Organizations, 2. Aufl. 2005; *P. H. F. Bekker*, The Legal Position of Intergovernmental Organizations, 1994; *J. K. Cogan/I. Hurd/I. Johnstone* (Hrsg.), The Oxford Handbook of International Organizations, 2016; *R.-J. Dupuy* (Hrsg.), Manuel sur les organisations internationales: A Handbook on International Organisations, 2. Aufl. 1998; *E. Klein/S. Schmahl*, Die Internationalen und die Supranationalen Organisationen, in: W. Graf Vitzthum (Hrsg.), Völkerrecht, 7. Aufl. 2016, S. 247 ff.; *H.-G. Schermers/N. M. Blokker*, International Institutional Law, 5. Aufl. 2011; *I. Seidl-Hohenveldern*, Internationale Organisationen aufgrund von soft law, in: Festschrift für R. Bernhardt, 1995, S. 229 ff.; *ders./G. Loibl*, Das Recht der Internationalen Organisationen einschließlich der supranationalen Gemeinschaften, 7. Aufl. 2000; *M. Ruffert/C. Walter*, Institutionalisiertes Völkerrecht, 2. Aufl. 2015; *D. Sarooshi*, International Organzations and their Exercise of Sovereign Powers, 2005; *N. Weiß*, Kompetenzlehre internationaler Organisationen, 2009.

2. *Non-governmental organizations*

10 Zu den internationalen Organisationen in einem weiteren Sinne gehören die sog. *(international) non-governmental organizations* (NGOs). Der in der Praxis geläufige Sprachgebrauch versteht unter den NGOs internationale Organisationen, die nicht auf ein zwischenstaatliches (völkerrechtliches) Übereinkommen zurückgehen. Hierunter fallen privatrechtliche Organisationen mit einem grenzüberschreitenden Wirkungskreis und internationaler Mitgliedschaft (siehe Art. 1 der *European Convention on Recognition of the Legal Personality of International Non-Governmental Organisations* von 1986, ETS No. 124, S. 1 ff.). Zuweilen sind auch staatliche Einrichtungen an NGOs beteiligt, um in diesem Rahmen mit öffentlichen und privaten Organisationen aus anderen Staaten zusammenzuwirken. NGOs

betätigen sich auf humanitärem Gebiet (wie *Amnesty International*), auf dem religiösen Sektor (wie der Weltkirchenrat *[World Council of Churches]*) oder widmen sich dem Völkerrecht (wie das *Institut de Droit International*, die *International Law Association* oder die *International Commission of Jurists*). Die Internationale Handelskammer *(International Chamber of Commerce)* ist ein wichtiges Forum für Fragen des internationalen Wirtschafts- und Handelsrechts; sie bietet mit ihrem Schiedsgerichtshof in Paris ein Zentrum für die Beilegung von Streitigkeiten aus internationalen Handelsverträgen. Dem Umweltschutz widmen sich etwa *Greenpeace* oder der *World Wide Fund for Nature (WWF)*. Auf dem Arbeitssektor sind die *International Confederation of Free Trade Unions* oder die *International Organization of Employers* tätig. Einen Sonderfall bildet das *Internationale Komitee vom Roten Kreuz*, das als privatrechtlicher Verein Schweizer Bürger eine nichtstaatliche Organisation ist, aber (beschränkte) Völkerrechtspersönlichkeit besitzt. Keine Völkerrechtsfähigkeit hat demgegenüber die *Liga der Rotkreuzgesellschaften* (der Dachverband der nationalen Rotkreuzgesellschaften und der nationalen Gesellschaften des Roten Halbmondes).

Eine beachtliche Rolle für die Regelung des sog. *Cyberspace* spielt das ICANN (*Internet Corporation for Assigned Names and Numbers*). Hierbei handelt es sich um eine hybride Organisation, die nach dem Gesellschaftsrecht in Kalifornien gegründet worden ist. Dabei trifft ein beachtlicher Einfluss der US-Regierung mit einem hohen Maß an privatautonomer Gestaltung und Mitwirkungsrechten der Internetgemeinschaft bei der Wahl des Leitungspersonals zusammen. Die Statuten von ICANN verweisen selbst auf „relevant principles of international law and applicable international conventions" (Art. 4). Ein Streitbeilegungsgremium sieht hierin eine Selbstbindung von ICANN an das gesamte Völkerrecht und verweist zur Begründung auf die „governance of an intrisically international resource of immense importance to global communications and economies" (International Centre for Dispute Resolution, Case No. 50 117 T 00224 08, *ICM Registry v. ICANN,* Declaration of the Independent Review Panel, paras. 140f., ILM 49 [2010], S. 956ff.).

11 NGOs sind aus der Arbeit vieler zwischenstaatlicher Organisationen nicht mehr hinweg zu denken. Einen wichtigen Beitrag leisten sie insbesondere zur Entwicklung und Durchsetzung des internationalen Menschenrechtsschutzes, etwa durch Informationen über Menschenrechtsverletzungen *(fact-finding)* sowie zur Formulierung internationaler Menschenrechtsstandards *(standard-setting)*. Der Kampf von *Greenpeace* gegen die Entsorgung der Bohrinsel „Brent Spar" auf Hoher See durch eine multinationale Ölgesellschaft zeigt, welchen in-

ternationalen Druck nichtstaatliche Organisationen aufzubauen vermögen.

Ein weiteres Beispiel für die Präsenz von Greenpeace auf internationaler Ebene bilden die wiederholten Auseinandersetzungen Frankreichs mit dieser Umweltorganisation um die Durchführung der Atomtests in Französisch Polynesien. Im Jahr 1985 versenkte ein Kommando des französischen Sicherheitsdienstes ein Schiff von Greenpeace, die *Rainbow Warrior*, im Hafen der neuseeländischen Stadt Auckland. Dabei wurde ein Besatzungsmitglied getötet. An diesen Vorfall knüpfte sich ein Konflikt um die Strafverfolgung zweier französischer Agenten und um Wiedergutmachungsansprüche gegen Frankreich (hierzu unten § 23 Rn. 3).

Die UN-Charta und die Gründungsverträge anderer internationaler Organisationen sehen vor, dass NGOs ein beratender Status (Konsultativstatus) verliehen werden kann. So kann der UN-Wirtschafts- und Sozialrat „geeignete Abmachungen zwecks Konsultation mit nichtstaatlichen Organisationen treffen, die sich mit Angelegenheiten seiner Zuständigkeit befassen" (Art. 71 Satz 1 UN-Charta). Die Amerikanische Menschenrechtskonvention räumt NGOs die Befugnis ein, Menschenrechtsverletzungen unabhängig von der Verletzung eigener Konventionsrechte zu rügen (Art. 44). 12

Literatur: *B. Arts/M. Noortman/B. Reinalda*, Non-State Actors in International Relations, 2001; *J. D. Aston*, The United Nations Committee on Non-governmental Organizations: Guarding the Entrance to a Politically Divided House, EJIL 12 (2001), S. 943 ff.; *U. Beyerlin*, The Role of NGOs in International Environmental Litigation, ZaöRV 61 (2001), S. 357 ff.; *R. Hofmann* (Hrsg.), Non-State Actors as New Subjects of International Law, 1999; *K. Hüfner*, Nichtstaatliche Organisationen, in: R. Wolfrum (Hrsg.), Handbuch der Vereinten Nationen, 1991, S. 524 ff.; *A.-K. Lindblom*, Non-Governmental Organisations in International Law, 2005; *P. MacAlister-Smith*, Non-Governmental Organizations, Humanitarian Action and Human Rights, in: Festschrift für R. Bernhardt, 1995, S. 477 ff.

3. Typologie internationaler Organisationen

Für die Typenbildung bieten sich bei internationalen Organisationen eine Reihe unterschiedlicher Kriterien an. Nach dem Wirkungskreis und der Mitgliedschaft lassen sich universelle Organisationen (wie die Vereinten Nationen und ihnen verbundene Organisationen) und regionale Organisationen wie der *Europarat*, die *Organisation Amerikanischer Staaten*, die *Afrikanische Union* oder die *Arabische* 13

Liga voneinander unterscheiden. Daneben kommt eine Typisierung nach dem Organisationszweck in Betracht. Als Verteidigungsorganisation ist insbesondere die NATO zu nennen. Im Zentrum des gegenwärtigen Welthandelssystems steht die Welthandelsorganisation (*World Trade Organization*, WTO), die ein Forum für die Überwachung und Fortentwicklung der multilateralen Handelsverträge (wie des GATT) und anderer Abkommen bildet.

14 Zur Überwachung und Koordinierung des internationalen Zahlungsverkehrs sowie zur finanziellen Unterstützung von Mitgliedstaaten bei Zahlungsbilanzdefiziten ist der Internationale Währungsfonds (*International Monetary Fund*, IMF) eingerichtet worden. Wichtige Aufgaben bei der Entwicklungshilfe erfüllen die Weltbank (*International Bank for Reconstruction and Development*, IBRD), die mit der *International Finance Corporation* (IFC), der *International Development Association* (IDA), der *Multilateral Investment Guarantee Agency* (MIGA) und dem *International Centre for Settlement of Investment Disputes* (ICSID) die sogenannte „Weltbankgruppe" bildet. Ein wichtiger Akteur auf dem Gebiet der Entwicklungshilfe ist auch die Europäische Investitionsbank (Art. 308 f. AEUV).

15 Auf dem Gebiet der wirtschaftlichen Zusammenarbeit existieren Organisationen mit einem hohen Integrationsgrad wie die *Europäische Union* oder die *Europäische Atomgemeinschaft*. Als bloße Freihandelszone ist die *Europäische Freihandelsassoziation* (EFTA) ausgebildet. Ihre Mitgliedstaaten (mit Ausnahme der Schweiz) bilden mit der Europäischen Union (sowie deren Mitgliedstaaten) den *Europäischen Wirtschaftsraum* (EWR) (siehe *Abkommen über den EWR*, BGBl. 1993 II, S. 267).

Im Bereich des internationalen Arbeitsrechts wirkt schon seit den Zeiten des Völkerbundes die Internationale Arbeitsorganisation (*International Labour Organization*, ILO). Auf kulturellem Gebiet spielt die UNESCO *(United Nations Educational, Scientific and Cultural Organization)* eine wichtige Rolle.

Wegen umstrittener Positionen zu Palästina haben die USA und Israel 2017 den Austritt aus der UNESCO erklärt.

Auf dem Gesundheitssektor wirkt die Weltgesundheitsorganisation (*World Health Organization*, WHO).

16 Eine Reihe von Organisationen ist den Vereinten Nationen als UN-Sonderorganisationen durch einen Vertrag näher verbunden

(Art. 57, 63 UN-Charta; hierzu unten § 42). Hierzu gehören etwa die *ILO*, die *UNESCO*, die *Weltbank*, der *Internationale Währungsfonds*, die *Weltgesundheitsorganisation* und die *World Intellectual Property Organization* (WIPO).

Eine herausgehobene Stellung nehmen die sog. „supranationalen" 17
Organisationen ein. Sie sind vor allem dadurch gekennzeichnet, dass ihnen die Mitgliedstaaten Hoheitsrechte übertragen haben. Diese Übertragung von Hoheitsrechten bildet die Grundlage für den Erlass von Rechtsakten, die nicht nur die Mitgliedstaaten binden, sondern auch im innerstaatlichen Recht *unmittelbar* Rechte und Pflichten für Einzelne entfalten (sog. „Durchgriffswirkung"). Das Modell für den supranationalen Organisationstyp bildet die Europäische Union. Viele Rechtsakte des Unionsrechts sind unmittelbar anwendbar und müssen – anders etwa als Resolutionen des UN-Sicherheitsrates – nicht erst durch innerstaatliche Gesetzgebungsakte umgesetzt werden, um Rechte oder Pflichten zu erzeugen. Rechtsakte der Unionsorgane berechtigen oder verpflichten somit Einzelne – auch juristische Personen – ähnlich wie ein innerstaatlicher Hoheitsakt (Gesetz oder Verwaltungsakt). Hinzu kommt, dass die Entscheidungsprozesse in der Europäischen Union weitgehend vom Willen der Mitgliedstaaten gelöst sind. Mechanismen zu dieser Verselbstständigung sind das zunehmend ausgebaute Mehrheitsprinzip im Rat der Europäischen Union (in dem die Mitgliedstaaten durch Regierungsmitglieder vertreten sind) und die Schaffung von Organen, die ganz dem Unionsinteresse verpflichtet sind (Europäische Kommission) oder in völliger Unabhängigkeit agieren (Europäischer Gerichtshof und Europäische Zentralbank).

4. Außenbeziehungen

a) Völkerrechtliche Verträge

Der Umfang der Vertragsschlussfähigkeit einer internationalen Or- 18
ganisation (als besondere Facette der Völkerrechtspersönlichkeit) bestimmt sich nach dem Gründungsvertrag (vgl. Art. 6 des Wiener Übereinkommens über das Recht der Verträge zwischen Staaten und internationalen Organisationen oder zwischen internationalen Organisationen von 1986 [BGBl. 1990 II, S. 1415]). Manche Gründungsverträge regeln den Abschluss völkerrechtlicher Verträge durch eine internationale Organisation ausdrücklich (siehe etwa Art. 43 und 63

UN-Charta, Art. 215 ff. AEUV). Im Übrigen lässt sich nach der *implied powers*-Doktrin die Vertragsschlussfähigkeit einer internationalen Organisation insoweit annehmen, als sie zur effektiven Wahrnehmung der ihr vertraglich zugewiesenen Funktionen erforderlich ist. Beispiele für völkerrechtliche Verträge internationaler Organisationen sind Übereinkommen mit dem Sitzstaat (über Privilegien und Immunitäten) oder Zoll- und Handelsabkommen der Europäischen Union (Art. 207 Abs. 3, 4 AEUV).

b) Haftung internationaler Organisationen und ihrer Mitglieder

19 Aus der Völkerrechtsfähigkeit internationaler Organisationen folgt, dass sie aus Vertrag oder aus der Verletzung nichtvertraglicher Pflichten haften können. Auch im Privatrechtsverkehr sind internationale Organisationen Haftungssubjekt, soweit sie innerstaatliche Rechtspersönlichkeit genießen.

Außerordentlich umstritten ist, inwieweit die Mitgliedstaaten einer internationalen Organisation für deren Akte zur Haftung herangezogen werden können.

Die Problematik einer Haftung der Mitgliedstaaten gegenüber den Gläubigern einer internationalen Organisation ist namentlich im Fall des *Internationalen Zinnrats*, einer internationalen Rohstofforganisation mit Sitz in London, aktuell geworden. Der Internationale Zinnrat sollte nach seinem Gründungsvertrag durch den An- und Verkauf von Zinn über ein sog. „Ausgleichslager" auf einen angemessenen Weltmarktpreis für das Metall hinwirken. Risikoreiche Geschäfte des Lagermanagers an der Londoner Metallbörse führten zur völligen Überschuldung des Internationalen Zinnrates gegenüber privaten Gläubigern. Nach mehreren Gerichtsverfahren gegen den Internationalen Zinnrat selbst und einzelne Mitglieder (darunter das Vereinigte Königreich, die Bundesrepublik Deutschland und die Europäische Gemeinschaft) vor britischen und amerikanischen Gerichten sowie gegen die Europäische Gemeinschaft vor dem Europäischen Gerichtshof kam es schließlich zu einer außergerichtlichen Streitbeilegung durch Vergleich (siehe etwa *House of Lords, J. H. Rayner Ltd. v. Department of Trade*, [1990] 2 A. C. 418; *M. Herdegen*, The Insolvency of International Organizations and the Legal Position of Creditors: Some Observations in the Light of the International Tin Council Crisis, NILR 1988, S. 135 ff.; *E. J. McFadden*, The Collapse of Tin: Restructuring a Failed Commodity Agreement, AJIL 80 [1986], S. 811 ff.).

20 Auch bei privatrechtlichen Geschäften einer internationalen Organisation entscheidet über die mögliche Haftung der Mitgliedstaaten zunächst das Völkerrecht als „Heimatrecht" der internationalen Organisation. Die Spruchpraxis internationaler Gerichte und die Völ-

kerrechtslehre tendieren zum Grundsatz einer Alleinhaftung der Organisation. Die völkerrechtliche Verselbstständigung internationaler Organisationen schützt regelmäßig die Mitglieder vor einer Haftung gegenüber den Gläubigern der Organisation. Manche neueren Gründungsverträge internationaler Organisationen enthalten ausdrücklich einen Haftungsausschluss zugunsten der Mitgliedstaaten (etwa Art. 23 des Internationalen Kakaoübereinkommens, BGBl. 1996 II, S. 771). Nach allgemeinen Rechtsgrundsätzen des Völkerrechts kommt ein „Haftungsdurchgriff" auf die Mitgliedstaaten *(piercing the corporate veil)* ausnahmsweise im Gläubigerinteresse in Betracht. Dies gilt etwa dann, wenn die Mitgliedstaaten die Organisation bewusst nicht ausreichend mit Kapital ausgestattet haben, wenn sie offenkundig riskanten Praktiken nicht entgegentreten sind oder die Berufung auf die juristische Verselbstständigung der Organisation rechtsmissbräuchlich wäre (siehe die Resolution des Institut de Droit International von 1994, *The Legal Consequences for Member States of the Non-fulfilment by International Organizations of their Obligations towards Third Parties*, AnnIDI 66 II [1996], S. 445; insbesondere Art. 5 *lit.* b der Resolution). Schließlich können sich die Mitglieder bei besonders gefährlichen Aktivitäten nicht hinter dem Schleier der Rechtspersönlichkeit der Organisation verstecken. Dieser Gedanke steht auch hinter der Haftungsregel des Art. XXII Abs. 3 des Übereinkommens über die völkerrechtliche Haftung für Schäden durch Weltraumgegenstände (BGBl. 1995 II, S. 210).

c) Immunität

Die Befreiung internationaler Organisationen von nationaler Gerichtsbarkeit (Immunität) ergibt sich zunächst aus den Gründungsverträgen, dem jeweiligen Sitzstaatübereinkommen oder anderen vertraglichen Regelungen. 21

So bestimmt Art. 105 Abs. 1 UN-Charta: „Die Organisation genießt im Hoheitsgebiet jedes Mitglieds die Vorrechte und Immunitäten, die zur Verwirklichung ihrer Ziele erforderlich sind."

Die vertraglich eingeräumte Immunität steht funktional im Dienste des Organisationszweckes und erfasst regelmäßig auch privatrechtliches Organisationshandeln. Die Gründungsverträge manch internationaler Finanzorganisationen enthalten (auch im Dienste der Kreditwürdigkeit der Organisation) mehr oder weniger weitreichende Durchbrechungen der Immunität (siehe etwa Art. VII Abschnitt 3 und Abschnitt 4 des Weltbankübereinkommens, BGBl. 1952 II, S. 664).

22 Eine verbreitete Lehre nimmt im Übrigen eine gewohnheitsrechtliche Immunität internationaler Organisationen gegenüber ihren Mitgliedern an, soweit dies zur Erfüllung des Organisationszwecks erforderlich ist. Eine solche gewohnheitsrechtliche Immunität ist jedenfalls bei privatrechtlichem Handeln problematisch. Nicht-Mitgliedstaaten können eine internationale Organisation auch bei deren Anerkennung jedenfalls für nicht-hoheitliches Handeln (vorbehaltlich vertraglicher Regeln) ihrer Gerichtsbarkeit unterwerfen.

Literatur: *C.-T. Ebenroth/L. Fuhrmann*, Die zivilrechtliche Haftung internationaler Organisationen und ihrer Mitgliedstaaten, JZ 1989, S. 211 ff.; *M. Hartwig*, Die Haftung der Mitglieder für Internationale Organisationen, 1993; *M. Herdegen*, Bemerkungen zur Zwangsliquidation und zum Haftungsdurchgriff bei internationalen Organisationen, ZaöRV 47 (1987), S. 537 ff.; *H. P. Kunz-Hallstein*, Privilegien internationaler Organisationen im Bereich nicht-hoheitlicher Privatrechtsgeschäfte, NJW 1992, S. 3069 ff.; *F. A. Mann*, Die juristische Person des Völkerrechts, ZHR 152 (1988), S. 302 ff.; *T. Rensmann*, Internationale Organisationen im Privatrechtsverkehr, AVR 37 (1998), S. 305 ff.; *I. Seidl-Hohenveldern*, Corporations in and under International Law, 1987; *S. Tauchmann*, Die Immunität internationaler Organisationen gegenüber Zwangsvollstreckungsmaßnahmen, 2005; *M. Wenckstern*, Die Immunität internationaler Organisationen, 1994.

§ 11. *De facto*-Regimes, Aufständische und Befreiungsbewegungen

1 Aus einem Bürgerkrieg oder der Abspaltung von einem anderen Staatsverband hervorgegangene Herrschaftsformen mit stabilisierter effektiver Gebietshoheit (*de facto*-Regime) genießen schon im Vorfeld der Staatswerdung einen den Staaten ähnlichen Rechtsstatus. Insbesondere genießen sie gegenüber nicht am Konflikt beteiligten Staaten den Schutz des völkerrechtlichen Gewalt- und Interventionsverbotes. Bei Sezessionsprozessen ist auch das Selbstbestimmungsrecht der Völker relevant. Auf die Grundsätze über *de facto*-Regimes braucht heutzutage nur bei Verbänden zurückgegriffen werden, die bei noch nicht endgültig abgeschlossenen Auseinandersetzungen um die Herrschaft über ein bestimmtes Gebiet um die Anerkennung als Staat in der Völkergemeinschaft ringen müssen.

Ein Beispiel für ein *de facto*-Regime bildet die „Türkische Republik Zypern", die nur von der Türkei anerkannt worden ist. Als qualifiziertes *de facto*-Regime lässt sich *Nationalchina* (Taiwan) einstufen. Besonderheiten ergeben sich zum einen dadurch, dass der Herrschaftsanspruch der Volksrepublik China auf Taiwan von vielen Staaten nicht eindeutig anerkannt ist. Zum anderen versteht sich Taiwan selbst nicht als von Festlandchina völlig unabhängiges Gebiet. Taiwan ist als selbständiges Zollgebiet Mitglied der Welthandelsorganisation (Art. XII Abs. 1 des WTO-Übereinkommens).

Aufständische können seit alters her (beschränkte) Völkerrechtssubjektivität im Hinblick auf die Anwendung kriegsrechtlicher Regeln insoweit erlangen, als sie als kriegführende Partei *(belligerents)* anerkannt werden (Beispiel: Anerkennung der Konföderierten Staaten im amerikanischen Bürgerkrieg durch das Vereinigte Königreich). Drittstaaten können eine solche Anerkennung dann aussprechen, wenn eine aufständische Bewegung die bisherige Regierung auf einem Teil des Staatsgebiets verdrängt hat und Staatsangehörige des anerkennenden Staates der Herrschaftsgewalt der Aufständischen ausgeliefert sind. 2

In der Völkerrechtspraxis spielt die Anerkennung von Aufständischen als kriegführende Partei heute praktisch keine Rolle mehr. Die Entwicklung des humanitären Völkerrechts zielt darauf, die Anwendung bestimmter humanitärer Mindeststandards in internen Konflikten von der Anerkennung Aufständischer als kriegführende Partei zu lösen. Ein Durchbruch ist mit dem gemeinsamen Artikel 3 der vier Genfer Rotkreuz-Konventionen von 1949 gelungen. Diese Vorschrift gewährleistet einen Mindestschutz für die Opfer nicht-internationaler Konflikte. Eine wichtige Ergänzung bildet das II. Zusatzprotokoll zu den Genfer Konventionen von 1949 *(Protokoll über den Schutz der Opfer nicht internationaler bewaffneter Konflikte).* 3

Der UN-Sicherheitsrat hat wiederholt (nach dem VII. Kapitel der UN-Charta) bindende Resolutionen an Bürgerkriegsparteien gerichtet und dabei namentlich die Einhaltung von befriedenden Vereinbarungen unter Beteiligung der Vereinten Nationen eingefordert (siehe zu Somalia S/Res. 814 [1993], B. 8. und 9., VN 1993, S. 66; zu Angola S/Res. 1173 [1998], VN 1998, S. 178; zum Libanon S/Res. 1701 [2006], VN 2006, S. 222; zu Mali S/Res. 2071 [2012]).

Eine Sonderstellung unter Aufständischen nehmen *Befreiungsbewegungen* ein, die gegen koloniale oder rassistische Herrschaft kämpfen (wie früher die SWAPO in Namibia oder der ANC in Südafrika). Das I. Zusatzprotokoll zu den Genfer Rotkreuz-Konventionen von 4

1977 wertet Befreiungsbewegungen durch die Internationalisierung von militärischen Kämpfen gegen Fremdherrschaft und gegen rassistische Regime auf (Art. 1 Abs. 4, Art. 96 Abs. 3).

Eine Sonderstellung nimmt die palästinensische Befreiungsbewegung (Palestine Liberation Organization, PLO) ein. Die palästinensischen Selbstverwaltungsgebiete haben auf der Grundlage von Vereinbarungen zwischen Israel und der PLO mit dem allmählichen Rückzug Israels und mit der Übertragung von Hoheitsbefugnissen in den einst besetzten Territorien längst staatsähnliche Qualität erlangt. Die auf Grundlage dieser Vereinbarungen geschaffene Palästinensische Autonomiebehörde agiert als Vertreter der staatsähnlichen Autonomiegebiete (hierzu oben § 7 Rn. 7).

5 Die völkerrechtliche Position von Befreiungsbewegungen steht im engen Zusammenhang mit dem Selbstbestimmungsrecht der Völker. Tendenzen, aus dem Grundsatz des Selbstbestimmungsrechts eine (beschränkte) Völkerrechtssubjektivität für weitere Personenverbände wie ethnische Minderheiten oder eingeborene Völker abzuleiten, haben sich nicht durchsetzen können. Ein wesentlicher Grund hierfür liegt in der Befürchtung, die Anerkennung einer völkerrechtlichen Rechtsfähigkeit solcher Bevölkerungsgruppen könne Sezessionstendenzen Vorschub leisten. Außerdem verfügen diese Gruppen regelmäßig nicht über einen Organisationsgrad, der die repräsentative Inanspruchnahme von Rechten oder die kollektive Erfüllung völkerrechtlicher Pflichten sicherstellen könnte.

Literatur: *V. Azarov/I. Blum*, Belligerency, in: R. Wolfrum (Hrsg.), MPEPIL, Bd. 1, 2012, S. 878 ff.; *J. A. Frowein*, Das de facto-Regime im Völkerrecht, 1968; *K. Ginther*, Liberation Movements, in: R. Bernhardt (Hrsg.), EPIL, Bd. 3, 1997, S. 211 ff.; *C. Tomuschat*, The Status of the 'Islamic State' under International Law, Die Friedens-Warte 90 (2015), S. 223 ff.

§ 12. Individuen

1 In der Völkerrechtslehre herrschte lange Streit über die Frage, ob der einzelne Mensch Träger eigener Rechte und Pflichten nach Völkerrecht ist. Eine staatenorientierte Sichtweise ordnete Staatenverpflichtungen zum Schutz des Einzelnen der zwischenstaatlichen Ebene zu. Danach schaffen selbst Verträge zum Schutz von Menschenrechten nicht unmittelbar völkerrechtliche Ansprüche der ein-

zelnen Menschen, sondern begründen nur Rechte und Pflichten im Verhältnis der jeweiligen Vertragsstaaten. Von dieser Perspektive aus erscheint der Ausländer bei völkerrechtswidriger Behandlung durch einen fremden Staat (etwa Folter oder entschädigungslose Enteignung) wegen der Zwischenschaltung seines Heimatstaates gewissermaßen mediatisiert. Nach dieser Betrachtungsweise ist hier nicht (auch) der Einzelne, sondern nur sein Heimatstaat verletzt und hat Ansprüche auf Wiedergutmachung.

In der heutigen Völkerrechtslehre hat sich aber die Einsicht durch- 2
gesetzt, dass völkerrechtliche Regeln durchaus unmittelbar Rechte und Pflichten für den Einzelnen begründen können. Völkergewohnheitsrechtlich begründete Rechtspositionen Einzelner sind insbesondere elementare Menschenrechte. Inwieweit völkerrechtliche Verträge individuelle Rechte begründen (oder aber die Vertragsstaaten nur im zwischenstaatlichen Verhältnis zum Schutz des Einzelnen binden), hängt von der Auslegung des jeweiligen Vertrages ab. Eine Völkerrechtssubjektivität des Einzelnen liegt insbesondere dann vor, wenn ein völkerrechtlicher Vertrag Einzelnen die Möglichkeit einräumt, selbst vertragliche Rechtspositionen vor einem internationalen Gericht oder sonst auf internationaler Ebene geltend zu machen. Einen Durchbruch im Sinne einer solchen völkerrechtlichen Aufwertung der Rechtsstellung des Individuums (und privater Personenmehrheiten) bedeutete die Einführung der sog. Individualbeschwerde durch die Europäische Menschenrechtskonvention von 1950 (jetzt: Art. 34 EMRK). Mit diesem Rechtsbehelf können Einzelne gerichtlichen Rechtsschutz selbst gegen ihren eigenen Staat wegen der Verletzung vertraglicher Garantien erlangen. Ein anderer Mechanismus zur Sicherung individueller Rechte liegt im Verfahren der Individualbeschwerde zum Menschenrechtsausschuss nach dem (ersten) Fakultativprotokoll zum Internationalen Pakt über bürgerliche und politische Rechte von 1966. Im internationalen Wirtschaftsrecht sieht etwa das Weltbankübereinkommen zur Beilegung von Investitionsstreitigkeiten (ICSID-Abkommen) den Zugang Privater zu Schiedsverfahren gegen Staaten vor. Das Nordamerikanische Freihandelsabkommen (NAFTA) räumt in bestimmten Fällen Privaten den Zugang zu binationalen Streitbeilegungsgremien ein.

Der Bundesgerichtshof bekennt sich klar zur beschränkten Völkerrechtssubjektivität des Einzelnen:

„Die Mediatisierung des Einzelnen durch den Staat im Völkerrecht hat … im Zusammenhang mit der Fortentwicklung und Kodifizierung des internationalen Menschenrechtsschutzes nach dem Zweiten Weltkrieg Korrekturen erfahren. Diese Entwicklung gebietet es, das Individuum zumindest als partielles Völkerrechtssubjekt anzuerkennen [...]" (BGHZ 169, 348 [351]).

3 Völkerrechtliche *Pflichten* des Individuums lassen sich nur vereinzelt ausmachen. Nach Völkerrecht verboten und strafbar ist etwa die Mitwirkung am Genozid. So bestimmt Art. IV der Völkermordkonvention von 1948:

„Personen, die Völkermord oder eine der sonstigen in Artikel III aufgeführten Handlungen begehen, sind zu bestrafen, gleichviel ob sie regierende Personen, öffentliche Beamte oder private Einzelpersonen sind."

Gleiches gilt für Verbrechen gegen die Menschlichkeit sowie Kriegsverbrechen (siehe etwa Art. 129f. des III. Genfer Abkommens über die Behandlung der Kriegsgefangenen). Eine Strafbarkeit nach völkerrechtlichen Regeln sah auch der Entwurf eines Strafgesetzbuches der Verbrechen gegen den Frieden und die Sicherheit der Menschheit vor (*Draft Code of Crimes against the Peace and Security of Mankind* von 1996, abgedruckt in HRLJ 1997, S. 96ff.). Die von den Alliierten nach Beendigung des Zweiten Weltkriegs durchgeführten Prozesse von Nürnberg und Tokyo haben dem Gedanken einer internationalen Strafgerichtsbarkeit zur Durchsetzung dieser völkerrechtlichen „Grundpflichten" des Einzelnen im humanitären Bereich den Boden bereitet. Die damit eingeleitete Entwicklung kulminierte in der Schaffung internationaler Strafgerichtshöfe für das ehemalige Jugoslawien und Ruanda durch den UN-Sicherheitsrat sowie in dem Römischen Übereinkommen über den Internationalen Strafgerichtshof von 1998 (hierzu unten § 61).

Literatur: *T. Franck*, The Empowered Self: Law and Society in the Age of Individualism, 1999; *B. Grzeszick*, Rechte des Einzelnen im Völkerrecht, AVR 43 (2005), S. 312ff.; *S. Gorski*, Individuals in International Law, in: R. Wolfrum (Hrsg.), MPEPIL, Bd. 5, 2012, S. 147ff.; *A. Peters*, Jenseits der Menschenrechte, 2014; C. *Tomuschat*, Grundpflichten des Individuums, AVR 21 (1983), S. 289ff.

§ 13. Transnational tätige Unternehmen

1 Transnational tätige Unternehmen (auch „multinationale" Unternehmen genannt) sind unter unterschiedlichen Gesichtspunkten Gegenstand der völkerrechtlichen Betrachtung und mögliche Subjekte

des Völkerrechts. Einmal geht es um die Rechte solcher Unternehmen aus Vereinbarungen mit fremden Staaten, in denen sie wirtschaftlich engagiert sind. Zum anderen wird über die mögliche Bindung von transnationalen Unternehmen an völkerrechtliche Standards (insbesondere zum Schutz der Menschenrechte und der Umwelt) diskutiert. Während die Berechtigung von transnationalen Unternehmen als Völkerrechtssubjekte an praktischer Bedeutung verloren hat, hat die Verantwortung international tätiger Unternehmen für die Wahrung menschen- und umweltrechtlicher Standards stark an Aktualität gewonnen.

Transnationale Unternehmen haben vielfach ein Interesse daran, 2
dass ihre vertraglichen Rechtsbeziehungen zu fremden Staaten ganz oder teilweise aus dem nationalen Recht des staatlichen Vertragspartners herausgelöst werden (etwa bei Verträgen über Erdölkonzessionen oder über den Bau von Verkehrsverbindungen). Denn der fremde Staat kann im Wege der Gesetzgebung durch Änderung seines eigenen Rechts vertraglich begründete Rechte des Unternehmens insoweit aufheben, als dieser Vertrag seinem eigenen Recht unterliegt. Dieses Risiko besteht vor allem bei Staaten ohne eine gefestigte rechtsstaatliche Tradition oder mit politischer Instabilität, die in einen Regimewechsel münden kann. Insbesondere bei Konzessionsverträgen mit fremden Staaten bemühen sich transnationale Unternehmen oft um die Aufnahme von Vertragsbestimmungen, welche den Vertragsinhalt gegen einseitige Rechtsänderungen absichern (sog. „Stabilisierungsklauseln"). Eine solche Klausel soll bewirken, dass der Gaststaat, dessen Recht der Vertrag unterliegt, nicht mehr einseitig den Vertrag auf Grund seiner Gesetzgebungshoheit ändern kann. Daneben ist es denkbar, die Vertragsbeziehungen ganz allgemein zu internationalisieren, also dem Völkerrecht zu unterstellen. Nach einer vordringenden Ansicht steht die staatliche Souveränität einer vertraglichen Unterwerfung des staatlichen Vertragspartners unter das Völkerrecht gegenüber einem privaten Unternehmen nicht entgegen. Im Hinblick auf solche vertraglichen Positionen erlangt das Unternehmen dann gegenüber dem fremden Staat Völkerrechtsunmittelbarkeit und beschränkte Völkerrechtssubjektivität. Nach einer anderen Konstruktion kommt das Völkerrecht lediglich durch eine (im Internationalen Privatrecht eines dritten Staates wurzelnde) Vereinbarung der Parteien zur Anwendung (privatautonom begründete Verweisung auf das Völkerrecht).

Die Bedeutung von „Stabilisierungsklauseln“ ist in mehreren Schiedsverfahren zwischen multinationalen Ölgesellschaften und Libyen auf die Probe gestellt worden. Libyen verstaatlichte in den siebziger Jahren seine Erdölindustrie und nahm den ausländischen Ölgesellschaften die in Konzessionsverträgen begründeten Nutzungsrechte. Im Fall *TOPCO/CALASIATIC* (*Texas Overseas Petroleum & California Asiatic Oil Co. v. Libyan Arab Republic*, ILM 17 [1978], S. 1) ordnete der Schiedsrichter *Dupuy* eine solche Klausel dem Völkerrecht zu und nahm so eine völkerrechtliche Absicherung der vertraglichen Rechtsstellung der (amerikanischen) Ölgesellschaften an. Dies bedeutet, dass die libyschen Verstaatlichungsregeln gegenüber den vertraglich begründeten Konzessionen der Ölgesellschaften rechtlich ins Leere griffen. Der Schiedsrichter verurteilte Libyen zur Wiederherstellung der aus dieser Sicht rechtswidrig entzogenen Rechtsstellung der Ölgesellschaften.

Seit einiger Zeit hat die Frage nach der Völkerrechtssubjektivität transnationaler Unternehmen an Relevanz verloren. Ein dichtes Netzwerk völkerrechtlicher Vereinbarungen zum Investitionsschutz bietet weitreichende vertragliche Gewährleistungen für Unternehmen aus einem Vertragsstaat, die in einem anderen Vertragsstaat Investitionen tätigen. Diese Verträge eröffnen auch den Rechtsschutz in Streitigkeiten zwischen Unternehmen und Gaststaaten durch internationale Schiedsgerichte.

3 Auf der anderen Seite gibt es eine starke Tendenz, transnationale Unternehmen an internationale Standards namentlich zum Schutz der Menschenrechte, der Transparenz (Korruptionsbekämpfung), des Umweltschutzes und der Nichteinmischung in die Politik von Gaststaaten zu binden. Die nachweisliche oder auch nur behauptete Verstrickung multinationaler Unternehmen in Menschenrechtsverletzungen (inbesondere beim Abbau von Rohstoffen) haben diese Bestrebungen gefördert.

Ein Versuch, ein internationales Verhaltensregime für transnationale Unternehmen zu entwickeln, liegt in der Formulierung von Verhaltenskodizes (*codes of conduct*), wie sie eine Reihe internationaler Organisationen formuliert oder anerkannt haben. Eine zentrale Rolle spielen dabei die Vereinten Nationen und die OECD. Die „*OECD-Guidelines for Multinational Enterprises*“ (geltend in der Fassung von Mai 2011) stehen im Kontext mit der Investitionstätigkeit multinationaler Unternehmen. Ihre Anwendung geht aber über diesen Kontext hinaus.

Die OECD-Leitlinien listen folgende allgemeinen Verhaltenspflichten multinationaler Unternehmen auf (Kapitel II.A):

„Enterprises should

1. Contribute to economic, social and environmental progress with a view to achieving sustainable development.

2. Respect the human rights of those affected by their activities consistent with the host government's international obligations and commitments.

3. Encourage local capacity building through close co-operation with the local community, including business interests, as well as developing the enterprise's activities in domestic and foreign markets, consistent with the need for sound commercial practice.

4. Encourage human capital formation, in particular by creating employment opportunities and facilitating training opportunities for employees.

5. Refrain from seeking or accepting exemptions not contemplated in the statutory or regulatory framework related to environmental, health, safety, labour, taxation, financial incentives, or other issues.

6. Support and uphold good corporate governance principles and develop and apply good corporate governance practices.

7. Develop and apply effective self-regulatory practices and management systems that foster a relationship of confidence and mutual trust between enterprises and the societies in which they operate.

8. Promote employee awareness of, and compliance with, company policies through appropriate dissemination of these policies, including through training programmes.

9. Refrain from discriminatory or disciplinary action against employees who make *bona fide* reports to management or, as appropriate, to the competent public authorities, on practices that contravene the law, the *Guidelines* or the enterprise's policies.

10. Carry out risk-based due diligence, for example by incorporating it into their enterprise risk management systems, to identify, prevent and mitigate actual and potential adverse impacts as described in paragraphs 11 and 12, and account for how these impacts are addressed. The nature and extent of due diligence depend on the circumstances ofa particular situation.

11. Avoid causing or contributing to adverse impacts on matters covered by the Guidelines, through their own activities, and address such impacts when they occur.

12. Seek to prevent or mitigate an adverse impact where they have not contributed to that impact, when the impact is nevertheless directly linked to their operations, products or services by a business relationship. This is not intended to shift responsibility from the entity causing an adverse impact to the enterprise with which it has a business relationship.

13. In addition to addressing adverse impacts in relation to matters covered by the Guidelines, encourage, where practicable, business partners, including suppliers and sub contractors, to apply principles of responsible business conduct compatible with the Guidelines.

14. Engage with relevant stakeholders in order to provide meaningful opportunities for their views to be taken into account in relation to planning and decision making for projects or other activities that may significantly impact local communities.

15. Abstain from any improper involvement in local political activities."

Im Rahmen der Vereinten Nationen ist auch ein Katalog von Selbstverpflichtungen für transnationale Unternehmen *(Global Compact)* ausgearbeitet worden.

Die Verhaltenskodizes internationaler Organisationen begründen nicht unmittelbar wirksame Verpflichtungen für multinationale Unternehmen; dies signalisiert auch der Begriff *corporate social reponsibility.* Es ist aber denkbar, dass sie auf längere Sicht als Ausdruck einer bestimmten Rechtsüberzeugung eine völkerrechtliche Bindung privater Unternehmen vor allem an menschenrechtliche Standards katalysieren.

4 Im Frühjahr 2011 hat der Menschenrechtsrat der Vereinten Nationen die von dem Sonderberichterstatter John Ruggie vorgelegten „*Guiding Principles on Business and Human Rights*" (A/HRC/RES/17/4) angenommen. Diese Prinzipien zielen auf

- die Achtung und den Schutz der Menschenrechte durch die Staaten im Rahmen ihrer eigenen Einwirkungsmöglichkeiten und Geschäftsbeziehungen
- die Überwachung der Geschäftstätigkeit transnationaler Unternehmen durch die Staaten im Rahmen ihrer Gebietshoheit und ihrer Regelungsgewalt sowie auf
- die (normativ nicht klar ausgeformte) Verantwortlichkeit transnationaler Unternehmen für die Menschenrechte mit einer Sorgfaltspflicht im Zusammenhang mit ihren Geschäftsbeziehungen.

Die Leitlinien formulieren den Grundsatz der Unternehmensverantwortlichkeit im Hinblick auf Menschenrechte (*corporate responsibility to respect human rights*):

„11. Business enterprises should respect human rights. This means that they should avoid infringing on the human rights of others and should address adverse human rights impacts with which they are involved."

Besonders betonen die Leitlinien die Sorgfaltspflicht von Unternehmen im Hinblick auf Menschenrechtsverletzungen im Rahmen ihrer Geschäftsbeziehungen (*human rights due diligence*):

„Human rights due diligence

17. In order to identify, prevent, mitigate and account for how they address their adverse human rights impacts, business enterprises should carry out human rights due diligence. The process should include assessing actual and po-

tential human rights impacts, integrating and acting upon the findings, tracking responses, and communicating how impacts are addressed. Human rights due diligence:

(a) Should cover adverse human rights impacts that the business enterprise may cause or contribute to through its own activities, or which may be directly linked to its operations, products or services by its business relationships;

(b) Will vary in complexity with the size of the business enterprise, the risk of severe human rights impacts, and the nature and context of its operations;

(c) Should be ongoing, recognizing that the human rights risks may change over time as the business enterprise's operations and operating context evolve."

Die UN-Leitlinien umschreiben weiterhin Standards für die Aufarbeitung von Menschenrechtsverletzungen, welche die Staaten im Rahmen ihrer Gebietshoheit und sonstigen Regelungsgewalt durch geeignete Mechanismen umsetzen sollen:

„25. As part of their duty to protect against business-related human rights abuse, States must take appropriate steps to ensure, through judicial, administrative, legislative or other appropriate means, that when such abuses occur within their territory and/or jurisdiction those affected have access to effective remedy. […]

27. States should provide effective and appropriate non-judicial grievance mechanisms, alongside judicial mechanisms, as part of a comprehensive State-based system for the remedy of business-related human rights abuse."

Auch die „*OECD-Guidelines for Multinational Enterprises*" greifen den Standard gebotener Sorgfalt bei der Achtung von Menschenrechten in der Lieferkette oder sonst in den Geschäftsbeziehungen multinationaler Unternehmen auf (*human rights due diligence*), der eine prominente Rolle bei den UN-Prinzipien spielt. Die OECD-Leitlinien sehen eine Überprüfung möglicher Verstöße gegen die hierin enthaltenen Standards durch von den jeweiligen Unterzeichnerstaaten eingerichtete „Kontaktstellen" (*national contact points*) vor. Die Einrichtung dieser Kontrollstellen ist verpflichtend für die OECD-Mitglieder und andere Staaten, die sich den OECD-Standards angeschlossen haben. 5

Mittlerweile haben nationale Kontaktstellen in einer ganzen Reihe von Verfahren Vorwürfe von Nichtregierungsorganisationen untersucht und hierzu förmliche, allerdings nicht bindende Feststellungen getroffen sowie Empfehlungen für künftiges Verhalten formuliert. Durch die Verbindung und durch die Verknüpfung nicht unmittelbar bindender Verhaltensstandards mit staatlichen Überwachungsmechanismen entsteht eine eigenartige „hybride" Normativität: „soft-law wird hoheitlich kontrolliert. Die Feststellung einer Verletzung der OECD-Standards mit nationalen Kontaktstandards ist zwar nicht bindend, hat aber eine beachtliche Wirkung in der Öffentlichkeit nach dem Prinzip „naming and shaming".

Besondere Beachtung verdienen dabei Fälle zur Verletzung menschenrechtlicher Standards durch mangelnde Sorgfalt im Rahmen von Lieferbeziehungen mit anderen Unternehmen (*Global Witness v. Afrimex UK Ltd* [2008], abrufbar unter: http://www.oecd.org/investment/guidelinesformultinationalenterprises/43750590.pdf, zuletzt abgerufen am 29.11.2018).

Sehr weit geht die Annahme einer Verletzung der OECD-Standards durch ein norwegisches Unternehmen, das an der Reparatur und Unterhaltung der Energie- und Wasserversorgung des Gefängnisses in Guantánamo Bay beteiligt war; am eigentlichen Gefängnisbetrieb wirkte das Unternehmen nicht mit (*Forum for Environment and Development v. Aker Kværner* [2005], abrufbar unter: http://www.oecd.org/investment/guidelinesformultinationalenterprises/38038283.pdf, zuletzt abgerufen am 29.11.2018). Ein weiteres Feld betrifft die angemessene Konsultierung indigener Gemeinschaften beim Abbau von Bodenschätzen und die Berücksichtigung menschenrechtlicher Auswirkungen (*Survival International v. Vedanta Resources plc* [2009], abrufbar unter: http://www.oecd.org/investment/guidelinesformultinationalenterprises/43884129.pdf, zuletzt abgerufen am 29.11.2018). Heikle Fragen stellen sich bei der finanziellen Unterstützung von multinationalen Unternehmen für legitime lokale Projekte, die ihrerseits im Zusammenhang mit dem Antrag der fördernden Unternehmen auf Konzessionen oder die Genehmigung anderer umweltrelevanter Projekte stehen. Hier stellt sich das Problem der mittelbaren Einflussnahme der fördernden Unternehmen auf staatliche Entscheidungen (*The Future in our Hands [FIOH] against INTEX Resources ASA and the Mindoro Nickel Project* [2012], abrufbar unter: http://www.oecd.org/daf/inv/mne/Norwegian%20NCP%20intex_final.pdf, zuletzt abgerufen am 29.11.2018).

Im Jahre 2016 hat eine für die Rechte indigener Völker eintretende Nichtregierungsorganisation eine Beschwerde gegen den *World Wide Fund for Nature International* (WWF) vor der schweizerischen Kontaktstelle eingereicht. Dabei geht es um den Vorwurf, der WWF sei durch planerisches und finanziell förderndes Zusammenwirken mit der Regierung von Kamerun in ausgewiesenen Naturschutzzonen innerhalb des Siedlungs- und Jagdgebietes eines indigenen Stammes für die Übergriffe von Wildhütern in die Landrechte der Stammesbevölkerung sowie physische Verfolgung von Stammesangehörigen unter Missachtung von *„human rights due diligence"* verantwortlich. Hier kommt das Überprüfungsverfahren zum ersten Mal gegen eine Nichtregierungsorganisation zur Anwendung. Dies ist deswegen problematisch, weil sich die OECD-Leitsätze eigentlich auf geschäftliche Aktivitäten von Unternehmen mit Gewinnerzielungsabsicht beziehen. Dennoch hat der *National Contact Point* der Schweiz die Beschwerde zunächst für Zwecke der weiteren Prüfung angenommen. Nach einer weitgehenden Verständigung konnten die Parteien kein gemeinsames Abschlussdokument erreichen. Angesichts eines Bruches von Vertraulichkeitsvorschriften durch die Beschwerdeführerin hat der schweizerische NCP das Verfahren mit Empfehlungen zur Umsetzung der Verständigung abgeschlossen (Final Statement [2017], abrufbar unter https://www.oecdwatch.org/cases/Case_457, zuletzt abgerufen am 29.11.2018).

Nach traditioneller Auffassung sind Unternehmen als private Akteure weder an Menschenrechte noch sonst an völkerrechtliche Standards gebunden. Dennoch formulieren die OECD-Leitlinien für multinationale Unternehmen und die *Guiding principles on Business and Human Rights* der Vereinten Nationen menschenrechtliche Standards, ohne insoweit den geltenden Rechtszustand verändern zu wollen. Hierin liegt eine gewisse Ambivalenz. Es ist denkbar, dass diese Verhaltensstandards für Unternehmen eine Entwicklung katalysieren, an deren Ende menschenrechtliche Verpflichtungen stehen. Diesem Ansatz folgt ein Vertragsentwurf für die Durchsetzung der menschenrechtlichen Verantwortlichkeit von Unternehmen vor nationalen Gerichten (*Legally binding instrument to regulate, in international Human Rights Law, the activities of transnational corporations and other business enterprises [zero draft]*), den eine zwischenstaatliche Arbeitsgruppe im Rahmen des UN-Menschenrechtsrates im Jahr 2018 vorgelegt hat. Auf der anderen Seite herrscht immer noch die Ansicht, dass private Unternehmen keinen völkerrechtlichen Bindungen unterliegen (siehe US Supreme Court, *Jesner v. Arab Bank*, ILM 57 [2018], S. 631). 6

Literatur: *K.-H. Böckstiegel*, Der Staat als Vertragspartner ausländischer Privatunternehmen, 1971; *B. Choudhury*, Balancing Soft and Hard Law for Business and Human Rights, ICLQ 67 (2018), S. 960 ff.; *D. Kokkini-Iatridou/P. J. I. M. de Waart*, Foreign Investments in Developing Countries – Legal Personality of Multinationals in International Law, NYIL 14 (1983), S. 87 ff.; *W. H. Meyer/B. Stefanova*, Human Rights, the UN Global Compact and Global Governance, Cornell International Law Journal 34 (2001), S. 501 ff.; *P. T. Muchlinski*, Multinational Enterprises and the Law, 2. Aufl. 2007; *J. G. Ruggie*, Just Business: Multinational Corporations and Human Rights, 2013; *C. E. Stewart*, Transnational Contracts – Applicable Law and Settlement of Disputes, A Study in Conflict Avoidance, Loseblattsammlung, 1997 ff.; *K. Weidmann*, Der Beitrag der OECD-Leitsätze für multinationale Unternehmen zum Schutz der Menschenrechte, 2014.

III. Kapitel. Rechtsquellen

§ 14. Quellen des Völkerrechts: Begriff und Arten

1 Der Begriff der „Völkerrechtsquellen“ bezieht sich auf die Rechtserzeugung, also auf die Herkunft von Normen des Völkerrechts. Völkerrechtsquellen im eigentlichen Sinne bringen selbst Völkerrechtsregeln hervor. Zu diesen echten Völkerrechtsquellen gehören die völkerrechtlichen Verträge, das Völkergewohnheitsrecht und die sog. allgemeinen Rechtsgrundsätze des Völkerrechts. Hiervon zu unterscheiden sind die „Rechtserkenntnisquellen“, welche als völkerrechtliche Hilfsmittel die Ermittlung von Völkerrechtsregeln gestatten (Rechtsquellen im weiteren, uneigentlichen Sinne). Solche Rechtserkenntnisquellen sind etwa (nationale und internationale) Gerichtsentscheidungen und Äußerungen aus der Völkerrechtslehre.

2 Eine „klassische“ Auflistung der Völkerrechtsquellen findet sich in Art. 38 Abs. 1 des *Statuts des Internationalen Gerichtshofs:*

„Der Gerichtshof, dessen Aufgabe es ist, die ihm unterbreiteten Streitigkeiten nach dem Völkerrecht zu entscheiden, wendet an

a) internationale Übereinkünfte allgemeiner oder besonderer Natur, in denen von den streitenden Staaten ausdrücklich anerkannte Regeln festgelegt sind;
b) das internationale Gewohnheitsrecht als Ausdruck einer allgemeinen, als Recht anerkannten Übung;
c) die von den Kulturvölkern anerkannten allgemeinen Rechtsgrundsätze;
d) vorbehaltlich des Artikel 59 [die Vorschrift betrifft die auf den konkreten Streitfall beschränkte Bindungswirkung von Entscheidungen des Gerichtshofs] richterliche Entscheidungen und die Lehrmeinung der fähigsten Völkerrechtler der verschiedenen Nationen als Hilfsmittel zur Feststellung von Rechtsnormen.“

Die Vorschrift des Art. 38 Abs. 1 IGH-Statut listet in *lit.* a bis c echte Völkerrechtsquellen und in *lit.* d Rechtserkenntnisquellen (Hilfsmittel zur Ermittlung von Völkerrechtsnormen) auf.

3 Die Reihenfolge der Völkerrechtsquellen in Art. 38 Abs. 1 *lit.* a bis c IGH-Statut entspricht der Ordnung, welche regelmäßig die Anwendung von Völkerrechtssätzen auf einen konkreten Sachverhalt bestimmt. So wird der Rechtsanwender (etwa ein nationales oder internationales Gericht) im Allgemeinen zunächst zwischen den Par-

teien geltende Verträge, sodann Regeln des Völkergewohnheitsrechts und schließlich allgemeine Rechtsgrundsätze des Völkerrechts heranziehen. Damit ist noch nichts über die hierarchische Ordnung der Völkerrechtsquellen ausgesagt. Denn Staaten oder andere Völkerrechtssubjekte können durch vertragliche Vereinbarungen vom Völkergewohnheitsrecht, nicht aber vom „zwingenden“ Gewohnheitsrecht, das sich stets gegen Verträge durchsetzt, abweichen.

Die klassischen Rechtsquellen des Völkerrechts (Verträge, Ge- 4
wohnheitsrecht, allgemeine Rechtsgrundsätze des Völkerrechts) zeigen, dass die Staaten weiterhin die entscheidenden Akteure bei der Rechtserzeugung sind. Ob die Auflistung der Rechtsquellen in Art. 38 Abs. 1 *lit.* a bis c des IGH-Statuts abschließend ist, ist eine weiterhin lebhaft umstrittene Frage. Als zusätzliche Rechtsquellen diskutiert werden zunächst einseitige Akte (einseitiges Versprechen oder Verzicht auf bestimmte Rechtspositionen eines Staates). Daneben werden vielfach Akte internationaler Organisationen als eigene Rechtsquellen eingeordnet. Soweit solche Rechtsakte Bindungswirkung für die Mitglieder der Organisationen äußern (etwa verbindliche Resolutionen des UN-Sicherheitsrates) lassen sie sich jedenfalls auf eine vertragliche Grundlage (wie die UN-Charta) zurückführen und so in das klassische Rechtsquellensystem einordnen.

Im Übrigen können Beschlüsse internationaler Organisationen und 5
ihrer Organe als Katalysatoren bei der Entwicklung des Völkerrechts wirken. Dies gilt namentlich für Beschlüsse der UN-Generalversammlung. Dabei ist die Grenze zwischen der Klärung von Bestand oder Inhalt umstrittener Völkerrechtsregeln einerseits und der Fortentwicklung des Völkerrechts andererseits durchaus fließend. Für die in der Zwischenzone von bereits anerkannten Völkerrechtssätzen und noch nicht geltenden Normen angesiedelten Positionsbestimmungen namentlich der UN-Generalversammlung hat sich der unscharfe Begriff des „*soft law*“ eingebürgert. Hinter diesem bewusst unscharf gehaltenen Begriff stehen einerseits die besondere Autorität der UN-Generalversammlung als Forum der Staatengemeinschaft und zum anderen Vorbehalte gegenüber der Rechtserzeugung durch dieses Organ, das in der UN-Charta auf wenige Entscheidungskompetenzen beschränkt ist.

Keinen Rechtscharakter haben die Regeln über die „Völkersitte“ 6
oder „protokollarische Höflichkeit“ (*Courtoisie, comity [of nations]*). Manche Regeln der *Courtoisie* können sich aber zu Gewohnheitsrecht verdichten. Die *comity* bei der Rücksicht auf Belange anderer

Staaten bei der Regelung von Auslandssachverhalten („extraterritoriale“ Gesetzgebung) in der US-amerikanischen Gerichtspraxis steht nahe an völkerrechtlichen Rücksichtsnahmegeboten.

Literatur: *U. Fastenrath*, Lücken im Völkerrecht: zu Rechtscharakter, Quellen, Systemzusammenhang, Methodenlehre und Funktionen des Völkerrechts, 1991; *G. J. H. van Hoof*, Rethinking the Sources of International Law, 1983; *M. Lachs*, The Threshold in Law-Making, in: R. Bernhardt u. a. (Hrsg.), Völkerrecht als Rechtsordnung/Internationale Gerichtsbarkeit/Menschenrechte, Festschrift für H. Mosler, 1983, S. 493ff.; *E. Riedel*, Standards and Sources. Farewell to the Exclusivity of the Sources Triad in International Law?, EJIL 2 (1991), S. 58ff.; *C. Sepúlveda*, Methods and Procedures for the Creation of Legal Norms in the International System of States. An Inquiry into the Progressive Development of International Law in the Present Era, GYIL 33 (1990), S. 432ff.; *R. Wolfrum*, Sources of International Law, in: ders. (Hrsg.), MPEPIL, Bd. 9, 2012, S. 299ff.

§ 15. Völkerrechtliche Verträge

1. Allgemeines

a) Begriff

1 Der Begriff des völkerrechtlichen Vertrages erfasst Vereinbarungen, mit denen Staaten und andere Völkerrechtssubjekte ihre Beziehungen auf völkerrechtlicher Ebene regeln. Hiervon zu unterscheiden sind vertragliche Abmachungen zwischen Völkerrechtssubjekten, die nationalem Recht unterliegen (etwa der Verkauf eines Grundstückes durch die Bundesrepublik Deutschland an einen fremden Staat für die Errichtung eines Botschaftsgebäudes). Vertragsparteien völkerrechtlicher Verträge können neben Staaten auch internationale Organisationen sein. Ob auch Private (Unternehmen oder natürliche Personen) in völkerrechtliche Vertragsbeziehungen mit einem fremden Staat eintreten können (etwa bei einem Vertrag über die Förderung von Erdöl), ist eine weiterhin umstrittene Frage. Gegenstand völkerrechtlicher Verträge können Handlungs- und Unterlassungspflichten sein. Sie können aber auch Statusfragen (etwa die Zuordnung eines Gebietes) verbindlich klären.

2 Abzugrenzen sind völkerrechtliche Verträge von gemeinsamen Absichtserklärungen, die nach dem Willen der Parteien keine Rechtsverbindlichkeit entfalten sollen *(gentlemen's agreement).* Hierhin gehört

etwa der *Luxemburger Kompromiss* von 1966, in dem Frankreich und die übrigen EG-Mitgliedstaaten ihre unterschiedlichen Positionen zur Handhabung des Mehrheitsprinzips bei Fragen von grundlegender Bedeutung für einen Mitgliedstaat angenähert haben. In diesem Zusammenhang ist auch die Schlussakte zur KSZE-Konferenz von Helsinki von 1975 (Bull. BReg. 1975, Nr. 102, S. 965 ff.; ILM 14 [1975], S. 1292 ff., hierzu *T. Schweisfurth*, Zur Frage der Rechtsnatur, Verbindlichkeit und völkerrechtlichen Relevanz der KSZE-Schlussakte, ZaöRV 36 [1976], S. 681 ff.) zu nennen. Den in ihr enthaltenen Grundprinzipien spricht die KSZE-Schlussakte keine vertragliche Bindungswirkung zu:

„Indem die Teilnehmerstaaten die vorstehenden Prinzipien gebührend berücksichtigen, ..., stellen sie fest, dass die vorliegende Erklärung weder ihre Rechte und Verpflichtungen noch die diesbezüglichen Verträge und Abkommen und Abmachungen berührt“ (Prinzip Nr. X).

Die Abgrenzung von unverbindlichen Absichtserklärungen einerseits und einer bindenden Übereinkunft andererseits kann im Einzelfall schwierig sein. Der Internationale Gerichtshof folgt einer objektivierenden Sichtweise, die sich in erster Linie an dem von den Parteien gebilligten Text sowie am äußeren Geschehensablauf orientiert. Das subjektive Element (die Vorstellungen der jeweiligen Vertreter) tritt in den Hintergrund. 3

In einem territorialen Streit zwischen den Emiraten von Bahrain und Qatar hatte der Internationale Gerichtshof zu klären, ob eine von den Außenministern der beiden Staaten sowie vom Außenminister des als Vermittler agierenden Königreichs Saudi-Arabien unterzeichnete Gesprächsnotiz allein den Verhandlungsverlauf dokumentieren sollte oder aber bereits eine bindende Übereinkunft enthielt. Der Gerichtshof sah in der Unterzeichnung der Gesprächsnotiz die Bekundung des Willens, in der Gesprächsnotiz aufgelistete Verpflichtungen einzugehen und sich der Zuständigkeit des Gerichtshofs zu unterwerfen (IGH, *Maritime Delimitation and Territorial Questions between Qatar and Bahrain [Qatar v. Bahrain]*, ICJ Reports 1994, S. 112 para. 25):

„[...] the Minutes are not a simple record of a meeting, [...] they do not merely give an account of discussions and summarize points of agreement and disagreement. They enumerate the commitments to which the Parties have consented. They thus create rights and obligations in international law for the Parties. They constitute an international agreement“.

Angesichts des in der Gesprächsnotiz klar geäußerten Willens zur Vertragsbindung sah es der Internationale Gerichtshof als unbeachtlich an, ob der Außenminister eines der beiden Emirate (mangels der erforderlichen staatsrechtlichen Ermächtigung) nur eine politische Absichtserklärung oder einen völkerrechtlichen Vertrag unterzeichnen wollte (IGH, aaO, S. 121 f. para. 27).

Nicht völlig klar ist, wie der Gemeinsame Aktionsplan zur Bewältigung der nuklearen Aufrüstung Irans (*Joint Comprehensive Plan of Action)* einzuordnen ist. Diesen Aktionsplan haben im Jahre 2015 die ständigen Mitglieder des UN-Sicherheitsrats und die Bundesrepublik Deutschland mit dem Iran vereinbart (Anlage A zur Resolution 2231 (2015) des UN-Sicherheitsrats). Bei diesem Dokument haben die Parteien die Bezeichnung als „Vertrag" oder „Abkommen" bewusst vermieden. Es ist auch nicht den nationalen Parlamenten wie dem US-Kongress oder dem Deutschen Bundestag zur Zustimmung vorgelegt worden.

Nach dem Aktionsplan nimmt Iran von der nuklearen Aufrüstung Abstand und lässt Kontrollen seines Atomprogrammes zu. Im Gegenzug sollen die kollektiven Sanktionen des UN-Sicherheitsrates gegen den Iran und einseitige Sanktionen wegfallen. Der UN Sicherheitsrat hat in Resolution 2231 (2015) den Aktionsplan gutgeheißen und darauf die Rücknahme der gegen den Iran verhängten Sanktionen gestützt. Diese Billigung durch den Sicherheitsrat macht aber den Aktionsplan noch nicht rechtsverbindlich. Einiges legt nahe, dass es sich bei dem gemeinsamen Aktionsplan nur um ein Bündel von Absichtserklärungen und Obliegenheiten handelt, deren Geltung durch die reziproke Einhaltung bedingt ist. So haben die Parteien die Bezeichnung als „Vertrag" bewusst vermieden. Die in dem Aktionsplan vorgesehene Überwachung des iranischen Atomprogramms bezieht sich auf die „freiwilligen" Maßnahmen des Iran im Rahmen seiner nuklearen Aktivitäten. Jedoch stützen andere Elemente dieses Aktionsplans die Deutung als einen atypischen, quasi-vertragliches Rechtsakt, der die Parteien zur Einhaltung ihrer Zusagen (auf iranischer Seite Verzicht auf ein Atomwaffenprogramm und Zulassung von Kontrollen, auf der anderen Seite Verzicht auf Sanktionen) solange bindet, als sich nicht eine Seite förmlich von dem Aktionsplan zurückgezogen hat. So spricht der Text des gemeinsamen Aktionsplans von „commitments"; dieser Begriff ist allerdings mehrdeutig. Ein Argument für einen quasi-vertraglichen Charakter liegt auch in der Regelung zur Streitbeilegung und zum Rücktritt. Danach können Iran oder die anderen Parteien bei einer behaupteten Nichterfüllung des Planes durch die andere Seite nach erfolglosen Versuchen der Klärung, ihre Verpflichtungen einseitig beenden. In diesem Falle sollen die vom Sicherheitsrat verhängten Sanktionen wieder aufleben, solange der Sicherheitsrat nichts anderes beschließt. Die USA haben im Jahr 2018 den Aktionsplan aufgekündigt und scharfe Sanktionen gegen Iran verhängt. Dabei haben sich die USA nicht an das im Aktionsplan vorgesehene Verfahren zur Streitbeilegung und zur einseitigen Beendigung von Zusagen gehalten. Dadurch bleibt es bei der Beendigung der UN Sanktionen. Mit dem Rückzug der USA dürfte der Iran auch im Verhältnis zu den anderen Partnern des Aktionsplans keinen Beschränkungen unterliegen, sofern nicht die übrigen Parteien (Volksrepublik China, Frankreich, die Russische Föderation, das Vereinigte Königreich und die Bundesrepublik Deutschland) mit dem Iran den Fortbestand des Aktionsplans vereinbaren.

Auch bei anderen internationalen Texten bedarf es einer Abgrenzung zwischen einem völkerrechtlichen Vertrag und bloßen Absichtserklärungen der Parteien. Der globale Pakt für eine sichere, geordnete und reguläre Migration (UN Doc A/CONF.2231/3) formuliert das Bekenntnis zu bestimmten Prinzipien für Migration und Flucht, zu denen sich die meisten UN-Mitgliedstaaten bekennen.

b) Grundlagen des allgemeinen Vertragsrechts

Lange Zeit ergaben sich die Regeln über das Zustandekommen und 4
die rechtlichen Wirkungen völkerrechtlicher Verträge allein aus dem Völkergewohnheitsrecht. Auch der Grundsatz, dass völkerrechtliche Verträge einzuhalten sind *(pacta sunt servanda)* wurzelt im Gewohnheitsrecht.

Das *Wiener Übereinkommen über das Recht der Verträge* von 1969 (Wiener Vertragsrechtskonvention – WVK, BGBl. 1985 II, S. 926) kodifiziert weithin schon gewohnheitsrechtlich geltende Regeln des Vertragsrechts. In einzelnen Bereichen hat die Wiener Vertragsrechtskonvention gewohnheitsrechtliche Grundsätze präzisiert oder bislang umstrittene Regeln festgeschrieben. Aber auch insoweit hat die Wiener Vertragsrechtskonvention angesichts der Ratifikation durch zahlreiche Staaten (Stand Dezember 2016: 114 Vertragsparteien) und ihres bestimmenden Einflusses auf die Staatenpraxis der letzten Jahrzehnte die gewohnheitsrechtliche Verfestigung der Konventionsregeln gefördert. Damit besteht fast durchweg Deckungsgleichheit zwischen gewohnheitsrechtlichen Regeln des Völkervertragsrechts und der Wiener Konvention.

Der Geltungsbereich der Wiener Vertragsrechtskonvention er- 5
streckt sich ausdrücklich nur auf bestimmte, nämlich schriftlich zwischen Staaten geschlossene Verträge. „Vertrag“ im Sinne der Wiener Vertragsrechtskonvention bedeutet

> „eine in Schriftform geschlossene und vom Völkerrecht bestimmte internationale Übereinkunft zwischen Staaten, gleichviel ob sie in einer oder in mehreren zusammengehörigen Urkunden enthalten ist und welche besondere Bezeichnung sie hat“ (Art. 2 Abs. 1 *lit.* a WVK).

Noch nicht in Kraft getreten ist das Wiener Übereinkommen über das Recht der Verträge zwischen Staaten und Internationalen Organisationen oder zwischen Internationalen Organisationen von 1986 (BGBl. 1990 II, S. 1415). Dieses Übereinkommen lehnt sich inhaltlich eng an die Wiener Vertragsrechtskonvention von 1969 an.

c) Bedeutung völkerrechtlicher Verträge

6 Seit dem Zweiten Weltkrieg hat das Netzwerk zwei- und mehrseitiger Verträge ständig an Dichte gewonnen. Die UN-Charta, universelle und regionale Verträge zum Menschenrechtsschutz, Welthandelsabkommen, Verträge zum Schutz der Umwelt, sowie das Geflecht bilateraler Abkommen bewirken mittlerweile eine vertragliche Feinsteuerung der Staatenpraxis, die in einzelnen Bereichen schon recht subtile Züge angenommen hat. Von großer Bedeutung sind vor allem universelle Verträge als Katalysatoren neuen Völkergewohnheitsrechts.

Literatur: *A. Aust*, Modern Treaty Law and Practice, 3. Aufl, 2013; *O. Dörr/K. Schmalenbach* (Hrsg.), Vienna Convention on the Law of Treaties, 2012; *O. Corten/P. Klein* (Hrsg.), The Vienna Conventions on the Law of Treaties: A Commentary, 2011; *M. Villinger*, Commentary on the 1969 Vienna Convention on the Law of Treaties, 2009; *J. Klabbers*, Qatar v. Bahrain: The Concept of „Treaty" in International Law, AVR 33 (1995), S. 361 ff.; *ders.*, The Concept of Treaty in International Law, 1996; *A. McNair*, The Law of Treaties, 1961; *R. Kolb*, The Law of Treaties. An Introduction, 2016; *B. G. Ramcharan*, The Fundamentals of International Human Rights Treaty Law, 2011; *O. Schachter*, The Twilight Existence of Non-binding International Agreements, AJIL 71 (1977), S. 269 ff.; *H. Schermers*, International Organisations and the Law of Treaties, GYIL 42 (1999), S. 56 ff.; *I. M. Sinclair*, The Vienna Convention on the Law of Treaties, 2. Aufl. 1984; *R. Wolfrum/V. Röben* (Hrsg.), Developments of International Law in Treaty Making, 2005.

2. Arten völkerrechtlicher Verträge

7 Nach der Zahl der Vertragsparteien wird zwischen bilateralen und multilateralen Verträgen unterschieden. Daneben grenzt die herkömmliche Völkerrechtslehre die Typen des rechtsetzenden Vertrages *(traité-loi, law-making treaty)* und des bloßen Austauschvertrages *(traité-contrat, contractual treaty)* ab. Rechtsetzende Verträge sind in der Regel multilaterale Übereinkommen, welche auf die grundsätzliche Ordnung einzelner Bereiche des zwischenstaatlichen Zusammenlebens zielen (etwa Menschenrechtsverträge oder Abkommen über die Welthandelsordnung). Austauschverträge beschränken sich dagegen auf wechselbezügliche Verpflichtungen, wie sie auch für privatrechtliche Vereinbarungen kennzeichnend sind. Die Zuordnung eines Vertrages zu einem dieser beiden Typen mag vereinzelt für die Auslegung von Bedeutung sein. Im Übrigen aber sollte die Bedeutung ei-

ner derartigen typisierenden Zuordnung nicht überschätzt werden. Dies gilt schon deswegen, weil zahlreiche Mischformen existieren (etwa die Verknüpfung von Entwicklungszusammenarbeit mit Klauseln zum Menschenrechtsschutz) und der im Vertragstext geäußerte Wille der Parteien weit wichtiger ist als eine notwendig grobe Typisierung. Manche Stimmen in der modernen Völkerrechtslehre halten die Unterscheidung rechtsetzender und sonstiger Verträge daher auch nicht mehr für zeitgemäß.

3. Zustandekommen völkerrechtlicher Verträge

a) Abschlussmodalitäten

Das Zustandekommen völkerrechtlicher Verträge vollzieht sich in 8
einem Prozess mit mehreren Schritten. Die endgültige Festlegung des Vertragsinhaltes knüpft sich grundsätzlich an die Übereinstimmung der Parteien (siehe Art. 9 Abs. 1 WVK). In der Regel wird diese Übereinstimmung durch die Unterzeichnung des Vertrages zum Ausdruck gebracht (der die bloße Paraphierung durch Vertreter beim Abschluss der Verhandlungen vorausgehen kann) (Art. 10 *lit.* b WVK). Besonderen Regeln folgt die Annahme des Textes im Rahmen einer internationalen Konferenz (hierzu Art. 9 Abs. 2 WVK). Die Festlegung des Vertragsinhalts bedeutet noch nicht das Eingehen der Vertragsbindung. Nach Art. 11 WVK kann die Zustimmung zur Vertragsbindung „durch Unterzeichnung, Austausch von Urkunden, die einen Vertrag bilden, Ratifikation, Annahme, Genehmigung oder Beitritt oder eine andere vereinbarte Art ausgedrückt werden".

Die häufigsten Formen der Zustimmung zur Vertragsbindung sind 9
die Unterzeichnung (Art. 12 WVK), der Austausch der einen Vertrag bildenden Urkunden (Art. 13 WVK) und die Ratifikation (Art. 14 WVK). Beim *einfachen* Vertragsschlussverfahren bewirken die Unterzeichnung des Vertrages durch die Vertreter (Art. 12 WVK) oder der Austausch der Vertragsurkunden (Art. 13 WVK) unmittelbar die vertragliche Bindung. Bei der Zustimmung durch Unterzeichnung hat dieser Akt eine doppelte Funktion: Die Unterzeichnung legt endgültig den Text fest und bewirkt zugleich die vertragliche Bindung. Das einfache Verfahren setzt voraus, dass die unterzeichnenden Vertreter bzw. die vertragsaustauschenden Vertreter die Befugnis zum Eingehen der vertraglichen Bindung haben. In der Regel wird dieses Verfahren bei Verträgen von geringerer politischer Bedeutung praktiziert.

10 Beim *zusammengesetzten* Verfahren vollzieht sich die Zustimmung zur vertraglichen Bindung in einem besonderen Schritt, meist der Ratifikation durch Austausch der Ratifikationsurkunden oder Hinterlegung der Ratifikationsurkunde (Art. 14 Abs. 1 i. V. m. Art. 16 WVK). Hier bildet die Unterschrift unter den Vertragstext nur die Vorstufe zur endgültigen Zustimmung. Dieses gestufte Verfahren wird immer dann gewählt, wenn das Recht einer Vertragspartei (Staatsrecht oder Gründungsvertrag einer internationalen Organisation) eine besondere Ermächtigung zum Eingehen der endgültigen vertraglichen Bindung fordert. Dies gilt insbesondere für die Fälle, in denen Verfassungsrecht eine parlamentarische Zustimmung als Grundlage für die völkerrechtliche Vertragsbindung voraussetzt.

11 Nach deutschem Verfassungsrecht ist eine derartige Ermächtigung in Form eines Zustimmungsgesetzes für bestimmte völkerrechtliche Verträge notwendig. Art. 59 Abs. 2 Satz 1 GG bestimmt:

> „Verträge, welche die politischen Beziehungen des Bundes regeln oder sich auf Gegenstände der Bundesgesetzgebung beziehen, bedürfen der Zustimmung oder der Mitwirkung der jeweils für die Bundesgesetzgebung zuständigen Körperschaften in Form eines Bundesgesetzes."

Das Zustimmungsgesetz bildet die staatsrechtliche Ermächtigung an die Exekutive zur Zustimmung zur Vertragsbindung gegenüber dem oder den anderen Vertragsparteien.

Das Zustimmungsgesetz wird im staatsrechtlichen Sprachgebrauch oft als Ratifikationsgesetz bezeichnet. Im völkerrechtlichen Sinne bezieht sich jedoch die „Ratifikation" auf das Eingehen der Vertragsbindung durch Abgabe der Ratifikationsurkunde (vgl. auch Art. 2 Abs. 1 *lit.* b WVK).

Bei einem multilateralen Vertrag vollzieht sich bei fehlender Mitwirkung an der Schaffung des Vertragstextes oder nach Ablauf der Unterzeichnungsfrist die Erklärung der Zustimmung an die Vertragsbindung durch Beitritt (Art. 15 WVK). Bei multilateralen Verträgen, bei denen der Austausch der Ratifikationsurkunden wenig praktikabel ist, ist meist die Hinterlegung der Ratifikations- oder Beitrittsurkunden bei einem Verwahrer (Depositarstaat oder einer anderen Instanz) vorgesehen (siehe Art. 16 *lit.* b WVK).

b) Vertretungsbefugnis

12 Die Repräsentanten der Vertragsparteien bedürfen für die einzelnen Vertragsstadien der Vertretungsmacht. Die völkerrechtliche Ver-

tretungsbefugnis kann sich aus einer ausdrücklichen oder konkludenten Bevollmächtigung oder auch aus dem besonderen Status (etwa als Staatsoberhaupt, Regierungschef, Außenminister oder Missionschef) ergeben. Nach Art. 7 Abs. 2 WVK gelten kraft Amtes ohne die Vorlage einer besonderen Vollmacht als Vertreter ihres Staates:

a) „Staatsoberhäupter, Regierungschefs und Außenminister zur Vornahme aller sich auf den Abschluss eines Vertrags beziehenden Handlungen;
b) Chefs diplomatischer Missionen zum Annehmen des Textes eines Vertrages zwischen Entsende- und Empfangsstaat;
c) die von Staaten bei einer internationalen Konferenz oder bei einer internationalen Organisation oder bei einem ihrer Organe beglaubigten Vertreter zum Annehmen des Textes eines Vertrages im Rahmen der Konferenz, der Organisation oder des Organs."

Die völkerrechtliche Vertretungsbefugnis nach außen ist von der staatsrechtlichen (oder organisationsrechtlichen) Ermächtigung nach innen zu unterscheiden. Grundsätzlich ist eine Überschreitung der internen Ermächtigung bei bestehender Vertretungsmacht auf völkerrechtlicher Ebene unbeachtlich. Nur bei besonders schwerwiegenden und offenkundigen Verletzungen innerstaatlicher Regeln über den Abschluss von Verträgen kann ein Staat geltend machen, dass die Zustimmung unwirksam erteilt worden ist. Art. 46 WVK bestimmt hierzu: 13

„(1) Ein Staat kann sich nicht darauf berufen, dass seine Zustimmung, durch einen Vertrag gebunden zu sein, unter Verletzung einer Bestimmung seines innerstaatlichen Rechts über die Zuständigkeit zum Abschluss von Verträgen ausgedrückt wurde und daher ungültig sei, sofern nicht die Verletzung offenkundig war und eine innerstaatliche Rechtsvorschrift von grundlegender Bedeutung betraf.

(2) Eine Verletzung ist offenkundig, wenn sie für jeden Staat, der sich hierbei im Einklang mit der allgemeinen Übung und nach Treu und Glauben verhält, objektiv erkennbar ist."

In der zulässigen Berufung auf solche schwerwiegenden und elementaren Kompetenzbestimmungen des innerstaatlichen Rechts zur Abschlusskompetenz liegt eine Ausnahme von dem allgemeinen Grundsatz, dass sich ein Staat gegenüber vertraglichen Verpflichtungen nicht auf sein innerstaatliches Recht berufen kann (Art. 27 WVK).

Literatur: *K. Geck*, Die völkerrechtlichen Wirkungen verfassungswidriger Verträge, 1963.

4. Inkrafttreten

14 Ein völkerrechtlicher Vertrag tritt grundsätzlich in Kraft, sobald alle Vertragsparteien in der erforderlichen Form ihre Zustimmung zur Bindung an den Vertrag erklärt haben (siehe Art. 24 Abs. 2 WVK). Die Parteien können aber im Vertrag selbst oder durch besondere Vereinbarung eine abweichende Regelung treffen (siehe Art. 24 Abs. 1 WVK). So ist es denkbar, dass ein multilateraler Vertrag nach bindender Zustimmung (meist in Gestalt der Ratifikations- oder Beitrittsurkunde) durch eine bestimmte Zahl von Staaten in Kraft tritt (vgl. etwa Art. 84 Abs. 1 WVK). Der Beitritt zu einem bereits in Kraft getretenen multilateralen Vertrag bewirkt grundsätzlich (d. h. vorbehaltlich abweichender Regelungen) das Inkrafttreten für den jeweiligen Staat (siehe Art. 24 Abs. 3 WVK).

Als Reaktion auf die frühere Praxis von Geheimverträgen sieht Art. 102 Abs. 1 UN-Charta die Registrierung und Veröffentlichung völkerrechtlicher Verträge beim UN-Sekretariat vor (siehe auch Art. 80 WVK). Ein Verstoß gegen diese Obliegenheit hindert nicht die Gültigkeit des Vertrages, aber die Vertragspartner können sich auf nicht registrierte Verträge vor einem UN-Organ nicht berufen (Art. 102 Abs. 2 UN-Charta).

15 Das Wiener Vertragsrechtsübereinkommen knüpft im Vorfeld des Inkrafttretens gewisse Vorwirkungen an Unterzeichnung, Austausch von Vertragsurkunden oder Ratifikation. In diesen Fällen ist ein Staat grundsätzlich verpflichtet, keine Handlungen vorzunehmen, welche Ziel und Zweck des Vertrages vereiteln würden (Art. 18 WVK). Hierbei handelt es sich um eine Verpflichtung, die allenfalls in jüngerer Zeit gewohnheitsrechtliche Geltung erlangt hat.

Diese Vorwirkung kann ein Unterzeichnerstaat dann beseitigen, wenn er erklärt, von einer Ratifikation endgültig Abstand zu nehmen (vgl. Art. 18 *lit.* a WVK).

Eine derartige Erklärung hat die USA im Hinblick auf das Römische Statut des Internationalen Strafgerichtshofs abgegeben.

5. Rechtswirkungen

a) Pflicht zur Vertragstreue

16 Einmal in Kraft getretene Verträge binden die Vertragsparteien und sind von ihnen nach Treu und Glauben zu erfüllen (*pacta sunt ser-*

vanda; siehe Art. 26 WVK). Gegenüber Vertragspflichten kann sich ein Staat grundsätzlich nicht auf entgegenstehendes innerstaatliches Recht berufen (siehe Art. 27 Satz 1 WVK). Eine eng begrenzte Ausnahme gilt nur für grobe und evidente Verletzungen der innerstaatlichen Regel über die Abschlusskompetenz (Art. 27 Satz 2 i. V. m. Art. 46 WVK).

b) Räumlicher Geltungsbereich

Räumlich erstreckt sich ein Vertrag grundsätzlich auf das gesamte 17
Hoheitsgebiet eines Staates (Art. 29 WVK). Änderungen des Hoheitsgebietes verändern insoweit auch den räumlichen Geltungsbereich von Verträgen (Grundsatz der *moving treaty frontiers*).

c) Konkurrenz mehrerer Verträge

Die UN-Charta beansprucht gegenüber konkurrierenden Verträ- 18
gen im Kollisionsfall Vorrang:

„Widersprechen sich die Verpflichtungen von Mitgliedstaaten der Vereinten Nationen aus dieser Charta und ihre Verpflichtungen aus anderen internationalen Übereinkommen, so haben die Verpflichtungen aus dieser Charta Vorrang" (Art. 103 UN-Charta).

Wegen dieses Vorrangs der UN-Charta kann sich ein Staat gegenüber bindenden Resolutionen des UN-Sicherheitsrates nach dem VII. Kapitel der Charta nicht auf andere Verträge berufen. Dies hat der Internationale Gerichtshof im *Lockerbie*-Fall (Streit zwischen Libyen einerseits und Großbritannien und den USA andererseits über die Auslieferung mutmaßlicher Attentäter) klargestellt (IGH, *Questions of Interpretation and Application of the 1971 Montreal Convention arising from the Aerial Incident at Lockerbie [Libya v. UK & USA]*, ICJ Reports 1992, S. 3 para. 39).

Der Vorrang der UN-Charta war Grund dafür, dass das Europäische Gericht Erster Instanz EG-Rechtsakte zur Umsetzung von bindenden Resolutionen des UN-Sicherheitsrates nur eingeschränkt (nämlich im Hinblick auf Verstöße gegen zwingendes Völkergewohnheitsrecht) überprüft (EuG, Rs. T-306/01, EU:T:2005:331, Rn. 273, 275 ff. – *Yusuf und Al Barakaat*). Dagegen behandelt der übergeordnete EuGH die UN-Charta insoweit nicht anders als sonstige völkerrechtliche Verträge und überprüft Rechtsakte zur Umsetzung von Resolutionen des UN-Sicherheitsrates voll am Maßstab der EU-Grundrechte (EuGH, verb. Rs. C-402/05 P und C-415/05 P, EU:C:2008:461, Rn. 282 ff. – *Kadi und Al Barakaat*).

Im Übrigen gehen beim Widerspruch aufeinander folgender Verträge über den gleichen Gegenstand die Bestimmungen der später geschlossenen Verträge vor (siehe Art. 30 WVK).

d) Verträge und Drittstaaten

19 Völkerrechtliche Verträge begründen für Drittstaaten grundsätzlich keine Rechte und Pflichten: *Pacta tertiis nec nocent nec prosunt* (siehe Art. 34 WVK). Eine Ausnahme gilt nur dann, wenn ein Drittstaat vertragliche Pflichten ausdrücklich annimmt (siehe Art. 35 WVK) oder der Einräumung von Rechten zustimmt (siehe Art. 36 WVK).

Ausnahmsweise können völkerrechtliche Verträge eine allgemeine, auch für Nichtstaaten geltende Ordnung schaffen. Dies gilt insbesondere für Verträge, die den Status eines Gebietes (Zugehörigkeit oder Nutzung eines Gebietes) regeln. Zu derartigen „Statusverträgen" dürfte etwa der *Antarktis-Vertrag* von 1959 (hierzu unten § 24 Rn. 14) zählen. Die hierin enthaltenen Nutzungsbeschränkungen sind von allen Staaten vereinbart, die mögliche Gebietsansprüche erheben können. Dies spricht für eine universelle Geltung auch für Drittstaaten.

Umstritten ist, ob die UN-Charta mit der universellen Durchsetzung der in Art. 2 Nr. 2 bis 5 niedergelegten Grundsätze (zur Wahrung des Weltfriedens und der internationalen Sicherheit) auf die Begründung von Pflichten für Staaten zielt, die nicht Mitglieder der Vereinten Nationen sind:

> „Die Organisation trägt dafür Sorge, dass Staaten, die nicht Mitglieder der Vereinten Nationen sind, insoweit nach diesen Grundsätzen handeln, als dies zur Wahrung des Weltfriedens und der internationalen Sicherheit erforderlich ist" (Art. 2 Nr. 6 UN-Charta).

Literatur: *E. Klein*, Statusverträge im Völkerrecht, 1980; *C. Tomuschat/H. Neuhold/J. Kropholler*, Völkerrechtlicher Vertrag und Drittstaaten, BDGVR 28 (1988), S. 9ff.

6. Vorbehalte

20 Mit einem Vorbehalt will eine Vertragspartei den Umfang der Bindung an Verträge einschränken. Die Erklärung eines Vorbehaltes bildet einen einseitigen Akt. Praktische Bedeutung haben Vorbehalte

nur bei multilateralen Verträgen (da sich bei zweiseitigen Verträgen die beiden Vertragsparteien ohnehin über den Vertragsinhalt einig sein müssen). Die Wiener Vertragsrechtskonvention definiert den „Vorbehalt" als

„eine wie auch immer formulierte oder bezeichnete, von einem Staat bei der Unterzeichnung, Ratifikation, Annahme oder Genehmigung eines Vertrags oder bei dem Beitritt zu einem Vertrag abgegebene einseitige Erklärung, durch die der Staat bezweckt, die Rechtswirkung einzelner Vertragsbestimmungen in der Anwendung auf diesen Staat auszuschließen oder zu ändern" (Art. 2 Abs. 1 *lit.* d WVK). Die International Law Commission hat vorläufig eine Reihe von Leitlinien zu Vorbehalten *(Guidelines on Reservations to Treaties)* angenommen (siehe ILC, Report of the fifty-eighth session [2006], UN Doc. A/61/10, S. 306 ff.).

Die International Law Commission hat im Jahre 2011 einen Leitfaden zu Vorbehalten zu völkerrechtlichen Verträgen (*Guide to Practice on Reservations to Treaties 2011*) angenommen (siehe ILC, Report of the 63rd session [2011], UN Doc. A/66/10, para. 75).

Zu unterscheiden sind Vorbehalte von bloßen politischen Ab- 21
sichtsbekundungen und reinen auslegenden Erklärungen, mit denen sich ein Staat eine bestimmte Auslegung einzelner Vertragsbestimmungen zu eigen macht. Der ILC-Leitfaden definiert eine auslegende Erklärung als

„... unilateral statement, however phrased or named, made by a State or an international organization, whereby that State or that organization purports to specify or clarify the meaning or scope of a treaty or of certain of its provisions" (Nr. 1.2).

Eine Erklärung zur Interpretation stellt aber dann einen Vorbehalt dar oder wirkt zumindest wie ein Vorbehalt, wenn die Vertragspartei damit erkennbar nur im Sinne der gegebenen Auslegung gebunden sein will. Der ILC-Leitfaden spricht hier von einer „bedingten auslegenden Erklärung" und unterstellt diese den Regeln über Vorbehalte:

„1.4 Conditional interpretative declarations

1. A conditional interpretative declaration is a unilateral statement formulated by a State or an international organization when signing, ratifying, formally confirming, accepting, approving or acceding to a treaty, or by a State when making a notification of succession to a treaty, whereby the State or international organization subjects its consent to be bound by the treaty to a specific interpretation of the treaty or of certain provisions thereof.

2. Conditional interpretative declarations are subject to the rules applicable to reservations."

Häufig ist die Abgrenzung zwischen einer reinen Auslegungserklärung und einer bedingten auslegenden Erklärung mit der Wirkung eines Vorbehalts schwierig.

Ein Beispiel für die gewollte Einschränkung der Vertragsbindung nach Maßgabe der Auslegung bildet die gemeinsame Erklärung der Vertragsparteien zum Vertrag über den Europäischen Stabilitätsmechanismus, welche die Bundesregierung ihrer Ratifikationserklärung beigefügt hat (BGBl. 2012 II, S. 1086f.). Damit reagierte die Bundesregierung auf die Forderungen des Bundesverfassungsgerichts mit einem Vorbehalt völkerrechtlich sicherzustellen, dass die finanziellen Verpflichtungen der Bundesrepublik Deutschland nicht ohne ihre Zustimmung über die im Vertrag ausdrücklich vorgesehenen Beträge hinaus ausgeweitet werden können.

Die Bundesrepublik Deutschland hat bei der Hinterlegung der Ratifikationsurkunde zum UN-Übereinkommen über die Rechte des Kindes von 1992 neben ausdrücklichen Vorbehalten eine Reihe von Erklärungen zur Auslegung des Übereinkommens abgegeben (BGBl. 1992 II, S. 990). Einen ebenso umfassenden wie problematischen Vorbehalt hat Pakistan zu dem UN-Übereinkommen über die Rechte des Kindes erklärt:

„Die Bestimmungen des Übereinkommens werden im Licht der Grundsätze des islamischen Rechts und der islamischen Werte ausgelegt" (BGBl. 1992 II, S. 1005).

Ein solch umfassender Vorbehalt zielt letztlich darauf, die vertraglichen Verpflichtungen religiösen Vorstellungen nachzuordnen. Deswegen hat die Regierung von Norwegen u. a. gegen diesen Vorbehalt Pakistans Einspruch erhoben:

„Ein Vorbehalt, durch den ein Vertragsstaat seine Verantwortlichkeiten auf Grund des Übereinkommens beschränkt, indem er sich auf allgemeine Grundsätze des innerstaatlichen Rechts beruft, kann Zweifel an den Verpflichtungen des Staates, der den Vorbehalt anbringt, in Bezug auf Ziel und Zweck des Übereinkommens wecken und überdies dazu beitragen, die Grundlage des Völkervertragsrechts zu untergraben" (BGBl. 1992 II, S. 1005).

Libyen hat 1989 beim Beitritt zum UN-Übereinkommen zur Beseitigung jeder Form der Diskriminierung der Frau von 1979 den allgemeinen Vorbehalt erklärt, dass der Beitritt „nicht im Widerspruch zu den aus der islamischen Scharia abgeleiteten Gesetzen über den Familienstand stehen darf" (BGBl. 1991 II, S. 416).

Auch gegen diesen Vorbehalt ist Einspruch erhoben worden.

22 Vorbehalte zu multilateralen Verträgen bergen zwei Probleme: einmal geht es um die grundsätzliche Zulässigkeit eines Vorbehaltes im Hinblick auf die angestrebte Einschränkung der Vertragsbindung. Zum anderen sind die Rechtsfolgen für den Fall zu klären, dass der

Vorbehalt von einigen Vertragsparteien akzeptiert und von anderen abgelehnt wird.

Nach der früher vertretenen strengen Konsenstheorie bedurfte ein Vorbehalt zu einem mehrseitigen Vertrag der Annahme durch die anderen Vertragsparteien. Gemäß dieser strengen Lehre konnte ein Staat bei einem (mangels allseitiger Akzeptanz) unwirksamen Vorbehalt überhaupt nicht Vertragspartei werden. Hiervon hat sich der Internationale Gerichtshof in seinem Gutachten zu Vorbehalten zur Völkermordkonvention gelöst (*Reservations to the Convention on the Prevention and Punishment of Genocide*, ICJ Reports 1951, S. 15). Nach Ansicht des Gerichtshofs kann ein Staat auch dann Vertragspartei der Völkermordkonvention werden, wenn ein Vorbehalt bei einigen, aber nicht allen anderen Parteien auf Einspruch stößt, solange der Vorbehalt mit Gegenstand und Zweck der Konvention vereinbar ist:

„… a State which has made and maintained a reservation which has been objected to by one or more of the parties to the Convention but not by others, can be regarded as being a party to the Convention if the reservation is compatible with the object and purpose of the Convention; otherwise, that State cannot be regarded as being a party to the Convention“ (IGH, aaO, S. 29).

In Anlehnung an die Rechtsprechung des Internationalen Gerichtshofs stellt die Wiener Vertragsrechtskonvention Regeln für die Zulässigkeit eines Vorbehaltes auf. Entscheidend dafür sind neben den ausdrücklichen Vertragsbestimmungen die Vereinbarkeit eines Vorbehalts mit Ziel und Zweck des Vertrages (Art. 19 WVK). Nur in Ausnahmefällen knüpft die Wiener Vertragsrechtskonvention die Zulässigkeit eines Vorbehalts an die Annahme durch alle anderen Vertragsparteien (Art. 20 Abs. 1 und 2 WVK). Im Übrigen sieht sie ein subtil gestuftes Verhältnis von Rechtsbeziehungen zu den anderen Vertragsparteien vor (je nachdem, ob diese den Vorbehalt angenommen oder ihm in bestimmter Weise widersprochen haben [Art. 20 Abs. 4, 21 WVK]). 23

Die Wirkungen eines unzulässigen Vorbehaltes sind umstritten. Nach wohl überwiegender Meinung können auch unzulässige Vorbehalte von anderen Vertragsparteien angenommen werden und führen dann zu einer im Sinne des Vorbehaltes eingeschränkten Vertragsbindung im Verhältnis zu diesen Staaten. Für diese Sichtweise spricht, dass die Unzulässigkeit eines Vorbehaltes oft schwer zu beurteilen ist und dass den anderen Staaten insoweit eine Einschätzungspräroga- 24 tive zuzuerkennen ist. Nicht annahmefähig sind jedoch solche Vorbehalte, welche der Vertrag ausdrücklich verbietet (siehe Art. 19 *lit.* a und *lit.* b WVK).

Im *Belilos*-Fall hatte sich der Europäische Gerichtshof für Menschenrechte mit der Abgrenzung zwischen Vorbehalten und schlichten Interpretationserklärungen, mit der Zulässigkeit eines Vorbehaltes zur Europäischen Menschenrechtskonvention und mit den Rechtsfolgen eines unzulässigen Vorbehaltes zu befassen (EGMR, *Belilos ./. Schweiz*, EuGRZ 1989, S. 21). Hier ging es um eine „auslegende Erklärung" der Schweiz zu Art. 6 EMRK. Danach sah die Schweiz für das zu gewährleistende Recht auf ein faires Verfahren vor Gericht schon „eine letztinstanzliche richterliche Prüfung der Akte oder Entscheidungen der öffentlichen Gewalt" als genügend an. Auf diese Erklärung berief sich die Schweiz um eine bloße Rechtskontrolle über die strafrechtliche Sanktion durch eine Polizeibehörde zu rechtfertigen. Der Europäische Menschenrechtsgerichtshof sah diese Erklärung als unbeachtlich an, weil die Konvention „Vorbehalte allgemeiner Art" als nicht zulässig bezeichnet (jetzt Art. 57 Abs. 1 EMRK). Aus der Unzulässigkeit eines Vorbehaltes im Sinne der schweizerischen Erklärung folgerte der Europäische Menschenrechtsgerichtshof nicht etwa, dass die Schweiz überhaupt nicht Vertragspartei der Konvention geworden ist. Vielmehr sah der Gerichtshof die Schweiz als im vollen Umfang an die Garantie eines fairen Gerichtsverfahrens (mit einem die Tatsachenkontrolle umfassenden Gerichtsschutz) gebunden an.

25 Der Ausschuss für Menschenrechte nach dem Internationalen Pakt für bürgerliche und politische Rechte hat allgemeine Leitlinien zur Zulässigkeit von Vorbehalten zu dem Pakt und den hierzu gehörigen Fakultativprotokollen erlassen (General Comment No. 24 [52] von 1994, HRLJ 1994, S. 464 ff.; siehe auch die hierzu ergangenen Bemerkungen der USA, HRLJ 1995, S. 422 ff.). Der UN-Menschenrechtsausschuss hält ebenso wie der Europäische Gerichtshof für Menschenrechte bei einem unzulässigen Vorbehalt gegen eine Menschenrechtsgewährleistung den jeweiligen Staat grundsätzlich für im vollen Umfang an den Vertrag gebunden:

„(18) … The normal consequence of an unacceptable reservation is not that the Covenant will not be in effect at all for a reserving party. Rather, such a reservation will generally be severable in the sense that the Covenant will be operative for the reserving party without the benefit of the reservation."

Diese Auffassung der vollen Vertragsbindung beim unzulässigen Vorbehalt hat schroffe Kritik von Seiten der USA, Großbritanniens und Frankreichs ausgelöst. Diese Kritik beanstandet vor allem, dass die volle Vertragsbindung trotz Vorbehalts nicht mehr vom Willen des einen Vorbehalt äußernden Staates gedeckt ist.

Das Festhalten eines Staates an einer uneingeschränkten Vertragsbindung bei einem unzulässigen Vorbehalt ist vor allem dann problematisch, wenn der Staat deutlich gemacht hat, dass er eine uneingeschränkte Bindung nicht will, also sich nur nach Maßgabe des Vorbehaltes vertraglich binden möchte. Diese Problematik illustriert der Fall *Kennedy v. Trinidad and Tobago* (EuGRZ 2001, S. 615ff. m. Anm. v. *C. Stahn*, EuGRZ 2001, S. 607ff.). Hier hielt der Menschenrechtsausschuss eine Individualbeschwerde nach dem ersten Fakultativprotokoll im Zusammenhang mit der Verhängung der Todesstrafe in einem Strafverfahren für zulässig, obwohl Trinidad und Tobago bei seinem Beitritt zu diesem Protokoll einen Vorbehalt erklärt hatte, der die Zuständigkeit des Ausschusses im Hinblick auf die Verhängung und Vollstreckung der Todesstrafe ausgeschlossen hatte.

Trinidad und Tobago hatte 1998 das Fakultativprotokoll gekündigt (s. Art. 12 Fakultativprotokoll), um am selben Tage diesem mit dem genannten Vorbehalt wieder beizutreten. Der Menschenrechtsausschuss hielt den Vorbehalt für unzulässig, da er eine Gruppe von Individuen aussondere und dieser verfahrensrechtlich einen geringeren Schutz einräume als dem Rest der Bevölkerung. Dies stelle eine mit Ziel und Zweck des Fakultativprotokolls unvereinbare Diskriminierung dar. Daher könne der Ausschuss die Beschwerde ohne sachliche Einschränkungen überprüfen.

Eine Ausschussminderheit erachtete in einem Sondervotum (EuGRZ 2001, S. 617ff.) den Vorbehalt hingegen für zulässig. Es sei nicht nachvollziehbar, warum ein Vertragsstaat nicht die Freiheit haben sollte, sich dem Individualbeschwerdeverfahren nur in Bezug auf bestimmte Rechte oder Situationen zu unterwerfen. Der Ausschluss des Beschwerderechts im Hinblick auf die Verhängung und die Vollstreckung der Todesstrafe stelle keine ungerechtfertigte Ungleichbehandlung dar. Trinidad und Tobago habe nämlich solche Beschwerden ausschließen wollen, damit sich nicht durch die Verzögerung durch das Verfahren vor dem Menschenrechtsausschuss aus der Verfassung von Trinidad und Tobago ein Vollstreckungshindernis ergibt („death row phenomenon"). Selbst im Falle der Unzulässigkeit des Vorbehaltes könne nicht angenommen werden, dass der Vorbehalt rechtlich abtrennbar und somit das Fakultativprotokoll in vollem Umfange auf Trinidad und Tobago anwendbar sei. Der Vorbehalt sei jedenfalls dann nicht abtrennbar, wenn es – wie hier – völlig eindeutig sei, dass die Zustimmungserklärung des Staates von der Wirksamkeit des Vorbehalts abhängen sollte.

Der ILC-Leitfaden macht die Rechtsfolge eines ungültigen Vorbehaltes von der erkennbaren Absicht der Partei abhängig. Danach kommt es darauf an, ob die erklärende Partei ohne Wirksamkeit des Vorbehaltes überhaupt an den Vertrag gebunden sein wollte. Nach dem ILC-Leitfaden besteht eine Vermutung für einen solchen Bindungswillen. Die betroffene Partei muss durch eine ausdrückliche Präzisierung oder durch sonstige Umstände die Erkennbarkeit ihres bedingten Bindungswillens sicherstellen, wenn sie diese Vermutung widerlegen möchte. Für den Fall, dass ein Vertragsorgan einen Vorbehalt als unwirksam qualifiziert, soll der erklärende Staat die Möglichkeit haben, innerhalb einer bestimmten Frist deutlich zu machen, dass er nicht an den Vertrag gebunden sein will:

„4.5.3. Status of the author of an invalid reservation in relation to the treaty
1. The status of the author of an invalid reservation in relation to a treaty depends on the intention expressed by the reserving State or international organization on whether it intends to be bound by the treaty without the benefit of the reservation or whether it considers that it is not bound by the treaty.
2. Unless the author of the invalid reservation has expressed a contrary intention or such an intention is otherwise established, it is considered a contracting State or a contracting organization without the benefit of the reservation.
3. Notwithstanding paragraphs 1 and 2, the author of the invalid reservation may express at any time its intention not to be bound by the treaty without the benefit of the reservation.
4. If a treaty monitoring body expresses the view that a reservation is invalid and the reserving State or international organization intends not to be bound by the treaty without the benefit of the reservation, it should express its intention to that effect within a period of twelve months from the date at which the treaty monitoring body made its assessment."

Literatur: *R. Baratta*, Should Invalid Reservations to Human Rights Treaties be Disregarded?, EJIL 11 (2000), 413 ff.; *T. Giegerich*, Vorbehalte zu Menschenrechtsabkommen: Zulässigkeit, Gültigkeit und Prüfungskompetenzen von Vertragsgremien, ZaöRV 55 (1995), S. 713 ff.; *P. Hilpold*, Das Vorbehaltsregime der Wiener Vertragskonvention, AVR 34 (1996), S. 376 ff.; *R. Kühner*, Vorbehalte zu multilateralen völkerrechtlichen Verträgen, 1986; *C. Redgwell*, Reservations to Treaties and Human Rights Committee General Comment No. 24 (52), ICLQ 46 (1997), S. 390 ff.; *B. Simma*, Reservations to Human Rights Treaties – Some Recent Developments, in: G. Hafner u. a. (Hrsg.), Liber Amicorum Professor Seidl-Hohenveldern, 1998, S. 659 ff.; *D. Stewart*, The Covenant on Civil and Political Rights: The Significance of the Reservations, Understandings and Declarations, HRLJ 14 (1993), 77 ff.

7. Willensmängel

26 Eine Reihe von Willensmängeln können zur Ungültigkeit eines völkerrechtlichen Vertrages führen. Dies gilt etwa für Irrtum (siehe

Art. 48 WVK), Betrug (siehe Art. 49 WVK), Bestechung eines Staatenvertreters (siehe Art. 50 WVK) und den Zwang gegen einen Staatenvertreter (siehe Art. 51 WVK). Von besonderer Bedeutung ist die Nichtigkeitsfolge bei Zwang gegen einen Staat durch völkerrechtswidrige Androhung oder Anwendung von Gewalt:

„Ein Vertrag ist nichtig, wenn sein Abschluss durch Androhung oder Anwendung von Gewalt unter Verletzung der in der Charta der Vereinten Nationen niedergelegten Grundsätze des Völkerrechts herbeigeführt wurde" (Art. 52 WVK).

Die Androhung oder Anwendung von Gewalt führt dabei nicht schlechthin zur Ungültigkeit eines Vertrages. Entscheidend ist vielmehr, ob die Gewalt in völkerrechtskonformer Weise (im Einklang mit der UN-Charta) eingesetzt worden ist (siehe zu Maßnahmen gegen einen Angreiferstaat auch Art. 75 WVK). Soweit Grundsätze über die „humanitäre Intervention" zum Schutz gegen schwerwiegende Menschenrechtsverletzungen eines Staates die Gewaltanwendung überhaupt zu rechtfertigen vermögen, berührt eine solche Intervention auch nicht die Gültigkeit eines unter ihrem Eindruck geschlossenen Vertrages zur Konfliktlösung. 27

Die Wiener Vertragsrechtskonvention verlangt, dass die Geltendmachung der Ungültigkeit eines Vertrages unter Einhaltung eines bestimmten Verfahrens erfolgt (Art. 65 WVK). Dabei handelt es sich um eine über das geltende Gewohnheitsrecht hinausgehende und in der Völkerrechtslehre umstrittene Neuerung.

8. Auslegung

Ausgangspunkt jeder Vertragsauslegung bildet (wie bei anderen Normtexten auch) der Wortlaut, d. h. der übliche Wortsinn. Dieser übliche Wortsinn bildet aber nur den Ausgangspunkt der Vertragsauslegung und bedarf ergänzender Kriterien. Dies gilt insbesondere dann, wenn der Wortlaut die klaren Intentionen der Parteien nur unzureichend widerspiegelt. Ein solches ergänzendes Kriterium ist der historische Wille der Vertragsparteien, der insbesondere bei multilateralen Verträgen über oft umfangreiche vorbereitende Arbeiten *(travaux préparatoires)* zu ermitteln ist. Daneben ist der systematische Zusammenhang zu beachten, in dem eine Vertragsbestimmung steht. Schließlich ist der Sinn und Zweck des gesamten Vertragswerks bei 28 der Interpretation zu berücksichtigen (teleologische Auslegung). Die teleologische Auslegung kann zum Vehikel für eine dynamische Vertragsinterpretation werden, die sich vom subjektiven Willen der Parteien bei Vertragsschluss entfernt. Die Auslegung nach Sinn und Zweck des Vertrages kann auch eine ergänzende Vertragsinterpretation (unter Ermittlung eines hypothetischen Parteiwillens) in den Fällen tragen, in denen der Vertrag auf eine von den Parteien nicht vorhergesehene Situation anzuwenden ist.

Häufig führen die unterschiedlichen Auslegungsmethoden zu verschiedenen Ergebnissen. Dann stellt sich die Frage nach einer Gewichtung dieser Kriterien. Dahinter steht vor allem der Gegensatz zwischen einer subjektiven Auslegung (nach dem historischen Parteiwillen) und einer objektiven Auslegung, die dem Vertragstext entscheidende Bedeutung beimisst.

29 Die Auslegungsregeln der Wiener Vertragsrechtskonvention verknüpfen subjektive und objektive Elemente. Entscheidend ist dabei der *objektive* Parteiwille, wie er im Vertragstext zum Ausdruck kommt. Dieser Grundsatz findet sich in Art. 31 Abs. 1 WVK:

„Ein Vertrag ist nach Treu und Glauben in Übereinstimmung mit der gewöhnlichen, seinen Bestimmungen in ihrem Zusammenhang zukommenden Bedeutung und im Lichte seines Zieles und Zweckes auszulegen."

Nach der Rechtsprechung des Internationalen Gerichtshofs hat dieser Auslegungsgrundsatz gewohnheitsrechtliche Geltung (*Oil Platforms – Preliminary Objection [Islamic Republic of Iran v. United States of America]*, ICJ Reports 1996, S. 803 para. 23).

Eine dynamische Auslegung ist nach Ziel und Zweck eines Vertrages insbesondere bei Begriffen angezeigt, die durch ihre Allgemeinheit entwicklungsoffen sind, soweit der Vertrag auf eine langfristige Ordnung der Beziehungen zwischen den Parteien (etwa bei einem territorialen Nutzungsregime) gerichtet ist. Dann besteht die Vermutung, dass die Parteien den Inhalt des Begriffs mit späteren Entwicklungen Schritt halten lassen wollten.

In diesem Sinne hat der Internationale Gerichtshof im Falle *Dispute regarding Navigational and Related Rights (Costa Rica v. Nicaragua, Judgment*, ICJ Reports 2009, S. 213 ff.) – zur Auslegung des Begriffes „comercio" in einem Vertrag über die Nutzung eines Grenzflusses im Hinblick auf die entgeltliche Beförderung von Touristen – ausgeführt:

„64. […] there are situations in which the parties' intent upon conclusion of the treaty was, or may be presumed to have been, to give the terms used – or some of them – a meaning or content capable of evolving, not one fixed once and for all, so as to make allowance for, among other things, developments in international law. In such instances it is indeed in order to respect the parties' common intention at the time the treaty was concluded, not to depart from it, that account should be taken of the meaning acquired by the terms in question upon each occasion on which the treaty is to be applied.

66. … where the parties have used generic terms in a treaty, the parties necessarily having been aware that the meaning of the terms was likely to evolve over time, and where the treaty has been entered into for a very long period or is „of continuing duration", the parties must be presumed, as a general rule, to have intended those terms to have an evolving meaning."

Bei der auf den Regelungszusammenhang abstellenden Auslegung 30 sind nach Art. 31 Abs. 2 WVK neben dem Vertragswortlaut samt Präambel und Anlagen weitere Übereinkünfte zwischen allen Vertragsparteien anlässlich des Vertragsabschlusses (*lit.* a) sowie andere Urkunden, die von einer oder mehreren Vertragsparteien anlässlich des Vertragsabschlusses abgefasst worden sind und von den anderen Parteien als sich auf den Vertrag beziehende Urkunden angenommen wurden, heranzuziehen (*lit.* b).

Nach Art. 31 Abs. 3 WVK sind außer dem Zusammenhang in gleicher Weise zu berücksichtigen:

a) jede spätere Übereinkunft zwischen den Vertragsparteien über die Auslegung des Vertrages oder die Anwendung seiner Bestimmungen;
b) jede spätere Übung bei der Anwendung des Vertrags aus der die Übereinstimmung der Vertragsparteien über seine Auslegung hervorgeht;
c) jeder in den Beziehungen zwischen den Vertragsparteien anwendbare einschlägige Völkerrechtssatz".

Die Berücksichtigung „jedes in den Beziehungen zwischen den Parteien anwendbaren einschlägigen Völkerrechtssatzes" (Art. 31 Abs. 3 *lit.* c WVK) spielt eine große Rolle in dem Bemühen, beim Zusammenspiel eines Vertrages mit anderen Verträgen, mit Völkergewohnheitsrecht oder mit allgemeinen Rechtsgrundsätzen des Völkerrechts die innere Kohärenz der Völkerrechtsordnung zu wahren und einer „Fragmentierung" nebeneinander stehender Teilrechtsordnungen entgegen zu wirken (hierzu oben § 5 Rn. 20 ff.).

Umstritten ist dabei, inwieweit bei der Auslegung eines völkerrechtlichen Vertrages auch ein anderer Vertrag berücksichtigt werden kann, den nicht alle Vertragsparteien ratifiziert haben. Grundsätzlich müssen alle Parteien des auszulegenden Vertrages (jedenfalls alle an einem Rechtstreit beteiligten Vertragsparteien) auch an den anderen zu berücksichtigenden Vertrag gebunden sein. Anderes mag dann gelten, wenn der andere Vertrag Ausdruck einer universellen Rechtsentwicklung ist und der auszulegende Vertrag (etwa als regionaler Menschenrechtsvertrag) auf universellen (Mindest-)Standards aufbaut oder sonst auf eine im Fluss befindliche universelle Rechtsentwicklung verweist.

Weiteren Auslegungsmitteln, insbesondere vorbereitenden Arbeiten und den Umständen des Vertragsabschlusses misst die Wiener Vertragsrechtskonvention nur untergeordnete Bedeutung bei:

> „Ergänzende Auslegungsmittel, insbesondere die vorbereitenden Arbeiten und die Umstände des Vertragsabschlusses können herangezogen werden, um die sich unter Anwendung des Artikels 31 ergebende Bedeutung zu bestätigen oder die Bedeutung zu bestimmen, wenn die Auslegung nach Artikel 31
> a) die Bedeutung mehrdeutig oder dunkel lässt oder
> b) zu einem offensichtlich sinnwidrigen oder unvernünftigen Ergebnis führt" (Art. 32 WVK).

Wenn bei mehrsprachigen Verträgen zwei oder mehrere Sprachen als authentisch bezeichnet werden, gilt jede sprachliche Fassung in gleicher Weise als maßgeblich (siehe Art. 33 Abs. 3 WVK).

31 Daneben kennt die Praxis einige *Vermutungsregeln.* Hierzu gehört, dass bei Verpflichtungen die Handlungsfreiheit (die Souveränität) des Schuldners möglichst wenig beeinträchtigt wird *(in dubio mitius).* Diese Vermutung der souveränitätsschonenden Auslegung greift aber nur bei Verträgen, die in einem Austauschverhältnis stehende Leistungspflichten vorsehen.

32 Bei multilateralen Verträgen, die auf eine langfristige Zusammenarbeit zwischen den Parteien auf einem bestimmten Sektor gerichtet sind, bei Gründungsverträgen internationaler Organisationen sowie bei Menschenrechtsverträgen muss die Auslegung im Lichte des gemeinsamen Vertragszieles und dessen dauernder Förderung *(effet utile)* erfolgen. Eine solch dynamische Vertragsauslegung ist vor allem dann vom Willen der Parteien getragen, wenn sie sich im Bemühen um einen dauerhaften Ordnungsrahmen auf Organe der Streitbeilegung verständigt haben, die mit der autoritativen Konkretisierung unbestimmter Rechtsbegriffe und „offener Vertragsnormen" betraut sind. Hierhin gehören etwa der Europäische Gerichtshof für Menschenrechte nach der Europäischen Menschenrechtskonvention, der UN-Menschenrechtsausschuss nach dem Internationalen Pakt über bürgerliche und politische Rechte von 1966, der UN-Sicherheitsrat der Vereinten Nationen im Hinblick auf das VII. Kapitel der UN-Charta oder das Streitbeilegungsgremium der Welthandelsorganisation. Soweit die Vertragsparteien diesen Organen die Befugnis zur Streitentscheidung im Rahmen des jeweiligen Vertrages oder zur fortschreitenden Konkretisierung ausführungsbedürftiger Vertragsbestimmungen übertragen haben, ist die Praxis dieser Organe einer nachfolgenden Übung der Vertragsparteien als Ausdruck übereinstimmender Auslegung (siehe Art. 31 Abs. 3 *lit.* b WVK) gleichzustellen.

Der Europäische Gerichtshof für Menschenrechte neigt oft zu einer extensiven Auslegung der EMRK, die über die Kriterien des Artikel 31 Abs. 3 WVK hinausgreift. Diese Auslegung zieht sowohl eine nicht notwendig auf die Konvention bezogene Praxis der Konventionsstaaten heran als auch Verträge, die der Staat, dem eine Konventionsverletzung vorgeworfen wird, gar nicht ratifiziert hat. So heißt es im Urteil *Demir und Baykara ./. Türkei*:

„85. The Court, in defining the meaning of terms and notions in the text of the Convention, can and must take into account elements of international law other than the Convention, the interpretation of such elements by competent organs, and the practice of European States reflecting their common values. The consensus emerging from specialised international instruments and from the practice of contracting States may constitute a relevant consideration for the Court when it interprets the provisions of the Convention in specific cases.

86. In this context, it is not necessary for the respondent State to have ratified the entire collection of instruments that are applicable in respect of the precise subject matter of the case concerned. It will be sufficient for the Court that the relevant international instruments denote a continuous evolution in the norms and principles applied in international law or in the domestic law of the majority of member States of the Council of Europe and show, in a precise area, that there is common ground in modern societies [...] (EGMR, *Demir und Baykara ./. Türkei*, Beschwerde Nr. 34503/97 [2008]).“

Die Beispiele für eine am übergeordneten Vertragszweck orientierte dynamische Auslegung multilateraler Verträge durch Vertragsorgane sind zahlreich. **33**

So legt der Europäische Gerichtshof für Menschenrechte die Europäische Menschenrechtskonvention als „living instrument“ im Lichte des Konventionsziels aus, „Werte und Ideale einer demokratischen Ordnung zu fördern“ (EGMR, *Mamatkulov ./. Türkei*, EuGRZ 2003, S. 704 paras. 93f.). Ein Beispiel für die dynamische Interpretation bildet die Auslegung von Art. 3 EMRK. Der Gerichtshof hat in dem bekannten *Soering*-Fall (EGMR, EuGRZ 1989, S. 314 para. 161) entschieden, dass die Auslieferung an die USA bei drohender Todesstrafe im Hinblick auf Haftbedingungen für Todeskandidaten und die Ungewissheit über die Hinrichtung („Todeszellensyndrom“) mit dem Verbot unmenschlicher Behandlung unvereinbar ist. Danach hat der Europäische Menschenrechtsgerichtshof aus Art. 3 EMRK Schranken für die Abschiebung in Fällen entwickelt, in denen einem abgeschobenen Straftäter Verfolgung von nichtstaatlicher Seite im Heimatland droht (zur möglichen Verfolgung eines Rauschgiftkuriers durch ehemalige Komplizen EGMR, *H. L. R. ./. Frankreich*, NVwZ 1998, S. 163). Noch weiter geht der Schutz vor Abschiebung für einen illegal eingereisten Drogenkurier, dem nach Entdeckung und Behandlung einer unheilbaren Krankheit bei der Verbringung ins Heimatland ein Absturz der materiellen Existenzbedingungen (völlig unzureichende medizinische und seelische Betreuung) droht (EGMR, *D. ./. Vereinigtes Königreich*, NVwZ 1998, S. 161). Diese Rechtsprechung zeigt die Suggestivkraft der Umstände des Einzelfalles und hat später breite Wirkung entfaltet. Das Bundesverwaltungsgericht hat dem Europäischen Menschenrechtsgerichtshof vorgeworfen, die Vorschrift des Art. 3 EMRK zu einer „Generalklausel für die Gewährung eines allgemeinen Flüchtlingsschutzes" umzuformen (BVerwGE 104, 265 [268 ff.]). Ein weiteres Beispiel für eine extensive Auslegung von Menschenrechtsverträgen ist die Rechtsprechung des Europäischen Gerichtshofs für Menschenrechte, welche die Vollstreckung einer lebenslangen Freiheitsstrafe ohne rechtlich gesicherte Prüfung einer möglichen Aussetzung nach längerer Zeit als „unmenschliche Behandlung" im Sinne von Art. 3 EMRK einstuft (EGMR [Große Kammer] *Vinter u. a. ./. Vereinigtes Königreich*, Beschwerde Nr. 66069/09 u. a., paras. 68 ff., 113 ff. (2013).

Auch der Interamerikanische Gerichtshof für Menschenrechte praktiziert eine „evolutive" Auslegung. Ein Beispiel ist das Gutachten des Interamerikanischen Gerichtshofs zu geschlechtlicher Identität, Gleichheit und Nichtdiskriminierung von gleichgeschlechtlichen Paaren, *Gender Identity and Equality and Non-Discrimination of Same Sex Couples* (Gutachten OC-24/17 vom 24. Novemer 2017). Dieses Gutachten äußert sich zum Schutz der „Familie" (Art. 11 Abs. 2 AMRK) und zum „Recht von Männern und Frauen im heiratsfähigen Alter, eine Ehe einzugehen und eine Familie zu gründen (Art. 17 Abs. 2 AMRK) und nimmt dabei eine evolutive Auslegung im Lichte gesellschaftlicher Veränderungen vor (paras. 173 ff.); diese dynamische Auslegung begreift der Gerichtshof als eine Art Entdeckungsprozess (para. 193). Im Ergebnis bezieht der Gerichtshof auch gleichgeschlechtliche Gemeinschaften in den vertraglichen Schutz von Ehe und Familienleben mit ein.

34 Besonderheiten gelten für die Verträge über die Europäische Union (früher: die Europäischen Gemeinschaften). Diese Verträge lassen sich nicht mehr mit den allgemeinen Auslegungskriterien des Völkerrechts erfassen. Sie bilden vielmehr die Grundlage einer eigenen Rechtsordnung, bei der die Mitgliedstaaten dem Europäischen Gerichtshof – innerhalb gewisser Grenzen – auch die Befugnis zur Rechtsfortbildung übertragen haben (BVerfGE 75, 223 [241 ff.]). Der Gerichtshof der Europäischen Union hat im großen Stile richterliche Rechtsfortbildung betrieben. Allerdings hat das Bundesverfassungsgericht in seinem „*Maastricht*-Urteil" deutlich die Grenzen eines allzu extensiven Umganges mit den Kompetenzen der Europäischen Gemeinschaften angemahnt:

„Wenn eine dynamische Erweiterung der bestehenden Verträge sich bisher [...] auf den Gedanken der inhärenten Zuständigkeiten der Europäischen Gemeinschaften ('implied powers') und auf eine Vertragsauslegung im Sinne einer größtmöglichen Ausschöpfung der Gemeinschaftsbefugnisse ('effet utile') gestützt hat, [...] so wird in Zukunft bei der Auslegung von Befugnisnormen durch Einrichtungen und Organe der Gemeinschaften zu beachten sein, dass der Unions-Vertrag grundsätzlich zwischen der Wahrnehmung einer begrenzt eingeräumten Hoheitsbefugnis und der Vertragsänderung unterscheidet, seine Auslegung deshalb in ihrem Ergebnis nicht einer Vertragserweiterung gleichkommen darf; eine solche Auslegung von Befugnisnormen würde für Deutschland keine Bindungswirkung entfalten“ (BVerfGE 89, 155 [210]). Letztlich geht es bei der extensiven Auslegung um die Balance zwischen Elastizität des Vertrages und fortwirkender Zustimmung der Parteien.

Literatur: *A. Bianchi/D. Peat/M. Windsor* (Hrsg.), Interpretation in International Law, 2015; *E. Bjorge*, The Evolutionary Interpretation of Treaties, 2014; *M. Fitzmaurice/O. Elias/P. Merkouris,* Treaty Interpretation and the Vienna Convention on the Law of Treaties: 30 Years on, 2010; *R. Gardiner*, Treaty Interpretation, 2. Aufl. 2015; *M. Herdegen*, Interpretation of International Law, in: R. Wolfrum (Hrsg.), MPEPIL, Bd. 6, 2012, S. 260 ff.; *M. Hilf*, Die Auslegung mehrsprachiger Verträge, 1973; *R. Kolb*, Interprétation et création du droit international. Esquisses d'une herméneutique juridique modern pour le droit international, 2006; *C. McLachlan*, The Principle of Systemic Integration and Article 31 (3) (c) of the Vienna Convention, ICLQ 54 (2005) S. 279; *U. Linderfalk*, On the Interpretation of Treaties, 2007; *G. Nolte* (Hrsg.), Treaties and subsequent practice, 2013; *A. Orakhelashvili*, The Interpretation of Acts and Rules in Public International Law, 2008; *I. Venzke*, How Interpretation Makes International Law, 2012; *C. Djeffal*, Static and Evolutive Treaty Interpretation, 2015.

9. Änderung

Die Änderung eines völkerrechtlichen Vertrages setzt wiederum einen völkerrechtlichen Vertrag voraus (siehe Art. 39 ff. WVK). Ein solcher Änderungsvertrag bedarf der Zustimmung aller Parteien des ursprünglichen Vertrages, sofern dieser nicht Abweichendes vorsieht. Manche multilateralen Verträge sehen sogar vor, dass bei der Ratifizierung des Änderungsvertrages durch eine qualifizierte Mehrheit die Änderungen für alle Vertragsparteien in Kraft treten. 35

Art. 108 der UN-Charta bestimmt:

„Änderungen dieser Charta treten für alle Mitglieder der Vereinten Nationen in Kraft, wenn sie mit Zweidrittelmehrheit der Mitglieder der Generalversammlung angenommen und von zwei Dritteln der Mitglieder der Vereinten Nationen einschließlich aller ständigen Mitglieder des Sicherheitsrates nach Maßgabe ihres Verfassungsrechts ratifiziert worden sind."

10. Beendigung und Suspendierung

36 Die Beendigung eines Vertrages richtet sich zunächst nach den vertraglichen Bestimmungen etwa über ein Auslaufen des Vertrages, über den möglichen Rücktritt oder die Kündigung durch eine Vertragspartei (siehe Art. 54 *lit.* a WVK). Daneben können die Vertragsparteien einen Vertrag auch einvernehmlich aufheben (Art. 54 *lit.* b WVK). Ähnliches gilt für die Suspendierung eines Vertrages im Einklang mit den vertraglichen Bestimmungen oder durch Einvernehmen zwischen den Vertragsparteien (siehe Art. 57 WVK). Daneben ist die Beendigung oder Suspendierung eines Vertrages durch den Abschluss eines späteren Vertrages denkbar (siehe Art. 59 WVK).

Problematisch ist die einseitige Beendigung oder Suspendierung eines Vertrages jenseits vertraglich vereinbarter Lösungsmöglichkeiten.

37 Ein einseitiges Recht zur Beendigung oder Suspendierung kann sich aus schwerwiegender Verletzung des Vertrages durch eine andere Vertragspartei ergeben (siehe Art. 60 WVK). Die Wiener Vertragsrechtskonvention setzt hierfür eine erhebliche Verletzung *(material breach)* voraus. Nach der Konvention liegt eine erhebliche Verletzung in diesem Sinne:

a) „in einer nach diesem Übereinkommen nicht zulässigen Ablehnung des Vertrages oder
b) in der Verletzung einer für die Erreichung des Vertragsziels oder des Vertragszwecks wesentlichen Bestimmung" (Art. 60 Abs. 3 WVK).

Bei Verträgen über Entwicklungszusammenarbeit besteht eine Tendenz, die Einhaltung elementarer Menschenrechte als wesentliche Vertragspflichten zu qualifizieren und an die Verletzung von Menschenrechtsklauseln ein Spektrum von Reaktionsmöglichkeiten zu knüpfen. So bestimmt das durch die neuen EU-Wirtschaftsabkommen ergänzte Partnerschaftsabkommen zwischen den AKP-Staaten einerseits und der Europäischen Gemeinschaft und ihren Mitgliedstaaten anderseits (*Abkommen von Cotonou*, ABl. 2000 Nr. L 317, S. 3):

„Die Achtung der Menschenrechte, die demokratischen Grundsätze und das Rechtsstaatsprinzip, auf denen die AKP-EU Partnerschaft beruht und von denen sich die Vertragsparteien in ihrer Innen- und Außenpolitik leiten lassen, sind wesentliche Elemente dieses Abkommens" (Art. 9 Abs. 2 UAbs. 4).

Bei multilateralen Verträgen kann die Beendigung oder Suspendierung eines Vertrages auf Grund erheblicher Verletzung durch eine Vertragspartei zu sehr komplexen bilateralen Beziehungen zu der verletzenden Vertragspartei führen (siehe Art. 60 Abs. 2 WVK). Kein Recht zur Suspendierung oder Beendigung gibt die wesentliche Vertragsverletzung bei „Bestimmungen über den Schutz der menschlichen Person in Verträgen humanitärer Art" (Art. 60 Abs. 5 WVK). Insbesondere von Menschenrechtsverträgen oder Abkommen über das humanitäre Völkerrecht geschützte Einzelpersonen (etwa Kriegsgefangene oder Verwundete) sollen nicht zum Opfer von Gegenmaßnahmen werden. **38**

Ein weiterer Beendigungsgrund kann sich aus der nachträglichen Unmöglichkeit der Erfüllung des Vertrages ergeben (siehe Art. 61 WVK).

Schließlich vermag ein grundlegender Wandel der Umstände, der von einer Vertragspartei nicht vorausgesehen wurde, ein Recht zur Beendigung oder zum Rücktritt auslösen (*clausula rebus sic stantibus*, siehe Art. 62 WVK). Das Völkergewohnheitsrecht gibt seit jeher bei einer radikalen und unvorhergesehenen Änderung der beim Vertragsabschluss von den Vertragsparteien zugrunde gelegten Umstände ein Lösungsrecht. **39**

Im *Fisheries Jurisdiction*-Fall hat sich Island gegenüber einer Vereinbarung mit Großbritannien über eine Fischereizone, in der sich beide Staaten unter die Zuständigkeit des Internationalen Gerichtshofs unterworfen hatten, auf einen derartigen Wandel berufen (IGH, *Fisheries Jurisdiction Case [UK v. Iceland]*, ICJ Reports 1973, S. 3). Hierzu hat der Internationale Gerichtshof ausgeführt:

> „International law admits that a fundamental change in the circumstances which determined the parties to accept a treaty, if it has resulted in a radical transformation of the extent of the obligations imposed by it, may, under certain conditions, afford the party affected a ground for invoking the termination or suspension of the treaty" (IGH, aaO, S. 18 para. 36).

Dabei hat der Internationale Gerichtshof klargestellt, dass nur ein einschneidender Wandel der Umstände mit einer massiven Verschiebung der vertraglichen Lasten das Recht einer Partei begründen kann, sich auf den Wegfall des Vertrages zu berufen:

„... in order that a change of circumstances may give rise to a ground for invoking the termination of a treaty it is also necessary that it should have resulted in a radical transformation of the extent of the obligations still to be performed. The change must have increased the burden of the obligations to be executed to the extent of rendering the performance something essentially different from that originally undertaken" (IGH, aaO, S. 21 para. 43).

40 Die Wiener Vertragsrechtskonvention erlaubt die Berufung auf eine grundlegende Änderung der beim Vertragsabschluss gegebenen Umstände nur dann, wenn

- die mittlerweile geänderten Umstände „eine wesentliche Grundlage für die Zustimmung der Vertragsparteien, durch den Vertrag gebunden zu sein", bilden und
- die Änderung der Umstände „das Ausmaß der auf Grund des Vertrags noch zu erfüllenden Verpflichtungen tiefgreifend umgestalten" würden (Art. 62 Abs. 1 WVK).

41 Die neuere Rechtsprechung des Internationalen Gerichtshofs stellt an eine grundlegende Änderung der beim Vertragsschluss maßgebenden Umstände strenge Anforderungen.

Über die wirksame Beendigung eines völkerrechtlichen Vertrages hatte der Internationale Gerichtshof in einem Verfahren zwischen Ungarn und der Slowakei zu entscheiden, das einen Vertrag zwischen Ungarn und der Tschechoslowakei von 1977 über den Bau und Betrieb eines Systems von Staudämmen in der Donau zum Gegenstand hatte (IGH, *Gabcíkovo-Nagymaros Project [Hungary v. Slovakia]*, ICJ Reports 1997, S. 7). Nach ökologisch motivierter Kritik an dem Staudammprojekt beendete die ungarische Regierung nach einigen Jahren die Arbeiten im ungarischen Teil des Stromabschnitts. Nachdem die tschechoslowakische Regierung im Alleingang eine neue Bauvariante umsetzte, erklärte die Regierung von Ungarn im Jahre 1992 die einseitige Beendigung des Vertrages. Der Internationale Gerichtshof stellte klar, dass die Regeln der Wiener Vertragsrechtskonvention (wegen des späteren Inkrafttretens für die beiden Vertragsstaaten) nicht auf den Vertrag von 1977 unmittelbar anwendbar seien, aber die dort enthaltenen Prinzipien über die Beendigung und Suspendierung von Verträgen gewohnheitsrechtliche Geltung hätten (IGH, aaO, paras. 46, 99). Im Ergebnis verneinte der Gerichtshof ein Recht Ungarns, sich wegen gewandelter politischer und wirtschaftlicher Verhältnisse, wegen neuer Umweltstandards und wegen Vertragsverletzung durch die andere Seite auf eine Vertragsbeendigung zu berufen. Der Internationale Gerichtshof verlangte dabei eine unvorhergesehene Veränderung der für eine vertragliche Zustimmung grundlegenden Umstände:

„The changed circumstances advanced by Hungary are, in the Court's view, not of such a nature, either individually or collectively, that their effect would radically transform the extent of the obligations still to be performed in order to accomplish the Project. A fundamental change of circumstances must have been unforeseen; the existence of the circumstances at the time of the Treaty's conclusion must have constituted an essential basis of the consent of the parties to be bound by the Treaty. The negative and conditional wording of Article 62 of the Vienna Convention on the Law of Treaties is a clear indication moreover that the stability of treaty relations requires that the plea of fundamental change of circumstances be applied only in exceptional cases" (IGH, aaO, para. 104).

Der Abbruch diplomatischer oder konsularischer Beziehungen berührt grundsätzlich nicht die zwischen den Parteien bestehenden Verträge.

Eine nicht im Vertrag selbst vorgesehene Beendigung oder Suspen- 42
dierung eines Vertrages (einschließlich des Rücktritts) knüpft die Wiener Vertragsrechtskonvention – ebenso wie bei der Ungültigkeit – an die Einhaltung eines schwerfälligen Verfahrens (Art. 65 WVK). Damit geht die Wiener Vertragsrechtskonvention über das bisher geltende Gewohnheitsrecht hinaus.

Die Wiener Vertragsrechtskonvention enthält keine Bestimmungen über die Zulässigkeit von Gegenmaßnahmen als Reaktion auf ein völkerrechtliches Delikt einer anderen Vertragspartei oder den Ausbruch von Feindseligkeiten zwischen den Vertragsparteien (Art. 73 WVK). Ein bewaffneter Konflikt zwischen Staaten führt grundsätzlich dazu, dass Verträge über ihre politischen Beziehungen suspendiert oder beendet werden (etwa Investitionsschutzabkommen, Niederlassungsverträge oder Rechtshilfeverträge). Dies gilt aber nicht für Verträge, die gerade für bewaffnete Konflikte gelten sollen.

§ 16. Völkergewohnheitsrecht

1. Entstehung

Das Gewohnheitsrecht bildet gewissermaßen das Urgestein der 1
Völkerrechtsordnung. Art. 38 Abs. 1 *lit.* b des IGH-Statuts definiert das Völkergewohnheitsrecht *(custom, coutume)* über seine beiden Entstehungskomponenten: als Ausdruck einer allgemeinen, als Recht anerkannten Übung *(a general practice accepted as law).* Es handelt sich also um Rechtssätze, die – objektiv – auf eine allgemeine Übung *(consuetudo)* und – subjektiv – auf eine dieser Übung entsprechende Rechtsüberzeugung *(opinio iuris)* zurückgehen. Der Bezug zu dem

Verhalten der einzelnen Staaten und zur Rechtsüberzeugung in der Staatengemeinschaft macht deutlich, dass die Staaten weiterhin Träger und Herren des Rechtserzeugungsprozesses sind.

Das Verhältnis von Staatenpraxis und Rechtsüberzeugung birgt erhebliche Probleme. Erklärungsbedürftig ist schon die Frage, welche der beiden Komponenten den Ausgangspunkt für das Entstehen von Gewohnheitsrecht bildet. Die klassische Auffassung setzt bei der Staatenpraxis an und prüft, ob diese Praxis Ausdruck eines entsprechenden Verpflichtungsbewusstseins ist („evidence of a belief that this practice is rendered obligatory by the existence of a rule of law requiring it", IGH, *North Sea Continental Shelf Cases [Federal Republic of Germany v. Denmark & The Netherlands]*, ICJ Reports 1969, S. 3 [42, para. 77]). Die Problematik der klassischen Sicht liegt darin, dass die normativ erhebliche Übung als konkludente Rechtsbehauptung sich in einem völkerrechtlich relevanten Kontext vollziehen muss. Dieser normative Kontext ist namentlich bei Unterlassen (mangels Anlass, politischen Anreizes oder Fähigkeit zum Handeln) schwer nachweisbar (etwa bei der Nichtausübung von Gerichtsbarkeit über ausländische Regierungsmitglieder oder Passivität gegenüber schweren Menschenrechtsverletzungen anderer Staaten). Eine neuere Perspektive knüpft mit der jüngeren Rechtsprechung des Internationalen Gerichtshofs zunächst an die Rechtsüberzeugung der Staaten an und fragt dann nach deren Bestätigung durch die Praxis („[...] The Court must satisfy itself that the existence of the rule in the *opinio juris* of States is confirmed by practice.", IGH, *Military and Paramilitary Activities in and against Nicaragua [Nicaragua v. USA]*, ICJ Reports 1986, S. 14 para. 184). Der neuere, von der Rechtsüberzeugung ausgehende Ansatz, erleichtert in vielen Fällen die Feststellung von Gewohnheitsrecht, vor allem dann, wenn die relevante Übung in einem Unterlassen besteht. Zuweilen ist auch außerordentlich umstritten, inwieweit Verbalakte wie militärische Handbücher ebenso wie die „Praxis auf dem Schlachtfeld" als Staatenpraxis zu qualifizieren sind (siehe zum Streit über die Entstehung von humanitärem Völkerrecht einerseits *J. B. Bellinger/W. J. Haynes*, A US Government Response to the International Committee of the Red Cross Study Customary International Humanitarian Law, International Review of the Red Cross 89 (2007), S. 443 ff. und andererseits *J. M. Henckaerts*, Customary International Law, aaO, S. 473 ff.).

Trotz des stetig wachsenden Netzwerkes völkerrechtlicher Verträge spielt das Gewohnheitsrecht in vielen Bereichen immer noch eine entscheidende Rolle. Die Voraussetzungen für die Staatsqualität, die Anerkennung eines Staates, die Grundinhalte der territorialen Souveränität oder das Recht der Staatenverantwortlichkeit sind immer noch gewohnheitsrechtlich geprägt. Umgekehrt haben völkerrechtliche Verträge die Entwicklung des Gewohnheitsrechts gewissermaßen wie ein Katalysator gefördert oder gewohnheitsrechtlichen Regeln schärfere Konturen gegeben.

Gewohnheitsrecht gilt meist universell, das heißt für die gesamte 2 Staatengemeinschaft (zum Problem abweichender Positionen einzelner Staaten unten Rn. 13). Denkbar ist aber auch die Entstehung von *regionalem* Gewohnheitsrecht, wie es sich unter den Vertragsstaaten der Europäischen Menschenrechtskonvention wohl für bestimmte menschenrechtliche Standards entwickelt hat. Umstritten ist, inwieweit in Lateinamerika das sog. „diplomatische Asyl" für politische Flüchtlinge in einer fremden Botschaft als regionales Gewohnheitsrecht gilt (hierzu die wohl von der Rechtsentwicklung überholte, in der Tendenz ablehnende Entscheidung des IGH, *Asylum Case [Colombia v. Peru]*, ICJ Reports 1950, S. 266).

Eine Kernfrage bei der Entstehung des Gewohnheitsrechts ist, wie 3 umfassend die erforderliche Staatenpraxis und die korrelierende Rechtsüberzeugung sein müssen, d. h. wie viele Staaten daran beteiligt sein müssen. Für die Entstehung allgemein geltenden Völkergewohnheitsrechts wird verlangt, dass die weit überwiegende Mehrheit der Staaten den Rechtserzeugungsprozess trägt. Die Völkerrechtslehre bedient sich hier der Formel von der „Quasi-Universalität". Jedoch wird mit dem Nachweis dieser „Quasi-Universalität" recht großzügig verfahren, sobald eine übereinstimmende Praxis der „großen" Staaten feststellbar ist. Vielfach besteht eine Tendenz, die Äußerung einer bestimmten Rechtsauffassung als Beleg für eine entsprechende Übung des jeweiligen Staates anzusehen, also das objektive oder subjektive Element miteinander zu vermengen. Wenn eine bestimmte Regelungsmaterie, etwa die Fischerei außerhalb von Küstengewässern oder die Nutzung des Weltraums, faktisch nur bestimmte Staaten betrifft, ist vor allen Dingen die Übung dieser speziell in ihren Interessen berührten Staaten entscheidend (siehe zur Abgrenzung von Festlandsockelansprüchen in der Nordsee IGH, *North Sea Continental Shelf Cases [Federal Republic of Germany v. Denmark & The Netherlands]*, ICJ Reports 1969, S. 3 [42 para. 73]). Bei der Nutzung des Weltraums kann Gewohnheitsrecht jedenfalls nicht *gegen* die Übung (und Rechtsüberzeugung) der meisten Raumfahrtnationen entstehen. Da hier aber auch die Interessen anderer Staaten betroffen sind, wird man bei ihnen darauf abstellen müssen, ob sie eine übereinstimmende Übung der „Weltraumnationen" zumindest stillschweigend hinnehmen. Im Übrigen kommt es für die Entstehung von Gewohnheitsrecht auch auf das Verhalten von internationalen Organisationen an. Der Staatenpraxis zuzurechnen sind Entscheidungen nationaler Gerichte.

Neues Völkergewohnheitsrecht kann sich auch gegen die Rechtsauffassung und Praxis einzelner wichtiger Staaten bilden, wenn diese eine isolierte Position innerhalb der Staatengemeinschaft und eines weltumspannenden Konsenses einnehmen.

Im Fall *Domingues* hat sich die interamerikanische Menschenrechtskommission in ihrem Bericht 62/02 (Fall 12.285) mit der Entwicklung eines völkergewohnheitsrechtlichen Verbotes befasst, die Todesstrafe gegen jugendliche Straftäter zu verhängen. Dabei sah die Kommission in der abweichenden völkerrechtlichen Auffassung der USA und der damaligen Praxis einiger US-amerikanischer Bundesstaaten (sowie in der Hinrichtung jugendlicher Straftäter in wenigen anderen Staaten – in den letzten Jahren nur noch Kongo und Iran) – kein Hindernis für die Entwicklung eines gewohnheitsrechtlichen Standards zum Schutze Jugendlicher. Vielmehr gelangte die Kommission im Lichte universeller Verträge, insbesondere von Art. 6 Abs. 5 des Internationalen Paktes über bürgerliche und politische Rechte (ungeachtet eines Vorbehaltes der USA) und Art. 68 Abs. 4 der Vierten Genfer Konvention zum Schutz von Zivilpersonen in Kriegszeiten, Resolutionen von UN-Organen und der jüngeren Staatenpraxis zu dem Schluss, dass nunmehr Völkergewohnheitsrecht es untersagt, Straftäter im Alter unter 18 Jahren (im Zeitpunkt der Tat) hinzurichten.

„In the Commission's view, the evidence canvassed above clearly illustrates that by persisting in the practice of executing offenders under age 18, U. S. stands alone amongst the traditional developed world nations and those of the inter-american system, and has also become increasingly isolated within the entire global community. The overwhelming evidence of global state practice as set out above displays a consistency and generality amongst world states indicating that the world community considers the execution of offenders aged below 18 years at the time of their offence to be inconsistent with prevailing standards of decency. The Commission is therefore of the view that a norm of international customary law has emerged prohibiting the execution of offenders under the age of 18 years at the time of their crime" (Inter-Amerikanische Menschenrechtskommission, aaO, para. 84).

Mittlerweile hat der US Supreme Court die Verhängung der Todesstrafe gegen zum Tatzeitpunkt jugendliche Straftäter für verfassungswidrig erklärt und dabei auf menschenrechtliche Entwicklungen sowie die moderne Staatenpraxis verwiesen: „… we acknowledge the overwhelming weight of international opinion against the juvenile death penalty" (*Roper v. Simmons,* 543 U.S. 551, 578 [2005]).

Bei der Entstehung neuen Gewohnheitsrechts kommt es auch darauf an, wie andere interessierte Staaten auf die praktizierte Rechtsbehauptung einzelner Staaten reagieren. 4

Ein erfolgreicher Versuch zur Begründung einer neuen gewohnheitsrechtlichen Regel lag in der sog. „*Truman-Proklamation*" von 1945; mit dieser Erklärung nahmen die USA „jurisdiction and control" über die Naturschätze des Festlandsockels in Anspruch. In der Folgezeit schlossen sich andere Küstenstaaten mit ähnlichen Erklärungen an. Andere Beispiele liefert das internationale Seerecht mit der allmählichen Ausdehnung der Küstengewässer und der Anerkennung von Nutzungszonen für die Küstenstaaten.

Nicht durchsetzen konnten sich dagegen acht der Äquatorialstaaten mit ihrer in der *Erklärung von Bogotá* von 1976 vorgetragenen Rechtsbehauptung, der geostationäre Orbit von Satelliten (d. h. die Umlaufbahn über dem Äquator, auf der Satelliten gleicher Geschwindigkeit wie die Erdumdrehung auf einem bestimmten Punkt über der Erde „stationiert" sind) unterliege der Hoheitsgewalt und damit der notwendigen Zustimmung der jeweiligen Staaten. Denn diese Rechtsauffassung stieß in der Staatengemeinschaft auf lebhaften Widerspruch.

Bemühungen, die Drohung mit oder den Einsatz von Atomwaffen gewohnheitsrechtlich zu ächten, scheitern gegenwärtig an der Abschreckungspolitik der Nuklearmächte (hierzu unten § 56 Rn. 23).

Eine heikle Problematik ist mit der erforderlichen Dauer der Staatenpraxis verknüpft. Anerkannt ist, dass die Praxis sich über einen angemessenen Zeitraum zu einem gewissen Verhaltensmuster verfestigen muss. Ein einmaliger Vorgang dürfte grundsätzlich nicht ausreichen. Dies bedeutet eine Absage an die spontane Erzeugung von Gewohnheitsrecht (im Sinne von *instant custom*). Auf der anderen Seite dürfen die Anforderungen an die Dauer nicht überspannt werden. Dies hat der Internationale Gerichtshof in den *Nordsee-Festlandsockel*-Fällen klargestellt:

„... the passage of only a short period of time is not necessarily, or of itself, a bar to the formation of a new rule of customary international law" (ICJ Reports 1969, S. 3 [43 para. 74]).

Eine ganz klar festzustellende Rechtsüberzeugung in (fast) der gesamten Staatengemeinschaft erlaubt es, die Anforderungen an die Dauer der Übung deutlich herabzusetzen. Hier zeigt sich wieder, dass eine enge Wechselbeziehung zwischen dem Element der Übung und dem Element der Rechtsüberzeugung besteht. Zu weit geht es aber, allein mit überwältigender Mehrheit oder gar Einstimmigkeit angenommenen Resolutionen der Generalversammlung der Vereinten

Nationen die Bedeutung einer hinreichend verfestigten allgemeinen Übung beizumessen. Es ist deswegen problematisch, dass viele Staaten in der UN-Generalversammlung mit großer Mehrheit verabschiedete Resolutionen ähnlich wie eine gewohnheitsrechtliche Regel behandeln.

Neuere Untersuchungen haben deutlich gemacht, dass die Annahme einer bestimmten Rechtsüberzeugung als Basis für eine bestimmte Staatenpraxis nicht selten auf einer Fiktion beruht (*J. Goldsmith/E. Posner*, The Limits of International Law, 2005). Oft stehen hinter handlungsleitenden Positionen einzelner Staaten schlichte Kosten-Nutzen-Abwägungen oder sonstige Einschätzungen der eigenen Interessenlage.

Goldsmith/Posner (aaO, S. 26 ff.) haben dies etwa am Beispiel der Staatenpraxis zum Verzicht der Prisennahme deutlich gemacht, auf die der amerikanische Supreme Court im Fall *Paquete Habana* (175 US 677 [1900]) ein gewohnheitsrechtliches Prisenverbot gestützt hat. Auf der anderen Seite stehen rationale Interessenverfolgung durch die einzelnen Staaten und die bewusste Bindung an völkergewohnheitsrechtliche Standards im Sinne verlässlicher Gegenseitigkeit keineswegs in einem grundsätzlichen Gegensatz (hierzu *G. Norman/J. P. Trachtman*, AJIL 99 [2005], S. 541 ff.).

Entscheidungen internationaler Gerichte oder hoher nationaler Gerichte mit großem internationalen Ansehen vermögen Entwicklungen des Gewohnheitsrechts in nachhaltiger Weise zu katalysieren. Dies gilt vor allem dann, wenn sie im Interesse eines klar definierten Menschenrechtsschutzes oder sonstiger humanitärer Belange das herrschende Sentiment im internationalen Meinungsbild treffen. Dann können Gerichtsentscheidungen für den Nachweis neuen Gewohnheitsrechts eine Geltungsautorität erlangen, die vom mühsamen Nachweis einer hinreichend verbreiteten und anhaltenden Staatenpraxis dispensiert. Beispiele hierfür sind die Entscheidung des *House of Lords* zur Strafverfolgung früherer Staatsoberhäupter im Fall *Pinochet* (hierzu unten § 37 Rn. 15) oder die Judikatur des Internationalen Strafgerichtshofs für das frühere Jugoslawien zur Geltung humanitären Völkerrechts und individueller Verantwortlichkeit in nicht-internationalen Konflikten (hierzu unten § 56 Rn. 28). Der Einfluss dieser Entscheidungen beruht letztlich auf der Überzeugungskraft der in ihnen zum Ausdruck kommenden Wertungen, die zugleich im Bewusstsein der Staatengemeinschaft auf hohe Rezeptivität stoßen.

Positionen von Nicht-Regierungsorganisationen oder der Völkerrechtslehre vermögen eine hinreichend verbreitete Rechtsüberzeugung der Staaten nicht zu ersetzen. Sie vermögen allenfalls die Bildung oder den Nachweis einer Rechtsüberzeugung in der Staatenwelt zu erleichtern.

Die erforderliche Rechtsüberzeugung in der Staatengemeinschaft bedeutet, dass hinter der Staatenpraxis das Bewusstsein steht, zu einem bestimmten Verhalten *rechtlich* verpflichtet zu sein. Die Vornahme bestimmter Handlungen aus Gründen der Höflichkeit, der Bequemlichkeit oder des Herkommens reicht nicht. Hierzu hat der Internationale Gerichtshof ausgeführt: 5

„The States concerned must ... feel that they are conforming to what amounts to a legal obligation. The frequency, or even habitual character of the acts is not in itself enough. There are many international acts, e. g., in the field of ceremonial and protocol, which are performed almost invariably, but which are motivated only by considerations of courtesy, convenience or tradition, and not by any sense of legal duty" (*North Sea Continental Shelf Cases*, ICJ Reports 1969, S. 3 [44 para. 77]).

Resolutionen der Generalversammlung der Vereinten Nationen und anderer internationaler Organisationen sowie Erklärungen von Staatenkonferenzen (etwa im Rahmen der OSZE) können als Indiz für eine allgemeine Rechtsüberzeugung dienen (hierzu unten § 20). So hat der Internationale Gerichtshof im *Nicaragua*-Fall im Zusammenhang mit der gewohnheitsrechtlichen Geltung des Gewaltverbotes auf Resolutionen der Generalversammlung (insbesondere die „*Friendly Relations*"-Resolution von 1970) als Ausdruck einer entsprechenden Rechtsüberzeugung verwiesen: 6

„This *opinio juris* may, though with all due caution, be deduced from, *inter alia*, the attitude of the Parties and the attitude of States towards certain General Assembly resolutions, and particularly resolution 2625 (XXV) [...] The effect of consent to the text of such resolutions [...] may be understood as an acceptance of the validity of the rule or set of rules declared by the resolution by themselves" (IGH, *Military and Paramilitary Activities in and against Nicaragua [Nicaragua v. USA]*, ICJ Reports 1986, S. 14 [99f. para. 188]).

Bei einer über einen längeren Zeitraum hinweg gefestigten Staatenpraxis (von der sich allenfalls ganz wenige Staaten distanzieren), wird man den Nachweis der erforderlichen Rechtsüberzeugung schon dann als erbracht ansehen können, wenn ein erheblicher Teil der Staatengemeinschaft entsprechendes Verpflichtungsbewusstsein dokumentiert. Nach der Rechtsüberzeugung all der anderen Staaten zu forschen, ist dann entbehrlich. 7

8 Der Internationale Gerichtshof hat die Möglichkeit anerkannt, dass die Berufung auf neue (bislang noch nicht allgemein anerkannte) Rechtfertigungsgründe dann einen Wandel des Gewohnheitsrechts einleiten kann, wenn dieser Rechtfertigungsversuch in der Staatenwelt Anklang findet. Im Zusammenhang mit der gewaltsamen Intervention der Vereinigten Staaten in Nicaragua hat der Internationale Gerichtshof ausgeführt:

„The significance for the Court of cases of State conduct prima facie inconsistent with the principle of non-intervention lies in the nature of the ground offered as justification. Reliance by a State on a novel right or an unprecedented exception to the principle might, if shared in principle by others States, tend towards a modification of customary international law" (IGH, *Military and Paramilitary Activities in and against Nicaragua [Nicaragua v. USA]*, ICJ Reports 1986, S. 14 [109 para. 207]).

Von besonderer Brisanz sind gewohnheitsrechtliche Entwicklungen, welche das Gewaltverbot und das allgemeine Interventionsverbot (Prinzip der Nichteinmischung) lockern. Dies gilt vor allem für die mögliche Rechtfertigung „humanitärer Interventionen", bei denen einzelne Staaten militärische Gewalt zum Schutz elementarer Menschenrechte einsetzen. Die im Frühjahr 1999 erfolgte Militärintervention der NATO-Staaten im Kosovo zum Schutz der albanischen Zivilbevölkerung vor Völkermord und genozidartiger Verfolgung hat der Diskussion um die Schranken des Gewaltverbotes neuen Auftrieb gegeben.

9 Bei der möglichen Rechtfertigung der gewaltsamen „humanitären Intervention" ist vorab zu bedenken, dass das Gewaltverbot und seine Schranken im Lichte der UN-Charta zu beurteilen sind. Das völkerrechtliche Gewaltverbot genießt in dem sich aus der UN-Charta ergebenden Umfang auch völkergewohnheitsrechtliche Geltung. Deshalb kommt es für die rechtliche Beurteilung entscheidend darauf an, ob die UN-Charta die Durchbrechung des Gewaltverbotes (Art. 2 Nr. 4 UN-Charta) – außerhalb einer Ermächtigung durch den Sicherheitsrat – auf die Selbstverteidigung bei einem bewaffneten Angriff auf einen Staat (Art. 51 UN-Charta) beschränkt oder aber für weitere ungeschriebene Ausnahmen offen ist. Die Konkretisierung der UN-Charta ist ein Prozess, der sich gerade bei den ins Gewohnheitsrecht eingegangenen Grundprinzipien der UN-Charta unter Einschluss grundlegender Menschenrechtsstandards mit größerer Dynamik vollzieht als die Entwicklung des Gewohnheitsrechts im Übrigen. Hier besteht ein wechselseitiger Einfluss von Vertragskon-

kretisierung einerseits und den für die Entwicklung von Gewohnheitsrecht maßgeblichen Positionen andererseits. Eine Rechtfertigung für Gewaltanwendung nach der UN-Charta setzt sich auch im Gewohnheitsrecht durch. Denn gerade in diesem Bereich prägt die Auslegung der UN-Charta entscheidend das Gewohnheitsrecht. Das Gewicht der Menschenrechte ist (auch in der Praxis der Vereinten Nationen) ständig gewachsen. Hinzu kommt eine wachsende Rechtfertigungstendenz in der Völkerrechtslehre und einem großen Teil der Staatengemeinschaft. Diese Entwicklung erlaubt es, die Anforderungen an den Konsens in der Staatenwelt für den speziellen Fall der humanitären Intervention abzusenken. Gute Gründe sprechen deshalb dafür, dass sich die Interventionspraxis der NATO-Staaten in Jugoslawien in einer Art Nothilfe zugunsten der albanischen Zivilbevölkerung auf ein gewandeltes Verständnis der UN-Charta stützen kann: ein Verständnis, das eine Abwägung des Gewaltverbotes mit dem Schutz elementarer Menschenrechte zulässt und das von dem weitaus überwiegenden Teil der Staatengemeinschaft zumindest widerspruchslos hingenommen wird.

In diesem besonderen Falle des von der UN-Charta geprägten Gewohnheitsrechts kommt der *Auslegung* der Charta als Vertrag durch die (sich wandelnde) Völkerrechtslehre beachtliche Bedeutung zu. Denn die Vertragsauslegung ist eine von rechtswissenschaftlichen Kriterien bestimmte Aufgabe. Die Auslegung der UN-Charta als Vertrag ist für eine dynamische Fortentwicklung offener als gewohnheitsrechtliche Regeln an sich. Diese Dynamik schlägt beim Gewaltverbot und seinen Durchbrechungen auch auf das Gewohnheitsrecht durch. Damit verliert die Suche nach einem neuen Konsens in der *gesamten* Staatengemeinschaft als Bedingung für einen Wandel des Gewohnheitsrechts insoweit an Relevanz. Die Anerkennung der Menschenrechte als ein oberster Rechtswert in der gesamten Staatenwelt erlaubt also, sich über das Fehlen der Anerkennung der humanitären Intervention durch manche Staaten hinwegzusetzen, wenn sich der gewaltsame Schutz der Menschenrechte auch aus Sicht der Völkerrechtslehre als vertretbare Abwägung zwischen Grundwerten der Völkerrechtsordnung darstellt. Hier wird deutlich, dass das Verständnis des Völkerrechts als Wertordnung mit den daraus folgenden Abwägungsprozessen das Gewicht der Völkerrechtslehre und der internationalen Gerichte verstärkt.

Jedoch bewegt sich die Durchbrechung des Gewaltverbotes zugunsten einseitiger Prävention zum Schutz elementarer Menschenrechte (oder auch vor Massenvernichtungswaffen im Sinne der mittlerweile relativierten US-Sicherheitsdoktrin [hierzu unten § 34 Rn. 5ff. und Rn. 29]) an der Grenze zwischen dynamischer Auslegung der UN-Charta und offener Rechtsfortbildung. Sie bedarf deshalb der zumindest stillschweigenden Akzeptanz durch einen Großteil der Staatengemeinschaft. Dabei kommt es nicht nur auf die reine Zahl, sondern auch auf das (Bevölkerungs-)Gewicht der zustimmenden Staaten an. Nicht erforderlich ist eine quasi-universelle Zustimmung. So gilt heute trotz zahlreicher Gegenstimmen die Rechtfertigung der humanitären Intervention in der Staatenwelt und in der Völkerrechtslehre in einem Maße als vertretbar, das vor wenigen Jahren schlicht unvorstellbar war.

10 Für die Gewinnung von Völkergewohnheitsrecht ist die *induktive* Methode charakteristisch, die von der Betätigung einer bestimmten Rechtsüberzeugung in konkreten Fällen auf das Bestehen einer gewohnheitsrechtlichen Norm schließt. Jedoch hat in der jüngeren Vergangenheit auch die *Deduktion*, d. h. die Ableitung von Regeln aus dem gefestigten Bestand des Völkergewohnheitsrechts an Bedeutung gewonnen. So hat der Internationale Gerichtshof für die Abgrenzung einer ausschließlichen Wirtschaftszone auf die Regeln zum Festlandsockel verwiesen (IGH, *Continental Shelf [Libya v. Malta]*, ICJ Reports 1985, S. 13 [30 para. 27]). Die Regeln über die Immunität von Außenministern hat der Internationale Gerichtshof in einer analogieartigen Extrapolation aus den Grundsätzen über die Immunität von Staatsoberhäuptern einerseits und Diplomaten andererseits gewonnen (*Arrest Warrant of 11 April 2000 [Democratic Republic of Congo v. Belgium]*, ICJ Reports 2002, S. 3 [20ff., paras. 53ff.]). Die Berufungskammer des Internationalen Strafgerichtshof für das frühere Jugoslawien hat im Fall Tadić die gewohnheitsrechtliche Geltung von bestimmten Regeln für nicht-internationale Konflikte auf eine Analogie zu den für internationale Konflikte geltenden Normen gestützt (hierzu unten § 56 Rn. 28).

Literatur: *D. P. Fidler*, Challenging the Classical Concept of Custom, GYIL 39 (1996), S. 198ff.; *H.-W. Jung*, Rechtserkenntnis und Rechtsfortbildung im Völkergewohnheitsrecht, 2012; *J. P. Kelly*, The Twilight of Customary International Law, VJIL 40 (2000), S. 449ff.; *B. D. Lepard*, Customary International Law, 2010; *M. H. Mendelson*, The Formation of Customary International Law, RdC 272 (1998), S. 155ff.; *B. Simma*, Die Erzeugung von ungeschriebenem Völkerrecht, in: Festschrift für K. Zemanek, 1992, S. 95ff.; *S. Talmon*, Determining Customary International Law: The ICJ's Methodology between Induction, Deduction and Assertion, EJIL 26 (2015), S. 417ff.; *C. Tomuschat*, Tyrannei der Mehrheit?, GYIL 19 (1976), S. 278ff.; *K. Zemanek*, What is „State Practice" and Who Makes it?, in: U. Beyerlin u. a. (Hrsg.) Festschrift für R. Bernhardt, 1995, S. 289ff.

2. Gewohnheitsrecht und Verträge

Völkerrechtliche Verträge wirken vielfach als eine Art „Katalysator" bei der Fortentwicklung des Gewohnheitsrechts. Der Abschluss von Verträgen ist ein wichtiges Element der Staatenpraxis und lässt sich oft auch als Ausdruck einer bestimmten Rechtsüberzeugung deuten. Zu beachten ist dabei freilich, dass sich vertragliche Verpflichtungen (und der damit verbundene Rechtsbindungswille) nur auf das vertragliche Regelungsgefüge und die jeweiligen Vertragspartner beziehen. Insbesondere können Staaten gerade deswegen einen Vertrag schließen, weil sie nicht von der gewohnheitsrechtlichen Geltung der vertraglichen Rechte und Pflichten überzeugt sind. 11

Anders zu beurteilen sind multilaterale Verträge, die auf eine allgemeine Ordnung bestimmter Bereiche zielen und allen Mitgliedern der Staatengemeinschaft oder allen Staaten einer Region offen stehen. Verträge, die weitgehend schon bestehendes Gewohnheitsrecht kodifizieren, sollen auch nach Gewohnheitsrecht noch umstrittene Fragen regeln. Wenn die meisten Staaten an einem solchen Vertrag beteiligt sind, vermag dieser Vertrag im Fluss befindliches Gewohnheitsrecht zu „kristallisieren" oder die Fortentwicklung bestehenden Gewohnheitsrechts zu befördern. Entscheidend kommt es dabei auf eine breit gestreute und „repräsentative" Beteiligung am jeweiligen Vertragswerk unter Einschluss derjenigen Staaten an, deren Belange besonders betroffen sind (in diesem Sinne IGH, *North Sea Continental Shelf Cases [Federal Republic of Germany v. Denmark & The Netherlands]*, ICJ Reports, 1969, S. 3 [41ff. paras. 70ff.]). Im Übrigen ist zu prüfen, ob das Fernbleiben bestimmter (wichtiger) Staaten überhaupt in der wirklichen oder angeblichen Abweichung von Gewohnheitsrecht begründet ist und auf welche Vorschriften im Einzelnen sich diese Einwände beziehen. Erfolgreiche Versuche zur Kodifikation oder behutsamen Fortentwicklung gewohnheitsrechtlicher Komplexe sind etwa die *Wiener Übereinkommen über diplomatische Beziehungen sowie über konsularische Beziehungen* und die *Wiener Vertragsrechtskonvention.* Auch das UN-Seerechtsübereinkommen von 1982 dürfte nach der Ratifikation durch den Großteil der Staa- 12 tengemeinschaft gewohnheitsrechtliche Entwicklungen konsolidiert haben. Dies gilt etwa für die ausschließliche Wirtschaftszone mit einer Ausbreitung von bis zu 200 Seemeilen, die jedenfalls bei Ausarbeitung des Seerechtsübereinkommens keineswegs gewohnheitsrechtlich anerkannt war. Etwas anderes gilt für die Regelungen des UN-Seerechtsübereinkommens zum Tiefseebergbau, denen etwa die USA trotz ihrer Entschärfung durch ein Zusatzabkommen als besonders wichtiger Industriestaat weiterhin ablehnend gegenüberstehen. Keine nachhaltigen Impulse auf die Entwicklung des Gewohnheitsrechts sind vom Wiener Übereinkommen zur Staatennachfolge ausgegangen, das nur von wenigen Staaten ratifiziert worden ist.

Literatur: *J. I. Charney*, International Agreements and the Development of Customary International Law, Washington Law Review 61 (1986), S. 971 ff.; *C. Damm*, Die Europäische Union im universellen Völkergewohnheitsrecht, 2016; *K. Doehring*, Gewohnheitsrecht aus Verträgen, ZaöRV 36 (1976), S. 77 ff.; *H. Thirlway*, International Customary Law and Codification, 1972.

3. Das Problem des *persistent objector*

13 Da die Entstehung von universellem Gewohnheitsrecht nicht voraussetzt, dass Übung und entsprechende Rechtsüberzeugung von allen Staaten getragen sein müssen, stellt sich das Problem, wie weit sich ein einzelner Staat der Bindung an neu entstandenes Gewohnheitsrecht entziehen kann. Ein Staat, der rechtzeitig und beharrlich gegen entstehendes Gewohnheitsrecht protestiert, vermag sich grundsätzlich durch diesen Protest der Bindung an neu entstandene gewohnheitsrechtliche Regeln zu entziehen. Der Internationale Gerichtshof hat diese Möglichkeit wiederholt betont (so zum beharrlichen Widerspruch gegen möglicherweise geltendes regionales Gewohnheitsrecht zum diplomatischen Asyl *Asylum Case [Colombia v. Peru]*, ICJ Reports 1950, S. 266 [277 f.]; zur Begrenzung des Küstenmeeres bei weitgeöffneten Buchten *Fisheries Case [UK v. Norway]*, ICJ Reports 1951, S. 116 [131]). Dies gilt aber nur mit bestimmten Einschränkungen. So hindert beständiger Protest nicht die Bindung eines Staates an Völkerrechtsregeln, die wegen ihrer elementaren Bedeutung für die Staatengemeinschaft als zwingendes Gewohnheitsrecht gelten (hierzu unten Rn. 14 f.). Dies gilt insbesondere für die Entwicklung zwingender Menschenrechtsstandards. So konnte sich Südafrika trotz seiner Einwände gegen ein Verbot der

Rassendiskriminierung nicht mit Erfolg an die Bindung eines solchen Verbotes wehren, das seit dem Zweiten Weltkrieg gewohnheitsrechtliche Geltung als zwingendes Recht erlangt hat.

Die Inter-Amerikanische Menschenrechtskommission sah im Fall *Domingues* (hierzu oben Rn. 3) das von ihr angenommene gewohnheitsrechtliche Verbot jugendliche Straftäter im Alter unter 18 Jahren (zur Tatbegehung) hinzurichten als *ius cogens* an, dass auch die USA trotz abweichender Rechtsauffassung und staatlicher Praxis bindet. Dabei konnte die Kommission darauf verweisen, dass in den USA auf Bundesebene ein Mindestalter von 18 Jahren gilt und dass die USA die IV. Genfer Konvention (Art. 68 Abs. 4) ohne Vorbehalte ratifiziert haben:

„[...N]early every nation state has rejected the imposition of capital punishment to individuals under the age of 18. They have done so through ratification of the ICCPR, U. N. Convention on the Rights of the Child, and the American Convention on Human Rights, treaties in which this proscription is recognized as non-derogable, as well as through corresponding amendments to their domestic laws. The acceptance of this norm crosses political and ideological boundaries and efforts to detract from this standard have been vigorously condemned by members of the international community as impermissible under contemporary human rights standards. Indeed, it may be said that the United States itself, rather than persistently objecting to the standards, has in several significant respects recognized the propriety of this norm [...]. On this basis, the Commission considers that the United States is bound by a norm of *jus cogens* not to impose capital punishment on the individuals who committed their crimes when they had not yet reached 18 years of age" (Inter-Amerikanische Menschenrechtskommission, aaO, para. 85).

Außerdem verliert der ständige Protest bei Ansprüchen auf eine besondere Behandlung dann seine Wirkung, wenn die Entwicklung einer neuen Regel fast einheitlich von der übrigen Staatengemeinschaft getragen wird (etwa der Übergang von der absoluten Staatenimmunität zur eingeschränkten Staatenimmunität nur für hoheitliche Handlungen, dem sich einzelne Staaten wie die Volksrepublik China lange entgegengestellt haben).

Literatur: *J. I. Charney*, The Persistent Objector Rule and the Development of Customary International Law, BYIL 56 (1995), S. 1 ff.; *ders.*, Universal International Law, AJIL 87 (1983), S. 529 ff.

4. Zwingendes Völkergewohnheitsrecht *(ius cogens)*

14 Die meisten Regeln des Völkergewohnheitsrechts können von den Parteien völkerrechtlicher Verträge abgeändert oder ganz abbedungen werden (dispositives Recht). Dies gilt aber nicht für diejenigen Normen des Völkergewohnheitsrechts, die angesichts ihrer grundlegenden Bedeutung für die Staatengemeinschaft unabänderbar sind (zwingendes Recht, *ius cogens*).

Die Wiener Vertragsrechtskonvention hat den Bestand solcher zwingenden Regeln ausdrücklich anerkannt:

„Im Sinne dieses Übereinkommens ist eine zwingende Norm des allgemeinen Völkerrechts eine Norm, die von der internationalen Staatengemeinschaft in ihrer Gesamtheit angenommen und anerkannt wird als eine Norm, von der nicht abgewichen werden darf und die nur durch eine spätere Norm des allgemeinen Völkerrechts derselben Rechtsnatur geändert werden kann" (Art. 53 Satz 2 WVK).

Die Bildung neuen *ius cogens* unterliegt gegenüber „schlichtem" Völkergewohnheitsrecht gesteigerten Anforderungen: Die Entstehung zwingenden Gewohnheitsrechts setzt voraus, dass seine Anerkennung – auch in dieser besonderen Qualität – quasi-universellen Charakter hat, also von fast allen Staaten getragen wird (siehe hierzu auch den Bericht der Inter-Amerikanischen Menschenrechtskommission im Fall *Domingues*, hierzu oben Rn. 13). Zu diesem unabdingbaren Bestand des Gewohnheitsrechts gehören mittlerweile etwa das Verbot des Angriffskrieges, elementare Menschenrechte (wie das Verbot des Völkermords, der Folter, der Sklaverei oder der Rassendiskriminierung) sowie das Selbstbestimmungsrecht der Völker.

Der Internationale Gerichtshof hat das Folterverbot ausdrücklich als *ius cogens* qualifiziert (IGH, *Questions relating to the Obligation to Prosecute or Extradite [Belgium v. Senegal]* ICJ Reports 2012, S. 422 para. 99).

15 Verstößt ein völkerrechtlicher Vertrag gegen eine solche Norm des zwingenden Völkergewohnheitsrechts, ist der Vertrag insoweit nichtig (Art. 53 Satz 1 WVK). Hierin erschöpft sich aber nicht die Wirkung zwingender Normen des Völkerrechts. Die meisten dieser zwingenden Regeln begründen nämlich Verpflichtungen gegenüber der gesamten Staatengemeinschaft (Verpflichtungen *erga omnes*, hierzu unten § 39).

Literatur: *D. Costelloe*, Legal Consequences of Peremptory Norms in International Law, 2017; *J. A. Frowein*, Ius Cogens, in: R. Wolfrum (Hrsg.), MPEPIL, Bd. 6, 2012, S. 443 ff.; *L. Hannikeinen*, Peremptory Norms (Jus Cogens) in International Law: Historical Development, Criteria, Present Status, 1988; *H.-W. Jung*, Rechtserkenntnis und Rechtsfortbildung im Völkergewohnheitsrecht, 2012; *S. Kadelbach*, Zwingendes Völkerrecht, 1992; *A. Orakhelashvili*, Peremptory Norms in International Law, 2006; *T. Weatherall*, Jus Cogens: International Law and Social Contract, 2015.

§ 17. Allgemeine Rechtsgrundsätze des Völkerrechts

Das IGH-Statut nennt in Art. 38 Abs. 1 *lit.* c als dritte Quelle des 1
Völkerrechts „die von den Kulturvölkern anerkannten allgemeinen Rechtsgrundsätze“ *(general principles of law recognized by civilized nations).* Diese allgemeinen Rechtsgrundsätze ergänzen die Normen des Völkervertrags- und Völkergewohnheitsrechts. Hierunter fallen die Prinzipien, die den Rechtsordnungen der meisten Staaten bekannt sind. Der Bezug auf die „Kulturvölker“ ist nicht etwa als Rückfall in eine eurozentrische Sichtweise zu deuten. Damit wird vielmehr zum Ausdruck gebracht, dass es um die Gesamtschau derjenigen Rechtsordnungen geht, die einen gewissen Entwicklungsstand erreicht haben und in denen sich die Grundwerte der modernen Staatengemeinschaft widerspiegeln. Bei der Gewinnung der allgemeinen Rechtsgrundsätze spielt die rechtsvergleichende Methode eine entscheidende Rolle. In der Praxis begnügt man sich mit einer Gesamtschau der großen Rechtsfamilien (wie der kontinentaleuropäischen Rechtssysteme oder des anglo-amerikanischen Rechts). Kontinentaleuropäische oder anglo-amerikanische Rechtsprinzipien prägen seit jeher viele Rechtsordnungen Lateinamerikas, Afrikas oder Asiens. Sie haben nach dem Zusammenbruch der kommunistischen Ordnung in den Staaten des früheren Ostblocks Einzug gehalten. Über die allgemeinen Rechtsgrundsätze kommt es zu einer osmotischen Vernetzung der innerstaatlichen Rechtsordnungen mit dem Völkerrecht. In diesem Zusammenhang gewinnt die Forderung des IGH-Statuts Bedeutung, dass die Richterbank eine repräsentative Zusammensetzung des Gerichtshofs darstellen soll. Bei der Wahl von Richtern ist darauf zu achten, dass die zu wählenden Personen

> „in ihrer Gesamtheit eine Vertretung der großen Kulturkreise und der hauptsächlichen Rechtssysteme der Welt gewährleisten“ (Art. 9 IGH-Statut).

2 Die meisten allgemeinen Rechtsgrundsätze sind auf einen Vergleich der großen Privatrechtsordnungen zurückzuführen. Dies entspricht dem traditionellen Verständnis des Völkerrechts als Koordinationsrechtsordnung, welche die Beziehungen unter gleichgestellten Rechtssubjekten regelt. In einem solchen privatrechtlichen Zusammenhang stehen etwa die allgemeinen Rechtsgrundsätze zur Haftung für Rechtsverletzungen mit der Pflicht zum Ausgleich des entstandenen Schadens (StIGH, *Chorzów Factory Case [Germany v. Poland]*, PCIJ Reports Ser. A, No. 17 [1928], S. 47 ff.). Zu den allgemeinen Rechtsgrundsätzen gehören auch die Erstattung ungerechtfertigter Bereicherung sowie die Rechtsinstitute der Verwirkung, der Geschäftsführung ohne Auftrag und das Prinzip der Billigkeit *(equity)* (hierzu unten § 19).

3 Eine besondere Bedeutung haben Ausprägungen des Prinzips von Treu und Glauben (*bona fides, good faith*, vgl. IGH, *Case concerning the Land and Maritime Boundary between Cameroon and Nigeria*, Preliminary Objections, ICJ Reports 1998, S. 275 [296 paras. 38]). Dieses Prinzip schließt die Beachtung von Treu und Glauben bei der Ausübung von Handlungsbefugnissen (Ermessen) im Sinne des Missbrauchsverbots ein. Hierzu gehört auch die mögliche Berufung einer Partei darauf, dass die andere Partei durch ihr Verhalten einen Vertrauenstatbestand gesetzt hat (Einwand des *venire contra factum proprium*). Sachlich eng verknüpft damit ist der aus dem anglo-amerikanischen Recht stammende *estoppel*-Grundsatz. Der *estoppel*-Grundsatz schützt eine Partei, die sich auf vertrauensbegründende aktuelle Erklärungen einer anderen Partei verlassen hat und später mit hierzu in Widerspruch stehenden Ansprüchen der anderen Partei konfrontiert wird. Aus diesem Vertrauen auf das Vorverhalten der anderen Seite soll einer Partei kein Schaden erwachsen. Danach darf niemand daraus Rechte ableiten, dass er einen anderen zu einem bestimmten Verhalten veranlasst hat. In der Praxis ist es häufig schwierig, den *estoppel*-Einwand von der Berufung auf konkludentes Einverständnis abzugrenzen (hierzu etwa IGH, *Delimitation of the Maritime Boundary in the Gulf of Maine Area Case [Canada v. USA]*, ICJ Reports 1984, S. 246 [309 paras. 144 ff.]).

4 Auch bestimmte Prinzipien der richterlichen Streitbeilegung gehören zu den allgemeinen Rechtsgrundsätzen. Zu nennen ist dabei etwa die Bindungswirkung rechtskräftiger gerichtlicher Entscheidungen *(res iudicata)* (IGH, *Question of the Delimitation of the Continental Shelf between Nicaragua and Colombia beyond 200 Nautical Miles*

from the Nicaraguan Coast [Nicaragua v. Colombia], Preliminary Objections, paras 55ff. [2016]) und das Gebot des rechtlichen Gehörs für die Streitparteien. Anerkannt ist der Indizienbeweis bei Schwierigkeiten einer direkten Beweisführung. So hat der Internationale Gerichtshof den Indizienbeweis bei der Verminung internationaler Gewässer durch einen Küstenstaat im *Corfu Channel*-Fall zugelassen:

„… the other State, the victim of a breach of international law, is often unable to furnish direct proof of facts giving rise to responsibility. Such a State should be allowed a more liberal recourse to inferences of fact and circumstantial evidence. This indirect evidence is admitted in all systems of law, and its use is recognized by international decisions" (*Corfu Channel Case [UK v. Albania]*, ICJ Reports 1949, S. 4 [18]).

Der allmähliche Wandel des Völkerrechts von einer bloßen Koordinationsrechtsordnung zu einem System mit subordinationsrechtlichen Merkmalen kann langfristig zu einer Ausweitung des Feldes allgemeiner Rechtsgrundsätze führen: nämlich durch die Einbeziehung staats- und verwaltungsrechtlicher Grundsätze. Zu denken ist hier insbesondere an die Gewinnung menschenrechtlicher Standards aus den nationalen Grundrechten. Dabei ist freilich große Behutsamkeit angezeigt. Denn grundsätzlich markieren völkerrechtliche Verträge und gewohnheitsrechtliche Entwicklungen, inwieweit die einzelnen Staaten ihre Hoheitsgewalt zum Schutz des Einzelnen oder bestimmter Gruppen auf völkerrechtlicher Ebene einzuschränken bereit sind. Am ehesten können allgemeine Rechtsgrundsätze auf menschenrechtliche Standards in dem Sinne einwirken, dass sie die Art und Weise der gebotenen Verwirklichung prägen (etwa im Sinne eines staatlichen Schutzes vor Gefährdung durch Private). Gerade in diesem Bereich des Menschenrechtsschutzes erscheint es angezeigt, die Anerkennung allgemeiner Rechtsgrundsätze durch „Kulturvölker" auch auf die Praxis regionaler und universeller Organe des Menschenrechtsschutzes zu beziehen. 5

Die Bedeutung allgemeiner Rechtsgrundsätze liegt in der Schließung von Rechtslücken, also in der Ergänzung vertraglicher Regelungen und gewohnheitsrechtlicher Normen. Sehr umstritten ist, ob nicht nur Gewohnheitsrecht, sondern auch allgemeine Rechtsgrundsätze zwingendes Völkerrecht enthalten. Zumindest ist bei der Ableitung zwingender Normen aus allgemeinen Rechtsgrundsätzen große Zurückhaltung geboten.

Literatur: *B. Cheng*, General Principles of Law as Applied by International Courts and Tribunals, 1953; *K. Doehring*, Statusverwirkung im Völkerrecht,

ZaöRV 67 (2007), S. 385 ff.; *J. Ellis*, General Principles and Comparative Law, EJIL 22 (2011), S. 949 ff.; *G. Gaja*, General Principles of Law, in: R. Wolfrum (Hrsg.), MPEPIL, Bd. 4, 2012, S. 370 ff.; *H. Lauterpacht*, Private Law Sources and Analogies of International Law, 1927; *J. P. Müller*, Vertrauensschutz im Völkerrecht, 1971; *B. Rentsch*, Konstitutionalisierung durch allgemeine Rechtsgrundsätze des Völkerrechts?, 2012.

§ 18. Begründung von Rechten und Pflichten durch einseitige Akte

1 Völkerrechtliche Rechte und Pflichten können auch durch einseitige Akte begründet werden. Dies gilt insbesondere für die Zustimmung, das Versprechen und den Verzicht. Rechtswirkungen können sich weiterhin an die *Anerkennung* eines völkerrechtlichen Tatbestandes, etwa an die Anerkennung von Gebietsansprüchen eines anderen Staates, knüpfen. Umstritten ist, ob es sich bei den einseitigen Rechtsakten um eine eigenständige Kategorie von Rechtsquellen handelt. Überzeugender ist es, die Rechtswirkungen solcher Akte aus dem Gewohnheitsrecht herzuleiten.

2 Die *Zustimmung* kann ausdrücklich oder konkludent (durch schlüssiges Handeln) erfolgen (im Falle der widerspruchslosen Hinnahme fremder Staatsakte: sog. *acquiescence*). Im *Temple of Preah Vihear*-Fall hatte sich der Internationale Gerichtshof mit den Wirkungen einseitigen Verhaltens in einem Grenzstreit zwischen Thailand und Kambodscha zu befassen. Hier hatte die siamesische Regierung über Jahre hinweg keine Einwände gegen eine Landkarte erhoben, die eine gemischte Kommission mit einem für Kambodscha günstigen Grenzverlauf erstellt hatte. Der Internationale Gerichtshof leitete aus diesem Verhalten die konkludente Zustimmung zu diesem Grenzverlauf her (IGH, *Temple of Preah Vihear Case [Cambodia v. Thailand]*, ICJ Reports 1962, S. 6 [63 f.]).

3 Im *Atomtest*-Streit zwischen Australien sowie Neuseeland einerseits und Frankreich andererseits über die französischen Atomversuche im Pazifischen Ozean hatte der Internationale Gerichtshof eine einseitige Erklärung Frankreichs als mögliches *Versprechen* zu würdigen (IGH, *Nuclear Test Cases [Australia & New Zealand v. France]*, ICJ Reports 1974, S. 253). Der französische Staatspräsident und einzelne Minister hatten öffentlich erklärt, dass Frankreich künftig keine oberirdischen Atomversuche im Pazifik mehr durchführen werde.

Der Internationale Gerichtshof deutete diese Erklärung Frankreichs wegen ihres öffentlichen Charakters und des erkennbaren Rechtsbindungswillen als verbindliche Zusage. Nach Ansicht des Internationalen Gerichtshofs musste die französische Regierung davon ausgehen, dass andere Staaten sich auf die öffentliche Erklärung Frankreichs zu einem einseitigen Stopp von Atomversuchen verlassen werden (IGH, aaO, S. 269 f., para. 51).

Für den Internationalen Gerichtshof kommt es für die Begründung 4
rechtlicher Verpflichtungen durch einseitige Akte entscheidend auf einen rechtlichen Bindungswillen an. Dies hat der Gerichtshof im „*Atomtest*"-Streit deutlich gemacht:

„It is well recognized that declarations made by way of unilateral acts, concerning legal or factual situations, may have the effect of creating legal obligations. Declarations of this kind may be, and often are, very specific. When it is the intention of the State making the declaration that it should become bound according to its terms, that intention confers on the declaration the character of a legal undertaking, the State being thenceforth legally required to follow a course of conduct consistent with the declaration. An undertaking of this kind, if given publicly and with an intent to be bound, even though not made within the context of international negotiations, is binding" (IGH, aaO, S. 267 para. 43).

Literatur: *B. Cheng,* General Principles of Law as Applied by International Courts and Tribunals, 1963; *W. Fiedler,* Zur Verbindlichkeit einseitiger Versprechen im Völkerrecht, GYIL 19 (1976) S. 35 ff.; *E. Kassoti,* The Juridical Nature of Unilateral Acts of States in International Law, 2015; *J. Leutert,* Einseitige Erklärungen im Völkerrecht, 1979.

§ 19. Billigkeit

Als allgemeiner Rechtsgrundsatz spielt die Billigkeit *(equity)* eine 1
Rolle bei der Anwendung konkretisierungsbedürftiger Normen. Diese *rechtsimmanente* Billigkeit zielt auf einen gerechten Interessenausgleich vor allem bei der Abgrenzung von Gebietsansprüchen und anderen Nutzungsrechten. Die Billigkeit als Konkretisierungsmaßstab bei der Anwendung vertrags- und gewohnheitsrechtlicher Regeln hat ihr Hauptanwendungsfeld im internationalen Seerecht. So verweist das UN-Seerechtsübereinkommen von 1982 wiederholt, etwa bei der Abgrenzung von Hoheits- und Nutzungszonen, auf eine *equitable solution* (siehe Art. 74 Abs. 1, Art. 83 Abs. 1).

Ein wichtiges Beispiel für die Rolle der Billigkeit bildet die Entscheidung des Internationalen Gerichtshofs im *Gulf of Maine*-Fall (IGH, *Delimitation of the Maritime Boundary in the Gulf of Maine Area Case [Canada v. USA]*, ICJ Reports 1984, S. 246). Hier hat sich der Gerichtshof von Billigkeitserwägungen bei der Abgrenzung des Festlandsockels und der Fischereizonen von Kanada und der USA leiten lassen.

Im Grenzstreit zwischen Burkina Faso und Mali hat der Internationale Gerichtshof klargestellt, dass der Rückgriff auf Billigkeitskriterien bei der Zuordnung ehemaliger Kolonialgebiete nur insoweit in Betracht kommt, als eine klare Grenzziehung in der Kolonialzeit (nach dem *uti possidetis*-Prinzip) nicht festzustellen ist (*Frontier Dispute Case [Burkina Faso v. Mali]*, ICJ Reports 1986, S. 554 [565 ff. paras. 20 ff.]).

2 Scharf zu trennen von der Billigkeit als Rechtsgrundsatz ist die *außerrechtliche* Billigkeit. Nach solchen außerrechtlichen, in freier (wenngleich nachvollziehbarer) Interessenabwägung geschöpften Billigkeitsmaßstäben, *ex aequo et bono*, kann der Internationale Gerichtshof dann entscheiden, wenn ihn die Streitparteien hierzu ermächtigen (Art. 38 Abs. 2 IGH-Statut). Eine derartige, in ihren Auswirkungen schwer kalkulierbare Befugnis ist dem Gerichtshof bislang aber noch nicht eingeräumt worden.

Literatur: *M. Akehurst*, Equity and General Principles of Law, ICLQ 25 (1976), S. 801 ff.; *J. Schneider*, The Gulf of Maine Case: The Nature of an Equitable Result, AJIL 79 (1985), S. 539 ff.

§ 20. Rechtserzeugung durch internationale Organisationen und die Rechtsprechung internationaler Gerichte

1. Allgemeines

1 An der Rechtserzeugung können Organe internationaler Organisationen in vielfältiger Weise mitwirken. Zunächst können sie nach Ermächtigungen im Gründungsvertrag Rechtsakte erlassen, welche die Mitglieder binden („Sekundärrecht"). Dazu gehören oft auch allgemeine Regeln. Insoweit entfalten Organe internationaler Organisationen eine quasi-gesetzgeberische Tätigkeit.

Beispielsweise kann die Vollversammlung der Weltgesundheitsorganisation nach Art. 21 der WHO-Satzung „regulations" verabschieden, die grundsätzlich für alle Mitglieder bindend sind; jedoch kann ein Mitgliedstaat innerhalb einer bestimmten Frist die Ablehnung einer solchen Bestimmung erklären.

Die Praxis des UN-Sicherheitsrats kennt im Rahmen des VII. Kapitels der UN-Charta nicht nur Maßnahmen zur Bewältigung spezieller Bedrohungen für Weltfrieden und internationale Sicherheit; vielmehr hat der Sicherheitsrat auch Resolutionen mit abstrakt-generellem Inhalt erlassen.

Das auf der Grundlage der EU-Verträge erlassene Sekundärrecht der Europäischen Union geht auf die „Vergemeinschaftung“ bestimmter Regelungsbereiche (Übertragung von Hoheitsrechten) zurück und sprengt daher die Typologie völkerrechtlicher Rechtssetzung.

Daneben nehmen internationale Organisationen und ihre (Repräsentativ-) Organe auch auf die Konkretisierung und Fortentwicklung von Völkerrecht sowie auf die Interpretation von völkerrechtlichen Verträgen Einfluss.

Hier gehören etwa Resolutionen der UN-Generalversammlung zu Grundprinzipien zwischenstaatlicher Beziehungen oder Erklärungen der UNESCO beispielsweise zum Humangenom und zum Klonen von Menschen.

Im Rahmen der Welthandelsorganisation sind die Ministerkonferenz und der allgemeine Rat befugt, mit qualifizierter Mehrheit eine verbindliche Auslegung des WTO-Abkommens und der multilateralen Handelsabkommen vorzunehmen (Art. IX Abs. 2 WTO-Übereinkommen).

2. Resolutionen der Generalversammlung und des Sicherheitsrates der Vereinten Nationen

a) Resolutionen der Generalversammlung

Resolutionen der Generalversammlung der Vereinten Nationen haben grundsätzlich nur empfehlenden Charakter. Schon deshalb kann die UN-Generalversammlung mit Resolutionen etwa zum Gewalt- und Interventionsverbot oder zu internationalen Wirtschaftsbeziehungen nicht aus eigener Kraft neues Recht setzen. Denn eine solche Rechtsetzungsbefugnis hat ihr die UN-Charta nicht verliehen. Auf der anderen Seite „repräsentiert“ die Generalversammlung der Vereinten Nationen in gewisser Weise fast die gesamte Staatengemeinschaft. Deshalb messen viele Stimmen in der Völkerrechtslehre manchen Resolutionen der Generalversammlung zu Grundsatzfragen des Völkerrechts rechtliche Bedeutung zu. Denkbar ist es vor allem, Resolutionen der Generalversammlung unter bestimmten Voraussetzungen als Ausdruck einer allgemeinen Rechtsüberzeugung (als eines der beiden Elemente von Völkergewohnheitsrecht) zu begreifen. Vo- 2 raussetzung hierfür ist, dass die einer Resolution der Generalversammlung zustimmenden Staaten wirklich in dem Bewusstsein handeln, den Inhalt der Resolution als rechtlich verbindlichen Standard anzuerkennen. Hieran fehlt es häufig gerade bei den mit großer Mehrheit oder gar einstimmig angenommenen Resolutionen, die jedenfalls von einem Teil der Staaten nur als Erklärung mit politischem Gehalt verstanden werden. Aus einer Resolution lässt sich eine allgemeine Rechtsüberzeugung ferner dann nicht herleiten, wenn ihr eine kleine, aber wichtige Gruppe von Staaten die Zustimmung versagt. Ein Beispiel hierfür ist die als Resolution der Generalversammlung verabschiedete *Charta der wirtschaftlichen Rechte und Pflichten der Staaten* von 1974 (ILM 13 [1974], S. 720 ff.); hier haben die großen westlichen Industriestaaten entweder ablehnend votiert oder sich der Stimme enthalten.

Im Gutachten zur völkerrechtlichen Zulässigkeit des Einsatzes von Atomwaffen hat der Internationale Gerichtshof anerkannt, dass eine Abfolge von inhaltlich deckungsgleichen Resolutionen der Generalversammlung zur allmählichen Herausbildung einer allgemeinen Rechtsüberzeugung führen kann (*Legality of the Threat or Use of Nuclear Weapons*, ICJ Reports 1996, S. 226 [255 para. 70]). Auf der anderen Seite hat der Gerichtshof betont, dass die wiederholte Verurteilung des Einsatzes von Atomwaffen durch die Generalversammlung der Vereinten Nationen schon deswegen nicht als Ausdruck einer allgemeinen Rechtsüberzeugung gedeutet werden kann, weil sie häufig mit einer erheblichen Zahl von Gegenstimmen oder Enthaltungen angenommen wurde (IGH, aaO, S. 255 para. 71). Im Übrigen hat der Gerichtshof betont, dass die Herausbildung einer gewohnheitsrechtlichen Regel über das Verbot des Einsatzes von Atomwaffen gegenwärtig an der Spannung zwischen einer allmählich entstehenden Rechtsüberzeugung einerseits und dem Festhalten mehrerer Staaten an der nuklearen Abschreckung andererseits scheitere:

„The emergence, as *lex lata*, of a customary rule specifically prohibiting the use of nuclear weapons as such is hampered by the continuing tensions between the nascent *opinio iuris* on the one hand, and the still strong adherence to the practice of deterrence on the other" (IGH, aaO, S. 255 para. 73).

Am besten lassen sich Grundsatzresolutionen zu völkerrechtlichen Fragen als *ein* Element in der Herausbildung von Gewohnheitsrecht deuten, zu dem jedenfalls der Nachweis einer entsprechenden Staatenpraxis hinzutreten muss. Für sich genommen können solche Resolutionen noch keine Völkerrechtssätze erzeugen oder ändern. Wohl aber können Resolutionen bereits vorher bestehende Zweifel über das Fortgelten von Gewohnheitsrecht weiter verschärfen.

b) Resolutionen des Sicherheitsrates

Verpflichtende Resolutionen des Sicherheitsrates der Vereinten Nationen nach dem VII. Kapitel der UN-Charta entfalten schon deshalb normative Wirkung, weil sie nach Art. 25, 48 der UN-Charta die Mitgliedstaaten binden. Mit dieser Bindungswirkung steuern sie auch die Staatenpraxis. Im Übrigen sind Resolutionen des Sicherheitsrates Katalysatoren einer allgemeinen Rechtsüberzeugung. Die besondere Bedeutung von Resolutionen des Sicherheitsrates für die Entwicklung von Gewohnheitsrecht ergibt sich daraus, dass bestimmte Grundprinzipien des Völkerrechts in ihrer Ausprägung durch die UN-Charta gewohnheitsrechtliche Geltung haben. Dies gilt etwa für das völkerrechtliche Gewaltverbot und dessen Durchbrechung oder das Interventionsverbot. Wenn der Sicherheitsrat das Verhalten eines Staates als Bruch oder Bedrohung des Friedens (Art. 39 UN-Charta) einstuft, dann kann sich dieser Staat gegenüber Wirtschaftssanktionen oder anderen Gegenmaßnahmen anderer Staaten nicht mehr auf das Interventionsverbot berufen. 3

Eine besondere Rolle spielen die Beschlüsse des Sicherheitsrates, die eine konkret-generelle (auf eine bestimmte Situation bezogene) oder gar eine abstrakt-generelle Normsetzung begründen. Dabei ist umstritten, ob der Sicherheitsrat auch losgelöst von speziellen Bedrohungen des Weltfriedens und der internationalen Sicherheit verbindliche Standards erlassen und so als eine Art Weltgesetzgeber agieren kann.

Prägnantes Beispiel ist die Resolution 1373 (2001) zur Bekämpfung des Terrorismus. Dort fordert der Sicherheitsrat die Staaten unter anderem auf, die Finanzierung terroristischer Aktivitäten zu verhindern und zu bekämpfen, die Guthaben von Terroristen einzufrieren sowie terroristische Handlungen unter Strafe zu stellen.

Ein weiteres Beispiel für abstrakt-generelle Normsetzung liefert die Resolution 1540 (2004), die den Staaten eine Reihe von Verpflichtungen auferlegt um zu verhindern, dass Massenvernichtungswaffen und ihre Trägersysteme in die Hände von nicht-staatlichen Akteuren gelangen.

Die Befugnisse nach Kapitel VII der UN-Charta decken wohl auch derartige Resolutionen mit abstraktem Inhalt. Dies gilt jedenfalls dann, wenn es losgelöst von einem konkreten Bedrohungsszenario um die Bewältigung stets latenter, immer wieder auftauchender Gefährdungen des Weltfriedens und der internationalen Sicherheit durch gefahrentypische Handlungen und Organisationsformen geht.

Literatur: *J. Alvarez*, International Organizations as Law-makers, 2006; *J. D. Aston*, Sekundärgesetzgebung internationaler Organisationen zwischen mitgliedstaatlicher Souveränität und Gemeinschaftsdisziplin, 2005; *ders.*, Die Bekämpfung abstrakter Gefahren für den Weltfrieden durch legislative Maßnahmen des Sicherheitsrats – Resolution 1373 (2001) im Kontext, ZaöRV 62 (2002), S. 257 ff.; *J. Castañeda*, Legal Effects of the United Nations' Resolutions, 1969; *R. Falk*, On the Quasi-Legislative Competence of the General Assembly, AJIL 60 (1966), S. 282 ff.; *S. Talmon*, The Security Council as World Legislator, AJIL 99 (2005), S. 175 ff.

3. *Soft law*

4 Bestimmte Resolutionen der UN-Generalversammlung und der Repräsentativorgane anderer internationaler Organisationen sowie manche Erklärungen von Staatenkonferenzen (insbesondere im Rahmen der OSZE) sind in ihrer rechtlichen Bedeutung schwer einzuordnen. Sie haben rechtliche Relevanz, ohne unmittelbar Rechte und Pflichten zu begründen. Für solche Instrumente in der Grauzone zwischen unverbindlicher Proklamation und rechtsverbindlicher Festlegung ist der Begriff „*soft law*" geprägt worden. Er bezieht sich heute vor allem auf Verhaltensstandards *(codes of conduct)*, die nach den Vorstellungen internationaler Organisationen oder Staatenkonferenzen einer „guten" Übung (etwa im Umgang mit Umweltressourcen) entsprechen.

Hierher gehören etwa Verhaltenskodizes für transnationale Unternehmen. Ein weiteres Beispiel bildet die auf der Rio-Konferenz von 1992 angenommene Erklärung mit dem eigenartigen Titel „Non-Legally Binding Authoritative Statement of Principles for a Global Consensus on the Management Conservation and Sustainable Development of all Types of Forests" (ILM 31 [1992], S. 882).

Der Begriff des *soft law* ist lediglich Ausdruck juristischer Verlegenheit in der Zuordnung solcher Instrumente, hinter denen kein klar erkennbarer Rechtsbindungswille steht. Hier geht es um Stufen eines Entwicklungsprozesses, der zur Entstehung von Gewohnheitsrecht oder zur Konkretisierung allgemeiner Grundsätze des Gewohnheitsrechts führen kann. Im Übrigen können Verhaltensstandards internationaler Organisationen oder von Staatenkonferenzen dazu führen, dass die beteiligten Staaten sich gegenüber der Anmahnung dieser Standards nicht mehr auf das Interventionsverbot berufen können.

Literatur: *M. Bothe*, Legal and Non-Legal Norms – A Meaningful Distinction in International Relations?, NYIL 11 (1980), S. 65 ff.; *H. Hillgenberg*, A Fresh Look at Soft Law, EJIL 10 (1999), S. 499 ff.; *J. Klabbers*, The Undesirability of Soft Law, NJIL 67 (1998), S. 381 ff.; *ders.*, The Concept of Treaty in International Law, 1996; *I. Seidl-Hohenveldern*, International Economic „Soft Law", RdC 163 (1979), S. 165 ff.; *K. Zemanek*, Is the Term „Soft Law" Convenient?, in: Festschrift für I. Seidl-Hohenveldern, 1988, S. 843 ff.

4. Internationale Gerichtsentscheidungen

Nach einer in der herkömmlichen Völkerrechtslehre wohl herr- 5
schenden Auffassung können der Internationale Gerichtshof und andere internationale Gerichte kein Gewohnheitsrecht begründen, da sie selbst keine Völkerrechtssubjekte sind und da ihre Entscheidungen grundsätzlich nur die beteiligten Streitparteien binden. Für diese Auffassung lässt sich auch anführen, dass internationale Gerichte nach ihrem eigenen Selbstverständnis regelmäßig nur bestehendes Recht anwenden, aber nicht neues Recht setzen wollen. Hinzu kommt, dass selbst der Internationale Gerichtshof von früheren Entscheidungen abweichen kann. Auf der anderen Seite lassen sich die Entscheidungen internationaler Gerichte durchaus den Streitparteien zurechnen, die sich der jeweiligen Gerichtsbarkeit vertraglich unterworfen haben. Des Weiteren wird man über den konkreten Streitfall hinaus jedenfalls Entscheidungen des Internationalen Gerichtshofs insoweit allgemeine Rechtswirkungen zuerkennen können, als der Internationale Gerichtshof bestehende Regeln konkretisiert oder sich zur zweifelhaften Geltung einer Norm als Gewohnheitsrecht äußert. Hieraus kann dann neues Gewohnheitsrecht erwachsen, wenn die Entscheidung des Internationalen Gerichtshofs in der Staatengemeinschaft mehrheitlich Zuspruch findet.

Literatur: *R. Bernhardt*, Rechtsfortbildung durch internationale Richter, insbesondere im Bereich der Menschenrechte, in: Richterliche Rechtsfortbildung, Festschrift der Juristischen Fakultät zur 600-Jahr-Feier der Ruprecht-

Karls-Universität Heidelberg, 1986, S. 527 ff.; *K. Doehring*, Die Rechtsprechung als Rechtsquelle des Völkerrechts, ebenda, S. 541 ff.

§ 21. Ermittlung von Völkerrechtssätzen

1 Als Rechtsquelle im weiteren Sinne (Rechtserkenntnisquelle) nennt das IGH-Statut in Art. 38 Abs. 1 *lit.* d „richterliche Entscheidungen und die Lehrmeinung der fähigsten Völkerrechtler der verschiedenen Nationen als Hilfsmittel zur Feststellung von Rechtsnormen". Für die Ermittlung des geltenden Rechts und die Interpretation von Völkerrechtsnormen können Entscheidungen sowohl nationaler wie internationaler Gerichte herangezogen werden. Von besonderer Autorität sind dabei die Entscheidungen des Internationalen Gerichtshofs. Manche nationalen Gerichte haben sich durch den besonders sorgfältigen Umgang mit der Ermittlung und Auslegung von Völkerrechtssätzen hohes Ansehen erworben. Dies gilt etwa für die Judikatur des britischen House of Lords oder des deutschen Bundesverfassungsgerichts, dem das Grundgesetz eine besondere Zuständigkeit zur Klärung allgemeiner Regeln des Völkerrechts einräumt (Art. 100 Abs. 2 GG). Hervorzuheben sind etwa die Entscheidungen des Bundesverfassungsgerichts zur Immunität von Staaten (BVerfGE 16, 27 – *Iranischer Botschaftsfall*) und ausländischen Staatsunternehmen (BVerfGE 64, 1 – *National Iranian Oil Company*).

2 Eine wichtige Rechtserkenntnisquelle sind daneben die Arbeiten der *International Law Commission* (ILC), welche die Vereinten Nationen im Jahr 1947 mit dem Auftrag eingerichtet haben, das Völkerrecht zu kodifizieren und fortzuentwickeln. Die 34 Mitglieder der ILC werden von der Generalversammlung gewählt. Eine wichtige Rolle spielen daneben die Resolutionen des *Institut de Droit International*, in dem anerkannte Gelehrte auf dem Gebiet des Völkerrechts und des internationalen Privatrechts zusammenwirken, sowie die Resolutionen der *International Law Association* (ILA). Von beachtlicher Bedeutung ist schließlich die Aufbereitung und Konkretisierung von Völkerrechtsregeln durch das sog. *Restatement* der die auswärtigen Beziehungen der Vereinigten Staaten beherrschenden Regeln des Völkerrechts durch ein privates Forschungsinstitut (*American Law Institute*, Restatement of the Law Third, Foreign Relations of the United States, zwei Bde. 1987); dabei handelt es sich um eine zusammenfassende und erläuternde Darstellung.

Literatur: *C. Tomuschat*, Die Völkerrechtskommission der Vereinten Nationen, Vereinte Nationen, 1988, S. 180ff.

§ 22. Verhältnis von Völkerrecht und innerstaatlichem Recht

1. Monismus und Dualismus

Um das Verhältnis von Völkerrecht und innerstaatlichem Recht ist 1 lange ein dogmatischer Streit geführt worden. Nach der Lehre des *Dualismus* sind Völkerrecht und innerstaatliches Recht eigenständige, unabhängig voneinander existierende Rechtsordnungen. Die dualistische Lehre kann darauf verweisen, dass beide Rechtsordnungen ihre eigenen Rechtsquellen und Mechanismen zur Rechtsdurchsetzung haben. Für diese Lehre spricht weiter, dass sowohl das Völkerrecht als auch das Recht der einzelnen Staaten jeweils ihre eigene Letztbegründung haben. Dies bedeutet, dass das Völkerrecht seine Geltung nicht vom nationalen Recht herleitet und dass umgekehrt das nationale Recht aus sich heraus Geltung beansprucht.

Demgegenüber begreift die *monistische* Theorie Völkerrecht und innerstaatliches Recht als Elemente eines zusammenhängenden, geschlossenen Systems. Dabei sprechen die meisten Vertreter der monistischen Lehre dem Völkerrecht den Vorrang zu (Monismus mit Primat des Völkerrechts). Nach dieser äußerst völkerrechtsfreundlichen Theorie haben innerstaatliche Organe ohne weiteres Völkerrecht anzuwenden. Dies soll auch dann gelten, wenn das Völkerrecht der nationalen Verfassung oder sonstigem Landesrecht widerspricht. Kaum mehr ernsthaft vertreten wird umgekehrt der Monismus mit Primat des Landesrechts, der die Geltung des Völkerrechts ganz dem Souveränitätsanspruch des einzelnen Staates unterordnet.

Heute ist die Bedeutung dieses Theorienstreits verblasst. Durchge- 2 setzt hat sich ein *gemäßigter Dualismus.* Danach führen Völkerrecht und innerstaatliches Recht jeweils ein juristisches Eigenleben. Sie sind aber vielfach miteinander verschränkt. Diese Sichtweise entspricht der Rechtswirklichkeit der Staatenwelt. Denn die Staaten leiten den Geltungsgrund ihrer eigenen Rechtsordnungen nicht vom Völkerrecht ab. Allerdings gibt es Staaten und staatsähnliche Gebilde, deren rechtliche Grundordnung auf einen völkerrechtlichen Prozess zurückgeht und dadurch gewissermaßen „internationalisiert" ist (Bosnien und Herzegowina, Autonomiegebiete der Palästinenser im Westjordanland und im Gaza-Streifen). Aber im Allgemeinen gilt Völkerrecht nur insoweit im innerstaatlichen Recht, als dies eine Norm des innerstaatlichen Rechts gebietet. Dieser Befund trifft auch für das deutsche Grundgesetz zu. So wird völkerrechtliches Vertragsrecht erst durch ein innerdeutsches Zustimmungsgesetz (oder eine Rechtsverordnung) nach Art. 59 Abs. 2 GG innerstaatlich wirksam. Völkergewohnheitsrecht und allgemeine Rechtsgrundsätze gelten im deutschen Recht kraft des Rechtsanwendungsbefehls in Art. 25 GG. Der dualistischen Sicht entspricht es auch, dass das Völkerrecht grundsätzlich gar nicht von sich aus in den nationalen Rechtsraum hineinwirkt. Insbesondere verlangt das Völkerrecht regelmäßig nicht, dass ein Gesetz oder ein anderer nationaler Rechtsakt bei Verstoß gegen Völkerrecht als nichtig zu behandeln ist. Nur ausnahmsweise begründet das Völkerrecht unmittelbar Rechte und Pflichten für den Einzelnen. Dies gilt insbesondere für Normen elementarer Menschenrechte und der Strafbarkeit von Kriegsverbrechen. Die Strafgerichtshöfe für das frühere Jugoslawien und Ruanda (sowie das Statut des Internationalen Strafgerichtshofs) manifestieren den Versuch, elementare Verhaltenspflichten des Einzelnen durch völkerrechtliche Sanktionsmechanismen durchzusetzen.

Zu einem – gemäßigt – dualistischen Verständnis der Beziehungen zwischen Völkerrecht und nationalem Recht unter dem Grundgesetz bekennt sich auch das Bundesverfassungsgericht in seiner neueren Judikatur zur Wirkung der EMRK im deutschen Recht (BVerfGE 111, 307 [318]): „Dem Grundgesetz liegt deutlich die klassische Vorstellung zu Grunde, dass es sich bei dem Verhältnis des Völkerrechts zum nationalen Recht um ein Verhältnis zweier unterschiedlicher Rechtskreise handelt und dass die Natur dieses Verhältnisses aus der Sicht des nationalen Rechts nur durch das nationale Recht selbst bestimmt werden kann; dies zeigen die Existenz und der Wortlaut von Art. 25 und 59 Abs. 2 GG."

Dem dualistischen Verständnis entspricht es, dass der nationale Gesetzgeber sich über völkervertragliche Verpflichtungen mit Wirkung für das innerstaatliche Recht – unbeschadet der Folgen nach Völkerrecht – hinwegsetzen kann („*treaty override*"). Eine solche Verletzung völkerrechtlicher Pflichten setzt unter der Geltung des Grundgesetzes aber voraus, dass der Wille des Gesetzgebers zur Abweichung vom Vertragsinhalt eindeutig ist und daran eine vertragskonforme Auslegung des Gesetzes scheitert (BVerfGE 141, 1 [36f.].

3 Umgekehrt bestehen auf zwischenstaatlicher Ebene die völkerrechtlichen Verpflichtungen unabhängig vom nationalen Recht. So

kann sich kein Staat gegenüber einer vertraglichen Verpflichtung darauf berufen, dass sie mit nationalem Recht kollidiert. Dies ergibt sich aus Art. 27 Satz 1 WVK:

„Eine Vertragspartei kann sich nicht auf ihr innerstaatliches Recht berufen, um die Nichterfüllung eines Vertrages zu rechtfertigen."

Auf der anderen Seite trägt der gemäßigte Dualismus Wechselbeziehungen zwischen Völkerrecht und innerstaatlichem Recht Rechnung. Hierzu gehört, dass offensichtliche Verstöße gegen nationales Recht beim Abschluss völkerrechtlicher Verträge ausnahmsweise nach Völkerrecht beachtlich sein können (siehe Art. 46 WVK). Daneben räumen manche Rechtsordnungen völkerrechtlichen Normen einen besonderen Rang ein. Dies gilt etwa für das Grundgesetz, welches die allgemeinen Regeln des Völkerrechts den einfachen Bundesgesetzen überordnet (Art. 25 Satz 2 GG). Im Übrigen gilt in vielen Rechtsordnungen der Grundsatz völkerrechtskonformer Auslegung von Gesetzen und anderen nationalen Vorschriften mit dem Ziel, Konflikte zwischen nationalem Recht und Völkerrecht zu vermeiden. Bei dennoch verbleibenden Normenkonflikten setzt sich aus der Sicht des nationalen Rechts das innerstaatliche Recht durch. Dagegen hat ein internationales Gericht Völkerrecht anzuwenden.

Beispiel: Bei einer (rein hypothetischen) vertraglichen Verpflichtung der Bundesrepublik Deutschland zur Auslieferung deutscher Staatsangehöriger entgegen Art. 16 Abs. 2 GG würde sich aus der Sicht des deutschen Richters der Auslieferungsschutz der Verfassung durchsetzen. Für ein internationales Gericht bleibt die völkerrechtliche Auslieferungspflicht maßgeblich. Der Konflikt zwischen beiden Normen könnte völkerrechtlich durch eine Änderung des Vertrages und staatsrechtlich durch eine Änderung des Grundgesetzes aufgelöst werden.

Das Schweizerische Bundesgericht hat ein interessantes Urteil zur 4
Gültigkeit eines Staatsvertrages trotz Verletzung innerstaatlicher Kompetenzvorschriften bei Abschluss des Vertrages (Zustimmung der Bundesversammlung) gefällt (EuGRZ 1995, S. 309 – *Schweizerisch-Österreichisches Abkommen zum Niederlassungsrecht*). Nach Ansicht des Schweizerischen Bundesgerichts berührt die etwaige Nichteinhaltung der innerstaatlichen Kompetenzvorschriften die Gültigkeit eines völkerrechtlichen Vertrages nicht. Dies hat zur Folge, dass der schweizerische Richter die Bestimmungen des völkerrechtlichen Vertrages anzuwenden hat.

Literatur: *H. Kelsen*, Die Einhaltung des Weltfriedens auf der Grundlage der Völkerrechtsverfassung, 1923; *K. J. Partsch*, Die Anwendung des Völkerrechts im innerstaatlichen Recht, BDGVR, Bd. 6, 1964, S. 13 ff.; *D. Thürer*, Völkerrecht und Landesrecht, SZIER 9 (1999), S. 217 ff.; *H. Triepel*, Völkerrecht und Landesrecht, 1899.

2. Geltung des Völkerrechts im innerstaatlichen Recht

a) Bedeutung der innerstaatlichen Geltung von Völkerrecht

5 Mit der innerstaatlichen Geltung von Völkerrecht ist zumeist die innerstaatliche *Anwendbarkeit* von völkerrechtlichen Regeln gemeint. Dies bedeutet in der Regel, dass Völkerrecht von nationalen Organen (so wie nationales Recht auch) vollzogen wird.

Bei völkerrechtlichen Verträgen, die innerstaatlich (etwa auf Grund eines Zustimmungsgesetzes) Geltung erlangt haben, kommt es für die innerstaatliche Anwendbarkeit auf ihren Inhalt an. Wenn Vorschriften eines völkerrechtlichen Vertrages durch ihre inhaltliche Bestimmtheit ohne weitere gesetzgeberische Maßnahmen von nationalen Behörden und Gerichten angewendet werden können, spricht man von unmittelbarer Anwendbarkeit. Sie sind dann nach angloamerikanischem Sprachgebrauch *self-executing*. Solche Normen enthalten etwa Verträge mit klaren Bestimmungen zur Niederlassungsfreiheit, zur Auslieferung oder zur Doppelbesteuerung. Anders liegt es bei vertraglichen Bestimmungen, die auf eine weitere Konkretisierung durch innerstaatliche Maßnahmen angelegt sind (etwa Vorschriften zu bloßen Bemühensverpflichtungen oder allgemein gehaltene Wohlwollens- und Förderklauseln). Zuweilen wird noch weiter dahin differenziert, ob sich bei einer unmittelbar anwendbaren Vertragsvorschrift auch Einzelne vor Behörden und Gerichten darauf berufen können (unmittelbare Anwendbarkeit im engeren Sinne). Insoweit ist durch Auslegung zu ermitteln, ob der völkerrechtliche Vertrag individuelle Rechte begründen soll. Nach der deutschen Rechtsprechung kann sich etwa eine Person, die an einen anderen Staat ausgeliefert werden soll, nicht darauf berufen, dass die vertraglich vereinbarte Gegenseitigkeit nicht gewährleistet ist (BGHSt 30, 55 [62 ff.]).

Die innerstaatliche Geltung von Völkerrecht erschöpft sich aber nicht im Vollzug völkerrechtlicher Normen. Zur innerstaatlichen Geltung gehört auch, dass nationale Organe Gesetze und andere Vorschriften des innerstaatlichen Rechts im Einklang mit völkerrechtlichen Bestimmungen auslegen.

b) Innerstaatlicher Geltungsgrund und Geltungsrang

Aus der Sicht der einzelnen Staaten gilt Völkerrecht für staatliche 6
Organe und für den Einzelnen nur auf Grund einer Anordnung des nationalen Rechts (Verfassung, Gesetz oder Gewohnheitsrecht). In Großbritannien etwa gilt kraft Gewohnheitsrecht das allgemeine Völkerrecht (Gewohnheitsrecht und allgemeine Rechtsgrundsätze) als Teil des englischen Rechts (zur Maxime: „The law of the nations in full extent is part of the law of England“ *Lord Mansfield* in *Triquet v. Bath* [1764] 3 Burr. 1478). In Deutschland enthält Art. 25 Satz 1 GG eine umfassende Geltungsanordnung für die allgemeinen Regeln des Völkerrechts als Bestandteil des Bundesrechts. Völkerrechtliche Verträge gelten gemäß Art. 59 Abs. 2 GG nach Maßgabe des deutschen Zustimmungsaktes (Gesetz oder Rechtsverordnung). Nach dem Verfassungsrecht der einzelnen Staaten richtet sich auch der *Geltungsrang* völkerrechtlicher Normen im innerstaatlichen Recht. Gemäß Art. 25 Satz 2 GG gehen die allgemeinen Regeln des Völkerrechts den Bundesgesetzen vor. Völkerrechtliche Verträge gelten in Deutschland im Rang des jeweiligen Zustimmungsaktes. Die Verfassungen Frankreichs, der Niederlande und der USA stellen die mit parlamentarischer Zustimmung verabschiedeten Verträge im Range über die Gesetze. Manche Verfassungen räumen bestimmten Verträgen sogar Verfassungsrang ein. In einigen ibero-amerikanischen Ländern sind Menschenrechtsverträge bei der Auslegung der Verfassung ausdrücklich zu berücksichtigen. Nach der schweizerischen Bundesverfassung (Art. 194 Abs. 2) setzt das zwingende Völkergewohnheitsrecht sogar Verfassungsänderungen Grenzen.

c) Arten der innerstaatlichen Geltung von Völkerrecht

Die Art der innerstaatlichen Geltung von Völkerrecht lässt sich auf 7
unterschiedliche Weise konstruieren. Nach der *Transformationslehre* erlangt Völkerrecht dadurch innerstaatliche Geltung, dass es durch einen nationalen Geltungsbefehl (etwa das Zustimmungsgesetz zu einem völkerrechtlichen Vertrag) in nationales Recht umgeformt wird und so als innerstaatliches Recht anzuwenden ist. Dagegen führt nach der *Vollzugslehre* der innerstaatliche Geltungsbefehl nur dazu, dass völkerrechtliche Normen von innerstaatlichen Organen angewendet (vollzogen) werden müssen, ohne dass sie ihren Charakter als Völkerrecht verlieren. Das Bundesverfassungsgericht scheint heute (unter Abkehr von der früheren Rechtsprechung und im Ein-

klang mit der herrschenden Lehre) der Vollzugslehre zuzuneigen (siehe BVerfGE 90, 286 [364]). In der Praxis hat der damit verbundene Theorienstreit nur bescheidene Bedeutung. Denn in den entscheidenden Punkten kommen heute die meisten Vertreter der beiden Theorien zu gleichen Ergebnissen. So hat sich die Einsicht durchgesetzt, dass völkerrechtliche Verträge von nationalen Organen nach völkerrechtlichen Regeln auszulegen sind und dass ein völkerrechtlicher Vertrag nur so lange innerstaatlich anzuwenden ist, als er auch völkerrechtlich für die Parteien fortgilt. Aufmerksamkeit hat der Theorienstreit vor allem im kontinental-europäischen Recht gefunden. In Großbritannien und den Vereinigten Staaten gilt das Völkerrecht (mit Ausnahme der völkerrechtlichen Verträge) auf Grund einer gewohnheitsrechtlichen Regel als Teil des innerstaatlichen Rechts *(Inkorporation)*. Völkerrechtliche Verträge bedürfen im anglo-amerikanischen Recht einer besonderen Geltungsgrundlage. Dabei wird in Großbritannien der Vertragsinhalt in einen besonderen Gesetzgebungsakt aufgenommen (Parallelgesetzgebung).

Literatur: *C. Economides*, The Relationship between International and Domestic Law, 1993; *T. Franck/G. H. Fox* (Hrsg.), International Law Decisions in National Courts, 1996; *H. Kelsen*, Die Einheit von Völkerrecht und staatlichem Recht, ZaöRV 19 (1958), S. 234 ff.; *D. Thürer*, Völkerrecht und Landesrecht, SZIER 9 (1999), S. 217 ff.; *H. Triepel*, Völkerrecht und Landesrecht, 1899; *L. Wildhaber/S. Breitenmoser*, The Relationship between Customary International Law and Municipal Law in Western European Countries, ZaöRV 48 (1988), S. 163 ff.

3. Grundgesetz und Völkerrecht

a) Völkerrechtsfreundlichkeit der deutschen Rechtsordnung

8 Die völkerrechtsfreundliche Ausrichtung ist ein wesentlicher Zug des deutschen Grundgesetzes. Das Grundgesetz bekennt sich in prononcierter Weise zu einer „offenen Staatlichkeit" und zur internationalen Zusammenarbeit. Diese Offenheit der deutschen Verfassungsordnung steht für mehr als die Rücksichtnahme auf die wachsende internationale Verflechtung der Staatenwelt und auf die Interdependenz moderner Industriestaaten. Die Betonung des Stellenwertes völkerrechtlicher Verträge und die Einbindung in übergeordnete Organisationsformen der internationalen Zusammenarbeit entspringt auch dem Bemühen, nach dem Zusammenbruch des Dritten Reiches

die normativen Grundlagen für eine Wiedereingliederung Deutschlands als geachtetes Mitglied in die Staatengemeinschaft zu schaffen.

Die Völkerrechtsfreundlichkeit der deutschen Verfassungsordnung 9
ergibt sich aus einer Gesamtschau mehrerer Bestimmungen des Grundgesetzes. Die Präambel betont die Verpflichtung, dem „Frieden der Welt“ zu dienen. In Art. 1 Abs. 2 GG bekennt sich das Grundgesetz zu „unverletzlichen und unveräußerlichen Menschenrechten als Grundlage jeder menschlichen Gemeinschaft, des Friedens und der Gerechtigkeit in der Welt“. Dies bedeutet, dass jedenfalls die Menschenrechtsstandards des zwingenden Völkergewohnheitsrechts zum Kernbestand der deutschen Verfassungsordnung gehören (*Herdegen* in: Maunz-Dürig, GG, Art. 1 Abs. 2 Rn. 39 ff.; so jetzt auch BVerfGE 112, 1 [27]; BVerfGE 141, 1 [32]). Die Vorschrift des Art. 9 Abs. 2 GG verbietet Vereinigungen, die sich „gegen den Gedanken der Völkerverständigung richten“. Die Übertragung von Hoheitsrechten auf zwischenstaatliche Einrichtungen ermöglicht Art. 24 Abs. 1 GG. Diese Vorschrift ist die Grundlage für die Eingliederung in die Europäischen Gemeinschaften gewesen. Mittlerweile ist mit dem neuen „Europa-Artikel“ (Art. 23 GG) eine spezielle verfassungsrechtliche Basis für die Einbindung in die Europäische Union und deren weiteren Ausbau geschaffen worden. In der Vorschrift des Art. 24 Abs. 2 GG sieht das Grundgesetz die Einordnung Deutschlands in ein „System gegenseitiger kollektiver Sicherheit“ vor. Damit wird zunächst die Mitgliedschaft Deutschlands in den Vereinten Nationen abgestützt. Darüber hinaus deckt Art. 24 Abs. 2 GG aber auch die Einbindung Deutschlands in die zu einem System kollektiver Sicherheit „mutierte“ NATO. Der Beitritt zu Vereinbarungen über eine internationale Schiedsgerichtsbarkeit nach Art. 24 Abs. 3 GG ist ein unerfüllter Verfassungsauftrag geblieben, da bislang noch kein System einer solchen umfassenden obligatorischen Gerichtsbarkeit geschaffen worden ist. Die Bestimmung des Art. 25 GG transformiert die allgemeinen Regeln des Völkerrechts in Bundesrecht. Die Friedensbereitschaft der Bundesrepublik Deutschland findet besonderen Ausdruck in der Vorschrift des Art. 26 GG, die in Absatz 1 Aggressionshandlungen verbietet.

Die Völkerrechtsfreundlichkeit des Grundgesetzes entfaltet über 10
einzelne Verfassungsbestimmungen hinaus normative Bedeutung. So sind Gesetze möglichst im Einklang mit völkerrechtlichen Verpflichtungen der Bundesrepublik Deutschland auszulegen. Es gilt die Vermutung, dass der Gesetzgeber nicht gegen völkerrechtliche Verpflich-

tungen verstoßen will (BVerfGE 74, 358 [370]). Das Bundesverfassungsgericht ist bei der Berücksichtigung der Europäischen Menschenrechtskonvention noch einen Schritt weiter gegangen. Es hat den Grundsatz der konventionskonformen Auslegung auch auf das Grundgesetz selbst bezogen:

„Bei der Auslegung des Grundgesetzes sind auch Inhalt und Entwicklungsstand der Europäischen Menschenrechtskonvention in Betracht zu ziehen" (BVerfGE 74, 358 [370] – zur Bedeutung der Unschuldsvermutung im Strafprozessrecht).

Eine gesteigerte Pflicht zur Berücksichtigung der Rechtsprechung des Europäischen Menschenrechtsgerichtshofs ist dann geboten, wenn der von einem deutschen Gericht zu beurteilende Sachverhalt bereits Gegenstand einer Entscheidung des Gerichtshofs war (BVerfGE 111, 307 [324] – *Görgülü*):

„Sind für die Beurteilung eines Sachverhalts Entscheidungen des Gerichtshofs einschlägig, so sind grundsätzlich die vom Gerichtshof in seiner Abwägung berücksichtigten Aspekte auch in die verfassungsrechtliche Würdigung, namentlich die Verhältnismäßigkeitsprüfung einzubeziehen, und es hat eine Auseinandersetzung mit den vom Gerichtshof gefundenen Abwägungsergebnissen stattzufinden."

11 Das Anliegen, einem Verstoß der Bundesrepublik Deutschland gegen völkerrechtliche Verpflichtungen entgegenzuwirken, prägt auch den Umfang der verfassungsrechtlichen Kontrolle der Gerichtsentscheidungen bei der Anwendung einfachen Gesetzesrechts. Hierzu hat das Bundesverfassungsgericht ausgeführt:

„Im Rahmen seiner Gerichtsbarkeit hat das Bundesverfassungsgericht ... in besonderem Maße darauf zu achten, dass Verletzungen des Völkerrechts, die in der fehlerhaften Anwendung oder Nichtbeachtung völkerrechtlicher Normen durch deutsche Gerichte liegen und eine völkerrechtliche Verantwortlichkeit der Bundesrepublik Deutschland begründen könnten, nach Möglichkeit verhindert oder beseitigt werden. Dies kann im Einzelfall eine insoweit umfassende Nachprüfung gebieten" (BVerfGE 58, 1 [34] – *Eurocontrol*).

Interessant ist auch, dass die deutsche Rechtsprechung die rückwirkende Bestrafung von Tötungsakten an der innerdeutschen Grenze in den „Mauerschützen-Fällen" mit dem Verstoß des DDR-Schießbefehls gegen völkerrechtlich gewährleistete Menschenrechte begründet (BGHSt 39, 1 [15 ff.]; BVerfGE 95, 96 [135 f.]).

b) Allgemeine Regeln des Völkerrechts als Teil des Bundesrechts (Art. 25 GG)

Für die Einbeziehung des Völkerrechts in den innerstaatlichen Rechtsraum ist Art. 25 GG die zentrale Vorschrift: 12

> „Die allgemeinen Regeln des Völkerrechts sind Bestandteil des Bundesrechtes. Sie gehen den Gesetzen vor und erzeugen Rechte und Pflichten unmittelbar für die Bewohner des Bundesgebietes."

Mit den „allgemeinen Regeln des Völkerrechts" im Sinne von Art. 25 Satz 1 GG sind das völkerrechtliche Gewohnheitsrecht und die allgemeinen Rechtsgrundsätze des Völkerrechts gemeint. Art. 25 Satz 1 GG wirkt als eine Art „Tor", durch welches die allgemeinen Regeln des Völkerrechts in den innerstaatlichen Rechtsraum einströmen, und verschafft diesen Regeln in der Bundesrepublik Geltung.

Nach Art. 25 Satz 2 GG gehen die allgemeinen Regeln des Völker- 13
rechts den (Bundes-)Gesetzen vor. Die Auslegung dieser Rangvorschrift ist durchaus umstritten. Nach einer sehr weitgehenden, auch auf die Entstehungsgeschichte der Vorschrift gestützten Auffassung sollen die allgemeinen Regeln des Völkerrechts im Range sogar über dem Grundgesetz stehen. Hiergegen spricht, dass der verfassungsändernde Gesetzgeber nicht gehindert wäre, die Bestimmung des Art. 25 GG ganz aufzuheben (siehe Art. 79 Abs. 3 GG). Nach einer anderen, nicht ganz so weit gehenden Meinung haben die allgemeinen Regeln des Völkerrechts immerhin Verfassungsrang. Durchgesetzt hat sich eine dritte Ansicht. Diese orientiert sich am Wortlaut des Grundgesetzes und platziert die allgemeinen Regeln des Völkerrechts in ihrem innerstaatlichen Geltungsrang über den einfachen Bundesgesetzen, aber unterhalb der Normen des Grundgesetzes. Jedenfalls ist ein einfaches Bundesgesetz, das gegen eine allgemeine Regel des Völkerrechts verstößt, nicht anzuwenden. Das Bundesverfassungsgericht folgert aus Art. 25 GG,

> „dass die Behörden und Gerichte der Bundesrepublik Deutschland [...] grundsätzlich daran gehindert sind, innerstaatliches Recht in einer Weise auszulegen und anzuwenden, welche die allgemeinen Regeln des Völkerrechts verletzt" (BVerfGE 75, 1 [19]).

Gemäß Art. 25 Satz 2, 2. Halbsatz GG erzeugen allgemeine Regeln 14
des Völkerrechts unmittelbar Rechte und Pflichten für die Bewohner des Bundesgebietes. Daraus ergibt sich zunächst einmal, dass sich Einzelne jedenfalls auf solche völkerrechtlichen Regeln berufen können, die gerade dem Schutz des Einzelnen dienen (wie das Folterver-

bot oder andere Normen des Menschenrechtsschutzes). Umgekehrt kennt das Völkerrecht auch Pflichten, die sich direkt an den Einzelnen richten. So entfaltet das Verbot bestimmter Kriegsverbrechen nach Art. 25 Satz 2 GG unmittelbare Pflichten für den Einzelnen. Darüber hinausgehend leiten manche Stimmen der Staatsrechtslehre aus Art. 25 Satz 2 GG einen „Adressatenwechsel“ ab: Danach sollen sich aus völkerrechtlichen Normen auch dann Rechte und Pflichten für den Einzelnen ergeben, wenn diese Vorschriften sich auf völkerrechtlicher Ebene nur an Staaten und nicht auch an das Individuum richten (soweit diese Normen von ihrem Inhalt her überhaupt von Einzelnen in Anspruch genommen werden können wie etwa Durchfahrtsrechte nach internationalem Seerecht). Die Rechtsprechung lehnt eine derartige Umformung staatsgerichteter Regeln in Rechte und Pflichten des Einzelnen ab. Danach hat Art. 25 Satz 2, 2. Halbsatz GG lediglich deklatorischen Charakter. Er gilt nur für die individualgerichteten Normen des Völkerrechts (BVerfGE 46, 342 [362 f.]).

Nach dieser bloß deklatorischen Deutung von Art. 25 Satz 2 GG kann der Einzelne vor einem deutschen Gericht kein subjektives Recht aus einer Völkerrechtsregel ableiten, die nur andere Staaten schützt. Ein *Beispiel* ist etwa die Entführung eines Straftäters, der sich in einem anderen Staat aufgehalten hat und von dort aus von deutschen Vollzugsorganen unter Verletzung fremder Gebietshoheit in die Bundesrepublik Deutschland verbracht worden ist. In einem solchen Fall verletzt die Missachtung der Gebietshoheit allein den fremden Staat in dessen Rechten, aber nicht den entführten Straftäter (hierzu unten § 23 Rn. 3). Wiedergutmachung kann nur der in seinen Rechten verletzte Staat verlangen (siehe BVerfG, NJW 1986, S. 1427; BGH, MDR 1987, S. 427).

15 In jüngerer Zeit hatte sich das Bundesverfassungsgericht immer wieder mit allgemeinen Regeln des Völkerrechts im Sinne von Art. 25 GG zu befassen. Im Zusammenhang mit der strafrechtlichen Verfolgung von DDR-Spionen hat das Bundesverfassungsgericht in der Erstreckung der Strafgewalt der Bundesrepublik Deutschland auf geheimdienstliche Tätigkeit im Dienste der DDR keinen Verstoß gegen allgemeine Regeln des Völkerrechts gesehen (BVerfGE 92, 277 [317 f.]).

16 Die Vorschrift des Art. 25 GG enthält keine Grundrechtsgarantie. Zu erwägen ist aber, ob ein belastender Hoheitsakt bei einem Verstoß gegen allgemeine Regeln des Völkerrechts einen Verstoß gegen Art. 2 Abs. 1 GG (allgemeine Handlungsfreiheit) oder ein spezielles Grundrecht darstellt. Einzelne Entscheidungen des Bundesverfassungsgerichts lassen sich in diesem Sinne deuten:

„Eine den Einzelnen belastende gerichtliche Entscheidung, die auf einer dem allgemeinen Völkerrecht widersprechenden Vorschrift des innerstaatlichen Rechts oder einer mit dem allgemeinen Völkerrecht unvereinbaren Auslegung und Anwendung einer Vorschrift des innerstaatlichen Rechts beruht, verstößt gegen das durch Art. 2 Abs. 1 GG geschützte Recht der freien Entfaltung der Persönlichkeit" (BVerfG [Vorprüfungsausschuss], NJW 1986, S. 1425 ff. [1426] – *Pakelli* = ZaöRV 46 [1986], S. 289 m. Anm. v. *J. A. Frowein*).

In den Fällen, in denen das Vorliegen oder der Inhalt einer allgemeinen Regel des Völkerrechts zweifelhaft ist, begründet die Vorschrift des Art. 100 Abs. 2 GG eine besondere Zuständigkeit des Bundesverfassungsgerichts:

„Ist in einem Rechtsstreite zweifelhaft, ob eine Regel des Völkerrechtes Bestandteil des Bundesrechtes ist und ob sie unmittelbar Rechte und Pflichten für den Einzelnen erzeugt (Art. 25), so hat das Gericht die Entscheidung des Bundesverfassungsgerichtes einzuholen."

Wenn ein Gericht diese Vorlagepflicht missachtet, so liegt hierin eine Verletzung des Rechts auf den gesetzlichen Richter (Art. 101 Abs. 1 Satz 2 GG).

c) Völkervertragsrecht

Für den Abschluss völkerrechtlicher Verträge durch den Bund und 17
die Übernahme des Vertragsinhaltes in innerstaatliches Recht ist die Vorschrift des Art. 59 Abs. 2 GG maßgeblich. Die Bestimmung des Art. 59 Abs. 2 Satz 1 GG regelt die innerstaatliche Willensbildung beim Zustandekommen völkerrechtlicher Verträge. Sie bindet die Organe der auswärtigen Gewalt beim Abschluss bestimmter Verträge an die Mitwirkung der gesetzgebenden Bundesorgane.

Der Abschluss völkerrechtlicher Verträge ist in zwei Fällen an ein 18
parlamentarisches Zustimmungsgesetz gebunden: einmal bei Verträgen, welche die politischen Beziehungen des Bundes regeln (Art. 59 Abs. 2 Satz 1, 1. Alternative GG) und bei den „gesetzesinhaltlichen" Verträgen (Art. 59 Abs. 2 Satz 1, 2. Alternative GG). „Politische" Verträge sind nur solche völkerrechtlichen Vereinbarungen, die von besonderer Bedeutung für die Stellung der Bundesrepublik Deutschland innerhalb der Staatengemeinschaft sind (vgl. BVerfGE 1, 372 [380 f.]). Dabei handelt es sich um Verträge, die unmittelbar den Bestand des Staates, seine Unabhängigkeit oder sonst sein „maßgebliches" Gewicht in der Völkergemeinschaft berühren. Hierzu gehö-

ren etwa Friedensverträge, militärische Bündnis- oder Abrüstungsverträge sowie erhebliche Änderungen des Staatsgebietes. Konkrete Beispiele sind etwa die UN-Charta oder der Moskauer Vertrag über die abschließende Regelung in Bezug auf Deutschland von 1990.

19 Bei Verträgen, die sich auf „Gegenstände der Bundesgesetzgebung" beziehen (Art. 59 Abs. 2 Satz 1, 2. Alternative GG) geht es nicht um die Aufteilung der Gesetzgebungszuständigkeit von Bund und Ländern, sondern um die Abgrenzung von Gesetzgebung und Verwaltung. Entscheidend ist dabei, „ob im konkreten Fall ein Vollzugsakt unter Mitwirkung der gesetzgebenden Körperschaften erforderlich ist" (BVerfGE 1, 372 [388]). Gegenstand der Gesetzgebung in diesem Sinne ist der Vertragsinhalt also dann, wenn durch den Vertrag Verpflichtungen begründet werden, die nur mit einem Gesetzgebungsakt erfüllt werden können. Hinter dem Erfordernis der parlamentarischen Zustimmung steht die Erwägung, dass die Organe der Exekutive keine völkerrechtlichen Verpflichtungen für die Bundesrepublik Deutschland begründen können, die sie nicht selbst kraft eigener Kompetenz zu erfüllen vermögen. Vom parlamentarischen Zustimmungsvorbehalt erfasst werden alle Verträge, welche auf eine Änderung der Gesetzeslage gerichtet sind oder sonst einen Gesetzgebungsakt erfordern (etwa Auslieferungsverträge oder sonstige Vereinbarungen über internationale Rechtshilfe, die eine Änderung des innerstaatlichen Verfahrensrechts nach sich ziehen). Das parlamentarische Zustimmungsgesetz bestimmt auch den Rang, den innerstaatlich anwendbare Vertragsbestimmungen haben. Völkerrechtliche Verträge, deren Inhalt auf einem Zustimmungsgesetz nach Art. 59 Abs. 2 Satz 1 GG beruht, gelten im Range dieses Zustimmungsgesetzes (BVerfGE 141, 1 [19f.]). Sie gehen demnach Rechtsverordnungen des Bundes und allem Landesrecht vor. Im Verhältnis zu anderen Bundesgesetzen geht die speziellere Norm der allgemeineren Norm und die spätere Vorschrift der früheren vor. Verwaltungsabkommen nach Art. 59 Abs. 2 Satz 2 GG sind solche völkerrechtlichen Vereinbarungen, die keine politischen Beziehungen regeln und für deren innerstaatliche Durchführung kein Mitwirkungsakt der gesetzgebenden Körperschaften erforderlich ist (siehe BVerfGE 1, 372 [390]).

20 Sehr umstritten ist, ob *einseitige* Akte der Exekutive wie die Kündigung eines Vertrages und die Erklärung eines Vorbehaltes wegen ihrer Einwirkung auf Inhalt oder Geltungsdauer eines Vertrages der parlamentarischen Zustimmung bedürfen. Die herrschende Meinung folgt dem Wortlaut des Art. 59 Abs. 2 Satz 1 GG und hält die parla-

mentarische Zustimmung nur für den Abschluss des Vertrages für erforderlich.

Umstritten ist, inwieweit die Bundesregierung im Zusammenwirken mit den anderen Vertragsparteien einen Vertrag dynamisch fortentwickeln kann. Im „*Somalia*"-Urteil hat die das Urteil tragende Meinung des Bundesverfassungsgerichts in gewissen Grenzen der Bundesregierung die Möglichkeit eingeräumt, durch rechtserhebliches Handeln im Rahmen bestehender Verträge neue Rechte und Pflichten für die Bundesrepublik Deutschland auch ohne parlamentarischen Zustimmungsakt zu begründen, solange kein Wille der Vertragsparteien zur Vertragsänderung vorliegt (BVerfGE 90, 286 [360 ff.]). Dies gilt namentlich für eine neue dynamische Vertragsauslegung im Einvernehmen mit den Regierungen der anderen Vertragsparteien oder für die Begründung einer neuen, ebenfalls einvernehmlichen Praxis bei der Anwendung des Vertrages. Die unterlegene Meinung in dem entscheidenden Senat des Bundesverfassungsgerichts will dagegen den Gesetzgeber in die Entwicklung eines neuen vertraglichen Konzepts schon im Vorfeld der klaren Begründung neuer Vertragspflichten einbinden (BVerfGE 90, 286 [375]).

Im Organstreit über das „Neue Strategische Konzept" der NATO sah das Bundesverfassungsgericht in der Mitwirkung der Bundesregierung an einem gemeinsamen Ausbau der NATO-Aufgaben für Zwecke der regionalen Befriedung keine der Zustimmung bedürfende Vertragsänderung, weil es an einem entsprechenden Vertragsbindungswillen der Mitgliedstaaten gefehlt habe (BVerfGE 104, 151 ff.).

Um Konflikte zwischen der innerstaatlichen Rechtslage und völ- **21**
kervertraglichen Pflichten zu vermeiden, gilt der Grundsatz, dass Gesetze möglichst im Einklang mit den völkerrechtlichen Verträgen auszulegen sind:

„Auch Gesetze ... sind im Einklang mit den völkerrechtlichen Verpflichtungen der Bundesrepublik Deutschland auszulegen und anzuwenden, selbst wenn sie zeitlich später erlassen worden sind als ein geltender völkerrechtlicher Vertrag; denn es ist nicht anzunehmen, dass der Gesetzgeber, sofern er dies nicht klar bekundet hat, von völkerrechtlichen Verpflichtungen der Bundesrepublik Deutschland abweichen oder die Verletzung solcher Verpflichtungen ermöglichen will" (BVerfGE 74, 358 [370]; vgl. auch BVerfGE 111, 307 [317 ff.]).

Zur völkerrechtsfreundlichen Rechtsanwendung gehört auch die Berücksichtigung der Rechtsprechung internationaler Gerichte zu Verträgen, welche die Bundesrepublik Deutschland ratifiziert hat. Das Bundesverfassungsgericht leitet aus der Bindung der Rechtsprechung an Gesetz und Recht (Art. 20 Abs. 3 GG) in Verbindung mit Art. 59 Abs. 2 GG die *verfassungsrechtliche* Pflicht der Fachgerichte ab, die Rechtsprechung des Internationalen Gerichtshofs und anderer internationaler Gerichte zur Auslegung völkerrechtlicher Verträge zu berücksichtigen, wenn die Bundesrepublik Deutschland Vertragspartei ist und sich der jeweiligen internationalen Gerichtsbarkeit unterworfen hat. Das Bundesverfassungsgericht nimmt insoweit eine „normative Leitfunktion" der Vertragsauslegung durch internationale Gerichte an (Siehe zum Wiener Übereinkommen über konsularische Beziehungen BVerfG [Kammerbeschluss], NJW 2007, S. 499 [501 ff.]; BVerfG [Kammerbeschluss], NJW 2011, 207).

Scheitert eine völkervertragsrechtskonforme Auslegung eines späteren Gesetzes aus methodischen Gründen am objektiven Willen des Gesetzgebers, setzt sich der vertragswidrige Gesetzesinhalt aus der Sicht des innerstaatlichen Rechts durch. Insoweit gilt die *lex posterior*-Regel (BVerfGE 141, 1 [35]).

Literatur: *A. Bleckmann*, Grundgesetz und Völkerrecht, 1975; *K. Doehring*, Die allgemeinen Regeln des völkerrechtlichen Fremdenrechts und das deutsche Verfassungsrecht, 1963; *R. Geiger*, Grundgesetz und Völkerrecht, 6. Aufl. 2013; *M. Herdegen*, Völkerrechtliche Restitutionspflichten und ihre Wirkungen im innerstaatlichen Recht, NJW 1988, S. 593 ff.; *W. Rudolf*, Völkerrecht und deutsches Recht, 1967; *S. Talmon*, Die Grenzen der Anwendung des Völkerrechts im deutschen Recht, JZ 2013, S. 12 ff.; *K. Vogel*, Die Verfassungsentscheidung des Grundgesetzes für eine internationale Zusammenarbeit, Recht und Staat, Heft 292/293 (1964).

4. „Internationalisierte" Staatsordnungen

22 Zu den hervorstechenden Entwicklungen des Völkerrechts gehört es, dass immer wieder die rechtliche Grundordnung von Staaten und staatsähnlichen Gebilden völkerrechtlich überformt ist. Dabei lässt sich von einer „Internationalisierung" der nationalen Verfassungen sprechen.

Hierfür liefert die deutsche Verfassungsrechtsgeschichte ein im besatzungsrechtlichen Zusammenhang stehendes Beispiel: die mittlerweile abgelösten Vorbehaltsrechte der Alliierten, welche dem Zugriff des deutschen Gesetzgebers entzogen waren und ihrerseits als Korsett für die deutsche Verfassungsordnung gewirkt haben (siehe Art. 2 des „Deutschlandvertrages" von 1952, BGBl. 1955 II, S. 305).

23 In jüngerer Zeit stehen Internationalisierungsprozesse im Zusammenhang mit der Befriedung interner Konflikte unter Beteiligung der Vereinten Nationen oder anderer Staaten, die als eine Art Garantiemächte für völkerrechtliche Vereinbarungen mit staatsrechtlichem Inhalt wirken. Ein besonders prägnantes Beispiel ist das Abkommen von Dayton, das die verfassungsrechtlichen Strukturen von Bosnien und Herzegowina in Form eines völkerrechtlichen Vertrages festschreibt (ILM 35 [1996], S. 170 ff.).

Eine hochinteressante Facette der Internationalisierung der Verfassung von Bosnien und Herzegowina bildet die Dekretierung von (weitgehend von den zuständigen Volksrepräsentanten gebilligten aber von einer Parlamentskammer blockierten) Verfassungsänderungen durch den Hohen Repräsentanten, der nach dem Dayton-Abkommen als oberste Autorität die Verantwortung für die Umsetzung der zivilen Aspekte des Übereinkommens trägt und von einer internationalen Staatengruppe mit Zustimmung des UN-Sicherheitsrates eingesetzt wird (siehe Decision on Constitutional Amendments in the Federation, 19.4.2002, abrufbar unter: http://www.ohr.int/?p=66761, zuletzt abgerufen am 29.11.2018).

Zur Vermengung von völkerrechtlichen und staatsrechtlichen Elementen ist es auch in den Vereinbarungen zwischen der Regierung von Guatemala und aufständischen Bewegungen (ILM 36 [1997], S. 258 ff.) gekommen (siehe zu einem teilweise „internationalisierten" Befriedungsprozess in El Salvador : United Nations Blue Books Series IV, The United Nations and El Salvador, 1995). In diesen Zusammenhang gehören weiter die Vereinbarungen zwischen Israel und der palästinensischen Befreiungsorganisation PLO über die Autonomiegebiete der Palästinenser in der Westbank und auf dem Gaza-Streifen (hierzu oben § 7 Rn. 7). Auch das Abkommen von Paris über die Befriedung von Kambodscha von 1991 hat auf die staatsrechtliche Entwicklung des Landes nachhaltig eingewirkt (BGBl. 1994 II, S. 543).

Zu einer Internationalisierung eigener Art hat auch die UN-Übergangsverwaltung in Ost-Timor und im Kosovo geführt.

Literatur: *M. Cox*, The Dayton Agreement in Bosnia and Herzegovina: A Study of Implementation and Strategies, BYIL 69 (1998), S. 201 ff.; *R. Grote*, The United Nations and the Establishment of a New Model of Governance for Central America: The Case of Guatemala, Max Planck UNYB 1998 (Vol. 2), S. 239 ff.; *M. Herdegen*, Extrakonstitutionelle Grundnormen der deutschen Rechtsordnung? Staat und Recht 39 (1990), S. 697 ff.; *J. Morrow/R. White*, The United Nations in Transitional East Timor: International Standards and the Reality of Governance, Australian Yearbook of International Law 22 (2002), S. 1 ff.; *S. Sina*, Der völkerrechtliche Status des Westjordanlandes und des Gaza-Streifens nach den Osloer Verträgen, 2004; *C. Tomuschat*, Between National and International Law: Guatemala's Historical Clarification Commission, in: Liber amicorum Günther Jaenicke, 1998, S. 991 ff.

IV. Kapitel. Hoheitsgewalt der Staaten

§ 23. Gebietshoheit

1 Die beiden Begriffe „territoriale Souveränität“ und „Gebietshoheit“ sind weitgehend, aber nicht völlig deckungsgleich. Die *territoriale Souveränität* ist der engere Begriff. Sie bezieht sich auf das *eigene* Staatsgebiet. Die territoriale Souveränität umfasst die ausschließliche Befugnis, auf dem Staatsgebiet staatliche Funktionen wahrzunehmen und schließt (im Gegensatz zur Gebietshoheit) das Recht ein, über das Gebiet zu verfügen. Klassischen Ausdruck hat der mit der territorialen Souveränität verbundene Ausschließlichkeitsanspruch in dem berühmten Schiedsspruch von Max Huber im *Island of Palmas*-Fall (1928) gefunden:

> „Sovereignty in the relations between States signifies independence. Independence in regard to a portion of the globe is the right to exercise therein, to the exclusion of any other State, the functions of a State. The development of the national organisation of States during the last few centuries and, as a corollary, the development of international law, have established this principle of the exclusive competence of the State in regard to its own territory in such a way as to make it the point of departure in settling most questions that concern international relations“ (RIAA II, S. 829 [838]).

2 Die *Gebietshoheit* bedeutet die exklusive Befugnis zur Vornahme von Hoheitsakten auf einem bestimmten Territorium, das nicht der dauernden Verfügungsgewalt des Hoheitsträgers zu unterstehen braucht. Ein Beispiel bildete die befristete Verpachtung der *New Territories* von Hongkong durch China an die britische Krone. Bei den früheren deutschen Ostgebieten ist die auf Grund des Potsdamer Abkommens begründete Gebietshoheit von Polen und der damaligen Sowjetunion spätestens mit dem Moskauer Vertrag von 1990 zur vollen territorialen Souveränität erstarkt.

3 Völkergewohnheitsrecht verbietet den Staaten, Hoheitsakte auf dem Gebiet eines anderen Staates ohne dessen Zustimmung vorzunehmen. So musste die deutsche Bundesregierung vor der Befreiung der von Terroristen entführten Lufthansa-Maschine durch deutsche

Sicherheitskräfte auf dem Flughafen von Mogadischu (1977) die Zustimmung der Regierung von Somalia einholen.

Der (im Zusammenhang mit den Protesten von Greenpeace gegen die französischen Atomversuche stehende) Anschlag von Angehörigen des französischen Geheimdienstes auf das Greenpeace-Schiff *Rainbow Warrior* in einem neuseeländischen Hafen im Jahre 1985 ist ein flagranter Fall der Verletzung fremder Gebietshoheit. Nach einem Schiedsspruch des Generalsekretärs der Vereinten Nationen hatte sich Frankreich für den völkerrechtswidrigen Anschlag zu entschuldigen und Neuseeland eine hohe Entschädigung zu zahlen (*Rainbow Warrior Case [New Zealand v. France]*, ILM 26 [1987], S. 1346; hierzu *M. Pugh*, Legal Aspects of the Rainbow Warrior Affair, ICLQ 36 [1987], S. 655 ff.). Streitigkeiten zwischen den beiden Staaten über die Bestrafung der französischen Agenten führten zu einem weiteren Schiedsverfahren (ILR 82 [1990], S. 499). Daneben zahlte Frankreich der Familie eines bei dem Anschlag getöteten Besatzungsmitgliedes Entschädigung und erstattete die Leistungen der Schiffsversicherung. Schließlich schlossen Frankreich und Greenpeace eine Schiedsvereinbarung über die Festlegung einer an diese Nichtregierungsorganisation zu zahlende Entschädigung.

Ein Verstoß gegen die Gebietshoheit eines Staates liegt auch in der Entführung von Personen durch ausländische Organe für Zwecke der Strafverfolgung in einem anderen Staat. Bekanntestes Beispiel ist die Entführung des NS-Verbrechers *Eichmann* aus Argentinien durch israelische Agenten (siehe District Court of Jerusalem, ILR 36 [1961], S. 5; Supreme Court of Israel, ILR 36 [1961], S. 277). Auch sonst hatten sich nationale Gerichte immer wieder mit dem Vorwurf völkerrechtswidriger Entführung oder des Hereinlockens in den Gerichtsstaat zu befassen (zur Entführung des Obersten *Argoud* aus München durch den französischen Geheimdienst siehe französischer Kassationshof, ILR 45 [1972], S. 90; zur Entführung eines mexikanischen Arztes in die USA siehe amerikanischer Supreme Court, *U. S. v. Alvarez-Machain*, 504 U.S. 655 [1992]; vgl. auch BVerfG, NJW 1995, S. 651; BVerfGE 109, 13 [25 ff.]). Nach Völkerrecht wird mit der Verletzung fremder Gebietshoheit der Strafanspruch des verfolgenden Staates nicht verwirkt. Vorbehaltlich von Rückführungsanprüchen des verletzten Staates gilt die Devise: *male captus, bene detentus.* Etwas anderes im Sinne eines völkerrechtlichen Strafverfolgungs- oder Auslieferungshindernisses mag allenfalls dann gelten, wenn ein Staat für Zwecke der Strafverfolgung eine Person unter schweren Menschenrechtsverletzungen in seine Gewalt gebracht hat (siehe International Criminal Tribunal for the Former Yugoslavia, *Prosecutor v. Dragan Nikolic*, Entscheidung v. 5. Juni 2003 – IT-94-2-AR73, Appeals Chamber, paras. 24 ff.).

Die territoriale Souveränität ist nicht unbeschränkt. Vielmehr sind 4
die Staaten gehalten, bei der Ausübung territorialer Hoheitsrechte mit grenzüberschreitenden Auswirkungen die Belange von Nachbarstaaten zu berücksichtigen. Rücksichtnahmepflichten spielen vor al-

lem im internationalen Umweltrecht eine große Rolle (hierzu unten §§ 51, 52).

Die territoriale Souveränität bzw. die Gebietshoheit kann im Übrigen besonderen Einschränkungen unterliegen. In Betracht kommen insbesondere Dienstbarkeiten *(Servituten)* wie Transitrechte, Truppenstationierungsrechte oder Grenzservituten (*Beispiel:* Badischer Bahnhof in Basel), Verwaltungszessionen als Grundlage administrativer Befugnisse eines anderen Staates (Beispiel: Kanalzone der USA in Panama bis Ende 1999) sowie die Verpachtung eines Gebietes.

5 Die Gebietshoheit liefert einen wesentlichen Anknüpfungspunkt für die Inanspruchnahme staatlicher Regelungsgewalt nach dem sog. *Territorialitätsprinzip.* Danach kann ein Staat Rechte und Pflichten für Personen begründen, die sich auf seinem Staatsgebiet aufhalten, sowie den Status von Personen und Sachen auf seinem Staatsgebiet regeln. Daneben kann ein Staat in bestimmtem Umfang ein Verhalten außerhalb seines Staatsgebiets seinem Recht unterwerfen, um bestimmte staatliche Interessen zu schützen. Das im Sinne der heutigen Staatenpraxis weit zu verstehende Territorialitätsprinzip gestattet es auch, Vorgänge in anderen Staaten mit Auswirkungen auf das eigene Staatsgebiet zu regeln *(Wirkungsprinzip).* Aus einer extensiven Inanspruchnahme des Wirkungsprinzips können sich bei Sachverhalten mit Berührung zu anderen Staaten schwierige Jurisdiktionskonflikte ergeben (hierzu unten § 26 Rn. 17 ff.).

6 Die Gebietshoheit ist Anknüpfungspunkt für Sorgfaltspflichten (*due diligence*). Nach Völkergewohnheitsrecht muss ein Staat nach Möglichkeit verhindern, dass völkerrechtlich geschützte Interessen fremder Staaten sowie Leben oder Eigentum der Angehörigen fremder Staaten auf fremden Staatsgebiet durch grenzüberschreitende Aktivitäten Privater geschädigt werden. Dieser Grundsatz (*no harm principle*) ist vor allem im völkerrechtlichen Nachbarrecht im Hinblick auf Umweltbeeinträchtigungen entwickelt worden (hierzu unten § 51), gilt aber auch für sonstige Schädigungshandlungen. Im *Corfu Channel*-Fall hat der Internationale Gerichtshof eine allgemeine Pflicht des Staates zur Verhinderung von Schäden formuliert, die aus dem Völkerrecht widersprechenden Aktivitäten auf seinem Staatsgebiet erwachsen können und dem Staat bekannt sind. Im Zusammenhang mit dem Verlegen von Minen in den Küstengewässern Albaniens durch unbekannte Akteure und die dadurch herbeigeführte Schädigung eines britischen Kriegsschiffs hat der IGH eine Pflicht Albaniens zur Warnung der Schifffahrt angenommen:

„The obligations incumbent upon the Albanian authorities consisted in notifying, for the benefit of shipping in general, the existence of a minefield in Albanian territorial waters and in warning the approaching British warships of the imminent danger to which the minefield exposed them. Such obligations are based, not on the Hague Convention of 1907, No. VIII, which is applicable in time of war, but on certain general and well-recognized principles, namely: elementary considerations of humanity, even more exacting in peace than in war; the principle of the freedom of maritime communication; and every State's obligation not to allow knowingly its territory to be used for acts contrary to the rights of other States“ (IGH, *Corfu Channel Case [UK v. Albania]*, ICJ Reports 1949, S. 4 [22]).

Due diligence Pflichten können sich auch aus der Nutzung des 7
Staatsgebiets für den grenzüberschreitenden Waffentransport (IGH, *Military and Paramilitary Activities in and against Nicaragua [Nicaragua v. USA]*, ICJ Reports 1986, S. 14 [83], para. 155) ergeben. Daneben sind Staaten verpflichtet, im Rahmen der gebotenen Sorgfalt Maßnahmen gegen erkennbare Cyber-Attacken Privater zu ergreifen, welche die Integrität digitaler Netzwerke, Leib und Leben oder Eigentum in anderen Staaten zu schädigen drohen. Der völkerrechtlich nicht verbotene Datendiebstahl, etwa für Zwecke der Militär- oder Wirtschaftsspionage, wird hiervon jedoch nicht erfasst.

Der Grad der gebotenen Sorgfalt bei der Überwachung privater Aktivitäten richtet sich insbesondere nach dem Risiko, das mit diesen Aktivitäten verbunden ist. Dies gilt für Überwachungspflichten, die aus der Gebietshoheit erwachsen sowie für mit der Personalhoheit verknüpfte Sorgfaltspflichten (Gutachten des Internationalen Seegerichshofs, Kammer für Meeresbodenstreitigkeiten, *Responsibilities and Obligations of States Sponsoring Persons and Entities with respect to Activities in the Area*, Advisory Opinion [2011] para. 117).

Literatur: *M. Herdegen*, Die völkerrechtswidrige Entführung eines Beschuldigten als Strafverfolgungshindernis, EuGRZ 1986, S. 1 ff.; *H. D. Reid*, International Servitudes in International Law and Practice, 1932; *C. Ryngaert*, Jurisdiction in International Law, 2. Aufl. 2015; *M. N. Shaw*, Territory in International Law, NYIL 1982, S. 61 ff.; *A. Verdross/B. Simma/R. Geiger*, Territoriale Souveränität und Gebietshoheit, 1980; *S. Wilske*, Die völkerrechtswidrige Entführung und ihre Rechtsfolgen, 2000.

§ 24. Staatsgebiet, Gebietserwerb und internationalisierte Gebiete

1. Staatsgebiet

1 Zum Staatsgebiet gehört zunächst die Landmasse (bei Küstenstaaten das Land insoweit, als es ständig über der Niedrigwasserlinie liegt). Die meisten der heutigen *Landesgrenzen* sind durch Vertrag oder feste Staatspraxis fixiert. In Lateinamerika und weitgehend auch in Afrika folgt die Grenzziehung nach der sog. *uti possidetis*-Doktrin den Außen- oder Verwaltungsgrenzen der früheren Kolonialmächte (hierzu IGH, *Frontier Dispute [Burkina Faso v. Republic of Mali]*, ICJ Reports 1986, S. 554 [565 ff. paras. 20 ff.]; IGH, *Frontier Dispute [Benin v. Niger]*, ICJ Reports 2005, S. 90 ff.).

Beispielsweise findet die Zugehörigkeit des (vor der Küste Nicaraguas gelegenen) Archipels von San Andrés zu Kolumbien ihre völkerrechtliche Grundlage in einer Anordnung der spanischen Krone von 1803, die das Gebiet dem Vizekönigreich von Neugranada zugeordnet hat. Diese Zuordnung ist später durch einen Vertrag zwischen Kolumbien und Nicaragua bestätigt worden. Hier und in anderen Fällen lassen sich allerdings die kolonialen Grenzen in den Randzonen nicht immer exakt bestimmen. Die *uti possidetis*-Doktrin bedarf insoweit der Ergänzung durch das Kriterium der *effectivités*, das auf die effektive Herrschaftsausübung über ein Gebiet abstellt; insoweit ist nur herrschaftsbegründendes Verhalten vor Ausbruch eines Grenzstreites relevant (IGH, *Territorial and Maritime Dispute [Nicaragua v. Colombia]*, ICJ Reports 2012, S. 624 paras. 66 ff.).

Während in Lateinamerika die *uti possidetis*-Doktrin schon wegen der homogenitätsprägenden Wirkung des spanischen Kolonialreiches zu keinen schwerwiegenden Verwerfungen geführt hat, bewirkt der Rückgriff auf die kolonialen Grenzen in Afrika vielfach künstlich erscheinende Grenzverläufe mit schwierigen ethnischen Konflikten.

2 Bei *Grenzflüssen* verläuft die Grenze im Allgemeinen in der Mitte des Bettes, bei schiffbaren Flüssen jedoch in der Mitte der Fahrrinne („Talweg"). Eine Reihe wichtiger Flüsse unterliegen einem „internationalisierten" Nutzungsregime. Hierzu gehört etwa der Rhein. So gewährleistet die revidierte Rheinschifffahrtsakte von 1868 (Mannheimer Akte, BGBl. 1966 II, S. 561) die freie Schifffahrt auf dem Rhein:

„Die Schifffahrt auf dem Rhein und seinen Ausflüssen von Basel bis in das offene Meer soll, sowohl aufwärts als abwärts, unter Beachtung der in diesem Vertrage festgesetzten Bestimmungen und der zur Aufrechterhaltung der allgemeinen Sicherheit erforderlichen polizeilichen Vorschriften, den Fahrzeugen aller Nationen zum Transport von Waren und Personen gestattet sein“ (Art. 1 Abs. 1).

Schwierigkeiten bereitet zuweilen die Bestimmung des Grenzverlaufes bei Binnenseen. So ist für den größeren Teil des Bodensees („Obersee“) fraglich, ob das Seegebiet zwischen Deutschland, Österreich und der Schweiz geteilt ist (Realteilung) oder im Kondominium aller drei Staaten steht. Angesichts der vertraglichen Regelung praktisch wichtiger Nutzungsfragen spielt diese Frage heute nur eine untergeordnete Rolle.

Das seewärtige Staatsgebiet umfasst einmal die sogenannten *inneren Gewässer (internal waters)* und zum anderen das *Küstenmeer (territorial sea):* 3

„Die Souveränität eines Küstenstaats erstreckt sich jenseits seines Landgebiets und seiner inneren Gewässer sowie im Fall eines Archipelstaats jenseits seiner Archipelgewässer auf einen angrenzenden Meeresstreifen, der als Küstenmeer bezeichnet wird“ (Art. 2 Abs. 1 SRÜ).

Die *inneren* Gewässer *(internal waters)* verlaufen diesseits der Basislinie des Küstenmeers. Die Basislinie orientiert sich am Verlauf des trockenen Landes bei niedrigem Wasserstand (hierzu unten § 31 Rn. 4). Das Völkergewohnheitsrecht gestattete früher nur die Inanspruchnahme eines *Küstenmeers* mit einer Breite von drei Seemeilen (Reichweite eines Kanonenschusses). Gegenwärtig gilt eine zulässige Breite des Küstenmeerstreifens bis zu 12 Seemeilen:

„Jeder Staat hat das Recht, die Breite seines Küstenmeers bis zu einer Grenze festzulegen, die höchstens 12 Seemeilen von den in Übereinstimmung mit diesem Übereinkommen festgelegten Basislinien entfernt sein darf“ (Art. 3 SRÜ).

Die Bundesrepublik Deutschland nimmt – unter Abrücken von der bisherigen Praxis – für die Nordsee ein Küstenmeer in einer Breite von 12 Seemeilen, in Teilgebieten der Ostsee ein Küstenmeer von einer geringen Breite in Anspruch (siehe Bekanntmachung der Proklamation der Bundesregierung über die Ausweitung des deutschen Küstenmeeres, BGBl. 1994 I, S. 3428). 4

Die territoriale Souveränität erstreckt sich auch auf den *Luftraum*, also die Luftsäule über dem Staatsgebiet. Dabei ist die Abgrenzung 5 zum Weltraum schwierig. Die staatliche Lufthoheit reicht jedenfalls bis in die Lufthöhe, in der noch Flugzeuge fliegen können (abhängig von der Konstruktionsart 20–25 Meilen). Nach einer anderen, verbreiteten Ansicht soll sich der staatliche Luftraum bis zur Mindesthöhe für die terrestrische Umlaufbahn von Satelliten (etwa 50–70 Meilen) erstrecken. Diese Ansicht vermag sich auf eine jahrzehntelange Staatenpraxis (seit dem Verbringen des „Sputnik"-Satelliten in die Erdumlaufbahn im Jahre 1957) zu stützen. Wesentlich weiter gehen vereinzelte Überlegungen, den staatlichen Luftraum bis zum Vorhandensein von Rest-Atmosphäre (bis zu 10.000 Meilen) auszudehnen. Immerhin besteht weithin Konsens darüber, dass der staatliche Luftraum mindestens bis in eine Höhe von etwa 50 Meilen reicht und dass spätestens ab einer Höhe von etwa 80 Meilen der Weltraum beginnt. Umstritten ist weiter, ob die Positionierung „geostationärer" Satelliten mit Rücksicht auf die Gebietshoheit der betroffenen Staaten deren Zustimmung bedarf und ob es wenigstens ein besonderes rechtliches Regime für geostationäre Umlaufbahnen geben soll.

In der *Erklärung von Bogotá* aus dem Jahre 1976 fordern acht der Äquatorialstaaten die Zustimmung des jeweiligen Staates für den Umlauf geostationärer Satelliten (die „über" einem bestimmten Punkt positioniert sind). Diese Erklärung hat in der Staatengemeinschaft lebhaften Widerspruch erfahren.

6 Für die Nutzung des staatlichen Luftraums enthält das *Abkommen von Chicago über die internationale Zivilluftfahrt* von 1944 (BGBl. 1956 II, S. 442) einige Grundprinzipien. Dabei wird zwischen planmäßigem und nicht-planmäßigem Luftverkehr unterschieden. Im Gegensatz zum nicht-planmäßigen Luftverkehr ist die Durchführung des planmäßigen Luftverkehrs an eine besondere Erlaubnis des angeflogenen oder überflogenen Staates gebunden (Art. 5 und 6). Umstritten ist, ob nach Völkergewohnheitsrecht ein Staat rechtswidrig in seinen Luftraum eingedrungene zivile Flugzeuge überhaupt (unter Wahrung der Verhältnismäßigkeit der Mittel) angreifen darf. Der Abschuss eines vom Kurs abgekommenen südkoreanischen Passagierflugzeuges durch die Sowjetunion im Jahre 1983 ist in der Staatengemeinschaft weithin verurteilt worden. Eine Änderung des Abkommens von Chicago aus dem Jahre 1984 (Art. 3 bis *lit.* a) verbietet den Waffeneinsatz gegen zivile Flugzeuge und verpflichtet die Vertragsstaaten, beim Abfangen solcher Flugzeuge die Sicherheit der Flugpassagiere nicht zu gefährden.

Nach dem Abschuss eines (irrtümlich für eine Militärmaschine gehaltenen) iranischen Passagierflugzeuges durch amerikanische Streitkräfte im Jahre 1988 haben die USA sich mit Iran auf umfangreiche Entschädigungsleistungen verständigt (siehe ILM 35 [1996], S. 553 ff.).

Literatur: *J. Kokott/L. Gündling*, Die Erweiterung der deutschen Küstengewässer in der Nordsee, ZaöRV 45 (1985), S. 675 ff.; *S. Petersen*, Deutsches Küstenrecht, 1989; *I. Schwartz*, Der gewohnheitsrechtliche Aspekt der Abgrenzungsfrage zwischen Luft- und Weltraum, ZLW 1988, S. 228 ff.; *L. Tomas*, Chicago Convention (1944), in: R. Wolfrum (Hrsg.), MPEPIL, Bd. 2, 2012, S. 117 ff.

2. Gebietserwerb

Gründe für den Erwerb von Staatsgebiet bilden die Okkupation 7
(originärer Erwerb), die Zession (freiwillige Gebietsabtretung), die Ersitzung nach längerem Zeitablauf, die Adjudikation (gerichtlicher oder schiedsgerichtlicher Zuspruch von Staatsgebiet) und schließlich die Anschwemmung. Früher galt auch die Annexion (gewaltsamer Gebietserwerb) als Erwerbstitel.

Die *Okkupation* bildet nur bei herrenlosem Gebiet *(terra nullius)* 8
einen anerkannten Erwerbstitel. Jedenfalls seit der zweiten Hälfte des 19. Jahrhunderts greift dieser Erwerbsgrund nicht bei Gebieten mit einheimischer Bevölkerung, die einen gewissen Grad an politischer Organisation erlangt hat (siehe IGH, *Western Sahara Case*, Advisory Opinion, ICJ Reports 1975, S. 12 [39 para. 80]). Hier bedarf es eines derivativen Erwerbs (etwa durch Vereinbarungen mit den Inhabern der Gebietshoheit). Im Übrigen setzt die Okkupation ein Mindestmaß an Effektivität und Kontinuität bei der Ausübung von Staatsgewalt voraus (*Island of Palmas*-Schiedsspruch [1928], RIAA II, S. 829 ff. [839]: „continuous and peaceful display of State authority"). Umstritten ist, ob die Okkupation einen tragfähigen Titel für den Erwerb der *Falkland-Inseln* durch Großbritannien darstellt oder nicht. Eine Untersuchung des britischen House of Commons zur wechselvollen Geschichte der Inseln unter langer, aber immer wieder von Argentinien bestrittener Herrschaft Großbritanniens kam zu keinem eindeutigen völkerrechtlichen Befund (House of Commons, Foreign Affairs Committee, Session 1982–83, Falkland Island, Minutes of Evidence, 17.1.1983).

Die *Annexion* (gewaltsame Einverleibung eines Gebietes) bildet 9
nach heute herrschender Völkerrechtslehre keinen tauglichen Er-

werbstitel mehr. Aus dem Gewaltverbot der UN-Charta (Art. 2 Nr. 4) wird geschlossen, dass gewaltsame Gebietsverschiebungen unwirksam sind. Schon vor dem Zweiten Weltkrieg wurde die sogenannte *Stimson*-Doktrin der Nichtanerkennung von Gebietsveränderungen entwickelt, welche auf völkerrechtswidriger Gewaltanwendung beruhen. Ähnlich äußert sich die *Friendly Relations*-Erklärung der Generalversammlung der Vereinten Nationen von 1970 (Anhang zu GA/Res. 2625 [XXV], UNYB 1970, S. 788):

„The territory of a State shall not be the object of acquisition by another State resulting from the threat or use of force. No territorial acquisition resulting from the threat or use of force shall be recognized as legal."

Auch die Charta der Organisation Amerikanischer Staaten verpflichtet die Mitglieder, Gebietserwerbungen oder andere Veränderungen, die durch Gewalt oder Anwendung von Zwang erlangt worden sind, die Anerkennung zu versagen (Art. 21):

The territory of a State is inviolable; it may not be the object, even temporarily, of military occupation or of other measures of force taken by another State, directly or indirectly, on any grounds whatever. No territorial acquisitions or special advantages obtained either by force or by other means of coercion shall be recognized.

10 Höchst problematisch sind die Folgen der rechtswidrigen Annexion von *Tibet* durch China im Jahre 1950. Hier wächst in der westlichen Staatenwelt – bei gleichzeitigem Bemühen um die Sicherung menschenrechtlicher Standards und um einen Autonomiestatus für die tibetische Bevölkerung – die Bereitschaft, sich mit dem chinesischen Gebietsanspruch auf Tibet abzufinden. Um ähnliche Probleme wie bei der rechtswidrigen Annexion geht es bei der Errichtung der Türkischen Republik von *Nordzypern* in Folge der türkischen Invasion des nördlichen Teils von Zypern. Die Errichtung dieses „Staates" in völliger Abhängigkeit von der Türkei hat in der Staatengemeinschaft keine Anerkennung gefunden.

11 Die Sezession der Krim und deren anschließende Aufnahme in die Russische Föderation wird in der Staatengemeinschaft und Völkerrechtslehre ganz überwiegend als Fall der völkerrechtswidrigen Annexion betrachtet, der die Anerkennung zu versagen ist. Die Krim ist im Jahre 1954 der Ukraine zugeschlagen worden. Nach dem Zerfall der Sowjetunion wurde die einstige innersowjetische Binnengrenze zur Außengrenze der Ukraine. Im Frühjahr 2014 hat sich in einem hastig von den lokalen Behörden anberaumten Referendum

unter massiver Präsenz prorussischer Sicherheitskräfte eine Mehrheit für die Unabhängigkeit der Krim ausgesprochen, die dann die Aufnahme in den russischen Staatsverband beantragt hat. Während die völkerrechtswidrige Einmischung der russischen Regierung recht eindeutig ist, bleibt die Verletzung des völkerrechtlichen Gewaltverbotes durch die Russische Föderation von der Tatsachengrundlage her umstritten. Die UN-Generalversammlung (GA/Res. 68/262 [2014]) hat sich sehr klar für eine Nichtanerkennung der Sezession ausgesprochen:

„*The General Assembly*

1. *Affirms* its commitment to the sovereignty, political independence, unity and territorial integrity of Ukraine within its internationally recognized borders;

2. *Calls upon* all States to desist and refrain from actions aimed at the partial or total disruption of the national unity and territorial integrity of Ukraine, including any attempts to modify Ukraine's borders through the threat or use of force or other unlawful means;

[...]

5. *Underscores* that the referendum held in the Autonomous Republic of Crimea and the city of Sevastopol on 16 March 2014, having no validity, cannot form the basis for any alteration of the status of the Autonomous Republic of Crimea or of the city of Sevastopol;

6. *Calls upon* all States, international organizations and specialized agencies not to recognize any alteration of the status of the Autonomous Republic of Crimea and the city of Sevastopol on the basis of the above-mentioned referendum and to refrain from any action or dealing that might be interpreted as recognizing any such altered status.“

Fälle der *Zession* bilden etwa der Erwerb von Louisiana, Florida und Alaska durch die USA auf Grund von Abtretungsvereinbarungen mit Frankreich, Spanien und Russland sowie das deutsch-britische Geschäft über den Tausch von Helgoland gegen Sansibar im Jahre 1890. 12

Zuweilen besteht das praktische Bedürfnis, vertragliche Regelungen auf Gebiete zu erstrecken, die unter der *effektiven Herrschaft* eines Staates bestehen, ohne dass dessen Gebietsanspruch anerkannt wird. Die Erstreckung vertraglicher Vereinbarungen auf ein solches Gebiet bedeutet noch nicht die automatische Anerkennung eines Gebietsanspruches. 13

So lässt sich die Anwendung des deutsch-israelischen Sozialversicherungsabkommens auf Ost-Jerusalem durch die Bundesrepublik Deutschland nicht als deutsche Anerkennung des Anspruchs Israels auf ganz Jerusalem deuten.

Vielmehr ist eine solche territoriale Erstreckung der Vertragsanwendung auf Ost-Jerusalem nur von Gründen des Individualschutzes bestimmt (hierzu *J. A. Frowein/S. Oeter*, Ost-Jerusalem und das deutsch-israelische Sozialversicherungsabkommen, ZaöRV 48 [1988], S. 18ff.).

Auch Verpflichtungen aus Menschenrechtsverträgen können an die bloße Tatsache effektiver Herrschaft über ein bestimmtes Gebiet anknüpfen (in diesem Sinne zur Geltung von Verpflichtungen aus der EMRK für die Türkei auf Grund der Besetzung Nordzyperns durch türkische Truppen EGMR, *Loizidou ./. Turkei*, EuGRZ 1997, S. 555 para. 64). Nach Ansicht des EGMR begründeten die Luftangriffe gegen die Bundesrepublik Jugoslawien im Frühjahr 1999 keinen nach Art. 1 EMRK ausreichenden Herrschaftszusammenhang (EGMR, *Banković ./. Belgien*, NJW 2003, S. 413).

14 Für die einst jordanischen, 1967 von Israel besetzen Gebiete einschließlich Ostjerusalems hat der UN-Sicherheitsrat beschlossen, dass Israel die Besetzung beenden soll und dass sich Israel der Annexion sowie der der Inanspruchnahme von Souveränitätsrechten insbesondere durch die Errichtung von jüdischen Siedelungen im Westjordanland zu enthalten hat (siehe etwa Resolutionen 242 [1967], 484 [1980], 2334[2016]). Der Status von West-Jerusalem ist nicht völlig klar. Der von der UN-Generalversammlung in der (unverbindlichen) Resolution 181 gebilligte, nie verwirklichte Teilungsplan, sah eine internationale Verwaltung der gesamten Stadt Jerusalem vor. Der UN-Sicherheitsrat hat die Inanspruchnahme Jerusalems als Hauptstadt Israels verurteilt (siehe zum Verbot der Veränderung des Status der „Heiligen Stadt Jerusalem“ etwa S/Res. 476 [1980]; S/Res. 478[1980]; S/Res. 2332 [2016]); Die Anerkennung Jerusalems als isralielische Haupstadt durch die USA im Dezember 2017 und die Verlegung der US-amerikanischen Botschaft nach Jerusalem sind weithin auf Kritik gestoßen. Nach diesem Schritt hat die UN-Generalversammlung mit großer Mehrheit eine Verhandlungslösung zur Festlegung des Status von Jerusalem gefordert und einseitige Maßnahmen im Sinne der israelischen Ansprüche verurteilt (A/ES-10/L.22 [2017]). Es fehlt aber weiterhin an einer völkerrechtlichen Grundlage für einen internationalisierten Status, der auch West-Jerusalem erfasst.

Literatur: *R. Dolzer*, Der völkerrechtliche Status der Falkland-Inseln (Malvinas) im Wandel der Zeit, 1986; *M. Geistlinger*, Der Beitritt der Republik Krim zur Russländischen Föderation aus der Warte des Selbstbestimmungsrechts der Völker, AVR 52 (2014), S. 175ff.; *M. Herdegen*, Effektivität und Legitimität im Völkerrecht – von Tibet bis zur Krim, in: T. Ackermann/J. Köndgen (Hrsg.), Privat- und Wirtschaftsrecht in Europa, Festschrift für Wulf-Henning Roth (2015), S. 201 ff.; *P. Hilpold*, Die Ukraine-Krise aus völkerrechtlicher Sicht: ein Streitfall zwischen Recht, Geschichte und Politik, SZIER 2 (2015), S. 171 ff.; *O. Luchterhandt*, Der Anschluss der Krim an Russland aus völkerrechtlicher Sicht, AVR 52 (2014), S. 137 ff.; *C. Marxsen*, The Crimea Crisis, ZaöRV 74 (2014), S. 367 ff.; *T. S. Rama Rao*, The Legal Position of Tibet, Indian Yearbook of International Affairs, Bd. XVIII (1980), Teil II, S. 205 ff.; *G. Schmitz*, Tibet und das Selbstbestimmungsrecht der Völker, 1998; *L. Wildhaber*, Krim, Ostukraine und Völkerrecht, SZIER 2 (2015), S. 159 ff.

3. Internationalisierte Gebiete (Antarktis)

Die Antarktis unterliegt ungeachtet bestehender Gebietsansprüche 15 einzelner Staaten einem internationalisierten Nutzungsregime. Gebietsansprüche auf Teile der Antarktis erheben Argentinien, Australien, Chile, Frankreich, Großbritannien, Neuseeland und Norwegen. Diese Ansprüche sind in der Staatengemeinschaft sehr umstritten. Nach wohl zutreffender Ansicht handelt es sich bei der Antarktis um herrenloses Gebiet *(terra nullius).* Denn von keinem der Gebietsprätendenten wird effektive Kontrolle ausgeübt. Der *Antarktis-Vertrag* von 1959 (BGBl. 1978 II, S. 1517) beschränkt die Nutzung der Antarktis auf friedliche Zwecke (Art. I). Bestehende Gebietsansprüche werden „eingefroren" und damit in der Schwebe gehalten (Art. IV). Die Erhebung neuer oder erweiterter Gebietsansprüche wird zugleich ausgeschlossen. Der Antarktis-Vertrag äußert auch Rechtswirkungen für nicht beteiligte Staaten. Das *Madrider Protokoll* zum Antarktis-Vertrag von 1991 (BGBl. 1994 II, S. 2478) soll die Erhaltung der antarktischen Umwelt sichern.

Literatur: *J. A. Kämmerer*, Die Antarktis in der Raum- und Umweltschutzordnung des Völkerrechts, 1994; *J. Podehl*, Das Umweltschutzprotokoll zum Antarktisvertrag als Ergebnis der Verhandlungen über die Rohstoffnutzung in der Antarktis, 1993; *R. Wolfrum*, Die Internationalisierung staatsfreier Räume, 1984.

§ 25. Personalhoheit und Staatsangehörigkeit

1. Personalhoheit

1 Die Personalhoheit *(personal jurisdiction)* liefert die Grundlage für die Inanspruchnahme staatlicher Regelungsgewalt über eigene Staatsangehörige (und in beschränktem Umfang auch über Fremde mit ständigem Aufenthalt im Inland). Von ihrer Entwicklungsgeschichte her ist die Staatsgewalt ursprünglich weniger territorial begründet worden als vielmehr personal. Im Rahmen seiner Personalhoheit kann ein Staat in gewissen Grenzen das Verhalten seiner eigenen Staatsangehörigen auch insoweit regeln, als sie sich außerhalb seines Staatsgebiets aufhalten (hierzu unten § 26 Rn. 9 ff.). Bei Doppelstaatlern wird zumeist auf die effektive Staatsgewalt abgestellt, welche regelmäßig mit dem ständigen Aufenthalt zusammenfällt.

Die Personalhoheit kann auch Sorgfaltspflichten bei der Überwachung privater Aktivitäten staatsangehöriger oder staatszugehöriger juristischer Personen begründen. Sorgfaltspflichten, die an die Personalhoheit anknüpfen, gelten für die Staaten bei der Überwachung der Erforschung und Ausbeutung von Ressourcen des Meeresbodens durch private (oder auch staatliche) Unternehmen nach Art. 139 Abs. 1 und Annex III Art. 4 Abs. 4 des UN-Seerechtsübereinkommens (Gutachten des Internationalen Seegerichtshofs, Kammer für Meeresbodenstreitigkeiten, *Responsibilities and Obligations of States Sponsoring Persons and Entities with respect to Activities in the Area*, Advisory Opinion [2011] paras. 107 ff.).

Literatur: *M. Akehurst*, Jurisdiction in International Law, BYIL 46 (1972–1973), S. 145 ff.; *A. Bleckmann*, Die Personalhoheit im Völkerrecht, in: Gedächtnisschrift für W. K. Geck, 1989, S. 79 ff.; *C. Ryngaert*, Jurisdiction in International Law, 2. Aufl. 2015.

2. Staatsangehörigkeit

2 Die Staatsangehörigkeit begründet ein besonders enges Verhältnis von Rechten und Pflichten zwischen dem Staat und dessen Staatsangehörigen. Die Staatsangehörigen bilden in ihrer Gesamtheit den Personenverband, welcher den Staat konstituiert. Zwischen Staatsange-

hörigen und ihrem Staat besteht eine intensive Wechselbeziehung von Rechtsunterwerfung einerseits und Schutzgewährung andererseits.

Nach Völkergewohnheitsrecht bildet die Staatsangehörigkeit die 3 Voraussetzung für das Heranziehen zur Wehrpflicht. Ein Staat darf diplomatischen Schutz grundsätzlich nur für eigene Staatsangehörige und nicht für Fremde ausüben. Schließlich darf ein Staat einen eigenen Staatsangehörigen nicht ausweisen, wenn kein anderer Staat sich bereit findet, ihn aufzunehmen. Aus staatsrechtlicher Sicht knüpfen politische Mitwirkungsrechte (etwa aktives und passives Wahlrecht bei Parlamentswahlen) an die Staatsangehörigkeit an. Hier bestehen Lockerungstendenzen in der Europäischen Union: Das Europäische Unionsrecht erstreckt das Kommunalwahlrecht und das Wahlrecht zum Europäischen Parlament auf ausländische „Unionsbürger" (siehe Art. 22 AEUV). Nach dem Grundgesetz stehen bestimmte Grundrechte nur Deutschen zu. Auch das Strafrecht differenziert danach, ob der Täter oder das Opfer Deutsche sind (siehe § 7 Abs. 1 und 2 StGB). Schließlich haben in Deutschland und in den meisten anderen Staaten bloß eigene Staatsangehörige ein uneingeschränktes Einreise- und Aufenthaltsrecht.

Nur Staaten können Staatsangehörige im Sinne des Völkerrechts 4 haben. Umgekehrt muss jeder Staat ein eigenes Staatsvolk haben und damit über eine eigene Staatsangehörigkeit verfügen. Die „europäische Unionsbürgerschaft" (Art. 20 AEUV) bleibt qualitativ weit hinter der Staatsbürgerschaft zurück.

Das Völkerrecht überlässt es weithin den einzelnen Staaten, die Voraussetzungen ihrer eigenen Staatsangehörigkeit zu regeln. Danach bestimmt jeder Staat selbst, wann jemand seine Staatsangehörigkeit erwerben oder verlieren soll. Dabei haben die Staaten aber kein völlig unbeschränktes Regelungsermessen. Denn das Völkerrecht enthält bestimmte Kriterien für die gebotene Anerkennung des Erwerbs oder Verlustes der Staatsangehörigkeit. Danach darf ein Staat einen Menschen nur dann als eigenen Staatsangehörigen in Anspruch nehmen, wenn hierfür ein hinreichender Anknüpfungspunkt besteht. Anderenfalls, also ohne einen solchen Anknüpfungspunkt, brauchen andere Staaten die Staatsangehörigkeit nicht anzuerkennen (vgl. hierzu auch *Europäisches Übereinkommen über Staatsangehörigkeit [European Convention on Nationality]* von 1997, ETS Nr. 166).

Für den Erwerb der Staatsangehörigkeit gibt es zwei anerkannte 5 Prinzipien. Gemäß dem Abstammungsprinzip *(ius sanguinis)* wird die Staatsangehörigkeit durch den Vater oder die Mutter vermittelt.

Nach dem *ius soli* wird die Staatsangehörigkeit durch Geburt auf dem jeweiligen Staatsgebiet erlangt. Das Abstammungsprinzip gilt in vielen europäischen und lateinamerikanischen Staaten. Dagegen folgt etwa das Staatsangehörigkeitsrecht der USA dem *ius soli.*

Im deutschen Recht bildet das Abstammungsprinzip den beherrschenden Grundsatz (§ 4 StAG). Von diesem Prinzip rückt das deutsche Staatsangehörigkeitsrecht seit der Reform von 1999 zugunsten der in Deutschland geborenen Kinder ausländischer Eltern ab, wenn ein Elternteil seit acht Jahren rechtmäßig seinen Aufenthalt im Inland hat und eine Aufenthaltsberechtigung oder seit drei Jahren eine unbefristete Aufenthaltserlaubnis besitzt (§ 4 Abs. 3 Satz 1 StAG). Hier werden also das *ius soli*-Prinzip und das *ius sanguinis*-Prinzip miteinander kombiniert. Das Zusammentreffen der beiden Erwerbsprinzipien (Abstammung und Geburt im Inland) kann zur Mehrstaatigkeit führen (*Beispiel:* Geburt des Kindes deutscher Eltern in den USA). In den seltenen Fällen einer strengen Anwendung des *ius soli*-Prinzips durch den Heimatstaat der Eltern kann die Geburt im Ausland zur Staatenlosigkeit führen.

6 Nach der Geburt kann die Staatsangehörigkeit durch *Einbürgerung* erworben werden. Problematisch ist die „aufgedrängte“ Verleihung der Staatsangehörigkeit ohne Zustimmung des Betroffenen (etwa automatischer Erwerb der Staatsangehörigkeit durch eine Frau auf Grund von Eheschließung mit einem Staatsangehörigen oder die automatische Verleihung der Staatsangehörigkeit bei Gebietserwerb). Derartige willensunabhängige Erwerbsgründe brauchen von anderen Staaten nicht anerkannt zu werden.

Für die Ausübung diplomatischen Schutzes für einen eingebürgerten Staatsangehörigen hat der Internationale Gerichtshof im berühmten *Nottebohm*-Fall eine legitimierende Verknüpfung personaler oder territorialer Art zwischen dem Staat und dem Eingebürgerten verlangt: eine *genuine connection* (*Nottebohm Case [Liechtenstein v. Guatemala]*, ICJ Reports 1955, S. 4 [23]). Hier ging es um diplomatischen Schutz Liechtensteins für den früheren deutschen Staatsangehörigen Nottebohm, der im Jahre 1905 nach Guatemala ausgewandert war und im Jahre 1939 die liechtensteinische Staatsangehörigkeit (unter Verlust der deutschen Staatsangehörigkeit) erworben hatte. Zum Zeitpunkt der Einbürgerung durch Liechtenstein hatte Nottebohm außer einem dort lebenden Bruder keinerlei persönliche oder geschäftliche Verbindungen zu Liechtenstein. Während des Zweiten Weltkrieges wurde Nottebohm das Opfer von Kriegsmaßnahmen seitens Guatemalas. Wegen der darin liegenden angeblich völkerrechtswidrigen Behandlung machte Liechtenstein gegen Guatemala für Nottebohm diplomatischen Schutz geltend. Dies hielt der Internationale Gerichtshof für unzulässig, weil Liechtenstein Nottebohm ohne einen engeren Bezug zu Liechtenstein eingebürgert hatte. Nach Ansicht des Internationalen Gerichtshofs sollte der Erwerb der liechtensteinischen Staatsangehörigkeit im Zweiten Weltkrieg für Nottebohm die Stellung des Angehörigen eines neutralen Staates sichern. Unter diesen Umständen brauchte sich Guatemala nicht die liechtensteinische Staatsangehörigkeit entgegenhalten zu lassen.

Mehrstaatigkeit gilt als unerwünscht, denn sie kann miteinander 7
kollidierende Rechte und Pflichten nach sich ziehen. Den sich hieraus ergebenden Problemen will etwa das *Europarats-Übereinkommen über die Verringerung der Mehrstaatigkeit und über die Wehrpflicht von Mehrstaatlern* von 1963 (BGBl. 1969 II, S. 1953) entgegenwirken (siehe auch Art. 14ff., 21 des *Europäischen Übereinkommens über Staatsangehörigkeit* von 1997).

Anerkannte Gründe für den Verlust der Staatsangehörigkeit sind etwa die Entlassung auf Antrag, der Erwerb einer fremden Staatsangehörigkeit, der Eintritt in den Staatsdienst oder die Streitkräfte eines anderen Staates (siehe zum deutschen Staatsangehörigkeitsrecht § 17 StAG). Von praktischer Bedeutung ist der Verlust der deutschen Staatsangehörigkeit durch den Erwerb einer fremden Staatsangehörigkeit auf Antrag eines Deutschen (§ 25 StAG). Die *Allgemeine Erklärung der Menschenrechte* von 1948 ächtet die willkürliche Entziehung der Staatsangehörigkeit (Art. 15 Abs. 2). Das *Übereinkommen zur Verminderung der Staatenlosigkeit* von 1961 (BGBl. 1977 II, S. 598) verbietet es den Vertragsstaaten, die Staatsangehörigkeit aus rassischen, ethnischen, religiösen oder politischen Gründen zu entziehen (Art. 9).

Staatenlosigkeit ist wegen der damit verbundenen Unsicherheiten 8
im völkerrechtlichen Status (etwa beim diplomatischen Schutz) so wie wegen der Asymmetrie von Rechten und Pflichten im Aufenthaltsstaat ein unerwünschtes Phänomen, welches die Staatenpraxis zu vermeiden trachtet. Nach dem *Übereinkommen zur Verminderung der Staatenlosigkeit* sollen Personen bei drohender Staatenlosigkeit die Staatsangehörigkeit des Aufenthaltsstaates durch Geburt oder durch Einbürgerung erwerben können (Art. 1).

Juristische Personen haben keine Staatsangehörigkeit im eigentli- 9
chen Sinne, wohl aber eine „Staatszugehörigkeit". Diese Staatszugehörigkeit bildet ihrerseits ein Anknüpfungsmoment für die Ausübung nationaler Regelungsgewalt. Die Staatszugehörigkeit für die juristische Person bemisst sich entweder nach dem Ort der Gründung und dem der Gründung zugrunde liegenden Recht (Grün-

dungstheorie, Inkorporationstheorie) oder nach dem effektiven Verwaltungssitz (Sitztheorie). Danach beurteilen sich die Rechtsverhältnisse der juristischen Person nach dem Recht, das am Ort ihres Sitzes gilt. Das deutsche Recht folgte lange streng der Sitztheorie. Nur in besonders gelagerten Fällen kann ein Staat Regelungsbefugnisse auf die Beherrschungsverhältnisse innerhalb der juristischen Person (namentlich die Kapitalmehrheit von eigenen Staatsangehörigen) stützen (Kontrolltheorie).

Wie der Internationale Gerichtshof im *Barcelona Traction*-Fall entschieden hat, kann ein Staat sich zur Geltendmachung diplomatischen Schutzes grundsätzlich nicht im Sinne der Kontrolltheorie auf die Beherrschung einer Gesellschaft durch eigene Staatsangehörige berufen (IGH, *Barcelona Traction, Light and Power Company, Limited [Belgium v. Spain]*, ICJ Reports 1970, S. 3; hierzu unten § 27 Rn. 9ff.).

10 Schiffe unterstehen der „Staatszugehörigkeit" des Staates, dessen Flagge sie führen (Art. 91 SRÜ). Zwischen einem Schiff und einem Flaggenstaat muss eine engere Beziehung *(genuine link)* bestehen (Art. 91 Abs. 1 Satz 3 SRÜ). Damit soll dem unbeschränkten Zugang zu sog. „Billigflaggen", also der Registrierung in Staaten mit weniger strengen Sicherheits- und Sozialstandards, entgegengewirkt werden. Die Anziehungskraft solcher Standards schlägt sich darin nieder, dass große Handelsflotten unter der Flagge von Liberia und Panama segeln. Auf Hoher See gilt die Hoheitsgewalt des Flaggenstaates (Art. 92 SRÜ). Diese „Flaggenhoheit" umfasst die Registrierung und Kontrolle des Schiffes (Art. 94 SRÜ). Auch Flugzeuge unterliegen ähnlich wie Schiffe der Hoheitsgewalt des Staates, in dem sie registriert sind. Der Registrierungsstaat kann bei Schiffen und Flugzeugen – gewissermaßen als schwimmende oder fliegende Teile seines Staatsgebiets – Regelungsgewalt (insbesondere Strafgewalt) ausüben (siehe etwa § 4 StGB).

11 Bei Gebietsveränderungen tritt nach Völkergewohnheitsrecht kein automatischer Wechsel der Staatsangehörigkeit ein. Die Bewohner des jeweiligen Staatsgebiets behalten also zunächst ihre alte Staatsangehörigkeit. In der Staatenpraxis wird zuweilen den betroffenen Einwohnern das Recht eingeräumt, zwischen der bisherigen Staatsangehörigkeit und der Staatsangehörigkeit des Nachfolgestaates zu wählen.

Literatur: *R. Donner*, The Regulation of Nationality in International Law, 2. Aufl. 1994; *H. J. Sonnenberger/H. v. Mangoldt*, Anerkennung der Staatsangehörigkeit und effektive Staatsangehörigkeit natürlicher Personen im Völkerrecht und im internationalen Privatrecht, BDGVR 29 (1988); *P. Weis*, Nationality and Statelessness in International Law, 2. Aufl. 1979.

§ 26. Regelungsgewalt bei Sachverhalten mit Auslandsberührung und Jurisdiktionskonflikte

1. Anknüpfungspunkte für die Ausübung von Regelungsgewalt

Das Völkergewohnheitsrecht verlangt für die Regelung von Sachverhalten (also das Verhalten oder der rechtliche Status von Personen sowie die Zuordnung von Sachen oder Rechten) einen legitimierenden Anknüpfungspunkt. Ohne eine Rechtfertigung durch eine derartige Anknüpfung würde sich die Ausübung staatlicher Regelungsgewalt als unzulässiger Übergriff in Belange anderer Staaten oder der Staatengemeinschaft darstellen (wie hier BVerfG [1. Kammer des zweiten Senats] NVwZ 2008, S. 878 [879]). So darf ein Staat nur unter bestimmten Voraussetzungen individuelles Verhalten seinem Recht unterwerfen, das sich ganz außerhalb seines Staatsgebietes abspielt. Nur in wenigen Fällen kann *jeder* Staat das Verhalten von Personen seinem Strafrecht oder sonst seinem nationalen Recht unterstellen (*Weltrechtsprinzip* oder *Universalitätsprinzip*). 1

Anerkannte Anknüpfungsmomente vermittelt das *Territorialitätsprinzip*, das auf Vorgänge oder auf die Belegenheit von Sachen auf dem eigenen Staatsgebiet des regelnden Staates abstellt. In seiner weiten Ausprägung erfasst das Territorialitätsprinzip auch die Auswirkungen externer Sachverhalte auf das eigene Staatsgebiet (*Wirkungsprinzip*). Weitere Regelungsgrundlagen liefern das *aktive Personalitätsprinzip* (Verhalten von eigenen Staatsangehörigen sowie in bestimmten Grenzen das Verhalten von sonstigen Personen mit ständigem Inlandsaufenthalt) und das *passive Personalitätsprinzip* zum Schutz von eigenen Staatsangehörigen im Ausland. Schließlich erlaubt das *Schutzprinzip* den einzelnen Staaten, eigene Belange und hochwertige inländische Rechtsgüter vor Beeinträchtigungen von außen zu schützen. 2

Nach den berühmten Grundsätzen des *Restatement (Third) of the Foreign Relations Law of the United States* (Bd. 1, 1987) erstreckt sich die Regelungsgewalt eines Staates (*jurisdiction to prescribe*) auf 3

(1) „(a) a conduct that, wholly or in substantial part, takes place within its territory;

a) the status of persons, or interests in things, present within its territory;

b) conduct outside its territory that has or is intended to have substantial effect within its territory;

(2) the activities, interests, status, or relations of its nationals outside as well as within its territory; and

(3) certain conduct outside its territory by persons not its nationals that is directed against the security of the state or against a limited class of other state interests“ (§ 402).

Derartige legitimierende Inlandsbezüge erlauben es einem Staat, das Verhalten von Personen im Ausland oder sonst (ganz oder teilweise) im Ausland angesiedelte Sachverhalte zu regeln. Hier spricht man von *extraterritorialen* Regelungen. Ohne einen solchen legitimierenden Anknüpfungspunkt verstößt ein Staat grundsätzlich gegen das Interventionsverbot, wenn er das Verhalten von Fremden im Ausland oder sonst einen Sachverhalt mit Auslandsberührung regelt. Dabei ist eine weitere Präzisierung nach den Rechtsfolgen solcher Regelungen geboten. Insbesondere dürfen fremde Staatsangehörige nicht ohne besondere Verknüpfung mit dem regelnden Staat mit Strafen oder strafähnlichen Sanktionen zu einem bestimmten Verhalten im Ausland gezwungen werden. Eine andere Beurteilung ist dann angezeigt, wenn es um den Entzug von Vergünstigungen geht, die ein Staat Ausländern nach Belieben gewähren kann. In diesem Falle bedarf die Regelung des Verhaltens von Ausländern im Ausland nicht unbedingt einer besonderen Rechtfertigung. So kann ein Staat ausländische Unternehmen, die mit einem diktatorischen Regime oder einem in den internationalen Terrorismus verstrickten Staat Geschäfte machen, von Regierungsaufträgen ausschließen oder ihnen die Niederlassung versagen, sofern dem keine völkerrechtlichen Verträge entgegen stehen. Hier zeigt sich, dass sich die Zulässigkeit extraterritorialer Maßnahmen auch nach den angeordneten Rechtsfolgen bestimmen kann.

Beispiele für eine umstrittene extraterritoriale Regelung ohne speziellen Inlandsbezug liefert die Sanktionsgesetzgebung der USA, die sich gegen den Iran und früher auch Libyen richtete (*Iran and Libya Sanctions Act* von 1996, seit 2006 *Iran Sanctions Act*) oder gegen Geschäfte mit enteigneten Vermögenswerten auf Kuba zielte (*Helms-Burton Act* 1996). Problematisch an dieser Gesetzgebung der USA ist die Verhängung von Sanktionen gegen nicht-amerikanische Unternehmen, welche mit diesen Staaten Wirtschaftsbeziehungen pflegen (hierzu näher § 26, Rn. 18)

a) Territorialitätsprinzip (einschließlich des Wirkungsprinzips)

Die Regelung von Sachverhalten stützt sich zumeist auf das *Territorialitätsprinzip.* Dieses Prinzip greift ein, wenn das geregelte Geschehen sich ganz oder teilweise auf dem Staatsgebiet des regelnden Staates vollzieht oder es um den Status von Sachen und Rechten geht, die auf dem Staatsgebiet belegen sind. Bei der Regelung von Verhalten genügt es bereits, dass einzelne Elemente hiervon (die Handlung oder der Erfolg) unter die Gebietshoheit des jeweiligen Staates fallen (Beispiele: Schuss über die Grenze, Vollzug einer wettbewerbsbeschränkenden Absprache unter ausländischen Unternehmen auch im Inland). 4

Brisanz gewinnt das Territorialitätsprinzip in seiner weiten Fassung, welches die Auswirkungen eines Geschehens in einem anderen Staat auf das Inland einbezieht *(Wirkungsprinzip).* Die Befugnis eines Staates, seine Regelungsgewalt auf Vorgänge mit Auswirkungen auf das Staatsgebiet und dem Staatsgebiet insoweit gleichstehende Schiffe zu erstrecken, hat der Ständige Internationale Gerichtshof in dem berühmten *Lotus*-Fall anerkannt (StIGH, *The Case of the S. S. Lotus [France v. Turkey]*, PCIJ Reports Ser. A, No. 10 [1927]). In diesem Falle ging es um den Zusammenstoß zwischen dem französischen Postdampfer Lotus und einem türkischen Schiff auf Hoher See, der zum Untergang des türkischen Schiffes und zum Tod von acht türkischen Staatsangehörigen geführt hatte. Nach der Ankunft der Lotus in Istanbul leiteten die türkischen Behörden ein Strafverfahren u. a. gegen den französischen Wachoffizier des Schiffes ein, der wegen fahrlässiger Tötung verurteilt wurde. Nach Ansicht Frankreichs fehlte der Türkei für die Inanspruchnahme von Strafgewalt über dieses Geschehen auf Hoher See die völkerrechtliche Grundlage und verstieß die Strafverfolgung gegen Besatzungsmitglieder der Lotus gegen die Jurisdiktion Frankreichs als Flaggenstaat. Der Ständige Internationale Gerichtshof sah demgegenüber im Wirkungsprinzip eine ausreichende Basis für die Erstreckung der türkischen Strafgewalt auf den Kollisionsvorgang: 5

„[…] what occurs on board of a vessel on the high seas must be regarded as if it occurred on the territory of the State whose flag the ship flies. If, therefore, a guilty act committed on the high seas produces its effects on a vessel flying another flag or in foreign territory, the same principles must be applied as if the territories of the two different states were concerned, and the conclusion must therefore be drawn that there is no rule of international law prohibiting the State to which the ship on which the effects of the offence have taken place belongs, from regarding the offence as having been committed in its territory and prosecuting, accordingly, the delinquent" (StIGH, aaO, S. 25).

6 Im *Lotus*-Fall wies der Ständige Internationale Gerichtshof die französische Ansicht zurück, dass die staatliche Regelungsgewalt grundsätzlich auf das eigene Staatsgebiet beschränkt sei. Stattdessen erkannte der Ständige Internationale Gerichtshof den einzelnen Staaten einen weiten, nur in bestimmten Fällen durch Verbotsregeln eingeschränkten Spielraum zu (StIGH, aaO, S. 19). Die hier anklingende Vermutung zugunsten einer extraterritorialen Regelungsgewalt der einzelnen Staaten ist in der jüngeren Entwicklung der Völkerrechtslehre konkreten Rechtfertigungszwängen gewichen. Insoweit ist beim Rückgriff auf die *Lotus*-Entscheidung große Zurückhaltung geboten.

7 Von großer praktischer Bedeutung ist der Rückgriff auf das Wirkungsprinzip im Wettbewerbsrecht (zum Wirkungsprinzip im EU-Wettbewerbsrecht EuGH, verb. Rs. 89, 104, 114, 116, 117 und 125 bis 129/85, EU:C:1993:120, Rn. 16f. – *Zellstoff*). Auch das deutsche Gesetz gegen Wettbewerbsbeschränkungen erstreckt sich auf wettbewerbsbeschränkende Maßnahmen, die sich im Inland auswirken:

„Dieses Gesetz findet Anwendung auf alle Wettbewerbsbeschränkungen, die sich im Geltungsbereich dieses Gesetzes auswirken, auch wenn sie außerhalb des Geltungsbereichs dieses Gesetzes veranlasst werden" (§ 130 Abs. 2 GWB).

8 Problematisch ist die Anwendung des Wirkungsprinzips in den Fällen, in denen ein Verhalten nur entfernte Auswirkungen auf das Wirtschaftsgeschehen oder sonstige inländische Verhältnisse hat. Hier besteht unter dem Einfluss der amerikanischen Rechtsprechung und Lehre eine Tendenz, das Wirkungsprinzip abzuschwächen und nur auf direkte, vorhersehbare und spürbare Inlandsauswirkungen *(direct, foreseeable and substantial effect)* zu beschränken.

Der US Supreme Court hat im Falle *Morrison v. National Australia Banc Ltd.* (561 U.S. 130 S.Ct. 2869 [2010]) die extraterritoriale Anwendung von amerikanischen Gesetzen massiv eingeschränkt. Danach besteht die Vermutung, dass der Kongress der USA seine Gesetzgebung nicht auf Verhalten im Ausland erstrecken will; die Widerlegung dieser Vermutung knüpft der US Supreme Court an eindeutige Hinweise für eine extraterritoriale Regelungsabsicht.

b) Aktives und passives Personalitätsprinzip

Das *aktive Personalitätsprinzip* liefert einen Anknüpfungspunkt 9
für die Regelung von Rechten, Pflichten und des Status einer Person durch ihren Heimatstaat. Eine wichtige Rolle spielt das aktive Personalitätsprinzip etwa im Strafrecht (siehe zur Strafbarkeit von Deutschen bei Taten im Ausland § 7 Abs. 2 Nr. 1 StGB).

So stellt die Bundesrepublik Deutschland das Herstellen von biologischen oder chemischen Waffen oder sonstige Geschäfte mit diesen Waffen auch dann unter Strafe, wenn diese Taten von einem Deutschen im Ausland begangen werden (Beispiel: Mitwirkung eines Deutschen am Bau einer Giftgasfabrik in Afrika).

Überspannt wird das aktive Personalitätsprinzip, wenn nationale 10
Verbotsregelungen auch auf Tochterunternehmen inländischer Gesellschaften erstreckt werden, obwohl diese ihren Sitz im Ausland haben. Ein Beispiel für eine derartige Überspannung des Personalitätsprinzips bildete die amerikanische Gesetzgebung zum Handelsembargo gegen die Sowjetunion (im Zusammenhang mit der Invasion in Afghanistan). Hier versuchten die USA, das Verbot der Mitwirkung am missbilligten Erdgas-Röhrengeschäft zwischen europäischen Unternehmen und der Sowjetunion auch gegenüber Tochterunternehmen amerikanischer Gesellschaften durchzusetzen (Bezirksgericht von Den Haag, *Pipeline*-Fall, ILM 22 [1983], S. 66 ff.).

Problematisch sind die aus den USA bekannten Bestrebungen, ausländische Unternehmen schon deswegen nationaler Gerichtsbarkeit zu unterwerfen, weil sie selbst oder auch nur ein Tochterunternehmen auf dem amerikanischen Markt durch eigene Niederlassungen oder auch durch eigene Produkte präsent sind *(doing business in the USA).* Hier ist aus völkerrechtlicher Sicht darauf zu achten, dass der territoriale Bezug zum Inland nicht als Basis für eine umfassende personelle Regelungsgewalt missbraucht wird. Insbesondere muss ein sachlicher Konnex zwischen dem Inlandsbezug und dem personellen Regelungszugriff bestehen.

Das *passive Personalitätsprinzip* knüpft an den Schutz von Perso- 11
nen nach dem Recht ihres Heimat- oder Aufenthaltsstaates an. Es spielt vor allem bei im Ausland begangenen Delikten gegen einen Staatsangehörigen eine Rolle (siehe §§ 5 Nr. 6 ff. und 7 Abs. 1 StGB).

Die zulässige Reichweite des passiven Personalitätsprinzips ist im Einzelnen umstritten. Anerkannt ist weithin, dass ein Staat bestimmte Formen des internationalen Terrorismus oder der organisierten Kriminalität unabhängig vom Tatort seiner Strafgewalt unterwerfen kann, wenn sie sich gegen eigene Staatsangehörige richten (Beispiel: Strafverfolgungsmaßnahmen der USA gegen die palästinensischen Entführer des italienischen Kreuzfahrtschiffs *Achille Lauro* im Jahr 1985, die auf Hoher See einen amerikanischen Staatsbürger ermordet hatten; siehe den daraufhin erlassenen *Omnibus Diplomatic Security and Anti-Terrorism Act* von 1986 [Kapitel 113 A]; vgl. *U. S. v. Junis [No. 2]*, 681 F. Supp. 896 [1988]).

c) Schutzprinzip

12 Nach dem *Schutzprinzip* kann ein Staat Vorschriften zu seiner eigenen Sicherheit oder zum Schutz anderer wichtiger öffentlicher Belange auch auf gefährdendes Verhalten außerhalb seines Staatsgebiets erstrecken. Dies rechtfertigt auch die Bestrafung von Spionagetätigkeit im Ausland (in diesem Sinne zur Strafbarkeit der früheren DDR-Spione siehe BVerfGE 92, 277 [317f.]). Mit derartigen Strafvorschriften konkretisiert sich das Risiko, welches der Spionage als einem Verhalten innewohnt, das vom Völkerrecht weder verboten noch erlaubt ist. Hier sind die Staaten in der Verhängung von Sanktionen frei.

d) Universalitätsprinzip

13 An bestimmten Rechtsgütern hat die gesamte Staatengemeinschaft ein so hohes Interesse, dass ihre Verteidigung mit den Mitteln des Strafrechts nach Völkergewohnheitsrecht jedem Staat erlaubt ist. Hier gilt das *Universalitätsprinzip* (auch *Weltrechtsprinzip* genannt). Klassischer Fall ist die strafrechtliche Verfolgung des Piraten als „Feind der Menschheit" *(hostis humani generis).* Nach dem Weltrechtsprinzip können heute jedenfalls Völkermord, Sklavenhandel, Kriegsverbrechen, Flugzeugentführungen und bestimmte terroristische Gewaltakte von jedem Staat verfolgt werden. In diesem Sinne bestimmt das amerikanische *Restatement (Third) of the Foreign Relations Law of the United States:*

> „A State has jurisdiction to define and prescribe punishment for certain offences recognized by the community of nations as of universal concern, such as piracy, slave trade, attacks on or highjacking of aircraft, genocide, war crimes and perhaps certain acts of terrorism" (§ 404).

Die Völkermordkonvention sieht eine Verfolgungspflicht für die von der Konvention erfassten strafbaren Handlungen zwar nur für den Tatortstaat (Art. VI) vor, schließt aber die Ausübung von Strafgewalt nach dem Universalitätsprinzip nicht aus. Insbesondere das Bekenntnis zu einer strafrechtlichen Bekämpfung des Völkermordes durch alle vertragsschließenden Staaten in Art. I der Konvention legt nahe, dass jeder Staat die Befugnis zur Strafverfolgung hat.

In einem Kammerbeschluss hat das Bundesverfassungsgericht zu erkennen gegeben, dass bei Völkermord die Ausübung deutscher Gerichtsbarkeit auf das Weltrechtsprinzip gestützt werden kann (BVerfG, NJW 2001, S. 1848 = JZ 2001, S. 975 ff. m. Anm. v. *S. Kadelbach*). Allerdings hat das Bundesverfassungsgericht offengelassen, ob das Weltrechtsprinzip bei der Verfolgung von Genozid nicht doch durch einen besonderen Inlandsbezug wie den inländischen Aufenthalt zu ergänzen ist.

Das spanische Verfassungsgericht hat sich bei Völkermord und anderen dem Weltrechtsprinzip unterliegenden Straftaten gegen das Erfordernis eines Inlandsbezugs ausgesprochen und darauf hingewiesen, dass hier ein Verfolgungsinteresse aller Staaten vorliegt (Urteil vom 26.9.2005, hierzu *N. Roth-Arriaza*, AJIL 100 [2006], S. 207 ff.) Im konkreten Fall ging es um die Strafverfolgung wegen Genozid, Folter und anderen Straftaten gegen Angehörige der Maya-Bevölkerung in Guatemala.

Für schwere Verstöße gegen das Völkerstrafrecht (hierzu unten § 61) gilt das deutsche Völkerstrafgesetzbuch (V-StGB) nach dem Weltrechtsprinzip auch dann, wenn die Tat im Ausland begangen wurde und keinen Bezug zum Inland aufweist (§ 1 V-StGB).

Eine Reihe von multilateralen Verträgen zur Bekämpfung bestimmter Straftaten (terroristische Gewaltakte, Geiselnahmen oder Drogenhandel) sehen vor, dass die Vertragsstaaten die Täter entweder ausliefern oder selbst der Strafverfolgung zuführen müssen *(aut dedere aut iudicare)*. Hierzu gehörten etwa das *Übereinkommen gegen Folter und andere grausame, unmenschliche oder erniedrigende Behandlung oder Strafe* von 1984 (BGBl. 1990 II, S. 246), das in Art. 7 Abs. 1 bestimmt: 14

„Der Vertragsstaat, der die Hoheitsgewalt über das Gebiet ausübt, in dem der einer in Artikel 4 genannten Straftat Verdächtige aufgefunden wird, unterbreitet den Fall, wenn er den Betreffenden nicht ausliefert, in den in Artikel 5 genannten Fällen seinen zuständigen Behörden zum Zweck der Strafverfolgung."

Eine ähnliche Regelung enthalten die Genfer Abkommen (etwa Art. 129 Abs. 1 und Abs. 3 des III. Genfer Abkommens über die Behandlung der Kriegsgefangenen, Art. 146 Abs. 1 und Abs. 2 des IV. Genfer Abkommens zum Schutz von Zivilpersonen in Kriegszeiten), das Übereinkommen von Montreal zur Bekämpfung wider- 15 rechtlicher Handlungen gegen die Sicherheit der Zivilluftfahrt von 1971 (Art. VII, BGBl. 1977 II S. 1229) und die Konvention von Tokyo über strafbare und bestimmte andere an Bord von Luftfahrzeugen begangene Handlungen von 1963 (Art. 3; BGBl. 1969 II, S. 122). Hierin liegt zugleich die Anerkennung des Weltrechtsprinzips unter den Vertragsstaaten. Allerdings ist in der Völkerrechtslehre umstritten, ob derartige multilaterale Übereinkommen zum Schutz vor international geächteten Verbrechen bei der Ratifizierung durch den größten Teil der Staatengemeinschaft die Annahme tragen, das Weltrechtsprinzip gelte bei den dort geregelten Delikten schon kraft Völkergewohnheitsrechts.

16 Weithin anerkannt ist, dass nach Völkergewohnheitsrecht jedenfalls schwerwiegende Verletzungen von Menschenrechten über Völkermord und Kriegsverbrechen hinaus nach dem Weltrechtsprinzip von jedem beliebigen Staat straf- oder zivilrechtlich verfolgt werden können. Die Rechtsprechung amerikanischer Bundesgerichte hat langezeit nach dem *Alien Tort Claims Act* (*Alien Tort Statute* von 1798) in der Staatengemeinschaft allgemein geächtete Verstöße gegen Völkergewohnheitsrecht unabhängig vom Begehungsort und der Staatsangehörigkeit der Täter amerikanischer Zivilgerichtsbarkeit unterworfen (siehe etwa US Court of Appeals for the Second Circuit, *Filartiga v. Peña-Irala*, 630 F.2d 876, 890 [2d Cir. 1980]; US Supreme Court, *Sosa v. Alvarez-Machain*, 542 U.S. 692 [2004]).

Im Fall *Kiobel* hat der US Supreme Court den Anwendungsbereich des *Alien Tort Claims Act* territorial massiv eingeschränkt. Danach begründet das Gesetz eine Zuständigkeit amerikanischer Bundesgerichte nur in den Fällen, in denen ein hinreichender Bezug zum Territorium der Vereinigten Staaten besteht. Bei dieser restriktiven Auslegung lässt sich die Rechtsprechung von der Vermutung gegen die extraterritoriale Anwendbarkeit US amerikanischer Gesetze und dem Gedanken der Gefahr einer unangemessenen Einmischung in die Außenpolitik leiten (US Supreme Court, *Kiobel v. Royal Dutch Petroleum Co.*, 569 U.S. ____ (2013)=133 S.Ct. 1659 [2013]).

Literatur: *C. Blakesley*, Jurisdictional Issues and Conflicts of Jurisdiction, in: M. C. Bassiouni (Hrsg.), Legal Responses to International Terrorism: US Procedural Aspects, 1988, S. 133 ff.; *J. A. Frowein/R. Wolfrum/G. Schuster* (Hrsg.), Völkerrechtliche Fragen der Strafbarkeit von Spionen aus der ehemaligen DDR, 1995; *K. F. Gärditz*, Weltrechtspflege, 2006; *W. Meng*, Extraterritoriale Jurisdiktion im öffentlichen Wirtschaftsrecht, 1994; *L. Reydams*, Universal Jurisdiction, 2004; *M. Schaub*, Verantwortlichkeit von Unternehmen unter dem Alien Tort Statute: Eine Bestandsaufnahme nach Kiobel v. Royal Dutch Petroleum Co., AVR 49 (2011), S. 124ff.; *M. Stürner*, Die territorialen Grenzen der Human Rights Litigation in den USA, JZ 2014, S. 13ff.

2. Jurisdiktionskonflikte

Unterschiedliche Anknüpfungsmomente (wie der territoriale Bezug oder die Staatsangehörigkeit der Akteure) können dazu führen, dass zwei oder mehrere Staaten über ein- und denselben Sachverhalt Regelungsgewalt in Anspruch nehmen. Dies kann zu Regelungskonflikten (Jurisdiktionskonflikten) führen, wenn dies mit unterschiedlicher Tendenz geschieht: d. h. wenn der eine Staat etwa ein Verhalten verbietet, welches ein anderer Staat erlaubt oder gar vorschreibt. 17

Einen besonders dramatischen Jurisdiktionskonflikt hat der „Schießbefehl" für die innerdeutsche Grenze ausgelöst: Die vom DDR-Regime prämierten „Mauerschützen" mussten in der Bundesrepublik Deutschland seit jeher (und nicht erst seit der Wiedervereinigung) mit der Strafverfolgung wegen Totschlags rechnen.

Von großer praktischer Bedeutung sind Jurisdiktionskonflikte im Wettbewerbsrecht und anderen Fällen des Wirtschaftsrechts. Im äußersten Fall kann hier ein Unternehmen zum Adressaten sich direkt widersprechender gerichtlicher Anordnungen aus zwei Staaten werden (siehe zur Klage des britischen Luftverkehrsunternehmers *Laker* gegen andere europäische Fluggesellschaften wegen Verdrängungswettbewerbes vor amerikanischen Gerichten und zu dem Versuch der beklagten Wettbewerber, *Laker* dieses gerichtliche Vorgehen in Großbritannien untersagen zu lassen: House of Lords, *British Airways v. Laker*, [1985] A. C. 58). Zur Belastung internationaler Wirtschaftsbeziehungen hat auch die Anordnung der Herausgabe von Beweismitteln durch amerikanische Gerichte geführt, welche in einem anderen Staat belegen sind.

Heftige Kontroversen hat wiederholt die US-amerikanische Gesetzgebung mit Sanktionen gegen Staaten wie Kuba, Libyen und den Iran ausgelöst. Die Sanktionsregeln des US-Kongresses und des amerikanischen Präsidenten erfassen oft nicht nur US-amerikanische Unternehmen, sondern auch das Verhalten ausländischer Unternehmen außerhalb der USA. 18

Der amerikanische *Helms-Burton Act* von 1996 (ILM 35 [1996], S. 357), der dem Schutze von auf Kuba enteigneten Eigentümern mit amerikanischer Staatsangehörigkeit diente, verbot es Investoren aus aller Welt, auf Kuba mit enteigneten Vermögenswerten Geschäfte zu treiben (etwa die Errichtung eines Hotels auf Kuba durch ein spanisches Unternehmen) und bedrohte auch ausländische Unternehmen mit empfindlichen Sanktionen. Diese Gesetzgebung überschritt die Grenzen des Zulässigen jedenfalls insoweit, als es um den Schutz von Exilkubanern geht, die erst nach der Enteignung die amerikanische Staatsangehörigkeit erworben haben. Das amerikanische Gesetz (mit der Sanktionsdrohung auch gegen europäische Investoren) hat die Beziehungen zwischen den USA und der Europäischen Union nachhaltig belastet. Die Europäische Gemeinschaft hat hierauf mit Abwehrmaßnahmen (einem sog. *blocking statute*) reagiert, welche ihrerseits die Befolgung des amerikanischen Gesetzes durch Unionsbürger und europäische Unternehmen verbieten und in den USA erlangte Ausgleichszahlungen nach diesem Gesetz wieder abschöpfen. Am Ende verständigten sich die amerikanische und die europäische Seite auf eine weitgehende Entschärfung des Sanktionsregimes.

Scharfe Sanktionen haben die USA auch gegen den Iran erlassen (*Iran Sanctions Act of 1996*; *Iranian Transaction and Saction Regulations* [2012]; *Executive Order No. 13846* [2018]). Nach Aufkündigung des mit dem Iran ausgehandelten Gemeinsamen Aktionsplans (*Joint Action Plan*) haben die USA das vorübergehend abgeschwächte Sanktionsregime verschärft. In einzelnen Bereichen gelten Verbote von Geschäften mit dem Iran allgemein auch für ausländische Unternehmen. Im Übrigen richten sich Verbote auch an ausländische Tochtergesellschaften, US-amerikanische Unternehmen oder erfassen die Lieferung von Produkten aus den USA. Die Europäische Union hat gegen die neuen US-Sanktionen zum Schutz europäischer Unternehmen Abwehrvorschriften erlassen.

19 Um unerwünschte Jurisdiktionskonflikte mit ihren politischen und wirtschaftlichen Risiken zu vermeiden, sind in Rechtsprechung und Literatur Rücksichtnahmepflichten bei extraterritorialen Regelungen entwickelt worden. Von besonderem Einfluss ist dabei das Abwägungsmodell des amerikanischen *Restatement*, welches die Regelung von Sachverhalten mit Auslandsberührung auf das Maß des Vernünftigen *(reasonableness)* zurückführen will (§ 403):

„Limitations on Jurisdiction to Prescribe:

(1) Even when one of the bases for jurisdiction under § 402 [hierzu oben Rn. 1 ff.] is present, a state may not exercise jurisdiction to prescribe law with respect to a person or activity having connections with another state when the exercise of such jurisdiction is unreasonable.

(2) Whether exercise of jurisdiction over a person or activity is unreasonable is determined by evaluating all relevant factors, including, where appropriate:

a) the link of the activity to the territory of the regulating state, *i. e.* the extent to which the activity takes place within the territory, or has substantial, direct or foreseeable effect upon or in the territory;

b) the connections, such as nationality, residence or economic activity, between the regulating state and the person principally responsible for the activity to be regulated, or between that state and those whom the regulation is designed to protect;

c) the character of the activity to be regulated, the importance of regulation to the regulating state, the extent to which other states regulate such activities, and the degree to which the desirability of such regulation is generally accepted;
d) the existence of justified expectations that might be protected or hurt by the regulation;
e) the importance of the regulation to the international political, legal or economic system;
f) the extent to which the regulation is consistent with the traditions of the international system;
g) the extent to which another state may have an interest in regulating the activity; and
h) the likelihood of conflict with regulation by another state.

(3) When it would not be unreasonable for each of two states to exercise jurisdiction over a person or activity, but the prescriptions by the two states are in conflict, each state has an obligation to evaluate its own as well as the other state's interest in exercising jurisdiction, in light of all the relevant factors, Subsection (2); a state should defer to the other state if that state's interest is clearly greater."

Literatur: *P. M. Roth*, Reasonable Extraterritoriality: Correcting the „Balance of Interests", ICLQ 41 (1992), S. 245 ff.; *C. Ryngaert*, Jurisdiction in International Law, 2. Aufl. 2015.

§ 27. Fremdenrecht und diplomatischer Schutz

Das völkerrechtliche Fremdenrecht regelt die rechtlichen Beziehungen zwischen einem Staat und natürlichen oder juristischen Personen, die nicht die Staatsangehörigkeit dieses Staates innehaben (einschließlich staatenloser Personen). Seit alters her unterwirft das Völkergewohnheitsrecht die Regelungsgewalt eines Staates gegenüber Fremden besonderen Beschränkungen. 1

1. Aufenthaltsstatus von Fremden (einschließlich Einreise und Aufenthaltsbeendigung)

a) Aufnahme von Fremden

Nach Völkergewohnheitsrecht ist die Aufnahme von Fremden in das Ermessen der einzelnen Staaten gestellt. Dieses Ermessen kann durch Verpflichtungen zur Gewährung der freien Niederlassung 2 oder der Freizügigkeit von Arbeitnehmern in Abkommen über regionale Wirtschaftsintegration, durch Freihandelsabkommen sowie andere bi- oder multilaterale Abkommen (etwa Niederlassungsabkommen, Freundschafts- und Handelsverträge oder Investitionsschutzverträge) beschränkt sein. Besonders weit gehen im Rahmen der Europäischen Union die Freizügigkeit für Arbeitnehmer (Art. 45 AEUV) und die unternehmerische Niederlassungsfreiheit (Art. 49 AEUV), welche durch die allgemeine Freizügigkeit für Unionsbürger (Art. 21 AEUV) ergänzt werden.

b) Aufenthaltsstatus

3 Völkergewohnheitsrecht verpflichtet die Staaten, Fremden auf ihrem Staatsgebiet einen *Mindeststandard* zu gewähren. Dieser fremdenrechtliche Mindeststandard kann über oder auch unter den Rechten liegen, die ein Staat seinen eigenen Staatsangehörigen einräumt.

Demgegenüber bestand in Lateinamerika (unter dem Einfluss der Lehren des argentinischen Völkerrechtlers *Carlos Calvo*) lange eine Tendenz, Fremden nur die Gleichbehandlung mit eigenen Staatsangehörigen *(Inländergleichbehandlung)* einzuräumen. Nach der sog. *Calvo*-Doktrin bildete die Besserbehandlung von Fremden gegenüber Inländern ein ungerechtfertigtes Privileg. Diese Lehre prägte lange in vielen Ländern Lateinamerikas die traditionelle Zurückhaltung gegenüber der vertraglichen Einräumung von besonderen Rechtspositionen für Ausländer. Auf völkerrechtlicher Ebene hat sich die *Calvo*-Doktrin nicht durchsetzen können. Auch in Lateinamerika hat sich weithin die Einsicht durchgesetzt, dass nur mit gesicherten Rechtspositionen für Fremde das Werben um ausländische Investitionen dauerhaft Erfolg haben kann. Allerdings hat die *Calvo*-Doktrin in den letzten Jahren in einzelnen Ländern eine Renaissance erlebt.

4 Zum völkerrechtlichen Mindeststandard gehören ein Minimum an gerichtlichem Rechtsschutz gegen hoheitliche Maßnahmen und Schutz durch Ordnungskräfte bei Angriffen auf Leib, Leben und Vermögen, ein faires Strafverfahren, Schutz vor willkürlicher Verhaftung sowie die Haftung für rechtswidrige Maßnahmen staatlicher Organe. Eine Verletzung dieses Standards setzt im Allgemeinen einen massiven und groben Verstoß gegen unmittelbar einleuchtende Sorgfaltspflichten oder die bewusste Verletzung „zivilisierter" Maßstäbe voraus. So hat eine von den USA und Mexiko eingesetzte Schiedskommission im *Neer*-Fall (1926) ausgeführt:

„[…] the treatment of an alien, in order to constitute an international delinquency, should amount to an outrage, to bad faith, to wilful neglect of duty, or to an insufficiency of governmental action so far short of international standards that every reasonable and impartial man would readily recognize its insufficiency" (RIAA IV, S. 60 [61 f.]).

Vor allem verpflichten die völkergewohnheitsrechtlichen Regeln des Fremdenrechts, Fremde nur unter bestimmten Voraussetzungen (insbesondere ohne Diskriminierung) zu enteignen und hierfür angemessene Entschädigung zu gewähren (hierzu unten § 54 Rn. 1 ff.). 5

Jenseits des Eigentumsschutzes hat der fremdenrechtliche Mindeststandard dadurch an Bedeutung verloren, dass die völkergewohnheitsrechtlichen Standards für Menschenrechte im Allgemeinen (also auch für eigene Staatsangehörige) immer weiter ausgebaut worden sind. Dadurch hat sich im Völkergewohnheitsrecht der gebotene Schutz der Menschenrechte stark an den Mindeststandard für Fremde angenähert. Diese Entwicklung ist insoweit vorangeschritten, als mittlerweile die Unterschiede zwischen fremdenrechtlichen Mindeststandards und den menschenrechtlichen Gewährleistungen nur noch schwer festzumachen sind. Die praktisch relevante völkerrechtliche Sonderstellung des Fremden beschränkt sich heute im Wesentlichen auf den besonderen Schutz des Eigentums.

Nach Völkergewohnheitsrecht können Fremde von jeder politischen Betätigung ausgeschlossen werden. Auch Verträge zum Menschenrechtsschutz wie die Europäische Menschenrechtskonvention erlauben besondere Einschränkungen der politischen Betätigung von Ausländern (siehe Art. 16 EMRK). Dagegen integriert das Europäische Unionsrecht die „Unionsbürger" mit Aufenthalt in einem fremden EU-Mitgliedstaat in den politischen Prozess auf kommunaler Ebene und bei den Wahlen zum Europäischen Parlament (Art. 22 AEUV). 6

c) Aufenthaltsbeendigende Maßnahmen

Völkergewohnheitsrecht gestattet es den Staaten grundsätzlich, Fremde nach Belieben auszuweisen, d. h. ihnen das Verlassen des Staates zu gebieten. Bei der Abschiebung (Durchsetzung der Ausreiseanordnung) sind menschenrechtliche Schranken zu beachten. Niemand darf in einen Staat abgeschoben werden, in dem ihm durch staatliche oder private Verfolgung unmittelbar Lebensgefahr droht. 7

Schranken für die Ausweisungsbefugnisse können sich aus vertraglich begründeten Aufenthaltsrechten ergeben, wie sie etwa in Verträgen über die Freizügigkeit und die Niederlassungsfreiheit enthalten 8 sind. Bestimmte Anforderungen an die Ausweisung enthält das *ILO-Übereinkommen zum Schutz von Wanderarbeitnehmern* von 1990 (VN 1991, S. 175). Einen weitreichenden Abschiebungsschutz hat der EGMR aus dem Verbot der unmenschlichen oder erniedrigenden Behandlung (Art. 3 EMRK) abgeleitet. Danach darf ein Konventionsstaat Ausländer mit einer schwerwiegenden Erkrankung sogar bei illegaler Einreise nach ärztlicher Behandlung im inländischen Strafvollzug nicht mehr in sein Heimatland abschieben, wenn ihm dort wegen unzureichender ärztlicher Versorgung ein Absturz seiner Existenzbedingungen droht (EGMR, *D. ./. Vereinigtes Königreich*, NVwZ 1998, S. 161). Hier wird ein Mitgliedstaat der Europäischen Menschenrechtskonvention auf Grund einmal übernommener ärztlicher Versorgung gewissermaßen in eine dauernde Fürsorgepflicht auch für illegal eingereiste und straffällig gewordene Ausländer gezwungen. Kollektivausweisungen von Ausländern sind nach Artikel 4 des Protokolls Nr. 4 zur EMRK verboten.

Literatur: *K. Doehring*, Die allgemeinen Regeln des völkerrechtlichen Fremdenrechts und das deutsche Verfassungsrecht, 1963; *ders.*, Die Rechtsnatur der Massenausweisung unter besonderer Berücksichtigung der indirekten Ausweisung, ZaöRV 45 (1985), S. 372ff.; *J. A. Frowein u. a.* (Hrsg.), Die Rechtsstellung von Ausländern nach staatlichem Recht und Völkerrecht, zwei Bde., 1987; *K. Hailbronner*, Art. 3 EMRK – ein neues europäisches Konzept der Schutzgewährung?, DÖV 1999, S. 617ff.; *ders.* (Hrsg.), Die allgemeinen Regeln des völkerrechtlichen Fremdenrechts, 2000; *A. Roth*, The Minimum Standard of International Law Applied to Aliens, 1949.

2. Diplomatischer Schutz

9 Beim diplomatischen Schutz geht es um den Schutz von natürlichen und juristischen Personen durch deren Heimatstaat gegen die völkerrechtswidrige Behandlung durch einen fremden Staat. Hier wendet sich der Heimatstaat gegen eine Verletzung des völkergewohnheitsrechtlichen Mindeststandards oder besonderer vertraglicher Verpflichtungen durch den Aufenthaltsstaat. Die *International Law Commission* hat einen Entwurf zum Diplomatischen Schutz vorgelegt (UN-Doc. A/61/10, Report on the work of its fifty-eighth session [1 May to 9 June and 3 July to 11 August 2006], S. 16ff.). Voraussetzung für den diplomatischen Schutz ist zunächst einmal die seit der Verletzungshandlung bestehende Staatsangehörigkeit des Heimatstaates. Bei juristischen Personen kommt es auf deren Staats-

zugehörigkeit an. Die ILC-Artikel verweisen hier grundsätzlich auf den Gründungsstaat und knüpfen nur ausnahmsweise die Staatszugehörigkeit an die Beherrschungsverhältnisse, den Verwaltungssitz und die finanzielle Kontrolle (Art. 9):

„For the purposes of the diplomatic protection of a corporation, the State of nationality means the State under whose law the corporation was incorporated. However, when the corporation is controlled by nationals of another State or States and has no substantial business activities in the State of incorporation, and the seat of management and the financial control of the corporation are both located in another State, that State shall be regarded as the State of nationality."

Bei Gesellschaften kann grundsätzlich nur der Heimatstaat der Gesellschaft selbst diplomatischen Schutz gegen völkerrechtswidrige Maßnahmen eines anderen Staates ausüben. Wenn der Gaststaat aber direkt gegen einen Gesellschafter vorgeht, kann dessen Heimatstaat diplomatischen Schutz gewähren (IGH, *Ahmadou Sadio Diallo [Republic of Guinea v. Democratic Republic of Congo]*, Preliminary objections, ICJ Reports 2007, S. 582 paras. 61 ff.). Nach der Rechtsprechung des Internationalen Gerichtshofs kommt die Ausübung des diplomatischen Schutzes durch den Heimatstaat von Aktionären mit einem beherrschenden Anteil an einer ausländischen Gesellschaft ausnahmsweise dann in Betracht, wenn die Gesellschaft in Auflösung begriffen ist, möglicherweise auch dann wenn ihr Heimatstaat nicht zu diplomatischem Schutz in der Lage ist (IGH, *Barcelona Traction, Light and Power Company, Limited [Belgium v. Spain]*, ICJ Reports 1970, S. 4 [38] paras. 56 ff.).

Nach den ILC-Artikeln kann der Heimatstaat von Aktionären diplomatischen Schutz für diese dann ausüben, wenn die Gesellschaft die Staatszugehörigkeit des verantwortlichen Staates hat und die Gründung in diesem Staat Voraussetzung für die Geschäftstätigkeit war (Art. 11 *lit.* b).

Weitergehende Möglichkeiten des diplomatischen Schutzes für einzelne Anteilseigner (Gesellschafter) sind dann denkbar, wenn deren Rechtsposition auf Grund besonderer vertraglicher Regelungen (etwa in einem Freundschaftsvertrag oder in einem Investitionsschutzvertrag) *eigenen* Schutz genießt (siehe zum Schutz des amerikanischen Alleinaktionärs einer italienischen Aktiengesellschaft gegen angebliche Enteignungsmaßnahmen IGH, *Elettronica Sicula S. p. A. [USA v. Italy]*, ICJ Reports 1989, S. 15).

Bei mehrfacher Staatsangehörigkeit kommt es nach umstrittener, 10
aber vordringender Ansicht für die Ausübung des diplomatischen

Schutzes auf die effektive Staatsangehörigkeit an (*Mergé Claim*, ILR 22 [1955], S. 443). Nach klassischer, aber neuerdings in Zweifel gezogener Auffassung kann bei Doppelstaatlern keiner der beiden „Heimatstaaten" gegen den anderen diplomatischen Schutz geltend machen. Nach einer neueren Tendenz gilt dies aber nicht für diplomatischen Schutz durch den Staat, der die dominierende Staatsangehörigkeit für sich in Anspruch nehmen kann (Iran-United States Claims Tribunal, Case No. A/18, Iran-U. S. Claims Tribunal Reports 5 [1984], S. 251 [265 f.]; Art. 7 der ILC-Artikel zum diplomatischen Schutz).

11 Diplomatischer Schutz setzt weiter die Erschöpfung innerstaatlicher Rechtsbehelfe voraus *(local remedies rule).* Dies gilt jedoch nur insoweit, als diese innerstaatlichen Rechtsbehelfe effektiv sind und überhaupt Aussicht auf Erfolg versprechen (*Ambatielos Arbitration*, ILR 23 [1956], S. 306 ff.). Entscheidend ist hier der Gedanke der Zumutbarkeit innerstaatlicher Rechtsbehelfe. Höchst umstritten ist, ob ein Staat mit dem diplomatischen Schutz einen eigenen Anspruch geltend macht oder aber *auch* einen Anspruch seines Staatsangehörigen (wegen dessen Verletzung in eigenen Rechten). Da der Einzelne auf den Bestand und den Umfang seines Anspruchs (etwa durch die Nichtausschöpfung innerstaatlicher Rechtsbehelfe oder auch durch mitwirkendes Verschulden, wohl auch durch Verzicht) einwirken kann, sprechen gute Gründe dafür, dass hinter dem diplomatischen Schutz jedenfalls auch ein Anspruch des einzelnen Staatsangehörigen steht (Fall der sog. Prozessstandschaft).

12 Unter dem Einfluss der sog. *Calvo*-Doktrin haben manche Länder Lateinamerikas lange eine ablehnende Haltung gegenüber der Zulassung diplomatischen Schutzes eingenommen und in Vereinbarungen mit Angehörigen anderer Staaten auf den Verzicht der Schutzgewährung durch den Heimatstaat gedrängt *(Calvo*-Klausel). Aber in jüngerer Zeit hat sich fast der ganze lateinamerikanische Raum – vor allem im Werben um ausländische Investitionen – für Investitionsschutzabkommen (mit der Möglichkeit des diplomatischen Schutzes durch den Heimatstaat des fremden Investors) geöffnet. Eine Vielzahl lateinamerikanischer Staaten hat sich mittlerweile sogar internationaler Schiedsgerichtsbarkeit im Verhältnis zu privaten Investoren unterworfen.

Literatur: *C. F. Amerasinghe*, Diplomatic Protection, 2008; *E. M. Borchard*, The Diplomatic Protection of Citizens Abroad, 1915; *A. A. Cançado Trindade*, The Application of the Rule of Exhaustion of Local Remedies in

International Law: Its Rationale in the International Protection of Individual Rights, 1983; *M. Herdegen*, Investitionsschutz in Lateinamerika: Neuere Entwicklungen im Verfassungs- und Völkervertragsrecht, Zeitschrift für vergleichende Rechtswissenschaft 94 (1995), S. 341 ff.; *G. Ress/T. Stein* (Hrsg.), Diplomatischer Schutz im Völker- und Europarecht, 1996.

3. Flüchtlings- und Asylrecht

Nach Völkergewohnheitsrecht bleibt es den einzelnen Staaten überlassen, ob sie einem politisch Verfolgten Asyl gewähren oder nicht. Dies gilt auch für die Aufnahme sonstiger Flüchtlinge. Dieses Ermessen der einzelnen Staaten findet eine besonders wichtige Einschränkung in dem *Genfer Abkommen über die Rechtsstellung der Flüchtlinge* von 1951 (Genfer Flüchtlingskonvention, BGBl. 1953 II, S. 560). Zentrale Bestimmung der Genfer Flüchtlingskonvention ist das Verbot, einen Flüchtling durch Ausweisung oder Zurückweisung unmittelbarer Verfolgung aus bestimmten Gründen auszusetzen. Dieser Grundsatz des *non-refoulement* ist in Artikel 33 der Flüchtlingskonvention enthalten: 13

„1. Keiner der vertragschließenden Staaten wird einen Flüchtling auf irgendeine Weise über die Grenzen von Gebieten ausweisen oder zurückweisen, in denen sein Leben oder seine Freiheit wegen seiner Rasse, Religion, Staatsangehörigkeit, seiner Zugehörigkeit zu einer bestimmten sozialen Gruppe oder wegen seiner politischen Überzeugung bedroht sein würde.

2. Auf die Vergünstigung dieser Vorschrift kann sich jedoch ein Flüchtling nicht berufen, der aus schwerwiegenden Gründen als eine Gefahr für die Sicherheit des Landes anzusehen ist, in dem er sich befindet, oder der eine Gefahr für die Allgemeinheit dieses Staates bedeutet, weil er wegen eines Verbrechens oder eines besonders schweren Vergehens rechtskräftig verurteilt wurde."

Umstritten ist, ob der Grundsatz des Artikels 33 schon eine Zurückweisung an der Grenze verbietet. Die Vorschrift des Artikels 33 der Genfer Flüchtlingskonvention begründet keine Pflicht zur dauernden Aufnahme eines Verfolgten oder gar ein individuelles Asylrecht. Der Grundsatz des *non-refoulement* hindert insbesondere nicht die Abschiebung eines Verfolgten in einen Drittstaat, in dem er davor sicher ist, in den Verfolgerstaat weitergeschoben zu werden. Nur in wenigen Staaten ist die Gewährleistung von Asyl für politisch Verfolgte verfassungsrechtlich abgesichert (siehe Art. 16 a GG). 14

Literatur: *G. Goodwin-Gill/J. McAdam*, The Refugee in International Law, 3. Aufl. 2007; *V. Gowland-Debbas*, The Problem of Refugees in the

Light of Contemporary Law Issues, 1995; *K. Hailbronner*, Refoulement-Verbote und Drittstaatenregelung (Art. 33 GK und Art. 3 EMRK), in: Festschrift für R. Bernhardt, 1995, S. 365 ff.; *A. Zimmermann* (Hrsg.), The 1951 Convention Relating to the Status of Refugees and its 1967 Protocol, 2011.

§ 28. Souveränität als Rechtsbegriff

1 *Souveränität* gilt seit jeher als notwendiges Attribut der Staaten. Mangelnde Souveränität erscheint als Defizit der Staatsgewalt, welches die Staatsqualität eines Herrschaftsgebildes in Frage stellt. Aus dieser traditionellen Sichtweise sind nur *souveräne* Staaten vollwertige Mitglieder der Völkergemeinschaft und können sich auf das *Prinzip der souveränen Gleichheit* (Art. 2 Nr. 1 UN-Charta) berufen. In seiner berühmten *Maastricht*-Entscheidung hat das Bundesverfassungsgericht betont, auch mit der Einbindung in die Europäische Wirtschafts- und Währungsunion wahre die Bundesrepublik Deutschland „die Qualität eines souveränen Staates aus eigenem Recht und den Status der souveränen Gleichheit mit anderen Staaten i. S. des Art. 2 Nr. 1 der Satzung der Vereinten Nationen …" (BVerfGE 89, 155 [190]). Pikanterweise steht diese Äußerung im Zusammenhang mit dem Verlust der Währungshoheit, welche nach herkömmlichem Verständnis (ähnlich wie eine eigene Außen- und Verteidigungspolitik) zu den Grundelementen staatlicher Souveränität gehört.

2 Während die großen Industriestaaten die wachsende Interdependenz einer globalisierten Wirtschaftsordnung betonen, spielt die Berufung auf Souveränität in der politischen Rhetorik vieler Entwicklungsländer immer noch eine wichtige Rolle. Die im Jahre 1974 von der UN-Generalversammlung verabschiedete *Charta der wirtschaftlichen Rechte und Pflichten der Staaten* (UNYB 1974, S. 402) betont noch ganz in diesem Sinne den Souveränitätsgedanken:

> „Every State has and shall freely exercise full permanent sovereignty, including possession, use and disposal, over all its wealth, natural resources and economic activities" (Art. 2 Abs. 1).

Seit geraumer Zeit stellt sich aber die Frage, ob Souveränität überhaupt (noch) einen Rechtsbegriff darstellt oder aber zur politischen Floskel herabgesunken ist.

3 Seit alters her wird die mit der Eigenstaatlichkeit verbundene Position gerne mit dem Begriff der Souveränität assoziiert. Spätestens seit

dem Ersten Weltkrieg hat sich in der Staatenwelt die Einsicht durchgesetzt, dass Souveränität rechtliche Bindungen nicht ausschließen kann. Souveränität äußert sich auch darin, dass in freier Entschließung vertragliche und andere Verpflichtungen begründet werden. In seiner Entscheidung im *Wimbledon-Fall* betonte der Ständige Internationale Gerichtshof:

„The Court declines to see in the conclusion of any treaty by which a State undertakes to perform or refrain from performing a particular act, an abandonment of its sovereignty […] [T]he right of entering into international engagements is an attribute of State sovereignty" (StIGH, *Wimbledon Case [France, Italy, Japan and the UK v. Germany]*, PCIJ Reports Ser. A, No. 1 [1923], S. 15 [25]).

Die lange gehegte Vorstellung, Souveränität bedeute Nicht-Unterworfensein unter eine höhere Instanz, hat sich mit dem Wandel des Völkerrechts von einer reinen Koordinationsrechtsordnung hin zu einem System mit subordinationsrechtlichen Zügen überlebt (hierzu oben § 2 Rn. 16ff.). Hierzu gehört insbesondere die weitreichende Befugnis des UN-Sicherheitsrates zur Wahrung von Frieden und Sicherheit, welche mittlerweile die Einwirkung auf staatliche Binnenstrukturen im Interesse des Menschenrechtsschutzes einschließt. 4

Hingewiesen sei hier nur auf die Maßnahmen des Sicherheitsrates gegen Irak im Anschluss an den zweiten Golfkrieg: die Beschränkung des irakischen Militärpotentials, das strenge Handelsembargo und die Regelungen zum Schutz der Zivilbevölkerung (S/Res. 686–689 [1991], VN 1991, S. 74). Dieses vom UN-Sicherheitsrat auferlegte Korsett trägt in Manchem Züge eines internationalen Protektorats.

In der modernen Völkerrechtslehre besteht eine Tendenz, Souveränität mit Unabhängigkeit gleichzusetzen. Danach tangieren vertragliche und andere völkerrechtliche Verpflichtungen die Unabhängigkeit grundsätzlich nicht, solange sie nicht auf die Selbstorganisation des Staates (etwa im Sinne einer Fremdbestimmung staatlicher Organe) durchschlagen. 5

So sieht etwa *Friedrich Berber* die Unabhängigkeit als Souveränitätskriterium als bedroht an, wenn die Fremdbestimmung durch andere Völkerrechtssubjekte in die Substanz der Verfassungshoheit eingreift und die Missachtung völkervertraglicher Verpflichtungen zugleich einen schwerwiegenden Verfassungsbruch bedeutet (*F. Berber*, Lehrbuch des Völkerrechts, I. Band, Allgemeines Friedensrecht, 2. Aufl. 1975, S. 126f.).

Danach war die Bundesrepublik Deutschland (ebenso wie die DDR) auf Grund der alliierten Vorbehaltsrechte im Hinblick auf Ber- 6 lin, die Stationierung alliierter Truppen und die abschließende Regelung in Bezug auf Gesamtdeutschland bis zum Moskauer Vertrag von 1990 ein in seiner Souveränität eingeschränkter Staat.

Neuere Völkerrechtsentwicklungen nagen mittlerweile auch an der verfassungsrechtlichen Autonomie als konstituierendem Element staatlicher Souveränität. Die Verfassungsordnung von Bosnien und Herzegowina und anderer Staaten ist auf der Grundlage völkerrechtlicher Vereinbarungen so stark „internationalisiert", dass Verfassungsverstöße auf die völkerrechtliche Ebene durchschlagen und verfassungsrechtliche Strukturen nur in einem völkerrechtlichen Prozess neu geordnet werden können (hierzu oben § 22 Rn. 22f.).

7 Vor allem zwingt der europäische Integrationsprozess dazu, sich von herkömmlichen Souveränitätsvorstellungen zu lösen. Mit der zunehmenden Vergemeinschaftung von Politikbereichen (einschließlich so sensibler Materien wie der Einwanderungspolitik) bis hin zur Übertragung der Währungshoheit auf die Europäische Union haben die EU-Mitgliedstaaten elementare Kompetenzen aufgegeben. Die „Unabhängigkeit" der EU-Mitgliedstaaten ist so zu einem bloßen Torso geschrumpft. Hierüber hilft auch die Formel nicht hinweg, dass die Mitgliedstaaten „Herren der Verträge" geblieben seien (BVerfGE 89, 155 [190]). Dennoch begreift die gesamte Staatenwelt die Mitgliedstaaten der Europäischen Union auch nach dem Vertrag von Lissabon weiterhin als souveräne Staaten. Dies legt eine Betrachtungsweise nahe, in der es nicht mehr auf die Alleinzuständigkeit eines Staates in bestimmten wesentlichen Politikbereichen ankommt. Vielmehr muss im Sinne einer bilanzierenden Gesamtbetrachtung auch der Machtzuwachs berücksichtigt werden, der mit der gesamthänderischen Teilhabe des einzelnen Staates an vergemeinschafteten Kompetenzen (hier auf europäischer Ebene) verbunden ist. Dieser kompensatorische Ausgleich unterscheidet die Kompetenzverschiebungen im europäischen Integrationsprozess von einer schlichten Amputation der staatlichen Hoheitsrechte (wie bei einem Protektorat). Hier zeigt sich auch eine beachtliche Elastizität des völkerrechtlichen Souveränitätsbegriffes. Aber auch bei dieser Betrachtungsweise kann von einem Mindestmaß an Souveränität nur dann die Rede sein, wenn wesentliche Kompetenzbereiche noch weithin dem eigenen Gestaltungswillen der einzelnen Mitgliedstaaten überlassen bleiben und wenn die Europäische Union nicht einseitig ihre Hoheitsrechte auf Kosten der Mitgliedstaaten ausweiten darf.

Der Versuch des Bundesverfassungsgerichts, die „staatliche Souveränität" der Bundesrepublik Deutschland an die Sachherrschaft über bestimmte Politikbereiche (vom Sozialrecht über das Familienrecht zur Medienordnung) zu knüpfen (BVerfGE 123, 267 [357ff.]), ist verständlich, wird aber weder der Elastizität des völkerrechtlichen Souveränitätsbegriffes noch der Komplexität des europäischen Integrationsprozesses mit seinem Ausgleich für Komepetenzverluste gerecht. Dieser Ansatz vermag nicht zu erklären, weshalb die EU-Mitglieder als souveräne Staaten sogar den einschneidenden Verlust der Währungshoheit überstanden haben.

Die Gemeinsame Erklärung der Russischen Föderation und der Volksrepublik China zur Förderung des Völkerrechts vom Juni 2016 (Declaration of the Russian Federation and the People's Republic of China on the Promotion of International Law, abrufbar unter http://www.mid.ru/en/foreign_policy/news/-/asset_publisher/cKNonkJE02Bw/content/id/2331698, zuletzt abgerufen am 29.11.2018) folgt einem klassischen Souveränitätsverständnis. Unter Bekenntnis zur UN-Charta und der Friendly-Relations-Erklärung der UN-Generalversammlung betont die Erklärung unter anderem das Interventionsverbot, den Konsens als Grundlage der Streitbeilegung und verurteilt einseitige Sanktionen: 8

„[…] 2. The Russian Federation and the People's Republic of China share the view that the principle of sovereign equality is crucial for the stability of international relations. States enjoy their rights on the basis of independence and on an equal footing, and assume their obligations and responsibilities on the basis of mutual respect. States have the right to participate in the making of, interpreting and applying international law on an equal footing, and have the obligation to comply with international law in good faith and in a coherent and consistent manner. […]

4. The Russian Federation and the People's Republic of China fully support the principle of non-intervention in the internal or external affairs of States, and condemn as a violation of this principle any interference by States in the internal affairs of other States with the aim of forging change of legitimate governments. The Russian Federation and the People's Republic of China condemn extraterritorial application of national law by States not in conformity with international law as another example of violation of the principle of non-intervention in the internal affairs of States.

5.[…] It is crucial for the maintenance of international legal order that all dispute settlement means and mechanisms are based on consent and used in good faith and in the spirit of cooperation, and their purposes shall not be undermined by abusive practices.

6. The Russian Federation and the People's Republic of China share the view that good faith implementation of generally recognized principles and rules of international law excludes the practice of double standards or imposition by some States of their will on other States, and consider that imposition of unilateral coercive measures not based on international law, also known as

„unilateral sanctions“, is an example of such practice. The adoption of unilateral coercive measures by States in addition to measures adopted by the United Nations Security Council can defeat the objects and purposes of measures imposed by the Security Council, and undermine their integrity and effectiveness. […]“

Die Erklärung will vor dem Hintergrund der Annexion der Krim, der Schiedssprüche gegen Russland im *Yukos*-Fall und der *South China Sea Arbitration* zu den chinesischen Ansprüchen auf das Südchinesische Meer – gegen eine verbreitete Wahrnehmung – den Eindruck vermitteln, dass beide Mächte auf dem Boden der Völkerrechtsordnung stehen. Zugleich verteidigt sie bestehende Binnenstrukturen gegen Einwirkungen von außen (etwa durch einen strategischen Einsatz von menschenrechtlichen Belangen).

9 Am besten lässt sich heute Souveränität als Inbegriff der territorial und personal begründeten Hoheitsrechte der einzelnen Staaten (Gebietshoheit und Personalhoheit) sowie ihres Achtungsanspruches auf völkerrechtlicher Ebene verstehen.

Heute bewegt sich die Souveränität der Staaten zwischen zwei Polen: einmal der Freiheit der Selbstbestimmung und des politischen Eigenlebens im Rahmen des staatlichen Herrschaftsverbandes und zum anderen der Bindung an völkerrechtliche Grundsätze, insbesondere des Menschenrechtsschutzes, der demokratischen Ordnung und des internationalen Wirtschaftsrechts.

Literatur: *J. Bartelson*, A Genealogy of Sovereignty, 1993; *E. Benvenisti*, Sovereigns as Trustees of Humanity: On the Accountability of States to Foreign Stakeholders, AJIL 107 (2013), S. 295 ff.; *S. Besson*, Sovereignty, in: R. Wolfrum (Hrsg.), MPEPIL, Bd. 9, 2012, S. 366 ff.; *A. Bleckmann*, Das Souveränitätsprinzip im Völkerrecht, AVR 23 (1985), S. 450 ff.; *A. Chayes/A. Handler Chayes*, The New Sovereignty – Compliance with International Regulatory Agreements, 1995; *U. Haltern*, Was bedeutet Souveränität?, 2007; *J. L. Cohen*, Globalization and Sovereignity: Rethinking Legality, Legitimacy and Constitutionalism, 2012; *M. Herdegen*, Souveränität heute, in: Staatsrecht und Politik. Festschrift für Roman Herzog zum 75. Geburtstag, 2009, S. 117 ff.; *F. H. Hinsley*, Sovereignty, 2. Aufl. 1986; *S. Hobe*, Der offene Verfassungsstaat zwischen Souveränität und Interdependenz, 1998; *A. James*, Sovereign Statehood, 1986; *H. Kelsen*, Das Problem der Souveränität und die Theorie des Völkerrechts, 1928; *G. Kreijen* (Hrsg.), State, Sovereignty, and International Governance, 2002; *S. Oeter*, Souveränität – ein überholtes Konzept?, in: Festschrift für H. Steinberger, 2002, S. 259 ff.; *C. Schreuer*, The Waning of the Sovereign State: Towards a New Paradigm for International Law?, EJIL 4 (1992–1993), S. 447 ff.

V. Kapitel. Staatensukzession

§ 29. Nachfolge in Verträge

Probleme der Staatensukzession stellen sich dann, wenn die territo- 1
riale Souveränität über ein bestimmtes Gebiet wechselt, also ein Staat als Inhaber der vollen Gebietsherrschaft an die Stelle eines anderen Staates tritt. Eine solche Ablösung kann durch Abtretung oder den Untergang und die Neuentstehung von Staaten begründet werden. Die Staatennachfolge in völkerrechtliche Verträge gehört zu den besonders schwierigen Problemfeldern des Völkergewohnheitsrechts. Die *Wiener Konvention über die Staatennachfolge in Verträge* von 1978 (ILM 17 [1978], S. 1488; ZaöRV 39 [1979], S. 279) versucht diese schwierige Materie zu ordnen. Die Konvention liefert eine brauchbare Definition für den Tatbestand der Staatensukzession:

„‚Succession of States' means the replacement of one State by another in the responsibility for the international relations of territory" (Art. 2 Abs. 1 *lit.* b).

Die relativ geringe Zahl von Vertragsstaaten der Wiener Konven- 2
tion (22 Staaten, Stand: 11.04.2016) spiegelt die Zurückhaltung der Staatengemeinschaft gegenüber manchen Vorschriften dieses Abkommens wider. Ein Grund hierfür liegt darin, dass die Wiener Konvention in weiten Teilen kein Völkergewohnheitsrecht enthält.

Wenn ein Staat an die Stelle eines anderen Staates als Inhaber der territorialen Souveränität tritt, erstrecken sich Verträge des Nachfolgestaates grundsätzlich auf das neu hinzugekommene Gebiet (Prinzip der beweglichen Vertragsgrenzen, vgl. Art. 29 WVK). Danach fanden nach der Wiedervereinigung Deutschlands die Verträge der Bundesrepublik Deutschland in aller Regel Anwendung auf das Gebiet der früheren DDR (siehe Art. 11 des Einigungsvertrages von 1990, BGBl. 1990 II, S. 889). Problematisch ist die Behandlung der völkerrechtlichen Verträge des Vorgängerstaates. Hier ist einmal nach der Rechtsnatur des jeweiligen Vertrages und zum anderen nach dem Vorgang zu differenzieren, welcher die Staatennachfolge auslöst.

Als gewohnheitsrechtlicher Grundsatz lässt sich festhalten, dass 3
kein Übergang völkerrechtlicher Verträge stattfindet, der mit dem Zweck des Vertrages unvereinbar wäre. Dies gilt insbesondere dann,

wenn die Geltung eines Vertrages an den Fortbestand eines bestimmten politischen oder wirtschaftlichen Systems gebunden ist (*Beispiel:* Verteidigungsbündnisse oder Verträge über militärische Zusammenarbeit). Auch bei Verträgen über internationale Organisationen findet in der Regel keine Übernahme der Mitgliedschaft in der jeweiligen Organisation statt. An die Fortführung völkerrechtlicher Verträge der Sowjetunion durch die Russische Föderation knüpft sich der (umstrittene) Begriff des „Fortsetzerstaates".

Einen außergewöhnlichen Vorgang bildet in diesem Zusammenhang das Einrücken der Russischen Föderation in die Rechtsposition der Sowjetunion bei den Vereinten Nationen unter Einschluss der ständigen Mitgliedschaft im Sicherheitsrat. Hier hatten sich die GUS-Staaten in der Erklärung von Alma-Ata (1991) auf eine Rechtsnachfolge Russlands verständigt. Die anderen Staaten, insbesondere die weiteren Mitglieder des Sicherheitsrates, haben diese Nachfolgeregelung im Interesse eines reibungslosen Übergangs akzeptiert, ohne hierzu verpflichtet zu sein.

Umgekehrt findet grundsätzlich ein Übergang von Verträgen statt, welche den Status oder die Nutzung eines Staatsgebiets regeln wie etwa Grenzverträge oder Transitvereinbarungen (siehe Art. 11 f. der Wiener Konvention über die Staatennachfolge in Verträge). Man spricht hier von sog. *radizierten* oder *lokalisierten* Verträgen.

4 Umstritten ist die Rechtsnachfolge in Verträge zum Menschenrechtsschutz oder über sonstige humanitäre Regelungen, insbesondere im Kriegsvölkerrecht. Eine vordringende Lehre plädiert hier im menschenrechtlichen Interesse dafür, in der Regel einen Übergang der vertraglichen Verpflichtungen anzunehmen. In diesem Sinne hat sich auch der UN-Menschenrechtsausschuss nach dem *Internationalen Pakt über bürgerliche und politische Rechte* von 1966 dafür ausgesprochen, dass den Bewohnern eines Gebietes der Schutz der Garantien aus dem Pakt auch im Falle der Staatensukzession erhalten bleiben soll:

„[...] human rights treaties devolve with territory and [...] States continue to be bound by the obligations under the Covenant entered into by the predecessor State. Once the people living in a territory enjoy the protection of the rights under the International Covenant on Civil and Political Rights, such protection cannot be denied to them merely by virtue of dismemberment of that territory or its coming under the sovereignty of another State or of more than one State" (UN GAOR 1997, Supplement 40, S. 17 para. 81).

5 Im Falle des Überganges der Gebietshoheit über *Hongkong* vom Vereinigten Königreich auf die Volksrepublik China haben sich beide

Staaten in einer gemeinsamen Erklärung darauf verständigt, dass die Verpflichtungen des Internationalen Paktes über bürgerliche und politische Rechte und des Internationalen Paktes über wirtschaftliche, soziale und kulturelle Rechte weiterhin auf Hongkong Anwendung finden sollen (ILM 36 [1997], S. 1675 [1676, 1685]). Der Menschenrechtsausschuss hat eine Fortgeltung der Berichtspflichten nach Art. 40 des Internationalen Paktes über bürgerliche und politische Rechte für die Volksrepublik China auch unter Hinweis auf diese gemeinsame Erklärung angenommen (UN GAOR 1997, Supplement 40, S. 17 para. 81).

Bei sonstigen Verträgen wird entscheidend auf den die Staatensukzession begründenden Tatbestand abgestellt. Weitgehend Konsens besteht darüber, dass bei der Abtretung *(Zession)* von Staatsgebiet der *Grundsatz der Diskontinuität* gilt, also keine Nachfolge stattfindet (siehe Art. 15 *lit.* a der Wiener Konvention über die Staatennachfolge in Verträge). Äußerst strittig sind die Fälle der Fusion zweier oder mehrerer Staaten sowie der Einverleibung eines Staates in einen anderen Staat. Hier stellt die Wiener Konvention über die Staatennachfolge in Verträge die Grundregel der Kontinuität auf (Art. 31). Eine solche Regel lässt sich aber im Völkergewohnheitsrecht nicht feststellen. 6

Der Einigungsvertrag sieht vor, dass die Bundesrepublik Deutschland das Fortgelten, die Anpassung oder das Erlöschen völkerrechtlicher Verträge der DDR einer Konsultation der jeweiligen Vertragspartner zuführt (Art. 12 Abs. 1). In der Praxis hat sich die Bundesrepublik Deutschland bei fast allen Verträgen der DDR mit den Vertragspartnern auf deren Erlöschen verständigt. Hierin liegt eine richtungsweisende Staatenpraxis mit Präzedenzwirkung für künftige Fälle der Inkorporation eines Staates in einen anderen.

Beim Auseinanderfallen eines Staates in mehrere Nachfolgestaaten *(Dismembration)* oder bei der Abspaltung von Staatsgebiet durch die Entstehung eines neuen Staates geht die Wiener Konvention vom Grundsatz der Fortgeltung von Verträgen aus (Art. 34). Kontinuität soll hier aber nur vorbehaltlich abweichender Abreden zwischen den Parteien, vorbehaltlich der Unvereinbarkeit des Fortgeltens für den Vertragszweck und vorbehaltlich einer wesentlichen Änderung der Rahmenbedingungen gelten. 7

Das Regime der Wiener Konvention über die Staatennachfolge in Verträge privilegiert die Staaten, die aus einem Dekolonialisierungsprozess hervorgegangen sind *(newly independent States)*. Diese Staaten sollen nach dem *clean slate*-Prinzip unbelastet von vertraglichen 8

Verpflichtungen des Vorgängerstaates in die Völkergemeinschaft eintreten können (Art. 16). Jedoch sieht die Konvention bei multilateralen Verträgen die Option für einen Vertragseintritt vor (Art. 17). Die Fortgeltung bilateraler Verträge mit unabhängig gewordenen Staaten knüpft die Konvention an eine besondere Vereinbarung mit dem anderen Vertragspartner (Art. 25).

Literatur: *U. Fastenrath/T. Schweisfurth/C. T. Ebenroth*, Das Recht der Staatensukzession, BDGVR 35 (1996); *D. Papenfuß*, Die Behandlung der völkerrechtlichen Verträge der DDR im Zuge der Herstellung der Einheit Deutschlands, 1997; *H. D. Treviranus*, Die Konvention der Vereinten Nationen über Staatensukzession bei Verträgen, ZaöRV 39 (1979), S. 259 ff.; *K. Zemanek*, Die Wiener Konvention über die Staatennachfolge in Verträge, in: Festschrift für A. Verdross, 1980, S. 719 ff.; *A. Zimmermann*, Staatennachfolge in völkerrechtliche Verträge, 2000; *Z. Kembayev*, Probleme der Rechtsnachfolge von der Sowjetunion auf die Russische Föderation, AVR 46 (2008), S. 106 ff.

§ 30. Nachfolge in Staatsvermögen und Staatsschulden

1 Für die Staatennachfolge in Staatsvermögen und Staatsschulden enthält das Völkergewohnheitsrecht einige Grundsätze, deren Konkretisierung im Einzelnen aber oft umstritten sind. Die *Wiener Konvention über die Staatennachfolge in Staatsvermögen, Staatsarchive und Staatsschulden* von 1983 (ILM 22 [1983], S. 306) enthält eine Reihe kontrovers beurteilter Regelungen. Für das Verwaltungs- und Finanzvermögen gilt der Grundsatz des Übergangs auf den Nachfolgestaat (siehe Art. 11 der Wiener Konvention).

Bei der Auflösung der Tschechoslowakei hat ein Verfassungsgesetz den Übergang des unbeweglichen Vermögens (und des damit in einem Zweckzusammenhang stehenden beweglichen Vermögens) nach der jeweiligen Belegenheit der Tschechischen Republik oder der Slowakei zugeordnet. Im Übrigen wurden vermögenswerte Rechte in Anlehnung an die Bevölkerungsverhältnisse im Verhältnis 2:1 unter den beiden Nachfolgestaaten aufgeteilt.

2 Besonders heikel ist die Sukzessionsproblematik bei den Staatsschulden. Hier sind zunächst die völkerrechtlich begründeten Verbindlichkeiten zu betrachten. Dabei findet grundsätzlich keine Nachfolge in völkerrechtliche Wiedergutmachungsansprüche statt, die aus einem völkerrechtlichen Delikt erwachsen. Gebietsbezogene Schul-

den (sog. *localized debts*) gehen zusammen mit dem Staatsgebiet auf den Nachfolgestaat über. Hierbei handelt es sich etwa um Schulden, die in unmittelbarem Zusammenhang mit Investitionen in die Infrastruktur eines bestimmten Gebietes stehen. Bei der Zession von Staatsgebiet und beim Zerfall eines Staates in mehrere Nachfolgestaaten findet ein Übergang der Staatsschulden in angemessenem Verhältnis *(equitable proportion)* auf die Nachfolgestaaten statt (siehe Art. 37 der Wiener Konvention). Entscheidender Maßstab für die Verteilung der Staatsschulden dürfte dabei der Anteil am Bruttosozialprodukt sein, welcher dem übergegangenen Staatsgebiet zuzuordnen ist. Höchst umstritten ist die Vorzugsbehandlung, welche die Wiener Konvention den aus einem Dekolonialisierungsprozess hervorgegangenen neuen Staaten angedeihen lässt. Sie sollen grundsätzlich von den Staatsschulden des Vorgängerstaates unbelastet bleiben (Art. 38).

Im Zuge der Auflösung der Tschechoslowakei folgte die verfassungsgesetzliche Aufteilung der Staatsschulden grundsätzlich dem gleichen Schlüssel wie die Verteilung des Staatsvermögens (nämlich im Verhältnis 2:1 zwischen Tschechischer Republik und Slowakei).

Die Verbindlichkeiten gegenüber ausländischen privaten Gläubi- 3
gern sind nicht Gegenstand der Wiener Konvention. Gute Gründe sprechen dafür, die Nachfolge in diese Schulden ähnlich zu regeln wie die Nachfolge in völkerrechtliche Verbindlichkeiten.

Literatur: *C. T. Ebenroth/O. Wilken*, Sezessionsbedingte Schuldüberleitung – wirtschaftsrechtliche Dimensionen der Staatennachfolge, RIW 1991, S. 885ff.; *U. Fastenrath/T. Schweisfurth/C. T. Ebenroth*, Das Recht der Staatensukzession, BDGVR 35 (1996).

VI. Kapitel. Internationales Seerecht und Recht des Weltraums

§ 31. Internationales Seerecht

1. Entwicklung

1 Bei der Auseinandersetzung um die Freiheit der Meere haben sich seit dem 17. Jahrhundert die Grundsätze der freien Schifffahrt und der freien Fischerei auf Hoher See durchgesetzt. Eine massive Einschränkung hat die freie Nutzung der Hohen See in den vergangenen Jahrzehnten durch die Schaffung besonderer Nutzungszonen der Küstenstaaten erfahren.

Wesentliche Impulse zur Begründung umfangreicher Nutzungsrechte der Küstenstaaten haben die Erklärungen des US-amerikanischen Präsidenten Truman zur Inanspruchnahme von Fischereirechten jenseits des Küstenmeers und von Rechten am Festlandsockel vom 28.09.1945 gegeben (Proclamation 2667 – *Policy of the United States with Respect to the Natural Resources of the Subsoil and Sea Bed of the Continental Shelf*; Proclamation 2668 – *Policy of the United States with Respect to Coastal Fisheries in Certain areas of the High Seas*).

Dem internationalen Seerecht untersteht auch ein Großteil der *Arktis*. Das Nordpolarmeer bildet ein weithin (noch) mit Packeis bedecktes Meer mit vielen Inseln. Der Prozess der Klimaerwärmung hat die Diskussion um nunmehr leichter befahrbare Gebiete des arktischen Meeres, wie die sog. Nordwest-Passage, belebt.

Von besonderer Bedeutung für die Entwicklung des internationalen Seerechts sind die UN-Konventionen von 1958 *(Übereinkommen über das Küstenmeer und die Anschlusszone, Übereinkommen über die Hohe See, Übereinkommen über die Fischerei und die Erhaltung der biologischen Reichtümer der Hohen See, Übereinkommen über den Festlandsockel).* Das gegenwärtige Seevölkerrecht wird von dem *UN-Seerechtsübereinkommen* von 1982 (BGBl. 1994 II, S. 2565) geprägt, welches auf der Dritten Seerechtskonferenz der Vereinten Nationen erarbeitet und angenommen worden ist. Das UN-Seerechtsübereinkommen hat zu einer Reihe wesentlicher Neuerungen geführt. Hierzu gehören insbesondere

- die zulässige Erweiterung des Küstenmeeres auf 12 Seemeilen,
- die Anerkennung einer ausschließlichen Wirtschaftszone der Küstenstaaten,
- die Schaffung eines Tiefseebergbauregimes und
- die Schaffung eines Internationalen Seerechtsgerichtshofs.

Wegen der höchst umstrittenen Regelungen zum Tiefseebergbau ist 2
das Seerechtsübereinkommen zunächst von einer Reihe wichtiger Industriestaaten abgelehnt worden. Zur Überwindung dieser Widerstände ist im Jahre 1994 das *Übereinkommen zur Durchführung des Teiles XI des Seerechtsübereinkommens der Vereinten Nationen* von 1982 (BGBl. 1994 II, S. 2566) erarbeitet worden. Mittlerweile gilt das durch das Übereinkommen zur Durchführung des Teiles XI modifizierte Seerechtsübereinkommen für die allermeisten Staaten. Die Vereinigten Staaten werden möglicherweise ihre lange gehegten Vorbehalte auch gegen das modifizierte Tiefseebergbauregime aufgeben und das Übereinkommen ratifizieren (siehe Botschaft des US-Präsidenten, ILM 46 (2007), S. 890). Heute lässt sich sagen, dass das UN-Seerechtsübereinkommen auch mit seinen Neuerungen (mit Ausnahme seines Tiefseebergbauregimes) weitgehend dem Völkergewohnheitsrecht entspricht (siehe zur gewohnheitsrechtlichen Geltung des Seerechtsübereinkommens bezüglich der ausschließlichen Wirtschaftzone, des Festlandsockels und des Status von Inseln, IGH, *Territorial and Maritime Dispute [Nicaragua v. Colombia]*, ICJ Reports 2012, S. 624 paras. 137 ff.).

Literatur: Beiträge von *D. H. Andersen u. a.* zum Symposium „The Entry into Force of the Convention on the Law of the Sea: A Redistribution of Competences Between States and International Organisations in Relation to the Management of the International Commons?“, ZaöRV 55 (1995), S. 273 ff.; *M. Byers/S. Lalonde*, Who Controls the Northwest Passage?, Vanderbilt Journal of Transnational Law 42 (2009), S. 1133 ff.; *R.-J. Dupuy/D. Vignes* (Hrsg.), A Handbook on the New Law of the Sea, 2 Bde., 1991; *A. de Marffy-Mantuano*, The Procedural Framework of the Agreement Implementing the 1982 United Nations Convention on the Law of the Sea, AJIL 89 (1995), S. 814 ff.; *E. A. Posner/A. O. Sykes*, Economic Foundations of the Law of the Sea, AJIL 104 (2010), S. 569 ff.; *A. Proelß/A. R. Maggio/E. Blitza/O. Daum* (Hrsg.), United Nations Convention on the Law of the Sea. A Commentary, 2017; *D. R. Rothwell/A. O. Elfenrink/K. Scott/T. Stephens* (Hrsg.), The Oxford Handbook of the Law of the Sea 2015; *Y. Tanaka*, The International Law of the Sea, 2. Aufl. 2015; *W. Graf Vitzthum* (Hrsg.), Handbuch des Seerechts, 2006.

2. Eigengewässer

3 Der territorialen Souveränität des Küstenstaates unterfallen die sog. inneren Gewässer und das Küstenmeer (Art. 2 Abs. 1 SRÜ, hierzu oben § 24 Rn. 3).

a) Innere Gewässer, Buchten und historische Ansprüche auf küstennahe Gebiete

4 Zu den Eigengewässern gehören die *inneren Gewässer*, welche diesseits der sog. Basislinie belegen sind (Art. 8 SRÜ). Die normale Basislinie entspricht der Niedrigwasserlinie entlang der Küste, wie sie in den vom Küstenstaat amtlich anerkannten Seekarten großen Maßstabs eingetragen worden ist (Art. 5 SRÜ). In besonderen Fällen (insbesondere bei Küsten mit tiefen Einbuchtungen und Einschnitten oder bei entlang der Küste verlaufenden Inselketten) können gerade Basislinien gezogen werden (Art. 7 SRÜ). Dadurch können sich erhebliche Meeresgebiete zwischen dem trockenen Land und der Basislinie als innere Gewässer ergeben.

Zu den Eigengewässern gehören weiterhin Buchten mit einer Öffnung bis zu 24 Seemeilen (Art. 10 SRÜ). Spezielle Regelungen gelten für sog. historische Buchten (Art. 10 Abs. 6 SRÜ). Als eine solche von alters her dem Küstenstaat zugeordnete historische Bucht beansprucht etwa Kanada die Hudson-Bay mit einer Öffnung von 50 Seemeilen. Libyen hat sich mit seinem Anspruch auf die Große Syrte nicht durchsetzen können.

Historische Titel auf sich weit vor der Küste ausdehnende Eigengewässer außerhalb historischer Buchten kraft Inbesitznahme und dauernder Ausübung von Hoheitsgewalt lassen sich nur schwer begründen. Die Volksrepublik China beansprucht den größten Teil des Südchinesischen Meeres als Eigengewässer und macht in diesem Zusammenhang die territoriale Souveränität über fast die gesamte Inselwelt des Südchinesischen Meeres (mit jeweils eigener ausschließlicher Wirtschaftszone und Festlandsockel) geltend. Diese Ansprüche stoßen weithin auf Ablehnung (siehe „Agora: The South China Sea", AJIL 107 [2013], S. 95 ff.).

Im Fall *South China Sea Arbitration* zwischen den Philippinen und der Volksrepublik China hat das Schiedsgericht den Anspruch Chinas auf einen historischen Titel über das südchinesische Meer verworfen. Dabei hat das Schiedsgericht die Nutzung des Seegebiets durch China in der Vergangenheit als schlichte Ausübung der Freiheit der Schifffahrt und der Fischerei auf hoher

See und nicht als Betätigung eines maritimen Herrschaftsanspruchs gedeutet (Arbitral Tribunal, *In the Matter of the South China Sea Arbitration* [Philippines v. China], PCA Case No 2013–19):

„270. Historical navigation and fishing, beyond the territorial sea, cannot therefore form the basis for the emergence of a historic right. As the Chamber in *Gulf of Maine* recognized with respect to historic U.S. fishing on the Georges Bank, such activity was merely the exercise of freedoms already permitted by international law. Evidence that merely points to even very intensive Chinese navigation and fishing in the South China Sea would be insufficient. Instead, in order to establish historic rights in the waters of the South China Sea, it would be necessary to show that China had engaged in activities that deviated from what was permitted under the freedom of the high seas and that other States acquiesced in such restrictions. In the Tribunal's view, such a claim cannot be supported. The Tribunal is unable to identify any evidence that would suggest that China historically regulated or controlled fishing in the South China Sea, beyond the limits of the territorial sea. […]"

Mit der Ratifizierung der UN-Seerechtskonvention habe die Volksrepublik China die Nutzungsrechte anderer Staaten innerhalb deren ausschließlicher Wirtschaftszonen anerkannt:

„271. Accordingly, in the Tribunal's view, China's ratification of the Convention in June 1996 did not extinguish historic rights in the waters of the South China Sea. Rather, China relinquished the freedoms of the high seas that it had previously utilized with respect to the living and non-living resources of certain sea areas which the international community had collectively determined to place within the ambit of the exclusive economic zone of other States. […]"

Die Volksrepublik China (die den Schiedsspruch nicht anerkennt) und die Philippinen haben nunmehr Vertragsverhandlungen über die umstrittenen Meeresgebiete aufgenommen.

b) Küstenmeer

Das UN-Seerechtsübereinkommen erlaubt den Staaten, ein Küstenmeer bis zu einer Breite von 12 Seemeilen jenseits der Basislinie zu beanspruchen (Art. 3 SRÜ). Ein solcher Anspruch ist mittlerweile auch im Völkergewohnheitsrecht anerkannt. 5

Eingeschränkt wird die Gebietshoheit des Küstenstaates vor allem durch das Recht auf friedliche Durchfahrt (*innocent passage*, siehe Art. 17ff. SRÜ). Das Recht auf friedliche Durchfahrt gilt nicht nur für Handelsschiffe, sondern auch für Kriegsschiffe. Dabei müssen U-Boote aufgetaucht fahren (Art. 20 SRÜ). Die Vorschrift des Art. 19 Abs. 2 SRÜ klammert eine Reihe von Nutzungs- und anderen Verhaltensformen als Negativbedingungen für die friedliche Durchfahrt aus, etwa jegliche Fischereitätigkeit (*lit.* i). Zur Abgrenzung von Küstenmeeren zwischen Staaten mit gegenüberliegenden oder aneinander angrenzenden Küsten verweist die UN-Seerechtskonvention auf die sog. *Äquidistanz*-Regel, von der in Ausnahmefällen abgewichen werden darf (Art. 15 SRÜ). Danach folgt die Abgrenzung grundsätzlich einer Mittellinie, auf der jeder Punkt gleichweit von den nächst gelegenen Punkten der Basislinien entfernt ist, von denen aus die Breite des Küstenmeeres jedes der beiden Staaten gemessen wird.

Ein besonderes Regime gilt für die Durchfahrt von Meerengen, die der internationalen Schifffahrt dienen (Art. 34 ff. SRÜ). Von wesentlicher Bedeutung ist dabei das Recht auf Transitdurchfahrt (unter Einschluss des Überflugs) für alle (zivilen und militärischen) Schiffe und Luftfahrzeuge zum Zweck eines ununterbrochenen und zügigen Transits durch die Meerenge (Art. 38 Abs. 1 und 2, 39 SRÜ).

Umstritten ist, ob Unterseebote Meerengen aufgetaucht durchfahren müssen. Eine solche Beschränkung stößt seit jeher bei Seemächten wie den USA, der Russischen Föderation (früher der Sowjetunion) und dem Vereinigten Königreich auf Ablehnung, vor allem weil ein Zwang zum Auftauchen bei der Transitdurchfahrt die geheime Dislozierung von Unterseebooten mit atomarer Bewaffnung massiv erschwert. Für die Transitdurchfahrt fehlt eine dem Art. 20 SRÜ entsprechende Regelung. Andererseits deckt die Transitdurchfahrt keine unterseeische Beobachtung (Art. 40 SRÜ).

3. Anschlusszone

6 Die Anschlusszone *(contiguous zone)* schließt sich an das Küstenmeer an. In dieser Zone dürfen die Küstenstaaten Hoheitsgewalt zur Sicherung bestimmter ordnungsrechtlicher Vorschriften (Zoll- und sonstige Finanzgesetze, Einreise- und Gesundheitsgesetze) ausüben (Art. 33 Abs. 1 SRÜ). Die Anschlusszone darf nur bis zu einer Breite von 24 Seemeilen ab den Basislinien in Anspruch genommen werden, von welchen aus die Breite des Küstenmeeres berechnet wird (Art. 33 Abs. 2 SRÜ).

4. Besondere Räume mit Nutzungsrechten der Küstenstaaten

Bestimmte Gebiete des Meeres unterliegen zwar nicht der territorialen Souveränität eines Staates, wohl aber besonderen Nutzungsrechten der Küstenstaaten. Dabei handelt es sich einmal um Fischereizonen und ausschließliche Wirtschaftszonen und zum anderen um den Festlandsockel.

a) Fischereizonen und ausschließliche Wirtschaftszonen

Gegenwärtig ist die Zulässigkeit von Fischereizonen der Küsten- 7
staaten bis zu einer Breite von 200 Seemeilen wohl gewohnheitsrechtlich anerkannt. Inzwischen ist das Institut der Fischereizone weitgehend von der Anerkennung ausschließlicher Wirtschaftszonen verdrängt worden.

Die *ausschließliche Wirtschaftszone* bildet ein jenseits des Küstenmeeres gelegenes und hieran angrenzendes Gebiet, das besonderen Nutzungs- und Überwachungsrechten des Küstenstaates im Hinblick auf die dort angesiedelten Ressourcen unterliegt (Art. 55 ff. SRÜ). Ob es sich dabei überhaupt um einen Teil der Hohen See handelt oder nicht, ist letztlich eine terminologische Frage (siehe Art. 86 SRÜ). In der ausschließlichen Wirtschaftszone hat der jeweilige Küstenstaat das ausschließliche Recht der Erforschung und Ausbeutung, Erhaltung und Bewirtschaftung der lebenden und nicht lebenden natürlichen Ressourcen der Gewässer über dem Meeresboden, des Meeresbodens und dessen Untergrunds (Art. 56 Abs. 1 *lit.* a SRÜ). Eine ausschließliche Wirtschaftszone darf von den Küstenstaaten bis zu einer Distanz von 200 Seemeilen jenseits der Basislinien in Anspruch genommen werden, von denen aus die Breite des Küstenmeeres gemessen wird (Art. 57 SRÜ). Der Anspruch auf eine derart weit ausgedehnte Wirtschaftszone ist heutzutage gewohnheitsrechtlich anerkannt (IGH, *Delimitation of the Maritime Boundary in the Gulf of Maine Area [Canada v. USA]*, ICJ Reports 1984, S. 246 paras. 94 f.). Mit der vertraglichen und gewohnheitsrechtlichen Anerkennung von ausschließlichen Wirtschaftszonen bis zu 200 Seemeilen wird die Fischereifreiheit auf Hoher See weitgehend ausgehöhlt, zumal die meisten Fische in relativer Küstennähe gefangen werden.

Ausschließliche Fischereizonen nehmen den großen Teil der *Arktis* ein. Nach Art. 234 SRÜ dürfen die Küstenstaaten im Bereich ihrer ausschließlichen Wirtschaftszone „Vorschriften zur Verhütung, Verringerung und Überwachung der Meeresverschmutzung durch Schiffe im eisbedeckten Gebiet" erlassen.

Für die Binnenstaaten sieht das UN-Seerechtsübereinkommen einen Zugang zum „Überschuss der zulässigen Fangmenge" der lebenden Ressourcen auf der Grundlage besonderer Vereinbarungen mit dem Küstenstaat oder (sub-)regionaler Übereinkommen vor (Art. 62 Abs. 2, 69 SRÜ). Hierin liegt nur eine schwache Kompensation für die weitreichenden Nutzungsrechte der Küstenstaaten. Denn die zulässige Fangmenge und seine eigene Fangkapazität legt der Küstenstaat selbst mit dem Ziel fest, die optimale Nutzung der lebenden Ressourcen zu fördern (Art. 61 Abs. 1 und Art. 62 Abs. 2 i. V. m. Art. 62 Abs. 1 SRÜ).

8 Umstritten ist, inwieweit ein Küstenstaat militärische Tätigkeiten fremder Staaten in seiner ausschließlichen Wirtschaftszone beschränken darf. Fremde Seestreitkräfte haben jedenfalls das Recht zur friedlichen Durchfahrt und auch zu Manövern. Denn das Regime der ausschließlichen Wirtschaftszone beschränkt insoweit nicht die Freiheit der Schifffahrt und des freien Überflugs ebenso wenig wie auf der hohen See (Art. 58 Abs. 1 i. V. m. Art 87 Abs. 1 *lit.* a und *lit.* b SRÜ). Die Rechtsansicht einzelner Küstenstaaten, militärische Manöver fremder Streitkräfte in ihrer ausschließlichen Wirtschaftszone bedürften ihrer Erlaubnis (in diesem Sinne etwa die Erklärungen von Brasilien und Indien bei Ratifikation des Seerechtsübereinkommens), hat sich nicht durchsetzen können.

Selbst militärische Maßnahmen im Rahmen eines internationalen Konflikts sind in der ausschließlichen Wirtschaftszone fremder Staaten zulässig. Derartige Aktivitäten von Seestreitkräften sind nach Völkergewohnheitsrecht zulässig und bleiben auch unter der Geltung des Seerechtsübereinkommens erlaubt. Jedoch können die Küstenstaaten eine derartige Nutzung in bestimmten Zonen etwa im Interesse des Umweltschutzes beschränken (siehe auch zur gebotenen Rücksichtnahme auf die Belange des Küstenstaates Art. 58 Abs. 3 SRÜ). Einige Staaten halten aber eine ausgedehnte Präsenz fremder Seestreitkräfte in ihrer eigenen ausschließlichen Wirtschaftszone ohne vorherige Erlaubnis für unzulässig. Insbesondere die Volksrepublik China hat immer wieder Anstoß an Operationen der US-amerikanischen Marine in der ausschließlichen Wirtschaftszone Chinas genommen. Auf der anderen Seite haben alle Staaten mit großen Seestreitkräften Interesse an deren ungehinderten Durchfahrt durch die ausschließlichen Wirtschaftszonen anderer Staaten.

b) Festlandsockel

9 Der Festlandsockel *(continental shelf)* erfasst die natürliche Verlängerung der Landmassen jenseits des Küstenmeeres bis zum Kontinentalabhang. Das UN-Seerechtsübereinkommen definiert den Festlandsockel in Art. 76 Abs. 1:

„Der Festlandsockel eines Küstenstaats umfasst den jenseits seines Küstenmeers gelegenen Meeresboden und Meeresuntergrund der Unterwassergebiete, die sich über die gesamte natürliche Verlängerung seines Landgebiets bis zur äußeren Kante des Festlandrands erstrecken oder bis zu einer Entfernung von 200 Seemeilen von den Basislinien, von denen aus die Breite des Küstenmeers gemessen wird, wo die äußere Kante des Festlandrands in einer geringeren Entfernung verläuft."

Äußerste Grenzen des Festlandsockels ergeben sich aus Art. 76 Abs. 4 bis 6 SRÜ. Insbesondere darf die seewärtige Grenze des Festlandsockels entweder eine Entfernung von 100 Seemeilen von der 2.500-Meter-Wassertiefenlinie oder die Entfernung von 350 Seemeilen von den Basislinien aus nicht überschreiten (Art. 76 Abs. 5 SRÜ). Nach Anlage II zum Seerechtsübereinkommen ist die Kommission zur Begrenzung des Festlandsockels gebildet worden (*Commission on the Limits of the Continental Shelf – CLCS*). Ein Küstenstaat, der einen Festlandsockel jenseits von 200 Seemeilen von den Basislinien beansprucht, hat dieser Kommission Angaben zu den äußeren Grenzen zu übermitteln (Art. 8, 76 Abs. 8 S. 1 SRÜ). Die Kommission richtet dann Empfehlungen an den Küstenstaat zur Begrenzung des Festlandsockels (Art. 76 Abs. 8 S. 2 SRÜ). Auf der Grundlage dieser Empfehlungen vom Küstenstaat festgelegte Grenzen des Festlandsockels sind verbindlich (Art. 76 Abs. 8 S. 3 SRÜ). Weitergehende Kompetenzen etwa im Hinblick auf die Übereinstimmung der vorgenommen Grenzziehung mit den Empfehlungen hat die Kommission nicht. Die Vorlage und Überprüfung der den Anspruch stützenden Angaben des Küstenstaates nach Art. 76 Abs. 8 SRÜ ist grundsätzlich Voraussetzung für die Anerkennung eines äußeren Festlandsockels und die gerichtliche Abgrenzung überlappender Ansprüche (IGH, *Territorial and Maritime Dispute between Nicaragua and Honduras in the Caribbean Sea [Nicaragua v. Honduras]*, ICJ Reports 2007, S. 659, 759 para. 319; IGH, *Territorial and Maritime Dispute [Nicaragua v. Colombia]*, ICJ Reports 2012, S. 624, paras. 125 ff.).

Die Kommission nimmt eine Überprüfung der notwendigen Angaben des Küstenstaates dann nicht vor, wenn ein Streit mit einem anderen Staat besteht und dieser nicht sein Einverständnis mit der Überprüfung erklärt (Anhang I der Verfahrensregeln der Kommission, para. 5 *lit.* a). Dies führt bei der Abgrenzung von Festlandsockelansprüchen zu einer Entscheidungsblockade. Der Internationale Seegerichtshof nimmt trotz einer solchen Blockade eine Abgrenzung überlappender Festlandsockel in dem Ausnahmefall vor, dass Klarheit über die geologischen und geomorphologischen Verhältnisse, insbesondere ein unstrittiger Nachweis für eine ausreichende Sedimentdicke im Sinne von Art. 76 Abs. 4 *lit.* a (i) SRÜ im relevanten Seegebiet, vorliegt (ITLOS, Case No.16 – Reports 2012, p. 4, *Dispute Concerning Delimitation of the Maritime Boundary between Bangladesh and Myanmar in the Bay of Bengal [Bangladesh v. Myanmar]*, paras. 411 ff. [446]). Der Schiedsspruch (Permanent Court of Arbitration) im Fall *The Bay of Bengal Maritime Boundary Arbitration (Bangadesh v. India)* (2014) hat ebenfalls eine Abgrenzung trotz Blockade des Kommissionsverfahrens durch Einwände vorgenommen, da beide Staaten zumindest im Hinblick auf die Existenz eines äußeren Festlandsockels vor ihren aneinandergrenzenden Küsten und insoweit auch hinsichtlich des Bestehens von Ansprüchen beider Staaten übereinstimmten (aaO, paras. 78, 438).

Die Nutzungsrechte des Küstenstaates am Festlandsockel gehen weit:

„Der Küstenstaat übt über den Festlandsockel souveräne Rechte zum Zweck seiner Erforschung und der Ausbeutung seiner natürlichen Ressourcen aus" (Art. 77 Abs. 1 SRÜ).

Die Rechte des Küstenstaates am Festlandsockel lassen den Rechtsstatus der darüber befindlichen Gewässer und den des Luftraums über diesen Gewässern unberührt (Art. 78 Abs. 1 SRÜ).

c) Abgrenzung

10 Für die Abgrenzung von ausschließlichen Wirtschaftszonen und Festlandsockeln zwischen Staaten mit gegenüberliegenden oder aneinander angrenzenden Küsten stellt die UN-Seerechtskonvention auf Kriterien der Billigkeit *(equitable solution)* ab (Art. 74, 83 SRÜ; siehe etwa zur Abgrenzung von Festlandsockeln IGH, *Continental Shelf [Libya v. Malta]*, ICJ Reports 1985, S. 13 [38 para. 45] – zur Abgenzung von ausschließlichen Wirtschaftszonen und Festlandsockeln im Bereich der Archipelgewässer von San Andrés siehe IGH, *Territorial and Maritime Dispute [Nicaragua v. Colombia]*, ICJ Reports 2012, S. 624, paras. 132 ff.). Dabei geht die Rechtsprechung in drei Schritten vor:

„The Court will delimit the exclusive economic zone and the continental shelf pursuant to its established methodology in three stages. First, it will provisionally draw an equidistance line using the most appropriate base points on the relevant coasts of the Parties. Second, it will consider whether here exist relevant circumstances which are capable of justifying an adjustment of the equidistance line provisionally drawn. Third, it will assess the overall equitableness of the boundary resulting from the first two stages by checking whether there exists a marked disproportionality between the length of the Parties' relevant coasts and the maritime areas found to appertain to them“ (IGH, *Maritime Delimitation in the Caribean Sea and the Pacific Ocean [Costa Rica v. Nicaragua],* para 135).

Zunächst werden also (1.) die gegenüberliegenden oder nebeneinander liegenden Küstenlinien bestimmt und eine Mittellinie oder eine Äquidistanzlinie nach dem Prinzip der Äquidistanz ermittelt.

Gelegentlich nimmt die Rechtsprechung eine Abgrenzung nach der sogenannten „Bisektor-Methode“ vor, die auf die Makrogeographie der Küstenlinien abstellt und eine gerade Linie zwischen zwei Küstenpunkten zieht (siehe etwa IGH, *Delimitation of the Maritime Boundary in the Gulf of Maine Area [Canada v. USA]*, ICJ Reports 1984, S. 246 paras. 194 ff.). Das Vorgehen nach der Äquidistanzmethode führt in aller Regel zu angemesseneren und besser vorhersehbaren Ergebnissen als die „Bisektor-Methode“, die erhebliche Spielräume bei der makrogeographischen Bewertung des Küstenverlaufes birgt (Permanent Court of Arbitration, *The Bay of Bengal Maritime Boundary Arbitration [Bangladesh v. India]*, paras. 336 ff. [2014]).

Nach Festlegung der provisorischen Abgrenzungslinie findet (2.) eine Justierung dieser Linie unter Kriterien der Billigkeit (*weighted median/equidistance line)* statt.

Zu den Billigkeitskriterien, welche eine Korrektur der Mittellinie rechtfertigen, gehören insbesondere
- eine erhebliche Disparität in den jeweiligen Küstenlängen,
- der übergreifende geographische Kontext (etwa ein weitgehendes Abschneiden von Festlandsküsten oder Inseln von einer eigenen Wirtschaftszone oder vom unmittelbaren Zugang zur Hohen See),
- das bisherige Verhalten der Parteien,
- Aspekte der Sicherheit und der Rechtsdurchsetzung (etwa beim Kampf gegen Drogenschmuggel),
- ein angemessener Zugang zu den Meeresressourcen und
- bisher vorgenomme Grenzziehungen

(siehe IGH, *Territorial and Maritime Dispute [Nicaragua v. Colombia]*, aaO, paras. 208 ff.). Ein relevantes Billigkeitskriterium bildet ein konkaver Küstenverlauf, wenn die Äquidistanz zu einer massiven Verkürzung maritimer Ansprüche des Küstenstaates führen würde. So hat der Internationale Seegerichtshof im Fall *Dispute Concerning Delimitation of the Maritime Boundary between Bangladesh and Myanmar in the Bay of Bengal* ausgeführt: „When an equidistance line drawn between two States produces a cut-off effect on the maritime entitlement of one of those States, as a result of the concavity of the coast, then an adjustment of that line may be necessary in order to reach an equitable result“ (ITLOS, Case No.16 – Reports 2012, p. 4, *Dispute Concerning Delimitation of the Maritime Boundary between Bangla-*

desh and Myanmar in the Bay of Bengal [Bangladesh v. Myanmar], para. 292).

Schließlich wird (3.) die so gefundene Abgrenzung auf ihre mögliche Unangemessenheit hin überprüft (IGH, *Territorial and Maritime Dispute [Nicaragua v. Colombia]*, aaO, paras. 190 ff.). Die Auswirkungen der auf der zweiten Stufe ermittelten Grenze auf den Fischfang und den Zugang zu anderen Meeresressourcen kann in besonderen Fällen zu einer Korrektur auf der dritten Stufe führen. Eine sehr restriktive Postition hat die Kammer des IGH im *Gulf of Maine-Fall* eingenommen:

„It is, therefore, in the Chamber's view, evident that the respective scale of activities connected with fishing – or navigation, defence or, for that matter, petroleum exploration and exploitation – cannot be taken into account as a relevant circumstance or, if the term is preferred, as an equitable criterion to be applied in determining the delimitation line. What the Chamber would regard as a legitimate scruple lies rather in concern lest the overall result, even though achieved through the application of equitable criteria and the use of appropriate methods for giving them concrete effect, should unexpectedly be revealed as radically inequitable, that is to say, as likely to entail catastrophic repercussions for the livelihood and economic well-being of the population of the countries concerned."

(IGH, *Delimitation of the Maritime Boundary in the Gulf of Maine Area [Canada v. USA]*, ICJ Reports 1984, S. 246 para. 237; siehe auch Permanent Court of Arbitration, *The Bay of Bengal Maritime Boundary Arbitration [Bangladesh v. India]*, paras. 336 ff. [2014]).

Literatur: *K. A. Baumert*, The Outer Limits of the Continental Shelf Under Customary International Law, AJIL 111 (2017), S. 827 ff.; *S. V. Busch*, Establishing Continental Shelf Limits Beyond 200 Nautical Miles by the Coastal Stade, 2016; *G. V. Galdorisi/A. G. Kaufman*, Military Activities in the Exclusive Economic Zone: Preventing Uncertainty and Defusing Conflict, Cal W Int'l LJ 32 (2001–2002), S. 253 ff.; *C. Schofield/S. Lee/M.-S. Kwon* (Hrsg.), The Limits of Maritime Jurisdiction, 2014; *W. Heintschel v. Heinegg*, The United Nations Convention on the Law of the Sea and Maritime Security Operations, GYIL (2005), S. 151 ff.

5. Hohe See

11 Die Bestimmungen des UN-Seerechtsübereinkommens über die Hohe See gelten „für alle Teile des Meeres, die nicht zur ausschließlichen Wirtschaftszone, zum Küstenmeer oder zu den inneren Gewässern eines Staates oder zu den Archipelgewässern eines Archipel-

staats gehören" (Art. 86 Abs. 1 Satz 1 SRÜ). Die Hohe See steht allen Staaten gleichermaßen offen (siehe Art. 87 Abs. 1 Satz 1 SRÜ).

Insbesondere umfasst die Freiheit der Hohen See
- die Freiheit der Schifffahrt (Art. 87 Abs. 1 Satz 3 *lit.* a, 90 SRÜ),
- die Freiheit des Überflugs (Art. 87 Abs. 1 Satz 3 *lit.* b SRÜ),
- die Freiheit der unterseeischen Kabel- und Rohrleitungsverlegung (Art. 87 Abs. 1 Satz 3 *lit.* c, 112 SRÜ),
- die Freiheit, künstliche Inseln und andere Anlagen zu errichten (Art. 87 Abs. 1 Satz 3 *lit.* d SRÜ),
- die Freiheit der Fischerei (Art. 87 Abs. 1 Satz 3 *lit.* e, 116 SRÜ) und
- die Freiheit der wissenschaftlichen Forschung (Art. 87 Abs. 1 Satz 3 *lit.* f SRÜ).

Auf Hoher See dürfen Kriegsschiffe und Militärflugzeuge (sowie andere im Regierungsauftrag operierende Fahrzeuge) aller Staaten gewaltsam gegen Piraten vorgehen (Art. 100 ff. SRÜ; zum Vorgehen gegen Piraten in den Hoheitsgewässern Somalias durch mit der somalischen Übergangsregierung kooperierende Staaten S/Res. 1816 [2008], para. 7; S/Res. 1846 [2008] und S/Res. 1851 [2008], ILM 48 [2009], S. 130 ff.). Bei der Bekämpfung des Drogenhandels unter Beteiligung von Schiffen auf Hoher See arbeiten die Staaten nach Maßgabe von Art. 108 SRÜ zusammen. Ein Recht zum Betreten und zum Aufbringen eines Schiffes haben Kriegsschiffe eines anderen als des Flaggenstaates dabei nicht (EGMR, Große Kammer, *Medvedyev u. a. ./. Frankreich*, Beschwerde-Nr. 3394/03, paras. 83 ff.). Nach Art. 110 SRÜ dürfen Kriegsschiffe fremde Schiffe unter anderem bei Verdacht auf Seeräuberei, Sklavenhandel, Verbreitung nicht genehmigter Rundfunksendungen (bei Gerichtsbarkeit des Flaggenstaates des Kriegsschiffes nach Art. 109 SRÜ) und bei Fehlen einer Staatszugehörigkeit des fremden Schiffes anhalten (Art. 110 SRÜ). 12

Auf die Hohe See erstreckt sich das sog. „Recht der Nacheile des Küstenstaates" *(hot pursuit)*. Damit ist die von den Binnengewässern, dem Küstenmeer oder der Anschlusszone aus betriebene Verfolgung eines fremden Schiffes gemeint, welches gegen nationales Recht des Küstenstaates verstoßen hat (siehe Art. 111 SRÜ). 13

6. Meeresboden

Das UN-Seerechtsübereinkommen enthält ein besonderes Regime für die Nutzung des Meeresbodens und des Meeresuntergrundes jen- 14 seits der Grenzen nationaler Hoheitsbefugnisse der Küstenstaaten (Teil XI des SRÜ; zur Definition des hiervon erfassten „Gebietes" Art. 1 Abs. 1 Nr. 1 SRÜ). Das Meeresbodenregime bildet den umstrittensten Teil der gesamten Konvention. Der Tiefseebodenbergbau (etwa der Abbau von Manganknollen und Chrom) könnte in den kommenden Jahrzehnten große wirtschaftliche Bedeutung gewinnen. Allerdings setzt der Meeresbergbau eine weit fortgeschrittene Technologie voraus. Nach Völkergewohnheitsrecht unterliegt die Nutzung des Meeresbodens und des Meeresuntergrundes keinen besonderen Beschränkungen. Danach könnte jeder Staat, insbesondere nach Maßgabe seiner technischen Möglichkeiten, ohne besondere Erlaubnis Tiefseebergbau betreiben. Insoweit gilt nach Völkergewohnheitsrecht das *Prioritätsprinzip*, welches Staaten mit fortschrittlicher Tiefseebergbautechnologie begünstigt. Solchen Entwicklungen will das UN-Seerechtsübereinkommen entgegenwirken.

15 Das Seerechtsübereinkommen qualifiziert den Meeresboden und den Meeresuntergrund mit ihren Ressourcen als „gemeinsames Erbe der Menschheit" (Art. 136 SRÜ). Danach darf sich kein Staat Teile des Meeresbodens (einschließlich des Meeresuntergrundes) oder seiner Ressourcen aneignen (Art. 137 Abs. 1 SRÜ). Vielmehr unterliegt das ganze Gebiet einer internationalisierten Nutzung mit einer Art Konzessionsregime. Die Zuteilung von Nutzungsrechten wird der *Internationalen Meeresbodenbehörde (International Sea Bed Authority)* übertragen (Art. 156 ff. SRÜ). Die Internationale Meeresbodenbehörde bildet eine internationale Organisation (Art. 176 SRÜ) mit Sitz in Jamaika (Art. 156 Abs. 4 SRÜ). Ihre Hauptorgane sind eine Versammlung, ein Rat und ein Sekretariat (Art. 158 Abs. 1 SRÜ). Oberstes Organ bildet die Versammlung, der alle Vertragsstaaten als Mitglieder der Behörde angehören (Art. 159 Abs. 1 i. V. m. Art. 156 Abs. 2 SRÜ).

16 Die Internationale Meeresbodenbehörde erlässt Regeln zum Schutz der Meeresumwelt und des menschlichen Lebens im Zusammenhang mit der Nutzung des Meeresbodens (Art. 145, 146 SRÜ). Diese Regelungen bedürfen keiner Umsetzung durch die Vertragsstaaten, sondern gelten unmittelbar. Insoweit lassen sich der Internationalen Meeresbodenbehörde supranationale Regelungsbefugnisse attestieren. Der Behörde ist das sog. Unternehmen *(Enterprise)* angegliedert (Art. 170, Anlage IV SRÜ). Das „Unternehmen" hat Rechtsfähigkeit (Anlage IV, Art. 13 SRÜ). Es führt als Organ der Meeresbodenbehörde unmittelbare Tätigkeiten im „Gebiet" sowie die

Beförderung, Verarbeitung und den Absatz der aus dem Gebiet gewonnenen Mineralien durch (Art. 170 Abs. 1 SRÜ).

Neben der unmittelbaren Ausbeutung der Ressourcen durch das „Unternehmen" sieht die UN-Seerechtskonvention die Nutzung durch nationale Unternehmen auf Grund eines Vertrages mit der Internationalen Meeresbodenbehörde vor *(Parallelsystem).* Dabei steht die Erforschung und Ausbeutung des Meeresbodens neben dem „Unternehmen" der Meeresbodenbehörde den Vertragsstaaten und deren Unternehmen und Privaten offen, die die Staatsangehörigkeit (im Falle von juristischen Personen die Staatszugehörigkeit) von Vertragstaaten haben oder von Angehörigen eines Vertragsstaates kontrolliert werden; private Unternehmen müssen dabei von dem jeweiligen Vertragsstaat „befürwortet" (*sponsored*) werden (Art. 153 Abs. 2 SRÜ). Die „befürwortenden" Staaten müssen sicherstellen, dass die Meeresbodenaktivitäten der von ihnen unterstützten Unternehmen in Einklang mit der UN-Seerechtskonvention stehen (Art. 139 Abs. 1, Anlage III Art. 4 Abs. 4 SRÜ); dies bedeutet, dass die Vertragsstaaten diese privaten Tätigkeiten mit gebotener Sorgfalt (*due diligence*) überwachen müssen (hierzu Gutachten des Internationalen Seegerichshofs, Kammer für Meeresbodenstreitigkeiten, *Responsibilities and Obligations of States Sponsoring Persons and Entities with respect to Activities in the Area*, Advisory Opinion [2011], paras. 107 ff.).

Das Konzessionssystem der UN-Seerechtskonvention ist in einer 17
Reihe westlicher Industriestaaten auf heftigen Widerstand gestoßen. Besonders kontrovers waren die Bestimmungen der UN-Seerechtskonvention über den obligatorischen Technologietransfer zugunsten des „Unternehmens" im Rahmen von Verträgen zwischen Tiefseebergbauunternehmen und der Behörde (Anlage III, Art. 5 Abs. 3 SRÜ). Wegen der anhaltenden Ablehnung wichtiger Industriestaaten erwies sich eine durchgreifende Reform des Meeresbodenregimes der Konvention als unumgänglich. Grundlegende Änderungen enthielt das *Übereinkommen zur Durchführung des Teiles XI des Seerechtsübereinkommens* von 1994 (BGBl. 1994 II, S. 2566). Dieses neue Übereinkommen und die Konvention sollen als einheitliches Vertragswerk ausgelegt und angewendet werden (Art. 1 Abs. 1 und Art. 2 Abs. 1 des Übereinkommens von 1994). Das Übereinkommen von 1994 verschiebt bei der Entscheidungsbildung im Rat der Internationalen Meeresbodenbehörde die Gewichtung wesentlich zugunsten der Industriestaaten (Anlage, Abschnitt 3). Die Möglichkeit einer Novellierung des Meeresbodenregimes auf Grund einer Überprüfungskonferenz unter der Voraussetzung der Annahme durch Dreiviertel der Vertragsstaaten (Art. 316 Abs. 5 SRÜ) wird jetzt an zusätzliche Voraussetzungen gebunden (Anlage, Abschnitt 4). Nach dem

Übereinkommen von 1994 sollen die ersten Tiefseebergbautätigkeiten des der Meeresbodenbehörde angegliederten „Unternehmens" durch *joint ventures* mit nationalen Unternehmen erfolgen (Anlage, Abschnitt 2 Abs. 2). Der Technologietransfer soll sich nunmehr nach marktwirtschaftlichen Bedingungen vollziehen (Anlage, Abschnitt 5 Abs. 1 *lit.* a). Mit der Reform des Meeresbodenregimes konnten sich auch die meisten Industriestaaten zur Ratifikation der UN-Seerechtskonvention mit dem modifizierten Teil XI entschließen. Da die Vereinigten Staaten auch nach der Modifikation von Teil XI das UN-Seerechtsübereinkommen noch nicht ratifiziert haben, bleibt die Zukunft des vertraglichen Meeresbodenregimes weiterhin ungewiss.

Literatur: *D. H. Anderson*, Resolution and Agreement Relating to the Implementation of Part XI of the UN Convention on the Law of the Sea: A General Assessment, ZaöRV 55 (1995), S. 275 ff. (hierzu die Kommentare von *K. Davidson*, aaO, S. 290 ff. und *K. Rattray*, aaO, S. 298 f.); Denkschrift der Bundesregierung zum Seerechtsübereinkommen der Vereinten Nationen vom 10. Dezember 1982 und zum Entwurf eines Übereinkommens in der Fassung vom 8. April 1994 zur Durchführung des Teiles XI des Seerechtsübereinkommens der Vereinten Nationen von 1982, BT-Drs. 12/7829, S. 229 ff.; *E. D. Brown*, Sea- Bed Energy and Minerals: The International Regime, Bd. I 1985, Bd. II 2000, Bd. III 2001; *F. Orrego Vicuña*, Coastal States' Competences over High Seas Fisheries and the Changing Role of International Law, ZaöRV 55 (1995), S. 520 ff.; *M. Starre*, Der Meeresboden, 2016; *P. T. Stoll*, The Entry into Force of the Convention on the Law of the Sea: A Redistribution of Competences in Relation to the Management of International Commons?, The Transfer of Technology under the Implementation Agreement, ZaöRV 55 (1995), S. 391 ff.

7. Inseln

18 Inseln haben grundsätzlich ein eigenes Küstenmeer, eine Wirtschaftszone und einen Festlandsockel (Art. 121 Abs. 2 SRÜ) (siehe IGH, *Territorial and Maritime Dispute [Nicaragua v. Colombia]*, ICJ Reports 2012, S. 624 paras. 168 ff.) Etwas anderes gilt nur für Felsen, die für die menschliche Besiedlung nicht geeignet sind oder ein wirtschaftliches Eigenleben nicht zulassen (Art. 121 Abs. 3 SRÜ). Der Zweck der ausschließlichen Wirtschaftszone von Inseln ist es, der angestammten Bevölkerung eine autarke Versorgung zu gewährleisten. Ist wirtschaftliches Eigenleben auf den Felsen nicht möglich, würde die Zusicherung der ausschließlichen Wirtschaftszone ihren Zweck verfehlen. Ausreichend für das Anerkennen einer Wirtschafts-

zone ist, dass eine Gruppe von zusammengehörigen Inseln ein wirtschaftliches Eigenleben zulässt.

In diesem Sinne hat das Schiedsgericht im Streit über das südchinesische Meer den von der Volksrepublik China beanspruchten Felsen und Inseln die Möglichkeit eines wirtschaftlichen Eigenlebens aberkannt. Die Meereserhebungen fallen daher unter Art. 121 Abs. 3 SRÜ (Arbitral Tribunal, *In the Matter of the South China Sea Arbitration* [Philippines v. China], PCA Case No 2013–19 paras 643 ff.).

8. Arktis

Mit der globalen Erwärmung hat die Frage nach Hoheitsrechten 19 der Anrainerstaaten (Dänemark [Grönland], Kanada, Norwegen, Russland und USA) im Bereich des arktischen Meeres an Bedeutung gewonnen. Die Arktis gehört weitgehend zur ausschließlichen Wirtschaftszone der Anrainer. Die (mittlerweile im Sommer leichter zu nutzende) Nordwest-Passage verläuft durch die Inselgruppe des arktischen Archipels, der zu Kanada gehört. Die Nordwest-Passage ist wohl Teil der inneren Gewässer Kanadas (aufgrund der Verwendung gerader Basislinien nach Art. 7 SRÜ). Die bisherige Staatenpraxis spricht dabei gegen die Qualifikation als internationale Meerenge mit dem Recht der Transitdurchfahrt (Art. 34 ff.). Sehr umstritten sind zum Teil weitausgreifende Ansprüche auf einen Festlandsockel in der Arktis.

Russland betrachtet den zwischen Sibirien und Grönland gelegenen „Lomonossow-Rücken" (auf den auch Dänemark und Kanada Anspruch erheben) und den „Mendelejew-Rücken" als „unterseeische Erhebungen" im Sinne von Art. 76 Abs. 6 Satz 2 SRÜ. Die USA bestreiten, dass es sich bei diesen unterseeischen Gebieten überhaupt um Verlängerungen der Landmasse von Anrainerstaaten im Sinne von Art. 76 Abs. 3 SRÜ handelt.

Literatur: *M. Byers*, Internationales Recht und internationale Politik der Nordwestpassage, ZaöRV 67 (2007), S. 145 ff.; *B. Kunoy*, A New Arctic Conquest: The Arctic Outer Continental Margin, NJIL 76 (2007), S. 465 ff.; *N. Matz-Lück*, Continental Shelf Delimitation and Delineation in the Artic: Current Developments, GYIL 54 (2011), S. 155 ff.; *A. Proells/T. Müller*, The legal regime of the Arctic Ocean, ZaöRV 68 (2008), S. 651 ff.

9. Internationaler Seegerichtshof

20 Auf der Grundlage des UN-Seerechtsübereinkommens ist der Internationale Seegerichtshof mit Sitz in Hamburg errichtet worden (Art. 287 Abs. 1 *lit.* a, Anlage VI SRÜ). Der Seegerichtshof setzt sich aus 21 Richtern zusammen. Die Unterwerfung unter die Zuständigkeit des Internationalen Seegerichtshofs ist eine der Möglichkeiten der obligatorischen Beilegung von Streitigkeiten über die Auslegung und Anwendung des Übereinkommens durch ein gerichtliches oder schiedsrichterliches Verfahren, zu der die Vertragsparteien verpflichtet sind (Art. 287 SRÜ). Für Streitigkeiten über die Regelungen des Meeresbodenregimes besteht eine besondere Kammer des Internationalen Seegerichtshofs.

Für manche Streitigkeiten über die Befugnisse eines Küstenstaates gelten besondere Regeln (Art. 297 SRÜ). Ein Staat kann bestimmte Streitigkeiten von der obligatorischen Streitbeilegung ausnehmen (Art. 298 Abs. 1 SRÜ). Dies gilt etwa für die Streitigkeiten über die Abgrenzung von Meeresgebieten oder historischen Rechtstiteln (Art. 298 Abs. 1 *lit.* a SRÜ). Davon hat etwa die Volksrepublik China ausgiebig Gebrauch gemacht. Dennoch hat das Schiedsgericht im Fall *Republic of the Philippines v. People's Republic of China* über die Ansprüche Chinas auf das Südchinesische Meer seine Zuständigkeit bejaht (Permanent Court of Arbitration, *The Republic of the Philippines v. The People's Republic of China*, Award on Jurisdiction and Admissibility, PCA Case No. 2013–19, 29. Oktober 2015). Nach dem endgültigen Schiedsspruch (hierzu oben § 31 Rn. 4) haben die Volksrepublik China und die Philippinen Verhandlungen über eine vertragliche Nutzungsregelung aufgenommen.

Literatur: *P. C. Rao/R. Khan* (Hrsg.), The International Tribunal for the Law of the Sea, 2001.

§ 32. Weltraum

1 Der Weltraum unterliegt keiner gesicherten Abgrenzung zum (staatlicher Hoheitsgewalt unterliegenden) Luftraum. Einigkeit besteht aber darüber, dass der Weltraum spätestens ab einer Höhe von 80 Meilen beginnt. Für die Erforschung und Nutzung des Weltraums einschließlich des Mondes und anderer Himmelskörper liefert der *Weltraumvertrag (Vertrag über die Grundsätze zur Regelung der Tätigkeiten von Staaten bei der Erforschung und Nutzung des Welt-*

raums einschließlich des Mondes und der Himmelskörper) von 1967 (BGBl. 1969 II, S. 1969) ein vertragsrechtliches Regime.

Der Weltraumvertrag ist von 104 Staaten ratifiziert worden.

Nach dem Weltraumvertrag wird die Erforschung und Nutzung des Weltraums „zum Vorteil und im Interesse aller Länder ohne Ansehen ihres wirtschaftlichen und wissenschaftlichen Entwicklungsstandes durchgeführt" und ist „Sache der gesamten Menschheit" (Art. I Abs. 1). Allen Staaten soll die Erforschung und die Nutzung des Weltraums einschließlich des Mondes und anderer Himmelskörper freistehen (Art. I Abs. 2). Der Weltraumvertrag schließt jegliche nationale Aneignung des Weltraums einschließlich des Mondes und anderer Himmelskörper durch Beanspruchung der Hoheitsgewalt, durch Benutzung oder Okkupation oder in anderer Weise aus (Art. II). Die Vertragsstaaten verpflichten sich, Massenvernichtungswaffen nicht in eine Erdumlaufbahn zu bringen und solche Waffen weder auf Himmelskörpern noch sonst im Weltraum zu stationieren (Art. IV Abs. 1).

Der Weltraumvertrag lässt militärischer Nutzung des Weltraumes (ohne Nutzung von Himmelskörpern) weiten Raum. Nicht verboten ist etwa der Abschuss von Interkontinentalraketen, deren Flugbahn den Weltraum durchquert. Jedoch untersagt das Teststopp-Abkommen die Versuchsexplosionen von Kernwaffen und andere nukleare Explosionen auch im Weltraum (Art. 1 Abs. 1 *lit.* a). Auch die Stationierung von sog. „Killersatelliten" (die zur Störung oder Vernichtung feindlicher Satelliten bestimmt sind), von konventionellen Waffen oder von neuen Waffensystemen, die vom Orbit aus auf die Erde gerichtet sind, bleibt im Weltraum möglich. Dies nährt Forderungen nach einem neuen Vertrag zur Beschränkung der militärischen Nutzungsmöglichkeiten.

Nach dem Vertrag dürfen der Mond und die anderen Himmelskörper ausschließlich zu „friedlichen Zwecken" benutzt werden (Art. IV Abs. 2). Die Errichtung militärischer Stützpunkte und bestimmte andere Nutzungen des Mondes und der sonstigen Himmelskörper sind untersagt (Art. IV Abs. 2 Satz 2). Inwieweit der Weltraumvertrag nicht ausdrücklich verbotene Formen der militärischen Nutzung zulässt, ist umstritten.

Der Umkehrschluss aus der Auflistung verbotener militärischer Aktivitäten auf dem Mond und anderen Himmelskörpern (Art. IV Abs. 2 Satz 2) spricht durchschlagend gegen ein Verbot jeglicher militärischer Nutzung der Himmelskörper. Daraus ergibt sich zugleich, dass die „friedlichen Zwecke" nicht mit „nicht-militärischer Nutzung" gleichzusetzen sind. Auf der anderen Seite ist auch die weite Deutung „friedlicher Zwecke" im Sinne nicht-aggressiver Nutzung höchst problematisch. Denn bei der Vielzahl von Waffen mit sowohl defensivem als auch offensivem Verwendungspotential liefert die subjektive Zwecksetzung ein allzu unzuverlässiges Abgrenzungskriterium. Deshalb dürfte Art. IV Abs. 2 Satz 1 die Stationierung aller Waffen auf Himmelskörpern ausschließen, die offensiv eingesetzt werden können.

Eine Ausnahme gilt dabei nur für die militärische Nutzung in Selbstverteidigung oder aufgrund einer Ermächtigung des UN-Sicherheitsrates.

Lediglich bei sonstigem militärischen Instrumentarium (keine Waffen) kann es auf die subjektive Zweckbestimmung ankommen.

Der Einsatz von Satelliten für Zwecke der militärischen Erkundung oder als Elemente eines Lenkwaffenleitsystems fallen nicht unter die Verbote des Weltraumvertrages.

Weitreichende Beschränkungen für ein weltraumgestütztes System zur Abwehr von Raketen und anderen ballistischen Waffen enthielt der Anti-Ballistic Missiles-Vertrag (ABM-Vertrag) von 1972, den die USA und die Sowjetunion (später Russland) geschlossen hatten (ILM 11 [1972], S. 784). Mit dem ABM-Vertrag kollidierten die Pläne der USA zum Aufbau des „National Missile Defense"-Systems zur Abwehr gegen Raketenangriffe von Seiten unberechenbarer Regime. Deshalb haben die USA den ABM-Vertrag im Dezember 2001 gekündigt.

Das Regime, das der Weltraumvertrag für die Nutzung des Weltraums errichtet, weist starke Parallelen zur Nutzung der Hohen See auf.

2 Einem stärker der gesamten Völkergemeinschaft verpflichteten Ansatz folgt der *Mondvertrag* von 1979 (*Agreement Governing the Activities of States on the Moon and Other Celestial Bodies*, ILM 18 [1979], S. 1434). Dieser Vertrag legt für die Nutzung des Mondes das Konzept des „gemeinsamen Erbes der Menschheit" zugrunde (Art. 11 Abs. 1). Bislang ist der Mondvertrag nur von wenigen Staaten ratifiziert worden, zu denen keine Weltraummacht gehört.

Die Ablehnung des Mondvertrages durch einen Großteil der westlichen Welt schwächt die normative Bedeutung der Resolution und verbietet, hieraus gewohnheitsrechtliche Prinzipien abzuleiten.

Ein besonderes *Übereinkommen über die völkerrechtliche Haftung für Schäden durch Weltraumgegenstände* von 1972 (BGBl. 1975 II, S. 1210) regelt die Haftung von Staaten, die einen Weltraumgegenstand starten oder dessen Start durchführen lassen, sowie von Staaten, von deren Hoheitsgebiet oder Anlagen aus ein Weltraumgegenstand gestartet wird. Für bestimmte Schäden begründet dieses Übereinkommen eine Gefährdungshaftung (verschuldensunabhängige Haftung):

„Ein Startstaat haftet unbedingt für die Leistung von Schadensersatz wegen eines von seinem Weltraumgegenstand auf der Erdoberfläche oder an Luftfahrzeugen im Flug verursachten Schadens" (Art. II).

Die Nutzung des Weltraums für Zwecke der internationalen Tele- 3
kommunikation hat längst größte Bedeutung erlangt. Es besteht keine gewohnheitsrechtliche Regel, dass eine Direktübertragung von Fernsehsendungen via Satellit der Genehmigung des jeweiligen Empfangsstaates bedarf. Die unter Ablehnung oder Enthaltung wichtiger Industriestaaten angenommene Resolution der UN-Generalversammlung *Principles Governing the Use by States of Artificial Earth Satellites for International Direct Television Broadcasting* von 1982 (GA/Res. 37/92, Anhang, UNYB 1982, S. 173) geht von Notifikations- und Konsultationspflichten des Sendestaates aus:

„... A State which intends to establish or authorize the establishment of an international direct television broadcasting satellite service shall without delay notify the proposed receiving State or States of such intention and shall promptly enter into consultation with any of those States which so requests."

Gegenstand heftiger Kontroversen ist die Fernerkundung fremden 4
Staatsgebiets (etwa durch Satelliten) für militärische, wissenschaftliche oder meteorologische Zwecke. Die UN-Generalversammlung hat im Jahre 1986 15 Prinzipien zur Fernerkundung verabschiedet. Darin wird nicht die Zustimmung der zu erkundenden Staaten gefordert, sondern nur vorherige Konsultationen. Diese Erklärung der Generalversammlung zu *Principles Relating to Remote Sensing of the Earth from Space* von 1986 (GA/Res. 41/65, Anhang, UNYB 1986, S. 95) sieht vor, dass die durch Fernerkundung gewonnenen Daten über das Gebiet eines Staates für diesen Staat in diskriminierungsfreier Weise und zu vernünftigen Kosten zugänglich gemacht werden sollen (Principle XII). Im Übrigen führt die Erklärung nicht wesentlich über recht allgemein gehaltene Gebote zur Rücksichtnahme hinaus.

5 Von großer Bedeutung für die Entwicklung des Weltraumrechts ist der Weltraum-Ausschuss der Vereinten Nationen (*Committee on the peaceful uses of outer space* [COPUOS]).

Literatur: *B. Cheng*, Studies in International Space Law, 1998; *K. H. Böckstiegel* (Hrsg.), Handbuch des Weltraumrechts, 1991; *I. H. P. Diederiks-Verschoor*, An Introduction To Space Law, 3. Aufl. 2008; *K. Grossmann*, Weapons in Space, 2001; *S. Hobe/B. Schmidt/K.-U. Schrogl* (Hrsg.), Cologne Commentary on Space Law, Bd. 1: Outer Space Treaty, 2009; *R. J. Lee*, The Jus Ad Bellum In Spatialis: The Exact Content and Practical Implications of the Law on the Use of Force In Outer Space, Journal of Space Law 29 (2003), S. 93 ff.; *F. Lyall/P. B. Larsen*, Space Law, 2 Aufl. 2017; *N. Mateesco Matte* (Hrsg.), Space Activities and Emerging International Law, 1984; *M. N. Schmitt*, International Law and Military Operations in Space, Max Planck UNYB 10 (2006), S. 89 ff.; *R. Wolfrum*, Die Internationalisierung staatsfreier Räume, 1984; *ders.*, The Problems of Limitations and Prohibition of Military Use of Outer Space, ZaöRV 44 (1984), S. 789 ff.; *D. Wolter*, Grundlagen „Gemeinsamer Sicherheit" im Weltraum nach universellem Völkerrecht, 2003.

VII. Kapitel. Grundprinzipien zwischenstaatlicher Beziehungen

Mit der Staatsqualität jedes Mitgliedes der internationalen Gemeinschaft sind elementare Rechtspositionen und Pflichten verbunden. Eine Konkretisierung der in der UN-Charta angelegten Rechte und Pflichten, die für die zwischenstaatlichen Beziehungen prägend sind, hat die UN-Generalversammlung in ihrer berühmten *Friendly-Relations*-Erklärung von 1970 unternommen (*Declaration on Principles of International Law Concerning Friendly Relations and Cooperation Among States in Accordance with the Charter of the United Nations*, Anhang zu GA/Res. 2625 [XXV], UNYB 1970, S. 788). Die Erklärung nennt insbesondere das Gewaltverbot, die friedliche Streitbeilegung, das Interventionsverbot, das Gebot der zwischenstaatlichen Kooperation, die Gleichberechtigung und Selbstbestimmung der Völker, die souveräne Gleichheit aller Staaten sowie die Pflicht der Staaten, nach Treu und Glauben ihre völkerrechtlichen Verpflichtungen zu erfüllen, die sie im Einklang mit der UN-Charta übernommen haben. Ergänzend ist auch noch auf den Achtungsanspruch der Staaten (Ehre) etwa im Hinblick auf die Respektierung des Staatsoberhauptes oder der Flagge hinzuweisen.

§ 33. Souveräne Gleichheit der Staaten

Der Grundsatz der souveränen Gleichheit der Staaten findet prägnanten Ausdruck in Artikel 2 Nr. 1 UN-Charta: 1

„Die Organisation beruht auf dem Grundsatz der souveränen Gleichheit aller ihrer Mitglieder."

Souveräne Gleichheit ist zunächst im Sinne einer formalen Gleichstellung aller Mitglieder der Staatenwelt zu verstehen. Dieses formale Verständnis der Gleichheit schlägt sich bei vielen internationalen Organisationen und bei Staatenkonferenzen im gleichen Stimmengewicht aller Staaten nieder *(one State, one vote).* Das Prinzip der formalen Gleichheit bestimmt etwa die Vertretung der Mitgliedstaaten der Vereinten Nationen in der Generalversammlung:

„Jedes Mitglied der Generalversammlung hat eine Stimme" (Art. 18 Abs. 1 UN-Charta).

2 Durchbrochen wird dieses Prinzip aber in den Vereinten Nationen mit der privilegierten Position der fünf ständigen Mitglieder des Sicherheitsrates (Art. 23 Abs. 1 Satz 2 UN-Charta). Dahinter steht die Vorstellung einer Art „Weltdirektorium", das seinerseits Anklänge an die Großmachtpolitik des vergangenen Jahrhunderts aufweist. In internationalen Organisationen mit wirtschaftlicher Zwecksetzung findet häufig eine Differenzierung nach dem Gewicht der einzelnen Mitgliedstaaten durch *Stimmenwägung* statt. So werden im Gouverneursrat des Internationalen Währungsfonds und der Weltbank die Stimmen nach der jeweiligen Einlage gewichtet (Art. XII Abschnitt 2 *lit.* e, Abschnitt 5 IWF-Abkommen; Art. V Abschnitt 3 *lit.* a Weltbank-Abkommen). Das reformierte Meeresbodenregime des UN-Seerechtsübereinkommens privilegiert innerhalb des Rates der Internationalen Meeresbodenbehörde die westlichen Industriestaaten durch ein besonderes Mitspracherecht und sichert den USA sowie Russland eine herausgehobene Position (hierzu oben § 31 Rn. 14ff.). Bei einem von der formalen Gleichheit der Staaten bestimmten Entscheidungsprozess hätte sich das Regime des Meeresbodens für einige wichtige Industriestaaten (deren Mitwirkung unverzichtbar ist) dauerhaft als nicht annehmbar dargestellt. Bei der Europäischen Union tragen die Sitzverteilung im Europäischen Parlament und die Stimmengewichtung bei der qualifizierten Mehrheit (die für die meisten wichtigen Beschlüsse gilt) im Rat der Europäischen Union Unterschieden in der Bevölkerungszahl und in der wirtschaftlichen Leistungskraft der einzelnen Mitgliedstaaten Rechnung. Dabei bleibt den kleineren und mittleren Mitgliedstaaten aber immer noch ein deutlich überproportionales Gewicht erhalten.

Der Vertrag von Lissabon brachte hier einen Systemwechsel für die qualifizierte Mehrheit, der den demographischen Verhältnissen stärker Rechnung trägt. Danach gilt seit Ende 2014 das Prinzip der „doppelten Mehrheit" (55 % der Mitglieder des Rates, die zugleich in der Gesamtheit mindestens 65 % der Bevölkerung der Union vertreten) gelten (Art. 16 Abs. 4 EUV).

3 Die souveräne Gleichheit äußert sich vor allem in der Unverletzlichkeit der territorialen Integrität und in der Gewährleistung politischer Unabhängigkeit. Die politische Unabhängigkeit umschließt das Recht zur freien Wahl und zur freien Ausgestaltung des politischen, sozialen, wirtschaftlichen und kulturellen Systems. Flankiert wird

diese Unabhängigkeit ihrerseits vom Interventionsverbot (siehe IGH, *Military and Paramilitary Activities in and against Nicaragua [Nicaragua v. USA]*, ICJ Reports 1986, 14 ff. [108, para. 205]). Die souveräne Gleichheit der Staaten liefert auch die Begründung für die weitgehende Befreiung eines Staates von der Gerichtsbarkeit anderer Staaten (*par in parem non habet imperium*, hierzu unten § 37).

Die *Friendly-Relations*-Erklärung der UN-Generalversammlung 4
(UNYB 1970, S. 788), die in Manchem auf einer früheren Erklärung der UN-Generalversammlung (*Declaration on the Inadmissibility of Intervention in the Domestic Affairs of States and the Protection of Their Independence and Sovereignty* GA/Res. 2131 [XX] vom 21. Dezember 1965) aufbaut, ordnet der souveränen Gleichheit bestimmte konstituierende Elemente zu:

> „*The Principle of sovereign equality of States*
> All States enjoy sovereign equality. They have equal rights and duties and are equal members of the international community, notwithstanding differences of an economic, social, political or other nature.
> In particular, sovereign equality includes the following elements:
> a) States are juridically equal;
> b) Each State enjoys the rights inherent in full sovereignty;
> c) Each State has the duty to respect the personality of other States;
> d) The territorial integrity and political independence of the State are inviolable;
> e) Each State has the right freely to choose and develop its political, social, economic and cultural systems;
> f) Each State has the duty to comply fully and in good faith with its international obligations and to live in peace with other States."

Literatur: *B. Boutros-Ghali*, Le principe d'égalité des états et les organisations internationales, RdC 100 (1960 – II), S. 1 ff.; *G. Leibholz*, Die Gleichheit der Staaten, AVR 10 (1962/63), S. 69 ff.; *H. Mosler*, Die Großmachtstellung im Völkerrecht, 1949.

§ 34. Das Gewaltverbot und seine Durchbrechungen

1. Entwicklung des Gewaltverbots und seine aktuellen Herausforderungen

Das umfassende Verbot der Anwendung und Androhung militäri- 1
scher Gewalt gehört zu den großen Errungenschaften der Völker-

rechtsentwicklung. Das klassische Völkerrecht des 19. Jahrhunderts unterwarf das Recht der Staaten, zum Kriege als Mittel der Politik zu schreiten, kaum Beschränkungen. Es galt also ein Recht zum Krieg *(ius ad bellum).* Zu beachten war nur die Rechtsstellung neutraler Staaten. Daneben setzte die *Drago-Porter-Konvention* von 1907 der Gewaltanwendung zur Eintreibung vertraglicher Schulden gewisse Schranken. Im Übrigen existierten nur Regeln über die zulässige Art und Weise der Kriegsführung *(ius in bello).* So konnte eine völkerrechtliche Darstellung des Jahres 1912 für das damalige Völkergewohnheitsrecht zutreffend feststellen:

> „Das Völkerrecht kennt … keine Regeln darüber, wann Kriege geführt werden dürfen. Will ein Staat sein eigenes Selbst einsetzen, so darf er jederzeit Krieg beginnen. Die Gewalt ist also im Staatenverkehr unbedingt gestattet …" (*P. Heilborn*, Grundbegriffe des Völkerrechts, 1912, S. 23).

2 Die *Satzung des Völkerbundes* enthielt nur schwache Vorkehrungen für eine Domestizierung der kriegerischen Lösung von Konflikten. Die darin enthaltene Verpflichtung, Streitigkeiten zunächst bestimmten Verfahren der Konfliktlösung zuzuführen (Art. 12, 13 der Völkerbund-Satzung), bildete kein wirksames Instrument der Kriegsverhütung. Einen grundlegenden Fortschritt in der rechtlichen Bändigung des Krieges brachte der Pakt zur Ächtung des Krieges von 1928 (*Briand-Kellogg-Pakt*, RGBl. 1929 II, S. 97). In Art. 1 des Paktes verurteilten die Vertragsstaaten den Krieg als Mittel zur Lösung internationaler Streitfälle und verzichteten auf ihn als Werkzeug nationaler Politik in ihren gegenseitigen Beziehungen. Dieser Pakt ist von den meisten Mitgliedern der damaligen Staatengemeinschaft ratifiziert worden.

3 Unter dem Eindruck des Zweiten Weltkriegs formulierte die UN-Charta ein umfassendes Gewaltverbot in Art. 2 Nr. 4:

> „Alle Mitglieder unterlassen in ihren internationalen Beziehungen jede gegen die territoriale Unversehrtheit oder die politische Unabhängigkeit eines Staates gerichtete oder sonst mit den Zielen der Vereinten Nationen unvereinbare Androhung oder Anwendung von Gewalt."

4 Flankiert wird das Gewaltverbot des Art. 2 Nr. 4 UN-Charta vom Gewaltmonopol des UN-Sicherheitsrates, der äußerst weitreichende Befugnisse zur Bewahrung oder Wiederherstellung des Weltfriedens und der internationalen Sicherheit nach dem VII. und VIII. Kapitel der UN-Charta innehat. Dies erlaubt nicht nur militärische Maßnahmen durch den UN-Sicherheitsrat selbst, sondern auch ein gewaltsa-

mes Vorgehen einzelner Staaten auf Grund einer Ermächtigung des Sicherheitsrates. Als weitere Ausnahme vom Gewaltverbot anerkennt die UN-Charta ausdrücklich das Recht zur individuellen oder kollektiven Selbstverteidigung (Art. 51 UN-Charta). Wie weit dieses Recht zur Selbstverteidigung im Einzelnen reicht, ist außerordentlich umstritten. Als *ungeschriebene* Ausnahme wird in der Völkerrechtslehre seit geraumer Zeit die humanitäre Intervention zur Rettung eigener Staatsangehöriger (humanitäre Intervention im engeren Sinne) oder zur Rettung fremder Staatsangehöriger bei schwerwiegenden Menschenrechtsverletzungen (humanitäre Intervention im weiteren Sinne) diskutiert. Die Militäraktion der NATO gegen Serbien, die im Frühjahr 1999 zum Schutz der albanischen Zivilbevölkerung gegen genozidartige Verfolgungsmaßnahmen ohne Ermächtigung des UN-Sicherheitsrates durchgeführt worden ist, markiert einen Wendepunkt in der völkerrechtlichen Beurteilung der humanitären Intervention. Seither ist in der Staatengemeinschaft und in der Völkerrechtslehre die Bereitschaft gewachsen, das Gewaltverbot des Art. 2 Nr. 4 UN-Charta nicht als *absolute* Verbotsregel zu betrachten, sondern einer Abwägung mit elementaren Menschenrechten zu unterwerfen.

Auf der anderen Seite muss beachtet werden, dass zahlreiche Staaten weiterhin jeder Relativierung des Gewaltverbotes auch zugunsten der humanitären Intervention ablehnend gegenüberstehen. So hat die Gruppe der 77 (die mittlerweile über 130 Staaten umfasst) zusammen mit der Volksrepublik China auf dem so genannten „Südgipfel" im April 2000 in einer förmlichen Erklärung der Rechtfertigung einer humanitären Intervention eine klare Absage erteilt:

„54. ... We reject the so called 'right' of humanitarian intervention, which has no legal basis in the United Nations Charter or in the general principles of international law" (http://www.g77.org/summit/Declaration_G77Summit.htm, zuletzt abgerufen am 29.11.2018).

Die neue Tendenz einer Relativierung des Gewaltverbots löst sich vom Verständnis der physischen Befriedetheit zwischenstaatlicher Rechtsbeziehungen als dem allerhöchsten Gut in der Völkerrechtsordnung. Dem Gewaltverbot wird der Schutz grundlegender Menschenrechte als gleichgewichtiger Wert an die Seite gestellt. Damit wird die Entwicklung von allgemeinen, objektivierbaren und zu vorhersehbaren Ergebnissen führenden Abwägungskriterien zu einer neuen Aufgabe für die Völkerrechtswissenschaft.

Eine weitere, nachhaltige Erschütterung des Gewaltverbots in sei- **5**
nem strengen Geltungsanspruch hat die unter der Bush-Administra-

tion formulierte *National Security Strategy* der USA vom September 2002 (http://www.state.gov/documents/organization/63562.pdf, zuletzt abgerufen am 29.11.2018) bewirkt. Sie beansprucht präventive Optionen schon weit im Vorfeld eines bewaffneten Angriffs, nämlich bei jeder zu einem nicht absehbaren Moment realisierbaren Bedrohung durch Massenvernichtungswaffen in den Händen von Staaten und terroristischen Organisationen:

> „For centuries, international law recognized that nations need not suffer an attack before they can lawfully take action to defend themselves against forces that present an imminent danger of attack.
>
> [...]
>
> We must adapt the concept of imminent threat to the capabilities and objectives of today's adversaries. Rogue states and terrorists do not seek to attack us using conventional means.
>
> [...]
>
> The United States has long maintained the option of preemptive actions to counter a sufficient threat to our national security. The greater the threat, the greater is the risk of inaction – and the more compelling the case for taking anticipatory action to defend ourselves, even if uncertainty remains as to the time and place of the enemy's attack. To forestall or prevent such hostile acts by our adversaries, the United States will, if necessary, act preemtively."

Die Neufassung der *National Security Strategy* von 2006 bekräftigte die Inanspruchnahme eines Rechts auf vorbeugende Selbstverteidigung (*preemption*), betonte allerdings den Vorrang internationaler Diplomatie:

> „Taking action need not involve military force. Our strong preference and common practice is to address proliferation concerns through international diplomacy, in concert with key allies and regional partners. If necessary, however, under long-standing principles of self defense, we do not rule out the use of force before attacks occur, even if uncertainty remains as to the time and place of the enemy's attack. When the consequences of an attack with WMD are potentially so devastating, we cannot afford to stand idly by as grave dangers materialize. This is the principle and logic of preemption. The place of preemption in our national security strategy remains the same. We will always proceed deliberately, weighing the consequences of our actions. The reasons for our actions will be clear, the force measured, and the cause just."

6 In dieser neuen Präventivdoktrin liegt eine frontale Herausforderung für die Völkerrechtsordnung: Sie nimmt dem Gewaltverbot und dem Entscheidungsmonopol des UN-Sicherheitsrats den strikten Primat gegenüber anderen Grundwerten des Völkerrechts. Unter dem Eindruck dieser Doktrin (und der alliierten Invasion des Irak

im Frühjahr 2003) sah UN-Generalsekretär Kofi Annan das UN-System vor einer entscheidenden Herausforderung („We have come to a fork in the road.", GA/10157).

Die Sicherheitsdoktrin der Regierung Obama aus dem Jahr 2010 (https://obamawhitehouse.archives.gov/sites/default/files/rss_viewer/national_security_strategy.pdf, zuletzt abgerufen am 29.11.2018) bekennt sich zu multilateralen Konfliktlösungen unter dem Dach des UN-Systems, behält aber den USA in sehr allgemeiner Form die einseitige Gewaltanwendung im Einklang mit dem Völkerrecht vor: 7

„While the use of force is sometimes necessary, we will exhaust other options before war whenever we can, and carefully weigh the costs and risks of action against the costs and risks of inaction. When force is necessary, we will continue to do so in a way that reflects our values and strengthens our legitimacy, and we will seek broad international support, working with such institutions as NATO and the U.N. Security Council.

The United States must reserve the right to act unilaterally if necessary to defend our nation and our interests, yet we will also seek to adhere to standards that govern the use of force. Doing so strengthens those who act in line with international standards, while isolating and weakening those who do not."

Die Sicherheitsstrategie der Regierung Obama von 2015 (https://obamawhitehouse.archives.gov/sites/default/files/docs/2015_national_security_strategy.pdf, zuletzt abgerufen am 29.11.2018) erstreckt die militärische Gewaltanwendung auch auf die Bedrohung der materiellen Existenzgrundlagen des amerikanischen Volkes:

„The United States will use military force, unilaterally if necessary, when our enduring interests demand it: when our people are threatened; when our livelihoods are at stake; and when the security of our allies is in danger."

Der Relativierung des Gewaltverbots im Interesse anderer Grundrechte der Völkerrechtsordnung muss sich die Völkerrechtslehre mit aller Offenheit stellen. Der bloße Verweis auf den Wortlaut der UN-Charta und die Spielregeln des UN-Systems liefern keine befriedigende Antwort mehr. Dies gilt auch für die verständliche Sorge vor einer Öffnung der Büchse der Pandora oder einem Missbrauch hegemonialer Machtstellung. 8

Das Dilemma liegt im seit 1945 unveränderten UN-System selbst begründet. Denn die UN-Charta sichert nach ihrem Wortlaut die Grundwerte der Völkerrechtsordnung asymmetrisch ab. Sie privilegiert nämlich *einen* der konkurrierenden Grundwerte: die souveräne Gleichheit der Staaten mit dem zugunsten aller Staaten geltenden Gewaltverbot. Das Integritätsinteresse jedes Staates ohne Rücksicht auf 9 die Verhältnisse in seinem Inneren oder sein Bedrohungspotential ist durch das Gewaltverbot gegenüber anderen Grundwerten instrumentell abgesichert und dadurch privilegiert. Die gewaltsame Durchsetzung elementarer Völkerrechtsstandards scheitert grundsätzlich am Gewaltverbot. Dies muss Bestrebungen nähren, das Gewaltverbot als „Höchstwert" in der „Philosophie" des UN-Systems zu erschüttern.

10 Seine volle Schärfe gewinnt der Konflikt zwischen dem Verbot einseitiger Gewaltanwendung und dem Schutz völkerrechtlicher Grundwerte erst durch die Entscheidungsmechanismen im UN-Sicherheitsrat. Denn durch die Veto-Position der ständigen Mitglieder dominieren allzu oft politische Präferenzen über eine von völkerrechtlichen Prinzipien gesteuerte Abwägung. Der Konsens über die Durchsetzung von Menschenrechten und elementaren Sicherheitsinteressen gegen einzelne Staaten lässt sich in der Praxis des Sicherheitsrats oft nicht einmal bei völliger Evidenz der Bedrohung erreichen.

11 Die Einschränkung der Handlungsfreiheit des einzelnen Staates zugunsten kollektiver Entscheidungen des UN-Sicherheitsrats darf nicht zu empfindlichen Lücken beim Schutz vor potentiell existentiellen Bedrohungen führen. Nur unter dieser Bedingung ist ein System kollektiver Sicherheit auf Dauer lebensfähig. Das gegenwärtige System kollektiver Sicherheit bezieht seine Legitimität aus seiner erlebbaren Fähigkeit zum effektiven Schutz dieser Belange. Versagt dieser Schutz, dann zerbricht die Symmetrie von Unterwerfung unter das Völkerrecht und dem Verzicht auf einseitige Gewaltausübung einerseits und dem gewährten Schutz durch die kollektiven Maßnahmen andererseits. Es zerbricht das alte Band zwischen *subjectio* und *protectio*. Zugleich schwindet die Akzeptanz der potentiellen Opfer nicht bewältigter Bedrohungen.

12 Über die Kontroverse um die Sicherheitsdoktrin der Regierung G. W. Bush hinaus hat die Invasion des Irak durch die USA und Großbritannien ohne ausdrückliche Ermächtigung des UN-Sicherheitsrats das Gewaltverbot als zentrales Element der völkerrechtlichen Friedensordnung nachhaltig erschüttert. Das alliierte Vorgehen im Irak zielte letztlich auf die gewaltsame Durchsetzung kollektiver Sicherheitsinteressen.

Manche Kritiker sehen hierin die Inanspruchnahme einer Sonderstellung der USA als globaler Hegemon. Andere Stimmen (etwa aus der amerikanischen Politikwissenschaft) haben nach der Irak-Invasion den Abschied vom Gewaltverbot proklamiert. Diese Deutungen verkennen, dass sich die Rechtfertigung der Irak-Invasion durch die USA und Großbritanniens zumindest argumentativ in den Bahnen des Völkerrechts bewegt (insbesondere mit den Thesen des Wiederauflebens einer Ermächtigung zur Gewaltanwendung in Resolution 678 [1990] und einer aus Resolution 1441 [2002] herausgelesenen Ermächtigung sowie einer Relativierung des Gewaltverbots im Dienste der Prävention). Jedoch qualifiziert die ganz überwiegende Völkerrechtslehre die alliierte Invasion des Irak als völkerrechtswidrige Gewaltanwendung. Mit der Resolution 1546/2004 (VN 2004, S. 110) zur Anerkennung der irakischen Übergangsregierung und zum zeitlich begrenzten Mandat der multinationalen Stationierungsstreitkräfte hat der Sicherheitsrat die Entwicklung im Irak wieder auf eine solide völkerrechtliche Grundlage gestellt.

Das heterogene Meinungsbild in Staatengemeinschaft und Völker- 13
rechtslehre zu einer Relativierung des Gewaltverbotes ist Ausdruck einer beachtlichen Rechtsunsicherheit. Diese Rechtsunsicherheit wird durch ein methodisches Problem in der Neudeutung der UN-Charta und der Fortentwicklung von Völkergewohnheitsrecht genährt. Denn über das Maß der notwendigen Zustimmung in der Staatengemeinschaft zu einer erweiterten Rechtfertigung einseitiger Gewaltanwendung herrscht beachtliche Unklarheit (hierzu oben § 16 Rn. 3).

Dieser Rechtsunsicherheit sollte in der Grauzone zwischen eindeu- 14
tig rechtswidrigem und eindeutig gerechtfertigtem Verhalten auf der *Ebene der Rechtsfolgen* Rechnung getragen werden: Bei einer umstrittenen, aber aus Sicht eines Großteils der Staatengemeinschaft zu bejahenden (und in diesem Sinne vertretbaren) Rechtfertigung sollte die völkerrechtliche Verantwortlichkeit des jeweiligen Staates und die individuelle Verantwortlichkeit seiner Amtsträger jedenfalls gemindert sein. Diese „geminderte" Verantwortlichkeit könnte sich etwa im Ausschluss von Reparationspflichten beim Vorgehen gegen einen Staat äußern, der seinerseits schwerwiegende Völkerrechtsverletzungen begangen hat und dadurch gewaltsames Vorgehen gegen ihn provoziert hat. Eine weitere Konsequenz „geminderter Rechtswidrigkeit" kann darin liegen, dass ein Militärschlag mit humanitärer Zielsetzung nicht als „Angriffskrieg" im völkerstrafrechtlichen Sinne zu qualifizieren ist (siehe Beschluss des Generalbundesanwalts vom 21.3.2003, JZ 2003, S. 908 ff.). Auch die Definition der Aggression im Römischen Statut des Internationalen Strafgerichtshofs (Art. 5 Abs. 2) knüpft die Strafbarkeit an eine evidente Verletzung des Gewaltverbots (hierzu unten § 61 Rn. 5).

Literatur: *G. Best*, War and Law Since 1945, 1994; *A. Cassese* (Hrsg.), The Current Legal Regulation of the Use of Force, 1986; *L. Fisler Damrosch/D. J.*

Scheffer (Hrsg.), Law and Force in the New International Order, 1991; *B. Fassbender*, Die Gegenwartskrise des völkerrechtlichen Gewaltverbotes vor dem Hintergrund der geschichtlichen Entwicklung, EuGRZ 2004, S. 241 ff.; *C. Gray*, International Law and the Use of Force, 3. Aufl. 2008; *J. A. Green*, Questioning the Peremptory Status of the Prohibition of the Use of Force, MJIL 32 (2011), S. 215 ff.; *L. Henkin u. a.*, Right v. Might: International Law and the Use of Force, 2. Aufl. 1991; *H. Hillgenberg*, Gewaltverbot: Was gilt noch?, in: J. A. Frowein/K. Scharioth/I. Winkelmann/R. Wolfrum (Hrsg.), Verhandeln für den Frieden – Liber Amicorum Tono Eitel, 2003, S. 141 ff.; *C. Kreß*, Major Post-Westphalian Shifts and Some Important Neo-Westphalian Hesitations in the State Practice on the International Law on the Use of Force, Journal on the Use of Force and International Law 1 (2014), S. 11 ff.; *C. Ku*, When Can Nations Go To War? Politics and Change in the UN Security System, MJIL 24 (2003), S. 1077 ff.; *H. Neuhold*, Internationale Konflikte – verbotene und erlaubte Mittel ihrer Austragung, 1977; *T. Ruys/O. Corten/A. Hofer* (Hrsg.), The Use of Force in International Law, 2018: *D. Schindler/K. Hailbronner*, Die Grenzen des völkerrechtlichen Gewaltverbots, BDGVR 26 (1986); *M. Weller* (Hrsg.), The Oxford Handbook of the Use of Force in International Law, 2015.

Zur Irak-Invasion: *M. Bothe*, Der Irakkrieg und das völkerrechtliche Gewaltverbot, AVR 41 (2003), S. 255 ff.; *C. Tomuschat*, Iraq – Demise of International Law?, Die Friedenswarte 78 (2003), S. 141 ff.; *M. J. Glennon*, Why the Security Council Failed, Foreign Affairs 82 (2003), S. 3 ff.

2. Das Gewaltverbot der UN-Charta

15 Das Gewaltverbot des Art. 2 Nr. 4 UN-Charta untersagt umfassend die Anwendung von *Gewalt* im Sinne physischer Machtmittel gegen einen anderen Staat. Das völkerrechtliche Gewaltverbot bezieht sich auf die Verletzung der territorialen Integrität eines fremden Staates.

Kein Fall der unzulässigen Gewaltanwendung liegt daher in der Durchsetzung der staatlichen Gebietshoheit gegen ein Eindringen fremder Schiffe oder Flugzeuge von außen. So kann ein Staat ausländische U-Boote, die in Küstengewässer eingedrungen sind, gewaltsam zum Auftauchen zwingen.

Die ganz herrschende Meinung erstreckt das Gewaltverbot nicht auf die Ausübung bloß wirtschaftlichen Drucks, der aber nach dem Interventionsverbot unzulässig sein kann. Das Gewaltverbot greift nicht erst beim koordinierten Einsatz von Streitkräften ein, sondern erfasst jeden Einsatz militärischer Gewalt und geht damit weiter als das Verbot des Angriffskrieges. So fällt schon jede gewaltsame Grenzverletzung unter dieses Verbot. Zudem erstreckt sich das Gewaltverbot auch auf den Einsatz oder die Unterstützung bewaffneter Gruppierungen, die in einen anderen Staat eindringen, sowie auf die Förderung terroristischer Aktivitäten in einem anderen Staat. Dies ergibt sich auch aus der *Friendly-Relations*-Erklärung der UN-Generalversammlung (UNYB 1970, S. 788):

„Every State has the duty to refrain from organizing or encouraging the organization of irregular forces or armed bands, including mercenaries, for incursion into the territory of another State.

Every State has the duty to refrain from organizing, instigating, assisting or participating in acts of civil strife or terrorist acts in another State or acquiescing in organized activities within its territory directed towards the commission of such acts, when the acts referred to in the present paragraph involve a threat or use of force."

Dass die finanzielle und sonstige Unterstützung bewaffneter Banden von dem Gewaltverbot erfasst wird, hat der Internationale Gerichtshof im *Nicaragua*-Fall unter Hinweis auf die *Friendly-Relations*-Erklärung bekräftigt (IGH, *Military and Paramilitary Activities in and against Nicaragua [Nicaragua v. USA]*, ICJ Reports 1986, S. 14 ff. [101 para. 191]). 16

Das Gewaltverbot des Art. 2 Nr. 4 UN-Charta hat längst gewohnheitsrechtliche Geltung erlangt (so auch der Internationale Gerichtshof im *Nicaragua*-Fall, aaO, S. 99, paras. 188 ff.). Nach überwiegender Ansicht gehört es sogar zum zwingenden Völkerrecht *(ius cogens).*

Das Gewaltverbot kann auch durch sogenannte Cyber-Attacken verletzt werden, wenn diese ähnlich wie der Einsatz konventioneller Gewaltmittel zu physischen Schäden führen, insbesondere bei Angriffen gegen sogenannte kritische Infrastruktur (etwa Wasser- und Energieversorgung, Krankenhäuser oder Flughäfen). Das sogenannte Tallinn-Manual stellt für eine Verletzung des Gewaltverbots eine Reihe von Kriterien auf, die sich an Schwere und Umfang orientieren (Tallinn Manual 2.0, 2. Aufl. 2017, Regel 11, Erläuterung Nr. 9)

Problematisch ist die Behandlung von sog. Befreiungskriegen. Die herrschende Völkerrechtslehre bezieht das Gewaltverbot auch auf die Unterstützung von Befreiungsbewegungen durch Drittstaaten. Die wesentliche Begründung hierfür liegt darin, dass das Selbstbestimmungsrecht der Völker grundsätzlich kein Recht auf Sezession (Abspaltung und Errichtung eines eigenen Staates) gibt. 17

Nach wohl überwiegender, wenngleich umstrittener Meinung ist das militärische Eingreifen in einen *Bürgerkrieg* „auf Einladung" der amtierenden Regierung zulässig. Auch der Internationale Gerichtshof 18 geht davon aus, dass die Einladung der (noch) amtierenden Regierung eine militärische Intervention zu rechtfertigen vermag (IGH, *Nicaragua*-Fall, aaO, S. 126 paras. 246 ff.; *Armed Activities on the Territory of the Congo*, ICJ Reports 2005, S. 168 ff. [196 ff., paras. 42 ff.]). Besondere Schwierigkeiten ergeben sich dabei in den Fällen, in denen die um militärisches Eingreifen ersuchende Regierung kaum mehr effektive Kontrolle über das Staatsgebiet ausübt (Beispiel: Militärintervention der USA auf Grenada auf Ersuchen des Generalgouverneurs im Jahre 1983). Hier dürfte (im Einklang mit der Staatenpraxis) entscheidend sein, ob die ersuchende Regierung in der Staatengemeinschaft zumindest überwiegend noch als Vertreter des Staates nach außen anerkannt ist.

Beim Einsatz von Streitkräften der Arabischen Liga im Libanon (1976–83) und bei der Intervention von Friedenstruppen der OAU im Tschad (1981–82) hat die Staatengemeinschaft keinen Anstoß an der Einwilligung von Regierungen genommen, deren effektive Herrschaftsgewalt höchst fraglich war.

Im Streit um die Anerkennung der Wahl eines neuen Präsidenten haben Streitkräfte von ECOWAS auf Einladung des frisch gewählten Präsidenten in Gambia den sich an die Macht klammernden Vorgänger verdrängt. Der UN-Sicherheitsrat hat diese Maßnahme ausdrücklich gut geheißen (RES/2337(2017).

Umstritten ist, ob, etwa im Vertrag über eine regionale Organisation, die Zustimmung zum militärischen Eingreifen zur Befriedigung eines internen Konflikts wirksam vorab erklärt werden kann. Im Rahmen von ECOWAS sieht das Protokoll über den Mechanismus zur Konfliktverhütung und -bewältigung *(Protocol Relating to the Mechanism for Conflict Prevention, Management, Resolution, Peace-Keeping and Security*) ein Eingreifen mit militärischen und zivilen Einheiten nach dem Konfliktbewältigungsmechanismus auch in bestimmten internen Konflikten vor, nämlich bei der Gefahr einer humanitären Katastrophe, einer erheblichen Bedrohung für Frieden und Sicherheit in der Subregion, bei erheblichen und massiven Verletzungen der Menschenrechte und des Rechtsstaatsprinzips sowie im Falle des Umsturzes einer demokratisch legitimierten Regierung (Art. 25 des Protokolls).

Es sind keine durchgreifenden Gründe ersichtlich, die gegen die Wirksamkeit einer solchen Vorabermächtigung (etwa im Fall eines gewaltsamen und undemokratischen Umsturzes) sprechen (siehe auch zur Interventionsbefugnis der Afrikanischen Union unten § 44 Rn. 13).

Die UN-Charta verbietet in Art. 2 Nr. 4 die Anwendung oder Androhung von Gewalt, die gegen die territoriale Unversehrtheit oder die politische Unabhängigkeit eines Staates gerichtet oder sonst mit den Zielen der Vereinten Nationen unvereinbar ist. Diese nicht ganz glückliche Formulierung öffnet das Tor für Interpretationen, die wohlmeinende Militärinterventionen (im Interesse des betroffenen Staates oder seiner Zivilbevölkerung) zulässt. Trotzdem geht die wohl (noch) herrschende Meinung von einem *umfassenden* Gewaltverbot aus, das keine Durchbrechungen bei einer uneigennützigen Anwendung von Gewalt zulässt. Danach bedarf jeder Einsatz physischer Machtmittel eines besonderen Rechtfertigungsgrundes (etwa durch das Recht zur Selbstverteidigung). Insbesondere die *humanitäre Intervention* zur Rettung von Menschenleben stellt sich nach dieser herrschenden Sicht als Verwirklichung des Verbotstatbestandes nach Art. 2 Nr. 4 UN-Charta dar (hierzu unten § 34 Rn. 35 ff.). 19

Unabhängig von der Beurteilung humanitärer Interventionen im Allgemeinen will aber eine vordringende Strömung der Völkerrechtslehre ein gewaltsames Eingreifen anderer Staaten zum Schutz der Zivilbevölkerung dann zulassen, wenn die staatliche Ordnung völlig zusammengebrochen ist *(failed state)*. Hier fungiert der Staat nur noch als formale Hülse. In einem solchen Fall ist eine teleologische Reduktion des Gewaltverbots angezeigt, das sonst nur noch bewaffnete Banden in ihrem ungehinderten Kampf um das Recht des Stärkeren vor bewaffneten Interventionen anderer Staaten schützen würde. Hier ist ein Eingreifen von regionalen Organisationen oder einzelnen Nachbarstaaten gerechtfertigt, wenn es allein dem Schutz der Zivilbevölkerung vor dem Treiben bewaffneter Gruppierungen und vor sonstiger existentieller Not dient (sofern nicht der UN-Sicherheitsrat andere Maßnahmen beschließt). Ein *Beispiel* hierfür bildet die Militärintervention der ECOWAS-Staaten im blutigen Bürgerkrieg in Liberia. Dieses später vom UN-Sicherheitsrat (UN Doc. S/22 133, VN 1991, S. 153; S/Res. 788 [1993], VN 1993, S. 117) gebilligte Eingreifen lässt sich als die Inanspruchnahme einer Befugnis zur humanitären Intervention beim Wegfall effektiver Staatsgewalt begreifen. 20

Literatur: *L. Doswald-Beck*, The Legal Validity of Military Intervention by Invitation of the Government, BYIL 56 (1985), S. 189 ff.; *T. M. Franck*, Who Killed Article 2 (4)?, AJIL 64 (1970), S. 809 ff.; *M. Herdegen*, Der Wegfall effektiver Staatsgewalt im Völkerrecht: „The Failed State“, BDGVR 34 (1996), S. 49 ff.; *G. Nolte*, Restoring Peace by Regional Action: International Legal

Aspects of the Liberian Conflict, ZaöRV 53 (1993), S. 603 ff.; *ders.*, Eingreifen auf Einladung, 1999; *T. Ruys*, The Meaning of 'Force' and the Boundaries of the Jus ad Bellum: Are 'Minimal' Uses of Force Excluded from UN Charter Article 2(4)?, AJIL 108 (2014), S. 159 ff.; *E. de Wet*, The Modern Practice of Intervention by Invitation in Africa and Its Implications for the Prohibition of the Use of Force, EJIL 26 (2014), S. 979 ff; *dies.*, Reinterpreting Exceptions to the Use of Force in the Interest of Security: Forcible Intervention by Invitation and the Demise of the Negative Equality Principle, AJIL 111 (2017), S. 307 ff.; *dies.*, The Invocation of the Right to Self-Defence in Response to Armed Attacks conducted by Armed Groups: Implications for Attribution, LJIL (2018, ausschließlich online), S. 1 ff.

3. Recht zur Selbstverteidigung einschließlich Präventivmaßnahmen

21 Die UN-Charta anerkennt ausdrücklich das Recht zur Selbstverteidigung in Art. 51:

„Diese Charta beeinträchtigt im Falle eines bewaffneten Angriffs gegen ein Mitglied der Vereinten Nationen keineswegs das naturgegebene Recht zur individuellen oder kollektiven Selbstverteidigung, bis der Sicherheitsrat die zur Wahrung des Weltfriedens und der internationalen Sicherheit erforderlichen Maßnahmen getroffen hat. Maßnahmen, die ein Mitglied in Ausübung dieses Selbstverteidigungsrechts trifft, sind dem Sicherheitsrat sofort anzuzeigen; sie berühren in keiner Weise dessen auf dieser Charta beruhende Befugnis und Pflicht, jederzeit die Maßnahmen zu treffen, die er zur Wahrung oder Wiederherstellung des Weltfriedens und der internationalen Sicherheit für erforderlich hält."

22 Die UN-Charta knüpft das Recht zur Selbstverteidigung an das Vorliegen eines *bewaffneten Angriffs.* Hierunter fällt nicht jede Form der Gewaltanwendung. Ein bewaffneter Angriff liegt vielmehr erst dann vor, wenn in massiver, koordinierter Form militärische Gewalt gegen einen anderen Staat eingesetzt wird. Unklar ist, inwieweit sich mehrere bewaffnete Akte in ihrer kumulierten Wirkung als „bewaffneter Angriff" qualifizieren lassen. Der Internationale Gerichtshof schließt eine solche kumulative Gesamtbetrachtung jedenfalls nicht aus (IGH, *Oil Platforms [Islamic Republic of Iran v. United States of America]*, ICJ Reports 2003, S. 161 para. 64). Die Resolution der Generalversammlung 3314 (XXIX) von 1974 (UNYB 1974, S. 846) versucht, dem Begriff der *Aggression* gewisse Konturen zu geben. Auf diese Aggressions-Definition der Generalversammlung wird immer wieder zugegriffen, wenn es um die Einstufung gewaltsamer

Maßnahmen als bewaffneter Angriff geht. Danach spricht beim Ersteinsatz militärischer Gewalt eines Staates in Verletzung der UN-Charta eine Vermutung dafür, dass ein Akt der Aggression vorliegt, sofern der UN-Sicherheitsrat (insbesondere wegen der geminderten Erheblichkeit des Vorfalls) keine andere Einschätzung trifft (Art. 2). In diesem Zusammenhang qualifiziert die Resolution bestimmte Akte als Regelbeispiele für eine Aggression (Art. 3):

„Any of the following acts, regardless of a declaration of war, shall, subject to and in accordance with the provisions of article 2, qualify as an act of aggression:

a) The invasion or attack by the armed forces of a State of the territory of another State, or any military occupation, however temporary, resulting from such invasion or attack, or any annexation by the use of force of the territory of another State or part thereof;
b) Bombardment by the armed forces of a State against the territory of another State or the use of any weapons by a State against the territory of another State;
c) The blockade of the ports or coasts of a State by the armed forces of another State;
d) An attack by the armed forces of a State on the land, sea or air forces, or marine and air fleets of another State;
e) The use of armed forces of one State which are within the territory of another State with the agreement of the receiving State, in contravention of the conditions provided for in the agreement or any extension of their presence in such territory beyond the termination of the agreement;
f) The action of a State in allowing its territory, which it has placed at the disposal of another State, to be used by that other State for perpetrating an act of aggression against a third State;
g) The sending by or on behalf of a State of armed bands, groups, irregulars or mercenaries, which carry out acts of armed force against another State of such gravity as to amount to the acts listed above, or its substantial involvement therein."

Im Einklang mit der Resolution der Generalversammlung zur Aggression liegt ein bewaffneter Angriff stets beim Angriff auf ein Kriegsschiff oder ein militärisches Flugzeug vor. Ob schon ein Angriff auf ein einzelnes Handelsschiff das Recht zur Selbstverteidigung auslöst oder ob hierfür der Angriff auf die gesamte Handelsflotte eines Staates erforderlich ist, ist umstritten.

Ein „bewaffneter Angriff" ist nicht an den Einsatz herkömmlicher **23**
Waffen gebunden. Ein Anschlag auf elektronische Steuerungs- und Kommunikationssysteme („*cyber-attack*") kann einen solchen Angriff darstellen, wenn er auf massive physische Schäden unter zivilen

Objekten (etwa durch Unterbrechung der Energieversorgung oder die Programmierung eines atomaren Störfalles) oder die Lähmung der militärischen Reaktionsfähigkeit zielt. Bei der erforderlichen Intensität des Angriffs lassen sich Parallelen zu den Regelbeispielen der Aggressions-Resolution ziehen. Ein Angriff auf die Steuerungsfähigkeit eines Kriegsschiffes oder eines Militärflugzeugs bildet danach stets einen „bewaffneten Angriff". Anschläge auf die militärische Infrastruktur, welche noch nicht die erforderliche Intensitätsschwelle überschreiten, können aber die Vermutung begründen, dass ein bewaffneter Angriff unmittelbar bevorsteht.

Die „*International Strategy for Cyberspace*" der US-Regierung von Mai 2011 nimmt bei bestimmten Cyberspace-Angriffen das Recht auf Selbstverteidigung in Anspruch:

„When warranted, the United States will respond to hostile acts in cyberspace as we would to any other threat to our country. All states possess an inherent right to self-defense, and we recognize that certain hostile acts conducted through cyberspace could compel actions under the commitments we have with our military treaty partners. We reserve the right to use all necessary means – diplomatic, informational, military, and economic – as appropriate and consistent with applicable international law, in order to defend our Nation, our allies, our partners, and our interests. In so doing, we will exhaust all options before military force whenever we can; will carefully weigh the costs and risks of action against the costs of inaction; and will act in a way that reflects our values and strengthens our legitimacy, seeking broad international support whenever possible."

24 Im *Nicaragua*-Fall neigte der Internationale Gerichtshof der Ansicht zu, dass das Entsenden bewaffneter Banden im Sinne von Art. 3 *lit.* g der Aggressions-Resolution einen Regelfall des bewaffneten Angriffs umschreibt, der auch nach Völkergewohnheitsrecht ein Recht zur Selbstverteidigung auslöst. Dagegen soll sich die bloße Unterstützung von Aufständischen (etwa durch Waffenlieferungen) nicht als bewaffneter Angriff qualifizieren lassen:

„[…] an armed attack must be understood as including not merely action by regular armed forces across an international border, but also 'the sending by or on behalf of a State of armed bands, groups, irregulars or mercenaries, which carry out acts of armed force against another State of such gravity as to amount to […] an actual armed attack […] or its substantial involvement therein'. This description, contained in Article 3 paragraph (*g*), of the Definition of Aggression annexed to General Assembly resolution 3314 (XXIX), may be taken to reflect customary international law. The Court sees no reason to deny that, in customary law, the prohibition of armed attacks may apply to the sending by a State of armed bands to the territory of another State, if such an operation, because of its scale and effects, would have been classified as an armed attack rather than as a mere frontier incident had it been carried out by regular armed forces. But the Court does not believe that the concept of 'armed attack' includes [...] assistance to rebels in the form of the provision of weapons or logistical or other support" (IGH, *Military and Paramilitary Activities in and against Nicaragua [Nicaragua v. USA]*, ICJ Reports 1986, S. 14 [103 paras. 195 f.]).

Einen bewaffneten Angriff durch einen Staat wollte der Internationale Gerichtshof im *Nicaragua*-Fall erst dann annehmen, wenn der Staat die „effektive Kontrolle" über bestimmte militärische Operationen nichtstaatlicher Gruppierungen ausübt (IGH, aaO, para. 115).

Im *Nicaragua*-Fall stellte der Internationale Gerichtshof aus prozessualen Gründen nicht auf die UN-Charta ab, sondern auf das der UN-Charta entsprechende Völkergewohnheitsrecht. Hier hatten sich die USA zur Rechtfertigung der Unterstützung der Rebellen *(Contras)* in Nicaragua darauf berufen, dass die Regierung Nicaraguas ihrerseits Waffen an Aufständische in El Salvador geliefert habe, und hieraus ein Recht zur kollektiven Selbstverteidigung gegen Nicaragua abgeleitet. Nach Ansicht des Internationalen Gerichtshofs überschreitet eine derartige Unterstützung von Aufständischen nicht die Schwelle des *bewaffneten Angriffs* und berechtigt nicht zur Selbstverteidigung: 25

„In the case of individual self-defence, the exercise of this right is subject to the State concerned having been the victim of an armed attack. Reliance on collective self-defence of course does not remove the need for this" (IGH, aaO, para. 195).

Die „einfache" Verletzung des Gewaltverbots durch die Unterstützung aufständischer Bewegungen (hierzu oben Rn. 15 ff.) löst also kein Selbstverteidigungsrecht aus.

Legt man die Bedingtheit des Selbstverteidigungsrechts durch einen „bewaffneten Angriff" im Sinne der Rechtsprechung des Internationalen Gerichtshofs im *Nicaragua*-Fall und der ihr folgenden herrschenden Lehre zugrunde, so ergibt sich eine Kluft zwischen der Verletzung des Gewaltverbots einerseits und den Reaktionsmöglichkeiten des verletzten Staates (und ihn unterstützender Drittstaaten) beim bewaffneten Angriff andererseits. Die scharfe Differenzierung zwischen der „schlichten Verletzung des Gewaltverbots" (Art. 2 Nr. 4 UN-Charta) und dem „bewaffneten Angriff" im Rahmen des Selbstverteidigungsrechts schafft ein schwer erträgliches Dilemma:

Bei Anwendung von Gewalt unterhalb der Schwelle des bewaffneten Angriffs (etwa durch vereinzelte militärische Übergriffe) bleibt der verantwortliche Staat seinerseits vor geeigneten Gegenmaßnahmen des betroffenen Staates geschützt. Denn das Opfer der „schlichten" Gewaltanwendung bleibt seinerseits an das Gewaltverbot des Art. 2 Nr. 4 UN-Charta gebunden und kann sich nicht auf das (an einen bewaffneten Angriff gekoppelte) Recht zur Selbstverteidigung berufen.

Allerdings hat der Internationale Gerichtshof im *Nicaragua*-Fall bei einer Verletzung des Gewaltverbotes unterhalb der Schwelle des „*bewaffneten Angriffs*" das Recht des verletzten Staates (nicht aber von unterstützungsbereiten Drittstaaten) zu Gegenmaßnahmen, „die möglicherweise Gewaltanwendung einschließen" offengelassen (ICJ Reports 1986, S. 14 [110, para. 210; zur Möglichkeit „verhältnismäßiger Gegenmaßnahmen" auch para. 249]). Die Grundlage eines solchen „kleinen" Abwehrrechts außerhalb des – vom Internationalen Gerichtshof in einem solchen Falle klar verworfenen – Selbstverteidigungsrechts ist höchst unklar. Daneben entbehrt die Differenzierung zwischen individuellen und kollektiven Abwehrmaßnahmen im Hinblick auf die erforderliche Intensität der vorausgehenden Gewalt der inneren Logik. Die spätere Rechtsprechung des Internationalen Gerichtshofs zieht die Rechtfertigung gewaltsamer Gegenmaßnahmen unterhalb der „vollen" Selbstverteidigung nicht einmal in Fällen in Betracht, in denen es um begrenzte Abwehrmaßnahmen gegen Gewaltakte ging (IGH, *Oil Platforms [Islamic Republic of Iran v. United States of America]*, ICJ Reports 2003, S. 161; siehe zu diesem Problem Sondervotum des Richters Simma, aaO, S. 331 ff. para. 12; Gutachten des IGH, *Legal Consequences of the Construction of a Wall in the Occupied Palestinian Territory*, ICJ Reports 2004, S. 194 para. 139 ff.).

Der das Gewaltverbot verletzende Staat ist also bei einem eng verstandenen Selbstverteidigungsrecht gegen gewaltsame Gegenmaßnahmen des verletzten Staates und seiner Verbündeten durch das Gewaltverbot geschützt, solange die Schwelle des bewaffneten Angriffs nicht überschritten ist. Diese unbefriedigende Konsequenz nimmt der Internationale Gerichtshof für die kollektive Selbstverteidigung ausdrücklich in Kauf:

> „While an armed attack would give rise to an entitlement to take collective self-defence, a use of force of a lesser degree of gravity cannot [...] produce any entitlement to take collective counter-measures involving the use of force. The acts of which Nicaragua is accused [...] could not justify counter-measu-

res taken by a third State […] and particularly could not justify intervention involving the use of force“ (ICJ Reports 1986, S. 14 para. 249).

Die gestörte Symmetrie von Gewaltverbot und zulässigen Abwehrmaßnahmen lässt sich am ehesten dadurch wahren, dass das (individuelle und kollektive) Selbstverteidigungsrecht auch unterhalb der Schwelle des bewaffneten Angriffs proportionale Abwehrmaßnahmen rechtfertigt (hierzu unten Rn. 28 f.). Diese Problematik hat sich aber durch ein geweitetes Verständnis des „bewaffneten Angriffs“ bei terroristischen Gewalttaten (hierzu unten Rn. 26) deutlich entschärft. Denn die Erstreckung des „bewaffneten Angriffs“ auf massive Anschläge nicht-staatlicher Terrororganisationen hat das Selbstverteidigungsrecht nach Art. 51 UN-Charta erheblich ausgedehnt.

Die Terroranschläge des *Al-Qaida*-Netzwerks in den USA vom 11. September hat der UN-Sicherheitsrat implizit als „bewaffneten Angriff“ eingestuft. Denn in seinen Resolutionen 1368 (2001) und 1373 (2001) (ILM 40 [2001], S. 1277 ff.) hat der Sicherheitsrat unter Berufung auf diese Terrorakte das Recht auf Selbstverteidigung im Sinne der UN-Charta bekräftigt. **26**

In gleicher Weise hat der Nordatlantikrat die Terroranschläge des 11. September 2001 als „bewaffneten Angriff“ gemäß Art. V des NATO-Vertrages eingestuft (hierzu unten § 46 Rn. 3).

Entscheidend ist dabei die Abkopplung des Selbstverteidigungsrechts von der Zurechnung des „bewaffneten Angriffs“ zu einem bestimmten Staat. Hierfür spricht schon der Wortlaut von Art. 51 UN-Charta, der den „bewaffneten Angriff“ nicht weiter qualifiziert. Insoweit greift das Selbstverteidigungsrecht also unabhängig von der nachweisbaren Verstrickung eines bestimmten Staates.

Auf der anderen Seite treffen gewaltsame Maßnahmen der Selbstverteidigung gegen Terrororganisationen regelmäßig den Staat in seiner territorialen Integrität, in dem die Organisation ihre Operationsbasis hat. Der Umfang der zulässigen Abwehrmaßnahmen richtet sich dabei nach dem Maß der Verstrickung des Aufenthaltsstaates. Wenn eine Terrororganisation einen Teil des Staatsgebietes kontrolliert oder ungehindert im Staatsgebiet agieren kann, können sich Abwehrmaßnahmen gegen die gesamte Operationsbasis in diesem Staat richten. Dies gilt auch dann, wenn der Staat diese Operationen nur widerstrebend duldet oder wenn der Staat wegen eigener Schwäche selbst keine effektiven Maßnahmen zur Bekämpfung der Operationen trifft.

Das militärische Vorgehen der USA und anderer westlicher Staaten gegen die im Irak und in Syrien operierende Terrorgruppe „Islamischer Staat" stützt sich zum einen (bei Einsätzen im Irak) auf die Einladung der irakischen Regierung und zum anderem auf die kollektive Selbstverteidigung (Unterstützung des Irak bei Einsätzen in Syrien). Die russische Intervention in Syrien geschieht auf Einladung des noch amtierenden Regimes. Unklar ist, ob daneben auch die Resolution 2249 (2015) des Sicherheitsrates eine Ermächtigung zu militärischem Eingreifen liefert.

Als Folge dieser Entwicklung setzen Selbstverteidigungsmaßnahmen gegen terroristische Organisationen auf dem Territorium eines anderen Staates nicht mehr voraus, dass dieser Staat die „effektive Kontrolle" über die Aktivitäten terroristischer Gruppierungen hat. Der „effective control"-Test der *Nicaragua*-Entscheidung (hierzu oben Rn. 24) ist jedenfalls insoweit obsolet, als ein Staat auch ohne effektive Kontrolle über die Gewaltakte Selbstverteidigungsmaßnahmen gegen nichtstaatliche Organisationen oder Gruppierungen auf seinem Territorium dulden muss.

Voraussetzung für militärische Maßnahmen der Selbstverteidigung gegen nichtstaatliche Akteure auf fremdem Staatsgebiet ist aber, dass der jeweilige Aufenthaltsstaat zur effektiven Bekämpfung solcher Akteure entweder nicht willens oder nicht fähig ist. Dieser Standard des *unwilling or unable* wird von den USA und einer Reihe anderer westlicher Staaten etwa im Zusammenhang mit der Bekämpfung des „Islamischen Staats" auf syrischem Territorium vertreten:

„ISIL and other terrorist groups in Syria are a threat not only to Iraq, but also to many other countries, including the United States and our partners in the region and beyond. States must be able to defend themselves, in accordance with the inherent right of individual and collective self-defence, as reflected in Article 51 of the Charter of the United Nations, when, as is the case here, the government of the State where the threat is located is unwilling or unable to prevent the use of its territory for such attacks." (Brief des ständigen Vertreters der USA bei den Vereinten Nationen an den UN-Generalsekretär vom 23. September 2014, S/2014/695).

In der Rechtsprechung des Internationalen Gerichtshofs herrscht bisher Unklarheit über ein Selbstverteidigungsrecht gegen terroristische Attacken. Im Fall *Armed Activities on the Territory of the Congo (Democratic Republic of the Congo v. Uganda)* hat der Internationale Gerichtshof einerseits die fehlende Verantwortlichkeit der demokratischen Republik Congo für Rebellenattacken in Uganda (mangels hinreichender Kontrolle über die Rebellen) betont; anderseits hat der Internationale Gerichtshof es offen gelassen,

„[...] whether and under what conditions contemporary international law provides for a right of self-defence against large-scale attacks by irregular forces“ (ICJ Reports 2005, S. 7 para. 147).

Weitergehende Selbstverteidigungsmaßnahmen gegen den Staat selbst setzen voraus, dass der Aufenthaltsstaat für den „bewaffneten Angriff“ einer Terrororganisation selbst verantwortlich ist. Dann deckt das Selbstverteidigungsrecht das gezielte Vorgehen gegen diesen mitverantwortlichen Staat selbst. In der Völkerrechtslehre wird darüber diskutiert, ob beim Zusammenwirken eines Staates mit einer Terrororganisation die allgemeinen, strengen Zurechnungskriterien zu lockern sind. Nach einer vordringenden Ansicht soll statt effektiver Kontrolle schon die staatliche Unterstützung („aiding and abetting“) für die Verantwortlichkeit des „Gaststaates“ ausreichen und Selbstverteidigungsmaßnahmen auch gegen diesen Staat rechtfertigen.

Die Staatengemeinschaft hat das militärische Vorgehen der USA gegen das Taliban-Regime in Afghanistan ausdrücklich gebilligt oder zumindest hingenommen, obwohl deren Kontrolle über das für die Angriffe vom 11. September 2001 verantwortliche Terrornetzwerk keineswegs nahe lag.

Der „bewaffnete Angriff“ wird durch die Intensität der gewaltsamen Einwirkung auf die Bevölkerung eines Staates, dessen Territorium und dessen Einrichtungen charakterisiert. Das operative Umfeld ist dabei nicht entscheidend. Die Schwelle zum bewaffneten Angriff kann die Gewaltanwendung auch durch die kumulierte Wirkung einzelner – gleichzeitiger oder aufeinander folgender – Gewaltakte überschreiten, die zu erheblichen Opfern führen oder die Funktionsfähigkeit des Staates erschüttern. 27

Heikle Fragen ergeben sich bei der Rechtfertigung des massiven Vorgehens der israelischen Armee in den palästinensischen Autonomiegebieten bei der Errichtung der israelischen „Sicherheitsmauer“ auf palästinensischem Gebiet. Denn diese Autonomiegebiete genießen den Schutz des völkerrechtlichen Gewaltverbots. Ein Recht zur Selbstverteidigung käme dann in Betracht, wenn sich terroristische Gewaltakte auf israelischem Gebiet wegen ihrer gezielt kumulierten Wirkung und ihrer Vernetzung ähnlich wie die massiven Gewaltakte des 11. September 2001 als „bewaffneter Angriff“ einstufen ließen.

Der Internationale Gerichtshof hat in seinem Gutachten zu der israelischen Sperrmauer ein Selbstverteidigungsrecht Israels schon daran scheitern lassen, dass die abzuwehrenden Terrorakte keinem fremden Staat zurechenbar seien (IGH, *Legal Consequences of the Construction of a Wall in the Occupied Palestinian Territory*, Advisory Opinion, ICJ Reports 2004, S. 194 para. 139). Diese Begründung ignoriert völlig, dass der UN-Sicherheitsrat die Anschläge des 11. September völlig losgelöst von deren Zurechnung zu einem Staat als Auslöser für das Selbstverteidigungsrecht qualifiziert hat (zur Beurteilung der „Sperrmauer" nach humanitärem Völkerrecht unten § 56 Rn. 21).

28 Nach dem gegenwärtigen Zustand der Vereinten Nationen ist ein effektiver Schutz durch Maßnahmen des UN-Sicherheitsrates nach dem VII. Kapitel unterhalb der Schwelle eines bewaffneten Angriffs nur in Ausnahmefällen zu erwarten. Deswegen wächst in der Völkerrechtslehre die Tendenz, in bestimmten Fällen der Gewaltanwendung gewaltsame Gegenmaßnahmen zuzulassen, obwohl das Selbstverteidigungsrecht des Art. 51 UN-Charta nicht eingreift.

Ein argumentativer Ansatz zu einer Erweiterung des Selbstverteidigungsrechts über die Fälle eines bewaffneten Angriffs hinaus liegt darin, dass die Vorschrift des Art. 51 UN-Charta das Recht zur Selbstverteidigung als ein *naturgegebenes Recht (inherent right)* qualifiziert. Manche Stimmen in der Völkerrechtslehre leiten daraus die Anerkennung eines der UN-Charta gewissermaßen voraus liegenden Rechts zur gewaltsamen Selbstverteidigung ab, wie es vor Inkrafttreten der Charta auch im Völkergewohnheitsrecht anerkannt war.

Das Völkergewohnheitsrecht anerkennt von alters her ein Recht auf Selbstverteidigung. Dieses „klassische" Selbstverteidigungsrecht hatte unter strengen Voraussetzungen schon immer eine präventive Dimension. Dies belegt insbesondere der berühmte *Caroline*-Fall (British and Foreign State Papers, Bd. 26 [1840–41], S. 1126 ff., Bd. 30 [1841–42], S. 193 ff.). Hier ging es um das Vorgehen britischer Streitkräfte gegen das amerikanische Schiff *Caroline*, das kanadische Rebellen auf ihren Streifzügen an der Küste versorgte. Die Briten besetzten das Schiff in einem amerikanischen Hafen und versenkten es über den Niagara-Fällen. Dabei wurden zwei amerikanische Staatsbürger getötet. Die britische Regierung machte geltend, dass die amerikanischen Behörden das Eindringen von Rebellen über die Grenze nicht verhindert hätten und berief sich auf Selbstverteidigung sowie Selbsterhaltung. In dem anschließenden Schriftwechsel gelangten die beiden Regierungen zur Übereinstimmung über die anzuwendenden Grundsätze des Völkerrechts im Hinblick auf eine mögliche Rechtfertigung des britischen Vorgehens. Der amerikanische Regierungsvertreter *Webster* verlangte als Rechtfertigung

„a necessity of self-defence, instant, overwhelming, leaving no choice of means, and no moment for deliberation".

Ernsthaft diskutiert wird in der modernen Völkerrechtslehre eine Rechtfertigung gewaltsamer Maßnahmen durch ein von der UN-Charta vorausgesetztes Selbstverteidigungsrecht aber nur für eng umgrenzte Fallgruppen, insbesondere die Rettung eigener Staatsangehöriger im Ausland (hierzu unten Rn. 31 f.).

Bei einer wörtlichen Auslegung von Art. 51 UN-Charta greift das Recht zur Selbstverteidigung erst *nach* einem bewaffneten Angriff ein. Überzeugende Gründe sprechen aber dafür, dass auch ein unmittelbar bevorstehender Angriff gewaltsame Abwehrmaßnahmen rechtfertigen kann (Beispiel: Beginn des Sechs-Tage-Krieges durch Israel im Jahre 1967). Denn es ist einem Staat nicht zuzumuten, im Angesicht eines in allernächster Zeit drohenden Angriffs mit Maßnahmen der Selbstverteidigung zuzuwarten, also dem Angreifer auch noch den Erstschlag einzuräumen. Eine solche Selbstverteidigung im unmittelbaren zeitlichen Nexus mit einem Angriff ist mittlerweile weithin anerkannt. 29

Höchst umstritten ist dagegen das Recht auf „vorbeugende" Abwehrmaßnahmen ohne eine gesicherte Wahrscheinlichkeitsprognose für einen Angriff. Hier geht es um ein militärisches Vorgehen zur Beseitigung eines Vernichtungspotentials, das unberechenbare Regime oder Terrororganisationen aufgebaut haben. Die abzuwehrende Bedrohung liegt im Produkt aus hoher Unsicherheit über Ob und Wann des Angriffs bei jederzeit aktualisierbarem Einsatzwillen einerseits und verheerenden Angriffsfolgen andererseits. Vor allem die neue *„National Security Strategy"* der USA nimmt bei derartigen Bedrohungen vorbeugende Handlungsoptionen in Anspruch (hierzu oben Rn. 5). In der Staatengemeinschaft und in der Völkerrechtslehre wird eine solche Vorbeugungsdoktrin überwiegend abgelehnt. Dennoch lässt sich eine behutsame Erweiterung des „naturgegebenen" Rechts auf Selbstverteidigung sehr wohl rechtfertigen. Denn der Unterschied zur – anerkannten – Selbstverteidigung bei einem unmittelbar bevorstehenden Angriff liegt hier nur in der unsicheren Wahrscheinlichkeitsprognose, die letztlich dem Inhaber des Vernichtungspotentials zuzurechnen ist.

Auf der anderen Seite darf die Eingriffsschwelle nicht der subjektiven Einschätzung von Staaten überantwortet werden, die sich als potentielle Opfer eines Angriffs verstehen. Deshalb muss die Existenz des Vernichtungspotentials verlässlich nachweisbar sein. Der gleiche Evidenzmaßstab gilt für das Bewusstseinsprofil, das den Angriff als jederzeit mögliche Verhaltensoption erscheinen lässt (nach der „inneren Logik" des jeweiligen staatlichen Regimes oder der jeweiligen Terrororganisation). Indizien hierfür sind auch Verhaltensmuster in der Vergangenheit.

Am Evidenzkriterium dürfte regelmäßig die Rechtfertigung von Maßnahmen scheitern, die sich gegen die erst allmähliche Entwicklung von Vernichtungspotential richten, wenn ein möglicher Angriff nicht unmittelbar absehbar ist (Beispiel: Zerstörung des angeblich der Produktion von Nuklearwaffen dienenden Atomreaktors von Osirak im Irak durch Israel im Jahre 1981).

Die Rechtfertigung vorbeugender Maßnahmen im Sinne einer deutlichen Ausweitung des Selbstverteidigungsrechts muss sich immer in einer Angriff-Abwehr-Relation bewegen. Die Zerstörung von Vernichtungspotential im Interesse der Staatengemeinschaft sprengt eindeutig diesen Rechtfertigungszusammenhang.

Schon aus diesem Grunde liefert die Selbstverteidigung nicht einmal einen Ansatz für die Rechtfertigung der Invasion des Irak durch die USA und Großbritannien im Frühjahr 2003.

Jenseits aller semantischen Distanzierung von der amerikanischen Sicherheitsdoktrin lässt sich in der Militärdoktrin wichtiger Staaten die Offenheit für präventive Strategien weit im Vorfeld eines bewaffneten Angriffs feststellen (Frankreich, Russland).

Die vom UN-Generalsekretär eingesetzte Reformkommission *(High Level Panel on Threats, Challenges and Change)* hat in ihrem Bericht vom Dezember 2004 – auch in Reaktion auf die US-amerikanische Sicherheitsstrategie – militärische Optionen zur Bekämpfung von Vernichtungspotentialen im Rahmen des Selbstverteidigungsrechts erwogen (para. 188 ff.). Das Recht eines oder mehrer Staaten zu vorbeugenden Militärschlägen will die Kommission dann anerkennen, wenn ein Angriff unmittelbar droht.

„[A] threatened State, according to long established international law, can take military action as long as the threatened attack is imminent, no other means would deflect it and the action is proportionate" (para. 188).

Bei Militärmaßnahmen im Vorfeld einer unmittelbaren Bedrohung betont die Kommission die Verantwortung des UN-Sicherheitsrates. Für den Fall, dass der Sicherheitsrat sich einer Ermächtigung zur Gewaltanwendung versagt, spricht sich die Kommission – mit einem Anflug bewusster Zweideutigkeit – gegen eine Ausweitung des Selbstverteidigungsrechts aus.

„Can a State, without going to the Security Council, claim in these circumstances the right to act, in anticipatory self-defence, not just pre-emptively (against an imminent or proximate threat) but preventively (against a non-imminent or non-proximate one)? Those who say „yes" argue that the potential harm from some threats (e.g., terrorists armed with a nuclear weapon) is so great that one simply cannot risk waiting until they become imminent, and that less harm may be done (e.g., avoiding a nuclear exchange or radioactive fallout from a reactor destruction) by acting earlier.

The short answer is that if there are good arguments for preventive military action, with good evidence to support them, they should be put to the Security Council, which can authorize such action if it chooses to. If it does not so choose, there will be, by definition, time to pursue other strategies, including persuasion, negotiation, deterrence and containment – and to visit again the military option.

For those impatient with such a response, the answer must be that, in a world full of perceived potential threats, the risk to the global order and the norm of non-intervention on which it continues to be based is simply too great for the legality of unilateral preventive action, as distinct from collectively endorsed action, to be accepted. Allowing one to so act is to allow all" (paras. 189 ff.).

Das Recht zur Selbstverteidigung steht nach Art. 51 UN-Charta unter dem Vorbehalt eines Eingreifens des UN-Sicherheitsrates. Der UN-Sicherheitsrat kann aber auch schlicht feststellen, dass ein Recht zur individuellen und kollektiven Selbstverteidigung in einer bestimmten Situation besteht. Die Abgrenzung zwischen einer solchen deklaratorischen Feststellung des Selbstverteidigungsrechts einerseits und einer Ermächtigung zu Zwangsmaßnahmen nach Art. 42 und Art. 48 UN-Charta andererseits kann in manchen Fällen schwierig sein (dies gilt etwa für die Deutung der Resolution des Sicherheitsrates 660 [1990] zur Befreiung Kuwaits von der irakischen Besetzung [VN 1990, S. 146]). 30

Das Recht auf Selbstverteidigung deckt alle Maßnahmen, die zur verlässlichen Abwehr eines Angriffs nach plausibler Einschätzung des sich verteidigenden Staates erforderlich sind. Bei räumlich eng begrenzten militärischen Angriffen (etwa auf hoher See) muss die militärische Verteidigung ein Mindestmaß an Proportionalität wahren. Der Gegenschlag muss sich also im Rahmen einer angemessenen Relation zum Angriff halten. Im *Nicaragua*-Fall hat der Internationale Gerichtshof dem Völkergewohnheitsrecht das Gebot der Verhältnismäßigkeit für Maßnahmen der Selbstverteidigung entnommen (ICJ Reports 1986, S. 14 para. 176 – ebenso Gutachten *Legality of the Threat or Use of Nuclear Weapons*, ICJ Reports 1996, S. 226 para. 41).

Im Streit zwischen den USA und dem Iran wegen der Zerstörung von Ölbohrinseln als Reaktion auf vorausgehende Angriffe auf amerikanische Schiffe – mit strittiger Verantwortlichkeit des Iran oder des Irak – (*Oil Platforms [Islamic Republic of Iran v. United States of America]*, ICJ Reports 2003, S. 161

para. 73) hat der Internationale Gerichtshof scheinbar eine drastische Verengung des Selbstverteidigungsrechts durch ein strikt verstandenes Verhältnismäßigkeitsgebot vorgenommen:

„[...] since the requirement of international law that measures taken avowedly in self-defence must have been necessary for that purpose is strict and objective, leaving no room for any 'measure of discretion'."

Diese Passage ist jedoch im Zusammenhang mit dem umstrittenen Tatsachenhintergrund zu sehen, d. h. mit der Auseinandersetzung zwischen den Streitparteien über die Verantwortlichkeit des Iran für Angriffe auf US-amerikanische Schiffe und die unerwiesene militärische Funktion der von den USA zerstörten Bohrinseln. Im Hinblick auf die Herstellung von Zurechnungszusammenhängen verfügt ein angegriffener Staat nicht über einen Einschätzungsspielraum. Denn nur der für einen bewaffneten Angriff nachweisbar verantwortliche Staat kann zum Adressaten von Maßnahmen der Selbstverteidigung gemacht werden. Im Übrigen kann der angegriffene Staat beim nachgewiesenen bewaffneten Angriff durch einen bestimmten Staat alle Maßnahmen ergreifen, die nach plausibler Einschätzung zur effektiven Abwehr geeignet sind und nicht völlig außerhalb jeden Verhältnisses zum vorausgehenden Angriff stehen. Auf eine strikte Symmetrie von Angriff und Abwehr oder auf Maßnahmen mit ungewisser Erfolgsaussicht braucht sich der angegriffene Staat nicht einzulassen.

Literatur: *D. Bethlehem,* Self-Defence against an Imminent or Actual Armed Attack by Nonstate Actors, AJIL 106 (2012) S. 769 ff.; *J. Brunée/S. Toope*, Self-Defence Against Non-state Actors: Are Powerful States Willing But Unable to Change the International Law?, ICLQ 67 (2014), S. 263 ff.; *A. S. Deeks*, „Unwilling or Unable": Toward a Normative Framework for Extraterritorial Self-Defense, Virginia Journal of International Law 52 (2012), S. 483 ff.; *Y. Dinstein*, War, Aggression and Self-Defence, 6. Aufl. 2017; *O. A. Hathaway/R. Crootof/P. Levitz/H. Nix/A. Nowlan/W. Perdue/J. Spiegel*, The Law of Cyber-Attack, California Law Review 100 (2012), S. 817 ff.; *J. A. Green,* The International Court of Justice and Self-Defence in International Law, 2009; *W. M. Reisman/A. Armstrong*, The Past and Future of the Claim of Preemptive Self-Defense, AJIL 100 (2006), S. 525 ff; *M. Roscini*, Cyber Operations and the Use of Force in International Law, 2014; *B. Schiffbauer*, Vorbeugende Selbstverteidigung im Völkerrecht, 2012; *M. N. Schmitt*, Preemptive Strategies in International Law, MJIL 24 (2003), S. 513 ff.; *ders./B. T. O'Donnell* (Hrsg.), Computer Network Attacks and International Law, 2002; *A. D. Sofaer*, On the Necessity of Pre-emption, EJIL 14 (2003), S. 209 ff.; *N. Tsagourias/R. Buchan*, Research Handbook on International Law and Cyberspace, 2017; *E. de Wet*, The Invocation of the Right to Self-Defence in Response to Armed Attacks conducted by Armed Groups: Implications for Attribution, LJIL (2018, ausschließlich online), S. 1 ff.

4. Gewaltsame Selbsthilfe zum Schutz eigener Staatsangehöriger im Ausland

31 Bei einem strikten Verständnis des Gewaltverbots unter gleichzeitiger Verengung des Selbstverteidigungsrechts auf Fälle des bewaffneten Angriffs gestaltet sich die völkerrechtliche Beurteilung gewaltsamer Maßnahmen zur Rettung eigener Staatsangehöriger sehr schwierig. Dies gilt auch dann, wenn der Aufenthaltsstaat in eine völkerrechtswidrige Bedrohung der zu rettenden Staatsangehörigen an Leib und Leben verstrickt ist.

In jüngerer Zeit ist die völkerrechtliche Diskussion vor allem durch die gewaltsame Befreiung der von palästinensischen Terroristen entführten Air France-Maschine durch israelische Streitkräfte auf dem ugandischen Flughafen von Entebbe (1976) genährt worden. Bei der Befreiungsaktion wurden Soldaten Ugandas (das in offensichtlicher Komplizenschaft mit den Entführern stand) getötet. Eine jedenfalls bis vor kurzem herrschende Ansicht hält solche gewaltsamen Befreiungsmaßnahmen ohne Zustimmung des betroffenen Staates für völkerrechtswidrig. Die Gegenmeinung rechtfertigt ein solches Eingreifen zur Rettung eigener Staatsangehöriger mit einem weit verstandenen Selbstverteidigungsrecht *(inherent right)* i. S. v. Art. 51 UN-Charta oder einer Einschränkung des Gewaltverbotes durch die humanitäre Zwecksetzung.

32 Eine Völkerrechtslehre, die einem Staat die gewaltsame Rettung eigener Staatsangehöriger vor völkerrechtswidriger Bedrohung an Leib und Leben versagt, stellt unzumutbare Anforderungen an die Opferbereitschaft des einzelnen Staates. So bekennt sich auch die Lehre von der Unzulässigkeit des gewaltsamen Schutzes eigener Staatsangehöriger zu dem moralischen Dilemma, das sie erzeugt. Jedenfalls in der westlichen Welt ist die Befreiungsaktion von Entebbe kaum auf ernsthafte Verurteilung gestoßen. Mittlerweile gewinnt ohnehin in der Völkerrechtswissenschaft eine Tendenz an Boden, welche den gewaltsamen Schutz elementarer menschenrechtlicher Belange in gewissem Umfang zulässt (hierzu unten Rn. 35 ff.). Für die Ausdehnung des Selbstverteidigungsrechtes auf die Bedrohung von Leib und Leben eigener Staatsangehöriger durch nicht-staatliche Gruppierungen im Ausland spricht die dynamische Auslegung von Art. 51 UN-Charta bei terroristischen Gewaltakten. Aus der Opferperspektive

kann es nicht darauf ankommen, ob ein terroristischer Angriff menschliches Leben im Inland oder im Ausland bedroht. Auf der anderen Seite darf die Berufung auf den Schutz eigener Staatsangehöriger nicht zum Freibrief für politisch motivierte Polizeiaktionen geraten (Beispiel: Militärintervention der USA in Panama).

Literatur: *U. Beyerlin*, Die israelische Befreiungsaktion von Entebbe in völkerrechtlicher Sicht, ZaöRV 37 (1977), S. 213 ff.; *A. D'Amato*, The Invasion of Panama was a Lawful Response to Tyranny, AJIL 84 (1990), S. 516 ff.; *T. J. Farer*, Panama: Beyond the Charter Paradigm, AJIL 84 (1990), S. 503 ff.; *R. B. Lillich*, Forcible Protection of Nationals Abroad: The Liberian „Incident" of 1990, GYIL 35 (1992), S. 205 ff.; *M. Schröder*, Die Geiselbefreiung von Entebbe – Ein völkerrechtswidriger Akt Israels?, JZ 1977, S. 420 ff.

5. Notstand

33 Eine weitere Einschränkung des Gewaltverbotes, die in der modernen Völkerrechtslehre diskutiert wird, bezieht sich auf den Notstand *(necessity)*. Hier geht es um gewaltsame Maßnahmen zum Schutz des handelnden Staates selbst oder elementarer inländischer Rechtsgüter (insbesondere den Schutz inländischer Personen). Mit dem Notstand wird eine unmittelbare Gefährdung umschrieben, bei der es gar nicht auf die vorherige Völkerrechtsverletzung durch einen anderen Staat ankommt (hierzu unten § 59 Rn. 3 ff.).

34 Ein *Beispiel* bildet etwa die unmittelbare Gefährdung der Bevölkerung eines Nachbarstaates durch einen Kernreaktor, der elementaren Sicherheitsstandards Hohn spricht, aber als unentbehrliche Energiequelle weiter betrieben wird. Im Falle einer akuten Gefährdung durch den Kernreaktor dürfte der Nachbarstaat beim Versagen anderer Mittel berechtigt sein, den Kernreaktor gewaltsam (etwa durch militärische Einheiten) abschalten zu lassen. Die Gegenansicht, die dem Nachbarstaat unübersehbare Verluste an Menschenleben zumutet, würde die Steuerungskraft des Völkerrechts überspannen.

Literatur: *K. Doehring*, Völkerrecht, 2. Aufl. 2004, § 14.

6. Humanitäre Intervention

35 Das Eingreifen eines Staates mit Gewalt oder Androhung von Gewalt zum Schutz von Personen, die nicht die Staatsangehörigkeit des

eingreifenden Staates besitzen, gehört zu den am meisten umstrittenen Problemen des gegenwärtigen Völkerrechts. Umschrieben wird ein derartiges Vorgehen mit dem Begriff der *humanitären Intervention* (zur Abgrenzung von der Rettung eigener Staatsangehöriger zuweilen auch *humanitäre Intervention im weiteren Sinne* genannt). Das Europäische Parlament hat in seiner Entschließung zum Recht auf Intervention aus humanitären Gründen von 1994 (ABl. 1994 Nr. C 128, S. 225) den Begriff *humanitäre Intervention* definiert als den

> „Schutz der Menschengrundrechte von Personen, die Staatsangehörige anderer Staaten und/oder dort ansässig sind, durch einen Staat oder eine Gruppe von Staaten, wobei dieser Schutz die Drohung mit Gewalt oder die Anwendung von Gewalt beinhaltet" (Nr. 1).

Es geht hier also um den mit Gewalt oder mit Drohung durchgesetzten Schutz misshandelter Bevölkerungsgruppen durch andere Staaten.

Von der einseitigen humanitären Intervention zu unterscheiden sind kollektive Gewaltmaßnahmen zum Schutz der Menschenrechte aufgrund eines Beschlusses des UN-Sicherheitsrats nach dem VII. Kapitel der UN-Charta. Derartige kollektive Maßnahmen sind kein Problem des Gewaltverbotes. Im Zusammenhang mit dem Eingriffspotential des UN-Sicherheitsrats steht das neue Konzept der „responsibility to protect" (hierzu unten § 41 Rn. 28).

Nach einer orthodoxen, an einer engen Auslegung der UN-Charta **36**
festhaltenden Völkerrechtslehre erlauben selbst schlimmste Menschenrechtsverletzungen (staatlicher Terror) niemals ein gewaltsames Eingreifen von außen, das nicht vom Sicherheitsrat der Vereinten Nationen autorisiert ist. Diese Sichtweise stellt ganz die Integrität des einzelnen Staates ohne Rücksicht auf sein *So-Sein* in den Vordergrund. Das Gewaltverbot erscheint als oberster Rechtswert, hinter dem sich jedes auch noch so pervertierte Regime verschanzen kann. Verschärft wird diese Problematik durch das Vetorecht der Ständigen Mitglieder des UN-Sicherheitsrates. So haben etwa Russland oder China das letzte Wort darüber, ob eine geschundene Minderheit den Schutz der Staatengemeinschaft erfährt oder aber als wehrlose Geisel einem menschenrechtsverachtenden Regime ausgeliefert bleibt. Diese mögliche Blockade des Sicherheitsrates schafft eine empfindliche Lücke im Schutz der Menschenrechte, wenn man es bei der Fixierung auf den Staat und den Schutz des Staates vor gewaltsamer Intervention von außen bewenden lässt.

Der Internationale Gerichtshof hat in seinem *Nicaragua*-Urteil von 1986 dem Einsatz militärischer Gewalt eine klare Absage erteilt:

„[...] while the United States might form its own appraisal of the situation as to respect for human rights in Nicaragua, the use of force could not be the appropriate method to monitor or ensure such respect. With regard to the steps actually taken, the protection of human rights, a strictly humanitarian objective, cannot be compatible with the mining of ports, the destruction of oil installations, or again with the training, arming and equipping of the contras. The Court concludes that the argument derived from the preservation of human rights in Nicaragua cannot afford a legal justification for the conduct of the United States, [...]" (IGH, *Military and Paramilitary Activities in and against Nicaragua [Nicaragua v. USA]*, ICJ Reports 1986, S. 14ff. para. 268).

37 Mittlerweile hat sich sowohl in der Staatengemeinschaft als auch in der Völkerrechtslehre ein grundlegender Wandel vollzogen. Das Integritätsinteresse eines jeden einzelnen Staates erscheint nicht mehr als absoluter Wert. Vielmehr scheint das Völkerrecht gegenwärtig als wertgebundene Rechtsordnung, die den Schutz des einzelnen Menschen in den Mittelpunkt stellt. Längst greift das Völkerrecht mit menschenrechtlichen Standards auf die Binnenstruktur des Staates sowie auf das Verhältnis des Staates zum Einzelnen und zu Bevölkerungsgruppen zu. Diese Entwicklung hat sich in vielfältiger Weise Bahn gebrochen. Verwiesen sei insoweit nur auf die Bewertung schwer wiegender Menschenrechtsverletzungen als *völkerrechtliche Verbrechen*, die mögliche Bestrafung selbst von ehemaligen Staatsoberhäuptern für solche Verbrechen (Fall *Pinochet*) oder die OSZE-Prinzipien zu Rechtsstaatlichkeit und Demokratie. Aus dieser Entwicklung ist auch ein dynamisches Verständnis der Eingriffsbefugnisse des UN-Sicherheitsrates nach dem VII. Kapitel UN-Charta hervorgegangen, das ein Eingreifen der Staatengemeinschaft nicht nur bei bewaffneten Konflikten zwischen Staaten erlaubt, sondern auch bei massiven Bedrohungen von Leib und Leben Einzelner. Nur kann dann wiederum jedes ständige Mitglied des Sicherheitsrates mit seinem Vetorecht ein Vorgehen des Sicherheitsrates vereiteln.

38 Das militärische Eingreifen der NATO unter Mitwirkung von sieben Mitgliedstaaten zum Schutz der albanischen Bevölkerung im Kosovo im Frühjahr 1999 hat in der Staatengemeinschaft als Katalysator für eine Entwicklung gewirkt, welche sich von einem starren Verhältnis des Gewaltverbotes löst. Nach einer vordringenden Sichtweise darf man den Staat und seine territoriale Integrität nicht als höchstes Gut schlechthin betrachten, sondern muss den Blick durch den Staat

hindurch auf die Bevölkerung selbst richten. Aus dieser Perspektive lässt sich die Nothilfe zugunsten einer verfolgten Minderheit in Analogie zur kollektiven Selbstverteidigung eines angegriffenen Staates rechtfertigen (so namentlich *Karl Doehring*).

Zu dem gleichen Ergebnis kommt man durch eine teleologische Reduktion des Gewaltverbotes in den Fällen, in denen sich eine militärische Intervention nicht gegen die territoriale Integrität als solche richtet, sondern vielmehr auf den Schutz der Zivilbevölkerung vor staatlichem Terror zielt. Nach dieser Sichtweise ist das Gewaltverbot in eine Abwägung mit elementaren Menschenrechten zu stellen. Dies erfordert zugleich, die Voraussetzung für gewaltsames Vorgehen an hinreichend scharfe Konturen zu binden und so die Gefahr eines Missbrauchs zu bändigen. Die humanitäre Intervention darf nicht zu einer Art Blanko-Vollmacht für einen menschenrechtlichen Imperialismus werden, in dem sich jeder Staat beliebig zum bewaffneten Hüter der Menschenrechte aufschwingen kann. Deshalb können nur genozidartige oder sonstige systematische Tötungen und Vertreibungen von Bevölkerungsgruppen als Ausdruck staatlicher Politik ein einseitiges Einschreiten mit Waffengewalt rechtfertigen. In jedem Falle ist die humanitäre Intervention einzelner oder mehrerer Staaten gegenüber Maßnahmen des UN-Sicherheitsrates subsidiär.

Gelegentlich wird zur Rechtfertigung der humanitären Intervention auch mit dem Gedanken der Verwirkung argumentiert. Danach können sich Staaten bei schweren Menschenrechtsverletzungen nicht mehr auf das Gewaltverbot berufen. Die Argumentation ist deswegen problematisch, weil sie bestimmte Staaten ohne eine Zweck-Mittel-Relation für das Eingreifen von außen soweit in einen rechtsfreien Raum stellt.

Die Entschließung des Europäischen Parlaments zum Recht auf Intervention aus humanitären Gründen von 1994 (ABl. 1994, Nr. C 128, S. 225) lässt eine humanitäre Intervention als letztes Mittel unter engen Voraussetzungen zu: 39

„*Das Europäische Parlament*,
[…]
I. in der Erwägung, dass eine politische Standortbestimmung bezüglich der Zulässigkeit humanitärer Interventionen geboten ist, […]
  1. vertritt die Auffassung, dass der Schutz der Menschenrechte humanitäre Interventionen mit oder ohne Einsatz militärischer Gewalt rechtfertigen kann, wenn alle anderen Mittel versagt haben; […]
  9. hält es für notwendig, Kriterien zu formulieren, denen ein derartiges Eingreifen seitens eines Staates oder einer Staatengruppe genügen

muss, auch um Einwänden gegen humanitäre Interventionen zu entgegnen;

10. ist der Auffassung, dass folgende Kriterien für humanitäre Interventionen beachtet werden müssen:
    (a) es muss sich um eine außerordentliche und äußerst ernsthafte humanitäre Notsituation in einem Staat handeln, dessen Machthaber auf andere Weise als mit militärischen Mitteln nicht zur Vernunft zu bringen sind;
    (b) es muss feststehen, dass der UN-Apparat nicht in der Lage ist, rechtzeitig wirksam zu reagieren;
    (c) alle anderen Lösungsversuche, soweit sie möglich und vernünftig sind, müssen ausgeschöpft und erfolglos geblieben sein;
    (d) die Interventionsmacht darf kein besonderes Eigeninteresse an der Situation besitzen, so dass der Schutz der Menschenrechte das Hauptziel ist und keine politischen oder wirtschaftlichen Gründe mitspielen; betont in diesem Zusammenhang die Bedeutung einer uneingeschränkten Ausführung der Vereinbarungen, durch die die Anwesenheit von Streitkräften untersagt wird, die eine weitere Instabilität auslösen könnte;
    (e) diejenigen Staaten, die von der internationalen Gemeinschaft wegen ungesetzlicher Intervention in einer Region formal verurteilt worden sind, dürfen nicht zur Teilnahme an Interventionen aus humanitären Gründen in anderen Regionen zugelassen werden, bevor sie alle ihre ungesetzlichen Aktionen beendet haben;
    (f) die Intervention muss auf spezifische Ziele begrenzt sein und darf allenfalls geringfügige politische Auswirkungen auf die Autorität des Objektstaates haben;
    (g) es muss eine angemessene und zeitlich begrenzte Anwendung von Gewalt festgelegt werden;
    (h) die Intervention muss unverzüglich der UNO gemeldet werden und darf nicht auf eine Verurteilung stoßen;
    (i) die Intervention darf keine Bedrohung des internationalen Friedens und der internationalen Sicherheit in der Form darstellen, dass ein größerer Verlust an Menschenleben entsteht und mehr Leid verursacht wird, als man ursprünglich verhüten wollte;
11. betont die Bedeutung einer konsequenten Anwendung dieser Kriterien. […]“

40 Auch bei einem Eingrenzen der humanitären Intervention auf schwerwiegendste Menschenrechtsverletzungen mit Genozidcharakter bleibt noch das Problem der objektiven Beurteilung. Hier ist die Gefahr einer beliebigen Berufung auf die Eingriffsvoraussetzungen durch einzelne Staaten und das damit verbundene Missbrauchsrisiko geringer als es zunächst den Anschein haben mag. Menschenrechtsverletzungen durch einen Staat werden immer wieder zum Gegen-

stand einer Beurteilung durch den Sicherheitsrat und andere Organe der Vereinten Nationen gemacht. Der UN-Sicherheitsrat und andere UN-Organe können sich auch im Nachhinein zur Zulässigkeit einer humanitären Intervention äußern. Daneben besteht die Möglichkeit gerichtlicher Prüfung durch den Internationalen Gerichtshof (bei Unterwerfung der beteiligten Staaten unter dessen Zuständigkeit) oder durch andere gerichtliche Instanzen.

So hat der UN-Sicherheitsrat die Krise im Kosovo lange vor der Intervention der NATO-Staaten als eine Bedrohung für den Frieden und die Sicherheit in der Region eingestuft (S/Res. 1160 [1998], VN 1998, S. 115; S/Res. 1199 [1998], VN 1998, S. 184; S/Res. 1203 [1998], VN 1998, S. 185). Die Klage der Bundesrepublik Jugoslawien gegen die an den Luftschlägen beteiligten NATO-Staaten (mit dem Versuch, durch eine Unterwerfungserklärung die Zuständigkeit des Internationalen Gerichtshofs zu konstruieren) bildete den Versuch, den Internationalen Gerichtshof für politische Zwecke Jugoslawiens zu instrumentalisieren (hierzu unten § 63 Rn. 6).

Die Bindung an die humanitäre Zwecksetzung beschränkt auch den zulässigen Umfang von Gewaltmaßnahmen zum Schutze elementarer Menschenrechte. Eine weitere Eingrenzung ergibt sich daraus, dass Interventionsmaßnahmen nicht über das zum Schutz der Menschenrechte Erforderliche hinausgehen dürfen, also dem Gebot der Verhältnismäßigkeit genügen müssen. 41

Unter dem Eindruck der humanitären Intervention der NATO im Kosovo hat sich das Meinungsbild in der Völkerrechtswissenschaft deutlich gewandelt. Die Stimmen für eine Zulässigkeit derartiger gewaltsamer Interventionen, jedenfalls bei genozidartigen Vorgängen, haben jetzt so stark an Boden gewonnen, dass die Gegenmeinung ihre herrschende Position verloren hat. Dabei erscheint es nahe liegend, dass mancher Meinungswechsel auch von der Sorge getragen ist, die Völkerrechtslehre könne bei einem starren Festhalten am Verbot humanitärer Intervention an Einfluss auf politische Entscheidungsprozesse verlieren. Diese Diagnose lässt sich nicht auf den plumpen Vorwurf eines gewissen Opportunismus verkürzen. Die eingetretene Entwicklung trägt vielmehr dem dialogischen Verhältnis zwischen Völkerrechtswissenschaft und Staatenpraxis Rechnung. In diesem Sinne hat die Intervention der NATO im Kosovo insbesondere die Weltsicht der deutschen Völkerrechtslehre nachhaltig verändert. 42

Als Reaktion auf den Einsatz von Giftgas im syrischen Bürgerkrieg, welcher der Regierung angelastet wurde, haben die USA im 43

Frühjahr 2017 einen Militärflugplatz in Syrien angegriffen. Nach dem erneuten Gebrauch von Chemiewaffen – vermutlich durch die syrische Regierung – haben die USA, Frankreich und das Vereinigte Königreich im Frühjahr 2018 einen konzertierten Angriff gegen Syrien durchgeführt. Die britische Regierung hat diese Militäraktion mit dem Schutz der Zivilbevölkerung vor weiteren Leiden durch schwere Verletzungen des humanitären Völkerrechts und Verbrechen gegen die Menschlichkeit gerechtfertigt. Dabei betont die britische Regierung auch die gebotene Verhältnismäßigkeit:

1. This is the government's position on the legality of UK military action to alleviate the extreme humanitarian suffering of the Syrian people by degrading the Syrian regime's chemical weapons capability and deterring their further use, following the chemical weapons attack in Douma on 7 April 2018.

2. The Syrian regime has been killing its own people for seven years. Its use of chemical weapons, which has exacerbated the human suffering, is a serious crime of international concern, as a breach of the customary international law prohibition on the use of chemical weapons, and amounts to a war crime and a crime against humanity.

3. The UK is permitted under international law, on an exceptional basis, to take measures in order to alleviate overwhelming humanitarian suffering. The legal basis for the use of force is humanitarian intervention, which requires three conditions to be met:

(i) There is convincing evidence, generally accepted by the international community as a whole, of extreme humanitarian distress on a large scale, requiring immediate and urgent relief;

(ii) It must be objectively clear that there is no practicable alternative to the use of force if lives are to be saved; and

(iii) The proposed use of force must be necessary and proportionate to the aim of relief of humanitarian suffering and must be strictly limited in time and in scope to this aim (i.e. the minimum necessary to achieve that end and for no other purpose)

(abrufbar unter http://www.bbc.com/news/uk-43768145, zuletzt abgerufen am 29.11.2018).

Immer wieder werden militärische Interventionen wie in Syrien mit dem Ziel einer „Bestrafung“ oder einer „Vergeltung“ in Verbindung gebracht. Für eine solche Zwecksetzung liefert die humanitäre Intervention keine Rechtfertigung. Eine Verurteilung der Militäroperation gegen Syrien vom Frühjahr 2018 hat der UN-Sicherheitsrat mit einer Mehrheit von acht Stimmen (gegen die Stimmen der Volksrepublik China, der Russischen Föderation und Boliviens, sowie bei drei Enthaltungen) abgelehnt. Auch hier zeigt sich ein allmählicher Wandel in der rechtlichen Beurteilung humanitärer Interventionen.

Literatur: *A. Cassese*, Ex injuria ius oritur: Are We Moving towards International Legitimation of Forcible Humanitarian Countermeasures in the World Community?, EJIL 10 (1999), S. 23 ff.; *D. Deiseroth*, „Humanitäre Intervention“ und Völkerrecht, NJW 1999, S. 3084 ff.; *J. Delbrück*, Effektivität des UN-Gewaltverbots, Die Friedens-Warte 74 (1999), S. 139 ff.; *K. Doehring*, Völkerrecht, 2. Aufl. 2004, § 20 V; *ders.*, Die Humanitäre Intervention. Überlegungen zu ihrer Rechtfertigung, in: A. A. Cançado Trindade (Hrsg.); The Modern World of Human Rights – Essays in Honour of Thomas Buergenthal, 1996, S. 549 ff.; *L. Henkin u. a.*, Editorial Comments: NATO's Kosovo Intervention, AJIL 93 (1999), S. 824 ff.; *J. L. Holzgrefe/R. O. Keohane* (Hrsg.), Humanitarian Intervention: Ethical, Legal, and Political Dilemmas, 2003; *K. Ipsen*, Der Kosovo-Einsatz – Illegal? Gerechtfertigt? Entschuldbar?, Die Friedens-Warte 74 (1999), S. 19 ff.; *J. Isensee*, Weltpolizei für Menschenrechte, JZ 1995, S. 421 ff.; *P. Malanczuk*, Humanitarian Intervention and the Legitimacy of the Use of Force, 1993; *M. Pape*, Humanitäre Intervention, 1997; *V. S. Mani*, „Humanitarian“ Intervention Today, RdC 313 (2005), S. 9 ff.; *B. Simma*, NATO, the UN and the Use of Force: Legal Aspects, EJIL 10 (1999), S. 1 ff.; *F. R. Tesón*, Humanitarian Intervention: An Inquiry into Law and Morality, 3. Aufl. 2005; *C. Tomuschat*, Völkerrechtliche Aspekte des Kosovo-Konflikts, Die Friedens-Warte 74 (1999), S. 33 ff.; *ders.*, Kosovo and the International Community: A Legal Assessment, 2001.

§ 35. Interventionsverbot

Das Interventionsverbot setzt der Einflussnahme in die inneren Angelegenheiten eines anderen Staates Schranken. Die UN-Charta anerkennt den Schutz vor einem Eingreifen „in Angelegenheiten, die ihrem Wesen nach zur inneren Zuständigkeit eines Staates gehören“ in Art. 2 Nr. 7. Dabei bleibt die Anwendung von Zwangsmaßnahmen durch den UN-Sicherheitsrat nach Kapitel VII der UN-Charta unberührt (Art. 2 Nr. 7, 2. Halbsatz). Das Interventionsverbot i. S. der UN-Charta hat längst gewohnheitsrechtliche Geltung erlangt. 1

Der Kreis der inneren Angelegenheiten, welche den Gegenstand des Interventionsverbots bilden, ist ebenso schwierig zu konkretisieren, wie die verbotenen Formen der Einflussnahme. Ein wichtiger Versuch, dem Interventionsverbot Konturen zu geben, liegt in der Erklärung der UN-Generalversammlung zur *Inadmissibility of Intervention and Interference in the Internal Affairs of States* (Erklärung über die Unzulässigkeit der Intervention und der Einmischung in die inneren Angelegenheiten von Staaten) von 1981 (Anhang zu GA/Res. 36/103, UNYB 1981, 147; dt. Fassung VN 1982, S. 182). 2

Diese Erklärung der Generalversammlung rückt den Schutz einer bestehenden staatlichen Ordnung vor einer Destabilisierung von außen ganz in den Vordergrund und erstreckt das Interventionsverbot in prononcierter Weise auch auf die Diskussion von Menschenrechtsfragen (*sub* II *lit.* e und l). Die meisten Staaten der (damaligen) westlichen Welt haben gegen diese Erklärung der Generalversammlung gestimmt und ihr dadurch viel von ihrer Autorität genommen.

3 Im Kern schützt das Interventionsverbot die Autonomie einzelner Staaten bei der Ausgestaltung ihrer politischen, wirtschaftlichen, gesellschaftlichen und kulturellen Ordnung. Dies hat der Internationale Gerichtshof im *Nicaragua*-Fall betont:

> „[...] the principle forbids all States or groups of States to intervene directly or indirectly in internal or external affairs of other States. A prohibited intervention must accordingly be one bearing on matters in which each State is permitted, by the principle of State sovereignty, to decide freely. One of these is the choice of a political, economic, social and cultural system, and the formulation of foreign policy. Intervention is wrongful when it uses methods of coercion in regard to such choices, which must remain free ones. The element of coercion, which defines, and indeed forms the very essence of, prohibited intervention, is particularly obvious in the case of an intervention which uses force, either in the direct form of military action, or in the indirect form of support for subversive or terrorist armed activities within another State" (IGH, *Military and Paramilitary Activities in and against Nicaragua [Nicaragua v. USA]*, ICJ Reports 1986, S. 14ff. [108 para. 205]).

Äußerst schwierig ist die Abgrenzung zwischen erlaubtem und unerlaubtem Druck. Unproblematisch sind letztlich nur die Ausübung von Gewalt oder Drohung mit Gewalt. Auch jegliche Unterstützung terroristischer Aktivitäten in einem anderen Staat fallen unter das Interventionsverbot.

4 Der Bereich, in dem sich die Staaten auf das Einmischungsverbot berufen können *(domaine reservé)* ist seit langem im Schwinden begriffen. Dies hängt vor allem mit der fortschreitenden Entwicklung menschenrechtlicher Standards zusammen. Im europäischen Rahmen hat der OSZE-Prozess den Kreis der inneren Angelegenheiten zunehmend verengt. Die Teilnehmerstaaten der OSZE haben sich nicht nur zur Beachtung elementarer Menschenrechte, sondern darüber hinaus auch zu übereinstimmenden rechtsstaatlichen und demokratischen Standards bekannt (hierzu unten § 45). Gegenüber der Einführung dieser Standards greift die Berufung auf das Interventionsverbot weitgehend ins Leere. Diese Entwicklungen haben dem Interventionsverbot viel von seiner Bedeutung genommen. Das Interventions-

verbot bietet heute kaum mehr Schutz vor wirtschaftlichem Druck, mit dem die Einhaltung menschenrechtlicher Verpflichtungen durchgesetzt werden soll.

Literatur: *D. C. Dicke*, Die Intervention mit wirtschaftlichen Mitteln im Völkerrecht, 1978; *H. Jäckel* (Hrsg.), Ist das Prinzip der Nichteinmischung überholt?, 1995; *P. Kunig*, Das völkerrechtliche Nichteinmischungsprinzip, 1981; *R. B. Lillich*, Economic Coercion and the „New International Economic Order“: A Second Look at Some First Impressions, VJIL 16 (1976), S. 233 ff.

§ 36. Selbstbestimmungsrecht der Völker und Minderheitenschutz

1. Selbstbestimmungsrecht

Die UN-Charta bekennt sich mehrfach zum Selbstbestimmungs- 1
recht der Völker (Art. 1 Nr. 2, 55, 73 *lit.* b, 76 *lit.* b UN-Charta). Die Entwicklung des Selbstbestimmungsrechts der Völker stand zunächst im Zusammenhang mit dem Prozess der Dekolonialisierung (siehe die Erklärung der UN-Generalversammlung zur Gewährleistung der Unabhängigkeit für koloniale Länder und Völker von 1960, Anhang zu GA/Res. 1514 [XV], UNYB 1960, S. 49). Aber das Selbstbestimmungsrecht ist längst nicht mehr auf die Kolonialisierungsvorgänge beschränkt. Dies ergibt sich auch aus der Gewährleistung des Selbstbestimmungsrechts im jeweils ersten Artikel der UN-Menschenrechtspakte von 1966 (Art. 1 Abs. 1 des Internationalen Paktes über bürgerliche und politische Rechte, Art. 1 Abs. 1 des Internationalen Paktes über wirtschaftliche, soziale und kulturelle Rechte):

„Alle Völker haben das Recht auf Selbstbestimmung. Kraft dieses Rechts entscheiden sie frei über ihren politischen Status und gestalten in Freiheit ihre wirtschaftliche, soziale und kulturelle Entwicklung.“

Nach Abschluss des Dekolonialisierungsprozesses haben vor allem 2
die schwarze Bevölkerungsmehrheit in Südafrika durch die Abschaffung des Apartheid-Regimes, das deutsche Volk mit der Wiedervereinigung Deutschlands und das palästinensische Volk mit fortschreitender Autonomie (in der West Bank und im Gaza-Streifen) sowie das

Volk von Ost-Timor und das Volk von Südsudan ganz oder teilweise ihr Streben nach Selbstbestimmung verwirklichen können.

In Bezug auf das jeweilige *Staatsvolk* verbürgt das Selbstbestimmungsrecht (in Ergänzung zum Interventionsverbot) die Freiheit, das eigene politische, soziale, wirtschaftliche und kulturelle System frei von äußeren Zwängen bestimmen zu können. Die *Friendly-Relations*-Erklärung der UN-Generalversammlung von 1970 (UNYB 1970, S. 788) umschreibt das Selbstbestimmungsrecht näher:

„By virtue of the principle of equal rights and self-determination of peoples enshrined in the Charter of the United Nations, all peoples have the right freely to determine, without external interference, their political status and to pursue their economic, social and cultural development, and every State has the duty to respect this right in accordance with the provisions of the Charter."

3 Heute ist das Selbstbestimmungsrecht auch als gewohnheitsrechtlicher Grundsatz anerkannt (IGH, *Legal Consequences for States of the Continued Presence of South Africa in Namibia [Southwest Africa] Notwithstanding Security Council Resolution 267* [1970], ICJ Reports 1971, S. 3 [31]; *Western Sahara Case*, ICJ Reports 1975, S. 12 [31 para. 54]). Der Internationale Gerichtshof hat im Ost-Timor-Fall ausdrücklich anerkannt, dass sich aus dem Selbstbestimmungsrecht der Völker auch Verpflichtungen *erga omnes* ergeben (IGH, *East Timor [Portugal v. Australia]*, ICJ Reports 1995, S. 90 [102 para. 29]).

4 Das Selbstbestimmungsrecht der Völker erschöpft sich nicht in der freien Systemwahl des Staatsvolkes und dem Schutz vor äußeren Zwängen. Das moderne Selbstbestimmungsrecht erfasst auch die Mitwirkung von Bevölkerungsgruppen an der politischen Gestaltung *innerhalb* eines bestehenden Staatsverbandes. Dabei schützt das Selbstbestimmungsrecht der Völker auch Minderheiten in einem ethnisch fremden Staatsverband. Der Begriff des *Volkes* in diesem Sinne bezieht sich auf eine Gruppe von Menschen, die auf einem bestimmten Territorium leben, sich durch eigene rassische, religiöse, sprachliche oder andere kulturelle Merkmale definieren und den Willen zur Bewahrung ihrer Identität haben. Hier überlappt sich das Selbstbestimmungsrecht der Völker mit den besonderen Regelungen des Minderheitenschutzes.

5 In der Konsequenz eines Selbstbestimmungsrechts von Völkern oder Volksgruppen läge die Zuerkennung einer echten Inhaberschaft von völkerrechtlichen Kollektivrechten und einer daraus folgenden

Völkerrechtssubjektivität. Die herrschende Völkerrechtslehre steht aber einer solchen Völkerrechtssubjektivität sehr distanziert gegenüber. Dies hängt sowohl mit befürchteten Gefahren für die Integrität bestehender Staatsverbände, als auch mit der schwierigen Definition eines „Volkes“ zusammen.

Der Ausschuss für Menschenrechte nach dem Internationalen Pakt über bürgerliche und politische Rechte deutet das Bekenntnis zum Selbstbestimmungsrecht in Art. 1 des Paktes als Gruppenrecht, das nicht von Einzelnen (im Wege der Individualbeschwerde) geltend gemacht werden kann (Mitteilung 413/1990, *Südtirol*-Fall, EuGRZ 1991, S. 158 m. Anm. v. *F. Ermacora*).

Die heikelste Frage im Zusammenhang mit dem Selbstbestimmungsrecht gilt einem möglichen Recht zur Sezession, also dem Recht von Minderheiten auf das Zusammenleben in einem eigenen Staat. Die herrschende Auffassung in der Völkerrechtslehre steht einem derartigen Sezessionsrecht ethnischer und sonstiger Minderheiten auf der Grundlage der Selbstbestimmung außerordentlich distanziert gegenüber. Hier stehen sich das „defensive“ Selbstbestimmungsrecht des Staatsvolkes (und die territoriale Integrität des gesamten Staatsverbandes) einerseits und das „offensive“ Selbstbestimmungsrecht des Minderheits-“Volkes“ andererseits gegenüber. 6

Die *Friendly-Relations*-Erklärung der UN-Generalversammlung lässt das Spannungsverhältnis zwischen der Einheit eines einmal bestehenden Staatsverbandes und dem Streben unterdrückter Minderheiten nach eigener Staatlichkeit in der Schwebe:

„Nothing in the foregoing paragraphs shall be construed as authorizing or encouraging any action which would dismember or impair, totally or in part, the territorial integrity or political unity of sovereign and independent States conducting themselves in compliance with the principle of equal rights and self-determination of peoples as described above and thus possessed of a government representing the whole people belonging to the territory without distinction as to race, creed or colour.“

Die Gewährleistung der territorialen Integrität wird in dieser Erklärung gewissermaßen unter einen Vorbehalt gestellt, der an den repräsentativen Charakter der Staatsgewalt und an die nichtdiskriminierende Ausgestaltung der politischen Ordnung anknüpft.

Die ganz überwiegende Ansicht räumt der territorialen Integrität, 7
also dem Bestandsschutz von Staatsverbänden in ihrer gegenwärtigen Form, den Vorrang gegenüber dem Streben nach eigener Staatlichkeit ein. Dahinter steht auch die Sorge vor neuen Minderheitsproblemen

in durch Abspaltung entstandenen Staaten. In der Erscheinungsform des *postmodern tribalism (Thomas Franck)* hat das Selbstbestimmungsrecht bei Zerfallsprozessen in Mehrvölkerstaaten eine schwer beherrschbare Brisanz entwickelt. Jedoch wird man in Fällen völlig unerträglicher Unterdrückung von Minderheiten als Träger des Selbstbestimmungsrechts ein Sezessionsrecht in Erwägung ziehen müssen. Dies gilt unter zwei Voraussetzungen: einmal der Diskriminierung einer Minderheit unter Verletzung fundamentaler Menschenrechte und zum anderen dem Ausschluss dieses Bevölkerungsteils vom politischen Willensprozess. Auf den menschenrechtlichen Bezug verweist der Begriff *remedial secession.*

In seinem Gutachten zur umstrittenen Unabhängigkeitserklärung des Kosovo im Jahre 2008 (IGH, *Accordance with International Law of the Unilateral Declaration of Independence in Respect of Kosovo*, Advisory Opinion, ICJ Reports 2010, S. 403) hat es der Internationale Gerichtshof vermieden, sich näher mit dem Recht auf Selbstbestimmung und daraus abgeleiteten Recht auf Sezession auseinanderzusetzen. Stattdessen hält das Gutachten nur fest, dass weder Völkergewohnheitsrecht noch die Sicherheitsratsresolution 1244 (1999) und die darauf aufbauende Übergangsordnung für das Kosovo der Unabhängigkeitserklärung entgegenstehen. Die Resolution des Sicherheitsrates verweist für das internationale Übergangsregime auf „die Souveränität und territoriale Integrität der Bundesrepublik Jugoslawien". Entscheidend ist für den Internationalen Gerichtshof, dass die Resolution nur auf eine vorläufige Ordnung zielte (IGH, aaO, paras. 114 ff.).

Die – nur auf ein fehlendes Verbot der Unabhängigkeitserklärung abstellende – Sichtweise ist in mehreren Sondervoten kritisiert worden (u. a. Sondervotum des Richters *Simma*). Den Zusammenhang zwischen einem möglichen Recht auf Sezession und schweren Menschenrechtsverletzungen betont in sehr prononcierter Weise das Sondervotum des Richters *Cançado Trindade*:

„205. Grave breaches of fundamental human rights (such as mass killings, the practice of torture, forced disappearance of persons, ethnic cleansing, systematic discrimination) are in breach of the *corpus juris gentium*, as set forth in the U.N. Charter and the Universal Declaration (which stand above the resolutions of the U.N.'s political organs), and are condemned by the universal juridical conscience. Any State which systematically perpetrates those grave breaches acts criminally, and loses its legitimacy, ceases to be a State for the victimized population, as it thereby incurs into a gross and flagrant reversal of the humane ends of the State.

206. Under contemporary *jus gentium*, no State can revoke the constitutionally-guaranteed autonomy of a „people" or a „population" to start then discriminating, torturing and killing innocent persons, or expelling them from their homes and practicing ethnic cleansing, – without bearing the consequences of its criminal actions or omissions. No State can, after perpetrating such heinous crimes, then invoke or pretend to avail itself of territorial integrity; the fact is that any State that acts this way ceases to behave like a State *vis-à-vis* the victimized population."

Problematisch ist, ob das Selbstbestimmungsrecht eines Staatsvolkes durch die Akzeptanz eines einmal herbeigeführten Zustandes „aufgebraucht" werden kann oder ob es sich immer wieder neu zu aktualisieren vermag. Jedenfalls ist das Selbstbestimmungsrecht kein taugliches Vehikel, um seit Jahrhunderten gefestigte territoriale Ordnungen mit demokratischen Strukturen in Frage zu stellen. Im Zusammenhang mit der deutschen Teilung ist zu Recht darauf hingewiesen worden, dass der in der Deutschen Demokratischen Republik zusammengefasste Teil des deutschen Volkes auf Grund der politischen Unterdrückung zu einer freien Willensbetätigung jahrzehntelang außerstande war und erst in der zur Wiedervereinigung führenden Phase erstmals von seinem Selbstbestimmungsrecht Gebrauch gemacht hat. Anders ist die Situation etwa in Schottland, Katalonien oder auf der Krim. Hier ist die Integration dieser Landesteile in den jeweiligen Staatsverbund längst demokratisch legitimiert worden. Für die Berufung auf ein völkerrechtliches Sezessionsrecht ist hier kein Raum. 8

Literatur: *P. Alston* (Hrsg.), Peoples' Rights, 2001; *M. D. Cole*, Das Selbstbestimmungsrecht indigener Völker, 2009; *J. Crawford*, The Rights of Peoples, 1988; *K. Doehring*, Selbstbestimmungsrecht der Völker, nach Art. 1, in: B. Simma (Hrsg.), Charta der Vereinten Nationen, 1991; *U. Fink*, Legalität und Legitimität von Staatsgewalt im Lichte neuerer Entwicklungen im Völkerrecht, JZ 1998, S. 330 ff.; *T. Franck*, Fairness in International Law and Institutions, 1995, Kap. 5; *H. Hannum*, Rethinking Self-Determination, VJIL 34 (1993), S. 1 ff.; *H.-J. Heintze* (Hrsg.), Selbstbestimmungsrecht der Völker – Herausforderung der Staatenwelt, 1997; *D. Murswiek*, Die Problematik eines Rechts auf Sezession – neu betrachtet, AVR 30 (1992), S. 307 ff.; *S. Oeter*, Selbstbestimmungsrecht im Wandel, ZaöRV 52 (1992), S. 741 ff.; *U. Saxer*, Die internationale Steuerung der Selbstbestimmung und der Staatenentstehung, 2010; *D. Thürer*, Das Selbstbestimmungsrecht der Völker, AVR 22 (1984), S 113 ff.; *C. Tomuschat* (Hrsg.), Modern Law of Self-Determination, 1993; *C. Walter/A. von Ungern-Sternberg/K. Abushov* (Hrsg.), Self-Determination and Secession in International Law, 2014.

2. Minderheitenschutz

9 Anders als das Selbstbestimmungsrecht zielt der Minderheitenschutz in erster Linie auf individuelle Rechte der einzelnen Angehörigen einer Minorität, namentlich im kulturellen Bereich. Für den Begriff der Minderheit hat sich auf universeller Ebene weitgehend die von *Capotorti* entwickelte Definition durchgesetzt:

„A minority is a group which is numerically inferior to the rest of the population of a State and in a non-dominant position, whose members possess ethnic, religious or linguistic characteristics which differ from those of the rest of the population and who, if only implicitly, maintain a sense of solidarity directed towards preserving their culture, traditions, religion or language" (EPIL, Bd. 3, 1997, S. 410ff.).

Hinzuweisen ist in diesem Zusammenhang insbesondere auf Art. 27 des Internationalen Paktes über bürgerliche und politische Rechte:

„In Staaten mit ethnischen, religiösen oder sprachlichen Minderheiten darf Angehörigen solcher Minderheiten nicht das Recht vorenthalten werden, gemeinsam mit anderen Angehörigen ihrer Gruppe ihr eigenes kulturelles Leben zu pflegen, ihre eigene Religion zu bekennen und auszuüben oder sich ihrer eigenen Sprache zu bedienen."

Dem Schutz der Angehörigen nationaler Minderheiten dienen unter dem Dach des Europarats die Charta der regionalen und Minderheitensprachen von 1992 (ETS Nr. 148) und das Rahmenübereinkommen zum Schutz nationaler Minderheiten von 1995 (BGBl. 1997 II, S. 1408).

Minderheiten ist ein Mindestmaß an Teilhabe an der Ausgestaltung des Staatswesens (sei es im Rahmen eines Autonomiestatuts oder gleichberechtigt mit den anderen Angehörigen des Staatsvolkes) einzuräumen. Hierin liegt auch der Kern demokratischer Mindestanforderungen an die staatliche Ordnung. Diesen Mindeststandard verfehlt erst recht ein Regime, in dem die Bevölkerungsmehrheit von jeglicher politischer Teilhabe ausgegrenzt ist (wie unter dem früheren Apartheid-Regime von Südafrika).

10 Die Bedrohung indigener Völker in ihrer physischen Existenz und kulturellen Eigenständigkeit hat erst in jüngerer Zeit in besonderen völkervertraglichen Gewährleistungen Niederschlag gefunden. In besonderer Weise hat sich die Internationale Arbeitsorganisation (ILO)

des Schutzes indigener Völker angenommen. Das Übereinkommen Nr. 169 über indigene und in Stämmen lebende Völker in unabhängigen Ländern von 1989 (ILM 28 [1982], S. 1382 ff.) baut auf dem früheren Übereinkommen Nr. 107 von 1957 auf.

Im Jahre 2007 hat die UN-Generalversammlung die Erklärung der Vereinten Nationen zu den Rechten indigener Völker (ILM 46 [2007], S. 1013) verabschiedet.

Der oberste Gerichtshof von Belize hat im Hinblick auf kollektive Eigentumsrechte der indigenen Maya Bevölkerung an angestammten Siedlungsgebieten auch auf Art. 26 der UN-Erklärung verwiesen (*Cal v. Attorney General*, ILM 46 [2007], S. 1022).

Literatur: *S. J. Anaya*, Indigenous People in International Law, 2. Aufl. 2004; *L. Aponte Miranda*, Indigenous People as International Lawmakers, University of Pennsylvania Journal of International Law 32 (2010), S. 203 ff.; *D. Blumenwitz/H. von Mangoldt* (Hrsg.), Fortentwicklung des Minderheitenschutzes und der Volksgruppenrechte in Europa, 1992; *D. Blumenwitz*, Minderheiten- und Volksgruppenrecht, 1992; *Y. Dinstein/M. Tabory* (Hrsg.), Protection of Minorities and Human Rights, 1992; *F. Ermacora*, The Protection of Minorities before the United Nations, RdC 182 (1983), S. 247 ff.; *ders. u. a.* (Hrsg.), Volksgruppen im Spannungsfeld von Recht und Souveränität in Mittel- und Osteuropa, 1993; *J. A. Frowein/R. Hofmann* (Hrsg.), Das Minderheitenrecht europäischer Staaten, Teil 1, 1993, Teil 2, 1994; *P. Hilpold*, Modernes Minderheitenrecht, 2001; *H. Klebes*, Rahmenübereinkommen des Europarats zum Schutz nationaler Minderheiten, EuGRZ 1995, S. 262 ff.; *M. G. Kohen*, Secession: International Law Perspectives, 2006; *Z. Korosy*, National Title, Sovereignty and the Fragmented Recognition of Indigenous Law and Custom, Australian Indigenous Law Review 12 (2008), S. 81 ff.; *K. Schillhorn*, Kulturelle Rechte indigener Völker und Umweltvölkerrecht, 2000; *P. Thornberry*, International Law and the Rights of Minorities, 1991; *R. Wolfrum*, The Protection of Indigenous Peoples, ZaöRV 59 (1999), S. 369 ff.

§ 37. Staatenimmunität

1. Allgemeines

Die Regeln der Staatenimmunität beschränken die Unterwerfung 1
eines Staates unter die Gerichtsbarkeit eines anderen Staates. Als grundlegender Rechtsgedanke steht hinter der Staatenimmunität eine Ausprägung der souveränen Gleichheit der Staaten, nämlich die Maxime *par in parem non habet imperium.* Ausgehend von diesem

Rechtsgedanken waren bis in die jüngere Vergangenheit die Staaten von fremder Gerichtsbarkeit fast völlig abgeschirmt. Hiervon hat sich die Staatenpraxis in den vergangenen Jahrzehnten durch die Abkehr von der „absoluten“ Staatenimmunität unter Hinwendung zu einer „relativen“ (eingeschränkten) Staatenimmunität gelöst. Im Einzelnen ist zu unterscheiden zwischen der Immunität im Erkenntnisverfahren (also bei Klagen gegen einen fremden Staat etwa auf Vertragserfüllung oder auf Schadensersatz wegen einer unerlaubten Handlung) einerseits und der Immunität im Vollstreckungsverfahren (bei der zwangsweisen Durchsetzung eines Urteils) andererseits.

2 Eine Reihe von Staaten haben besondere Gesetze zur Regelung der Staatenimmunität erlassen (etwa die USA mit dem *Foreign Sovereign Immunities Act* von 1976). In der Bundesrepublik Deutschland nimmt die Vorschrift des § 20 Abs. 2 GVG auf die gewohnheitsrechtlichen Grundsätze über die Staatenimmunität Bezug. Das *Europäische Übereinkommen über Staatenimmunität* von 1972 (Baseler Übereinkommen, BGBl. 1990 II, S. 34) gilt mittlerweile für Belgien, die Bundesrepublik Deutschland, Luxemburg, die Niederlande, Österreich, die Schweiz, das Vereinigte Königreich und Zypern. Von großer Bedeutung ist die UN-Konvention zur Immunität von Staaten und deren Vermögen (*United Nations Convention on Jurisdictional Immunites of States and their Property*) von 2004 (ILM 44 [2005], S. 803 ff.), die auf einen Entwurf der *International Law Commission* zurückgeht. Diese Konvention versucht den Bereichen, in denen fremde Staaten nach gewohnheitsrechtlichen Grundsätzen fremder Gerichtsbarkeit unterworfen sind, festere Konturen zu geben.

3 Im engen Zusammenhang mit der Staatenimmunität steht die besonderen Regeln folgende Immunität von Staatsoberhäuptern (hierzu unten Rn. 15). Ein Ausfluss der Staatenimmunität ist die persönliche Immunität, die Mitglieder von Regierungen während des Aufenthalts in fremden Staaten genießen. Diese persönliche Immunität besteht nicht um des einzelnen Amtsträgers willen, sondern zum Schutze seiner Funktion. Bei Ministern besteht über den genauen Umfang der Immunität in Zivil- und Strafverfahren vor fremden Gerichten beachtliche Unsicherheit. Dies liegt auch daran, dass hierzu wenig aussagekräftige Staatenpraxis vorliegt. Bei Außenministern hat der Internationale Gerichtshof im Fall *Arrest Warrant of 11 April 2000 (IGH, Arrest Warrant of 11 April 2000 [Democratic Republic of Congo v. Belgium]*, ICJ Reports 2002, S. 3) eine absolute Immunität in Strafverfahren angenommen, also eine Befreiung von ausländischer Straf-

gerichtsbarkeit ohne Rücksicht auf die amtliche Natur des verfolgen Verhaltens (IGH, aaO, paras. 51 ff.).

Die umfassende Immunität hat der IGH hier – in einer deduktiven Argumentation – auf funktionelle Parallelen zur Immunität von Staatsoberhäuptern und Diplomaten gestützt. Bei einem Privatbesuch im Ausland ist eine derart weitgehende Immunität von Außenministern umstritten (kritisch hierzu das Sondervotum der Richter *Higgins, Kooijmans* und *Buergenthal*, ICJ Reports 2002, S. 63 [88 para. 84]).

In diesem Fall ging es um einen internationalen Haftbefehl, der in Belgien gegen den Außenminister der Demokratischen Republik Kongo wegen Kriegsverbrechen und Verbrechen gegen die Menschlichkeit erlassen worden ist. Der IGH stellte auf Antrag der kongolesischen Regierung fest, dass Belgien durch den Haftbefehl die Immunität des kongolesischen Außenministers und damit die Rechte der Demokratischen Republik Kongo verletzt habe.

Nach einer Entscheidung des Bundesverwaltungsgerichts verbieten die Regeln über die Staatenimmunität auch, einen ausländischen Verteidigungsminister über den Einsatz von Militäreinheiten und das Verhalten von Truppen als Zeugen zu vernehmen oder zu einer Vernehmung in der Bundesrepublik Deutschland zu laden (BVerwG, DVBl. 1989, S. 261).

Die Immunität von Staaten im hoheitlichen Bereich hat auch Auswirkungen auf die Unterwerfung sonstiger Organe eines Staates unter fremde Gerichtsbarkeit. Die Rücksicht auf die Befreiung eines Staates von fremder Gerichtsbarkeit führt hier zur sog. Immunität *ratione materiae* in den Fällen, in denen sich ein Verfahren gegen einen hoheitlich handelnden Amtsträger und damit indirekt gegen den Staat selbst richtet. Denn die Staatenimmunität darf nicht dadurch unterlaufen werden, dass Gerichte auf hoheitlich handelnde Amtsträger eines fremden Staates zugreifen (House of Lords, *Jones v. The Kingdom of Saudi Arabia* (ILM 45 [2006], S. 1108 para. 66 *per* Lord *Hoffman*:

„[…] As a matter of international law, the same immunity against suit in a foreign domestic court which protects the state itself also protects the individuals for whom the state is responsible."

Vor deutschen Gerichten scheiterte die Klage gegen den Leiter des New Scotland Yard (gerichtet auf die Unterlassung von berufsschädigenden Mitteilungen über eine Sekte) an der Heranziehung der Grundsätze der Staatenimmunität (BGH, NJW 1979, S. 1101).

Der EGMR hat im Fall *Jones and Others ./. The United Kingdom* (Beschwerde-Nr. 34356/06 und 40528/06, para. 204) die Staatenimmunität in personeller Hinsicht auf staatliche Amtsträger oder Bedienstete im Rahmen hoheitlicher Akte erstreckt und insoweit Kongruenz zwischen staatlicher und individueller Immunität angenommen:

„The weight of authority at international and national level […] appears to support the proposition that State immunity in principle offers individual employees or officers of a foreign State protection in respect of acts undertaken on behalf of the State under the same cloak as protects the State itself."

4 Tendenzen, die Strafverfolgung ausländischer Regierungsmitglieder wegen schwerwiegender Menschenrechtsverletzungen zuzulassen, ist der IGH im Streit zwischen Kongo und Belgien entgegengetreten. Nach Ansicht des IGH trägt der Stand des Völkergewohnheitsrechts im Lichte der Staatenpraxis noch keine solche Durchbrechung der Immunität von Regierungsmitgliedern für die Dauer ihrer Amtszeit (IGH, *Arrest Warrant of 11 April 2000 [Democratic Republic of Congo v. Belgium]*, ICJ Reports 2002, S. 3 para. 58). Eine mögliche Strafverfolgung nach Ende der Amtszeit lässt sich darauf stützen, dass schwerwiegende Menschenrechtsverletzungen nicht zum schützenswürdigen Kreis amtlicher Handlungen zählen (Sondervotum der Richter *Higgins, Kooijmans* und *Buergenthal*, aaO, para. 85). Das Gleiche muss für sonstige ausländische Amtsträger gelten.

Literatur: *G. M. Badr*, State Immunity: An Analytical and Prognostic View, 1984; *J. Bröhmer*, State Immunity and the Violation of Human Rights, 1997; *H. Damian*, Staatenimmunität und Gerichtszwang, 1985; *H. Fox/P. Webb*, The Law of State Immunity, 3. Aufl. 2015; *G. Hafner/U. Köhler*, The United Nations Convention on Jurisdictional Immunities of States and their Property, NYIL 35 (2004), S. 3 ff.; *M. Payandeh*, Staatenimmunität und Menschenrechte, JZ 2012, S. 949 ff.; *R. Van Alebeek*, The Immunities of States and Their Officials in International Criminal Law and International Human Rights Law, 2008.

2. Immunität im Erkenntnisverfahren

5 Im Völkergewohnheitsrecht waren lange Zeit nur wenige Ausnahmen von der Staatenimmunität anerkannt. Hierzu gehören der Verzicht auf Immunität (Art. 7 der UN-Konvention zur Staatenimmunität), die Widerklage bei sachlichem Zusammenhang mit der Klage (Art. 9 der UN-Konvention) sowie dingliche Klagen in Bezug auf das Eigentum (insbesondere Grundeigentum) im Gerichtsstaat (Art. 13 der UN-Konvention). Im Übrigen galt bis nach dem Zweiten Weltkrieg die Immunität fremder Staaten als absolut.

6 In den Nachkriegsjahren haben sich dann die meisten Staaten von der Gewährung absoluter Immunität für fremde Staaten gelöst (die USA im Jahr 1952 mit dem berühmten *Tate Letter*). Sehr lange haben

noch die Staatshandelsregimes des früheren „Ostblocks" an der absoluten Staatenimmunität festgehalten. Mit dem Zusammenbruch der kommunistischen Ordnung ist auch dort ein Wandel eingetreten. Heute gilt im Völkergewohnheitsrecht nur noch der Grundsatz der sog. *eingeschränkten* Immunität. Danach können Staaten Immunität nur bei hoheitlichem Handeln *(acta iure imperii)* in Anspruch nehmen. Bei sonstigen, nicht-hoheitlichen Akten *(acta iure gestionis)* sind sie dagegen fremder Gerichtsbarkeit unterworfen.

Die UN-Konvention zur Staatenimmunität nimmt Verfahren über „commercial transactions" mit fremden natürlichen und juristischen Personen aus der Immunität aus (Art. 10). Diese kommerziellen Transaktionen definiert die UN-Konvention als

„(i) any commercial contract or transaction for the sale of goods or supply of services;
(ii) any contract for a loan or other transaction of a financial nature, including any obligation of guarantee or of indemnity in respect of any such loan or transaction;
(iii) any other contract or transaction of a commercial, industrial, trading or professional nature, but not including a contract of employment of persons" (Art. 2 Abs. 1 *lit.* c).

Ein Beispiel für hoheitliches Handeln bildet etwa die Beschädigung oder Versenkung eines ausländischen Schiffes durch Streitkräfte im Rahmen eines internationalen bewaffneten Konflikts (siehe U. S. Supreme Court, *Argentine Republic v. Amerada Hess Shipping Corp.*, 488 U. S. 428 [1989]). Gegenüber der Schadensersatzklage eines früheren Zwangsarbeiters wegen Misshandlungen im Dritten Reich hat sich die Bundesrepublik Deutschland vor amerikanischen Gerichten erfolgreich auf ihre Immunität berufen (U. S. Court of Appeals [D. C. Cir.], *Hugo Princz v. Republic of Germany*, ILM 33 [1994], S. 1483; siehe auch die Entschädigungsvereinbarung zwischen den USA und der Bundesrepublik Deutschland, ILM 35 [1996], S. 193 ff.).

Nach einer vordringenden Tendenz kommt es für die Qualifizie- 7
rung staatlichen Handelns als hoheitlich oder nicht-hoheitlich in erster Linie auf die Natur der jeweiligen Handlung und deren Zuordnung zu typischen Hoheitsaufgaben an (und weniger etwa auf irgendwelche mit der Handlung verfolgte Fernziele). Nach diesem Maßstab hat das Bundesverfassungsgericht den Auftrag zu Reparaturen an der Heizungsanlage einer Botschaft als nicht-hoheitlich eingestuft (BVerfGE 16, 27 [61]). Die Ausgabe von Schuldverschreibungen durch die Zentralbank von Argentinien hat der amerikanische Sup-

reme Court zu Recht als nicht-hoheitliches Handeln qualifiziert (*Republic of Argentina v. Weltover Inc.*, ILM 31 [1992], S. 1220). Zur Begründung hat der Supreme Court darauf hingewiesen, dass hier nicht etwa hoheitliche Regelungsgewalt eines Staates in Anspruch genommen werde; vielmehr trete der Staat nicht anders als ein Privater auf den Kapitalmärkten auf.

Anders hat der Bundesgerichtshof zu Schadensersatzklagen gegen Griechenland wegen der Umschuldung von Staatsanleihen entschieden, die auf einem griechischen Gesetz und einem Regierungsbeschluss beruhte. Bei der nachträglichen Änderung von Anleihebedingungen handele es sich um einen Hoheitsakt (BGH, WM 2016, S. 734 ff.). Diese Einordnung ist zweifelhaft, da jedenfalls die Emission von Staatsanleihen und die Nichterfüllung der Anleihebedingungen nicht-hoheitlicher Natur sind.

8 Eine Unterwerfung unter fremde Gerichtsbarkeit kommt auch bei Streitigkeiten aus einem Arbeitsverhältnis in Betracht, das sich auf Leistungen im Gerichtsstaat bezieht. Hier dürfte es vor allem darauf ankommen, ob der Arbeitnehmer Funktionen mit hoheitlichem Einschlag ausgeübt hat (siehe Art. 11 Abs. 2 *lit.* a der UN-Konvention).

Grundsätzlich dem hoheitlichen Bereich zuzuordnen ist die Mitwirkung an oder Ausübung von Funktionen, die nach internationalen Standards zum Kernbereich staatlicher Aufgaben gehören wie die eigenverantwortliche oder notwendig vertrauliche Tätigkeit an einer diplomatischen oder konsularischen Vertretung. Auf die Qualifikation nach dem Recht des Gerichtsstaates kommt es insoweit nicht mehr an (so zur Öffentlichkeitsarbeit an einer Botschaft BAG, NZA 2001, S. 439 ff.)

9 Sehr umstritten ist die Unterwerfung von Staaten unter fremde Gerichtsbarkeit in den Fällen, in denen es um Klagen auf finanziellen Ausgleich für Personen- oder Sachschäden im Gerichtsstaat geht (siehe Art. 12 der UN-Konvention). Hier dürfte es sich um die über eine gefestigte Staatspraxis hinausgehende Fortentwicklung gewohnheitsrechtlicher Grundsätze handeln. Auch die Durchbrechung der Staatenimmunität bei im Gerichtsstaat verursachten Personen- und Sachschäden nach dem *Europäischen Übereinkommen über Staatenimmunität* (Art. 11) findet im Gewohnheitsrecht keine Entsprechung.

10 Nach vereinzelten nationalen Gerichtsentscheidungen und manchen Stimmen in der Völkerrechtslehre können Staaten auch bei hoheitlichem Handeln dann fremder Gerichtsbarkeit unterworfen werden, wenn es um Verstöße gegen zwingende Normen des Völkerrechts, insbesondere um schwerwiegende Menschenrechtsverletzungen, geht (in diesem Sinne zu einer Klage gegen die frühere Sowjet-

union wegen der Verschleppung des schwedischen Diplomaten *Raoul Wallenberg, von Dardel v. USSR*, 623 F. Supp. 246 [D. D. C. 1985]). Die ganz herrschende Völkerrechtslehre steht aber einer derartigen Durchbrechung der Staatenimmunität noch distanziert gegenüber. Auch der amerikanische Supreme Court hat ihr im *Amerada Hess*-Fall (hierzu oben Rn. 6) eine Absage erteilt.

Im Falle *Al-Adsani v. Kuwait* hat der englische Court of Appeal die zivilgerichtliche Klage eines kuwaitischen Staatsangehörigen gegen Kuwait an der Staatenimmunität scheitern lassen (ILR 107 [1997], S. 536ff.). Hier hatte der Kläger geltend gemacht, von kuwaitischen Sicherheitskräften gefoltert worden zu sein. Auf die Klageabweisung hin erhob der Kläger Individualbeschwerde gegen das Vereinigte Königreich wegen Verletzung des nach Art. 6 EMRK gebotenen Rechtsschutzes beim Europäischen Gerichtshof für Menschenrechte. Der Gerichtshof entschied – gegen eine Mindermeinung (hierzu oben § 5 Rn. 15), dass die Rechtsauffassung des Court of Appeal mit der EMRK vereinbar sei. Dabei stellte der Gerichtshof insbesondere darauf ab, dass im Hinblick auf zivilrechtliche Klagen im Völkergewohnheitsrecht noch keine Durchbrechung der Staatenimmunität für Folterhandlungen anerkannt sei, die außerhalb des Forumsstaates begangen worden sind (EGMR, *Al-Adsani v. the United Kingdom,* EuGRZ 2002, S. 403).

Das House of Lords hat sich im Fall *Jones v. The Kingdom of Saudi Arabia* (ILM 45 [2006], S. 1108) eingehend mit dem Verhältnis von Staatenimmunität und dem als *ius cogens* geltenden Folterverbot auseinandergesetzt. Dabei hat das Gericht eine Abwägung zwischen beiden völkerrechtlichen Prinzipien und eine darauf gestützte Durchbrechung der Staatenimmunität abgelehnt. Das Leitvotum sah für eine derartige Abwägung keine hinreichende Grundlage im „common consent of nations“ und betonte die Rechtsnatur der Staatenimmunität als von außen (und nicht etwa autonom) auferlegte Beschränkung der staatlichen Gerichtsbarkeit (Lord *Hoffman*, aaO, paras. 63f.).

Der amerikanische Kongress hat durch eine Änderung des Foreign 11
Sovereign Immunities Act (Sec. 1605A) die Möglichkeit eröffnet, fremde Staaten wegen der Unterstützung von Terrorismus vor amerikanischen Gerichten zu verklagen. Eine ähnliche Regelung gilt in Kanada.

Besonders umstritten ist die von griechischen und italienischen Gerichten angenommene Durchbrechung der Staatenimmunität bei schweren Verletzungen des Kriegsvölkerrechts (humanitären Völkerrechts) durch das Deutsche Reich im Zweiten Weltkrieg. Die Verurteilung der Bundesrepublik Deutschland durch griechische Gerichte wegen der Erschießung ziviler Geiseln durch eine SS-Einheit im Jahre 1944 (Verstoß gegen die Haager Landkriegsordnung) im Falle *Distomo* ist in der Völkerrechtslehre weithin als Missachtung der Regeln über die völkerrechtliche Immunität qualifiziert worden (hierzu *R. Dolzer*, NJW 2001, S. 3525). Auch der Bundesgerichtshof hat (im Zusammenhang mit der verweigerten Anerkennung eines griechischen Urteils gegen die Bundesrepublik Deutschland) im Fall *Distomo* eine Durchbrechung der Staatenimmunität bei Verstößen gegen *ius cogens* abgelehnt (BGHZ 155, 279 ff.).

Der italienische Kassationshof hat im Fall *Ferrini* die Gerichtsbarkeit Italiens bei der Klage eines italienischen Staatsangehörigen gegen die Bundesrepublik Deutschland bejaht, die sich auf Ansprüche wegen völkerrechtswidriger Deportation durch deutsche Einheiten und Zwangsarbeit im Zweiten Weltkrieg stützte (Rivista di diritto internazionale 87 [2004], S. 539 = ILR 128 (2006), S. 659 ff.). Dabei hat der Kassationshof auf die gesteigerte Verantwortung des Deutschen Reichs (und damit der Bundesrepublik Deutschland) wegen der Schwere der Völkerrechtsverletzung nach den Regeln über die Staatenverantwortlichkeit (Art. 40 der ILC-Artikel über die Staatenverantwortlichkeit) abgehoben.

In dem Fall *Milde*, bei dem es um die Verwantwortlichkeit für das Massaker einer deutschen Panzerdivision an Einwohnern einer italienischer Gemeinde im Jahre 1944 ging, hat der Italienische Kassationshof gegenüber der Berufung der Bundesrepublik Deutschland auf Staatenimmunität die „universellen und unabänderlichen Prinzipien" betont, welche den Normen zum Schutz von Freiheit und Menschenwürde zugrundeliegen. Die „innere Konsistenz" der Völkerrechtsordnung verlange es, den Opfern von Verletzungen dieser „Grundwerte" den Zugang zu gerichtlichem Rechtsschutz zu gewähren (Urteil Nr. 1072/2008, para. 7). Damit wird verkannt, dass gerade bei Völkerrechtsverletzungen im bewaffneten internationalen Konflikt zwischenstaatlichen Entschädigungsregelungen der Vorrang vor individueller Rechtsdurchsetzung gebührt (hierzu *C. Tomuschat*, L'immunité des états en cas de violations graves des droit dc l'homme, RGDIP 2005, S. 51 ff.).

12 Auf die Klage der Bundesrepublik Deutschland gegen Italien hat der Internationale Gerichtshof im Falle *Jurisdictional Immunities of the State (Germany v. Italy: Greece Intervening)* entschieden, dass das gegenwärtige Völkergewohnheitsrecht Staatenimmunität auch bei schweren Verletzungen der Menschenrechte oder des humanitären Völkerrechts (Regeln über den bewaffneten Konflikt) gewährt (IGH, *Jurisdictional Immunities of the State [Germany v. Italy: Greece Intervening]*, ICJ Reports 2012, S. 99 para. 91). Einen Konflikt zwischen dem *ius cogens* (zu Menschenrechten und zum bewaffneten Konflikt) und der gewohnheitsrechtlichen Immunitätsregel verneint der Internationale Gerichtshof:

„Assuming [...] that the rules of the law of armed conflict which prohibit the murder of civilians in occupied territory, the deportation of civilian inhabitants to slave labour and the deportation of prisoners of war to slave labour are rules of *jus cogens*, there is no conflict between those rules and the rules on State immunity. The two sets of rules address different matters. The rules of State immunity are procedural in character and arc confined to determining whether or not the courts of one State may exercise jurisdiction in respect of another State. They do not bear upon the question whether or not the conduct in respect of which the proceedings are brought was lawful or unlawful. [...] For the same reason, recognizing the immunity of a foreign State in accordance with customary international law does not amount to recognizing as lawful a situation created by the breach of a *jus cogens* rule, or rendering aid and assistance in maintaining that situation, and so cannot contravene the principle in Article 41 of the International Law Commission's Articles on State Responsibility" (IGH, aaO, para. 93).

In Italien ist die Umsetzung des Urteils des Internationalen Gerichtshofs auf erhebliche Schwierigkeiten gestoßen. Nach unterschiedlichen Reaktionen der nationalen Gerichte hat der Gesetzgeber die umfassende Immunität im Sinne des Urteils des Internationalen Gerichtshofs festgeschrieben. Daraufhin hat der italienische Verfassungsgerichtshof entschieden, dass die italienische Verfassung bei Verbrechen gegen die Menschlichkeit und anderen schweren Menschenrechtsverletzungen keine Befreiung von der Gerichtsbarkeit zulasse (Urteil Nr. 238/2014, ILM 54 [2015], S. 474): „Respect for fundamental principles and inviolable human rights, identifying elements of the constitutional order, is the limit that indicates (also with a view to achieving the goal of maintaining good international relations, inspired by the principles of peace and justice, for whose realization Italy agrees to limitations of sovereignty by virtue of Article 11 of the Constitution) the receptiveness of the Italian legal order to the international and supranational order (Articles 10 and 11 of the Constitution), as this Court has repeatedly upheld (with regard to Article 11 of the Constitution [...]). This in itself rules out that acts such as deportation, slave labor, and massacres, recognized to be crimes against humanity, can justify the absolute sacrifice in the domestic legal order of the judicial protection of inviolable rights of the victims of those crimes"(para. 3.4).

Literatur: *N. Paech*, Staatenimmunität und Kriegsverbrechen, AVR 47 (2009), S. 36 ff.

3. Vollstreckungsimmunität

Auch im Vollstreckungsverfahren gilt heute nur eine eingeschränkte Immunität. Hier herrscht also eine funktionale Beschränkung der Immunität (siehe BVerfGE 64, 1 [23 ff.] – *National Iranian Oil Company*). Jedoch schützt das Völkergewohnheitsrecht immer 13 noch in beachtlichem Umfang vor Zwangsmaßnahmen in einem anderen Staat (siehe Art. 18 ff. der UN-Konvention über Staatenimmunität). Kriegsschiffe genießen umfassende Immunität (ITLOS, Case No. 20, *The „ARA Libertad" Case [Argentina v. Ghana]*, Anordnung vom 15. Dezember 2012, para. 95). Der Vollstreckungszugriff kommt vor allem bei Gütern mit einer nicht-hoheitlichen (kommerziellen) Zweckbestimmung in Betracht (s. Art. 19 *lit.* c der UN-Konvention). Hier ist für die Vollstreckung keine Konnexität von Forderung und Verwendungszweck des Vollstreckungsgegenstandes erforderlich (siehe BVerfGE 64, 1 [22, 41]). Eine nicht unbedenkliche Ausweitung der Vollstreckungsimmunität gewährt die UN-Konvention zur Staatenimmunität dadurch, dass sie das Vermögen einer Zentralbank oder anderer Währungsbehörden eines Staates völlig von der Vollstreckung freistellt (Art. 21 Abs. 1 *lit.* c).

Bei Botschaften darf die Vollstreckung die Funktionsfähigkeit der diplomatischen Mission nicht gefährden. Daher ist keine Vollstreckung in Guthaben der Botschaft zulässig, welche einer Deckung der Botschaftsausgaben dienen (BVerfGE 46, 342 [394 ff.]; siehe auch House of Lords, *ALCOM Limited v. Republic of Colombia and Others*, ILM 23 [1984], S. 719).

Das Bundesverfassungsgericht stützt den Vollstreckungsschutz von Botschaftskonten auch auf den gewohnheitsrechtlichen Status diplomatischer Vertretungen (BVerfGE 46, 342 [394]). Ein allgemein gehaltener Vollstreckungsverzicht erfasst nicht ohne weiteres Botschaftsvermögen (BVerfG, DVBl. 2007, S. 242).

4. Staatsunternehmen

14 Staatsunternehmen genießen nur bei der Wahrnehmung genuin hoheitlicher Funktionen (etwa Zentralbankaufgaben) Immunität (siehe zur Pfändbarkeit von Vermögenswerten der *National Iranian Oil Company* BVerfGE 64, 1 [22 ff.]).

5. Immunität von Staatsoberhäuptern

15 Die Immunität von Staatsoberhäuptern ist eine Ausprägung der Staatenimmunität, da sie dem Schutz des repräsentierten Staates selbst dient. Während ihrer Amtsdauer genießen Staatsoberhäupter absolute

Immunität (siehe zum Fall *Honecker,* BGHSt 33, 97). Dies hat der Oberste Gerichtshof Österreichs für eine familienrechtliche Klage bekräftigt (Oberster Gerichtshof, EuGRZ 2001, S. 513 [515] – Vaterschaftsklage gegen Rechtsnachfolger des verstorbenen *Fürsten von Liechtenstein Franz Josef II.).* Allerdings sind auch amtierende Staatsoberhäupter nicht vor der Strafverfolgung durch internationale Gerichte wegen besonders schwerwiegender Verbrechen (Verbrechen gegen die Menschlichkeit, Kriegsverbrechen) geschützt (siehe Art. 27 des Statuts des Internationalen Strafgerichtshofs, ILM 37 [1998], S. 999; dt. Übers.: BGBl. 2000 II, S. 1393). Nach Ablauf der Amtszeit eines Staatsoberhauptes ist nach einer vordringenden Tendenz die straf- und zivilgerichtliche Verfolgung auch für Amtshandlungen jedenfalls dann möglich, wenn es sich um Verbrechen gegen die Menschlichkeit oder Kriegsverbrechen handelt. Auftrieb hat diese Tendenz durch eine Entscheidung des britischen House of Lords erhalten, das in einem Auslieferungsverfahren gegen den früheren chilenischen Militärdiktator *Pinochet* eine Immunität in den Fällen verneint hat, in denen es um die Strafverfolgung für die von der UN-Folter-Konvention von 1984 erfassten Misshandlungen geht (House of Lords, *Regina v. Bartle and the Commissioner of Police for the Metropolis and Others, ex parte Pinochet*, ILM 38 [1999], S. 581). Hier legt das Leitvotum von *Lord Browne-Wilkinson* nahe, dass derartige Foltermaßnahmen überhaupt nicht dem von der Staatenimmunität geschützten Kreis hoheitlicher Funktionen zuzuordnen sind:

„Can it be said that the commission of a crime which is an international crime against humanity and jus cogens is an act done in an official capacity on behalf of the state? I believe there to be strong ground for saying that the implementation of torture as defined by the Torture Convention cannot be a state function“ (House of Lords, aaO, S. 593).

Literatur: *T. Rensmann*, Internationale Verbrechen und Befreiung von staatlicher Gerichtsbarkeit, IPRax 1999, S. 268 ff.; *M. Ruffert*, Pinochet Follow up: The End of Sovereign Immunity?, NILR 48 (2001), S. 171 ff.; *R. Van Alebeek*, The Immunities of States and Their Officials in International Criminal Law and International Human Rights Law, 2008; *S. Zappalà*, Do Heads of State in Office Enjoy Immunity from Jurisdiction for International Crimes? The Ghaddafi Case Before the French Cour de Cassation, EJIL 12 (2001), S. 595 ff.

6. *Act of State*-Doktrin

16 Über die gewohnheitsrechtlichen Grundsätze der Staatenimmunität hinaus lehnen es die Gerichte mancher Staaten aus dem angloamerikanischen Raum (insbesondere die amerikanische und die britische Rechtsprechung) grundsätzlich ab, über die Rechtmäßigkeit fremder Hoheitsakte zu urteilen. Diese *Act of State*-Doktrin entspricht aber keiner völkerrechtlichen Verpflichtung (in diesem Sinne auch – im Zusammenhang mit der Strafbarkeit von DDR-Spionen – BGHSt 37, 305 [307 f.]; vgl. auch BVerfGE 92, 277 [321 f.]).

Literatur: *M. Herdegen*, Die Achtung fremder Hoheitsrechte als Schranke nationaler Strafgewalt, ZaöRV 47 (1987), S. 221 ff.; *F. de Quadros/J. H. Dingfelder Stone*, Act of State Doctrine, in: R. Wolfrum (Hrsg.), MPEPIL, Bd. 1, 2012, S. 62 ff.

§ 38. Diplomatische und konsularische Beziehungen

1. Diplomatische Beziehungen

1 Für den Status diplomatischer Missionen und den Schutz ihres diplomatischen und sonstigen Personals ist das *Wiener Übereinkommen über diplomatische Beziehungen* von 1961 (BGBl. 1964 II, S. 958) grundlegend. Ein Fakultativprotokoll sieht die Zuständigkeit des Internationalen Gerichtshofs für Streitigkeiten über die Auslegung oder Anwendung des Übereinkommens vor. Die Aufgaben diplomatischer Missionen sind in Art. 3 WÜD geregelt. An der Spitze diplomatischer Missionen stehen Botschafter (oder *Nuntien*), Gesandte *(Minister* oder *Internuntien)* oder Geschäftsträger (Art. 14 Abs. 1 WÜD). In den meisten Staaten fungiert der Vertreter des Heiligen Stuhles *(Nuntius)* als Oberhaupt *(Doyen)* des diplomatischen Corps. Die Person des Diplomaten ist unverletzlich (Art. 29 WÜD). Die Räumlichkeiten der Mission sind ebenfalls unverletzlich und genießen Immunität vor jeder Zwangsmaßnahme (Art. 22 Abs. 1 und 3). Sie beanspruchen den besonderen Schutz des Empfangsstaates (Art. 22 Abs. 2 WÜD).

Die gängige Formel von der „Extraterritorialität“ von Botschaften ist irreführend, denn das Gelände diplomatischer Missionen gehört zum Gebiet des Empfangsstaates. So unterliegt die in einer Botschaft begangene Straftat gegen einen Diplomaten nach dem Tatortprinzip dem Strafrecht des Empfangsstaates (zur Ermordung des afghanischen Gesandten in Berlin RGSt 69, 54). Denn die Unverletzlichkeit der diplomatischen Mission beschränkt nicht die Geltung, sondern nur die Durchsetzung des nationalen Rechts.

Die Unverletzlichkeit eines Diplomaten und der Schutz der diplomatischen Mission gehören zum Urgestein der Völkerrechtsordnung. 2
Missachtet der Empfangsstaat seine Pflicht zum Schutz der diplomatischen Mission und ihres Personals, liegt hierin nicht nur eine Rechtsverletzung gegenüber dem Entsendestaat, sondern auch gegenüber jedem anderen Staat. Lange litt der Ruf des Iran in der Staatengemeinschaft unter der schweren Verletzung des Diplomatenrechts durch den von den iranischen Sicherheitskräften geduldeten Überfall auf die Botschaft der USA in Teheran im Jahre 1979 (vgl. IGH, *United States Diplomatic and Consular Staff in Tehran [USA v. Iran]*, ICJ Reports 1980, S. 3 ff.).

Diplomaten genießen völlige Immunität von der Strafgerichtsbar- 3
keit des Empfangsstaates und sind nur in Ausnahmefällen dessen Zivil- und Verwaltungsgerichtsbarkeit unterworfen (Art. 31 Abs. 1 WÜD). Grundlage für die diplomatische Immunität ist der Schutz der diplomatischen Funktionen. Hinzu tritt der Gedanke, dass im Diplomaten (namentlich im Missionschef) der entsendende Staat repräsentiert wird. Eingeschränkte Immunität genießen die Mitglieder des Verwaltungs- und technischen Personals der Mission (Art. 37 Abs. 2, 38 Abs. 2 WÜD). Der Empfangsstaat hat den freien Verkehr der Mission für alle amtlichen Zwecke zu gestatten und zu schützen (Art. 27 Abs. 1 WÜD). Besondere Privilegien gelten für diplomatische Kuriere und diplomatisches Kuriergepäck (Art. 27 Abs. 3 bis 7 WÜD). Die diplomatischen Privilegien und Immunitäten entbinden nicht von der Verpflichtung, die Gesetze des Empfangsstaates zu beachten (Art. 41 Abs. 1 WÜD). Der Aufnahmestaat kann den diplomatischen Status jederzeit ohne Angabe von Gründen dadurch beenden, dass der Diplomat zur *persona non grata* erklärt wird (Art. 9 Abs. 1 WÜD).

Bei dienstlichen Handlungen bleibt die Immunität eines Diplomaten auch 4
nach Beendigung seiner dienstlichen Stellung im Empfangsstaat bestehen (Art. 39 Abs. 2 Satz 2 WÜD). Dieser fortwirkende Schutz durch die Immunität gilt aber nur im Empfangsstaat und braucht nicht von anderen Staaten anerkannt zu werden. Dies hat das Bundesverfassungsgericht im Zusammenhang mit der Strafverfolgung gegen einen ehemals in der DDR akkreditierten Botschafter eines nahöstlichen Staates klargestellt (BVerfGE 96, 68). Dem ehema-

ligen Botschafter war zur Last gelegt worden, die Durchführung eines terroristischen Sprengstoffanschlags in Berlin (West) dadurch gefördert zu haben, dass er die Zwischenlagerung von Sprengstoff in der Botschaft geduldet habe. Der frühere Botschafter machte geltend, dass die Bundesrepublik Deutschland als Rechtsnachfolger der DDR die fortwirkende Immunität zu beachten habe. Wie das Bundesverfassungsgericht zu Recht ausgeführt hat, hätte aber die Bundesrepublik Deutschland als Drittstaat die Strafverfolgung gegen den Botschafter schon vor der Wiedervereinigung betreiben können. Hieran hat sich nach dem Untergang der DDR nichts geändert (BVerfGE 96, 86).

5 Heikle Probleme können sich aus dem Missbrauch diplomatischer Vorrechte ergeben. Nach Ansicht des Internationalen Gerichtshofs (IGH, *United States Diplomatic and Consular Staff in Tehran [USA v. Iran]*, ICJ Reports 1980, S. 3 ff. [40 para. 86]) handelt es sich bei der Wiener Diplomatenrechtskonvention um ein in sich geschlossenes Regelungsgefüge *(self-contained regime)*. Auf Verstöße gegen die Wiener Diplomatenrechtskonvention darf danach grundsätzlich nur mit den dort vorgesehenen Maßnahmen reagiert werden. Jedoch kann sich der Empfangsstaat bei einem extremen Missbrauch der diplomatischen Privilegien zur Rechtfertigung präventiver Maßnahmen auf Selbstverteidigung oder Notstand berufen (Beispiel: Schüsse aus der libyschen Botschaft in London auf demonstrierende Regimekritiker im Jahre 1984).

Literatur: *E. Denza*, Diplomatic Law, 4. Aufl. 2016; *M. Herdegen*, The Abuse of Diplomatic Pivileges and Countermeasures not Covered by the Vienna Convention on Diplomatic Relations, ZaöRV 46 (1986), S. 434 ff.; *R. Higgins*, The Abuse of Diplomatic Privileges and Immunities: Recent United Kingdom Experience, AJIL 79 (1985), S. 641 ff.; *F. A. Mann*, „In violability" and Other Problems of the Vienna Convention on Diplomatic Relations, in: Festschrift für K. Doehring, 1989, S. 553 ff.; *M. Richtsteig*, Wiener Übereinkommen über diplomatische und konsularische Beziehungen, 2. Aufl. 2010.

2. Spezialmissionen

6 Besonderen Regeln unterliegt die Stellung von Sonderbotschaftern (*ad hoc*-Botschafter), die von einem Staat in einen anderen Staat mit beiderseitigem Einverständnis entsandt werden, um spezielle Fragen zu verhandeln oder sonst einen besonderen Auftrag auszuführen. Hierher gehört die Entsendung von Staatenvertretern zu bi- oder multilateralen Verhandlungen und Kongressen.

Die UN-Konvention über Spezialmissionen von 1969 (AVR 16 [1973–74–75], S. 60 ff.) mit weit reichender Immunitätsgewährung ist bislang nur von wenigen Staaten ratifiziert worden und spiegelt wohl kein Gewohnheitsrecht wider.

In dem bekannten *Tabatabai*-Fall hat der Bundesgerichtshof die Immunität eines (bei der Einreise wegen Drogenbesitzes verhafteten) iranischen „Sonderbotschafters" vor der Strafverfolgung wegen eines Betäubungsmitteldelikts mit der erst nach der Einreise herbeigeführten Verständigung zwischen der deutschen Bundesregierung und der iranischen Regierung über eine vertrauliche Mission des Verhafteten begründet. Dabei stützte sich der Bundesgerichtshof auf eine völkergewohnheitsrechtliche Regel, die es ermögliche, 7

„von dem Entsendestaat mit einer besonderen politischen Aufgabe ausgestatteten ad-hoc Botschaftern durch Einzelabsprache mit dem Empfangsstaat über diese Aufgabe und über ihren Status Immunität zu verleihen und sie auf diese Weise insoweit den – völkervertragsrechtlich geschützten – Mitgliedern der ständigen Mission der Staaten gleichzustellen" (BGHSt 32, 275 [287]).

Literatur: *M. Herdegen*, Special Missions, in: R. Bernhardt (Hrsg.), EPIL, Bd. 4, 2000, S. 574 ff.; *J. Wolf*, Die völkerrechtliche Immunität des ad hoc-Diplomaten, EuGRZ 1983, S. 401 ff.

3. Konsularische Beziehungen

Ähnlich wie die Wiener Diplomatenrechtskonvention spiegelt das *Wiener Übereinkommen über konsularische Beziehungen* von 1963 (BGBl. 1969 II, S. 1585) weithin Völkergewohnheitsrecht wider. Die Immunität und die sonstigen Privilegien von Angehörigen konsularischer Vertretungen sind weniger weitreichend als die von Mitgliedern diplomatischer Missionen. Sie beschränken sich im Wesentlichen auf den dienstlichen Bereich. Konsularbeamte und Bedienstete des Verwaltungs- und technischen Personals genießen nur im Rahmen amtlicher Tätigkeiten (also in Wahrnehmung konsularischer Aufgaben) Immunität (Art. 43 Abs. 1 WÜK). 8

Die Überwachung eines in Diensträumen eines Konsulats eingerichteten Telefonanschlusses verstößt dann gegen das Verbot des Eingriffs in konsularische Räumlichkeiten gemäß Art. 31 Abs. 2 WÜK und gegen die Schutzpflicht aus Art. 31 Abs. 3 WÜK, wenn die überwachten Vorgänge mit konsularischen Aufgaben in Verbindung stehen (so zur Überwachung eines Telefongesprächs über die Bespitzelung türkischer Staatsangehöriger in der Bundesrepublik Deutschland, das von einem türkischen Konsulat aus geführt worden war, BGHSt 36, 396 [400 f.]). Erkenntnisse aus einer derartigen völkerrechtswidrigen Telefonüberwachung dürfen in einem Strafprozess nicht verwertet werden (BGH, aaO, S. 398).

9 Zu den konsularischen Befugnissen gehört der Beistand für festgenommene Angehörige des Entsendestaates (Art. 36 Abs. 1 *lit.* b und c WÜK). Die Durchführung eines Strafverfahrens ohne die erforderliche Benachrichtigung der konsularischen Vertretung und ohne die Benachrichtigung und die Belehrung des Betroffenen über möglichen konsularischen Beistand (Art. 36 Abs. 1 *lit.* b Satz 1 und Satz 3 WÜK) verletzt nach der Rechtsprechung des Internationalen Gerichtshofs sowohl den Entsendestaat (Heimatstaat der festgenommenen Person) als auch den Festgenommenen selbst in ihren vertraglichen Rechten (IGH, *LaGrand [Germany v. USA]*, ICJ Reports 2001, S. 466 = EuGRZ 2001, S. 287 mit Anm. v. *K. Oellers-Frahm*, ebenda, S. 265 ff.).

Der Internationale Gerichtshof entnimmt den Bestimmungen des Art. 36 Abs. 1 WÜK zur Unterrichtung des Konsulats (*lit.* b) und zum konsularischen Beistand (*lit.* c), dass dadurch Individualrechte der festgenommenen Person begründet werden, die bei Begründung der Zuständigkeit des Internationalen Gerichtshofs durch den Heimatstaat geltend gemacht werden können (IGH, aaO, para. 77). Nach der Rechtsprechung des Internationalen Gerichtshofs verlangt die Pflicht zur effektiven Verwirklichung des Beistandsrechts (Art. 36 Abs. 2 WÜK), dass der Betroffene bei mangelnder Belehrung über das Recht auf einen konsularischen Beistand die Möglichkeit hat, die strafgerichtliche Verurteilung im Lichte des Verstoßes gegen diese Belehrungspflicht überprüfen zu lassen (IGH, *Avena and Other Mexican Nationals [Mexico v. USA]*, ICJ Reports 2004, S. 128 para. 139). Das Bundesverfassungsgericht hat das Rechtsstaatsprinzip des Grundgesetzes (Recht auf ein faires Strafverfahren) im Lichte von Art. 36 Abs. 1 *lit.* b WÜK ausgelegt und hieraus in Verbindung mit Art. 2 Abs. 1 GG ein Recht des Angeklagten auf Überprüfung eines Verstoßes durch Rechtsmittel abgeleitet (BVerfG [Kammerbeschluss], NJW 2007, S. 499 [501 ff.]). Danach ist das Rechtsmittelgericht verpflichtet, sich eingehend mit der Rechtsprechung des IGH zur Belehrungspflicht auseinanderzusetzen und Art. 36 WÜK im Lichte der Auslegung des IGH (als unmittelbar anwendbares Recht) zu beachten (BVerfG [Kammerbeschluss], NJW 2011, S. 207 [208 ff.]). Dagegen hat der US Supreme Court im Fall *Sanchez-Llamas v. Oregon* vergleichbare Konsequenzen – trotz einer „respectful consideration" der Rechtsprechung des Internationalen Gerichtshofs – abgelehnt (548 U. S. 331 [2006]). Hier werden unterschiedliche Stufen der Völkerrechtsfreundlichkeit im Rahmen eines dualistischen Verständnisses von Völkerrecht und innerstaatlichem Recht deutlich.

Literatur: *G. Hecker/G. Müller-Chorus*, Handbuch der konsularischen Praxis, 3. Aufl. 2008; *L. T. Lee/J. Quigley*, Consular Law and Practice, 3. Aufl. 2008.

§ 39. Verpflichtungen *erga omnes*

1 Im Allgemeinen bestehen völkerrechtliche Verpflichtungen nur gegenüber den Staaten und sonstigen Völkerrechtssubjekten, deren Interessen durch diese Verpflichtungen unmittelbar berührt sind. Im *Barcelona Traction*-Fall hat der Internationale Gerichtshof jedoch anerkannt, dass bestimmte Verpflichtungen eines Staates gegenüber der gesamten Staatengemeinschaft bestehen (IGH, *Barcelona Traction, Light and Power Company, Limited [Belgium v. Spain]*, ICJ Reports 1970, S. 3 [32 para. 33]). Hier geht es um Verpflichtungen, die ein Anliegen aller Staaten zum Gegenstand haben. Deshalb haben alle Staaten wegen der Bedeutung des jeweiligen Rechtsgutes ein rechtliches Interesse an seinem Schutz. Dabei handelt es sich also um Verpflichtungen *erga omnes* („gegenüber allen"):

„[…] an essential distinction should be drawn between the obligations of a State towards the international community as a whole, and those arising *vis-à-vis* another State in the field of diplomatic protection. By their very nature the former are the concern of all States. In view of the importance of the rights involved, all States can be held to have a legal interest in their protection; they are obligations *erga omnes*" (IGH, aaO, S. 32 para. 33).

2 Verpflichtungen *erga omnes* ergeben sich insbesondere aus dem Verbot von Aggressionshandlungen, aus dem Verbot des Völkermordes und aus elementaren Menschenrechten:

„Such obligations derive, for example, in contemporary international law, from the outlawing of acts of aggression, and of genocide, as also from the principles and rules concerning the basic rights of the human person, including protection from slavery and racial discrimination" (IGH, aaO, S. 32 para. 34; ähnlich zum Verbot des Genozids IGH, *Application of the Convention on the Prevention of the Crime of Genocide [Bosnia and Herzegovina v. Yugoslavia]*, ICJ Reports 1996, S. 595 [616 para. 31]).

3 Auch grundlegende Regeln über den Schutz diplomatischer Missionen und des diplomatischen Personals enthalten Verpflichtungen, an deren Einhaltung die gesamte Staatengemeinschaft ein rechtliches Interesse hat (IGH, *United States Diplomatic and Consular Staff in Tehran [USA v. Iran]*, ICJ Reports 1980, S. 3 [43 para. 92]). Verpflichtungen *erga omnes* begründet auch das Selbstbestimmungsrecht der Völker (siehe IGH, *East Timor [Portugal v. Australia]*, ICJ Reports 1995, S. 90 [102 para. 29]).

4 Bei der Verletzung von Verpflichtungen *erga omnes* kann jeder Staat die Verantwortlichkeit des Verletzerstaates geltend machen und dabei von dem verantwortlichen Staat die Beendigung der Rechtsverletzung und Wiedergutmachung verlangen (siehe Art. 48 Abs. 1 *lit.* b und Abs. 2 der ILC-Artikel zur Staatenverantwortlichkeit, ILC, Draft Articles on Responsibility of States for Internationally Wrongful Acts, abgedruckt in: Report of the International Law Commission, Official Records of the General Assembly, 56th Session, Supplement No. 10 [2004], S. 43 ff.).

Umstritten ist, ob auf die Verletzung von Verpflichtungen *erga omnes* jeder Staat mit Repressalien (zum Begriff der Repressalie unten § 59 Rn. 6 ff.) reagieren kann oder ob es hierfür einer besonderen Betroffenheit bedarf. Wenn man das Konzept der Verpflichtung *erga omnes* konsequent umsetzt, ist jedes Mitglied der Staatengemeinschaft zu solchen Gegenmaßnahmen berechtigt. Danach kann jeder Staat auf Völkermord oder andere schwerwiegende Menschenrechtsverletzungen eines anderen Staates etwa dadurch reagieren, dass er Vermögenswerte des verletzten Staates beschlagnahmen lässt. Eine Reihe von Beispielen aus der jüngeren Staatenpraxis stützt diese Sichtweise (Sanktionen der Europäischen Gemeinschaft gegen Iran wegen des Überfalls auf die amerikanische Botschaft im Jahre 1980, Wirtschaftssanktionen der Europäischen Gemeinschaft gegen Argentinien nach der Besetzung der Falkland-Inseln im Jahre 1982 sowie die Sanktionen der Europäischen Gemeinschaft gegen Jugoslawien im Kosovo-Konflikt).

Zu unterscheiden von den Verpflichtungen *erga omnes* im eigentlichen Sinne sind Verpflichtungen, die ein kollektives Interesse einer Staatengruppe (wie etwa die regionalen Menschenrechtsstandards oder der Umweltschutz in einer Region) schützen und gegenüber allen Staaten dieser Gruppe bestehen (siehe Art. 48 Abs. 1 Satz 1 *lit.* a der ILC-Artikel zur Staatenverantwortlichkeit). Der Internationale Gerichtshof nimmt bei Verpflichtungen aus multilateralen Verträgen, die einem gemeinsamen Interesse aller Vertragsparteien dienen, ein Recht aller Vertragsparteien an, die Beendigung einer Pflichtverletzung einzufordern. Der Internationale Gerichtshof spicht hier von „Verpflichtungen *erga omnes partes*“. Eine solche Verpflichtung nimmt der Internationale Gerichtshof etwa im Hinblick auf die effektive Strafverfolgung nach der *Anti-Folterkonvention* an (IGH, *Questions relating to the Obligation to Prosecute or Extradite [Belgium v. Senegal]*, ICJ Reports 2012, S. 422 paras. 68 f.).

Literatur: *J. A. Frowein*, Die Verpflichtungen erga omnes im Völkerrecht und ihre Durchsetzung, in: Festschrift für H. Mosler, 1983, S. 241 ff.; *ders.*, Reactions by Not Directly Affected States to Breaches of Public International Law, RdC 248 (1994 – IV), S. 345 ff.; *A. de Hoogh*, Obligations Erga Omnes and International Crimes, 1996; *M. Ragazzi*, The Concept of International Obligations *Erga Omnes*, 1997; *C. Tams*, Enforcing Obligations *Erga Omnes* in International Law, 2005.

VIII. Kapitel. Vereinte Nationen

§ 40. Ziele, Mitglieder und Organisationsstruktur der Vereinten Nationen

1. Ziele der Vereinten Nationen

1 Die Charta der Vereinten Nationen vom 26. Juni 1945 umschreibt die Ziele der Weltorganisation in Art. 1 UN-Charta:

„Die Vereinten Nationen setzen sich folgende Ziele:
1. den Weltfrieden und die internationale Sicherheit zu wahren und zu diesem Zweck wirksame Kollektivmaßnahmen zu treffen, um Bedrohungen des Friedens zu verhüten und zu beseitigen, Angriffshandlungen und andere Friedensbrüche zu unterdrücken und internationale Streitigkeiten oder Situationen, die zu einem Friedensbruch führen könnten, durch friedliche Mittel nach den Grundsätzen der Gerechtigkeit und des Völkerrechts zu bereinigen oder beizulegen;
2. freundschaftliche, auf der Achtung vor dem Grundsatz der Gleichberechtigung und Selbstbestimmung der Völker beruhende Beziehungen zwischen den Nationen zu entwickeln und andere geeignete Maßnahmen zur Festigung des Weltfriedens zu treffen;
3. eine internationale Zusammenarbeit herbeizuführen, um internationale Probleme wirtschaftlicher, sozialer, kultureller und humanitärer Art zu lösen und die Achtung vor den Menschenrechten und Grundfreiheiten für alle ohne Unterschied der Rasse, des Geschlechts, der Sprache oder der Religion zu fördern und zu festigen;
4. ein Mittelpunkt zu sein, in dem die Bemühungen der Nationen zur Verwirklichung dieser gemeinsamen Ziele aufeinander abgestimmt werden."

Der Zielkatalog des Art. 1 UN-Charta bildet nicht etwa bloß ein politisches Programm, sondern bindet mit normativer Geltung die Mitgliedstaaten und die Organe der Vereinten Nationen. Dabei ist zu beachten, dass die Charta der Vereinten Nationen wiederholt auf die Ziele der Organisation verweist (siehe den allgemeinen Verweis in Art. 2 Satz 1 sowie Art. 2 Nr. 4 oder Art. 52 Abs. 1, 2. Halbsatz UN-Charta).

2 Die zentrale Aufgabe der Vereinten Nationen ist gemäß Art. 1 Nr. 1 UN-Charta die Wahrung des Weltfriedens und der internationalen Sicherheit. Als *das* universelle *System kollektiver Sicherheit* zie-

len die Vereinten Nationen darauf ab, allen potentiellen Parteien von Konflikten („Feinden") ein Forum für die einvernehmliche (oder durch Zwangsmaßnahmen herbeigeführte) Konfliktlösung zu bieten. Durch die Einbindung möglichst *aller* Kontrahenten (einschließlich eines potentiellen Aggressors) unterscheidet sich ein System kollektiver Sicherheit im völkerrechtlichen Sinne von einem reinen Verteidigungsbündnis, welches nur Schutz gegen Angreifer von außen bieten soll (vgl. demgegenüber das weitere Verständnis des Systems kollektiver Sicherheit im Sinne von Art. 24 Abs. 2 GG unter Einbeziehung der NATO in BVerfGE 90, 286 [345]).

Auf der 55. Tagung der UN-Generalversammlung hat der sog. Millennium-Gipfel im September 2000 die „Millennium-Erklärung" verabschiedet (GA Res. 55/2 [2000]). Die Millennium-Erklärung bekennt sich zu 8 grundlegenden Entwicklungszielen *(Millennium Development Goals)*, die bis 2015 verwirklicht werden sollten. Konkretisiert werden diese 8 Millennium-Entwicklungsziele durch 21 verifizierbare Zielvorgaben. 3

1. Extreme Armut und Hunger beseitigen
   - Die Zahl der Menschen, die von weniger als einem US-Dollar am Tag leben, soll um die Hälfte gesenkt werden.
   - Der Anteil der Menschen, die unter Hunger leiden, soll um die Hälfte gesenkt werden.
2. Grundschulbildung für alle Kinder gewährleisten
   - Alle Jungen und Mädchen sollen eine vollständige Grundschulausbildung erhalten
3. Gleichstellung und größeren Einfluss der Frauen fördern
   - In der Grund- und Mittelschulausbildung soll bis zum Jahr 2005 und auf allen Ausbildungsstufen bis zum Jahr 2015 jede unterschiedliche Behandlung der Geschlechter beseitigt werden
4. Die Kindersterblichkeit senken
   - Die Sterblichkeit von Kindern unter fünf Jahren soll um zwei Drittel gesenkt werden
5. Die Gesundheit der Mütter verbessern
   - Die Müttersterblichkeit soll um drei Viertel gesenkt werden
6. HIV/Aids, Malaria und andere Krankheiten bekämpfen
   - Die Ausbreitung von HIV/Aids soll zum Stillstand gebracht und zum Rückzug gezwungen werden
   - Der Ausbruch von Malaria und anderen schweren Krankheiten soll unterbunden und ihr Auftreten zum Rückzug gezwungen werden
7. Eine nachhaltige Umwelt gewährleisten
   - Die Grundsätze der nachhaltigen Entwicklung sollen in der nationalen Politik übernommen werden; dem Verlust von Umweltressourcen soll Einhalt geboten werden

- Die Zahl der Menschen, die über keinen nachhaltigen Zugang zu gesundem Trinkwasser verfügen, soll um die Hälfte gesenkt werden
- Bis zum Jahr 2020 sollen wesentliche Verbesserungen in den Lebensbedingungen von zumindest 100 Millionen Slumbewohnern erzielt werden

8. Eine globale Partnerschaft im Dienste der Entwicklung schaffen
   - Ein offenes Handels- und Finanzsystem, das auf festen Regeln beruht, vorhersehbar ist und nicht diskriminierend wirkt, soll weiter ausgebaut werden. Dies schließt eine Verpflichtung zu guter Staatsführung, zur Entwicklung und Beseitigung der Armut sowohl auf nationaler wie auf internationaler Ebene ein
   - Auf die besonderen Bedürfnisse der am wenigsten entwickelten Länder muss entsprechend eingegangen werden. Dazu gehören der zoll- und quotenfreie Marktzugang für die Exporte dieser Länder; die verstärkte Schuldenerleichterung für die hochverschuldeten armen Länder; die Streichung aller bilateralen öffentlichen Schulden dieser Länder; sowie eine großzügigere Entwicklungshilfe für Länder, die wirkliche Anstrengungen zur Senkung der Armut unternehmen
   - Auf die besonderen Bedürfnisse der Binnenstaaten und der kleinen Inselentwicklungsländer muss entsprechend eingegangen werden
   - Die Schuldenprobleme der Entwicklungsländer mit niedrigen und mittleren Einkommen müssen durch Maßnahmen auf nationaler und internationaler Ebene umfassend und wirksam angegangen werden, damit ihre Schulden auf lange Sicht tragbar werden
   - In Zusammenarbeit mit den Entwicklungsländern soll für die Schaffung menschenwürdiger und produktiver Arbeitsplätze für junge Menschen gesorgt werden
   - In Zusammenarbeit mit der pharmazeutischen Industrie sollen lebenswichtige Medikamente in den Entwicklungsländern zu erschwinglichen Preisen verfügbar gemacht werden
   - In Zusammenarbeit mit dem Privatsektor sollen die Vorteile der neuen Technologien, insbesondere der Informations- und Kommunikationstechnologien, verfügbar gemacht werden.

Anlässlich des UN-Gipfels im Jahr 2015 hat die UN-Generalversammlung die „Agenda 2030 für nachhaltige Entwicklung“ beschlossen (A/Res/70/1 [2015]). Die Agenda listet siebzehn Ziele auf. Diese *Sustainable Development Goals* lösen die *Millennium Development Goals* ab:

1. Armut in jeder Form und überall beenden
2. Den Hunger beenden, Ernährungssicherheit und eine bessere Ernährung erreichen und eine nachhaltige Landwirtschaft fördern
3. Ein gesundes Leben für alle Menschen jeden Alters gewährleisten und ihr Wohlergehen fördern
4. Inklusive, gerechte und hochwertige Bildung gewährleisten und Möglichkeiten des lebenslangen Lernens für alle fördern

5. Geschlechtergerechtigkeit und Selbstbestimmung für alle Frauen und Mädchen erreichen
6. Verfügbarkeit und nachhaltige Bewirtschaftung von Wasser und Sanitärversorgung für alle gewährleisten
7. Zugang zu bezahlbarer, verlässlicher, nachhaltiger und zeitgemäßer Energie für alle sichern
8. Dauerhaftes, inklusives und nachhaltiges Wirtschaftswachstum, produktive Vollbeschäftigung und menschenwürdige Arbeit für alle fördern
9. Eine belastbare Infrastruktur aufbauen, inklusive und nachhaltige Industrialisierung fördern und Innovationen unterstützen
10. Ungleichheit innerhalb von und zwischen Staaten verringern
11. Städte und Siedlungen inklusiv, sicher, widerstandsfähig und nachhaltig machen
12. Für nachhaltige Konsum- und Produktionsmuster sorgen
13. Umgehend Maßnahmen zur Bekämpfung des Klimawandels und seiner Auswirkungen ergreifen
14. Ozeane, Meere und Meeresressourcen im Sinne einer nachhaltigen Entwicklung erhalten und nachhaltig nutzen
15. Landökosysteme schützen, wiederherstellen und ihre nachhaltige Nutzung fördern, Wälder nachhaltig bewirtschaften, Wüstenbildung bekämpfen, Bodenverschlechterung stoppen und umkehren und den Biodiversitätsverlust stoppen
16. Friedliche und inklusive Gesellschaften im Sinne einer nachhaltigen Entwicklung fördern, allen Menschen Zugang zur Justiz ermöglichen und effektive, rechenschaftspflichtige und inklusive Institutionen auf allen Ebenen aufbauen
17. Umsetzungsmittel stärken und die globale Partnerschaft für nachhaltige Entwicklung wiederbeleben

Literatur: *F. Cede/L. Sucharipa-Behrmann*, Die Vereinten Nationen. Recht und Praxis, 1999; *J.-P. Cot/A. Pellet* (Hrsg.), La Charte des Nations Unies, 2. Aufl. 1991; *S. Chesterman/I. Johnstone/D. Malone*, Law and Practice of the United Nations, 2. Aufl. 2016; *M. Herdegen*, The „Constitutionalization" of the UN Security System, Vanderbilt Journal of Transnational Law 27 (1994), S. 135 ff.; *H. Kelsen*, The Law of the United Nations, 1951; *F. Knipping/H. v. Mangoldt/V. Rittberger* (Hrsg.), Das System der Vereinten Nationen und seine Vorläufer, Bd. I/1: Vereinte Nationen 1995, Bd. I/2: Sonderorganisationen und andere Institutionen, 1995; Bd. II: 19. Jahrhundert und Völkerbundzeit, 1996; *A. Roberts/B. Kingsbury* (Hrsg.), United Nations, Divided World, 2. Aufl. 1993; *O. Schachter/C. C. Joyner* (Hrsg.), United Nations Legal Order, zwei Bde., 1995; *S. v. Schorlemer* (Hrsg.), Praxishandbuch UNO. Die Vereinten Nationen im Lichte globaler Herausforderungen, 2003; *B. Simma* (Hrsg.), Charta der Vereinten Nationen, 1991, englische Ausgabe: The Charter of the United Nations, 3. Aufl. 2012; *C. Tomuschat* (Hrsg.), The United Nations at Age Fifty, 1995; *G. Unser*, Die UNO: Aufgaben, Strukturen und Politik, 7. Aufl. 2004; *H. Volger*, Lexikon der Vereinten Nationen,

2000; *ders.*, Grundlagen und Strukturen der Vereinten Nationen, 2007; *R. Wolfrum* (Hrsg.), Handbuch Vereinte Nationen, 2. Aufl. 1991.

2. Mitglieder der Vereinten Nationen

4 Ursprüngliche Mitglieder der Vereinten Nationen (Art. 3 UN-Charta) sind die 51 Gründerstaaten. Neue Mitglieder der Vereinten Nationen „können alle sonstigen friedliebenden Staaten werden, welche die Verpflichtungen aus dieser Charta übernehmen und nach dem Urteil der Organisation fähig und willens sind, diese Verpflichtungen zu erfüllen" (Art. 4 Abs. 1 UN-Charta). Die Aufnahme eines neuen Mitglieds geschieht auf Empfehlung des Sicherheitsrates durch einen Beschluss der Generalversammlung (Art. 4 Abs. 2 UN-Charta). Nach dem Gutachten des Internationalen Gerichtshofs über *Conditions of Admission of a State to Membership in the United Nations* darf die Aufnahme eines Staates nur von den in Art. 4 Abs. 1 UN-Charta genannten Bedingungen (ICJ Reports 1948, S. 57 ff. [62 f.]) abhängig gemacht werden. Dabei hat der Internationale Gerichtshof aber die „Flexibilität" der dort genannten Kriterien betont.

Ohne eine förmliche Aufnahme ist Russland in die Rechtsposition der Sowjetunion innerhalb der Vereinten Nationen eingerückt. Grundlage hierfür bildete eine Erklärung Russlands, in Einklang mit einem Beschluss aller GUS-Staaten die bisherige Mitgliedschaft der Sowjetunion im Sicherheitsrat und den anderen Organen der Vereinten Nationen fortführen zu wollen. Die Mitglieder des Sicherheitsrates und die anderen Mitgliedstaaten sind diesem Wunsch Russlands jedenfalls nicht entgegengetreten, obwohl Russland mit der Sowjetunion nicht identisch ist. Hier ist von einer konkludenten Änderung der UN-Charta auszugehen, die mittlerweile zu Gewohnheitsrecht erstarkt ist.

5 Mit einem Negativattribut versieht die Charta der Vereinten Nationen die *Feindstaaten* des Zweiten Weltkrieges, die gewissermaßen außerhalb der Charta und deren Schutzverbürgungen gestellt werden (Art. 107, vgl. auch Art. 53 Abs. 1 Satz 2, 2. Halbsatz und Abs. 2 UN-Charta). Diese *Feindstaaten*-Klausel ist mit der Aufnahme der Bundesrepublik Deutschland und der ehemaligen DDR sowie von Japan nach allgemeiner Auffassung gegenstandslos geworden.

Auf Vorschlag des Sicherheitsrates kann die Generalversammlung einem Mitgliedstaat die Ausübung der Rechte und Vorrechte aus der Mitgliedschaft zeitweilig entziehen, wenn der Sicherheitsrat gegen dieses Mitglied Vorbeugungs- oder Zwangsmaßnahmen getroffen hat (Art. 5 Satz 1 UN-Charta). Dieser Suspendierung kann der Sicherheitsrat ein Ende setzen (Art. 5 Satz 2 UN-Charta). Von diesem Mechanismus ist bislang noch nicht Gebrauch gemacht worden.

Ohne eine besondere Rechtsgrundlage in der UN-Charta sind die Mitwirkungsrechte von Südafrika im Jahre 1974 faktisch dadurch suspendiert worden, dass die Generalversammlung die Beglaubigung des südafrikanischen Vertreters verweigerte.

Schließlich kann die Generalversammlung auf Empfehlung des Si- 6
cherheitsrates ein Mitglied der Vereinten Nationen ausschließen, „das die Grundsätze dieser Charta beharrlich verletzt" (Art. 6 UN-Charta). Nicht geregelt ist der Austritt aus den Vereinten Nationen. Indonesien erklärte im Jahre 1965 seinen Austritt aus der Weltorganisation und widerrief diese Erklärung im darauf folgenden Jahr.

Eine begrenzte Mitwirkung kann einem Nicht-Mitgliedstaat oder 7
einem sonstigen Verband dadurch eingeräumt werden, dass ihm die Generalversammlung Beobachterstatus zuerkennt (Beispiele: Palästina, Namibia vor Erlangen der Unabhängigkeit, Souveräner Malteserorden). Mittlerweile gehören fast alle Staaten den Vereinten Nationen an (derzeit 193 Mitglieder). Nicht zu den Mitgliedern gehören der Staat der Vatikanstadt und Taiwan (als Sonderfall).

Die Mitgliedstaaten der Vereinten Nationen in alphabetischer Ordnung mit Beitrittsdaten

(Quelle: http://www.un.org/en/member-states/index.html, zuletzt abgerufen am 29.11.2018)

1.	Ägypten	24.10.1945	14.	Bahamas	18.09.1973
2.	Äquatorialguinea	12.11.1968	15.	Bahrain	21.09.1971
3.	Äthiopien	13.11.1945	16.	Bangladesch	17.09.1974
4.	Afghanistan	19.11.1946	17.	Barbados	09.12.1966
5.	Albanien	14.12.1955	18.	Belarus	24.10.1945
6.	Algerien	08.10.1962	19.	Belgien	27.12.1945
7.	Andorra	28.07.1993	20.	Belize	25.09.1981
8.	Angola	01.12.1976	21.	Benin	20.09.1960
9.	Antigua und Barbuda	11.11.1981	22.	Bhutan	21.09.1971
10.	Argentinien	24.10.1945	23.	Bolivien	14.11.1945
11.	Armenien	02.03.1992	24.	Bosnien und Herzegowina	22.05.1992
12.	Aserbaidschan	02.03.1992	25.	Botswana	17.10.1966
13.	Australien	01.11.1945	26.	Brasilien	24.10.1945

27.	Brunei Darussalam	21.09.1984	63.	Iran	24.10.1945
28.	Bulgarien	14.12.1955	64.	Irland	14.12.1955
29.	Burkina Faso	20.09.1960	65.	Island	19.11.1946
30.	Burundi	18.09.1962	66.	Israel	11.05.1949
31.	Chile	24.10.1945	67.	Italien	14.12.1955
32.	China	24.10.1945	68.	Jamaika	18.09.1962
33.	Costa Rica	02.11.1945	69.	Japan	18.12.1956
34.	Côte d'Ivoire	20.09.1960	70.	Jemen	30.09.1947
35.	Dänemark	24.10.1945	71.	Jordanien	14.12.1955
36.	Deutschland	18.09.1973	72.	Kambodscha	14.12.1955
37.	Dominica	18.12.1978	73.	Kamerun	20.09.1960
38.	Dominikanische Republik	24.10.1945	74.	Kanada	09.11.1945
39.	Dschibuti	20.09.1977	75.	Kap Verde	16.09.1975
40.	Ecuador	21.12.1945	76.	Kasachstan	02.03.1992
41.	El Salvador	24.10.1945	77.	Katar	21.09.1971
42.	Eritrea	28.05.1993	78.	Kenia	16.12.1963
43.	Estland	17.09.1991	79.	Kirgisistan	02.03.1992
44.	Fidschi	13.10.1970	80.	Kiribati	14.09.1999
45.	Finnland	14.12.1955	81.	Kolumbien	05.11.1945
46.	Frankreich	24.10.1945	82.	Komoren	12.11.1975
47.	Gabun	20.09.1960	83.	Kongo (Demokratische Republik)	20.09.1960
48.	Gambia	21.09.1965	84.	Kongo (Republik)	20.09.1960
49.	Georgien	31.07.1992	85.	Korea (Demokratische Volksrepublik)	17.09.1991
50.	Ghana	08.03.1957	86.	Korea (Republik)	17.09.1991
51.	Grenada	17.09.1974	87.	Kroatien	22.05.1992
52.	Griechenland	25.10.1945	88.	Kuba	24.10.1945
53.	Großbritannien	24.10.1945	89.	Kuwait	14.05.1963
54.	Guatemala	21.11.1945	90.	Laos	14.12.1955
55.	Guinea	12.12.1958	91.	Lesotho	17.10.1966
56.	Guinea-Bissau	17.09.1974	92.	Lettland	17.09.1991
57.	Guyana	20.09.1966	93.	Libanon	24.10.1945
58.	Haiti	24.10.1945	94.	Liberia	02.11.1945
59.	Honduras	17.12.1945	95.	Libyen	14.12.1955
60.	Indien	30.10.1945	96.	Liechtenstein	18.09.1990
61.	Indonesien	28.09.1950	97.	Litauen	17.09.1991
62.	Irak	21.12.1945	98.	Luxemburg	24.10.1945

99.	Madagaskar	20.09.1960	133.	Papua-Neuguinea	10.10.1975
100.	Malawi	01.12.1964	134.	Paraguay	24.10.1945
101.	Malaysia	17.09.1957	135.	Peru	31.10.1945
102.	Malediven	21.09.1965	136.	Philippinen	24.10.1945
103.	Mali	28.09.1960	137.	Polen	24.10.1945
104.	Malta	01.12.1964	138.	Portugal	14.12.1955
105.	Marokko	12.11.1956	139.	Rumänien	14.12.1955
106.	Marshallinseln	17.09.1991	140.	Russland	24.10.1945
107.	Mauretanien	07.10.1961	141.	Rwanda	18.09.1962
108.	Mauritius	24.04.1968	142.	Salomonen	19.09.1978
109.	Mazedonien, ehemalige jugoslawische Republik	08.04.1993	143.	Sambia	01.12.1964
110.	Mexiko	07.11.1945	144.	Samoa	15.12.1976
111.	Mikronesien	17.09.1991	145.	San Marino	02.03.1992
112.	Moldau	02.03.1992	146.	São Tomé und Príncipe	16.09.1975
113.	Monaco	28.05.1993	147.	Saudi-Arabien	24.10.1945
114.	Mongolei	27.10.1961	148.	Schweden	19.11.1946
115.	Montenegro	28.06.2006	149.	Schweiz	10.09.2002
116.	Mosambik	16.09.1975	150.	Senegal	28.09.1960
117.	Myanmar	19.04.1948	151.	Serbien (früher Jugoslawien[1])	01.11.2000
118.	Namibia	23.04.1990	152.	Seychellen	21.09.1976
119.	Nauru	14.09.1999	153.	Sierra Leone	27.09.1961
120.	Nepal	14.12.1955	154.	Simbabwe	25.08.1980
121.	Neuseeland	24.10.1945	155.	Singapur	21.09.1965
122.	Nicaragua	24.10.1945	156.	Slowakei	19.01.1993
123.	Niederlande	10.12.1945	157.	Slowenien	22.05.1992
124.	Niger	20.09.1960	158.	Somalia	20.09.1960
125.	Nigeria	07.10.1960	159.	Spanien	14.12.1955
126.	Norwegen	27.11.1945	160.	Sri Lanka	14.12.1955
127.	Österreich	14.12.1955	161.	St. Kitts und Nevis	23.09.1983
128.	Oman	07.10.1971	162.	St. Lucia	18.09.1979
129.	Ost-Timor	27.09.2002	163.	St. Vincent und die Grenadinen	16.09.1980
130.	Pakistan	30.09.1947	164.	Sudan	12.11.1956
131.	Palau	15.12.1994	165.	Südafrika	07.11.1945
132.	Panama	13.11.1945	166.	Südsudan	14.07.2011

1 Die Sozialistische Bundesrepublik Jugoslawien war Gründungsmitglied der Vereinten Nationen bis zum Zeitpunkt der Dismembration.

167.	Suriname	04.12.1975	181.	Tuvalu	05.09.2000
168.	Swasiland	24.09.1968	182.	Uganda	25.10.1962
169.	Syrien	24.10.1945	183.	Ukraine	24.10.1945
170.	Tadschikistan	02.03.1992	184.	Ungarn	14.12.1955
171.	Tansania	14.12.1961	185.	Uruguay	18.12.1945
172.	Thailand	16.12.1946	186.	Usbekistan	02.03.1992
173.	Togo	20.09.1960	187.	Vanuatu	15.09.1981
174.	Tonga	14.09.1999	188.	Venezuela	15.11.1945
175.	Trinidad und Tobago	18.09.1962	189.	Vereinigte Arabische Emirate	09.12.1971
176.	Tschad	20.09.1960	190.	Vereinigte Staaten	24.10.1945
177.	Tschechien	19.01.1993	191.	Vietnam	20.09.1977
178.	Türkei	24.10.1945	192.	Zentralafrikanische Republik	20.09.1960
179.	Tunesien	12.11.1956	193.	Zypern	20.09.1960
180.	Turkmenistan	02.03.1992			

3. Organe der Vereinten Nationen

a) Haupt- und Nebenorgane

8 Als Hauptorgane der Vereinten Nationen fungieren nach Art. 7 Abs. 1 UN-Charta

- die Generalversammlung,
- der Sicherheitsrat,
- der Wirtschafts- und Sozialrat,
- der Treuhandrat,
- der Internationale Gerichtshof und
- das Sekretariat (mit dem Generalsekretär an der Spitze).

9 Nach Art. 7 Abs. 2 UN-Charta können je nach Bedarf in Übereinstimmung mit der UN-Charta Nebenorgane eingesetzt werden. *Beispiele* für solche Nebenorgane sind etwa die *Peacebuilding Commission* des Sicherheitsrats und die – meist vom Sicherheitsrat geschaffenen – Friedensstreitkräfte der Vereinten Nationen *(UN Peacekeeping Forces)* sowie Organe, die im Zuge staatlicher Transformationsprozesse hoheitliche Funktionen wahrnehmen (etwa im Zusammenhang mit der Dekolonialisierung von Namibia oder die *United Nations Transitional Authority* in Kambodscha [siehe Art. 6 des Pariser Übereinkommens von 1991, BGBl. 1994 II, S. 543]). Als Nebenorgan der Generalversammlung mit einer eigenen Organisations-

struktur und administrativer Selbstständigkeit ist etwa die UNCTAD *(United Nations Conference on Trade and Development)* errichtet worden.

Von besonderer Bedeutung sind Sonderverwaltungen *(Operational Agencies)*, denen die Umsetzung spezieller Programme und die Verwaltung spezieller Fonds obliegt. Zu diesen Spezialorganen gehören etwa UNICEF *(United Nations International Children's Emergency Fund)*, UNDP *(United Nations Development Programme)* und UNEP *(United Nations Environment Programme)*.

b) Generalversammlung

Die Generalversammlung ist gewissermaßen das *Repräsentativorgan* der Vereinten Nationen. Sie besteht aus allen Mitgliedern der Vereinten Nationen (Art. 9 Abs. 1 UN-Charta). 10

In der Generalversammlung hat jedes Mitglied eine Stimme (Art. 18 Abs. 1 UN-Charta). Grundsätzlich werden Beschlüsse mit der Mehrheit der anwesenden und abstimmenden Mitglieder gefasst (Art. 18 Abs. 3 UN-Charta). Die Geschäftsordnung der Generalversammlung rechnet zu den abstimmenden Mitgliedern nur diejenigen, die eine positive oder negative Entscheidung abgeben (vernachlässigt also die sich der Stimme enthaltenden Mitglieder bei der erforderlichen Mehrheit). Beschlüsse der Generalversammlung „über wichtige Fragen" bedürfen einer Zweidrittelmehrheit der anwesenden und abstimmenden Mitglieder (Art. 18 Abs. 2 Satz 1 UN-Charta). Die Vorschrift des Art. 18 Abs. 2 Satz 2 UN-Charta listet einen Katalog dieser wichtigen Fragen auf. Ob diese Auflistung abschließenden Charakter hat oder nicht, ist umstritten. Im Übrigen können auch Beschlüsse über andere Fragen durch Mehrheitsbeschluss an eine Zweidrittelmehrheit geknüpft werden (Art. 18 Abs. 3 UN-Charta).

Bei einem erheblichen Beitragsrückstand wird das Stimmrecht in der Generalversammlung (vorbehaltlich einer Ausnahmeentscheidung der Generalversammlung) suspendiert (Art. 19 UN-Charta). 11

Nach Art. 10 UN-Charta gehört zu den Zuständigkeiten der Generalversammlung ein umfassendes Recht zur Erörterung von chartarelevanten Gegenständen und zur Abgabe von Empfehlungen:

> „Die Generalversammlung kann alle Fragen und Angelegenheiten erörtern, die in den Rahmen dieser Charta fallen oder Befugnisse und Aufgaben eines in dieser Charta vorgesehenen Organs betreffen; vorbehaltlich des Artikels 12 kann sie zu diesen Fragen und Angelegenheiten Empfehlungen an die Mitglieder der Vereinten Nationen oder den Sicherheitsrat oder an beide richten."

12 Diese umfassende Zuständigkeit konkretisieren die Vorschriften der Art. 11, 13 und 14 UN-Charta näher. Eine Ausnahme von der umfassenden Befugnis der Generalversammlung zur Abgabe von Empfehlungen zugunsten einer vorrangigen Zuständigkeit des UN-Sicherheitsrates regelt Art. 12 Abs. 1 UN-Charta:

> „Solange der Sicherheitsrat in einer Streitigkeit oder einer Situation die ihm in dieser Charta zugewiesenen Aufgaben wahrnimmt, darf die Generalversammlung zu dieser Streitigkeit oder Situation keine Empfehlung abgeben, es sei denn auf Ersuchen des Sicherheitsrates."

Wie die Formel der (die Empfehlungszuständigkeit der Generalversammlung verdrängenden) „Wahrnehmung" einer Aufgabe durch den Sicherheitsrat zu deuten ist, ist lange Zeit umstritten gewesen. In der Koreakrise hat die Generalversammlung in ihrer berühmten *Uniting for Peace*-Resolution von 1950 (GA/Res. 377 [V], UNYB 1950, S. 193) die Auffassung vertreten, dass bei einer Funktionsunfähigkeit des Sicherheitsrates (in Folge Uneinigkeit unter den ständigen Mitgliedern) die Befugnis der Generalversammlung zur Abgabe von Empfehlungen wieder auflebt:

> „[...] if the Security Council, because of lack of unanimity of the permanent members, fails to exercise its primary responsibility for the maintenance of international peace and security in any case where there appears to be a threat to the peace, breach of the peace, or act of aggression, the General Assembly shall consider the matter immediately with a view to making appropriate recommendations to Members for collective measures, including in the case of a breach of the peace or act of aggression the use of armed force when necessary, to maintain or restore international peace and security."

13 Nach dieser Auffassung erscheint die Ausübung des Vetorechts eines ständigen Mitglieds gewissermaßen als Blockade des Sicherheitsrates, bei welcher die allgemeine Empfehlungszuständigkeit der Generalversammlung wieder zur Geltung kommt. Diese Auffassung ist höchst problematisch. Denn die „Blockademöglichkeit" der ständigen Mitglieder ist nach der UN-Charta eben ein Konstruktionselement beim Entscheidungsmechanismus des Sicherheitsrates, in dem jedes einzelne ständige Mitglied seine Einschätzung geltend machen kann. Dennoch hat der Internationale Gerichtshof die in der *Uniting for Peace*-Resolution in Anspruch genommene subsidiäre Kompetenz der Generalversammlung in Fragen der internationalen Sicherheit anerkannt (IGH, *Certain Expenses of the United Nations*, Advisory Opinion, ICJ Reports 1962, S. 151 ff.). Dabei hat der

Internationale Gerichtshof betont, dass die Verantwortung des Sicherheitsrates für die Wahrung des Weltfriedens und der internationalen Sicherheit nach Art. 24 UN-Charta zwar vorrangig, aber nicht ausschließlich sei:

„The responsibility conferred is 'primary', not exclusive. This primary responsibility is conferred upon the Security Council, as stated in Art. 24, 'in order to ensure prompt and effective action'. To this end, it is the Security Council which is given a power to impose an explicit obligation of compliance if for example it issues an order or command to an aggressor under Chapter VII. It is only the Security Council which can require enforcement by coercive action against an aggressor.

The Charter makes it abundantly clear, however, that the General Assembly is also to be concerned with international peace and security. Article 14 authorizes the General Assembly to recommend measures for the peaceful adjustment of any situation, regardless of origin, which it deems likely to impair the general welfare or friendly relations among nations, including situations resulting from a violation of the provisions of the present Charter setting forth the purposes and principles of the United Nations'. The word 'measures' implies some kind of action, and the only limitation which Article 14 imposes on the General Assembly is the restriction found in Article 12, namely, that the Assembly should not recommend measures while the Security Council is dealing with the same matter unless the Council requests it to do so. Thus while it is the Security Council which, exclusively, may order coercive action, the functions and powers conferred by the Charter on the General Assembly are not confined to discussion, consideration, the initiation of studies and the making of recommendations; they are not merely hortatory" (IGH, aaO, S. 163).

Verbindliche Beschlüsse kann die Generalversammlung nur im organisationsinternen Bereich *(housekeeping)* fassen. Hierzu gehören insbesondere: 14

- die Aufnahme und der Ausschluss von Mitgliedern sowie die Suspendierung von Mitgliedschaftsrechten (Art. 4 UN-Charta; siehe auch Art. 19 Satz 2 UN-Charta),
- die Entscheidung über den Haushalt der Vereinten Nationen (Art. 17 UN-Charta),
- der Erlass der eigenen Geschäftsordnung (Art. 21 UN-Charta),
- die Wahl der nichtständigen Mitglieder des Sicherheitsrates (Art. 23 Abs. 1 Satz 3 und Abs. 2 UN-Charta), der Mitglieder des Wirtschafts- und Sozialrates (Art. 61 UN-Charta), des Generalsekretärs (Art. 97 UN-Charta) und – gemeinsam mit dem Sicherheitsrat – der Richter des Internationalen Gerichtshofs (Art. 4 IGH-Statut) und

– die Regelung des Dienstrechts für Bedienstete der Vereinten Nationen (Art. 101 UN-Charta).

Die Beiträge der einzelnen Mitgliedstaaten zum UN-Haushalt (im Haushaltsjahr 2018/19 etwa 5,4 Milliarden US$) richten sich nach ihrer finanziellen Leistungskraft (orientiert am Bruttosozialprodukt). Danach finanzieren nach dem Beitragsschlüssel für die Jahre 2016–2018 die USA (22 %), Japan (9,7 %), Deutschland (6,4 %), das Vereinigte Königreich von Großbritannien und Nordirland (4,5 %) und Frankreich (4,9 %) knapp die Hälfte des regulären Haushalts der Vereinten Nationen.

Als Hilfsorgan der Generalversammlung fungiert seit 2006 – an Stelle der bisherigen Menschenrechtskommission – ein ständiger Menschenrechtsrat (*Human Rights Council*). Ihm gehören 47 Mitglieder an, die mit Mehrheit gewählt werden. Näheres regelt die Resolution 60/252 der UN-Generalversammlung.

Angesichts der Erfahrungen mit der Menschenrechtskommission soll vor allem sichergestellt werden, dass künftig nicht mehr Staaten mit einer offenkundigen Distanz zu den Grundwerten der Völkerrechtsordnung sowie einer schlechten Menschenrechtsbilanz zu Mitgliedern gewählt werden und als Hüter menschenrechtlicher Standards fungieren können. Diese Erwartung hat sich bislang nicht voll bestätigt.

Die UN-Generalversammlung kann auf Empfehlung des UN-Menschenrechtsrates die Mitgliedschaftsrechte eines Ratsmitglieds aussetzen, wenn „es schwere und systematische Menschenrechtsverletzungen begeht“ (A/Res. 60/251 [2006], Nr. 8). Von dieser Möglichkeit hat die Generalversammlung im Februar 2011 im Falle Libyens Gebrauch gemacht (A/Res. 65/265 [2011]).

Eine wichtige Rolle in der Arbeit des Menschenrechtsrats spielt die Allgemeine Periodische Überprüfung (*Universal Periodic Review*) aller Staaten in Bezug auf die Erfüllung menschenrechtlicher Verpflichtungen. Grundlage der Prüfung bilden ein nationaler Bericht, eine Dokumentation im System der Vereinten Nationen vorhandenen Materials und ein Bericht mit Informationen von nicht-staatlichen Organisationen.

Literatur: *M. Spohr*, Der neue Menschenrechtsrat und das Hochkommissariat für Menschenrechte der Vereinten Nationen, 2014.

c) Sicherheitsrat

15 Der UN-Sicherheitsrat bildet eine Art *Weltdirektorium.* Dieses Exekutivorgan der Vereinten Nationen besteht aus 15 Mitgliedern (siehe zur Zusammensetzung Art. 23 UN-Charta). Ständige Mitglieder des Sicherheitsrates sind die Volksrepublik China, Frankreich,

Russland (als Nachfolger der Sowjetunion), das Vereinigte Königreich sowie die Vereinigten Staaten. Die weiteren zehn Mitglieder des Sicherheitsrates werden von der UN-Generalversammlung auf jeweils zwei Jahre gewählt (Art. 23 Abs. 1 Satz 2, Abs. 2 Satz 1 UN-Charta). Im Abstimmungsverfahren kommt die herausragende Stellung der ständigen Mitglieder des Sicherheitsrates zum Ausdruck. Jedes Mitglied hat eine Stimme (Art. 27 Abs. 1 UN-Charta). Beschlüsse über Verfahrensfragen bedürfen der Zustimmung von neun Mitgliedern (Art. 27 Abs. 2 UN-Charta). Nach Art. 27 Abs. 3 UN-Charta bedürfen Beschlüsse des Sicherheitsrates über alle sonstigen Fragen „der Zustimmung von neun Mitgliedern einschließlich sämtlicher ständigen Mitglieder, jedoch mit der Maßgabe, dass sich bei Beschlüssen auf Grund des Kapitels VI und des Artikels 52 Absatz 3 die Streitparteien der Stimme enthalten". Besteht über die Einordnung eines Gegenstandes als Verfahrensfrage keine Einigkeit, ist der Beschluss über eine derartige Qualifikation als Beschluss über eine sonstige Frage nach Art. 27 Abs. 3 UN-Charta zu fassen. Blockiert ein ständiges Mitglied einen Beschluss über die Einordnung einer Angelegenheit als Verfahrensfrage und im Anschluss hieran die Beschlussfassung in der Sache, spricht man von einem sog. *doppelten Veto.* Die Vorschrift des Art. 27 Abs. 3 UN-Charta fordert nach ihrem Wortlaut bei Beschlüssen „über alle sonstigen Fragen" die Zustimmung sämtlicher ständigen Mitglieder.

Jedoch hat sich seit dem Korea-Konflikt (damals bei Abwesenheit der Sowjetunion) eine ständige Praxis des Sicherheitsrates entwickelt, nach der die Abwesenheit oder die Stimmenthaltung dem Zustandekommen eines Beschlusses nach Art. 27 Abs. 3 UN-Charta nicht entgegensteht. Dieser Entwicklung trägt die Formel vom *Vetorecht* der ständigen Mitglieder des Sicherheitsrates Rechnung. Der Internationale Gerichtshof hat diese Praxis in Abweichung vom Wortlaut der UN-Charta in seinem *Namibia*-Gutachten gebilligt (IGH, *Legal Consequences for States of the Continued Presence of South Africa in Namibia [South West Africa] notwithstanding Security Council Resolution* 276 [1970], ICJ Reports 1971, S. 16 [22 para. 22]). Dabei dürfte es sich nicht mehr um eine bloße Interpretation der UN-Charta handeln, sondern vielmehr um die Entstehung von Organisationsgewohnheitsrecht, welches von den Mitgliedern und den anderen Organen mitgetragen worden ist.

16 Die Dominanz der fünf ständigen Mitglieder des Sicherheitsrates mit dem Vetorecht spiegelt die Weltordnung nach dem Ende des Zweiten Weltkriegs wider.

Dies nährt seit längerer Zeit Bestrebungen nach einer ausgewogeneren Zusammensetzung des Sicherheitsrates mit neuen ständigen und nichtständigen Mitgliedern. Zu den Aspiranten auf einen ständigen Sitz im Sicherheitsrat gehören neben der Bundesrepublik Deutschland und Japan auch bevölkerungsreiche oder sonst einflussreiche Staaten Afrikas (wie Ägypten, Nigeria und Südafrika), Asiens (insbesondere Indien) und Lateinamerikas (insbesondere Brasilien). Die vom UN-Generalsekretär eingesetzte Expertenkommission (High Level Panel on Threats, Challenges and Change) zur Reform der Vereinten Nationen hat in ihrem Bericht vom Dezember 2004 („A more secure world: our shared responsibility") eine Erweiterung des Sicherheitsrates auf 24 Mitglieder vorgeschlagen und dafür zwei unterschiedliche Modelle (Modell A und Modell B) entwickelt (Nr. 244 ff.). Dabei sollen auf jede der vier Weltregionen (Afrika, Amerika, Asien und Europa) sechs Sitze entfallen.

Das Modell A zielt auf eine Erweiterung der Zahl der ständigen und der nichtständigen Mitglieder (Wahl auf zwei Jahre). Die neuen ständigen Mitglieder sollen kein Vetorecht erhalten, so dass es zu erheblichen Statusunterschieden innerhalb der ständigen Mitglieder kommt. Im Einzelnen sieht dieses Modell für Afrika zwei neue ständige und vier nichtständige Mitglieder vor, für Amerika neben den USA ein weiteres ständiges und vier nichtständige Mitglieder, für Asien neben China zwei neue ständige und drei nichtständige Mitglieder und für Europa neben den bisherigen ständigen Mitgliedern (Frankreich, Russland und Vereinigtes Königreich) ein neues ständiges und zwei nichtständige Mitglieder.

Nach dem Modell B soll es drei Klassen von Mitgliedern geben: die bisherigen fünf ständigen Mitglieder, privilegierte nichtständige Mitglieder mit Wahl auf vier Jahre und nichtständige Mitglieder mit Wahl auf zwei Jahre. Diese zweite Variante weist Afrika zwei Sitze auf vier Jahre und vier auf zwei Jahre zu, Amerika neben dem ständigen Sitz der USA zwei Sitze auf vier Jahre und drei auf zwei Jahre, Asien neben dem ständigen Sitz Chinas zwei Sitze auf vier Jahre und drei auf zwei Jahre und Europa neben den drei bisherigen ständigen Sitzen zwei Sitze auf vier Jahre und einen auf zwei Jahre.

Eine Reform des UN-Sicherheitsrates im Sinne größerer Repräsentativität des Mitgliederkreises ist an Widerständen in der Generalversammlung vorerst gescheitert. Auch der Millenniumsgipfel der Staats- und Regierungschefs der Mitgliedstaaten vermochte einer Reform des UN-Systems keine Impulse zu geben (siehe *2005 World Summit Outcome*, GA/Res. 60/1).

Angesichts des beherrschenden Einflusses der ständigen Mitglieder und des wenig repräsentativen Charakters des Sicherheitsrates ist es von besonderer Bedeutung, den Mitwirkungsrechten im Sicherheitsrat ein Minimum an Pflichtgehalt zuzuordnen. Denn die Mitwirkungsrechte im Sicherheitsrat dienen letztlich den Grundwerten der

Völkergemeinschaft. Sie haben in diesem Sinne „treuhänderischen" Charakter. Dies verbietet eine völlig willkürliche Handhabung. So verletzt der Sicherheitsrat seine treuhänderische Bindung, wenn er sich bei greifbaren Bedrohungen des Weltfriedens und der internationalen Sicherheit (namentlich bei Genozid und ähnlich schwerwiegenden Menschenrechtsverletzungen) überhaupt nicht mit möglichen Handlungsoptionen auseinandersetzt. Aus der treuhänderischen Bindung der Mitglieder ergibt sich zumindest die Pflicht, die entscheidungsrelevanten Positionen abzuwägen. Wenn sich ein Staat von vornherein auf eine bestimmte Haltung ohne Rücksicht auf das relevante Material und auf die berührten Belange der Völkergemeinschaft festlegt, widerspricht dieses Verhalten der treuhänderischen Pflicht. Ohne die treuhänderische Bindung ist vor allem die Symmetrie zwischen Gewaltverbot und kompensatorischem Schutz durch kollektive Maßnahmen gestört. Dies nährt die Legitimation für einseitige Maßnahmen zur Neutralisierung von Massenvernichtungspotential oder zum Schutz grundlegender Menschenrechte. Umgekehrt gilt: Je mehr die einzelnen Mitglieder und der Sicherheitsrat als Ganzes bei Risikoanalyse und Risikomanagement nach außen erkennbar ihrer treuhänderischen Bindung gerecht werden, desto schwerer wird die Rechtfertigung für ein einseitiges Vorgehen.

Die UN-Charta weist dem Sicherheitsrat „die Hauptverantwor- 17
tung für die Wahrung des Weltfriedens und der internationalen Sicherheit" zu (Art. 24 Abs. 1). Bei der Wahrnehmung dieser Aufgaben „handelt der Sicherheitsrat im Einklang mit den Zielen und Grundsätzen der Vereinten Nationen" (Art. 24 Abs. 2 Satz 1 UN-Charta). Die ihm zur Sicherung von Weltfrieden und internationaler Sicherheit eingeräumten Befugnisse ergeben sich aus den Kapiteln VI, VII, VIII und XII (Art. 24 Abs. 2 Satz 2 UN-Charta). Ob es sich hierbei um eine abschließende Auflistung der Kompetenzen handelt, oder ob der Sicherheitsrat darüber hinaus über ungeschriebene Befugnisse zur Erfüllung seiner Aufgaben verfügt, ist außerordentlich umstritten. Nach Art. 25 UN-Charta sind die Mitglieder der Vereinten Nationen verpflichtet, „die Beschlüsse des Sicherheitsrats im Einklang mit dieser Charta anzunehmen und durchzuführen". Dies gilt in erster Linie für bindende (also nicht bloß empfehlende) Beschlüsse des Sicherheitsrates nach Kapitel VII. In seinem *Namibia*-Gutachten hat der Internationale Gerichtshof darüber hinaus die Auffassung vertreten, dass der Sicherheitsrat verbindliche Beschlüsse auch außerhalb des Kapitels VII fassen kann (IGH, aaO, S. 53 para. 113).

„Article 25 is not confined to decisions in regard to enforcement action but applies to the 'decisions of the Security Council' adopted in accordance with the Charter. Moreover, that Article is placed, not in Chapter VII, but immediately after Article 24 in that part of the Charter which deals with the functions and powers of the Security Council. If Article 25 had reference solely to decisions of the Security Council concerning enforcement action under Articles 41 and 42 of the Charter, that is to say, if it were only such decisions which had binding effect, then Article 25 would be superfluous, since this effect is secured by Articles 48 and 49 of the Charter" (IGH, aaO, S. 53 para. 113).

18 Die UN-Charta räumt dem Sicherheitsrat (vor allem in Kapitel VII) äußerst weitreichende Befugnisse ein (hierzu unten § 41 Rn. 3 ff.). Nach dem System der UN-Charta soll die eigentliche Barriere gegen einen Ermessensmissbrauch im Vetorecht der ständigen Mitglieder des Sicherheitsrates liegen. Die Zustimmung oder zumindest der Verzicht auf das Veto auf Seiten der ständigen Mitglieder des Sicherheitsrates begründet eine Art Vermutung der Rechtmäßigkeit. Dieses System lässt sich nicht durch eine subtil gewobene Ermessensfehlerlehre überspielen, wie sie die nationalen Rechtsordnungen entwickelt haben. Jedoch sind die Kompetenzen des Sicherheitsrates nicht unbeschränkt, wie sich schon aus Art. 24 Abs. 2 Satz 1 UN-Charta ergibt. Bei offensichtlichen Überschreitungen der weiten Befugnisse entfällt die Bindungswirkung von Beschlüssen des Sicherheitsrates nach Art. 25 UN-Charta. Diese Beschränkung auf evidente Rechtsverstöße lässt sich damit begründen, dass das Vetorecht der ständigen Mitglieder des Sicherheitsrates eine Barriere gegen unzumutbare Kompetenzüberschreitungen bietet. Das UN-System differenziert (anders als nationale Rechtsordnungen) auch nicht zwischen anfechtbar-rechtswidrigen und völlig nichtigen Rechtsakten. Der Evidenzmaßstab mindert die Versuchung für einzelne Mitgliedstaaten, sich der Bindung an Beschlüsse des Sicherheitsrates unter Berufung auf eine angebliche Rechtswidrigkeit vorschnell zu entziehen.

Insoweit – und nur insoweit – kann auch der Internationale Gerichtshof inzident in anhängigen Streitverfahren die Verbindlichkeit von Resolutionen des Sicherheitsrates überprüfen. Im *Lockerbie*-Fall hatte sich der Internationale Gerichtshof im Streit zwischen Libyen einerseits und Großbritannien und den USA andererseits mit dem Vorbringen Libyens auseinanderzusetzen, eine an Libyen gerichtete Resolution des Sicherheitsrates zur Auslieferung mutmaßlicher Terroristen sei rechtswidrig, weil sie ein vertraglich begründetes Wahlrecht Libyens zwischen der Durchführung eines Strafverfahrens und der Auslieferung beschneide. Im Verfahren über den Erlass einer einstweiligen Anordnung ist der Internationale Gerichtshof nicht näher auf die Frage der Rechtmäßigkeit der Resolution eingegangen, sondern hat sich mit dem Verweis auf die Pflicht zur Befolgung von Resolutionen nach Art. 25 UN-Charta und auf den Vorrang der UN-Charta gegenüber anderen Verträgen nach Art. 103 UN-Charta begnügt (IGH, *Questions of Interpretation and Application of the 1971 Montreal Convention arising from the Aerial Incident at Lockerbie [Libyan Arab Jamahiriya v. United Kingdom]*, Provisional Measures Order of 14 April 1992, ICJ Reports 1992, S. 3 [15 para. 39]). Die mit dem libyschen Argument verbundenen Fragen hat das Sondervotum des Richters *Shahabouddeen* aufgegriffen:

„The question now raised [...] is whether a decision of the Security Council may override the legal rights of States, and, if so, whether there are any limitations on the power of the Council to characterize a situation as one justifying the making of a decision entailing such consequences. Are there any limits to the Council's powers of appreciation? In the equilibrium of forces underpinning the structure of the United Nations within the evolving international order, is there any conceivable point beyond which a legal issue may properly arise as to the competence of the Security Council to produce such overriding results? If there are any limits, what are those limits and what body, if other than the Security Council, is competent to say what those limits are?“ (IGH, aaO, S. 32).

Daneben ist eine gerichtliche Kontrolle im Rahmen eines Gutachtens des Internationalen Gerichtshofs denkbar. Diese Überprüfungsmöglichkeiten sind aber von einer umfassenden richterlichen Kontrolle weit entfernt.

Literatur: *A. Orakhelashvili*, The Acts of the Security Council: Meaning and Standards of Review, Max Planck UNYB 11 (2007), S. 143 ff.

d) Wirtschafts- und Sozialrat

Der Wirtschafts- und Sozialrat (*Economic and Social Council*, 19
ECOSOC) der Vereinten Nationen ist ein besonderes Organ für Fragen der internationalen wirtschaftlichen und sozialen Zusammenarbeit, dem das Kapitel IX der UN-Charta gewidmet ist. Nach Art. 55 UN-Charta fördern die Vereinten Nationen in diesem Zusammenhang

a) die Verbesserung des Lebensstandards, die Vollbeschäftigung und die Voraussetzungen für wirtschaftlichen und sozialen Fortschritt und Aufstieg;

b) die Lösung internationaler Probleme wirtschaftlicher, sozialer, gesundheitlicher und verwandter Art sowie die internationale Zusammenarbeit auf den Gebieten der Kultur und der Erziehung;
c) die allgemeine Achtung und Verwirklichung der Menschenrechte und Grundfreiheiten für alle ohne Unterschied der Rasse, des Geschlechts, der Sprache oder der Religion."

Nach Art. 60 UN-Charta nimmt der Wirtschafts- und Sozialrat neben der Generalversammlung diese Aufgaben wahr.

20 Im Wirtschafts- und Sozialrat sind 54 Staaten vertreten (Art. 61 Abs. 1 UN-Charta). Seine Befugnisse beschränken sich auf eine Befassungs- und Empfehlungskompetenz für die Felder der internationalen und wirtschaftlichen Zusammenarbeit im Sinne von Art. 55 UN-Charta (Art. 62 Abs. 1 und Abs. 2 UN-Charta). Daneben ist der Wirtschafts- und Sozialrat mit der Ausarbeitung von Vertragstexten und der Einberufung von internationalen Konferenzen betraut. Schließlich soll der Wirtschafts- und Sozialrat die Tätigkeiten der Sonderorganisationen der Vereinten Nationen (hierzu unten § 42) koordinieren (Art. 63 Abs. 2 UN-Charta). Der Fülle der Aufgaben hat sich der Wirtschafts- und Sozialrat in der Praxis häufig nicht gewachsen gezeigt. Kritiker weisen auf schwere Defizite in der Entwicklung klarer Konzepte, administrative Schwächen und verschwenderischen Umgang mit finanziellen Ressourcen hin.

An Sitzungen des ECOSOC können auch Nichtmitglieder des Wirtschafts- und Sozialrats (ohne Stimmrecht) teilnehmen (Art. 69 bis 71 UN-Charta). Von großer praktischer Bedeutung ist die Mitwirkung von nicht-staatlichen internationalen Organisationen *(non-governmental organizations – 'NGOs')* nach Art. 71 UN-Charta. Eine NGO kann beim ECOSOC Konsultativstatus beantragen. Hierüber wird auf Empfehlung des UN-Ausschusses für Nichtregierungsorganisationen *(„NGO-Committee")* entschieden. Der ECOSOC kann den (am weitesten reichenden) allgemeinen Konsultativstatus oder den speziellen Konsultativstatus verleihen. Schließlich bleibt die Möglichkeit eine NGO auf die Liste derjenigen Organisationen setzen zu lassen, die von Fall zu Fall konsultiert werden (das sog. *Roster*).

21 Die Vorschrift des Art. 68 UN-Charta sieht vor, dass der Wirtschafts- und Sozialrat für wirtschaftliche und soziale Fragen sowie die Förderung der Menschenrechte Unterorgane einsetzt. Hierher gehören Fachkommissionen (regionale Wirtschaftskommissionen (für Europa, West- und Südasien/Pazifik, Lateinamerika und Afrika),

ständige Ausschüsse (beispielsweise für *non-governmental organizations*), sachverständige Unterorgane (etwa für wirtschaftliche, soziale und kulturelle Rechte oder für Verbrechensbekämpfung) und schließlich Berichtsorgane für Sonderorganisationen und andere Einrichtungen, die der Rat zu kontrollieren hat.

Die frühere Menschenrechtskommission *(Human Rights Commission)* mit ihrer Unterkommission für die Förderung und den Schutz von Menschenrechten (früher: Unterkommission für die Verhinderung von Diskriminierungen und den Schutz von Minderheiten) ist im Jahre 2006 durch den Menschenrechtsrat als Hilfsorgan der Generalversammlung ersetzt worden.

e) Treuhandrat

Im Zusammenhang mit dem Treuhandsystem (Art. 75 bis 85 UN-Charta) sieht die UN-Charta die Einrichtung eines Treuhandrates vor. Dabei geht es – auf der Grundlage von Abkommen zwischen dem völkerrechtlich verantwortlichen Staat und der Weltorganisation – um die Verantwortung der Vereinten Nationen für Hoheitsgebiete, „deren Völker noch nicht die volle Selbstregierung erreicht haben" (Art. 73). Die dem Treuhandsystem eingegliederten Territorien sind fast alle frühere Mandatsgebiete des Völkerbundes gewesen. Nach der Aufhebung des Treuhandstatus für die Pazifischen Inseln (zuletzt auch für Palau) hat der nach Kapitel XIII (Art. 86 ff. UN-Charta) errichtete Treuhandrat im Jahre 1994 seine Tätigkeit eingestellt. 22

f) Sekretariat

Das Sekretariat liefert den administrativen Unterbau der Vereinten Nationen (Art. 97 ff. UN-Charta). Der von der Generalversammlung auf Empfehlung des Sicherheitsrates gewählte Generalsekretär fungiert einmal als Verwaltungschef der Vereinten Nationen (Art. 97 Satz 1 und 3 UN-Charta). Zugleich obliegen dem Generalsekretär wichtige politische Aufgaben (Art. 98, 99 UN-Charta). Zu den Aufgaben, mit denen der Generalsekretär von der Generalversammlung, dem Sicherheitsrat oder dem Wirtschafts- und Sozialrat betraut werden kann, gehört etwa die Vermittlung im Dienste der friedlichen Streitbeilegung oder die Durchführung friedenserhaltender Maßnahmen auf der Grundlage von Beschlüssen des Sicherheitsrates. Der Generalsekretär und das sonstige Personal des Sekretariats sollen ihre Funktionen unabhängig von nationalen oder anderen äußeren 23

Einflüssen ausüben (Art. 100 Abs. 1 Satz 1 UN-Charta). Die Mitgliedstaaten der Vereinten Nationen sind verpflichtet, den genuin internationalen Charakter der Aufgaben des Sekretariats und seines Personals zu respektieren (Art. 100 Abs. 2 UN-Charta). Insbesondere bei der Abordnung von nationalen Regierungsbeamten ist das Gebot der unabhängigen, allein den Interessen der Weltorganisation verpflichteten Amtsführung in massiver Weise verletzt worden.

24 Nach Art. 99 UN-Charta kann der Generalsekretär „die Aufmerksamkeit des Sicherheitsrats auf jede Angelegenheit lenken, die nach seinem Dafürhalten geeignet ist, die Wahrung des Weltfriedens und der internationalen Sicherheit zu gefährden". Über den Wortlaut der UN-Charta hinaus haben die Generalsekretäre ein beachtliches Maß an Eigeninitiative bei der Entwicklung von Lösungskonzepten für internationale Konflikte auch ohne besonderen Auftrag durch andere Organe entwickelt. Besonders hervorzuheben sind der Bericht des damaligen Generalsekretärs Boutrous-Ghali *Agenda for Peace* (Doc. A/47/277-S/24 111) von 1992 und die Ergänzung von 1995 (Doc. A/50/60-S/1995/1), die sich mit Konzepten zur Bewältigung neuer Aufgaben (friedensschaffende und friedenserhaltende Maßnahmen, konfliktvorbeugende Diplomatie und *post-conflict peace building*) befassen.

Die Generalsekretäre der Vereinten Nationen: Trygve Halvdan Lie (Norwegen) (1946–1952), Dag Hammarskjöld (Schweden) (1953–1961), Sithu U Thant (Burma) (1961–1971), Kurt Waldheim (Österreich) (1972–1981), Javier Pérez de Cuéllar (Peru) (1982–1991), Boutros Boutros-Ghali (Ägypten) (1992–1996), Kofi Annan (Ghana) (1997–2006), Ban Ki-Moon (Südkorea) (2007–2016), António Guterres (Portugal) (seit 2017)

Das System der Vereinten Nationen

Hauptorgane der Vereinten Nationen

Generalversammlung

Sicherheitsrat

Wirtschafts- und Sozialrat

Sekretariat

Internationaler Gerichtshof

Treuhandrat[6]

Nebenorgane

Hauptausschüsse und andere Tagungsausschüsse
Abrüstungskommission
Menschenrechtsrat
Völkerrechtskommission
Ständige Ausschüsse und Ad-hoc-Organe

Fonds und Programme[1]

UNDP Entwicklungsprogramm der Vereinten Nationen
- **UNCDF** Kapitalentwicklungsfonds der Vereinten Nationen
- **UNV** Freiwilligenprogramm der Vereinten Nationen

UNEP[8] Umweltprogramm der Vereinten Nationen
UNFPA Bevölkerungsfonds der Vereinten Nationen
UN-HABITAT[8] Programm der Vereinten Nationen für menschliche Siedlungen
UNICEF Kinderhilfswerk der Vereinten Nationen
WFP Welternährungsprogramm (UN/FAO)

Forschung und Bildung

UNIDIR Institut der Vereinten Nationen für Abrüstungsforschung
UNITAR Ausbildungs- und Forschungsinstitut der Vereinten Nationen
UNSSC Fortbildungsakademie des Systems der Vereinten Nationen
UNU Universität der Vereinten Nationen

Andere Institutionen

ITC Internationales Handelszentrum (UN/WTO)
UNCTAD[1,8] Handels- und Entwicklungskonferenz der Vereinten Nationen
UN-Frauen[1] Einheit der Vereinten Nationen für Gleichstellung und Ermächtigung der Frauen
UNHCR[1] Amt des Hohen Flüchtlingskommissars der Vereinten Nationen
UNOPS Büro der Vereinten Nationen für Projektdienste
UNRWA[1] Hilfswerk der Vereinten Nationen für Palästinaflüchtlinge im Nahen Osten

Verwandte Organisationen

CTBTO PrepCom Vorbereitungskommission für die Organisation des Vertrags über das umfassende Verbot von Nuklearversuchen
IAEO[1,3] Internationale Atomenergie-Organisation
IMB Internationale Meeresbodenbehörde
IStGH Internationaler Strafgerichtshof
ITLOS Internationaler Seegerichtshof
OPCW[3] Organisation für das Verbot chemischer Waffen
WTO[1,4] Welthandelsorganisation

Nebenorgane

Ausschüsse zur Bekämpfung des Terrorismus
Friedenssicherungseinsätze und politische Missionen
Generalstabsausschuss
Internationaler Strafgerichtshof für das ehemalige Jugoslawien (IStGHJ)
Internationaler Strafgerichtshof für Ruanda (IStGHR)
Mechanismus für die Ad-hoc-Strafgerichtshöfe
(Ad-hoc-)Sanktionsausschüsse
Ständige Ausschüsse und Ad-hoc-Organe

Beratendes Nebenorgan

Kommission für Friedenskonsolidierung

HLPF

HLPF Hochrangiges politisches Forum über nachhaltige Entwicklung

Fachkommissionen

Bevölkerung und Entwicklung
Rechtsstellung der Frau
Soziale Entwicklung
Statistik
Suchtstoffe
Verbrechensverhütung und Strafrechtspflege
Waldforum der Vereinten Nationen
Wissenschaft und Technologie im Dienste der Entwicklung

Regionalkommissionen[8]

ECA Wirtschaftskommission für Afrika
ECE Wirtschaftskommission für Europa
ECLAC Wirtschaftskommission für Lateinamerika und die Karibik
ESCAP Wirtschafts- und Sozialkommission für Asien und den Pazifik
ESCWA Wirtschafts- und Sozialkommission für Westasien

Andere Organe

Ausschuss für Entwicklungspolitik
Ausschuss für nichtstaatliche Organisationen
Sachverständigenausschuss für öffentliche Verwaltung
Ständiges Forum für indigene Fragen
UNAIDS Gemeinsames Programm der Vereinten Nationen für HIV/Aids
UNGEGN Sachverständigengruppe der Vereinten Nationen für geografische Namen

Forschung und Bildung

UNICRI Interregionales Forschungsinstitut der Vereinten Nationen für Kriminalität und Rechtspflege
UNRISD Forschungsinstitut der Vereinten Nationen für soziale Entwicklung

Sonderorganisationen[1,5]

FAO Ernährungs- und Landwirtschaftsorganisation der Vereinten Nationen
IAO Internationale Arbeitsorganisation
ICAO Internationale Zivilluftfahrt-Organisation
IFAD Internationaler Fonds für landwirtschaftliche Entwicklung
IMO Internationale Seeschifffahrts-Organisation
ITU Internationale Fernmeldeunion
IWF Internationaler Währuᵤgsfonds
UNESCO Organisation der Vereinten Nationen für Erziehung, Wissenschart und Kultur
UNIDO Organisation der Vereinten Nationen für industrielle Entwicklung
UNWTO Weltorganisation für Tourismus
Weltbankgruppe[7]
- **IBRD** Internationale Bank für Wiederaufbau und Entwicklung
- **IDA** Internationale Entwicklungsorganisation
- **IFC** Internationale Finanz-Corporation

WHO Weltgesundheitsorganisation
WIPO Weltorganisation für geistiges Eigentum
WMO Weltorganisation für Meteorologie
WPV Weltpostverein

Hauptdienststellen

EOSG Exekutivbüro des Generalsekretärs
DESA Hauptabteilung Wirtschaftliche und Soziale Angelegenheiten
DFS Hauptabteilung Unterstützung der Feldeinsätze
DGACM Hauptabteilung Generalversammlung und Konferenzmanagement
DM Hauptabteilung Management
DPA Hauptabteilung Politische Angelegenheiten
DPI Hauptabteilung Presse und Information
DPKO Hauptabteilung Friedenssicherungseinsätze
DSS Hauptabteilung Sicherheit
OCHA Amt für die Koordinierung humanitärer Angelegenheiten
OHCHR Amt des Hohen Kommissars der Vereinten Nationen für Menschenrechte
OIOS Amt für interne Aufsichtsdienste
OLA Bereich Rechtsangelegenheiten
OSAA Büro des Sonderberaters für Afrika
PBSO Büro zur Unterstützung der Friedenskonsolidierung
SRSG/CAAC Büro des Sonderbeauftragten des Generalsekretärs für Kinder und bewaffnete Konflikte
SRSG/SVC Büro des Sonderbeauftragten des Generalsekretärs für sexuelle Gewalt in Konflikten
UNISDR Büro der Vereinten Nationen für die Verringerung des Katastrophenrisikos
UNODA Büro für Abrüstungsfragen
UNODC[1] Büro der Vereinten Nationen für Drogen- und Verbrechensbekämpfung
UNOG Büro der Vereinten Nationen in Genf
UN-OHRLLS Büro des Hohen Beauftragten für die am wenigsten entwickelten Länder, Binnenentwicklungsländer und kleinen Inselentwicklungsländer
UNON Büro der Vereinten Nationen in Nairobi
UNOP[2] Büro der Vereinten Nationen für Partnerschaften
UNOV Büro der Vereinten Nationen in Wien

Anmerkungen:

1 Alle sind Mitglied des Koordinierungsrats der Leiter der Organisationen des Systems der Vereinten Nationen (CEB).
2 Das Büro der Vereinten Nationen für Partnerschaften (UNOP) ist die Anlaufstelle der Vereinten Nationen für die Stiftung für die Vereinten Nationen.
3 Die IAEO und die OPCW berichten an den Sicherheitsrat und die Generalversammlung.
4 Die WTO hat keine Berichtspflicht gegenüber der Generalversammlung, leistet jedoch in Finanz- und Entwicklungsfragen Ad-hoc-Beiträge zu deren Arbeit und zu der des Wirtschafts- und Sozialrats.
5 Die Sonderorganisationen sind autonome Organisationen, deren Arbeit auf zwischenstaatlicher Ebene vom Wirtschafts- und Sozialrat und auf der Ebene ihrer Sekretariate vom CEB koordiniert wird.
6 Der Treuhandrat suspendierte seine Tätigkeit am 1. November 1994, nachdem Palau als letztes verbliebenes Treuhandgebiet der Vereinten Nationen am 1. Oktober 1994 unabhängig wurde.
7 Das Internationale Zentrum zur Beilegung von Investitionsstreitigkeiten (ICSID) und die Multilaterale Investitions-Garantie-Agentur (MIGA) sind keine Sonderorganisationen, sondern sind Teil der Weltbankgruppe gemäß den Artikeln 57 und 63 der Charta.
8 Die Sekretariate dieser Organe sind Teil des VN-Sekretariats.

Dieses Organigramm zeigt die funktionale Organisation des Systems der Vereinten Nationen und dient allein Informationszwecken. Nicht alle Büros und Institutionen des VN-Systems sind darin enthalten.

Herausgegeben von der Hauptabteilung Presse und Information der Vereinten Nationen DPI/2470 rev.4—15-12814—September 2015

g) Internationaler Gerichtshof

25 Der Internationale Gerichtshof bildet das *Hauptrechtsprechungsorgan* der Vereinten Nationen (Art. 92 Satz 1 UN-Charta). Die Wahrnehmung seiner Aufgaben richtet sich nach dem Statut des Internationalen Gerichtshofs, welches Bestandteil der UN-Charta ist (Art. 92 Satz 2 UN-Charta). Diesem Statut können auch Staaten, die nicht zu den Mitgliedern der Vereinten Nationen gehören, nach von der Generalversammlung auf Empfehlung des Sicherheitsrates festzulegenden Bedingungen beitreten (Art. 93 Abs. 2 UN-Charta).

26 Die Organisation des Internationalen Gerichtshofs ergibt sich aus seinem Statut. Danach besteht der Internationale Gerichtshof aus 15 Mitgliedern, die von der Generalversammlung und dem Sicherheitsrat gewählt werden (Art. 3 ff. IGH-Statut). Die Richterbank kann durch einen sog. *ad hoc*-Richter ergänzt werden, wenn in einem Rechtsstreit ein Richter die Staatsangehörigkeit einer Partei hat (Art. 31 Abs. 2 bis 6 IGH-Statut). Dann kann die andere Partei einen weiteren Richter ihrer Wahl zusätzlich benennen. Wenn keine Staatsangehörigen der Streitparteien dem Gericht angehören, dann können alle Parteien einen *ad hoc*-Richter benennen. Das Institut eines von einer Streitpartei benannten Richters mag zur Legitimität von Entscheidungen des Gerichtshofs beitragen, ist aber außerordentlich umstritten. Nicht immer haben *ad hoc*-Richter den Eindruck vermeiden können, dass sie sich den Interessen ihres Heimatstaates besonders verbunden fühlen.

Bei Streitigkeiten zwischen zwei oder mehreren Staaten setzt die Zuständigkeit des Gerichtshofs immer voraus, dass sich die Parteien jeweils in wechselseitiger (d. h. auch deckungsgleicher) Weise der Zuständigkeit des Gerichtshofs unterworfen haben (hierzu unten § 63).

Literatur: *J. E. Alvarez*, Judging the Security Council, AJIL 90 (1996), S. 1 ff.; *T. Bruha/M. Krajewski*, Funktionswandel des Sicherheitsrats als Verfassungsproblem, VN 1998, S. 13 ff.; *D. D. Caron*, The Legitimacy of the Collective Authority of the Security Council, AJIL 87 (1993), S. 552 ff.; *E. de Wet/A. Nollkaemper* (Hrsg.), Review of the Security Council by Member States, 2003; *R. J. Dupuy* (Hrsg.), Le développement du rôle du Conseil de Sécurité/The development of the role of the Security Council, 1993; *B. Faßbender*, UN Security Council Reform and the Right of Veto: A Constitutional Perspective, 1998; *T. M. Franck*, The „Powers of Appreciation“: Who is the Ultimate Guardian of UN Legality?, AJIL 86 (1992), S. 519 ff.; *M. Herdegen*, Die Befugnisse des UN-Sicherheitsrates – Aufgeklärter Absolutismus im Völkerrecht?, 1998; *ders.*, Review of the Security Council by National Courts: A

Constitutional Perspective, in: de Wet/Nollkaemper (Hrsg.), Review of the Security Council by Member States, 2003, S. 77 ff.; *H.-P. Kaul*, Arbeitsweise und informelle Verfahren des Sicherheitsrats, VN 1998, S. 6 ff.; *E. Klein*, Paralleles Tätigwerden von Sicherheitsrat und Internationalem Gerichtshof bei friedensbedrohenden Streitigkeiten, in: Festschrift für H. Mosler, 1983, S. 467 ff.; *B. Lorinser*, Bindende Resolutionen des Sicherheitsrates, 1996; *B. Martenczuk*, Rechtsbindung und Rechtskontrolle des Weltsicherheitsrats, 1996; *W. M. Reisman*, The Constitutional Crisis in the United Nations, AJIL 87 (1993), S. 83 ff.; *S. Rosenne*, The World Court, 6. Aufl. 2003; *E. de Wet*, The Chapter VII Powers of the United Nations Security Council, 2004.

§ 41. Friedenssicherung durch die Vereinten Nationen

Die Sicherung des Weltfriedens und der internationalen Sicherheit 1 nimmt unter den Aufgaben der Vereinten Nationen einen herausragenden Platz ein (siehe Art. 1 Nr. 1 UN-Charta). Wesentliche Instrumentarien des Sicherheitsrates sind in Kapitel VI der UN-Charta (friedliche Beilegung von Streitigkeiten) und Kapitel VII der UN-Charta (Maßnahmen bei Bedrohung oder Bruch des Friedens und bei Angriffshandlungen) geregelt. Die Hauptverantwortung für die Wahrung des Weltfriedens und der internationalen Sicherheit überträgt die UN-Charta dem Sicherheitsrat (Art. 24 Abs. 1 UN-Charta). Eine wichtige Rolle bei der justizförmigen Lösung von internationalen Konflikten spielt der Internationale Gerichtshof (hierzu oben § 40 Rn. 25 f.). Daneben kann auch der UN-Generalsekretär Mittlerfunktionen bei Streitigkeiten wahrnehmen. Im Rahmen des VI. Kapitels der UN-Charta ist der Sicherheitsrat grundsätzlich auf eine vermittelnde Rolle beschränkt. Dagegen deckt das VII. Kapitel der UN-Charta auch den Erlass bindender Resolutionen und Zwangsmaßnahmen gegen einzelne Staaten. Schließlich hat sich im Grenzbereich zwischen Kapitel VI und Kapitel VII der UN-Charta ein System von friedenserhaltenden Operationen *(peacekeeping operations)* entwickelt.

1. Friedliche Beilegung von Streitigkeiten (VI. Kapitel UN-Charta)

Die UN-Charta verpflichtet die Mitglieder der Vereinten Natio- 2 nen, sich um eine friedliche Beilegung von Streitigkeiten zu bemühen

(Art. 2 Nr. 3, 33 Abs. 1 UN-Charta). Nach Art. 34 UN-Charta kann der Sicherheitsrat jede internationale Streitigkeit sowie jede andere Situation, die zu internationalen Reibungen führt oder eine Streitigkeit hervorrufen könnte, im Hinblick auf ihre Auswirkungen auf den Weltfrieden und die internationale Sicherheit untersuchen. Dieses Untersuchungsrecht dürfte bindende Maßnahmen einschließen. Daneben kann jedes Mitglied der Vereinten Nationen sowie – unter bestimmten Voraussetzungen – auch ein Nichtmitgliedstaat die Aufmerksamkeit des Sicherheitsrates auf Streitigkeiten oder mögliche Gefährdungen des Weltfriedens und der internationalen Sicherheit lenken (Art. 35 Abs. 1 und Abs. 2 UN-Charta). Der Sicherheitsrat kann sowohl von sich aus als auch auf Vorlage der Streitigkeit durch die Parteien Empfehlungen zur Konfliktbereinigung abgeben (Art. 36, 37 UN-Charta) sowie auf Antrag der Parteien einen Vermittlungsvorschlag unterbreiten (Art. 38 UN-Charta).

Literatur: C. *Murphy*, The Conciliatory Responsibilities of the United Nations Security Council, GYIL 35 (1992), S. 190ff.; *L. B. Sohn*, The Security Council's Role in the Settlement of International Disputes, AJIL 78 (1984), S. 402ff.

2. Maßnahmen bei Bedrohungen oder Bruch des Friedens und bei Angriffshandlungen (VII. Kapitel UN-Charta)

a) Überblick

3 Das VII. Kapitel der UN-Charta birgt das Arsenal für Maßnahmen des Sicherheitsrates bei Bedrohungen oder bei Bruch des Friedens und bei Angriffshandlungen. Darin wird auch das Gewaltmonopol des Sicherheitsrates als Pendant zum Gewaltverbot für die einzelnen Mitgliedstaaten (Art. 2 Nr. 4 UN-Charta) begründet.

Die Tatbestandsvoraussetzungen für eine Intervention des Sicherheitsrates enthält Art. 39, 1. Halbsatz UN-Charta. Liegen diese tatbestandlichen Voraussetzungen (nach Einschätzung des Sicherheitsrates) vor, kann der Sicherheitsrat Empfehlungen abgeben oder vorläufige Maßnahmen (Art. 40 UN-Charta) sowie Zwangsmaßnahmen (Art. 41, 42 UN-Charta) ergreifen. Sowohl bei der Beurteilung eines Sachverhalts als Tatbestand nach Art. 39 UN-Charta als auch bei der Wahl der empfehlenden oder bindenden Maßnahmen verfügt der Sicherheitsrat über einen außerordentlich weiten Gestaltungsspielraum.

Die Voraussetzung für ein Eingreifen des Sicherheitsrates nach dem VII. Kapitel der UN-Charta umschreibt Art. 39 UN-Charta: 4

„Der Sicherheitsrat stellt fest, ob eine Bedrohung oder ein Bruch des Friedens oder eine Angriffshandlung vorliegt; er gibt Empfehlungen ab oder beschließt, welche Maßnahmen auf Grund der Artikel 41 und 42 zu treffen sind, um den Weltfrieden und die internationale Sicherheit zu wahren oder wiederherzustellen."

Friedliche Zwangsmaßnahmen regelt Art. 41 UN-Charta. Die darin enthaltenen Maßnahmen sind nur beispielhaft, also nicht abschließend aufgezählt:

„Der Sicherheitsrat kann beschließen, welche Maßnahmen – unter Ausschluss von Waffengewalt – zu ergreifen sind, um seinen Beschlüssen Wirksamkeit zu verleihen; er kann die Mitglieder der Vereinten Nationen auffordern, diese Maßnahmen durchzuführen. Sie können die vollständige oder teilweise Unterbrechung der Wirtschaftsbeziehungen, des Eisenbahn-, See- und Luftverkehrs, der Post-, Telegraphen- und Funkverbindungen sowie sonstiger Verkehrsmöglichkeiten und den Abbruch der diplomatischen Beziehungen einschließen."

Als schärfstes Instrument stehen dem Sicherheitsrat militärische Maßnahmen zu Gebote. Sie sind in Art. 42 UN-Charta vorgesehen: 5

„Ist der Sicherheitsrat der Auffassung, dass die in Artikel 41 vorgesehenen Maßnahmen unzulänglich sein würden oder sich als unzulänglich erwiesen haben, so kann er mit Luft-, See- oder Landstreitkräften die zur Wahrung oder Wiederherstellung des Weltfriedens und der internationalen Sicherheit erforderlichen Maßnahmen durchführen. Sie können Demonstrationen, Blockaden oder sonstige Einsätze der Luft-, See- und Landstreitkräfte von Mitgliedern der Vereinten Nationen einschließen."

In enger Verbindung mit militärischen Zwangsmaßnahmen nach Art. 42 UN-Charta steht die Beistandspflicht der Mitgliedstaaten nach Art. 43 Abs. 1 UN-Charta:

„Alle Mitglieder der Vereinten Nationen verpflichten sich, zur Wahrung des Weltfriedens und der internationalen Sicherheit dadurch beizutragen, dass sie nach Maßgabe eines oder mehrerer Sonderabkommen dem Sicherheitsrat auf sein Ersuchen Streitkräfte zur Verfügung stellen, Beistand leisten und Erleichterungen einschließlich des Durchmarschrechts gewähren, soweit dies zur Wahrung des Weltfriedens und der internationalen Sicherheit erforderlich ist."

Auf der Grundlage solcher Sonderabkommen zur Verfügung gestellte nationale Streitkräfte sollen unmittelbar dem Kommando der 6

Vereinten Nationen unterstellt werden. Bislang hat aber noch kein Mitgliedstaat ein derartiges Sonderabkommen mit den Vereinten Nationen abgeschlossen. Deswegen ist es auch noch nicht gelungen, den nach Art. 47 UN-Charta eingesetzten Generalstabsausschuss mit Leben zu erfüllen. Dies zwingt dazu, bei militärischen Operationen unter der Aufsicht der Vereinten Nationen andere Wege zu gehen.

7 Die Durchführung von Beschlüssen des Sicherheitsrates obliegt nach dessen Ermessen entweder allen oder einigen Mitgliedern der Vereinten Nationen (Art. 48 Abs. 1 UN-Charta). Im Übrigen sind die Mitglieder der Vereinten Nationen verpflichtet, die an sie gerichteten Beschlüsse unmittelbar oder durch Maßnahmen der „geeigneten internationalen Einrichtungen" durchzuführen, denen sie angehören (Art. 48 Abs. 2 UN-Charta).

Inwieweit Resolutionen des Sicherheitsrats eine Ermächtigung zur Gewaltanwendung enthalten, ist eine Frage der Auslegung. Grundsätzlich wird man für eine gewaltsame Maßnahme einzelner Staaten eine ausdrückliche Ermächtigung verlangen müssen. Denn es ist nicht anzunehmen, dass der UN-Sicherheitsrat das Vorliegen einer derart weitreichenden Ermächtigung zum Spielball juristischer Auslegung machen möchte.

Illustrieren lässt sich dies anhand der Resolution 1441 (2002); darin hat der Sicherheitsrat dem Irak bei anhaltender Verletzung seiner Waffenkontrollpflichten „schwerwiegende Konsequenzen" angedroht (aaO, Nr. 13). Hier ist entscheidend, dass der Sicherheitsrat gerade nicht bereit war, für militärische Maßnahmen eine ausdrückliche Ermächtigung zu erteilen. Vielmehr hat der Sicherheitsrat die angedrohten Konsequenzen bewusst in der Schwebe gelassen. Die Resolution 1441 (2002) liefert daher keine Rechtfertigung für die alliierte Invasion des Irak.

b) Eingriffsvoraussetzungen

8 Art. 39 UN-Charta erweist sich durch die Unbestimmtheit der tatbestandlichen Voraussetzungen für ein Eingreifen des Sicherheitsrates (in Verbindung mit Art. 41 f. UN-Charta) als *offene* Ermächtigungsnorm. Bei Anwendung des VII. Kapitels der UN-Charta muss der Sicherheitsrat das Vorliegen eines der dort normierten Tatbestände nicht unbedingt ausdrücklich feststellen. Vielfach begnügt sich der Sicherheitsrat schlicht mit dem Verweis auf das VII. Kapitel der UN-Charta als Ermächtigungsgrundlage.

9 Unter den Tatbestandselementen weist der Begriff der *Angriffshandlung* noch am ehesten greifbare Konturen auf. Die Feststellung

einer Angriffshandlung bezeichnet die Verletzung des Gewaltverbotes durch einen Aggressionsakt, der eindeutig einzelnen Staaten zugeordnet werden kann. Die Resolution 3314 (XXIX) der Generalversammlung zur Aggressionsdefinition (UNYB 1974, S. 846; hierzu oben § 34 Rn. 22) bildet eine wichtige Auslegungshilfe für den Sicherheitsrat. In der Praxis zeigt der Sicherheitsrat größte Zurückhaltung mit der Feststellung einer Angriffshandlung (vgl. zum irakischen Überfall auf Kuwait S/Res. 660 [1990], VN 1990, S. 146: Feststellung des Sicherheitsrates, „dass mit der irakischen Invasion Kuwaits ein Bruch des Weltfriedens und der internationalen Sicherheit vorliegt").

Bruch und *Bedrohung des Friedens* beziehen sich auf den „Weltfrieden" im Sinne von Art. 1 Nr. 1 UN-Charta. Nach traditioneller Ansicht bedeutet das Vorliegen eines Bruchs des Friedens einen mit Waffengewalt ausgetragenen Konflikt zwischen zwei oder mehreren Staaten. Die „Bedrohung des Friedens" bildet eine Gefährdungslage im Vorfeld eines Friedensbruches. Dahinter steht das lange Zeit herrschende Verständnis des „Friedens" als Abwesenheit von gewaltsamen Konflikten zwischen Staaten. Das herkömmliche Begriffsverständnis hat die Friedensbedrohung ebenfalls auf die Gefahr eines mit gewaltsamen Mitteln ausgetragenen Konfliktes zwischen Staaten bezogen. 10

Von diesem engen Begriff der Friedensgefährdung hat sich die jüngere Praxis des Sicherheitsrates gelöst. Heute hat sich ein dynamisches Verständnis des „Friedens" und der „internationalen Sicherheit" (im Sinne von Art. 1 Nr. 1 und Art. 39 UN-Charta) durchgesetzt.

Das weite Verständnis von Friedenssicherung und internationaler Sicherheit findet prägnanten Ausdruck in der Erklärung des Präsidenten des Sicherheitsrates vom 31. Januar 1992 (VN 1992, S. 66 f.): 11

„Die Abwesenheit von Krieg und militärischen Konflikten zwischen den Staaten garantiert für sich allein noch nicht den Weltfrieden und die internationale Sicherheit. Die nichtmilitärischen Ursachen von Instabilität im wirtschaftlichen, sozialen, humanitären und ökologischen Bereich sind zu Bedrohungen des Friedens und der Sicherheit geworden. Die Mitglieder der Vereinten Nationen in ihrer Gesamtheit müssen der Lösung dieser Angelegenheiten höchste Priorität beimessen und dabei unter Einschaltung der zuständigen Gremien vorgehen."

Die Resolution 1674 (2006) des Sicherheitsrats (Präambel) anerkennt ausdrücklich, dass Entwicklung, Frieden und Sicherheit sowie Menschenrechte eng miteinander verbunden sind und sich wechselseitig verstärken.

Mittlerweile besteht im UN-Sicherheitsrat sogar die Bereitschaft den Klimaschutz in einen engeren Bezug zur internationalen Sicherheit zu rücken (Erklärung des Präsidenten des Sicherheitsrats, S/PRST/2011/15).

12 Von zentraler Bedeutung ist die Erstreckung der „Friedensbedrohung" auf schwerwiegende interne Konflikte. Dies gilt vor allem bei massiven Menschenrechtsverletzungen. Wegweisend ist insoweit die Resolution 688 (1991) zum Schutz von Teilen der irakischen Zivilbevölkerung (insbesondere der Kurden) vor systematischer staatlicher Verfolgung (VN 1991, S. 77). In dieser Resolution verurteilt der Sicherheitsrat

> „[die] Unterdrückung der irakischen Zivilbevölkerung, deren Folgen den Weltfrieden und die internationale Sicherheit in der Region bedrohen."

Dabei ist jedoch zu beachten, dass der Sicherheitsrat die zur Friedensbedrohung führenden Auswirkungen der staatlichen Verfolgung auf massive Flüchtlingsbewegungen über die irakischen Grenzen bezogen hat. Insoweit bleibt also die Verknüpfung mit einem internationalen Konfliktpotential.

13 Von größter Bedeutung als Präzedenzfall für eine „humanitäre Intervention" des Sicherheitsrates auf der Grundlage des VII. Kapitels der UN-Charta ist das Eingreifen der Vereinten Nationen in Somalia. Hier hat der völlige Zerfall staatlicher Ordnungsstrukturen im Bürgerkrieg zu unermesslichem Leiden der Bevölkerung durch lokale Bandenkriege und schwerster materieller Not geführt. In seiner berühmten (mit Einstimmigkeit angenommenen) Resolution 794 (1992) (VN 1993, S. 65) hat der Sicherheitsrat festgestellt:

> „dass das Ausmaß der durch den Konflikt in Somalia verursachten menschlichen Tragödie, die noch weiter verschärft wird durch die Hindernisse, die der Verteilung der humanitären Hilfsgüter in den Weg gelegt werden, eine Bedrohung des Weltfriedens und der internationalen Sicherheit darstellt."

Mit dieser Resolution hat der Sicherheitsrat zum ersten Mal ein Eingreifen in einen rein innerstaatlichen Konflikt mit humanitären Belangen (und nicht auch mit den internationalen Auswirkungen) begründet. Auf der Grundlage dieser Resolution gelangte eine multinationale Streitmacht unter dem Kommando der USA (mit etwa 37.000 Soldaten) in Somalia zum Einsatz (zunächst als *United Nations Task Force* [UNITAF], später als UNOSOM II). Trotz der Erfolge bei der Verteilung von Nahrungs- und anderen Hilfsmitteln gelang der UN-Operation keine Befriedung Somalias.

Im Falle von *Haiti* hat der Sicherheitsrat das Konzept von Frieden und Sicherheit um eine demokratische Komponente angereichert. Hier hat der Sicherheitsrat nach dem Sturz des demokratisch gewählten Präsidenten *Aristide* durch ein Militärregime im Jahr 1990 in der Resolution 940 (1994) (VN 1994, S. 195) die Mitgliedstaaten zu militärischen Maßnahmen im Interesse der Wiedereinsetzung der gewählten Regierung ermächtigt. 14

Auf die gravierende Missachtung menschenrechtlicher Standards hat der Sicherheitsrat mehrfach bei schwerwiegenden Konflikten innerhalb des früheren Jugoslawiens (insbesondere in Bosnien und Herzegowina), Resolutionen nach dem VII. Kapitel UN-Charta gestützt (siehe etwa zum Verweis auf „ethnische Säuberungen" und andere schwerwiegende Verletzungen des humanitären Völkerrechts S/Res. 771 [1992], VN 1992, S. 216; S/Res. 787 [1992], VN 1992, S. 220). Die Verfolgungsmaßnahmen gegen die albanische Zivilbevölkerung im *Kosovo* hat der Sicherheitsrat in einer Reihe von Resolutionen als für Frieden und Sicherheit bedrohlich eingestuft (S/Res. 1160 [1998], VN 1998, S. 115 f.; S/Res. 1199 [1998], VN 1998, S. 184; S/Res. 1203 [1998], VN 1998, S. 185; S/Res. 1244 [1999], VN 1999, S. 116). Das gewaltsame Vorgehen des libyschen Regimes im Frühjahr 2011 gegen Teile der Zivilbevölkerung und die Behinderung humanitärer Hilfe hat der Sicherheitsrat zum Anlass genommen, nach dem VII. Kapitel eine Flugverbotszone, ein Waffenembargo und das Einfrieren von Vermögenswerten zu beschließen (S/Res. 1973 [2011]). 15

Internationalen Terrorismus mit staatlicher Unterstützung hat der Sicherheitsrat schon früher als Bedrohung des Weltfriedens und der internationalen Sicherheit qualifiziert (siehe etwa zu *Sudan* S/Res. 1070 [1996], VN 1997, S. 86). Nach den Terroranschlägen in den USA vom 11. September 2001 hat der Sicherheitsrat derartige Akte des internationalen Terrorismus als Bedrohung des Weltfriedens und der internationalen Sicherheit eingestuft (S/Res. 1368 [2001] und 1373 [2001], ILM 40 [2001], S. 1277 ff.; S/Res. 1540 [2004], ILM 43 [2004], S. 1237 ff.). Dabei bleibt offen, inwieweit eine solche Qualifikation staatliche Unterstützung von Terrorakten oder die sonstige Verstrickung eines Staates in den internationalen Terrorismus voraussetzt. 16

Der Sicherheitsrat hat in seiner Resolution 2249 (2015) den „Islamischen Staat" als eine „globale und beispiellose Bedrohung für den Weltfrieden und die internationale Sicherheit" qualifiziert. Diese Resolution fordert die hierzu fähigen Mitgliedstaaten auf, alle erforderlichen Maßnahmen zur Bekämpfung des „Islamischen Staates" zu ergreifen:

„5. *Calls upon* Member States that have the capacity to do so to take all necessary measures, in compliance with international law, in particular with the United Nations Charter, as well as international human rights, refugee and humanitarian law, on the territory under the control of ISIL also known as Da'esh, in Syria and Iraq, to redouble and coordinate their efforts to prevent and suppress terrorist acts committed specifically by ISIL also known as Da'esh as well as ANF, and all other individuals, groups, undertakings, and entities associated with Al Qaeda, and other terrorist groups, as designated by the United Nations Security Council, and as may further be agreed by the International Syria Support Group (ISSG) and endorsed by the UN Security Council, pursuant to the Statement of the International Syria Support Group (ISSG) of 14 November, and to eradicate the safe haven they have established over significant parts of Iraq and Syria."

Die Resolution ermächtigt nicht ausdrücklich zu militärischen Maßnahmen und erwähnt auch nicht Kapitel VII der UN-Charta. Zwar fordert die Resolution zu „notwendigen Maßnahmen" zur Terrorbekämpfung auf, schränkt dies aber wieder durch die verlangte Einhaltung des Völkerrechts, insbesondere der UN-Charta, ein (Nr. 5 der Resolution). Ihre Reichweite ist daher unklar. Die Bundesregierung hat sich bei den Einsätzen gegen den „Islamischen Staat" in Syrien auf eine Ermächtigung des UN-Sicherheitsrats gestützt und sich so auf Art. 24 Abs. 2 GG berufen (BT-Drs. 18/6866). Überzeugender wäre die Berufung auf individuelle und kollektive Selbstverteidigung gegen terroristische Bedrohung durch den „Islamischen Staat" gewesen, die vom Begriff „Verteidigung" im Sinne von Art. 87a Abs. 2 GG erfasst wird.

17 Auch andere Formen der organisierten Kriminalität können Maßnahmen nach dem VII. Kapitel auslösen. Im Zusammenhang mit den Flüchtlingstragödien im Mittelmeer hat der Sicherheitsrat die Wahrung des Weltfriedens und der internationalen Sicherheit auf die Bekämpfung von Schlepperorganisationen erstreckt. Die Resolution 2240 (2015) ermächtigt die Mitgliedstaaten auf der hohen See vor der Küste Lybiens mutmaßlich von Schlepperorganisationen eingesetzte Schiffe und Boote zu durchsuchen und zu beschlagnahmen.

18 Das dynamische Verständnis der Eingriffsvoraussetzungen nach dem VII. Kapitel der UN-Charta äußert sich in der neueren Praxis des Sicherheitsrates auch in der *zeitlichen* Dimension von Maßnahmen zur Wahrung oder Wiederherstellung des Weltfriedens und der internationalen Sicherheit (im Sinne von Art. 39, 2. Halbsatz UN-Charta). Hierher gehört die „Nachbehandlung" von Völkerrechtsverletzungen im Interesse einer Wiedergutmachung im weiteren Sinne. Die Annahme einer Friedensbedrohung wird gewissermaßen bis zur rechtsfriedenstiftenden Aufarbeitung einer Völkerrechtsverletzung perpetuiert. Hier sind etwa die Verpflichtung Libyens zur Überstellung mutmaßlicher Attentäter im *Lockerbie*-Fall (S/Res. 748 [1992], VN 1992, S. 68) und die Einrichtung der *UN Claims Commission* zur Regelung von Wiedergutmachungsansprüchen gegen den Irak wegen der Besetzung Kuwaits (S/Res. 687 [1990], Teil E, VN 1991, S. 74) zu nennen. In diesen Zusammenhang lässt sich auch die Einrichtung der Internationalen Strafgerichtshöfe für das frühere Jugoslawien (S/Res. 827 [1993], VN 1993, S. 156) und für Ruanda (S/Res. 955 [1994], VN 1995, S. 39) sowie das Sondergericht für den Libanon (S/Res. 1737/2007, ILM 46 [2007], S. 989) stellen (zur Überführung der Internationalen Strafgerichtshöfe in den „International Residual Mechanism for Criminal Tribunals" S/Res. 1966 [2010]).

Die gestreckte zeitliche Dimension der Friedensgefährdung (und darauf gestützter Maßnahmen) wird auch in der vom Sicherheitsrat betriebenen „Nachsorge" nach der Beendigung bewaffneter Konflikte deutlich. Hier ist auf die Domestizierung des irakischen Militärpotentials nach Beendigung des Golfkrieges (Vernichtung aller chemischen und biologischen Waffen, Verzicht auf Nuklearwaffen und Duldung von Inspektionsmaßnahmen) hinzuweisen (S/Res. 687 [1991], Teil C, VN 1991, S. 74).

Die Akzeptanz des dynamischen Umgangs mit den Eingriffsvoraussetzungen nach Art. 39 UN-Charta durch die anderen UN-Organe und die Staatengemeinschaft insgesamt bestätigt, dass der Sicherheitsrat bei der Konkretisierung dieser unbestimmten Tatbestandselemente einen weiten Spielraum hat. Dieser Spielraum ist jedoch nicht unbegrenzt. Im Interesse fassbarer Konturen sollte man für die Annahme einer Friedensbedrohung auf dem Element der Gewaltanwendung (sei es im Rahmen eines zwischenstaatlichen Konfliktes oder im Zusammenhang mit systematischen Menschenrechtsverletzungen) oder zumindest der massiven Gefährdung Einzelner an Leib und Leben bestehen. Umweltschädigungen stellen solange keine Friedensbedrohung dar, als von ihnen keine unmittelbaren Risiken für die Bevölkerung im In- oder Ausland ausgehen. Anders liegen die Dinge beispielsweise beim Betrieb eines Atomreaktors, der elementarsten Sicherheitsstandards Hohn spricht und eine unmittelbare Gefährdung für eine Vielzahl von Menschen darstellt. Hier ist ein weites Verständnis der Friedensbedrohung schon deswegen angezeigt, weil nur so das Eingriffspotential des Sicherheitsrates mit mög- 19 lichen Gegenmaßnahmen unmittelbar betroffener Nachbarstaaten Schritt halten kann.

20 Besondere Probleme bereitet das Vorgehen des UN-Sicherheitsrates gegen das Verhalten von Staaten, das jedenfalls aktuell nicht völkerrechtswidrig ist. Hierzu gehört etwa der Aufbau eines Arsenals von Massenvernichtungswaffen, deren Besitz nicht gewohnheits- und vertragsrechtlich verboten ist. Ein weiteres Beispiel bilden Schritte zur Gewinnung von spaltbarem Material, das sowohl für friedliche Zwecke der Energiegewinnung als auch zum Bau von Atomwaffen verwendet werden kann, wenn eine militärische Verwendungsabsicht nicht hinreichend klar nachzuweisen ist. Der UN-Sicherheitsrat sieht in seiner neueren Praxis die Eingriffsschwelle des Art. 39 UN-Charta wohl schon dann als überschritten an, wenn ein Staat (an sich rechtmäßige) Handlungen im Vorfeld einer bloß möglichen Völkerrechtsverletzung (wie den Verstoß gegen den Nichtverbreitungsvertrag oder die Androhung eines nuklearen Angriffs) trifft.

Der Sicherheitsrat hat wiederholt in seiner Resolution 1696 (2006) den Iran unter Berufung auf das VII. Kapitel der UN-Charta aufgefordert, die Anreicherung und Wiederaufbereitung von Uran einzustellen (siehe Resolution 1696 [2006], Resolution 1737 [2006], Resolution 1747 [2007]; Resolution 1803 [2008]; Resolution 1929 [2010]). Im konkreten Fall konnte sich der UN-Sicherheitsrat vordergründig auf die Verletzung von Kooperationspflichten gegenüber der IAEA berufen. In der Sache ist aber ein Gefahrenverdacht bestimmend für das Vorgehen des UN-Sicherheitsrates. Dies lässt sich damit rechtfertigen, dass nach dem bereits erfolgten Bau von nuklearen Massenvernichtungswaffen ein Eingreifen des UN-Sicherheitsrates zur Gefahrenabwehr ins Leere zu greifen droht.

In seiner nach einem von der Demokratischen Republik von Korea (Nordkorea) selbst behaupteten Atomwaffentest verabschiedeten Resolution 1718 (2006) betont der UN-Sicherheitsrat:

„[…] proliferation of nuclear, chemical and biological weapons, as well as their means of delivery, constitutes a threat to international peace and security."

Dabei verwies der Sicherheitsrat darauf, dass Nordkorea nach dem (von Nordkorea noch nicht mit eindeutiger Wirksamkeit gekündigten) Atomwaffensperrvertrag nicht den Status einer Nuklearwaffenmacht haben kann.

In der Resolution 1874 (2009) verlangt der UN-Sicherheitsrat – gestützt auf Kapitel VII der UN-Charta –, dass Nordkorea die Ankündigung des Rückzugs vom Atomwaffensperrvertrag sofort zurückzieht. Hier klingt die Einschränkung eines vertraglichen Kündigungsrechts an. In letzter Zeit hat der UN-Sicherheitsrat eine Reihe von immer weiter verschärfenden Sanktionen beschlossen (siehe etwa Resolution 2397 [2017])

Nach dem Einsatz von Giftgas gegen die Zivilbevölkerung im syrischen Bürgerkrieg hat der UN- Sicherheitsrat in der Resolution 2118 (2013) bekräftigt, dass die Verbreitung von Chemiewaffen eine Bedrohung für den Weltfrieden und die internationale Sicherheit ist; dabei hat der Sicherheitsrat darauf verwiesen, dass die syrische Republik das Giftgasprotokoll von 1925 ratifiziert hatte. Zugleich hat der Sicherheitsrat förmlich beschlossen, dass der Einsatz von Chemiewaffen stets eine Bedrohung von Weltfrieden und internationaler Sicherheit darstellt.

c) Handlungspotential des Sicherheitsrates

Das VII. Kapitel der UN-Charta räumt dem Sicherheitsrat ein weit 21
gespanntes Spektrum möglicher Maßnahmen zur Wahrung oder Wiederherstellung von Weltfrieden und internationaler Sicherheit ein. Dies gilt sowohl für die friedlichen Zwangsmaßnahmen (Art. 41 UN-Charta) als auch für ein militärisches Vorgehen (Art. 42 UN-Charta). Für den Einsatz militärischer Mittel nach Art. 42 UN-Charta ist es kein Hindernis, dass immer noch keine Sonderabkommen nach Art. 43 UN-Charta abgeschlossen worden sind. Denkbar ist insbesondere die Ermächtigung von Mitgliedstaaten der Vereinten Nationen zur Durchführung militärischer Zwangsmaßnahmen auf der Grundlage von Art. 42 UN-Charta (i. V. m. Art. 48 UN-Charta). In diesem Sinne dürfte auch die Resolution 678 (1990) (VN 1990, S. 218) zu verstehen sein, welche die Rechtsgrundlage für die militärische Befreiung Kuwaits von der irakischen Besetzung (durch die alliierten Streitkräfte unter Führung der USA) gebildet hat. Diese Resolution bezieht sich auf die Beendigung der Besetzung Kuwaits gemäß Resolution 660 (1990) (VN 1990, S. 146) und ermächtigt die Mitgliedstaaten, die mit der Regierung Kuwaits kooperieren,

> „[…] alle erforderlichen Mittel einzusetzen, um der Resolution 660 (1990) und allen dazu später verabschiedeten Resolutionen Geltung zu verschaffen und sie durchzuführen und den Weltfrieden und die internationale Sicherheit in dem Gebiet wiederherzustellen."

Während des syrischen Bürgerkriegs hat der UN-Sicherheitsrat 22
nach dem Einsatz von Giftgas gegen die Zivilbevölkerung und dem Bericht einer UN-Mission angeordnet, dass das Chemiewaffenpotential von Syrien nach einer strengen Verifizierung zu vernichten sei (Res. 2118 [2013] des Sicherheitsrats).

23 Die NATO-Luftschläge gegen serbische Einheiten in Bosnien und Herzegowina, in den Jahren 1994/95 fanden ihre Grundlage in der Resolution 816 (1993) des Sicherheitsrates (VN 1993, S. 73). Diese Resolution enthält die Ermächtigung

„[...] einzelstaatlich oder durch regionale Organisationen oder Abmachungen, unter der Aufsicht des Sicherheitsrats und vorbehaltlich enger Koordinierung mit dem Generalsekretär und der UNPROFOR, im Falle weiterer Verstöße alle erforderlichen, den besonderen Umständen und der Art der Flüge angemessenen Maßnahmen im Luftraum der Republik Bosnien und Herzegowina zu ergreifen, um die Befolgung des in Ziffer 1 erwähnten Flugverbots sicherzustellen; [...]"

Die Ermächtigung zum Einsatz einer Schutztruppe unter afrikanischer Führung in Mali und zu deren Unterstützung (S/Res. 2085 [2012]) deckte wohl nicht das selbständige militärische Eingreifen Frankreichs im Norden von Mali Anfang 2013. Die französische Militäraktion fand ihre Rechtfertigung vielmehr in der Einladung der Regierung von Mali.

24 Von großer Bedeutung für die interne Befriedung von Bürgerkriegssituationen und ähnlich schwerwiegenden Binnenkonflikten sind auf das VII. Kapitel der UN-Charta gestützte Resolutionen des Sicherheitsrates, welche einverständlich geregelte Transformationsprozesse abstützen. Dies gilt etwa für die Einrichtung der UN-Übergangsbehörde *(United Nations Transitional Authority)* in Kambodscha (S/Res. 745 [1992], S. 78) oder die Schaffung einer UN-Übergangsverwaltung für Ostslawonien und andere Teile Kroatiens (S/Res. 1037 [1996], VN 1996, S. 160).

Besondere Beachtung verdient der „Durchgriff" des Sicherheitsrates durch den Staat hindurch auf einzelne Gruppen: etwa ethnische Gruppen (zu den bosnischen Serben S/Res. 942 [1994], VN 1994, S. 225) oder bewaffnete Banden im Bürgerkrieg (zu Somalia S/Res. 837 [1993], VN 1993, S. 221) oder Bürgerkriegsbewegungen (zur UNITA in Angola S/Res. 1127 [1997], VN 1998, S. 64).

So verlangt der UN-Sicherheitsrat in der Resolution S/Res. 1701 (2006) zur Befriedung des Libanon „a full cessation of hostilities based upon, in particular, the immediate cessation by Hizbollah of all attacks and the immediate cessation by Israel of all offensive military operations (Nr. 1)".

25 Bei der Bekämpfung des internationalen Terrorismus spielen „individuelle Sanktionen", die sich gegen bestimmte Personen, Gruppen und Organisationen richten *(smart sanctions)* eine beachtliche Rolle.

Dabei liegt die Aktualisierung der Liste der Personen und Einrichtungen, die mit Terrorismus in Verbindung gebracht werden und daher von den Sanktionen betroffen sind, bei einem vom Sicherheitsrat als Nebenorgan eingerichteten Sanktionsausschuss, der sich aus allen Mitgliedern des Sicherheitsrates zusammensetzt (siehe etwa S/Res. 1267 [1999], Nr. 4 und 6; S/Res. 1333 [2000], Nr. 8). Diese Sanktionen beziehen sich vor allem auf die Blockade von Vermögenswerten und Einschränkungen der Bewegungsfreiheit außerhalb des Wohnsitzstaates (Einreise- und Durchreiseverbote). Die Problematik dieser Maßnahmen liegt darin, dass sie ohne Anhörung der Betroffenen ergehen und keinem Rechtsschutz auf UN-Ebene unterliegen. Die Streichung von der Liste erfolgt in einem sog. „delisting – Verfahren", in dem der Heimatstaat und der Wohnsitzstaat des Betroffenen, aber auch dieser selbst, einen Antrag auf Streichung durch den Sanktionsausschuss stellen können. Die Sicherheitsratsresolution 1822 (2008) sieht eine automatische Überprüfung der Liste der von Sanktionen Betroffenen durch den Sanktionsausschuss vor. Bei Streichungsanträgen wird der Sanktionsausschuss von einer Ombudsperson unterstützt (S/Res. 1904 [2009]). Rechtschutzbegehren gegen Maßnahmen zur Umsetzung von Sanktionsbeschlüssen haben nationale Gerichte (Schweizerisches Bundesgericht, EuGRZ 2008, S. 66), den Europäischen Gerichtshof für Menschenrechte (EGMR, *Bosphorus Hava Yollari Turizim Ve Ticaret Anonim Sirketi v. Ireland*, NJW 2006, S. 197; EGMR, *Al-Dulimi and Montata Management v. Switzerland,* Beschwerde Nr. 5809/08) und die Gerichte der Europäischen Union befasst (zur Überprüfung von Umsetzungsakten am Maßstab der EU-Grundrechte EuGH, verb. Rs. C-402/05 P und C-415/05 P, EU:C:2008:461 – *Kadi und Al Barakaat*, hierzu oben § 15 Rn. 18 und unten § 41 Rn. 27).

Nach der Errichtung des Internationalen Strafgerichtshofs für das 26
ehemalige Jugoslawien hat sich in der Völkerrechtslehre eine Kontroverse darüber entzündet, ob sich der Sicherheitsrat als Gerichtsgründer betätigen darf. Grundsätzlich setzt die Schaffung internationaler Gerichte einen völkerrechtlichen Vertrag voraus. Die Berufungskammer des Strafgerichtshofs hat sich im *Tadíc*-Fall eingehend mit diesem Kompetenzproblem auseinandergesetzt und für die Schaffung des Gerichtshofs im VII. Kapitel eine ausreichende Grundlage gesehen (ILM 35 [1996], S. 32 [41 ff.]).

Zum klassischen Handlungspotential des Sicherheitsrates gehört der Erlass von Regelungen, die sich in Bezug auf eine konkrete Bedrohung des Weltfriedens und der internationalen Sicherheit an alle Staaten richten. Insoweit umfasst das Aktionsspektrum des Sicherheitsrates seit jeher eine rechtsetzende Tätigkeit. Eine beachtliche Dimension hat mittlerweile die „quasi-legislative" Tätigkeit des Sicherheitsrates auf der Grundlage des VII. Kapitels gewonnen, die weit über die Formulierung von Verhaltenspflichten in einer konkreten Situation hinausgeht. Das VII. Kapitel der UN-Charta bietet eine Grundlage für abstrakt-generelle Regelungen zur Bewältigung typischer Bedrohungen für den Weltfrieden und die internationale Sicherheit. Solche Regelungen hat der UN-Sicherheitsrat vor allem zur Bekämpfung des internationalen Terrorismus erlassen. So verpflichtet die Resolution 1373 (2001) alle Staaten unter anderem dazu, die Finanzierung terroristischer Handlungen zu verhüten und zu bekämpfen (Nr. 1). Zugleich hat der Sicherheitsrat als Nebenorgan das Counter Terrorism Committee geschaffen (Nr. 6). In der Resolution 1540 (2004) hat der Sicherheitsrat beschlossen,

> „dass alle Staaten die Gewährung jeder Form von Unterstützung für nichtstaatliche Akteure unterlassen werden, die versuchen, nukleare, chemische oder biologische Waffen und ihre Trägersysteme zu entwickeln, zu erwerben, herzustellen, zu besitzen, zu transportieren, weiterzugeben oder einzusetzen" (Nr. 1).

Resolution 2178 (2014) des Sicherheitsrates begründet weitreichende Verpflichtungen der Staaten, präventive und repressive Maßnahmen gegen den internationalen Terrorismus zu ergreifen. So sollen die Staaten gegen die Rekrutierung und Unterstützung von Personen für die Zwecke des grenzüberschreitenden Terrorismus vorgehen (Nr. 5), grenzüberschreitende Vorbereitungshandlungen und deren Unterstützung unter Strafe stellen (Nr. 6) sowie die Ein- und Durchreise von terroristischen Kämpfern fremder Nationalität verhindern (Nr. 8).

27 Für die Ausübung der weit gespannten Handlungsbefugnisse nach dem VII. Kapitel der UN-Charta unterwirft die UN-Charta den Sicherheitsrat keinen ausdrücklichen Kompetenzschranken. Dennoch handelt der Sicherheitsrat bei Zwangsmaßnahmen zur Sicherung von Frieden und internationaler Sicherheit nicht im rechtsfreien Raum. Auch der Sicherheitsrat bleibt bei friedlichen und militärischen Zwangsmaßnahmen an zwingendes Völkergewohnheitsrecht, insbesondere das zwingende humanitäre Völkerrecht (Kriegsvölkerrecht) gebunden. Die Ab- und Einsetzung von Regierungen, die Teilung eines Staatsgebiets oder die endgültige Festlegung von Grenzen liegt je-

denfalls im Grundsatz außerhalb der Handlungsoptionen des Sicherheitsrates und lässt sich allenfalls in eng begrenzten Ausnahmefällen rechtfertigen. Weitergehende Ermessensschranken (etwa durch das Diskriminierungsverbot oder das Verhältnismäßigkeitsprinzip) sind kaum geeignet, dem Sicherheitsrat fühlbare Kompetenzschranken aufzuerlegen. Die UN-Charta betraut den Sicherheitsrat nämlich bewusst mit einem weiten Einschätzungs- und Gestaltungsspielraum im Dienste von Weltfrieden und internationaler Sicherheit.

Zur inzidenten Überprüfbarkeit von bindenden Resolutionen des UN-Sicherheitsrats – nur – am Maßstab von zwingendem Völkerrecht haben sich das Gericht erster Instanz der Europäischen Gemeinschaften – heute Gericht der Europäischen Union – (EuG, Rs. T-306/01, EU:T:2005:331, Rn. 276f. – *Yusuf und Al Barakaat*) – und das Schweizerische Bundesgericht (EuGRZ 2008, S. 66) bekannt mit der Folge, dass Rechtsakte zur Umsetzung von Resolutionen des Sicherheitsrates gerichtlich auch nur nach eben diesem Maßstab kontrolliert werden. Dies führt zu beachtlichen Rechtsschutzlücken bei Eingriffen in Grundrechte, wie sie mit der Umsetzung sog. „smart sanctions" gegen mutmaßlich in den internationalen Terrorismus verstrickte Gruppen und Einzelpersonen verbunden sind. Demgegenüber praktiziert der dem Gericht übergeordnete Gerichtshof der Europäischen Union bei Umsetzungsakten eine volle Überprüfung im Lichte des EU-Grundrechtestandards (EuGH, verb. Rs. C-402/05 P und C-415/05 P, EU:C:2008:461, Rn. 280ff. – *Kadi und Al Barakaat*). Allerdings misst der EuGH den Belangen des VII. Kapitels (Sicherung des Weltfriedens und der internationalen Sicherheit) besondere Bedeutung bei der Rechtfertigung von Grundrechtseinschränkungen zu (EuGH, aaO, Rn. 294ff.).

Mit dem Vorrang der UN-Charta (Art. 103) ist die Rechtsprechung **28**
des EuGH schwer zu vereinbaren.

Der EGMR unterwirft die Umsetzung von individuellen Sanktionen einer – eingeschränkten – Kontrolle am Maßstab der Europäischen Menschenrechtskonvention. Leitfall ist die Entscheidung im Fall *Al-Dulimi and Montata Management v. Switzerland* (Beschwerde Nr. 5809/08), die Sanktionen gegen ein führendes Mitglied des irakischen Geheimdienstes unter Saddam Hussein zum Gegenstand hat. Der EGMR (Große Kammer) unterstellt in Fortführung früherer Rechtsprechung dem UN-Sicherheitsrat, dass er in Einklang mit menschenrechtlichen Verpflichtungen der UN-Mitgliedstaaten handeln will:

„39. The Court emphasises that it is not its role to pass judgment on the legality of the acts of the UN Security Council. However, where a State relies on the need to apply a Security Council resolution in order to justify a limitation on the rights guaranteed by the Convention, it is necessary for the Court to examine the wording and scope of the text of the resolution in order to ensure, effectively and coherently, that it is consonant with the Convention […]. In that connection the Court must also take into account the purposes for which the United Nations was created. As well as the purpose of maintaining international peace and security, as stated in its first paragraph, Article 1 of the Charter provides in its third paragraph that the United Nations was created „[t]o achieve international co-operation… in promoting and encouraging respect for human rights and for fundamental freedoms…“. Article 24 § 2 of the Charter requires the Security Council, in discharging its duties with respect to its primary responsibility for the maintenance of international peace and security, to „act in accordance with the Purposes and Principles of the United Nations“ […].

140. Consequently, there must be a presumption that the Security Council does not intend to impose any obligation on member States to breach fundamental principles of human rights […]. In the event of any ambiguity in the terms of a UN Security Council resolution, the Court must therefore choose the interpretation which is most in harmony with the requirements of the Convention and which avoids any conflict of obligations. In the light of the United Nations' important role in promoting and encouraging respect for human rights, it is to be expected that clear and explicit language would be used were the Security Council to intend States to take particular measures which would conflict with their obligations under international human rights law […].“

Dass der UN-Sicherheitsrat auf alle möglichen regionalen Menschenrechtsstandards Rücksicht nimmt, erscheint realitätsfremd. Der EGMR nimmt eine Abwägung des Menschenrechtsschutzes einerseits sowie der Gewährleistung von Frieden und Sicherheit andererseits vor. Im Sinne eines Ausgleiches dieser Belange beschränkt der EGMR im Lichte von Art. 6 Abs. 1 EMRK die geforderte gerichtliche Kontrolle von nationalen Umsetzungsmaßnahmen, die sich gegen bestimmte Personen richten, auf mögliche Willkür:

„146. …in view of the seriousness of the consequences for the Convention rights of those persons, where a resolution such as that in the present case […] does not contain any clear or explicit wording excluding the possibility of judicial supervision of the measures taken for its implementation, it must always be understood as authorising the courts of the respondent State to exercise sufficient scrutiny so that any arbitrariness can be avoided. By limiting that scrutiny to arbitrariness, the Court takes account of the nature and purpose of the measures provided for by the Resolution in question, in order to strike a fair balance between the necessity of ensuring respect for human rights and the imperatives of the protection of international peace and security.“

d) Schutzverantwortung

Die vom UN-Generalsekretär eingesetzte Kommission zur Reform der UNO hat in ihrem Bericht vom Dezember 2004 („A more secure world: our shared responsibility") empfohlen, dass der UN-Sicherheitsrat bei Bedrohungen der Staatengemeinschaft durch Terroristen und Massenvernichtungswaffen zeitiger, „pro-aktiver" und entschlossener handeln müsse als in der Vergangenheit (paras. 193 ff.). Zugleich beschwört die Reformkommission die Verantwortung der Staatengemeinschaft und des Sicherheitsrates für den Schutz von Zivilpersonen vor Völkermord, ethnischen Säuberungen und ähnlich schwerwiegenden Menschenrechtsverletzungen (paras. 199 ff.). Dabei sieht die Kommission eine aufkeimende Rechtspflicht der internationalen Gemeinschaft, den Opfern Schutz über den Sicherheitsrat und dessen Ermächtigung zu humanitären Interventionen zu bieten: 29

„203. We endorse the emerging norm that there is a collective international responsibility to protect, exercisable by the Security Council authorizing military intervention as a last resort, in the event of genocide and other largescale killing, ethnic cleansing or serious violations of international humanitarian law which sovereign Governments have proved powerless or unwilling to prevent."

Der Einforderung einer „collective international responsibility" hat die (von der kanadischen Regierung eingesetzte) *International Comission on Intervention and State Sovereignty* mit ihrem Bericht „Responsibility to Protect" (2001) den Boden bereitet. Dieses Konzept bricht in Projektion auf den UN-Sicherheitsrat dem Gedanken einer treuhänderischen Bindung des Sicherheitsrates und seiner Mitglieder Bahn. Es umfasst drei Komponenten: die Verantwortung zur Verhütung *(responsibility to prevent)*, die Verantwortung zur Reaktion *(reponsibilty to react)* und die Wiederaufbauverantwortung *(responsibility to rebuild)*. Auch der UN-Gipfel der Staats- und Regierungschefs (*World Summit* vom September 2005, Schlussdokument) hat sich zu einer Schutzverantwortung der internationalen Gemeinschaft *(responsibility to protect)* bekannt:

„138. Each individual State has the responsibility to protect its populations from genocide, war crimes, ethnic cleansing and crimes against humanity. This responsibility entails the prevention of such crimes, including their incitement, through appropriate and necessary means. We accept that responsibility and will act in accordance with it. The international community should, as appropriate, encourage and help States to exercise this responsibility and support the United Nations in establishing an early warning capability.

139. The international community, through the United Nations, also has the responsibility to use appropriate diplomatic, humanitarian and other peaceful means, in accordance with Chapters VI and VIII of the Charter, to help to protect populations from genocide, war crimes, ethnic cleansing and crimes against humanity. In this context, we are prepared to take collective action, in a timely and decisive manner, through the Security Council, in accordance with the Charter, including Chapter VII, on a case-by-case basis and in cooperation with relevant regional organizations as appropriate, should peaceful means be inadequate and national authorities are manifestly failing to protect their populations from genocide, war crimes, ethnic cleansing and crimes against humanity. We stress the need for the General Assembly to continue consideration of the responsibility to protect populations from genocide, war crimes, ethnic cleansing and crimes against humanity and its implications, bearing in mind the principles of the Charter and international law. We also intend to commit ourselves, as necessary and appropriate, to helping States build capacity to protect their populations from genocide, war crimes, ethnic cleansing and crimes against humanity and to assisting those which are under stress before crises and conflicts break out“ (2005 World Summit Outcome, GA/Res. 60/1).

Auf diese Passagen des Schlussdokuments des UN-Gipfels von 2005 hat der UN-Sicherheitsrat wiederholt Bezug genommen (Resolution 1674 [2006] Nr. 4, Resolution 1706 [2006], Präambel). Zum Konzept der Schutzverantwortung hat sich der UN-Sicherheitsrat zum ersten Mal im Hinblick auf die Regierung eines bestimmten Landes ausdrücklich in seiner Resolution 1970 (2011) zu Libyen bekannt (Erwägung Nummer 9: „[…] *Recalling* the Libyan authorities' responsibility to protect its population“).

e) Legitimitätskriterien für militärische Maßnahmen

30 Für die Billigung militärischer Maßnahmen nach Kapitel VII der UN-Charta durch den UN-Sicherheitsrat hat die UN-Reformkommission in ihrem Bericht vom Dezember 2004 fünf „Legitimitätskriterien“ entwickelt, welche die Entscheidung des UN-Sicherheitsrates leiten sollen:

„207. In considering whether to authorize or endorse the use of military force, the Security Council should always address – whatever other considerations it may take into account – at least the following five basic criteria of legitimacy:

(a) *Seriousness of threat.* Is the threatened harm to State or human security of a kind, and sufficiently clear and serious, to justify prima facie the use of military force? In the case of internal threats, does it involve genocide and other largescale killing, ethnic cleansing or serious violations of international humanitarian law, actual or imminently apprehended?

(b) *Proper purpose*. Is it clear that the primary purpose of the proposed military action is to halt or avert the threat in question, whatever other purposes or motives may be involved?

(c) *Last resort*. Has every non-military option for meeting the threat in question been explored, with reasonable grounds for believing that other measures will not succeed?

(d) *Proportional means*. Are the scale, duration and intensity of the proposed military action the minimum necessary to meet the threat in question?

(e) *Balance of consequences*. Is there a reasonable chance of the military action being successful in meeting the threat in question, with the consequences of action not likely to be worse than the consequences of inaction?"

f) *Peacebuilding Commission*

Die Reformkommission hat in ihrem Bericht vom Dezember 2004 **31**
vorgeschlagen, dass der Sicherheitsrat eine *Peacebuilding Commission* als dauerndes Nebenorgan einrichtet (paras. 261 ff.). Diese Kommission soll Staaten unterstützen, die von innerem Zusammenbruch bedroht sind oder im Übergang vom bewaffneten Konflikt zur inneren Befriedung stehen. Der Gipfel der Staats- und Regierungschefs vom September 2005 hat sich diesen Vorschlag zueigen gemacht. Der UN-Sicherheitsrat hat im Verbund mit der Generalversammlung mit der Resolution 1645 (2005) die Einrichtung einer *Peacebuilding Commission* als gemeinsames Nebenorgan (Art. 7, 22 und 29 der UN-Charta) beschlossen und deren Aufgaben wie folgt umschrieben:

„(a) To bring together all relevant actors to marshal resources and to advise on and propose integrated strategies for post-conflict peacebuilding and recovery;

(b) To focus attention on the reconstruction and institution-building efforts necessary for recovery from conflict and to support the development of integrated strategies in order to lay the foundation for sustainable development;

(c) To provide recommendations and information to improve the coordination of all relevant actors within and outside the United Nations, to develop best practices, to help to ensure predictable financing for early recovery activities and to extend the period of attention given by the international community to postconflict recovery" (Nr. 2 der Resolution).

Die Kommission setzt sich aus 31 Mitgliedern zusammen (aus sieben Vertretern des UN-Sicherheitsrates (inkl. der fünf ständigen Mitglieder), sieben Vertretern des Wirtschafts- und Sozialrats, sieben Vertretern der UN-Generalversammlung und je fünf Vertretern aus den Reihen der Staaten, welche die größten Beiträge zum UN-Haushalt und zum Personal von UN-Missionen leisten). Ein ständiger Organisationsausschuss lenkt die Tätigkeit der Kommission. Über den Peacebuilding-Fonds, der sich aus freiwilligen Beiträgen von Mitgliedstaaten speist, sollen vor allem Maßnahmen zu Beginn von Peacebuilding-Prozessen gefördert werden.

Literatur: *J. D. Aston*, Sekundärgesetzgebung internationaler Organisationen zwischen mitgliedschaftlicher Souveränität und Gemeinschaftsdisziplin, 2005; *J. Delbrück*, Staatliche Souveränität und die neue Rolle des Sicherheitsrates der Vereinten Nationen, Verfassung und Recht in Übersee 26 (1993), S. 6 ff.; *R. J. Dupuy* (Hrsg.), Le développement du rôle du Conseil de Sécurité/The development of the role of the Security Council, 1993; *T. M. Franck*, The „Powers of Appreciation“: Who is the Ultimate Guardian of UN Legality?, AJIL 86 (1992), S. 519 ff.; *H. Gading*, Der Schutz grundlegender Menschenrechte durch militärische Maßnahmen des Sicherheitsrates – das Ende staatlicher Souveränität?, 1996; *M. J. Glenmore*, The UN-Security Council in a Unipolar World, VJIL 44 (2003), S. 91 ff.; *U. Heinz/C. Philipp/R. Wolfrum*, Zweiter Golfkrieg: Anwendungsfall von Kapitel VII der UN-Charta, VN 1991, S. 121 ff.; *M. Herdegen*, Der Sicherheitsrat und die autoritative Konkretisierung des VII. Kapitels der UN-Charta, in: Festschrift für R. Bernhardt, 1995, S. 103 ff.; *ders.*, Die Befugnisse des UN-Sicherheitsrates – Aufgeklärter Absolutismus im Völkerrecht?, 1998; *C. Kreuter-Kirchhof*, Völkerrechtliche Schutzverantwortung bei elementaren Menschrechtsverletzungen. Die Resposibility to Protect als Verantwortungsstruktur, AVR 2010, S. 338 ff.; *R. B. Lillich*, Humanitarian Intervention through the United Nations: Towards the Devolopment of Criteria, ZaöRV 53 (1993), S. 557 ff.; *P. Malanczuk*, The Kurdish Crisis and Allied Intervention in the Aftermath of the Second Gulf War, EJIL 2 (1991), S. 114 ff.; *D. M. Malone*, The Security Council in the Post-Cold War Era: A Study in the Creative Interpretation of the U. N. Charter, Journal of International Law and Politics 35 (2003), S. 487 ff.; *D. Schweigman*, The Authority of the Security Council under Chapter VII of the UN Charter – Legal Limits and the Role of the International Court of Justice, 2001; *A. Stein*, Der Sicherheitsrat der Vereinten Nationen und die Rule of Law, 1999; *S. Talmon*, The Security Council as World Legislature, AJIL 99 (2005), S. 175 ff.; *F. R. Tesón*, Humanitarian Intervention: An Inquiry into Law and Morality, 3. Aufl. 2005; *N. Tsagourias/N. D. White*, Collective Security, Theory, Law and Practice, 2013; *E. de Wet/A. Nollkaemper*, Review of Security Council Decisions by National Courts, GYIL 45 (2002), S. 166 ff.; *E. de Wet*, The Chapter VII Powers of the United Nations Security Council, 2004.

3. UN-Friedenstruppen und andere friedenserhaltende Operationen

Ohne ausdrückliche Grundlage in der UN-Charta haben die Vereinten Nationen seit jeher friedenserhaltende Maßnahmen *(peacekeeping operations)* durchgeführt. Mittlerweile ist die Gesamtzahl dieser Missionen auf über 60 angestiegen. Gegenstand der friedenserhaltenden Maßnahmen der Vereinten Nationen sind vor allem Beobachter- und Überwachungsmissionen sowie die Sicherung von Pufferzonen zwischen den Konfliktparteien. Daneben kommen UN-Operationen zur Sicherung der öffentlichen Ordnung sowie zur Herstellung von Verwaltungsstrukturen in Betracht. 32

Die Aufstellung von UN-Friedenstruppen und die Durchführung anderer friedenserhaltender Maßnahmen geschehen auf der Grundlage einer einverständlichen Regelung mit den Konfliktparteien. Hierin unterscheiden sich friedenserhaltende Operationen von friedensschaffenden Maßnahmen *(peace enforcement operations)* nach dem VII. Kapitel der UN-Charta. Die in der UN-Charta nicht eigens geregelten Maßnahmen der Friedenserhaltung sind gewissermaßen im Zwischenbereich zwischen dem VI. und dem VII. Kapitel der UN-Charta angesiedelt.

Nach der Rechtsprechung des Internationalen Gerichtshofs ist die Aufstellung von Friedenstruppen im Dienste des Weltfriedens und der internationalen Sicherheit als zentrale Zwecksetzung der Vereinten Nationen von den Befugnissen der Weltorganisation gedeckt (IGH, *Certain Expenses of the United Nations*, ICJ Reports 1962, S. 151 [168]). Es handelt sich gewissermaßen um eine Anwendung der *implied powers*-Doktrin.

Die Grenzen zwischen friedenserhaltenden Maßnahmen und friedensschaffenden Operationen sind fließend. Dies zeigt sich bei Operationen der sog. „robusten" Friedenserhaltung, die (ungeachtet des Einverständnisses der Konfliktparteien) durch die Ermächtigung zu Zwangsmaßnahmen (etwa den Einsatz von Waffengewalt zum Schutz von Hilfslieferungen und anderen humanitären Operationen) flankiert sind. Derartige friedenserhaltende Maßnahmen mit Zwangselementen finden ihre Grundlage im VII. Kapitel der UN-Charta (siehe zur Einrichtung einer multinationalen Schutztruppe für Ost-Timor S/Res. 1264 [1999], VN 1999, S. 219). 33

Zur Befriedung der Demokratischen Republik Kongo (DRK) hat der UN-Sicherheitsrat zum ersten Mal militärische Einheiten unter

UN-Kommando mit einer offensiven Aufgabe betraut. Die Resolution 2098 (2013) sieht eine „Interventionsbrigade“ unter dem direkten Kommando des Befehlshabers der Streitkräfte der UN-Stabilisierungsmission in der DRK (MONUSCO) vor (Nummer 9) und ermächtigt MONUSCO, alle notwendigen Maßnahmen zum Schutz der Zivilbevölkerung, zur Neutralisierung bewaffneter Gruppen, zur Überwachung des verhängten Waffenembargos und zur Unterstützung der Strafverfolgung von Kriegsverbrechen und Verbrechen gegen die Menschlichkeit (Nummer 12).

34 Der Einsatz von Einheiten nationaler Streitkräfte zur Friedenswahrung auf der Grundlage eines Mandats des UN-Sicherheitsrates ist für die Frage der Verantwortlichkeit den Vereinten Nationen selbst zuzurechnen, wenn die jeweilige Operation nach Gegenstand, Umfang und Dauer vom Sicherheitsrat gesteuert wird (siehe zu den KFOR-Truppen im Kosovo EGMR, *Behrami ./. Frankreich und Saramati ./. Frankreich u. a.*, EuGRZ 2007, S. 522 paras. 133 ff.). Dann kommen nationale Kontingente nur für die Vereinten Nationen zum Einsatz („Organleihe“). In diesem Falle sind bei militärischen Kampfhandlungen auch die Vereinten Nationen selbst Konfliktpartei. Dagegen bleiben bei einer bloßen Ermächtigung allein die Mitgliedstaaten für den von ihnen selbst kontrollierten Streitkräfteeinsatz verantwortlich.

Laufende Friedensmissionen der Vereinten Nationen

MINU-JUSTH	– United Nations Mission for Justice Support in Haiti
MINURSO	– United Nations Mission for the Referendum in Western Sahara
MINUSCA	– United Nations Multidimensional Integrated Stabilization Mission in the Central African Republic
MINUSMA	– United Nations Multidimensional Integrated Stabilization Mission in Mali
MONUSCO	– United Nations Organization Stabilization Mission in the Democratic Republic of the Congo
UNAMA	– United Nations Assistance Mission in Afghanistan
UNAMID	– African Union-United Nations Hybrid Operation in Darfur
UNDOF	– United Nations Disengagement Observer Force
UNFICYP	– United Nations Peacekeeping Force in Cyprus
UNIFIL	– United Nations Interim Force in Lebanon
UNISFA	– United Nations Interim Security Force for Abyei
UNMIK	– United Nations Interim Administration Mission in Kosovo
UNMIL	– United Nations Mission in Liberia
UNMISS	– United Nations Mission in the Republic of South Sudan
UNMOGIP	– United Nations Military Observer Group in India and Pakistan
UNTSO	– United Nations Truce Supervision Organization

Im Unterschied zu den anderen Friedensmissionen qualifizieren die Vereinten Nationen UNAMA, deren Mandat sich auf die Unterstützung der afghanischen Regierung beschränkt, als „politische Mission".

Weitere Informationen zu UN-Friedensmissionen unter: https://peacekeeping.un.org/en, zuletzt abgerufen am 29.11.2018.

Literatur: *B. Oswald/H. Durham/A. Bates* (Hrsg.), Documents on the Law of UN Peace Operations, 2010.

4. Entwicklung supranationaler Hoheitsgewalt

35 In verschiedenen Fällen haben die Vereinten Nationen Hoheitsgewalt ausgeübt, die in den innerstaatlichen Bereich hinein reicht. Im Vordergrund steht dabei die Unterstützung von Unabhängigkeitsprozessen oder sonstigen Formen der Staatsbildung im weiteren Sinne. Hier geht es vor allem

- um eine Art treuhänderischer Wahrnehmung von Hoheitsbefugnissen im Zusammenhang mit der Entstehung eines neuen Staates („nation-building"),
- die Sicherung staatlicher Strukturen sowie bestimmter Standards (etwa zum Schutz der angemessenen politischen Mitwirkung einzelner Bevölkerungsgruppen) oder
- die Verwaltung eines Teiles des Gebietes eines Staates zur Befriedung interner Konflikte.

Derartige Maßnahmen zur Stabilisierung der inneren Ordnung eines Staates reichen von der Unterstützung durch Sicherheitskräfte bis zur treuhänderischen Wahrnehmung weitreichender staatlicher Funktionen wie etwa im Kosovo. Ein frühes Beispiel ist die vorübergehende Übertragung der Verwaltungsbefugnisse für das ehemalige Niederländisch-Neuguinea (West-Irian) auf der Grundlage einer einverständlichen Regelung mit den Niederlanden und Indonesien (*United Nations Security Force in West Irian*, 1962–63). Zur Flankierung der Unabhängigkeitserlangung von Namibia hat der Sicherheitsrat eine UN-Unterstützungstruppe mit zivilen und militärischen Aufgaben eingerichtet. In den Zusammenhang mit der Begleitung eines Unabhängigkeitsprozesses gehört auch die Übergangsverwaltung der Vereinten Nationen in Ost-Timor (UNTAET S/Res. 1272 [1999], VN 1999, S. 219). Diese Übergangsverwaltung umfasste eine administrative, eine humantitäre und eine militärische Komponente.

36 In Somalia haben die Vereinten Nationen anstelle der völlig weggebrochenen Staatsgewalt elementare Ordnungsfunktionen ausgeübt. Andere Beispiele für die transitorische Wahrnehmung hoheitlicher Funktionen im Inneren eines Staates bilden die *United Nations Transitional Authority* in Kambodscha (UNTAC, S/Res. 745 [1992], VN 1992, S. 78), die Übergangsverwaltung der Vereinten Nationen in Ostslawonien (UNTACS, S/Res. 1037 [1996], VN 1996, S. 160) so-

wie die *United Nations Interim Administration* (UNMIK) im Kosovo (S/Res. 1244 [1999], VN 1999, S. 116).

Für Maßnahmen der UNMIK als Hilfsorgan des UN-Sicherheitsrates sind nicht die UN-Mitgliedstaaten, sondern die Vereinten Nationen selbst verantwortlich (EGMR, *Behrami ./. Frankreich und Saramati ./. Frankreich u. a.*, EuGRZ 2007, S. 522 paras. 142 ff.).

Die von der Übergangsverwaltung UNMIK geschaffene vorläufige Verfassungsordnung für das Kosovo („Constitutional Framework") hat der Internationale Gerichtshof in seinem Gutachten zur Unabhängigkeitserklärung zum Kosovo (hierzu oben § 36 Rn. 7) zu Recht dem Völkerrecht zugeordnet (IGH, *Accordance with International Law of the Unilateral Declaration of Independence in Respect of Kosovo*, Advisory Opinion, ICJ Reports 2010, S. 403 paras. 62, 88).

Grundlage für die transitorische Ausübung von Hoheitsgewalt bilden auf Kapitel VII der UN-Charta gestützte Resolutionen des UN-Sicherheitsrates. Nach dem VII. Kapitel hat der UN-Sicherheitsrat für die Aufrechterhaltung der Sicherheit in Kabul und Umgebung die *International Security Assistance Force* (ISAF) eingerichtet (S/Res. 1386 [2001]).

Der „Hohe Repräsentant" für Bosnien und Herzegowina, wird 37
nach dem Dayton-Abkommen (*General Agreement for Peace in Bosnia and Herzegowina*, Annex 10, ILM 35 [1996], S. 174) vom UN-Sicherheitsrat ernannt, ohne dass seine Befugnisse (wie im Dayton-Abkommen vorgesehen) vom UN-Sicherheitsrat klar umschrieben wären. Angesichts der sehr eingeschränkten Funktionsfähigkeit der Verfassungsorgane aufgrund fortschwelender ethnischer Konflikte in Bosnien und Herzegowina hat der Hohe Repräsentant – gestützt auf die Implementierungsbeschlüsse im Rahmen des Dayton-Abkommens und die Resolutionen des UN-Sicherheitsrates (S/Res. 1244 [1997], VN 1999, S. 116 und S/Res. 1256 [1999], VN 2000, S. 74) – weitgehende Regelungsbefugnisse in Anspruch genommen, Parlamentsgesetze für verfassungswidrig erklärt und Amtsträger entlassen. Trotz der Mitwirkung des UN-Sicherheitsrates handelt es sich bei dem Hohen Repräsentanten für Bosnien und Herzegowina nicht um ein Organ der Vereinten Nationen, sondern um ein Organ des Staates Bosnien und Herzegowina auf völkervertraglicher Grundlage.

Mit den Internationalen Strafgerichtshöfen für das ehemalige Ju- 38
goslawien und für Ruanda als Hilfsorgane des Sicherheitsrates üben die Vereinten Nationen unmittelbar Strafgewalt aus. Nach dem Statut des Internationalen Strafgerichtshofs für das frühere Jugoslawien kann die Anklagebehörde des Gerichtshofs Zeugenbefragungen und

andere Ermittlungen vor Ort durchführen, ohne vorher die Zustimmung des betroffenen Staates einholen zu müssen (Art. 29 des Statuts des Internationalen Strafgerichtshofs für das ehemalige Jugoslawien, HRLJ 14 [1993], S. 211 ff.).

Diese Entwicklung legt es nahe, den Vereinten Nationen und einzelnen ihrer Hilfsorgane supranationalen Charakter zuzuerkennen und sie jedenfalls insoweit als „zwischenstaatliche Einrichtungen" im Sinne von Art. 24 Abs. 1 GG zu begreifen, als ihre Maßnahmen unmittelbar „Durchgriffswirkung" für Einzelne äußern.

Literatur: *E. Afsah/A. H. Guhr*, Afghanistan: Building a State to Keep the Peace, Max Planck UNYB 9 (2005), S. 373 ff.; M. *Bothe/T. Marauhn*, UN Administration of Kosovo and East Timor: Concept, Legality and Limitations of Security-Mandated Trusteeship, in: C. Tomuschat (Hrsg.), Kosovo and the International Community, 2001, S. 217 ff.; *P. Dann/Z. Al-Ali*, The Internationalized *Pouvoir Constituant* – Constitution-Making Under External Influence in Iraq, Sudan and East Timor, Max Planck UNYB 10 (2006), S. 423 ff.; *E. De Brabandere*, Post-Conflict Administrations in International Law, 2009; *M. Herdegen*, Die Befugnisse des UN-Sicherheitsrates – Aufgeklärter Absolutismus im Völkerrecht?, 1998; *L. Keller*, UNTAC in Cambodia – from Occupation, Civil War and Genocide to Peace, Max Planck UNYB 9 (2005), S. 127 ff.; *K. Oellers-Frahm*, Restructuring Bonsia-Herzegovina: A Model with Pit-Falls, Max Planck UNYB 9 (2005), S. 179 ff.; *C. Stahn*, International Territorial Administration in the former Yugoslavia: Origins, Development and Challenges ahead, ZaöRV 61 (2001), S. 107 ff.; *C. Tomuschat* (Hrsg.), Kosovo and the International Community – A Legal Assessment, 2002; *E. de Wet*, The Direct Administration of Territories by the United Nations and its Member States in the Post Cold War Era: Legal Basis and Implications for National Law, Max Planck UNYB 8 (2004), S. 291 ff.; *S. Wollenberg*, Die Regierung von Konfliktgebieten durch die Vereinten Nationen, 2007.

§ 42. Sonderorganisationen der Vereinten Nationen

1 Nach Art. 57 Abs. 1 UN-Charta können die

> „verschiedenen durch zwischenstaatliche Übereinkünfte errichteten Sonderorganisationen, die auf den Gebieten der Wirtschaft, des Sozialwesens, der Kultur, der Erziehung, der Gesundheit und auf verwandten Gebieten weitreichende, in ihren maßgebenden Urkunden umschriebene internationale Aufgaben zu erfüllen haben",

auf der Grundlage von Sonderabkommen mit den Vereinten Nationen in Beziehung gebracht werden. Diese Organisationen bezeichnet Art. 57 Abs. 2 UN-Charta als „Sonderorganisationen" der Vereinten Nationen. Die in Art. 57 UN-Charta vorgesehenen Abkommen mit Sonderorganisationen werden nach Art. 63 Abs. 1 UN-Charta vom Wirtschafts- und Sozialrat mit Genehmigung der Generalversammlung geschlossen.

Gemäß Art. 63 Abs. 2 UN-Charta koordiniert der Wirtschafts- 2
und Sozialrat die Tätigkeit der Sonderorganisationen dadurch, dass er „Konsultationen mit ihnen führt und an sie, an die Generalversammlung und die Mitglieder der Vereinten Nationen Empfehlungen richtet". Die Vorschrift des Art. 63 UN-Charta erweckt den Eindruck, als lägen die Beziehungen zwischen den Vereinten Nationen und den Sonderorganisationen im Wesentlichen in den Händen des Wirtschafts- und Sozialrates. Jedoch bleibt der Wirtschafts- und Sozialrat auch insoweit an Leitlinien der Generalversammlung gebunden (siehe Art. 60, 66 UN-Charta). Daneben leiden das politische Gewicht und die praktische Leistungsfähigkeit des Wirtschafts- und Sozialrats in den Beziehungen zu den Sonderorganisationen zum einen unter dessen nicht-repräsentativer Zusammensetzung (zahlenmäßig beschränkte Mitgliedschaft) und zum anderen am unzureichenden Verwaltungsunterbau.

Literatur: *R. v. Hanstein*, Der Einfluß der Vereinten Nationen auf die Sonderorganisationen – Anspruch und Wirklichkeit, 1988; *F. Knipping/H. v. Mangoldt/V. Rittberger* (Hrsg.), Das System der Vereinten Nationen und seine Vorläufer, Bd. I/2: Sonderorganisationen und andere Institutionen, 1995.

Die Sonderorganisationen der Vereinten Nationen

1. Ernährungs- und Landwirtschaftsorganisation (*Food and Agriculture Organization*, FAO)
2. Internationale Arbeitsorganisation (*International Labour Organization*, ILO)
3. Internationale Bank für Wiederaufbau und Entwicklung (Weltbank; *International Bank for Reconstruction and Development*, IBRD)
4. Internationale Entwicklungsorganisation (*International Development Association*, IDA)
5. Internationale Fernmeldeunion (*International Telecommunication Union*, ITU)
6. Internationale Finanz-Corporation (*International Finance Corporation*, IFC)
7. Internationale Seeschifffahrts-Organisation (*International Maritime Organization*, IMO)
8. Internationale Zivilluftfahrt-Organisationen (*International CivilAviation Organization*, ICAO)
9. Internationaler Fonds für landwirtschaftliche Entwicklung(*International* Fund for Agricultural Development, IFAD)
10. Internationaler Währungsfonds (*International Monetary Fund*, IMF)
11. Organisation der Vereinten Nationen für Erziehung, Wissenschaft und Kultur (*United Nations Educational, Scientific and Cultural Organization*, UNESCO)
12. Organisation der Vereinten Nationen für industrielle Entwicklung (*United Nations Industrial Development Organization*, UNIDO)
13. Weltgesundheitsorganisation (*World Health Organization*, WHO)
14. Weltorganisation für geistiges Eigentum (*World Intellectual Property Organization*, WIPO)
15. Weltorganisation für Meteorologie (*World Meteorological Organization*, WMO)
16. Weltpostverein (*Universal Postal Union*, UPU)
17. Welttourismusorganisation (*World Tourism Organisation*, UNWTO)
18. Internationales Zentrum zur Beilegung von Investitionsstreitigkeiten (*International Centre for Settlement of Investment Disputes*, ICSID)
19. Multilaterale Investitions-Garantie-Agentur (*Multilateral Investment Guarantee Agency*, MIGA)

IX. Kapitel. Institutionelle Kooperation und Friedenssicherung auf regionaler Ebene

§ 43. Regionale Abmachungen oder Einrichtungen (VIII. Kapitel UN-Charta)

1. Begriff der „regionalen Abmachungen oder Einrichtungen“

Das VIII. Kapitel der UN-Charta bindet „regionale Abmachungen 1
oder Einrichtungen“ in das Sicherheitssystem der Vereinten Nationen ein. Art. 52 Abs. 1 UN-Charta bestimmt:

„Diese Charta schließt das Bestehen regionaler Abmachungen oder Einrichtungen zur Behandlung derjenigen die Wahrung des Weltfriedens und der internationalen Sicherheit betreffenden Angelegenheiten nicht aus, bei denen Maßnahmen regionaler Art angebracht sind; Voraussetzung hierfür ist, dass diese Abmachungen oder Einrichtungen und ihr Wirken mit den Zielen und Grundsätzen der Vereinten Nationen vereinbar sind.“

Mit den Begriffen „regionale Abmachung“ und „regionale Einrichtung“ sollen sowohl internationale Organisationen im engeren Sinne als auch lockere Formen der Staatenverbindung erfasst werden, die (noch) keine organisatorische Verfestigung mit eigener Völkerrechtspersönlichkeit gefunden haben (wie etwa die OSZE). Der Verzicht auf eine nähere Begriffsbestimmung soll eine möglichst großzügige Einbeziehung von Regionalorganisationen und anderen Erscheinungsformen regionaler Zusammenarbeit erlauben.

Klassische Regionalorganisationen im Sinne von Art. 52 Abs. 1 2
UN-Charta sind etwa der *Europarat* und die *Organisation Amerikanischer Staaten* (OAS) sowie bis 2002 die *Organisation der Afrikanischen Einheit* (OAU), die von der *Afrikanischen Union* (AU) abgelöst wurde. Im Jahre 2008 ist die Organisation der *Vereinten Nationen von Südamerika* (UNASUR) gegründet worden, die sich bereits bei der Bewältigung nationaler oder regionaler Konflikte bewährt hat.

Eine früher herrschende Meinung grenzt „Regionalorganisationen“ im Sinne des VIII. Kapitels der UN-Charta als Organisationen zur Gewährleistung der Sicherheit ihrer Mitglieder untereinander von Organisationen zum Schutz vor einer Bedrohung von außen (Verteidigungsorganisationen) ab. Diese von der UN-Charta keineswegs vorgegebene Differenzierung erscheint nicht überzeugend. Denn manche regionalen Organisationen vereinen Verteidigungsfunktionen mit der Gewährleistung von Frieden und Sicherheit innerhalb und außerhalb des Mitgliederbestandes (so neuerdings die NATO). In diesem Zusammenhang ist bezeichnend, dass der UN-Sicherheitsrat die Ermächtigung von NATO und WEU zu Zwangsmaßnahmen in Jugoslawien sowohl auf das VII. wie auch das VIII. Kapitel der UN-Charta gestützt hat (siehe etwa S/Res. 816 [1993], VN 1993, S. 73; S/Res. 908 [1994], VN 1994, S. 110).

2. Vorrang regionaler Mechanismen bei der friedlichen Streitbeilegung

3 Nach Art. 52 Abs. 2 und Abs. 3 UN-Charta sollen bei der friedlichen Streitbeilegung vorrangig regionale Mechanismen ausgeschöpft werden, bevor der Sicherheitsrat damit befasst wird. Hiervon unberührt bleibt allerdings das Untersuchungsrecht des Sicherheitsrates nach Art. 34 UN-Charta sowie das Recht eines jeden Mitgliedstaates, die Aufmerksamkeit des Sicherheitsrates oder der Generalversammlung gemäß Art. 35 UN-Charta auf eine Streitigkeit zu lenken (Art. 52 Abs. 4 UN-Charta).

3. Zwangsmaßnahmen im Rahmen regionaler Absprachen

4 Die Durchführung von Zwangsmaßnahmen durch regionale Organisationen sieht Art. 53 UN-Charta vor. Derartige Zwangsmaßnahmen beziehen sich auf militärische Maßnahmen, die wegen des allgemeinen Gewaltverbotes (Art. 2 Nr. 4 UN-Charta) einer besonderen Ermächtigung durch den UN-Sicherheitsrat bedürfen. Bei anderen (insbesondere wirtschaftlichen) Zwangsmaßnahmen gelten für Regionalorganisationen keine schärferen Standards als für einzelne Staaten.

Die Vorschrift des Art. 53 Abs. 1 UN-Charta sieht einmal Zwangsmaßnahmen im Auftrag des Sicherheitsrates (Satz 1) und zum anderen Zwangsmaßnahmen auf Betreiben der jeweiligen Regionalorganisation durch Ermächtigung des Sicherheitsrates (Satz 2) vor:

„Der Sicherheitsrat nimmt gegebenenfalls diese regionalen Abmachungen oder Einrichtungen zur Durchführung von Zwangsmaßnahmen unter seiner Autorität in Anspruch. Ohne Ermächtigung des Sicherheitsrats dürfen Zwangsmaßnahmen auf Grund regionaler Abmachungen oder seitens regionaler Einrichtungen nicht ergriffen werden; […]"

Die Ausnahme vom Ermächtigungsvorbehalt bei Maßnahmen gegen die ehemaligen „Feindstaaten" (Art. 53 Abs. 1 Satz 2, 2. Halbsatz und Abs. 2 UN-Charta) ist längst obsolet geworden.

In seiner Resolution 2167 (2014) unterstreicht der Sicherheitsrat den Beitrag von regionalen Organisationen für die internationale Sicherheit nach dem VIII. Kapitel der UN-Charta und verweist dabei auf die

„von regionalen oder subregionalen Organisationen, darunter die Afrikanische Union, die Europäische Union, die Wirtschaftsgemeinschaft der zentralafrikanischen Staaten, die Wirtschaftsgemeinschaft der westafrikanischen Staaten, die Entwicklungsgemeinschaft des südlichen Afrika, die Ostafrikanische Gemeinschaft, die Organisation der amerikanischen Staaten, die Union Südamerikanischer Nationen, die Gemeinschaft der lateinamerikanischen und karibischen Staaten, die Karibische Gemeinschaft, die Organisation des Vertrags über kollektive Sicherheit, die Liga der arabischen Staaten, der Verband Südostasiatischer Nationen und die Union des Arabischen Maghreb, bereits ergriffenen Initiativen auf dem Gebiet der Wahrung des Weltfriedens und der internationalen Sicherheit".

Nicht völlig klar ist, in welchem Verhältnis Art. 53 UN-Charta zu 5
der (im VII. Kapitel niedergelegten) Vorschrift des Art. 48 Abs. 2 UN-Charta steht, nach welcher Beschlüsse des Sicherheitsrates „von den Mitgliedern der Vereinten Nationen [entweder] unmittelbar [durchgeführt werden]" oder „durch Maßnahmen in den geeigneten internationalen Einrichtungen […], deren Mitglieder sie sind". In seiner neueren Praxis verweist der Sicherheitsrat zuweilen sowohl auf das VII. als auch auf das VIII. Kapitel der UN-Charta. Beim Tätigwerden von regionalen Organisationen im Rahmen des VIII. Kapitels der UN-Charta greift die Berichtspflicht gegenüber dem Sicherheitsrat (Art. 54 UN-Charta) ein. In der Völkerrechtslehre wird eine entsprechende Anwendung dieser Verpflichtung bei der Ermächtigung von Regionalorganisationen nach Art. 48 Abs. 2 UN-Charta diskutiert.

Literatur: *J. A. Frowein*, Zwangsmaßnahmen von Regionalorganisationen, in: Festschrift für R. Bernhardt, 1995, S. 57 ff.; *H. Körbs*, Die Friedenssicherung durch die Vereinten Nationen und Regionalorganisationen nach Kapitel

VIII der Satzung der Vereinten Nationen, 1997; *C. Walter*, Vereinte Nationen und Regionalorganisationen, 1996; *R. Wolfrum*, Der Beitrag regionaler Abmachungen zur Friedenssicherung: Möglichkeiten und Grenzen, ZaöRV 53 (1993), S. 576 ff.

§ 44. Regionale Organisationen

1. Organisation Amerikanischer Staaten (OAS)

1 Die Organisation Amerikanischer Staaten (*Organization of American States*, OAS) bildet geradezu den Prototyp einer Regionalorganisation im Sinne des VIII. Kapitels der UN-Charta. Dies entspricht auch dem Selbstverständnis der OAS, wie es in Art. 1 ihrer Charta zum Ausdruck kommt. Der OAS gehören alle amerikanischen Staaten (35) an. Die gegenwärtige Regierung von Kuba ist durch einen Beschluss der konsultativen Versammlung der Außenminister von 1962 von den aktiven Mitwirkungsrechten ausgeschlossen.

Die OAS ist zentrales Element des sog. inter-amerikanischen Systems, das auf drei Komponenten beruht:

- dem *Inter-Amerikanischen Vertrag über gegenseitige Unterstützung* (Rio-Pakt) von 1947 (UNTS 21 [1948], S. 77),
- dem *amerikanischen Vertrag über die friedliche Streitbeilegung* (Pakt von Bogotá) von 1948 (UNTS 30 [1949], S. 55) und
- der *OAS-Charta* von 1948 (UNTS 119 [1952], S. 3; geändert durch das Protokoll von Buenos Aires von 1967, das Protokoll von Cartagena de Indias von 1985, das Protokoll von Washington von 1992 und das Protokoll von Managua von 1993).

Mit der OAS verbunden ist das inter-amerikanische System zum Schutz der Menschenrechte. Im Zentrum dieses Systems steht die *Amerikanische Menschenrechtskonvention* von 1969 (ILM 9 [1970], S. 673, EuGRZ 1980, S. 435).

2 Das Hauptorgan der OAS ist die Generalversammlung, in der jeder Mitgliedstaat eine Stimme hat (Art. 54 ff. OAS-Charta). Exekutivfunktionen sind dem Ständigen Rat übertragen (Art. 80 ff.). Die Behandlung dringender Fragen kann jederzeit an die Konsultative Versammlung der Außenminister (Art. 61 ff.) herangetragen werden. Diese Versammlung nimmt auch die Aufgaben des Konsultativorgans nach dem Rio-Pakt wahr. An der Spitze des Generalsekretariats der OAS (Art. 107 ff.) steht der Generalsekretär.

Neben der Wahrung der Menschenrechte nimmt sich die OAS seit jüngerer Zeit auch der Förderung demokratischer Strukturen an. Die OAS begreift sich selbst als „the principal hemispheric body for the defense of democratic values and institutions" (so die Gipfelerklärung der Staats- und Regierungschefs der Amerikanischen Staaten von 1994). Mit dem *Protokoll von Cartagena* (1985) sind der Schutz und die Förderung der repräsentativen Demokratie in den Aufgabenkatalog der OAS-Charta aufgenommen worden (Art. 2 *lit.* b). Im Jahr 2001 hat die Generalversammlung der OAS die Inter-Amerikanische Demokratie-Charta (ILM 40 [2001], S. 1289) angenommen. Nach dem *Protokoll von Washington* (1993) können die Mitgliedschaftsrechte eines Staates, dessen demokratisch geführte Regierung gewaltsam gestürzt worden ist, suspendiert werden. Im Zusammenwirken mit den Vereinten Nationen hat sich die OAS um die Wiederherstellung der Demokratie in Haiti nach dem Sturz des Präsidenten *Aristide* bemüht.

Im Jahre 2009 hat die Generalversammlung der OAS die Absetzung des Präsidenten *Zelaya* in Honduras (wegen Verwirkung des Amtes durch Verfassungsbruch) durch das Parlament sowie durch den Obersten Gerichtshof des Landes und die Wahl eines Nachfolgers als undemokratischen Umsturz gewertet und die Mitwirkungsrechte von Honduras suspendiert.

Die Aufgaben der OAS ergeben sich aus Art. 2 der OAS-Charta: 3

„[…]
- To strengthen the peace and security of the continent;
- To promote and consolidate representative democracy, with due respect for the principle of nonintervention;
- To prevent possible causes of difficulties and to ensure the pacific settlement of disputes that may arise among the Member States;
- To provide for common action on the part of those States in the event of aggression;
- To seek the solution of political, juridical, and economic problems that may arise among them;
- To promote, by cooperative action, their economic, social and cultural development;
- To eradicate extreme poverty, which constitutes an obstacle to the full democratic development of the peoples of the hemisphere; and
- To achieve an effective limitation of conventional weapons that will make it possible to devote the largest amount of resources to the economic and social development of the Member States."

Die OAS-Charta verpflichtet die Mitgliedstaaten, alle Streitigkeiten 4
untereinander der in der Charta vorgesehenen Streitbeilegung zu un-

terwerfen. Die OAS-Charta enthält nur wenige Vorschriften über die friedliche Streitbeilegung. Im Übrigen verweist die Charta auf den Pakt von Bogotá und dessen detaillierte Regelungen über die friedliche Streitbeilegung. Von praktischer Bedeutung ist daneben die Generalklausel des Rio-Paktes (Art. 7) über die friedliche Streitbeilegung. In zahlreichen Grenzstreitigkeiten und anderen Konflikten hat die OAS ihre friedenswahrende Funktion bewiesen.

5 Das inter-amerikanische System ist sowohl ein System der kollektiven Sicherheit als auch ein Verteidigungsbündnis. Die Schutzmechanismen des Systems erstrecken sich auf

- einen bewaffneten Angriff irgendeines Staates gegen einen amerikanischen Staat (Art. 28 OAS-Charta, Art. 3 Rio-Pakt),
- eine sonstige Aggression, welche die Unverletzlichkeit oder die Unantastbarkeit des Gebietes oder die Souveränität oder die politische Unabhängigkeit irgendeines amerikanischen Staates bedroht (Art. 6 Rio-Pakt),
- irgendeine andere Tatsache oder Situation, welche den Frieden Amerikas gefährdet (Art. 6 Rio-Pakt) sowie
- einen Konflikt zwischen zwei oder mehreren amerikanischen Staaten (Art. 7 Rio-Pakt).

6 Als einziges regionales Regime enthält der Rio-Pakt ein voll ausgebildetes Sanktionssystem. In Anlehnung an die UN-Charta (Art. 41 f.) sieht Art. 8 des Rio-Pakts die Anordnung folgender Maßnahmen durch das Konsultativorgan vor:

- die Abberufung der Leitung diplomatischer Vertretungen, den Abbruch diplomatischer Beziehungen oder konsularischer Beziehungen,
- die Unterbrechung wirtschaftlicher Beziehungen sowie von Verkehrs- und Kommunikationsverbindungen und
- die Anwendung bewaffneter Gewalt.

Es ist höchst zweifelhaft, ob die Interventionsklausel des Rio-Paktes – im Sinne einer antizipierten Einwilligung des betroffenen Staates – eine hinreichende Rechtfertigung für Gewaltmaßnahmen (außerhalb von kollektiver Selbstverteidigung und vielleicht auch von humanitärer Intevention) bildet. Im Kern geht es um das Problem, ob ein Staat abstrakt, d. h. gelöst von einer konkreten Konfliktsituation vertraglich seine Zustimmung zu derartigen gewaltsamen Maßnahmen geben kann. Die Befugnis von Regionalorganisationen zur gewaltsamen Intervention ohne Ermächtigung nach Art. 53 Abs. 1 der

UN-Charta steht jedenfalls im Widerspruch zur Logik der UN-Charta (nur vom Selbstverteidigungsrecht durchbrochenes Interventionsmonopol des UN-Sicherheitsrats). Auf der anderen Seite lässt sich argumentieren, dass eine abstrakt geregelte Ermächtigung zu gewaltsamer Intervention jedenfalls in einem Bundesstaat möglich ist und auch im Vorfeld föderaler Strukturen bei enger regionaler Kooperation auf vertraglicher Grundlage offen stehen sollte. Dies ist jedoch nicht die Sicht der UN-Charta.

Literatur: *H. Caminos*, The Role of the Organization of American States in the Promotion and Protection of Democratic Governance, RdC 273 (1998), S. 103 ff.; *R. Dolzer*, Enforcement of International Obligations through Regional Arrangements: Structures and Experience of the OAS, ZaöRV 47 (1987), S. 113 ff.; *G. Kutzner*, Die Organisation der Amerikanischen Staaten (OAS), 1970; *D. Sheinin*, The Organization of American States, 1995.

2. Europarat

Der Europarat hat nach seiner Satzung von 1949 zur Aufgabe 7

„eine engere Verbindung zwischen seinen Mitgliedern zum Schutze und zur Förderung der Ideale und Grundsätze, die ihr gemeinsames Erbe bilden, herzustellen und ihren wirtschaftlichen und sozialen Fortschritt zu fördern" (Art. 1 *lit.* a der Satzung).

Erfüllt werden soll diese Aufgabe

„durch Beratung von Fragen von gemeinsamem Interesse, durch den Abschluss von Abkommen und durch gemeinschaftliches Vorgehen auf wirtschaftlichem, sozialem, kulturellem und wissenschaftlichem Gebiet und auf den Gebieten des Rechts und der Verwaltung sowie durch den Schutz und die Fortentwicklung der Menschenrechte und Grundfreiheiten" (Art. 1 *lit.* b der Satzung).

Seinen Sitz hat der Europarat in Straßburg. Organe des Europarats sind das Ministerkomitee (Art. 13 ff. der Satzung) und die Beratende „Parlamentarische" Versammlung (Art. 22 ff. der Satzung), in die das Parlament eines jeden Vertragsstaats eine bestimmte Zahl von Vertretern entsendet.

Alle Mitglieder des Europarats bekennen sich zum „Grundsatz der 8
Vorherrschaft des Rechts" und zur Anerkennung von Menschenrechten und Grundfreiheiten (Art. 3 Satz 1 der Satzung). Nach der Aufnahme der europäischen Staaten des früheren „Ostblocks" einschließlich Russlands und anderer Nachfolgestaaten der Sowjetunion

gehören dem Europarat 47 Mitgliedstaaten an. Durch seine Ausdehnung auf ganz Mittel- und Osteuropa mit der Ausnahme von Weißrussland ist der Europarat zu einem wichtigen gesamteuropäischen Forum geworden. Unter den im Rahmen des Europarats abgeschlossenen Abkommen ragt die *Europäische Menschenrechtskonvention* von 1950 (mit einer Reihe von Zusatzprotokollen) hervor. Mittlerweile haben alle Mitgliedstaaten des Europarates die EMRK ratifiziert. Weitere wichtige Abkommen sind etwa die *Europäische Sozialcharta* von 1961 (BGBl. 1964 II, S. 1261), das *Europäische Übereinkommen zur Verhütung von Folter oder unmenschlicher und erniedrigender Behandlung oder Strafe* von 1987 (BGBl. 1989 II, S. 1469) sowie das *Rahmenübereinkommen zum Schutz von Minderheiten* von 1995 (BGBl. 1997 II, S. 1408).

Literatur: *U. Holtz*, 50 Jahre Europarat, 2000; *T. E. J. Kleinsorge* (Hrsg.), Council of Europe, 2010.

3. Die Europäische Union

9 Die Gemeinsame Sicherheits- und Verteidigungspolitik der Europäischen Union zielt auf eine (zivile und militärische Mittel einschließende) Operationsfähigkeit für „Missionen außerhalb der Union zur Friedenssicherung, Konfliktverhütung und Stärkung der internationalen Sicherheit in Übereinstimmung mit den Grundsätzen der Charta der Vereinten Nationen" (Art. 42 Abs. 1 Satz 2 und 3 EU-Vertrag). Zu diesen Missionen gehören „gemeinsame Abrüstungsmaßnahmen, humanitäre Aufgaben und Rettungseinsätze, Aufgaben der militärischen Beratung und Unterstützung, Aufgaben der Konfliktverhütung und der Erhaltung des Friedens sowie Kampfeinsätze im Rahmen der Krisenbewältigung einschließlich Frieden schaffender Maßnahmen und Operationen zur Stabilisierung der Lage nach Konflikten"; die Operationsfelder umfassen auch die Bekämpfung des Terrorismus (Art. 43 Abs. 1 EU-Vertrag).

4. Organisation der Afrikanischen Einheit (OAU)/ Afrikanische Union (AU)

10 Die Afrikanische Union (AU) ist aus der Organisation der Afrikanischen Einheit (*Organization of African Unity*, OAU) hervorgegan-

gen. Die OAU fand ihre vertragliche Grundlage in der Charta der OAU von 1963. Vor allem bei der Bewältigung zwischenstaatlicher Konflikte im Rahmen der vertraglichen Mechanismen hat die OAU nur sehr bescheidene Wirksamkeit erlangt.

Die OAU ist seit 2002 in die Afrikanische Union (*African Union*, 11
AU) überführt worden. Mit Ausnahme Marokkos gehören alle Staaten Afrikas der Afrikanischen Union an. Derzeit sind die Mitgliedschaftsrechte einiger Staaten (Ägypten, Guinea-Bissau und die Zentralafrikanische Republik) suspendiert. Die im Juli 2000 unterzeichnete *Gründungsakte von Lomé* sieht eine Organisation mit supranationalem Einschlag vor. Als Ziele verfolgt die AU nach Art. 3 der Gründungsakte:

„[to]
a) achieve greater unity and solidarity between the African countries and the peoples of Africa;
b) defend the sovereignty, territorial integrity and independence of its Member States;
c) accelerate the political and socio-economic integration of the continent;
d) promote and defend African common positions on issues of interest to the continent and its peoples;
e) encourage international cooperation, taking due account of the Charter of the United Nations and the Universal Declaration of Human Rights;
f) promote peace, security, and stability on the continent;
g) promote democratic principles and institutions, popular participation and good governance;
h) promote and protect human and peoples' rights in accordance with the African Charter on Human and Peoples' Rights and other relevant human rights instruments;
i) establish the necessary conditions which enable the continent to play its rightful role in the global economy and in international negotiations;
j) promote sustainable development at the economic, social and cultural levels as well as the integration of African economies;
k) promote co-operation in all fields of human activity to raise the living standards of African peoples;
l) coordinate and harmonize the policies between the existing and future Regional Economic Communities for the gradual attainment of the objectives of the Union;
m) advance the development of the continent by promoting research in all fields, in particular in science and technology;
n) work with relevant international partners in the eradication of preventable diseases and the promotion of good health on the continent.“

12 Die Organisationsstruktur der AU baut auf dem institutionellen System der OAU auf und ist in manchem vom Modell der Europäischen Union inspiriert. Nach der AU-Charta fungiert als oberstes Organ die Versammlung der Union, in der die Mitgliedstaaten durch ihre Staats- und Regierungschefs vertreten sind (Art. 6ff.). Sie verabschiedet grundlegende Beschlüsse, berät und entscheidet über Maßnahmen gegen säumige oder sonst der AU-Charta zuwiderhandelnde Mitglieder. Der Exekutivrat besteht aus den Außenministern und ist mit der Vorbereitung sowie Umsetzung der Beschlüsse der AU betraut (Art. 13ff.). Unterhalb des Exekutivrates wirken spezialisierte technische Ausschüsse auf Ministerebene (Art. 14f.). Die dauerhafte Präsenz der Mitgliedstaaten über ihre Botschafter am Sitz der AU (Addis Abeba) sichert der Ständige Ausschuss der Repräsentanten. Administrative Aufgaben nimmt die Kommission wahr (Art. 20). Zu den weiteren Organen gehört das Panafrikanische Parlament (Art. 17), der Gerichtshof (Art. 18), Finanzinstitutionen (Art. 19) sowie ein ein Wirtschafts-, Sozial- und Kulturrat (Art. 22).

13 Besonderes Interesse verdienen die Mechanismen zum Krisenmanagement. Die Interventionsklausel der AU-Charta (Art. 4 *lit.* h) sieht weitreichende Maßnahmen der AU namentlich bei schweren Völkerrechtsverletzungen vor. Sie begründet – in der Fassung des Änderungsprotokolls von 2003 –

> „the right of the Union to intervene in a Member State pursuant to a decision of the Assembly in respect of grave circumstances, namely war crimes, genocide and crimes against humanity as well as a serious threat to legitimate order to restore peace and stability to the Member State of the Union upon the recommendation of the Peace and Security Council."

Diese Klausel schließt wohl sogar den Einsatz von Waffengewalt mit ein. Die Vereinbarkeit einer derart weitreichenden vertraglichen Ermächtigung zur Intervention mit dem *ius cogens* (Gewaltverbot und Selbstbestimmungsrecht der Völker) ist problematisch. Die darin liegende antizipierte Einwilligung des betroffenen Staates dürfte völkerrechtlich insoweit wirksam sein, als es um den Schutz elementarer Menschenrechte vor systematischer Bedrohung (auch durch den Wegfall effektiver Staatsgewalt im *failed state*) oder die Abwehr einer Friedensbedrohung geht, die zu bewaffneten Auseinandersetzungen führen kann. In Bezug auf diese Fälle ist die Einwilligung wohl inhaltlich ausreichend bestimmt.

Der Friedens- und Sicherheitsrat der AU mit 15 aus den Mitgliedstaaten gewählten Mitgliedern ist mit der regionalen Wahrung von Frieden und Sicherheit betraut. Die erwähnte Interventionsklausel des Art. 4 *lit.* h der AU-Charta gibt dem Friedens- und Sicherheitsrat der AU ein weitreichendes Mandat. Dieses vertragliche Regime ist offenbar dem VII. Kapitel der UN-Charta nachgebildet und steht in einer Konkurrenz zu den Kompetenzen des UN-Sicherheitsrats.

Der Gerichtshof der Afrikanischen Union soll nach einem Proto- 14
koll von 2008 (ILM 48 [2009], S. 334) mit dem Afrikanischen Gerichtshof für Menschen- und Völkerrechte zum neuen *African Court of Justice and Human Rights* verschmolzen werden.

Literatur: *D. Barthel*, Die neue Sicherheits- und Verteidigungsarchitektur der Afrikanischen Union, 2011; C. *Heyns/E. Baimu/M. Killander*, The African Union, GYIL 46 (2004) S. 252 ff.; *J. Hilf*, Deklaration der Versammlung der Staats- und Regierungschefs der OAU über die Einrichtung eines Mechanismus für Konfliktverhütung, -bewältigung und -lösung vom 30. Juni 1993, ZaöRV 54 (1994), S. 1023 ff.; *P. Kunig*, Die Organisation der Afrikanischen Einheit und der Prozeß des Nation Building: Die völkerrechtlichen Rahmenbedingungen, AVR 20 (1982), S. 40 ff.; *N.-M. Mulikita*, Kooperation und Differenz, Die OAU/AU und der Sicherheitsrat, VN 2002, S. 44 ff.; *E. Y. Omorogbe*, The African Union, Responsibility to Protect and the Libyan Crisis, NILR 59 (2012), S. 141 ff.

5. Arabische Liga

Zu den Regionalorganisationen im Sinne des VIII. Kapitels der 15
UN-Charta gehört auch die Arabische Liga, die im Jahre 1945 gegründet wurde. Der Liga gehören gegenwärtig 21 afrikanische und asiatische Staaten der arabischen Welt sowie Palästina an. Nach ihrer Charta soll die Arabische Liga die Beziehungen zwischen den Mitgliedstaaten vertiefen und ihre Politiken koordinieren. Insbesondere erstreckt sich die Zusammenarbeit im Rahmen der Liga auf wirtschaftliche und finanzielle Angelegenheiten, Kommunikations- und Verkehrsfragen, kulturelle Angelegenheiten, Staatsangehörigkeits- und Einreisefragen sowie Rechtshilfe, soziale Angelegenheiten und Gesundheitsfragen (Art. II). Daneben weist die Arabische Liga Elemente einer Verteidigungsorganisation auf. Die Charta schreibt eine gewaltfreie Beilegung von Streitigkeiten zwischen den Mitgliedern vor (Art. V Abs. 3). Nach Art. VI der Charta kann ein Mitgliedstaat im Falle eines bewaffneten Angriffs oder einer Angriffsdrohung den Rat der Liga um Beistand angehen. In Ergänzung der Satzung haben die Mitgliedstaaten den Vertrag für gemeinsame Verteidigung und wirtschaftliche Zusammenarbeit von 1950 abgeschlossen. Dieser Ver-

trag verpflichtet alle Mitglieder zur Unterstützung bei einem Angriff auf einen Mitgliedstaat.

16 Hauptorgan der Arabischen Liga ist der Ligarat, der sich aus Vertretern der Mitglieder zusammensetzt. Die Beschlüsse des Ligarates werden vom Komitee (in dem die Mitglieder in der Regel durch ihre Außenminister vertreten sind) vorbereitet. Daneben bestehen ein Wirtschafts- und Sozialrat, verschiedene Ausschüsse und ein Generalsekretariat. Beschlüsse des Rates der Liga binden bei Einstimmigkeit alle Mitglieder, bei Mehrheitsentscheidungen nur die zustimmenden Mitglieder (Art. VII Abs. 1).

Im November 2011 hat der Rat der Liga im Zusammenhang mit dem internen Konflikt in Syrien zum ersten Mal umfassende Sanktionen (Embargomaßnahmen und Reisebeschränkungen) gegen einen Mitgliedstaat beschlossen (Resolution No. 7442). Daneben hat der Rat der Liga die Mitgliedschaftsrechte von Syrien suspendiert. Diese Maßnahmen sind auch deswegen bemerkenswert, weil die Charta der Arabischen Liga zur Achtung des jeweiligen Regierungssystems der Mitgliedstaaten verpflichtet und Schritte im Sinne eines Regimewechsels untersagt (Art. VIII).

Literatur: *K. D. Eberlein*, Die Arabische Liga, drei Bde. 1993 bis 1995; *I. Pogany*, The Arab League and Regional Peacekeeping, NILR 1987, S. 54ff.

§ 45. Organisation für Sicherheit und Zusammenarbeit in Europa (OSZE)

1 Die *Organisation für Sicherheit und Zusammenarbeit in Europa* (OSZE) bildet eine Art verstetigte Staatenkonferenz, die eine zunehmende organisatorische Verfestigung mit einem dauerhaften Institutionengefüge erfahren hat. Die OSZE hat sich aus der „Konferenz für Sicherheit und Zusammenarbeit in Europa“ (KSZE) entwickelt. Die Umbenennung in OSZE bringt die institutionelle Verfestigung dieses zwischenstaatlichen Forums zum Ausdruck. Mittlerweile hat die OSZE 57 Teilnehmerstaaten, darunter alle europäischen Staaten, die Nachfolgestaaten der ehemaligen Sowjetunion sowie die USA, Kanada, der Heilige Stuhl und die Mongolei. Die *Schlussakte der ersten KSZE-Konferenz von Helsinki* (Bull. BReg. 1975, Nr. 102, S. 995; ILM 14 [1975], S. 1292) enthält eine Erklärung der Teilnehmerstaaten zu den für ihre Beziehungen untereinander maßgeblichen Leitprinzipien, darunter die friedliche Beilegung von Streitigkeiten, die Aner-

kennung der Menschenrechte und Grundfreiheiten sowie die Gleichberechtigung und das Selbstbestimmungsrecht der Völker. Die Schlussakte von Helsinki und die Beschlüsse der nachfolgenden Staatenkonferenzen sollen keine vertraglichen Verpflichtungen begründen, reichen aber über bloß politische Absichtsbekundungen hinaus. Die Bedeutung der von den Teilnehmerstaaten förmlich anerkannten Prinzipien liegt darin, dass sie aus dem Kreis der „inneren Angelegenheiten" heraustreten und ihrer Einforderung nicht mehr das Interventionsverbot entgegengehalten werden kann. Erst mit dem Zusammenbruch der kommunistischen Regime in Osteuropa konnte sich der KSZE-(OSZE-)Prozess zu einem Vehikel für eine gemeinsame europäische Wertordnung namentlich im Hinblick auf Menschenrechte und staatliche Binnenstrukturen entwickeln.

Markanten Ausdruck findet das gesamteuropäische Bekenntnis zu 2
gemeinsamen Grundwerten nach Überwindung des Ost-West-Gegensatzes im Dokument der Pariser Gipfelkonferenz der KSZE, der *Charta von Paris für ein neues Europa* von 1990 (Bull. BReg. 1990, Nr. 137, S. 1409; EuGRZ 1990, S. 517).

Die Teilnehmerstaaten bekennen sich in der Charta von Paris zu 3
Menschenrechten, Demokratie und Rechtstaatlichkeit:

> „Wir verpflichten uns, die Demokratie als die einzige Regierungsform unserer Nationen aufzubauen, zu festigen und zu stärken. In diesem Bestreben werden wir an Folgendem festhalten:
>
> Menschenrechte und Grundfreiheiten sind allen Menschen von Geburt an eigen; sie sind unveräußerlich und werden durch das Recht gewährleistet. Sie zu schützen und zu fördern ist vornehmste Pflicht jeder Regierung. Ihre Achtung ist wesentlicher Schutz gegen staatliche Übermacht. Ihre Einhaltung und uneingeschränkte Ausübung bilden die Grundlage für Freiheit, Gerechtigkeit und Frieden.
>
> Demokratische Regierung gründet sich auf den Volkswillen, der seinen Ausdruck in regelmäßigen, freien und gerechten Wahlen findet. Demokratie beruht auf Achtung vor der menschlichen Person und Rechtsstaatlichkeit. Demokratie ist der beste Schutz für freie Meinungsäußerung, Toleranz gegenüber allen gesellschaftlichen Gruppen und Chancengleichheit für alle.
>
> Die Demokratie, ihrem Wesen nach repräsentativ und pluralistisch, erfordert Verantwortlichkeit gegenüber der Wählerschaft, Bindung der staatlichen Gewalt an das Recht sowie eine unparteiische Rechtspflege. Niemand steht über dem Gesetz."

Bemerkenswerterweise hebt die Charta von Paris den Zusammen- 4
hang von wirtschaftlicher Freiheit und politischem Pluralismus bei der Entwicklung marktwirtschaftlicher Ordnungen hervor:

„Freiheit und politischer Pluralismus sind notwendige Elemente unserer gemeinsamen Bemühungen um die Entwicklung von Marktwirtschaften hin zu dauerhaftem Wirtschaftswachstum, Wohlstand, sozialer Gerechtigkeit, wachsender Beschäftigung und rationeller Nutzung der wirtschaftlichen Ressourcen. Der Erfolg von Ländern, die den Übergang zur Marktwirtschaft anstreben, ist wichtig und liegt in unser aller Interesse."

5 Das Dokument des Moskauer Treffens der *Konferenz über die Menschliche Dimension der KSZE* von 1991 (EuGRZ 1991, S. 495) betont die Verpflichtung zu demokratischen Strukturen und fordert die gemeinsame Verantwortung der Teilnehmerstaaten für demokratische Prinzipien auch im Falle von Umsturzversuchen ein:

„Die Teilnehmerstaaten [...] werden – in Übereinstimmung mit der Charta der Vereinten Nationen – im Falle eines durch undemokratische Mittel herbeigeführten Sturzes oder des versuchten Sturzes einer rechtmäßig gewählten Regierung eines Teilnehmerstaates die rechtmäßigen Organe dieses Staates, die für Menschenrechte, Demokratie und Rechtsstaatlichkeit stehen, mit großem Nachdruck unterstützen, um ihrer gemeinsamen Verpflichtung nachzukommen, sich jeglichem auf eine Verletzung dieser Grundwerte abzielenden Versuch entgegenzustellen" (Beschlüsse von Moskau, II.17.2.).

6 Auf der Helsinki-Gipfelkonferenz von 1992 (EuGRZ 1992, S. 372; ILM 31 [1992], S. 1385) hat sich die KSZE selbst zu einer „regionalen Abmachung" im Sinne von Kapitel VIII der UN-Charta erklärt. Die KSZE-Gipfelkonferenz von Budapest (1994) hat die Umbenennung der KSZE in OSZE beschlossen. Damit sollte jedoch die Rechtsnatur der KSZE-Verpflichtungen und der Status der KSZE-Institutionen nicht geändert werden.

7 Der OSZE-Prozess hat mittlerweile ein stark ausdifferenziertes Institutionensystem ausgeformt. Alle zwei Jahre werden Gipfelkonferenzen mit den Staats- und Regierungschefs der OSZE-Teilnehmerstaaten durchgeführt. Zentrale Lenkungs- und Koordinierungsaufgaben nimmt der Ministerrat wahr, in dem die Außenminister der Teilnehmerstaaten zusammenwirken. Ihm steht der Hohe Rat zur Seite, in dem hochrangige Beamte der Außenministerien die Treffen des Ministerrates vorbereiten und die Ratsbeschlüsse durchführen sowie allgemeine Leitlinien erörtern. Wichtige Aufgaben erfüllt der Hohe Rat auch beim Krisenmanagement. Der Ständige Rat mit Sitz in Wien bildet das reguläre, für die politische Abstimmung und Entscheidungsfindung zuständige Gremium, welches die kontinuierliche Sicherung der Exekutivaufgaben gewährleistet. Für die laufende Geschäftsführung und Koordinierung der OSZE-Aktivitäten liegt die Verantwortung beim Amtierenden Vorsitzenden, d. h. dem Außenmi-

nister des Landes, das die rotierende Präsidentschaft innehat. Er bildet mit dem vorausgehenden und dem künftigen Vorsitzenden die so genannte Troika. Unter der Leitung des Generalsekretärs ist das Sekretariat der OSZE (mit Sitz in Wien und einem Zweigbüro in Prag) tätig. Das Konfliktverhütungszentrum in Wien unterstützt den Rat beim Abbau von Konfliktpotentialen sowie bei vertrauens- und sicherheitsbildenden Maßnahmen. Das Büro für Demokratische Institutionen und Menschenrechte hat seinen Sitz in Warschau. Zur frühzeitigen Bewältigung von Minderheitenproblemen wurde das Amt des Hohen Kommissars für nationale Minderheiten geschaffen. Aus parlamentarischen Delegationen der Mitgliedstaaten setzt sich die Parlamentarische Versammlung der OSZE zusammen. Ihr berichtet der Ministerrat über die Arbeit der OSZE. Schließlich gehört zum OSZE-System auch der Vergleichs- und Schiedsgerichtshof in Genf, welcher durch das *OSZE-Übereinkommen über Vergleichs- und Schiedsverfahren* von 1992 errichtet worden ist.

Nach ganz herrschender Meinung verfügt die OSZE selbst nicht 8
über Völkerrechtssubjektivität. Die OSZE-Beschlüsse und das Handeln der OSZE-Institutionen sind danach allein den im OSZE-Prozess zusammenwirkenden Mitgliedstaaten auf völkerrechtlicher Ebene zuzurechnen. Es ist aber denkbar, dass die OSZE durch Vorgehen in eigenem Namen (das als solches von den Teilnehmerstaaten mitgetragen wird) in eine Organisation mit eigener Rechtspersönlichkeit „hineinwächst".

Auf dem OSZE-Gipfel von Istanbul ist im November 1999 die 9
Charta für Europäische Sicherheit verabschiedet worden. Die OSZE-Charta nimmt sich neuer Herausforderungen für die Sicherheit in Europa durch interne bewaffnete Konflikte, internationalen Terrorismus und organisiertes Verbrechen sowie den wirtschaftlichen und umweltpolitischen Problemen an. Die OSZE-Teilnehmerstaaten bekennen sich zu den Rechten der nationalen Minderheiten und zur Verpflichtung, freie Wahlen abzuhalten. Daneben sieht die Charta eine Fortentwicklung der Rolle der OSZE bei friedensschaffenden und friedensbewahrenden Maßnahmen sowie bei der Konfliktbewältigung vor. Zur zügigen Unterstützung von Teilnehmerstaaten in internen Konflikten sind *Rapid Expert Assistance and Co-operation Teams* (REACT) eingerichtet worden.

Literatur: *J. Bortloff*, Die Organisation für Sicherheit und Zusammenarbeit in Europa, 1996; *U. Fastenrath* (Hrsg.), Dokumente der Konferenz über Sicherheit und Zusammenarbeit in Europa (Stand: Februar 2010); *P. Schlotter*,

Die OSZE – Leistungsfähigkeit einer internationalen Organisation, Die Friedenswarte 75 (2000), S. 11 ff.; *T. Schweisfurth*, Die juristische Mutation der KSZE – Eine internationale Organisation in statu nascendi, in: U. Beyerlin (Hrsg.), Recht zwischen Umbruch und Bewahrung, 1995, S. 213 ff.

§ 46. NATO

1 Die NATO *(North Atlantic Treaty Organization)* bildet im Kern ein klassisches Verteidigungsbündnis. Über diese Kernfunktion hinaus hat sich die Nordatlantische Allianz zu einem regionalen System der Friedenssicherung entwickelt. Die Parteien des *Nordatlantikvertrages* (Vertrag von Washington von 1949) sind seit längerem die BENELUX-Staaten, Dänemark, Deutschland, Frankreich, Griechenland, Island, Italien, Kanada, Norwegen, Portugal, Spanien, die Türkei, die USA und das Vereinigte Königreich. Mit dem Beitritt von Polen, Tschechien und Ungarn im Jahre 1999 hat sich die NATO auf Staaten des früheren Ostblocks ausgedehnt. Im Jahre 2004 sind Bulgarien, Estland, Lettland, Litauen, Rumänien, die Slowakei und Slowenien und 2009 Albanien und Kroatien in die NATO aufgenommen worden. Russland, die Ukraine, Staaten des Mittelmeerraumes und andere Nachfolgestaaten der Sowjetunion sind der NATO durch besondere Kooperationsbeziehungen verbunden. Auf dem gemeinsamen Gipfel vom Mai 2002 in Rom haben die NATO und Russland als Kooperationsforum den NATO-Russland-Rat geschaffen.

2 Die grundlegende Beistandspflicht enthält Art. 5 Abs. 1 des Nordatlantikvertrages:

> „Die Parteien vereinbaren, dass ein bewaffneter Angriff gegen eine oder mehrere von ihnen in Europa oder Nordamerika als ein Angriff gegen sie alle angesehen werden wird; sie vereinbaren daher, dass im Falle eines solchen bewaffneten Angriffs jede von ihnen in Ausübung des in Artikel 51 der Satzung der Vereinten Nationen anerkannten Rechts der individuellen oder kollektiven Selbstverteidigung der Partei oder den Parteien, die angegriffen werden, Beistand leistet, indem jede von ihnen unverzüglich für sich und im Zusammenwirken mit den anderen Parteien die Maßnahmen, einschließlich der Anwendung von Waffengewalt, trifft, die sie für erforderlich erachtet, um die Sicherheit des Nordatlantischen Gebiets wiederherzustellen und zu erhalten."

3 Danach bleibt den Vertragsstaaten ein beachtlicher Einschätzungsspielraum im Hinblick auf das Maß des geleisteten Beistandes. Die

Terroranschläge auf das World Trade Center in New York und das Pentagon im September 2001 hat der NATO-Rat als „bewaffneten Angriff" im Sinne von Art. 5 Abs. 1 des Nordatlantikvertrages eingestuft:

„The Council agreed that if it is determined that this attack was directed from abroad against the United States, it shall be regarded as an action covered by Article 5 of the Washington Treaty, which states that an armed attack against one or more of the Allies in Europe or North America shall be considered an attack against them all" (Erklärung des NATO-Rates v. 12.9.2001; siehe auch Erklärung des NATO-Generalsekretärs v. 2.10.2001).

Hierin liegt eine beträchtliche Ausweitung dieses Begriffs auf Handlungen nichtstaatlicher (Terror-)Organisationen. Es liegt in der Logik dieser Auslegung, auch die Selbstverteidigungsklausel des Art. 51 UN-Charta entsprechend weit auszulegen (siehe auch S/Res. 1368 [2001] und 1373 [2001]).

Wesentlich schärfer gefasst war die Beistandsverpflichtung der Mit- 4
gliedstaaten der mittlerweile aufgelösten *Westeuropäischen Union* (WEU) nach Art. V des *Vertrages von Brüssel.*

An diese Vorschrift lehnt sich nunmehr die Beistandsklausel des EU-Vertrags (Art. 42 Abs. 7) an:

„Im Falle eines bewaffneten Angriffs auf das Hoheitsgebiet eines Mitgliedstaats schulden die anderen Mitgliedstaaten ihm alle in ihrer Macht stehende Hilfe und Unterstützung, im Einklang mit Artikel 51 der Charta der Vereinten Nationen. Dies lässt den besonderen Charakter der Sicherheits- und Verteidigungspolitik bestimmter Mitgliedstaaten unberührt."

Auf diese Beistandsklausel hat sich die französische Republik nach den Terroranschlägen in Paris vom November 2015 berufen.

Neben der Beistandspflicht aus Art. 5 Abs. 1 ist die Konsultationspflicht von Bedeutung. Danach konsultieren die NATO Mitglieder einander, wenn nach Auffassung eines der Mitglieder die Unversehrtheit des Gebiets, die politische Unabhängigkeit oder die Sicherheit einer der Parteien bedroht ist (Art 4 des Nordatlantikvertrages).

Hauptorgan der NATO ist der Nordatlantische Rat, in dem jeder Mitgliedstaat (durch einen Minister oder seinen ständigen Vertreter) vertreten ist (Art. 9 Satz 1). Dem Rat nachgeordnet ist der Verteidigungsplanungsausschuss. Unter Aufsicht beider Organe erfüllt der Militärausschuss zentrale Koordinierungsaufgaben. Darüber hinaus gibt es seit 1955 die Parlamentarische Versammlung der NATO. Die Parlamentarische Versammlung der NATO wirkt an der Formulierung der langfristigen strategischen Ziele der NATO mit.

5 Schon von Anfang an hat der Nordatlantikvertrag über eine reine Verteidigungsallianz hinausgewiesen. Nach Art. 1 des Vertrages verpflichten sich die Mitgliedstaaten, internationale Streitigkeiten im Einklang mit der UN-Charta auf friedlichem Wege zu regeln. Schon diese Verpflichtung, die auch für Konflikte unter den Mitgliedstaaten gilt, rechtfertigt es, die NATO als regionales System kollektiver Sicherheit einzustufen (in diesem Sinne auch BVerfGE 90, 286 [350f.]).

6 Mit dem Zusammenbruch der kommunistischen Ordnung in Osteuropa hat die NATO neue Aufgaben der Friedenssicherung und der Konfliktbewältigung übernommen. Diese Funktionserweiterung ist Gegenstand des neuen „Strategischen Konzepts", welches die NATO (auf der Grundlage einer bereits 1991 entwickelten Strategie) auf der Washingtoner Ratstagung im April 1999 verabschiedet hat (Bull. BReg. Nr. 24 vom 3.5.1999, S. 222ff.). Dieses neue „Strategische Konzept" erstreckt die Aufgaben der NATO auf die Sicherung von Frieden und Stabilität in Europa auf der Grundlage gemeinsamer Grundwerte (Demokratie, Menschenrechte und Rechtsstaatlichkeit). Bei der Verwirklichung dieses Ziels bekennt sich die NATO zu enger Zusammenarbeit mit den Vereinten Nationen, der OSZE, der Europäischen Union und der (mittlerweile abgewickelten) WEU. Das Konzept der Friedensschaffung und Friedenssicherung hat die NATO durch ihr militärisches Engagement im ehemaligen Jugoslawien (in Bosnien und Herzegowina, auf der Grundlage von Resolutionen des Sicherheitsrates und – zunächst ohne Ermächtigung der Vereinten Nationen – im Kosovo zum Schutz der albanischen Bevölkerung) umgesetzt. Diese strategische Neuausrichtung hat keinen Niederschlag in einer Änderung des Nordatlantikvertrages gefunden. Dabei ist aber zu berücksichtigen, dass das Bekenntnis zu den „Grundsätzen der Demokratie, der Freiheit der Person und der Herrschaft des Rechts" und das Ziel der „Erhaltung des Friedens und der Sicherheit" (Präambel) ebenso wie die Förderung „friedlicher und freundschaftlicher internationaler Beziehungen" (Art. 2 Satz 1) schon seit jeher Ausdruck im Nordatlantikvertrag gefunden haben. Bei dieser „Fortentwicklung" der NATO-Funktionen haben die Vertreter der Mitgliedstaaten – noch – unterhalb der Schwelle der konkludenten Vertragsänderung agiert. Entscheidend ist dabei auch, dass die Mitgliedstaaten bei der Entwicklung des Neuen Strategischen Konzepts ohne vertraglichen Bindungswillen gehandelt haben und keine neuen Vertragspflichten begründen wollten.

Unter Hinweis auf das Fehlen eines vertraglichen Bindungswillens hat das Bundesverfassungsgericht zurecht entschieden, dass die Ausweitung der NATO-Funktionen im Rahmen des Neuen Strategischen Konzepts keiner Zustimmung des Gesetzgebers nach Art. 59 Abs. 2 Satz 1 GG bedarf (BVerfGE 104, 151 [206 ff.]).

Eine der NATO ähnliche Entwicklung im Dienste internationaler 7
Friedenssicherung durch die Übernahme von Aufgaben der Konfliktverhütung und Friedenssicherung mit zivilen und militärischen Mitteln hat sich bei der WEU vollzogen (in diesem Sinne: „*Petersberg-Erklärung*“ der Außen- und Verteidigungsminister der WEU von 1992, Bull. BReg. 1992, Nr. 68, S. 648; „*Kirchberg-Erklärung*“ von 1994, Bull. BReg. 1994, Nr. 46, S. 408). Der Rat der WEU hat auf der Tagung von Marseille (13. November 2000) beschlossen, einer Aufgabenverlagerung auf die Europäische Union (Art. 42 Abs. 1, 43 EUV) durch einen weitgehenden funktionellen und strukturellen Rückschnitt der WEU Rechnung zu tragen (zur Wahrnehmung dieser Aufgaben der Europäischen Union, oben § 44, 3.). Seit 2011 ist die WEU aufgelöst.

Literatur: *M. Bothe/B. Martenczuk*, Die NATO und die Vereinten Nationen nach dem Kosovo-Konflikt, VN 1999, S. 125 ff.; *G. Nolte*, Die „neuen Aufgaben“ von NATO und WEU: völker- und verfassungsrechtliche Fragen, ZaöRV 54 (1994), S. 95 ff.; *B. Simma*, NATO, the UN and the Use of Force: Legal Aspects, EJIL 10 (1999), S. 1 ff.

X. Kapitel. Menschenrechte

§ 47. Entwicklung des Menschenrechtsschutzes

1 Die Entwicklung der Menschenrechte und besonderer Mechanismen zu ihrer Sicherung baut auf der Anerkennung des einzelnen Menschen als eigenes Rechtssubjekt, als Träger von völkerrechtlichen Rechten und Pflichten auf. Die Menschenrechte setzen dem Zugriff staatlicher Hoheitsgewalt auf das Individuum (und in gewissem Maße auch auf bestimmte Gruppen) Schranken. Dabei geht es sowohl um den Schutz gegenüber dem Heimatstaat als auch gegenüber fremden Staaten. Die Wurzeln des internationalen Menschenrechtsschutzes liegen einmal in den schon im klassischen Völkerrecht entwickelten Prinzipien über den Schutz des Einzelnen im Kriege *(humanitäres Völkerrecht)*. Sodann haben die völkerrechtlichen Regeln über die Rechtsstellung des Fremden allgemeinen Menschenrechtsstandards wichtige Anstöße gegeben.

Eine weitere Wurzel des modernen Menschenrechtsschutzes liegt in den Vereinbarungen über den Schutz von Minderheiten im Rahmen der territorialen Neuordnung Europas nach dem Ersten Weltkrieg (etwa in den Pariser Vorortverträgen von 1919). Ähnliche Probleme des Minderheitenschutzes hat der Zerfall der Sowjetunion und vor allem Jugoslawiens hinterlassen.

2 Unter dem Eindruck der Opfer von Staatsterror und Krieg bekräftigt die UN-Charta von 1945 in der Präambel den

> „Glauben an die Grundrechte des Menschen, an Würde und Wert der menschlichen Persönlichkeit, an die Gleichberechtigung von Mann und Frau"

und betont in Art. 1 Nr. 3

> „die Achtung vor den Menschenrechten und Grundfreiheiten für alle ohne Unterschied der Rasse, des Geschlechts, der Sprache oder der Religion".

3 Entscheidende Impulse für die Entwicklung menschenrechtlicher Standards hat die *Allgemeine Erklärung der Menschenrechte* der Generalversammlung der Vereinten Nationen vom 10. Dezember 1948 gegeben. Dieses Dokument äußert zwar keine unmittelbare Verbindlichkeit, aber die dort niedergelegten Rechte des Einzelnen sind vielfach Gegenstand vertraglicher Gewährleistungen. Einige der in der

Allgemeinen Erklärung der Menschenrechte aufgelisteten Rechte haben heute gewohnheitsrechtliche Geltung erlangt (insbesondere das Verbot von Folter, Sklaverei und Rassendiskriminierung). Auf universeller Ebene haben insbesondere die *Konvention über Verhütung und Bestrafung des Völkermordes* von 1948 und die beiden UN-Pakte von 1966 *(Internationaler Pakt über bürgerliche und politische Rechte* und *Internationaler Pakt über wirtschaftliche, soziale und kulturelle Rechte)* einen entscheidenden Beitrag zu menschenrechtlichen Gewährleistungen im Völkerrecht geleistet.

Mittlerweile existiert ein enges Geflecht vertraglicher Regeln, die 4
weit über die fundamentalen Garantien für die Achtung des einzelnen Menschen als Person, den Schutz vor körperlicher Misshandlung und andere elementare Menschenrechte hinausreichen. Die Proliferation der Vereinbarungen zum Schutz der Menschenrechte steht vielfach in markantem Gegensatz zur Rechtswirklichkeit in vielen Ländern. Fast alle wichtigen Staaten sind in ein enges Netzwerk menschenrechtlicher Verträge eingebunden.

Bemerkenswert ist allerdings, dass die USA erst spät den Internationalen Pakt über bürgerliche und politische Rechte ratifiziert haben und bis heute dem Internationalen Pakt über wirtschaftliche, soziale und kulturelle Rechte sowie der Amerikanischen Menschenrechtskonvention von 1969 ferngeblieben sind. Dahinter stehen nicht nur das Selbstvertrauen in die eigene Rechtsordnung, sondern auch Vorbehalte gegenüber internationalen Überwachungsmechanismen sowie Unsicherheiten über die Vertragsinterpretation in einer heterogenen Staatenwelt.

Manche Vertragswerke stellen selbst Rechtssysteme mit einem 5
hochentwickelten Individualschutz vor Probleme. Dies verdeutlicht etwa die Liste von Auslegungserklärungen, welche die Bundesrepublik Deutschland bei der Ratifikation des *UN-Übereinkommens über die Rechte des Kindes* von 1989 (BGBl. 1992 II, S. 122) abgegeben hat (BGBl. 1992 II, S. 990).

Entwicklungsgeschichtlich werden die unterschiedlichen *Schichten* 6
des Menschenrechtsschutzes oft drei *Generationen* von Menschenrechten zugeordnet:

- *erste Generation:* Hierzu gehören die klassischen Gewährleistungen für persönliche Freiheit und Lebensgüter sowie die elementaren Gleichheitsgarantien (wie sie sich etwa aus der *Antisklaverei-Konvention* von 1926, der *Völkermordkonvention* von 1948, dem *Genfer Abkommen über die Rechtsstellung der Flüchtlinge* von 1951, dem *Internationalen Übereinkommen zur Beseitigung jeder*

Form von Rassendiskriminierung von 1965, dem *Internationalen Pakt über bürgerliche und politische Rechte* von 1966, dem *UN-Übereinkommen zur Beseitigung jeder Form der Diskriminierung der Frau* von 1979, dem *UN-Übereinkommen gegen Folter und andere grausame, unmenschliche und erniedrigende Behandlung oder Strafe* von 1984, der *Europäischen Menschenrechtskonvention* von 1950 mit Zusatzprotokollen und der *Amerikanischen Menschenrechtskonvention* von 1969 ergeben);

- *zweite Generation:* Sie umfasst die Gewährleistung bestimmter materieller (wirtschaftlicher oder sozialer) Standards – etwa im Sinne des *Internationalen Paktes über wirtschaftliche, soziale und kulturelle Rechte* von 1966 oder der *Europäischen Sozialcharta* von 1961;
- *dritte Generation:* Hierzu zählen kollektive Rechte wie ein Recht auf Entwicklung, ein Recht auf Frieden oder ein Recht auf eine gesunde Umwelt. Derartige kollektive Gewährleistungen finden sich etwa in der *Afrikanischen Charta der Menschenrechte und Rechte der Völker* von 1981.

7 Die dritte Generation von Menschenrechten geht vor allem auf Forderungen zurück, die von Seiten der Entwicklungsländer seit den siebziger Jahren artikuliert worden sind. Diese Forderungen lösen die menschenrechtliche Entwicklung vom Schutz einzelner Personen oder klar umgrenzter Gruppen. In der Staatengemeinschaft und in der Völkerrechtslehre bestehen gegenüber der Anerkennung konturenloser Rechte wie des Rechtes auf Entwicklung grundsätzliche Vorbehalte. Zu den Unklarheiten dieses und ähnlicher Rechte gehört es, dass Inhalt, Verpflichtungsadressat und Berechtigte völlig umstritten sind. So wird darüber diskutiert, ob ein Recht auf Entwicklung gegenüber anderen Staaten (insbesondere reicheren Industrieländern) oder auch gegenüber dem eigenen Staat besteht. Im Ergebnis hat die Forderung nach derartigen unbestimmten Rechten die Entwicklung menschenrechtlicher Standards nicht wesentlich vorangebracht.

8 Die UN-Konferenz von Wien über Menschenrechte von 1993 hat sich in ihrer *Wiener Erklärung* und dem *Wiener Aktionsprogramm* (ILM 32 [1993], S. 1661) zu einem weiten Spektrum von individuellen und kollektiven Menschenrechten unter Berücksichtigung spezieller Gruppen (von Mädchen bis hin zu Wanderarbeitern) bekannt. Besonderen Akzent hat die Konferenz von Wien auf den Gleichrang der ersten beiden „Generationen“ von Menschenrechten gelegt.

Eine starke Ausdifferenzierung – mit zum Teil recht subtilen Garantien – hat der Menschenrechtsschutz in den vergangenen Jahrzehnten auf regionaler Ebene erfahren. Als wegweisendes Instrument mit Vorbildwirkung hat sich dabei die *Europäische Konvention zum Schutz der Menschenrechte und Grundfreiheiten* von 1950 erwiesen. 9

Die zentralen Probleme des völkerrechtlichen Menschenrechtsschutzes liegen heute weniger in einem Mangel an vertraglichen Grundlagen. Ein wesentliches Hindernis für einheitliche Standards des Menschenrechtsschutzes bilden vielmehr unterschiedliche geistesgeschichtliche Entwicklungen der Staatenwelt mit eigenen ideologischen oder religiösen Vorstellungen von der gebotenen Achtung des Einzelnen als Person und der angemessenen Selbstbeschränkung des Staates gegenüber dem Individuum, oft verborgen unter semantischen Gemeinsamkeiten. Auf der anderen Seite hat sich – insbesondere seit dem Zusammenbruch des früheren „Ostblocks" – nicht nur in ganz Europa, sondern weltweit die Anerkennung eines Mindeststandards elementarer Menschenrechte als Grundwerte der gesamten Völkerrechtsordnung durchsetzen können. Zwar wird man manche Sorgen vor einem menschenrechtlich inspirierten „Kulturimperialismus" der westlichen Staatengemeinschaft ernst nehmen müssen. Aber die grundsätzlichen Einwände gegen das „westliche" Menschenrechtsverständnis verlieren dadurch stark an Durchschlagskraft, dass sie vorwiegend von autoritären Regimes formuliert und jedenfalls nicht von den Opfern staatlicher Verfolgungsmaßnahmen in Afrika oder Asien geteilt werden. Nicht weniger schwer wiegen Probleme bei der effektiven Überwachung menschenrechtlicher Gewährleistungen. Ein wirklich effizientes Sicherungssystem mit justizförmigen Mechanismen ist bislang nur im Rahmen der Europäischen Menschenrechtskonvention und – mit Einschränkungen – im Rahmen der Amerikanischen Menschenrechtskonvention verwirklicht worden. Allerdings üben auch weniger intensive Kontrollinstrumentarien – wie individuelle Beschwerdemöglichkeiten ohne einen verbindlichen Urteilsspruch oder Länderberichte – einen hohen Druck auf die Vertragsstaaten aus. 10

Außerhalb der vertraglichen Mechanismen zur Sicherung der Menschenrechte verdient das sog. *1503-Verfahren* besondere Erwähnung. Dieses Verfahren hat der Wirtschafts- und Sozialrat der Vereinten Nationen nach dessen Resolution 1503 (XLVIII) von 1970 eingeführt. Das so genannte „revidierte 1503-Verfahren" geht auf die Resolution 2000/3 des Wirtschafts- und Sozialrates zurück. Diese Reso- 11 lutionen betrauten die von der UN-Menschenrechtskommission *(Human Rights Commission)* eingesetzte „Unterkommission für die Förderung und für den Schutz von Menschenrechten“ mit der Aufgabe, einmal jährlich in nicht-öffentlichen Sitzungen Mitteilungen über behauptete schwere Menschenrechtsverletzungen und die entsprechenden Stellungnahmen der Regierungen zu prüfen. Dabei sollte die Aufmerksamkeit der Unterkommission insbesondere auf Fälle gerichtet werden, die ein „consistent pattern of gross and reliably attested violations of human rights and fundamental freedoms“ ergeben.

Die bisherige UN-Menschenrechtskommission ist 2006 durch einen von der UN-Generalversammlung geschaffenen Menschenrechtsrat *(Human Rights Council)* abgelöst worden (hierzu oben § 40 Rn. 14).

Im Jahr 1993 hat die Generalversammlung der Vereinten Nationen das Amt eines Hochkommissars für Menschenrechte geschaffen (GA/Res. 48/141, ILM 33 [1994], S. 303).

12 Im innerstaatlichen Recht spielen völkerrechtliche Menschenrechtsstandards eine zunehmend wichtige Rolle. Im Grundgesetz der Bundesrepublik Deutschland gehört das Bekenntnis zu „unverletzlichen und unveräußerlichen Menschenrechten als Grundlage jeder menschlichen Gemeinschaft, des Friedens und der Gerechtigkeit in der Welt“ (Art. 1 Abs. 2 GG) zum unaufgebbaren Kernbestand der Verfassung (Art. 79 Abs. 3 GG). Die Rechtsentwicklung in Lateinamerika, in Südafrika oder in den europäischen und asiatischen Nachfolgestaaten der Sowjetunion verdankt dem Bekenntnis zu universell geltenden Standards entscheidende Impulse. Dies gilt insbesondere für die Rezeption völkerrechtlicher Menschenrechtsgarantien in nationalen Grundrechtsverbürgungen. In Spanien (Art. 10 Abs. 2 der Verfassung) und manchen lateinamerikanischen Staaten räumt die Verfassung Verträgen zum Schutz der Menschenrechte einen besonderen Rang ein. Die Verfassung von Südafrika (Sektion 39 [1]) verpflichtet Gerichte bei der Interpretation der Grundrechte zur Berücksichtigung des Völkerrechts.

Im Einklang mit der Grundrechtsentwicklung vieler Länder werden Gewährleistungen zum Menschenrechtsschutz in universellen und regionalen Verträgen zunehmend nicht bloß als Abwehrrechte verstanden, sondern als Grundlage staatlicher Gewährleistungspflichten. Diese Entwicklung ist vor allem beim UN-Pakt über bürgerliche und politische Rechte und bei der EMRK ausgeprägt. Hier findet das

Verständnis des Menschenrechtsschutzes als Element der völkerrechtlichen Wertordnung greifbaren Ausdruck.

Literatur: *P. Alston/R. Goodman*, International Human Rights, 2012; *M. A. Baderin*, International Human Rights and Islamic Law, 2003; *U. Baxi*, The Future of Human Rights, 3. Aufl. 2012; *T. Buergenthal*, The Evolving International Human Rights System, AJIL 100 (2006), S. 783 ff.; *ders./D. Thürer*, Menschenrechte, 2010; *K. Doehring*, Die undifferenzierte Berufung auf Menschenrechte, in: Festschrift für R. Bernhardt, 1995, S. 355 ff.; *T. M. Frank*, Is Personal Freedom a Western Value?, AJIL 91 (1997), S. 593 ff.; *J. A Frowein/ R. Hofmann/S. Oeter* (Hrsg.), Das Minderheitenrecht europäischer Staaten, zwei Bde., 1993/94; *H. Hannum/S. J. Anaya/D. Shelton*, International Human Rights: Problems of Law, Policy and Practice, 5. Aufl. 2011; *H. Hannum*, Guide to International Human Rights Practice, 4. Aufl. 2004; *L. Kühnhardt*, Die Universalität der Menschenrechte, 1986; *R. B. Lillich*, Towards the Harmonization of International Human Rights Law, in: Festschrift für R. Bernhardt, 1995, S. 453 ff.; *K. Mechlem*, Treaty Bodies and the Interpretation of Human Rights, Vanderbilt Journal of Transnational Law 42 (2009), S. 854 ff.; *T. Meron*, On a Hierarchy of International Human Rights, AJIL 80 (1986), S. 1 ff.; *M. Milanovic*, Extraterritorial Application of Human Rights Treaties, 2011; *D. Moeckli* (Hrsg.), International Human Rights Law, 2. Aufl. 2013; *G. Odendahl*, Recht auf Entwicklung – The Right to Development, 1997; *E. Riedel*, Menschenrechte der dritten Dimension, EuGRZ 1989, S. 9 ff.; *T. Schilling*, Internationaler Menschenrechtsschutz, 3. Aufl. 2016; *M. P. Singh*, Human Rights in the Indian Tradition – Alternatives in the Understanding and Realization of the Human Rights Regime, ZaöRV 63 (2003), S. 551 ff.; *F. R. Tesón*, International Human Rights and Cultural Relativism, VJIL 25 (1985), S. 869 ff.; *C. Tomuschat*, Human Rights: Between Idealism and Realism, 3. Aufl. 2014; *S. Waltz*, Universal Human Rights: The Contribution of Muslim States, Human Rights Quarterly 26 (2004), S. 799. **Textsammlung:** *A. Bisset*, Blackstone's International Human Rights Documents, 10. Aufl. 2016; *I. Brownlie/G. S. Goodwin-Gill*, Brownlie's Documents on Human Rights, 6. Aufl. 2010; *U. Fastenrath/B. Simma*, Menschenrechte, 6. Aufl. 2010.

§ 48. Universelle Verträge zum Menschenrechtsschutz

1. Allgemeines

Eine Reihe weltweit geltender Verträge nimmt sich menschenrecht- 1
licher Gewährleistungen durch den Schutz elementarer Lebensgüter an. Hierzu gehören etwa die zahlreichen Internationalen Übereinkommen zum Schutz gegen den Menschenhandel, das *Übereinkom-*

men über die Sklaverei von 1926 (in der Fassung des Änderungsprotokolls von 1953, BGBl. 1972 II, S. 1474) mit dem Zusatzabkommen von 1956 (BGBl. 1958 II, S. 205).

Die *Konvention über die Verhütung und Bestrafung des Völkermords* von 1948 (BGBl. 1954 II, S. 730) sichert einen Kernbestand menschenrechtlicher Verbote und Schutzpflichten. Im *Genozid*-Fall (IGH, *Application of the Convention on the Prevention and Punishment of the Crime of Genocide [Bosnia and Herzegovina v. Serbia and Montenegro]*, ICJ Reports 2007, S. 43) hat sich der IGH eingehend mit dem Anknüpfungspunkt der Völkermordkonvention im Lichte der Verfolgung der nicht-serbischen Bevölkerung in Bosnien und Herzegowina, auseinandergesetzt. In Art. 1 der Völkermordkonvention bestätigen die vertragsschließenden Parteien, „dass Völkermord, ob im Frieden oder im Krieg begangen, ein Verbrechen gemäß internationalem Recht ist, zu dessen Verhütung und Bestrafung sie sich verpflichten". Dieses Gebot enthält zugleich die Verpflichtung der Vertragsstaaten, nicht selbst an Akten des Völkermords mitzuwirken (IGH, aaO, para. 179). Der Internationale Gerichtshof konnte im *Genozid*-Fall auch die gezielt gegen die muslimische Bevölkerung im Lager von Srebrenica gerichteten Tötungen und anderen unter die Völkermordkonvention fallende Misshandlungen nicht der Bundesrepublik Jugoslawien (Serbien-Montenegro) zurechnen. Aber der Internationale Gerichtshof leitet aus Art. 1 der Konvention eine Verhinderungspflicht (Schutzpflicht) der Konventionsstaaten ab. Danach haben die Staaten zwar keine absolute Pflicht zur Verhinderung von Genozid. Sie müssen aber ihre verfügbaren Mittel zur Verhinderung einsetzen:

„[…] the obligation in question is one of conduct and not one of result, in the sense that a State cannot be under an obligation to succeed, whatever the circumstances, in preventing the commission of genocide: the obligation of States parties is rather to employ all means reasonably available to them, so as to prevent genocide so far as possible. A State does not incur responsibility simply because the desired result is not achieved; responsibility is however incurred if the State manifestly failed to take all measures to prevent genocide which were within its power, and which might have contributed to preventing the genocide. In this area the notion of 'due diligence', which calls for an assessment *in concreto*, is of critical importance. Various parameters operate when assessing whether a State has duly discharged the obligation concerned. The first, which varies greatly from one State to another, is clearly the capacity to influence effectively the action of persons likely to commit, or already committing, genocide. This capacity itself depends, among other things, on the geographical distance of the State concerned from the scene of the events, and on the strength of the political links, as well as links of all other kinds, between the authorities of that State and the main actors in the events. The State's capacity to influence must also be assessed by legal criteria, since it is clear that every State may only act within the limits permitted by international law; seen thus, a State's capacity to influence may vary depending on its particular legal position vis-à-vis the situations and persons facing the danger, or the reality, of genocide. On the other hand, it is irrelevant whether the State whose responsibility is in issue claims, or even proves, that even if it had employed all means reasonably at its disposal, they would not have sufficed to prevent the commission of genocide. As well as being generally difficult to prove, this is irrelevant to the breach of the obligation of conduct in question, the more so since the possibility remains that the combined efforts of several States, each complying with its obligation to prevent, might have achieved the result averting the commission of genocide which the efforts of only one State were insufficient to produce“ (IGH, aaO, para. 430).

Einen Meilenstein in der Entwicklung der Menschenrechte bilden die beiden Menschenrechtspakte der Vereinten Nationen von 1966: der *Internationale Pakt über bürgerliche und politische Rechte* (BGBl. 1973 II, S. 1534, hierzu unten Rn. 3 ff.) und der *Internationale Pakt über wirtschaftliche, soziale und kulturelle Rechte* (BGBl. 1973 II, S. 1570, hierzu unten Rn. 6 ff.). Die beiden erst im Jahre 1973 in Kraft getretenen Pakte sind mittlerweile von etwa zwei Dritteln aller Staaten ratifiziert worden.

Vor schwerer psychischer Misshandlung schützt das *UN-Übereinkommen gegen Folter und andere grausame und unmenschliche oder erniedrigende Behandlung oder Strafe* von 1984 (BGBl. 1990 II, S. 247) mit einem Zusatzprotokoll von 2003 (ILM 42 [2003], S. 26); auch hier besteht eine Verhinderungspflicht (Art. 2). Von fast allen Staaten ratifiziert ist das *UN-Übereinkommen über die Rechte des Kindes* von 1989 (BGBl. 1990 II, S. 122). Ergänzt wird dieses Übereinkommen durch ein *Fakultativprotokoll betreffend die Beteiligung von Kindern an bewaffneten Konflikten* von 2000 und durch ein *Fakultativprotokoll betreffend Kinderhandel, Kinderprostitution und Kinderpornographie* von 2000.

Von Bedeutung sind weiter die *UN-Konvention zur Beseitigung jeder Form von Rassendiskriminierung* von 1966 (BGBl. 1969 II, S. 962) und das *UN-Übereinkommen zur Beseitigung jeder Form der Diskriminierung der Frau* von 1979 (BGBl. 1985 II, S. 648). Wichtige menschenrechtliche Garantien enthalten Übereinkommen der Internationalen Arbeitsorganisation (ILO). Zu ihnen zählen etwa das *Übereinkommen Nr. 29 der ILO über Zwangs- oder Pflichtarbeit* (BGBl. 1950 II, S. 641), das *Übereinkommen Nr. 111 der ILO über die Diskriminierung in Beschäftigung und Beruf* (BGBl. 1961 II, S. 98) und das *Übereinkommen Nr. 182 der ILO über das Verbot und unverzügliche Maßnahmen zur Beseitigung der schlimmsten Formen der Kinderarbeit* (BGBl. 2001 II, S. 1291). Dem *Übereinkommen gegen die grenzüberschreitende organisierte Kriminalität* wurde ein *Zusatzprotokoll zur Verhütung, Bekämpfung und Bestrafung des Menschenhandels insbesondere des Frauen- und Kinderhandels* beigefügt (BGBl. 2005 II, S. 995 ff.).

2 Einige universelle Menschenrechtsverträge sehen einen besonderen Überwachungsausschuss vor. Diese Ausschüsse setzen sich aus unabhängigen Experten zusammen. Zu diesen Kontrollorganen gehören der Menschenrechtsausschuss (nach dem UN-Pakt über bürgerliche und politische Rechte), der Ausschuss für wirtschaftliche, soziale und kulturelle Rechte, der Ausschuss gegen Folter, der Ausschuss für die Beseitigung der Rassendiskriminierung, der Ausschuss für die Rechte des Kindes und der Ausschuss gegen Frauendiskriminierung. Die Expertenausschüsse prüfen regelmäßig vorzulegende Staatenberichte über die Einhaltung der vertraglich verbürgten Menschenrechte und hierzu getroffener Maßnahmen. Darüber hinaus eröffnen einige Verträge die Möglichkeit, Beschwerden von Staaten und Individuen (oder Gruppen von Individuen) vor einen Expertenausschuss zu bringen (Art. 21, 22 Folterkonvention; Art. 11, 14 Rassendiskriminierungsabkommen; zum Menschenrechtsausschuss siehe unten Rn. 4). Das *Zusatzprotokoll zum Übereinkommen zur Beseitigung jeder Form der Diskriminierung der Frau* von 1999 (BGBl. 2001 II, S. 1238) eröffnet auch die Möglichkeit von Individualbeschwerden zum Ausschuss gegen Frauendiskriminierung. Die Befugnis der Expertenausschüsse zur Prüfung von Individual- und Staatenbeschwerden hängt meist von einer besonderen Unterwerfungserklärung des betroffenen Vertragsstaates ab.

Die Entscheidung des Ausschusses zur Beseitigung jeglicher Form der Rassendiskriminierung im Fall Sarrazin (*TBB-Turkish Union in Berlin/Brandenburg ./. Germany,* Stellungsnahme vom 26.2.2013, UN Doc. CERD/C/82/D/48/2010) auf die Individualbeschwerde eines Verbandes hin, verwischt die Grenzen zwischen Individual- und Popularbeschwerde. Hier sah der Ausschuss eine Vertragsverletzung der Bundesrepublik Deutschland darin, dass Äußerungen eines Publizisten zur genetischen Vorprägung des intellektuellen Profils der Angehörigen ethnischer Gruppen im Hinblick auf ihren rassisch diskriminierenden Inhalt von den Strafverfolgungsorganen nicht ausreichend aufgearbeitet worden seien. Die Staatsanwaltschaft hatte hier ein Ermittlungsverfahren mit Rücksicht auf die Meinungsfreiheit eingestellt. Die Entscheidung zeigt die Problematik eines einseitig von bestimmten Menschenrechtsbelangen geleiteten Rollenverständnisses, das kollidierenden Menschenrechten keine angemessene Beachtung schenkt.

Viele der Überwachungsausschüsse haben konkretisierende Erläuterungen zur Auslegung der jeweiligen UN-Menschenrechtspakte vorgelegt („General Comments"). Diese Erläuterungen spielen für die Vertragsinterpretation eine wichtige Rolle. Von besonderer Bedeutung sind insbesondere die Erläuterungen der Ausschüsse für die beiden UN-Menschenrechtspakte von 1966. Die Erläuterungen sind für die Vertragsstaaten nicht bindend. Sie können den Vertragsstaaten auch nicht ohne weiteres als „spätere Übung bei der Anwendung des Vertrags" im Sinne von Art. 31 Absatz 3 *lit.* b WVRK zugerechnet werden, da die Ausschüsse keine verbindlichen Entscheidungen treffen. Jedoch können allgemeine Erläuterungen die Staaten zu einer bestimmten, übereinstimmenden Praxis veranlassen, die dann für die Auslegung rechtlich erheblich ist.

Literatur: *R. B. Lillich*, Towards the Harmonization of International Human Rights Law, in: Festschrift für R. Bernhardt, 1995, S. 453 ff.; *K. J. Partsch*, Human Rights, Interstate Disputes, in: R. Wolfrum (Hrsg.), United Nations: Law, Politics and Practice, Bd. 1, 1995, S. 619 ff.; *C. Tomuschat*, Human Rights, Petitions and Individual Complaints, in: R. Wolfrum, aaO, S. 612 ff.; *ders.*, Human Rights, State Reports, in: R. Wolfrum, aaO, S. 628 ff.; *ders.*, Learning from the Human Rights Committee's Experience: The Optional Protocol to the Convention Banning Discrimination Against Women, in: Recht – Staat – Gemeinwohl, Festschrift für Dietrich Rauschnig, 2001, S. 313 ff.

2. Internationaler Pakt über bürgerliche und politische Rechte

Der Internationale Pakt über bürgerliche und politische Rechte 3
enthält überwiegend klassische (Freiheits-)Rechte wie etwa das Recht auf Leben nach Art. 6, das Verbot der Folter gemäß Art. 7, den Schutz vor willkürlicher Festnahme oder Haft gemäß Art. 9, bestimmte Garantien im Prozess nach Art. 14 ff., den Schutz des Privatlebens und der Familie gemäß Art. 17, das Recht auf Gedanken-, Gewissens- und Religionsfreiheit nach Art. 18 oder das Recht auf

Meinungsfreiheit nach Art. 19. Der Pakt gewährt den Vertragsstaaten mit den Schranken für die einzelnen Rechte oft einen weit reichenden Spielraum bei Eingriffen (siehe etwa zu den zulässigen Einschränkungen zum Schutz der öffentlichen Sicherheit, Ordnung, Gesundheit, Sittlichkeit oder der Rechte und Freiheiten anderer Art. 18 Abs. 3, Art. 21, Art. 22 Abs. 2 Satz 1). Das zweite Fakultativprotokoll zum Pakt (BGBl. 1992 II, S. 391) zielt auf die Abschaffung der Todesstrafe.

Von den großen Staaten hat die Volksrepublik China den Pakt zwar unterzeichnet, aber noch nicht ratifiziert.

4 Nach dem Internationalen Pakt über bürgerliche und politische Rechte wird ein Ausschuss für Menschenrechte mit 18 unabhängigen Mitgliedern eingerichtet (Art. 28 ff.). Dieser Ausschuss erfüllt wichtige Funktionen bei der Einhaltung der Paktverpflichtungen. Kontrollmechanismen sind die Vorlage von Berichten durch die Vertragsstaaten (Art. 40) und die Prüfung der Berichte durch den Ausschuss (Art. 40 Abs. 4). Daneben kann ein Vertragsstaat mit einer Beschwerde den Ausschuss mit möglichen Verletzungen durch einen anderen Vertragsstaat befassen (Art. 41 f.). Die Staatenbeschwerde setzt voraus, dass sich die beteiligten Vertragsstaaten in einer besonderen Erklärung der Prüfungszuständigkeit des Ausschusses unterworfen haben (Art. 41 Abs. 1 Satz 1 bis 3). Ein zusätzliches Überwachungsinstrument ist die Individualbeschwerde nach dem ersten Fakultativprotokoll zum Internationalen Pakt für bürgerliche und politische Rechte (BGBl. 1992 II, S. 1247). Die Vertragsparteien dieses Protokolls unterwerfen sich der Zuständigkeit des Ausschusses für die Prüfung von individuellen Beschwerden über Verletzungen von den im Pakt niedergelegten Rechten. Der Großteil der Vertragsstaaten des Paktes hat zugleich das Fakultativprotokoll ratifiziert.

Der Ausschuss nach dem Pakt über bürgerliche und politische Rechte hat einen wichtigen Beitrag zur Anerkennung und Durchsetzung universeller Menschenrechtsstandards geleistet. Ein bedeutsames Vehikel sind dabei die allgemeinen Bemerkungen *(general comments)* des Ausschusses (nach Art. 40 Abs. 4 Satz 2 des Paktes), die Leitlinien für eine einheitliche Auslegung des Paktes bilden.

5 Von großer Bedeutung ist die „duale" Struktur der Menschenrechtsverpflichtungen nach dem Pakt über bürgerliche und politische Rechte. Die menschenrechtlichen Garantien des Paktes begründen Gewährleistungspflichten, die über die bloße Abwehr menschen-

rechtswidriger Eingriffe hinausgehen und auch den „positiven" Schutz menschenrechtlicher Substanz einschließen. Diese doppelte Dimension des Schutzes der Menschenrechte *vor* dem Staat und *durch* den Staat kommt schon in Art. 2 Abs. 1 des Internationalen Paktes über bürgerliche und politische Rechte zum Ausdruck.

Besonders deutlich formuliert die Vorschrift des Art. 2 Abs. 2 des Paktes die Gewährleistungsdimension des Paktes mit der Verpflichtung der Vertragsstaaten,

„die erforderlichen Schritte zu unternehmen, um die gesetzgeberischen und sonstigen Voraussetzungen zu treffen, die notwendig sind, um den in diesem Pakt anerkannten Rechten Wirksamkeit zu verleihen, soweit solche Vorkehrungen nicht bereits getroffen worden sind".

Zu dieser Doppelnatur der menschenrechtlichen Garantien hat sich der UN-Menschenrechtsausschuss in seinem „General Comment" Nr. 31 (80) („The Nature of the General Legal Obligation Imposed on States Parties to the Covenant", UN Doc. CCPR/C/21/Rev. 1/ Add. 13) bekannt:

„Each State Party to the present Covenant undertakes to respect and to ensure to all individuals within its territory and subject to its jurisdiction the rights recognized in the present Covenant [...]"

„The legal obligation under article 2, paragraph 1, is both negative and positive in nature. States Parties must refrain from violation of the rights recognized by the Covenant, and any restrictions on any of those rights must be permissible under the relevant provisions of the Covenant. [...] Article 2 requires that States Parties adopt legislative, judicial, administrative, educative and other appropriate measures in order to fulfil their legal obligations" (aaO, Nr. 6 f.).

Literatur: *A. Conte/R. Burchill*, Defining Civil and Political Rights – The Jurisprudence of the United Nations Human Rights Committee, 2. Aufl. 2009; *S. Joseph/M. Castan*, The International Covenant on Civil and Political Rights – Cases, Materials, and Commentary, 3. Aufl. 2013; *M. Nowak*, U. N. Covenant on Civil and Political Rights, CCPR Commentary, 2. Aufl. 2005; *W. v. der Wense*, Der UN-Menschenrechtsausschuß und sein Beitrag zum universellen Schutz der Menschenrechte, 1999.

3. Internationaler Pakt über wirtschaftliche, soziale und kulturelle Rechte

6 Der *Internationale Pakt über wirtschaftliche, soziale und kulturelle Rechte* zielt auf die Sicherung angemessener materieller Rahmenbedingungen für die individuelle Existenz.

Noch keine Vertragspartei sind die USA, die den Vertrag nur unterzeichnet haben.

Zu den Paktgarantien gehören etwa ein Recht auf Arbeit (Art. 6), ein Recht auf soziale Sicherheit (Art. 9), ein Recht auf einen angemessenen Lebensstandard für den Einzelnen und seine Familie (Art. 11), ein Recht auf Gesundheit (Art. 12) oder ein Recht auf Bildung (Art. 13). Diese Gewährleistungen sind in dem Pakt recht „weich" ausgeformt und schrumpfen dadurch oft auf unbestimmte Bemühensverpflichtungen (siehe etwa Art. 6 Abs. 2 und 11 Abs. 2). Ähnlich wie die Garantien nach dem Pakt über bürgerliche und politische Rechte begründen auch die Gewährleistungen des Internationalen Paktes über wirtschaftliche, soziale und kulturelle Rechte duale (d. h. auf Abwehr und Schutz gerichtete) Gewährleistungspflichten. Dabei zielt der Pakt über wirtschaftliche, soziale und kulturelle Rechte in Art. 2 Abs 1 auf eine fortschreitende Annäherung an das vorgesehene Gewährleistungsniveau und räumt den Vertragstaaten einen weiten Gestaltungsspielraum ein:

„Jeder Vertragsstaat verpflichtet sich, einzeln und durch internationale Hilfe und Zusammenarbeit, insbesondere wirtschaftlicher und technischer Art, unter Ausschöpfung aller seiner Möglichkeiten Maßnahmen zu treffen, um nach und nach mit allen geeigneten Mitteln, vor allem durch gesetzgeberische Maßnahmen, die volle Verwirklichung der in diesem Pakt anerkannten Rechte zu erreichen."

7 Die Mitgliedstaaten haben über die Verwirklichung der Gewährleistungen des Paktes Berichte vorzulegen (Art. 16), die der Wirtschafts- und Sozialrat der Vereinten Nationen prüft (Art. 16 Abs. 2). Im Jahre 1989 hat der Wirtschafts- und Sozialrat diese Kontrollaufgabe einem Expertengremium, dem Ausschuss für wirtschaftliche, soziale und kulturelle Rechte, übertragen. Der Ausschuss hat in seinen *General Comments* Konkretisierungen der Verpflichtungen aus dem Pakt vorgenommen.

Besondere Beachtung verdient *General Comment No. 12* zum Recht auf angemessene Ernährung (Art. 11 Abs. 1 und Abs. 2 des IPwskR). Dort heißt es u. a.:

„The right to adequate food is realized when every man, woman and child, alone or in community with others, has physical and economic access at all times to adequate food or means for its procurement" (aaO, para. 6).

Von großem Interesse ist daneben der *General Comment No. 15* (2002) (UN Dok/E/C.12/2002) zum Recht auf Wasser (abgeleitet aus Art. 11 und 12 des Internationalen Pakts über wirtschaftliche, soziale und kulturelle Rechte).

Ein Fakultativprotokoll aus dem Jahre 2008 (ILM 48 [2009], 8
S. 256 ff.) sieht vor, dass Einzelpersonen und Personengruppen beim Ausschuss für wirtschaftliche, soziale und kulturelle Rechte Individualbeschwerde erheben können (Art. 2 ff.). Die Staatenbeschwerde macht das Zusatzprotokoll von einer besonderen Unterwerfungserklärung abhängig (Art. 10).

Literatur: *M. Baderin/R. McCorquodale*, Economic, Social and Cultural Rights in Action, 2007; *L. B. Chazournes/C. Leb/M. Tignino* (Hrsg.), International Law and Freshwater, 2013; *C. Courtis*, The Right to Food as a Justiciable Right: Challenges and Strategies, Max Planck UNYB 11 (2007), S. 317 ff.; *M. C. R. Craven*, The International Covenant on Economic, Social, and Cultural Rights, 1998; *B. Simma*, Die internationale Kontrolle des VN-Paktes über wirtschaftliche, soziale und kulturelle Rechte: Neue Entwicklungen, in: Festschrift für R. Bernhardt, 1995, S. 579 ff.; *M. Ssenyonjo*, Economic, Social and Cultural Rights, 2011.

§ 49. Regionale Verträge zum Menschenrechtsschutz

Die Voraussetzungen für eine wirksame Sicherung der Menschen- 1
rechte auf vertraglicher Grundlage sind umso besser, je stärker die Vertragsstaaten durch gemeinsame Grundwerte bei der Ausgestaltung des Verhältnisses zwischen Staat und Individuum verbunden sind und je mehr die Vertragsstaaten zumindest in ihrer Mehrheit über die materiellen Voraussetzungen zur Sicherung angemessener Lebensbedingungen sowie eine stabile politische Ordnung verfügen. Ein Meilenstein in der Entwicklung des regionalen Menschenrechtsschutzes mit Vorbildfunktion ist die *Europäische Menschenrechtskonvention*, welche sich als sehr wirksames Instrument zur Sicherung des Individualschutzes auf hohem Niveau erwiesen hat.

1. Europäische Menschenrechtskonvention

2 Die *Europäische Konvention zum Schutze der Menschenrechte und Grundfreiheiten* von 1950 ist mittlerweile zur Grundlage eines gemeineuropäischen Mindeststandards für den Individualschutz geworden. Die 47 Mitgliedstaaten des Europarates einschließlich Russlands gehören zu den Vertragsstaaten der Konvention. Die Gewährleistungen der Europäischen Menschenrechtskonvention umfassen elementare Menschenrechte wie das Recht auf Leben, das Verbot von Folter und Zwangsarbeit, den Schutz der persönlichen Freiheit, Verfahrensgrundrechte, spezielle Freiheitsrechte (wie den Schutz der Privatsphäre, Gewissens- und Religionsfreiheit, freie Meinungsäußerung, Versammlungs- und Vereinigungsfreiheit) und das Recht auf Ehe und Familie. Weitere Rechte gewähren eine Reihe von Zusatzprotokollen. Hervorhebung verdienen dabei

- das Protokoll Nr. 1 mit dem Schutz des Eigentums (Art. 1), dem Recht auf Bildung (Art. 2) und dem Recht auf freie Wahlen (Art. 3)
- das Protokoll Nr. 4 mit dem Recht auf Freizügigkeit (Art. 2) und dem Verbot der Kollektivausweisung (Art. 4) und
- das Protokoll Nr. 6 mit dem Verbot der Todesstrafe (Art. 1), das durch das Protokoll Nr. 13 ergänzt wird.

3 Die herausragende Bedeutung der Europäischen Menschenrechtskonvention liegt darin, dass auf ihrer Grundlage internationale Sicherungsmechanismen mit justizförmigen Verfahren geschaffen worden sind. Mit dem Protokoll Nr. 11 zur EMRK ist das Rechtsschutzsystem der EMRK umgestaltet worden. Das zentrale Kontrollorgan ist der (ständige) Europäische Gerichtshof für Menschenrechte (Art. 19 EMRK). Die Verletzung der Konvention durch einen Vertragsstaat kann zum einen ein anderer Vertragsstaat rügen (Staatenbeschwerde gemäß Art. 33 EMRK). Zum anderen kann sich jede natürliche Person, nicht-staatliche Organisation oder Vereinigung mit der sog. Individualbeschwerde wegen der Verletzung eines Konventionsrechts an den Gerichtshof wenden (Art. 34 EMRK). In der Entwicklung des Menschenrechtsschutzes ist diese individuelle Beschwerdemöglichkeit etwas schlechthin Revolutionäres gewesen. Hiermit kann der Einzelne auf völkerrechtlicher Ebene Rechtsschutz selbst gegen seinen eigenen Heimatstaat suchen. Zu den allgemeinen Voraussetzungen einer Individualbeschwerde gehört, dass vorher der inner-

staatliche Rechtsweg ausgeschöpft worden ist (Art. 35 Abs. 1 EMRK).

Nach Art. 39 seiner Verfahrensordnung kann der Europäische Gerichtshof für Menschenrechte (durch eine Kammer oder den Präsidenten) vorläufige Maßnahmen zum Schutz der Konventionsrechte „empfehlen". Nach der Rechtsprechung des Gerichtshofs sind solche vorläufigen Maßnahmen verbindlich; ihre Missachtung kann mit der Individualbeschwerde gerügt werden (EGMR, *Mamatkulov ./. Türkei*, EuGRZ 2003, S. 705 paras. 106 ff.).

Im März 2014 hat die Ukraine beim EGMR eine Staatenbeschwerde gegen Russland eingereicht (EGMR, *Ukraine ./. Russische Föderation*, Beschwerde-Nr. 20958/14).

Die Rechtsprechung des Europäischen Gerichtshofs für Men- 4
schenrechte (EGMR) hat den einzelnen Konventionsrechten – oft in *dynamischer* Auslegung – sowie den Beschränkungsmöglichkeiten feste Konturen gegeben. Dabei lässt sich der Gerichtshof vom Ziel eines effektiven Schutzes der Konventionsrechte, dem Verständnis der Konvention als „*living instrument*" und dem Ziel der Konvention leiten, „Ideale und Werte einer demokratischen Gesellschaft zu fördern" (EGMR, *Mamatkulov ./. Türkei*, EuGRZ 2003, S. 704 paras. 93 f.).

Bei der Konkretisierung der Konvention als „*living instrument*" nimmt der Europäische Gerichtshof für Menschenrechte Bedacht auf das (Nicht-)Bestehen eines Konsenses unter den Konventionsstaaten über einen bestimmten menschenrechtlichen Standard (EGMR, Große Kammer, *A, B and C ./. Ireland*, Beschwerde Nr. 25579/05, paras. 234 ff.). Im Fall *Vo ./. Frankreich* sah sich der Gerichtshof durch die heterogene Rechtslage in den Konventionsstaaten gehindert, den Bereich des Lebensschutzes nach Art. 2 EMRK auf den Embryo zu erstrecken:

„At European level, the Court observes that there is no consensus on the nature and status of the embryo and/or foetus [...], although they are beginning to receive some protection in the light of scientific progress and the potential consequences of research into genetic engineering, medically assisted procreation or embryo experimentation. At best, it may be regarded as common ground between States that the embryo/foetus belongs to the human race. The potentiality of that being and its capacity to become a person – enjoying protection under the civil law, moreover, in many States, such as France, in the context of inheritance and gifts, and also in the United Kingdom [...] – require protection in the name of human dignity, without making it a 'person' with the 'right to life' for the purposes of Article 2. [...] Having regard to the foregoing, the Court is convinced that it is neither desirable, nor even possible as matters stand, to answer in the abstract the question whether the unborn child is a person for the purposes of Article 2 of the Convention (‚*personne*' in the French text)" (EGMR, *Vo ./. Frankreich*, NJW 2005, S. 727 paras. 84 f.).

5 Bei der Auslegung der Konvention berücksichtigt der EGMR auch das normative Umfeld im Sinne der aktuellen Standards in Europa, wie sie vor allem durch völkerrechtliche Verträge geprägt werden. Dabei handelt es sich wohl nicht um eine harmonisierende Vertragsauslegung im Sinne von Art. 31 Abs. 3 *lit.* c WVK, sondern um die Einbeziehung dieser Standards als Element der europäischen Rechtswirklichkeit.

Im Falle *Demir ./. Türkei* (EGMR, NZA 2010, S. 1425) wird zum Schutz der Koalitionsfreiheit für Beamtengewerkschaften nach Art. 11 EMRK auf Abkommen und andere Dokumente der internationalen Arbeitsorganisationen als Orientierung für den Umfang der Vereinigungsfreiheit (Art. 11 Abs. 1 EMRK) und die „in einer demokratischen Gesellschaft" notwendige Beschränkung der Vereinigungsfreiheit (Art. 11 Abs. 2 EMRK) verwiesen:
„The Court recently confirmed [...] that when it considers the object and purpose of the Convention provisions, it also takes into account the international law background to the legal question before it. Being made up of a set of rules and principles that are accepted by the vast majority of States, the common international or domestic law standards of European States reflect a reality that the Court cannot disregard when it is called upon the clarify the scope of a Convention provision that more conventional means of interpretation have not enabled it to establish with a sufficient degree of certainty."

Dabei hat der EGMR das Argument der Türkei verworfen, dass sie nicht alle einschlägigen Abkommen ratifiziert habe:

„[i]t is not necessary for the respondent State to have ratified the entire collection of instruments that are applicable in respect of the precise subject matter of the case concerned. It will be sufficient for the Court that the relevant international instruments denote a continuous evolution in the norms and principles applied in international law or in the domestic law of the majority of member States of the Council of Europe and show, in a precise area, that there is common ground in modern societies" (EGMR, *Demir ./. Türkei*, aaO, para. 86).

Das richterrechtlich ausgeformte Gerüst von Konventionsrechten und deren Schranken hält in seiner Subtilität dem Vergleich selbst mit hoch entwickelten Grundrechtssystemen wie dem des deutschen Grundgesetzes stand. Dies gilt auch für die Voraussetzungen einer zulässigen Beschränkung der Konventionsrechte, welche die Konvention bei den meisten Freiheitsrechten an eine gesetzliche Grundlage, die Erforderlichkeit „in einer demokratischen Gesellschaft" und den Schutz bestimmter öffentlicher Interessen knüpft (siehe etwa Art. 8 Abs. 2, 9 Abs. 2, 10 Abs. 2, 11 Abs. 2 EMRK). Ähnlich wie bei der deutschen Grundrechtsordnung spielt der Verhältnismäßigkeitsgrundsatz eine wichtige Rolle.

Bei der Rechtfertigung von Eingriffen belässt der Europäische Gerichtshof für Menschenrechte den Vertragsstaaten oft einen gewissen Einschätzungsspielraum *(margin of appreciation)*. Dieser Einschätzungsspielraum wird den Staaten insbesondere dann eingeräumt, wenn sich in der Abwägung kollidierender Belange kein Konsens unter den Konventionsstaaten abzeichnet oder wenn es um die Einschätzung besonderer lokaler oder nationaler Gegebenheiten geht.

Zuweilen praktiziert der Europäische Gerichtshof für Menschenrechte bei der Abwägung kollidierender Gewährleistungen eine andere Akzentsetzung als etwa das deutsche Bundesverfassungsgericht (so unter Stärkung des Schutzes der Privatsphäre nach Art. 8 EMRK gegenüber der Meinungs- und Pressefreiheit nach Art. 10 EMRK bei dem Eindringen in die private Lebensführung von Personen, die keine Rolle im politischen Leben spielen, EGMR, *von Hannover ./. Deutschland*, NJW 2004, S. 2674, insbes. para. 63).

Der Europäische Gerichtshof für Menschenrechte versteht die Ga- 6
rantien der EMRK nicht nur als Abwehrrechte, sondern leitet auch staatliche Schutzpflichten aus der Konvention ab. So hat der Gerichtshof im Rahmen des Rechts auf Privatleben (Art. 8 EMRK) bei schwerwiegenden sexuellen Misshandlungen strafrechtlichen Schutz verlangt (zur Misshandlung einer geistig behinderten Heiminsassin EGMR, *X und Y ./. Niederlande*, EuGRZ 1985, S. 297 ff.).

Bei der Abwehr terroristischer Anschläge fordert der Gerichtshof, dass die Ordnungskräfte die Möglichkeiten organisatorischer Vorkehrungen im Interesse eines möglichst schonenden Vorgehens ausschöpfen; diese Vorkehrungen stellen sich als Ausprägung der Verhältnismäßigkeit bei Eingriffen in das Leben (Art. 2 Abs. 2 *lit.* a EMRK) dar (zur Tötung von IRA-Terroristen im Vorfeld eines geplanten Anschlages EGMR, *McCann ./. Vereinigtes Königreich*, Series A Nr. 324 = HRLJ 1995, S. 760 ff.).

Schutzpflichten – namentlich im Interesse des Lebensschutzes – verlangen, dass erforderliche gesetzliche Regelungen auch effektiv durchgesetzt werden.

So kann sich ein Konventionsstaat bei greifbaren Bedrohungen von Leib und Leben durch Private nicht einfach auf den Bestand strafrechtlicher Sanktionen berufen, um die Untätigkeit der zuständigen Behörden zu rechtfertigen (EGMR, *Opuz ./. Türkei*, Beschwerde Nr. 33401/02, DÖV 2009, S. 679 ff.):

129. „Bearing in mind the difficulties in policing modern societies, the unpredictability of human conduct and the operational choices which must be made in terms of priorities and resources, the scope of the positive obligation must be interpreted in a way which does not impose an impossible or disproportionate burden on the authorities. Not every claimed risk to life, therefore, can entail for the authorities a Convention requirement to take operational measures to prevent that risk from materialising. For a positive obligation to arise, it must be established that the authorities knew or ought to have known at the time of the existence of a real and immediate risk to the life of an identified individual from the criminal acts of a third party and that they failed to take measures within the scope of their powers which, judged reasonably, might have been expected to avoid that risk. Another relevant consideration is the need to ensure that the police exercise their powers to control and prevent crime in a manner which fully respects the due process and other guarantees which legitimately place restraints on the scope of their action to investigate crime and bring offenders to justice, including the guarantees contained in Articles 5 and 8 of the Convention (see *Osman*, cited above § 116).

130. In the opinion of the Court, where there is an allegation that the authorities have violated their positive obligation to protect the right to life in the context of their above-mentioned duty to prevent and suppress offences against the person, it must be established to its satisfaction that the authorities knew or ought to have known at the time of the existence of a real and immediate risk to the life of an identified individual or individuals from the criminal acts of a third party and that they failed to take measures within the scope of their powers which, judged reasonably, might have been expected to avoid that risk. Furthermore, having regard to the nature of the right protected by Article 2, a right fundamental in the scheme of the Convention, it is sufficient for an applicant to show that the authorities did not do all that could be reasonably expected of them to avoid a real and immediate risk to life of which they have or ought to have knowledge."

Besondere Probleme ergeben sich zuweilen bei der Geltung der Europäischen Menschenrechtskonvention für Verhalten der Konventionsstaaten außerhalb des eigenen Staatsgebietes. Die Vorschrift des Art. 1 EMRK verknüpft die Schutzwirkung der Konvention mit dem „Hoheitsgebiet" (englisch/französisch: „jurisdiction") der Konventionsstaaten. Der Europäische Gerichtshof für Menschenrechte unterwirft extraterritoriales Handeln der Konventionsstaaten grundsätzlich nur dann den Konventionsstandards, wenn sich die betroffenen Personen unter „tatsächlicher Gewalt und Verantwortlichkeit" des jeweiligen Konventionsstaates befinden (EGMR, *Loizidou ./. Türkei*, EuGRZ 1997, S. 555 ff. para. 62). Die neuere Rechtsprechung knüpft die Bindung der Konventionsstaaten an die EMRK bei extraterritorialem Handeln an die Ausübung rechtlicher oder faktischer Herrschaftsgewalt (*authority and control*). In diesem Sinne hat der EGMR die Rückführung von auf hoher See aufgegriffenen Bootsflüchtlingen durch die Marine Italiens an der EMRK (insbesondere dem Verbot der Massenausweisung nach Art. 3 EMRK) gemessen (EGMR, *Hirsi Jamaa u. a. ./. Italien*, NVwZ 2012, S. 809, Nr. 74, 77).

Von besonderer Bedeutung ist die Bindung an die EMRK für militärische Maßnahmen im Rahmen bewaffneter internationaler Konflikte oder bei der Ausübung von Besatzungsgewalt. 7

Im Fall *Banković ./. Belgien u. a.* (Individualbeschwerden gegen 17 NATO-Staaten wegen der Bombardierung einer serbischen Fernsehanstalt) beschränkte der Europäische Gerichtshof für Menschenrechte die Bindung an die EMRK auf Akte innerhalb des Rechtsraumes („legal space", „espace juridique") der Konventionsstaaten (EGMR, *Banković ./. Belgien u. a.*, EuGRZ 2002, S. 133 para. 80).

Die EMRK findet Anwendung, wenn Konventionsstaaten auf fremdem Territorium zur Ausübung von Besatzungsgewalt normalerweise mit Souveränität verbundene Rechte wahrnehmen („some of the public powers normally to be exercised by a sovereign government"), wie die Aufrechterhaltung der Sicherheit (EGMR, *Al-Skeini u. a. ./. Vereinigtes Königreich*, NJW 2012, S. 283 para. 149).

Die Ermächtigung durch den UN-Sicherheitsrat zur Ausübung hoheitlicher Ordnungsfunktionen befreit nach Ansicht des EGMR einen Konventionsstaat nicht von der Bindung an die EMRK. Denn auch der UN-Sicherheitsrat übe seine Befugnisse „im Einklang mit den Zielen und Grundsätzen der Vereinten Nationen" aus (Art. 24 Abs. 2 UN-Charta). Daher müssten Resolutionen des UN-Sicherheitsrats im Einklang mit menschenrechtlichen Standards ausgelegt werden und könnten nicht von den Verpflichtungen aus der EMRK entbinden (EGMR, *Al-Jedda ./. Vereinigtes Königreich*, Beschwerde Nr. 27021/08, Urteil vom 07. Juli 2011, para. 102). Diese Begründung zur Geltung der EMRK ist problematisch. Denn die UN-Charta zwingt den UN-Sicherheitsrat nicht zur Rücksicht auf alle möglichen regionalen Menschenrechtsverträge.

Literatur: *P. van Dijk/G. J. H. van Hoof*, Theory and Practice of the European Convention on Human Rights, 4. Aufl. 2006; *J. A. Frowein/W. Peukert*, EMRK-Kommentar, 3. Aufl. 2009; *K. Pabel/S. Schmahl*, Internationaler Kommentar zur Europäischen Menschenrechtskonvention, 19. Erg.-Lfg.

2016; *C. Grabenwarter/K. Pabel*, Europäische Menschenrechtskonvention, 6. Aufl. 2015; *M. Herdegen*, Europarecht, 20. Aufl. 2018, § 3; *M. W. Janis*, European Human Rights Law, 3. Aufl. 2008; *U. Karpenstein/F. C. Mayer*, Konvention zum Schutz der Menschenrechte und Grundfreiheiten – Kommentar, 2. Aufl. 2015; *J. Meyer-Ladewig*, Europäische Menschenrechtskonvention – Handkommentar, 4. Aufl. 2017; *J. Polakiewicz*, Die Verpflichtungen der Staaten aus den Urteilen des Europäischen Gerichtshofs für Menschenrechte, 1993; *J. J. Vasel*, Regionaler Menschenrechtsschutz als Emanzipationsprozess – Grundlagen, Strukturen und Eigenarten des europäischen und interamerikanischen Menschenrechtsschutzsystems, 2017.

2. Amerikanische Menschenrechtskonvention

8 Bei der *Amerikanischen Konvention über Menschenrechte* von 1969 (ILM 9 [1970], S. 673; EuGRZ 1980, S. 435) hat die Europäische Menschenrechtskonvention Pate gestanden. Nach dem Modell des ursprünglichen Systems der Europäischen Menschenrechtskonvention liegt die institutionelle Sicherung der Konventionsrechte einmal bei der Inter-Amerikanischen Kommission für Menschenrechte mit Sitz in Washington, D.C. und dem Inter-Amerikanischen Gerichtshof für Menschenrechte (Art. 33 AMRK) mit Sitz in San José (Costa Rica).

Zusatzprotokolle erweitern den Kreis der Konventionsrechte: das Zusatzprotokoll von San Salvador auf dem Gebiet der wirtschaftlichen, sozialen und kulturellen Rechte von 1988 (ILM 28 [1989], S. 156) und das Protokoll über die Abschaffung der Todesstrafe von 1990 (ILM 29 [1990], S. 1447).

Verletzungen der Konventionsrechte können mit der Individualbeschwerde (Art. 44 AMRK) und mit der Staatenbeschwerde (Art. 45 AMRK) vor der Kommission gerügt werden. „Altruistische“ Individualbeschwerden können auch von nichtstaatlichen (Menschenrechts-)Organisationen erhoben werden (Art. 44 AMRK). Die Staatenbeschwerde setzt voraus, dass beide beteiligten Staaten die Prüfungszuständigkeit der Kommission besonders anerkannt haben (Art. 8, 48 Abs. 1 und Abs. 2). Nur Staaten und die Kommission können einen Fall vor den Gerichtshof bringen (Art. 61 Abs. 1). Dabei muss der Staat, gegen den sich die Beschwerde richtet, sich der Zuständigkeit des Gerichtshofs unterworfen haben (Art. 62 Abs. 1). Der Gerichtshof kann nicht nur eine Konventionsverletzung feststellen, sondern auch über eine Wiedergutmachung und eine angemessene Entschädigung entscheiden (Art. 63 Abs. 1), wenn der betreffende Vertragsstaat zusätzlich dessen Zuständigkeit besonders anerkannt hat. Über ihre Zuständigkeiten nach der Amerikanischen Menschenrechtskonvention hinaus ist die Kommission mit der Förderung und Prüfung der Menschenrechtssituation in allen Mitgliedstaaten der OAS betraut. Der Amerikanischen Menschenrechtskonvention gehören 23 Vertragsparteien an. Von den wichtigen OAS-Mitgliedstaaten stehen insbesondere die USA (welche die Konvention unterzeichnet, aber nicht ratifiziert haben) außerhalb des Konventionssystems. Venezuela hat die Konvention im Jahre 2012 gekündigt.

Politische Instabilität, schwerwiegende interne Konflikte, wirt- 9
schaftliche Not und einzelne autoritäre Tendenzen in manchen Konventionsstaaten stellen die Kommission und den Gerichtshof vor weit schwierigere Aufgaben, als sie das europäische Konventionssystem kennt.

Zu den politischen Herausforderungen gehört auch die Kündigung der amerikanischen Menschenrechtskonvention durch einzelne Staaten, die sich damit einer missliebigen Überwachung entziehen wollen (später zurückgezogene Kündigung durch Peru 1999; Kündigung durch Venezuela 2012).

Die besonderen Herausforderungen lassen sich aus den vor die Konventionsorgane gebrachten Individualbeschwerden ablesen. Hier geht es oft um schwerwiegende Gewaltmaßnahmen unter Beteiligung staatlicher Organe oder Gewaltkriminalität Privater ohne ernsthafte Aufklärungs- und Verfolgungsbemühungen des Staates. Dabei ist vielfach für die Opfer (oder deren Angehörige) die Mitwirkung staatlicher Stellen in einem allgemeinen Klima der Einschüchterung nicht nachweisbar. Vor allem in Fällen der Verschleppung und Tötung fordert der Inter-Amerikanische Gerichtshof effektive Aufklärungsmaßnahmen:

„The State is obligated to investigate every situation involving a violation of the rights protected by the Convention. If the State apparatus acts in such a way that the violation goes unpunished and the victim's full enjoyment of such rights is not restored as soon as possible, the State has failed to comply with its duty to ensure the free and full exercise of those rights to the persons within its jurisdiction. The same is true when the State allows private persons or groups to act freely and with impunity to the detriment of the rights recognized by the Convention“ (IAGMR, *Velásquez Rodríguez ./. Honduras*, Series C No. 4 [1988], para. 176; ähnlich IAGMR, *González ./. Mexico*, ILM 49 [2010], S. 640 paras. 287 ff.).

Bei einem ungeklärten Sachverhalt hat der Gerichtshof – im Rahmen einer bestimmten Verletzungstypik – Beweiserleichterungen bei mangelnder Kooperationsbereitschaft des Staates entwickelt.

Die Darlegungs- und Beweislast verschiebt sich zu Lasten des Staates, wenn bestimmte Verfolgungsmuster oder die Beteiligung staatlicher Instanzen erkennbar sind und sich der Staat im Verfahren einer Aufklärung des Sachverhaltes versagt. Wegweisend ist hier die Entscheidung des Inter-Amerikanischen Gerichtshofes im Falle *Velásquez Rodríguez* (IAGMR, *Velásquez Rodríguez ./. Honduras*, Series C No. 4 [1988], para. 123 ff.).

Zuweilen beschreitet der Inter-Amerikanische Gerichtshof recht mutig neue Wege bei der Sicherung von Individualrechten. So hat der Gerichtshof die Verurteilung der mutmaßlichen Angehörigen einer terroristischen Gruppierung durch ein peruanisches Gericht wegen der Verletzung von Verfahrensgarantien aufgehoben (IAGMR, *Castillo Petruzzi ./. Peru*, Series C Nr. 52). Dieser Eingriff in das innerstaatliche Justizsystem stößt sich hart an hergebrachten Souveränitätsvorstellungen.

Die damalige Regierung Perus hat nach dieser Entscheidung versucht, sich von der unbehaglich gewordenen Unterwerfung unter die Zuständigkeit des Gerichtshofs im Jahre 1999 zu lösen. Der Inter-Amerikanische Gerichtshof hat jedoch die Rücknahme der Unterwerfung unter seine Gerichtsbarkeit (ohne gleichzeitige Kündigung der AMRK) für unzulässig erklärt (IAGMR, *Ivcher Bronstein Case*, *Competence*, Ser. C Nr. 54, paras. 32 ff.). Hier zeigt sich wieder einmal das schwierige Umfeld, in welches das inter-amerikanische Menschenrechtssystem in Lateinamerika eingebettet ist.

Mit eindrucksvoller Betonung des Primats der amerikanischen Menschenrechtskonvention gegenüber dem innerstaatlichen Recht hat der Inter-Amerikanische Gerichtshof im *Barrios Altos*-Fall peruanischen Amnestiegesetzen wegen eines offensichtlichen Verstoßes gegen die Konvention die Wirkung abgesprochen (IAGMR, *Chumbipuma Aguirre ./. Peru*, ILM 41 [2002], S. 93 ff.). Diese Gesetze nahmen Mitglieder der Sicherheitskräfte von der strafrechtlichen Verantwortlichkeit für Menschenrechtsverletzungen in der Zeit von 1980 bis 1995 aus. Im konkreten Fall ging es um die gezielte Tötung einer Gruppe von Nachbarn, die eine Todesschwadron von Mitgliedern der peruanischen Armee irrtümlich für Mitglieder einer terroristischen Zelle gehalten hatte. Der Gerichtshof sah in den Amnestievorschriften wegen deren Unwirksamkeit kein Hindernis für eine Strafverfolgung der Täter:

„41. This Court considers that all amnesty provisions, provisions on prescription and the establishment of measures designed to eliminate responsibility are inadmissible, because they are intended to prevent the investigation and punishment of those responsible for serious human rights violations such as torture, extrajudicial, summary or arbitrary execution and forced disappearance, all of them prohibited because they violate non-derogable rights recognized by international human rights law.

[…]

43. […] Self-amnesty laws lead to the defenselessness of victims and perpetuate impunity; therefore, they are manifestly incompatible with the aims and spirit of the Convention. This type of law precludes the identification of the individuals who are responsible for human rights violations, because it obstructs the investigation and access to justice and prevents the victims and their next of kin from knowing the truth and receiving the corresponding reparation.

44. Owing to the manifest incompatibility of self-amnesty laws and the American Convention on Human Rights, the said laws lack legal effect and may not continue to obstruct the investigation of the grounds on which this case is based or the identification and punishment of those responsible, nor can they have the same or a similar impact with regard to other cases that have occurred in Peru, where the rights established in the American Convention have been violated“ (IAGMR, aaO, paras. 41 ff.).

In der Rechtsprechung des Inter-Amerikanischen Gerichtshofs zur Unwirksamkeit menschenrechtswidriger Rechtsakte von Vertragsstaaten scheint ein monistisches Verständnis des Verhältnisses von Völkerrecht und innerstaatlichem Recht auf.

Ähnlich wie der EGMR praktiziert der Inter-Amerikanische Gerichtshof für Menschenrechte eine Auslegung der Konvention als *„living instrument“* (IAGMR, *Case of Kichwa Indigenous People of Sarayaku v. Ecuador*, Urteil vom 27. Juni 2012). Dabei bekennt sich die Rechtssprechung zu einer „evolutiven Auslegung“, die stark durch einen rechtsvergleichenden Ansatz geprägt ist (IAGMR, *Artavia Murillo u. a. („In-Vitro-Fertilisation“) ./. Costa Rica*, Series C Nr. 257 [2012], para. 245). Dabei scheint ein gewisser richterlicher Aktivismus auf. So hat der Inter-Amerikanische Gerichtshof das Verbot der *in vitro*-Befruchtung durch den Obersten Gerichtshof von Costa Rica als Verletzung der Konvention (insbesondere des Rechts auf Privat- und Familienleben nach Art. 11 Abs. 2 und 17 Abs. 2 AMRK) eingestuft (IAGMR, aaO, paras. 136 ff.).

Der Interamerikanische Gerichtshof für Menschenrechte fordert, 10
dass die rechtsprechende Gewalt der Konventionsstaaten bei der Anwendung nationalen Rechts eine Kontrolle der Konventionskonformität *(control de convencionalidad)* durchführt. Dabei geht es einmal

um die konventionskonforme Gesetzesanwendung und zum anderen um die Überprüfung von Gesetzen am Maßstab der interamerikanischen Menschenrechtskonvention (wohl unter der Wahrung bestehender Verwerfungsmonopole von Verfassungsgerichten oder Obersten Gerichtshöfen):

„With regard to judicial practices, this Tribunal has established, in its jurisprudence, that it is aware that the domestic judges and tribunals are subject to the rule of law and that, therefore, they are compelled to apply the regulations in force within the legal system. But once a State has ratified an international treaty such as the American Convention, its judges, as part of the State's apparatus, are also submitted to it, which compels them to make sure that the provisions of the Convention are not affected by the application of laws contrary to its object and purpose, and that they do not lack legal effects from their creation. In other words, the Judiciary shall exercise a „control of conventionality" *ex officio* between domestic regulations and the American Convention, evidently within the framework of its respective competences and the corresponding procedural regulations. Within this task, the Judiciary shall take into consideration not only the treaty but also the interpretation the Inter-American Court, final interpreter of the American Convention, has made of it" (IAGMR, *Radilla Pacheco ./. Mexico*, Series C Nr. 209, para. 339).

Literatur: *T. Buergenthal/D. Shelton*, Protecting Human Rights in the Americas, 4. Aufl. 1995; *L. Burgorque-Larsen/A. U. de Torres/R. Greenstein*, The Inter-American Court of Human Rights, 2011; *D. J. Harris/S. Livingstone* (Hrsg.), The Inter-American System of Human Rights, 1998; *J. Kokott*, Das interamerikanische System zum Schutz der Menschenrechte, 1986; *T. Rensmann*, Menschenrechtsschutz im Inter-Amerikanischen System – Modell für Europa? VRÜ 33 (2000), S. 137; *C. Steiner/P. Uribe (Hrsg.)*, Convención Americana sobre Derechos Humanos. Comentario, 2014; *J. J. Vasel*, Regionaler Menschenrechtsschutz als Emanzipationsprozess – Grundlagen, Strukturen und Eigenarten des europäischen und interamerikanischen Menschenrechtsschutzsystems, 2017.

3. Afrikanische Charta der Menschenrechte und Rechte der Völker

11 Die *Afrikanische Charta der Menschenrechte und Rechte der Völker (Banjul Charta)* von 1981 (ILM 21 [1982], S. 59) geht in ihrer Konzeption über die Europäische und die Amerikanische Menschenrechtskonvention hinaus. Sie listet neben den individuellen Rechten auch individuelle Pflichten auf. Vor allem enthält sie einen Katalog kollektiver Rechte wie das Selbstbestimmungsrecht der Völker

(Art. 20), das Verfügungsrecht der Völker über ihre natürlichen Ressourcen (Art. 21) sowie Rechte der *dritten Generation:* Recht der Völker auf wirtschaftliche, soziale und kulturelle Entwicklung (Art. 22), Recht auf Frieden (Art. 23) sowie Recht auf eine „im Allgemeinen zufrieden stellende" und der Entwicklung förderliche Umwelt (Art. 24). Zur Sicherung der Menschenrechte ist die *Afrikanische Kommission für Menschenrechte und Rechte der Völker* mit elf unabhängigen Mitgliedern (nach Art. 30 der Charta) eingerichtet worden. Neben Einzelpersonen können auch nichtstaatliche (Menschenrechts-)Organisationen bei der Kommission Individualbeschwerden einlegen. Mehr als die Hälfte der vor die Kommission gebrachten Beschwerden sind von Nichtregierungsorganisationen eingebracht worden (siehe z. B. *Constitutional Rights Project v. Nigeria*, HRLJ 1997, S. 28 ff.). Die in jüngster Zeit von der Kommission behandelten Fälle belegen das außerordentlich schwierige, zum Teil erschreckende Umfeld, in dem sich die Kommission bei der Aufarbeitung von Menschenrechtsverletzungen bewegt (siehe etwa zu massiven Menschenrechtsverletzungen in Mauretanien, *Malawi African Association et al. v. Mauritania*, HRLJ 2000, S. 413 ff.). Die *Banjul-Charta* ist von allen Mitgliedern der AU ratifiziert worden. Auf der Grundlage eines besonderen Protokolls von 1998 (ZaöRV 58 [1998], S. 727) ist der Afrikanische Gerichtshof für Menschenrechte geschaffen worden, der über Individualbeschwerden entscheidet. Dieser Gerichtshof soll zusammen mit dem Gerichtshof der Afrikanischen Union in dem neuen *African Court of Justice and Human Rights* aufgehen (Protokoll zum Statut des neuen Gerichtshofs, ILM 48 [2009], S. 334). Sofern der betroffene Vertragsstaat eine entsprechende Unterwerfungserklärung abgegeben hat, können sich auch Individuen und nichtstaatliche Organisationen an den Gerichtshof wenden.

Der Afrikanische Gerichtshof für Menschenrechte folgt – ähnlich wie der EGMR und der Inter-Amerikanische Gerichtshof für Menschenrechte – einem rechtsvergleichenden Auslegungsansatz (*Tanganyika Law Society et al. v. Tanzania*, HRLJ 2013, S. 18 ff., paras. 106 f.).

Literatur: *W. Benedek*, Durchsetzung von Rechten des Menschen und der Völker in Afrika auf regionaler und nationaler Ebene, ZaöRV 54 (1994), S. 150 ff.; *C. Binder*, The Prohibition of Amnesties by the Inter-American Court of Human Rights, German L.J. 12 (2011), S. 1203 ff.; *M. Bortfeld*, Der Afrikanische Gerichtshof für Menschenrechte, 2005; *A. Kießling*, Der Afrikanische Gerichtshof für die Rechte der Menschen und der Völker, AVR 49 (2011), S. 173 ff.; *E. Kodjo*, Die Afrikanische Charta der Rechte des Menschen und der Völker in ihrem historischen Zusammenhang, EuGRZ 1990, S. 306ff.; *N. Krisch*, The Establishment of an African Court on Human and Peoples' Rights, ZaöRV 58 (1998), S. 713ff.; *U. O. Umozurike*, The African Charter on Human and Peoples' Rights, 1997.

4. Arabische Charta der Menschenrechte

12 Die Arabische Liga hat auf ihrer Gipfelkonferenz in Tunis im Jahre 2004 die *Arabische Charta der Menschenrechte* angenommen, die 2008 (für Algerien, Bahrain, Jordanien, Libyen, Saudi-Arabien und Palästina) in Kraft getreten ist. Die Charta ist durch eine gewisse Janusköpfigkeit geprägt. Denn zum einen bekennen sich die arabischen Vertragsparteien zu den universellen Menschenrechten unter Verweis etwa auf die Charta der Vereinten Nationen, die Allgemeine Erklärung der Menschenrechte und die beiden UN-Menschenrechtspakte von 1966 (Präambel, Art. 1 Abs. 2 Satz 2 und Abs. 4) sowie zu bestimmten Grundwerten als Maßstab für jede Gesellschaft (Präambel). Zum anderen betont die arabische Menschrechtscharta die Bedeutung der islamischen Scharia und anderer göttlich offenbarter Religionen für die Grundprinzipien der Brüderlichkeit, Gleichheit und Toleranz (Präambel). Die Charta verweist im Zusammenhang mit der Gleichheit von Männern und Frauen auf die „positive Diskriminierung" zugunsten der Frauen durch die islamische Scharia und andere „Göttliche Gesetze", Gesetzgebung und internationale Instrumente (Art. 3 Abs. 3 Satz 1). Im Zusammenhang mit der Garantie der Religionsfreiheit werden zulässige Eingriffe in Bezug zu einer „toleranten" Gesellschaft gesetzt (Art. 30 Abs. 2), die Menschenrechte und Freiheiten achtet. Bemerkenswert ist die Gewährleistung politischer Betätigung und politischer Mitwirkungsrechte sowie des Wahlrechts (Art. 24 Abs. 1 bis Abs. 3). Die Charta sieht die Einrichtung eines Arabischen Menschenrechtsausschusses vor (Art. 45), welcher insbesondere Berichte der Vertragsparteien prüfen und hierzu Empfehlungen machen soll (Art. 48). Die Charta betont die nationale Souveränität und die politische Selbstbestimmung der Völker (Art. 2 Abs. 1 und Abs. 2) und verwirft Rassismus und „Zionismus" (Art. 3 Abs. 3). Im Übrigen bemüht sich die Charta sehr deutlich um den Anschluss an moderne Menschenrechtsstandards mit weltanschaulich neutraler Prägung.

5. Menschenrechte im asiatischen Raum

Angesichts der kulturellen, sozialen und politischen Heterogenität des asiatischen Kontinents hat sich dort noch kein umfassendes System des vertraglichen Menschrechtssschutzes herausgebildet. Immerhin hat die ASEAN (*Association of Southeast Asian Nations*) im Jahre 2012 eine Erklärung der Menschenrechte verabschiedet, die für den südostasiatischen Raum (Malaysia, Brunei Darussalam, Singapur, Indonesien, Philippinen, Vietnam, Demokratische Volksrepublik Laos, Thailand, Kambodscha und Myanmar) gilt. Die ASEAN-Erklärung dokumentiert ein Menschenrechtsverständnis, welches das Verhältnis von Indivuduum und Gemeinschaft anders austariert als herrschende „westliche" Vorstellungen. 13

So fordert die ASEAN-Erklärung eine Balance zwischen den Menschenrechten des Individuums und den Pflichten jeder Person gegenüber allen anderen Personen, der Gemeinschaft und Gesellschaft:

„6. The enjoyment of human rights and fundamental freedoms must be balanced with the performance of corresponding duties as every person has responsibilities to all other individuals, the community and the society where one lives. It is ultimately the primary responsibility of all ASEAN Member States to promote and protect all human rights and fundamental freedoms."

Zugleich stellt die ASEAN-Erklärung die Gewährleistung der Menschenrechte in einen relativierenden politischen und sozio-kulturellen Kontext:

„7. All human rights are universal, indivisible, interdependent and interrelated. All human rights and fundamental freedoms in this Declaration must be treated in a fair and equal manner, on the same footing and with the same emphasis. At the same time, the realisation of human rights must be considered in the regional and national context bearing in mind different political, economic, legal, social, cultural, historical and religious backgrounds."

Auch die weitreichenden Schranken der Menschenrechte reflektieren eine starke Gemeinschaftsbindung des Einzelnen:

„8. The human rights and fundamental freedoms of every person shall be exercised with due regard to the human rights and fundamental freedoms of others. The exercise of human rights and fundamental freedoms shall be subject only to such limitations as are determined by law solely for the purpose of securing due recognition for the human rights and fundamental freedoms of others, and to meet the just requirements of national security, public order, public health, public safety, public morality, as well as the general welfare of the peoples in a democratic society."

Literatur: *N. Doyle*, The ASEAN Human Rights Declaration and the Implications of Recent Southeast Asian Initiatives in Human Rights Institution-Building and Standard-Setting, ICLQ 63 (2014), S. 67 ff.

§ 50. Menschenrechtliche Standards für die staatliche Binnenstruktur

1 Neuere Tendenzen in der Völkerrechtsentwicklung zielen auf demokratische Mitwirkungsrechte als wesentliches Element der staatlichen Binnenstruktur. Das schon in der Allgemeinen Erklärung der Menschenrechte eingeforderte Recht auf Teilhabe am öffentlichen Leben durch periodische und freie Wahlen (Art. 21) verbürgt auch der *Internationale Pakt über bürgerliche und politische Rechte* in Art. 25. Danach hat jeder Staatsbürger das Recht, ohne Diskriminierung und ohne unangemessene Einschränkungen

a) „an der Gestaltung der öffentlichen Angelegenheiten unmittelbar oder durch frei gewählte Vertreter teilzunehmen;
b) bei echten, wiederkehrenden, allgemeinen und geheimen Wahlen, bei denen die freie Äußerung des Wählerwillens gewährleistet ist, zu wählen und gewählt zu werden;
c) unter allgemeinen Gesichtspunkten der Gleichheit zu öffentlichen Ämtern seines Landes Zugang zu haben".

Auf regionaler Ebene enthalten das Protokoll Nr. 1 zur EMRK (Art. 3) und die AMRK (Art. 23) ähnliche staatsbürgerliche Mitwirkungsrechte. Die EMRK knüpft mit dem Rechtfertigungsgrund des in einer „demokratischen Gesellschaft" Notwendigen (Art. 8 Abs. 2, 9 Abs. 2, 10 Abs. 2, 11 Abs. 2 EMRK) an eine demokratische Grundordnung an.

2 Wesentlichen Auftrieb haben demokratische Anforderungen an die staatliche Binnenstruktur durch die OAS-Charta (Art. 2 *lit.* b) und den OSZE-Prozess erhalten (siehe etwa zur Charta von Paris oben § 45 Rn. 2ff.).

Nach Art. 9 der OAS-Charta kann die Generalversammlung der OAS die Mitwirkungsrechte eines Mitgliedsstaates suspendieren, wenn dessen „demokratisch gebildete Regierung gewaltsam gestürzt wird". Die von der Generalversammlung der OAS 2001 angenommene Inter-Amerikanische Demokratische Charta sieht die Suspendierung der Mitgliedschaftsrechte vor, wenn es in einem Mitgliedsstaat zu einer „unconstitutional interruption of the democratic order" gekommen ist (Art. 21).

Im Jahr 2009 hat die OAS-Generalversammlung die Mitgliedschaftsrechte von Honduras nach dem Sturz des gewählten Präsidenten und dessen gewaltsamer Verbringung aus dem Land suspendiert. Der Fall ist komplex. Denn der gewählte Präsident hatte nach der Verfassung von Honduras wegen verbotener Bestrebungen zur Wiederwahl sein Amt verwirkt. Sowohl der Kongress als auch der oberste Gerichtshof von Honduras haben im Sinne des Amtsverlustes und der parlamentarischen Wahl eines neuen Präsidenten entschieden. Diese Entscheidungen beruhen ihrerseits auf zweifelhaften Voraussetzungen und einem rechtsstaatlich bedenklichen Verfahren. Dieser Fall zeigt, wie stark mittlerweile völkerrechtliche Maßstäbe und Verfassungsrecht miteinander verzahnt sind. Er demonstriert auch, wie innerstaatliche Organe die Deutungshoheit über umstrittene politische Vorgänge mit internationalen Instanzen teilen müssen.

Auch die Leitlinien der Europäischen Union zur Anerkennung neuer Staaten in Osteuropa stellen eine Verknüpfung zwischen der Anerkennung und der Achtung demokratischer Grundsätze her (hierzu oben § 8 Rn. 15). Das Vorgehen des UN-Sicherheitsrates zur Wiederherstellung einer demokratischen Ordnung in Haiti gegen das dortige Militärregime im Jahre 1994 (S/Res. 940/1994, VN 1994, S. 195) zeigt die zunehmende Relevanz demokratischer Strukturelemente in der neueren Völkerrechtspraxis. Die Wiener Erklärung der UN-Menschenrechtskonferenz von 1993 (ILM 32 [1993], S. 1661) betont den Zusammenhang zwischen Demokratie und Menschenrechten:

„Democracy, development and respect for human rights and fundamental freedoms are interdependent and mutually reinforcing. Democracy is based on the freely expressed will of the people to determine their own political, economic, social and cultural systems and their full participation in all aspects of their lives. In the context of the above, the promotion and protection of human rights and fundamental freedoms at the national and international levels should be universal and conducted without conditions attached. The international community should support the strengthening and promoting of democracy, development and respect for human rights and fundamental freedoms in the entire world“ (I.8).

Dennoch lässt sich gegenwärtig noch nicht von einem gewohnheitsrechtlich verfestigten Individualrecht auf Demokratie sprechen. Es ist aber denkbar, dass ein solches Recht als regionales Völkergewohnheitsrecht in Europa Geltung erlangt.

Literatur: *J. Crawford*, Democracy and International Law, BYIL 64 (1993), S. 113 ff.; *G. H. Fox/B. R. Roth*, Democratic Governance and International Law, 2000; *T. M. Franck*, The Emerging Right to Democratic Governance, AJIL 86 (1992), S. 46 ff.

XI. Kapitel. Internationales Umweltrecht

§ 51. Entwicklung des internationalen Umweltrechts

1 Das internationale Umweltrecht hat sich erst seit wenigen Jahrzehnten zu einem eigenständigen Komplex des Völkerrechts entwickelt. Bei den völkerrechtlichen Regeln zum Umweltschutz geht es sowohl um spezielle Interessen von Nachbarstaaten (und deren Bevölkerung) als auch um Belange der Staatengemeinschaft insgesamt (sog. *global commons*). Seit Ende der siebziger Jahre hat der vertragliche Umweltschutz einen deutlichen Aufschwung genommen und mittlerweile eine beachtliche Regelungsdichte erreicht.

2 Ein zentraler Grundsatz des Umweltvölkerrechts ist das Gebot zur *Rücksichtnahme*, welches der Ausübung der Gebietshoheit im Verhältnis zu den Nachbarstaaten Schranken setzt. Grundlegend ist der Schiedsspruch im *Trail Smelter*-Fall von 1938 (RIAA III, S. 1905). Hier hatte sich ein Schiedsgericht mit den Luftverschmutzungen zu befassen, die von einer kanadischen Zinnschmelze auf das Gebiet der Vereinigten Staaten ausgegangen sind.

Das Schiedsgericht hat seine Entscheidung auf ein umfassendes Verbot der erheblichen Umweltschädigung durch grenzüberschreitende Luftverunreinigungen gestützt:

„[…] no State has the right to use or permit the use of its territory in such a manner as to cause injury by fumes in or to the territory of another or the properties or persons therein, when the case is of serious consequence and the injury is established by clear and convincing evidence“ (aaO, S. 1965).

3 Einen Meilenstein in der Entwicklung von Rücksichtnahmepflichten im internationalen Umweltrecht bildet die *Erklärung der Stockholmer Staatenkonferenz zur menschlichen Umwelt* von 1972 (ILM 11 [1972], S. 1416). Das berühmte Prinzip 21 der Stockholmer Erklärung lautet:

„States have, in accordance with the Charter of the United Nations and the principles of international law, the sovereign right to exploit their own resources pursuant to their own environmental policies, and the responsibility to ensure that activities within their jurisdiction or control do not cause damage to the environment of other States or of areas beyond the limits of national jurisdiction.“

In diesem Prinzip klingt ein absolutes Schädigungsverbot an. Ein solches Verbot geht über die gewohnheitsrechtliche Pflicht hinaus, *erhebliche* Umweltschäden auf fremdem Staatsgebiet oder in staatsfreien Räumen zu vermeiden.

Heute gilt im Völkerrecht ein gewohnheitsrechtliches Verbot, erhebliche Umweltschäden auf fremden Staatsgebiet zu verursachen oder solche Schäden durch grenzüberschreitende Aktivitäten Privater zuzulassen. In diesem Sinne hat sich auch der Internationale Gerichtshof in seinem Gutachten zur Rechtmäßigkeit der Drohung oder des Einsatzes von Atomwaffen geäußert (IGH, *Legality of the Threat or Use of Nuclear Weapons*, ICJ Reports 1996, S. 226 [241 f. para. 29]): 4

„The Court recognizes that the environment is under daily threat and that the use of nuclear weapons could constitute a catastrophe for the environment. The Court also recognizes that the environment is not an abstraction but represents the living space, the quality of life and the very health of human beings, including generations unborn. The existence of the general obligation of States to ensure that activities within their jurisdiction and control respect the environment of other States or of areas beyond national control is now part of the corpus of international law relating to the environment."

Der Internationale Gerichtshof hat im „*Pulp Mills*-Fall" bei umweltrelevanten Industrieanlagen an einem Grenzfluss eine Umweltverträglichkeitsprüfung gefordert. Die Pflichten hat der Internationale Gerichtshof nicht nur aus den vertraglichen Kooperationspflichten (aus dem Statut für den Grenzfluss) hergeleitet, sondern auch dem Völkergewohnheitsrecht entnommen:

„the obligation to protect and preserve, under Article 41 (a) of the Statute, has to be interpreted in accordance with a practice, which in recent years has gained so much acceptance among States that it may now be considered a requirement under general international law to undertake an environmental impact assessment where there is a risk that the proposed industrial activity may have a significant adverse impact in a transboundary context, in particular, on a shared resource. Moreover, due diligence, and the duty of vigilance and prevention which it implies, would not be considered to have been exercised, if a party planning works liable to affect the régime of the river or the quality of its waters did not undertake an environmental impact assessment on the potential effects of such works" (IGH, *Pulp Mills on the River Uruguay [Argentina v. Uruguay]*, ICJ Reports 2010, S. 14 para. 204).

Allerdings sind die Elemente der Umweltverträglichkeitsprüfung gewohnheitsrechtlich nur grob determiniert:

„it is the view of the Court that it is for each State to determine in its domestic legislation or in the authorization process for the project, the specific content of the environmental impact assessment required in each case, having regard to the nature and magnitude of the proposed development and its likely adverse impact on the environment as well as to the need to exercise due diligence in conducting such an assessment. The Court also considers that an environmental impact assessment must be conducted prior to the implementation of a project. Moreover, once operations have started and, where necessary, throughout the life of the project, continuous monitoring of its effects on the environment shall be undertaken" (IGH, aaO, para. 205).

5 Als Leitmaxime für eine verantwortungsvolle (also auf Umweltbelange Rücksicht nehmende) Entwicklung hat sich die Formel des *sustainable development* (in unglücklicher deutscher Übersetzung: „nachhaltige Entwicklung") durchgesetzt. Dieses neue Konzept hat vor allem für das Spannungsverhältnis zwischen wirtschaftlicher Entwicklung und schonendem Umgang mit natürlichen Ressourcen mehr bewusstseinsschärfende als problemlösende Bedeutung. Seine normativen Konturen liegen im Ungewissen. Letztlich handelt es sich dabei um eine Richtschnur für die vertragliche Konsolidierung einer Rücksicht auf Umweltbelange.

Ohne alle Erwartungen zu erfüllen, hat die Konferenz der Vereinten Nationen zu Umwelt und Entwicklung von Rio de Janeiro wichtige Impulse für den völkerrechtlichen Umweltschutz gebildet.

6 Die *Erklärung von Rio zu Umwelt und Entwicklung* (ILM 31 [1992], S. 876) bekennt sich zu einem anthropozentrischen Verständnis des *sustainable development.* Dies ergibt sich aus Prinzip 1:

„Human beings are at the centre of concerns for sustainable development. They are entitled to a healthy and productive life in harmony with nature."

Prinzip 2 der Rio-Erklärung knüpft an das Prinzip der Stockholmer Erklärung zum Schädigungsverbot an. Daneben spricht sich die Rio-Erklärung in Prinzip 15 für den Grundsatz der Vorbeugung einschließlich der Risikovorsorge aus. Dabei geht es um Maßnahmen zur Eindämmung von Risiken für Leben, Gesundheit oder die natürlichen Lebensgrundlagen, die aus möglichen Gefahrenzusammenhängen erwachsen können:

„In order to protect the environment, the precautionary approach shall be widely applied by States according to their capabilities. Where there are threats of serious or irreversible damage, lack of full scientific certainty shall not be used as a reason for postponing cost-effective measures to prevent environmental degradation."

Daneben bekennt sich die Rio-Erklärung zur Kostenverantwortung des Verursachers von Umweltverschmutzungen (Prinzip 16) sowie zur Durchführung von Umweltverträglichkeitsprüfungen (Prinzip 17). Bei diesen Prinzipien befindet sich die gewohnheitsrechtliche Entwicklung noch im Fluss. Dagegen dürften die in der Rio-Erklärung eingeforderten Informations- und Konsultationspflichten (Prinzip 18 und 19) im Kern bereits gewohnheitsrechtliche Geltung erlangt haben.

Die auf der Konferenz von Rio verabschiedete *Agenda 21* bildet ein Aktionsprogramm, das den Herausforderungen für den internationalen Umweltschutz begegnen soll.

Bei der Nutzung gemeinsamer natürlicher Ressourcen hat sich das 7
Prinzip der billigen (fairen) Inanspruchnahme *(principle of equitable utilization)* als Verteilungsprinzip weithin Bahn gebrochen. Dazu gehört auch das Bemühen um einen einverständlichen Interessenausgleich. Anerkannt ist dieses Prinzip vor allem im internationalen Wasserrecht. Dagegen ist seine Erstreckung auf Luft und andere Medien noch umstritten. Informations- und Konsultationspflichten sind bei der Durchführung von Projekten mit grenzüberschreitenden Wirkungen in einer Vielzahl von Verträgen vorgesehen.

Noch nicht völlig geklärt ist, ob besonders gefährliche Aktivitäten 8
(ultra-hazardous activities) verboten sind. Hier geht es etwa um besonders riskante Hochtechnologien, die sich auch unter Ausschöpfung des Standes von Wissenschaft und Technik nur unzureichend beherrschen lassen. Nach herrschender Meinung ist ein derartiges Verbot abzulehnen. Jedoch greift wohl bei der Verwirklichung der Risiken eine Gefährdungshaftung ein. Im Vorfeld von Schädigungen dürfte ein Verbot risikoreicher Tätigkeiten anzunehmen sein, bei denen das nach internationalen Standards zu fordernde Maß an Sorgfalt bei der Risikovorsorge nicht eingehalten wird. Dies gilt etwa für den Betrieb von Kernreaktoren, bei dem die nach dem aktuellen Erkenntnisstand möglichen und sinnvollen Sicherheitsstandards unterschritten werden.

Im internationalen Wirtschaftsrecht stehen umweltschützende Be- 9
strebungen oft im Gegensatz zu einer Liberalisierung des Handels. Denn Umweltschutzbestimmungen können sich – etwa bei der Einfuhr fremder Waren – zu empfindlichen Handelsbeschränkungen auswachsen. Die angemessene Berücksichtigung von Umweltbelangen ist eines der großen Themen bei der Fortentwicklung der Welthandelsordnung (hierzu unten § 55 Rn. 6 f.). Die Schaffung der *globalen Umweltfazilität* der Weltbank *(Global Environmental Facility)*

soll bei der Projektfinanzierung für Entwicklungsländer den Mehraufwand für umweltschonende Maßnahmen abdecken.

10 Mittlerweile begründen menschenrechtliche Standards Verpflichtungen zum Umweltschutz im Individualinteresse. Im Rahmen der Europäischen Menschenrechtskonvention hat nicht nur das Recht auf Leben (Art. 2 EMRK) sondern auch der Schutz der Privatsphäre (Art. 8 EMRK) eine umweltschützende Dimension.

Nach der Rechtsprechung des Europäischen Gerichtshofs für Menschenrechte muss der Staat bei einer „ernsten und substantiellen Gefahr für Gesundheit und Wohlbefinden" sicherstellen, dass die Betroffenen in einer „gesunden und geschützten Umwelt leben können" auch wenn bestimmte Kausalzusammenhänge nicht abschließend bewiesen sind (EGMR, *Tâtar ./. Rumänien,* Beschwerde Nr. 67.021/01, Urteil vom 27.01.2009, para. 107). Dabei bezieht sich der Gerichtshof ausdrücklich auf die Anerkennung des Vorsorgeprinzips im Völkerrecht.

Literatur: *S. Alam/J. H. Bhuiyan/T. M. R. Chowdhurry/E. J. Techera* (Hrsg.), Routledge Handbook of International Environmental Law, 2013; *U. Beyerlin/T. Marauhn*, International Environmental Law, 2010; *P. Birnie/A. Boyle/C. Redgwell*, International Law and the Environment, 3. Aufl. 2009; *A. Boyle/D. Freestone*, International Law and Sustainable Development, 2001; *D. Bodansky/J. Brunnée/E. Hey*, The Oxford Handbook of International Environmental Law, 2007; *M. C. Cordonier Segger/A. Khalfan*, Sustainable Development Law: Principles, Practices and Prospects, 2004; *R. Dolzer/M. Herdegen/B. Vogel* (Hrsg.), Biowissenschaften und ihre völkerrechtlichen Herausforderungen, 2005; *P.-M. Dupuy*, International Environmental Law, 2015; *M. Ehrmann*, Die globale Umweltfazilität (GEF), ZaöRV 57 (1997), S. 565 ff.; *M. Fitzmaurice/D. M. Ong/P. Merkouris*, Research Handbook on International Environmental Law, 2010; *A. Gillespie*, International Environmental Law, Policy and Ethics, 2. Aufl. 2014; *B. Hecker u.a.* (Hrsg.), Verantwortlichkeit und Haftung für Umweltschäden, 2013; *D. Hunter/J. Salzman/D. Zaelke*, International Environmental Law and Policy, 4. Aufl. 2010; *A. Kiss/D. Shelton*, International Environmental Law, 3. Aufl. 2004; *A. Kiss/D. Shelton*, Guide to International Environmental Law, 2007; *C. Kreuter-Kirchhof*, Neue Kooperationsformen im Umweltvölkerrecht, 2005; *D. Lanzerath/M. Friele*, Concepts and Values in Biodiversity, 2014; *S. McCaffrey*, The Law of International Watercourses, 2. Aufl. 2007; *A. Proelß* (Hrsg.), Internationales Umweltrecht, 2015; *P. Sands/J. Peel/A. F. Aquilar/R. MacKenzie*, Principles of International Environmental Law, 3. Aufl. 2012; *B. Schulte zu Sodingen*, Der völkerrechtliche Schutz der Wälder, 2002; *The Energy and Ressources Institute (TERI)*, Global Sustainable Development Report 2015: Climate Change and Sustainable Development Assessing Progress of Regions and Countries, 2015; *J.E. Vinuales*, Legal Techniques for Dealing with Scientific Uncertainty in Environmental Law, Vanderbilt Journal of Transnational Law 43 (2010), S. 437 ff.; *C. Voigt*, Sustainable Development as a Principle of International Law, 2009.

§ 52. Völkerrechtliche Verträge zum Umweltschutz

Das Netz vertraglicher Regelungen zum Schutz von Gewässern ist besonders eng geknüpft. In eher allgemeiner Weise legt das *UN-Seerechtsübereinkommen* Pflichten zum Schutz und zur Erhaltung der Meeresumwelt nieder (insbesondere in Art. 192, 194 ff. SRÜ). Spezielle Abkommen haben die Vermeidung der Meeresverschmutzung durch Öl und Abfälle mit den damit verbundenen Haftungsfragen zum Gegenstand. Das *UN-Abkommen über die nicht der Schifffahrt dienenden Nutzungen internationaler Wasserläufe* von 1997 (ILM 36 [1997], S. 700) normiert den Grundsatz der billigen und vernünftigen Nutzungsteilhabe (Art. 5): 1

„Equitable and reasonable utilization and participation

1. Watercourse States shall in their respective territories utilize an international watercourse in an equitable and reasonable manner. In particular, an international watercourse shall be used and developed by watercourse States with a view to attaining optimal and sustainable utilization thereof and benefits therefrom, taking into account the interests of the watercourse States concerned, consistent with adequate protection of the watercourse.

2. Watercourse States shall participate in the use, development and protection of an international watercourse in an equitable and reasonable manner. Such participation includes both the right to utilize the watercourse and the duty to cooperate in the protection and development thereof, as provided in the present Convention."

Daneben verpflichtet das Übereinkommen die Staaten, erhebliche Schäden in einem anderen Nutzerstaat zu vermeiden (Art. 7 Abs. 1):

„Obligation not to cause significant harm

1. Watercourse States shall, in utilizing an international watercourse in their territories, take all appropriate measures to prevent the causing of significant harm to other watercourse States."

Des Weiteren sieht das UN-Übereinkommen Pflichten zur Kooperation (Art. 8) und zum Informationsaustausch (Art. 9) vor.

Unter den Verträgen zum Schutz von Flora und Fauna sei das *Washingtoner Artenschutzübereinkommen* von 1973 (BGBl. 1975 II, S. 777) hervorgehoben. Als Rahmenvertrag ist das *Wiener Übereinkommen zum Schutz der Ozonschicht* von 1985 (BGBl. 1988 II, S. 902) auf fortschreitende Konkretisierung durch weitere Vereinbarungen angelegt. Im Anschluss hieran sieht das *Montrealer Protokoll über Stoffe, die zu einem Abbau der Ozonschicht führen*, aus dem 2

Jahre 1987 (BGBl. 1988 II, S. 1015) den fortschreitenden Abbau der Emission von Fluorkohlenwasserstoffen vor. Die Vertragsstaaten haben sich auf der Konferenz von Kigali im Herbst 2016 darauf verständigt, die Emissionen von Fluorkohlenwasserstoffen nach einem Stufenplan drastisch zu reduzieren. Diese Stoffe tragen in hohem Maße zur Erderwärmung bei. Mit seinem auf einen umfassenden Umweltschutz auf regionaler Ebene zielenden Ansatz ragt das *Nordische Umweltschutzübereinkommen* von 1974 aus dem Kreis der völkerrechtlichen Vereinbarungen heraus. Das *Baseler Übereinkommen über die grenzüberschreitende Verbringung gefährlicher Abfälle* von 1989 (BGBl. 1994 II, S. 2703) verpflichtet die Vertragsparteien, gefährliche Abfälle möglichst in der Nähe zu ihrem Entstehungsort zu entsorgen.

3 Die UN-Konferenz von 1992 zu Umwelt und Entwicklung hat nur einen beschränkten Ertrag an verbindlichen Instrumenten gebracht. Das *Rahmenabkommen von Rio über Klimaveränderungen* (BGBl. 1993 II, S. 1784) soll die schädlichen Auswirkungen von Treibhausgasen auf die Atmosphäre eindämmen. Das *Protokoll von Kyoto* von 1997 (BGBl. 2002 II, S. 967) enthält verbindliche Festlegungen für die fortschreitende Verringerung oder Begrenzung der Emission von Treibhausgasen bis zum Jahr 2012. Dabei werden für die Industriestaaten individuelle Obergrenzen festgelegt und das Maß der künftigen Reduzierung (grundsätzlich bezogen auf das Ausgangsjahr 1990) festgeschrieben. Die Staaten haben die Möglichkeit, mit den jeweils für sie geltenden Emissionsquoten Handel zu treiben.

Angesichts der Widerstände der USA und anderer Industriestaaten gegen die Reduktionsquoten des *Kyoto-Protokolls* wurde auf der Bonner Klimaschutzkonferenz und der Folgekonferenz von Marakesch (2001) die Verpflichtung der Industriestaaten zum Abbau von Emissionen drastisch gemildert. Hierzu gehört die Anerkennung von kohlendioxidabsorbierenden Waldbeständen („Senken"), die mit Reduktionsverpflichtungen verrechnet werden können. Die in Bonn und Marakesch vereinbarten Zugeständnisse an die Industriestaaten führten zu einer Senkung des globalen Reduktionsziels für die Zeitspanne von 2008 bis 2012 von ursprünglich vorgesehenen 2,2 % auf 1,2 %.

Das 2012 auslaufende *Kyoto-Protokoll* ist nach der erforderlichen Ratifikation durch mindestens 55 Staaten (die zugleich mindestens 55 % der Treibhaus-Emissionen der Industrieländer auf sich vereinen müssen) in Kraft getreten, nachdem Russland das Protokoll ratifiziert hatte. Mittlerweile haben mehr als 190 Staaten das Protokoll ratifiziert. Die Vereinigten Staaten haben das

Protokoll unterzeichnet, aber die Ratifikation wegen der befürchteten Auswirkungen auf die heimische Industrie abgelehnt. Der im Kyoto-Protokoll ursprünglich vorgesehene Verpflichtungszeitraum ist Ende 2012 ausgelaufen. Eine auf der UN-Klimakonferenz von Doha (Dezember 2012) verabschiedete Änderung des Protokolls sieht eine zweite Verpflichtungsperiode von 2013–2020 mit neuen Reduktionszielen vor. Nur Staaten, die weitere Reduktionsverpflichtungen für diesen Zeitraum übernehmen, sollen am Emissionshandel teilnehmen können. Bislang haben sich nur wenige Vertragsparteien hierzu bereit erklärt (insbesondere die Europäische Union und deren Mitgliedstaaten, Australien, Norwegen, die Schweiz sowie die Ukraine). Kanada hat das Protokoll gekündigt. Japan, Neuseeland und die Russische Föderation werden sich an der zweiten Verpflichtungsrunde nicht beteiligen. Damit entfällt auf die Teilnehmer der zweiten Verpflichtungsrunde nur ein sehr bescheidener Teil der weltweiten Emissionen.

Die Vertragsstaatenkonferenz von Paris hat im Dezember 2015 das 4
sog. Abkommen von Paris verabschiedet, das sich zu einer Begrenzung der Erderwärmung auf deutlich unter 2 % des vorindustriellen Niveaus bekennt (Art. 2 Abs. 1 *lit.* a). Der Scheitelpunkt der Treibhausgasemissionen soll möglichst rasch erreicht werden (Art. 4). Das Abkommen verzichtet auf harte Reduktionsverpflichtungen und setzt stattdessen auf „national bestimmte Beiträge“ zum Klimaschutz (*nationally determined contributions*). Die entwickelten Staaten sollen die Entwicklungsländer finanziell unterstützen (Art. 9). Das Abkommen von Paris ist (nach der Ratifizierung durch 55 Staaten, auf die mindestens 55 % der gesamten Treibhausgasemissionen entfallen (Art. 21)) in Kraft getreten. Zu den Vertragsparteien gehören die Volksrepublik China, Russland, die Europäische Union und ihre Mitgliedstaaten. Die USA haben zunächst das Abkommen von Paris ratifiziert, aber im Jahre 2017 die Kündigung erklärt. Einzelne Staaten haben (auslegende) Erklärungen abgegeben, die politische Prioritäten im Hinblick auf Armutsbekämpfung und wirtschaftliche Entwicklung offen halten sollen. In diesem Sinne hat etwa Indien erklärt:

„The Government of India declares its understanding that, as per its national laws; keeping in view its development agenda, particularly the eradication of poverty and provision of basic needs for all its citizens, coupled with its commitment to following the low carbon path to progress, and on the assumption of unencumbered availability of cleaner sources of energy and technologies and financial resources from around the world; and based on a fair and ambitious assessment of global commitment to combating climate change, it is ratifying the Paris Agreement.“

5 Das *Übereinkommen von Rio über die biologische Vielfalt* (BGBl. 1993 II, S. 1742) ist mittlerweile von fast allen Staaten der Welt (mit Ausnahme der USA) ratifiziert worden. Dieses Rahmenübereinkommen schließt in seinen Schutzbereich den Erhalt genetischer Ressourcen ebenso ein wie die Bewahrung von Biotopen und ganzen Ökosystemen. Nach Art. 2 der Konvention

> „[...] bedeutet 'biologische Vielfalt' die Variabilität unter lebenden Organismen jeglicher Herkunft, darunter unter anderem Land-, Meeres- und sonstige aquatische Ökosysteme und die ökologischen Komplexe, zu denen sie gehören; dies umfasst die Vielfalt innerhalb der Arten und zwischen den Arten und die Vielfalt der Ökosysteme".

Im Rahmen der Biodiversitätskonvention ist im Jahre 2000 das *Protokoll von Cartagena zur biologischen Sicherheit* (ILM 39 [2000], S. 1027 ff.; BGBl. 2003 II, S. 1506) unterzeichnet worden. Dieses Protokoll regelt den grenzüberschreitenden Verkehr (insbesondere den Import) von lebenden gentechnisch veränderten Organismen. Weitere Zusatzabkommen zur Biodiversitätskonvention von Rio bilden das Protokoll von Nagoya (zum Zugang zu genetischen Resourcen und die ausgewogene und gerechte Aufteilung der sich aus ihrer Nutzung ergebenden Vorteile) sowie das Protokoll von Nagoya-Kuala Lumpur (zu Haftungsfragen), die beide im Jahre 2010 verabschiedet wurden.

Literatur: *J. E. Aldy/R. N. Stavins* (Hrsg.), Post-Kyoto International Climate Policy: Implementing Architectures for Agreement, 2009; *M. Bowman/C. Redgwell* (Hrsg.), International Law and the Conservation of Biological Diversity: A Collection of Data, 1996; *C. Breidenich/D. Magraw/A. Rowley/J. W. Rubin*, The Kyoto Protokol to the United Nations Framework Convention on Climate Change, AJIL 92 (1998), S. 315 ff.; *D. Freestone/C. Streck* (Hrsg.), Legal Aspects of Carbon Trading, 2009; *K. R. Gray*, The Oxford Handbook of International Climate Change Law, 2016; *M. J. Hoffmann*, Climate Governance at the Crossroads, 2011; *S. Humphreys* (Hrsg.), Human Rights and Climate Change, 2009; *B. Kellersmann*, Die gemeinsame, aber differenzierte Verantwortlichkeit von Industriestaaten und Entwicklungsländern für den Schutz der globalen Umwelt, 2000; *D. Klein/M. P. Carazo/M. Doelle/J. Bulmer/A. Higham* (Hrsg.), The Paris Agreement on Climate Change – Analysis and Commentary, 2017; *S. Schiele*, Evolution of International Environmental Regimes: The Case of Climate Change, 2014; *A. Sontot*, The Convention on Biological Diversity, Bio-Science Law Review 7 (2004/2005), S. 45 ff.; *T. Spranger*, Der Zugriff auf pflanzliche Genressourcen im internationalen Regelungsgeflecht, AVR 40 (2002), S. 64 ff.; *R. Wolfrum/T. Stoll*, Der Zugang zu genetischen Ressourcen nach dem Abkommen über die biologische Vielfalt und dem deutschen Recht, 1996.

XII. Kapitel. Internationale Wirtschaftsbeziehungen

§ 53. Entwicklung des internationalen Wirtschaftsrechts

Gegenstand des internationalen Wirtschaftsrechts sind die rechtlichen Grundlagen für die grenzüberschreitende Wirtschaftstätigkeit. Dabei hat sich ein Verständnis des internationalen Wirtschaftsrechts durchgesetzt, welches in einem umfassenden Sinne auch das Verhalten privater Wirtschaftssubjekte umfasst und über das Wirtschaftsvölkerrecht hinausgeht. Die völkerrechtliche Entwicklung der vergangenen Jahre ist durch eine zunehmende Verdichtung der vertraglichen Ordnungsrahmen für die grenzüberschreitenden Wirtschaftsbeziehungen auf bilateraler, regionaler und globaler Ebene gekennzeichnet. 1

Nach dem Zweiten Weltkrieg hat die Festlegung der internationalen Wirtschaftsbeziehungen in internationalen Organisationen einen großen Aufschwung genommen. Die Regierungskonferenz von Bretton Woods führte im Jahre 1944 zu dem *Übereinkommen über den Internationalen Währungsfonds* und dem *Übereinkommen über die Weltbank* (Internationale Bank für Wiederaufbau und Entwicklung). Diese Organisationen spielen seit jeher eine zentrale Rolle in der internationalen Wirtschaftsordnung. 2

Das *Völkergewohnheitsrecht* stellt nur einige rudimentäre Prinzipien für die Gestaltung der internationalen Wirtschaftsbeziehungen bereit. Nach Gewohnheitsrecht sind die einzelnen Staaten in der Aufnahme und im Abbruch von Handelsbeziehungen zu anderen Staaten frei. Deshalb bedarf die Verhängung eines Handelsembargos oder anderer Handelsbeschränkungen nur bei besonderen vertraglichen Verpflichtungen einer Rechtfertigung. Es gibt auch kein gewohnheitsrechtliches Prinzip der Nichtdiskriminierung, welches einen Staat zur Gleichbehandlung der anderen Staaten auf dem wirtschaftlichen Sektor verpflichtet. Gerade deshalb sind vertragliche Ansprüche auf umfassende Gewährung der anderen Staaten eingeräumten Vergünstigungen *(Meistbegünstigungsklauseln)* von großer praktischer Bedeu- 3 tung. Wichtige Regeln enthält das Völkergewohnheitsrecht für die Enteignung von Ausländern (hierzu unten § 54).

4 Eine wesentliche Gestaltungsaufgabe für das internationale Wirtschaftsrecht bildet weiterhin die Bewältigung der Interessengegensätze von Entwicklungs-, Schwellen- und Industrieländern. In den siebziger Jahren hat der Ruf nach einer *neuen Weltwirtschaftsordnung* mit der Forderung nach gesteigerter Solidarität der Industriestaaten und nach einem möglichst ungeschmälerten Zugriff der Entwicklungsländer auf ihre wirtschaftlichen Ressourcen (unter recht weit gespannten Enteignungsmöglichkeiten) an Boden gewonnen. Diese Vision hat in der von der UN-Generalversammlung verabschiedeten *Charta der wirtschaftlichen Rechte und Pflichten der Staaten* von 1974 (UNYB 1974, S. 402) beredten Ausdruck gefunden. Über ein Jahrzehnt später versuchte die *Erklärung der International Law Association von Seoul* aus dem Jahre 1986 (International Law Association, 62nd Report – Seoul 1986, S. 2) zwischen den unterschiedlichen Positionen von Entwicklungs- und Industriestaaten zu vermitteln. Inzwischen ist die Diskussion um eine *neue Weltwirtschaftsordnung* längst abgeflaut. Daran hat der Siegeszug des marktwirtschaftlichen Ordnungsmodells ebenso Anteil wie der Wettbewerb der Entwicklungsländer um Investitionen aus den Industriestaaten. Die angemessene Rücksicht auf Entwicklungsländer bei der Formulierung umweltrechtlicher und sozialer Standards, welche die Wettbewerbsnachteile ärmerer Länder verschärfen können, harrt noch einer befriedigenden Bewältigung.

5 Weithin durchgesetzt hat sich die Einsicht, dass der Abbau von Zöllen und anderen Handelsbeschränkungen (Handelsliberalisierung) langfristig den Wohlstand aller Nationen steigert. Der stetigen Handelsliberalisierung verpflichtet ist das System der neuen *Welthandelsorganisation* (WTO), das aus dem GATT 1947 hervorgegangen ist (hierzu unten § 55 Rn. 1 ff). Die WTO steht im Zentrum der gegenwärtigen Weltwirtschaftsordnung. Auf regionaler Ebene sind Freihandelszonen wie die nordamerikanische Freihandelszone NAFTA *(North American Free Trade Agreement)* unter Beteiligung von Kanada, den USA und Mexiko, der südamerikanische *Andenpakt* und der *Mercosur* (mit der Beteiligung von Argentinien, Brasilien, Paraguay und Uruguay) entstanden. Das höchste Maß an wirtschaftlicher und politischer Integration ist mit dem System der *Europäischen Union* verwirklicht worden.

Zu den neuen „megaregionalen“ Abkommen gehört das Handels- und Wirtschaftsabkommen CETA zwischen Kanada und der Europäischen Union (sowie deren Mitgliedstaaten). Eine noch größere geopolitische und wirtschaftliche Bedeutung könnte das Abkommen über die Trans-Pazifische Partnerschaft (TPP) zwischen Australien, Brunei, Chile, Japan, Kanada, Malaysia, Mexiko, Neuseeland, Peru, Singapur, den USA und Vietnam gewinnen, desssen Zukunft ungewiss ist. Offen ist auch die Aushandlung des Abkommen über die Transatlantische Handels- und Investitionspartnerschaft (TTIP).

Literatur: *D. Carreau/B. Julliard*, Droit international économique, 6. Aufl. 2017; *R. Dolzer/C. Kreuter-Kirchhof*, Wirtschaft und Kultur im Völkerrecht, in: W. Graf Vitzthum/A. Proelß (Hrsg.), Völkerrecht, 7. Aufl. 2016, S. 455 ff.;; *M. Herdegen*, Internationales Wirtschaftsrecht, 11. Aufl. 2017; *ders.*, Principles of International Economic Law, 2. Aufl. 2016; *F. Lachenmann/R. Wolfrum* (Hrsg.), International Economic Law: MPEPIL, 2015; *A. F. Lowenfeld*, International Economic Law, 2. Aufl. 2008; *M. Matsushita/T. J. Schoenbaum/P. C. Mavroidis/M. Hahn*, The World Trade Organization, 3. Aufl. 2015; *I. Seidl-Hohenveldern*, International Economic Law, 3. Aufl. 1999; *A. Eliason/M. J. Terbilcock/R. Howse*, The Regulation of International Trade, 4. Aufl. 2012; *C. Tietje* (Hrsg.), Internationales Wirtschaftsrecht, 2. Aufl. 2015; *C. Tomuschat*, Die Charta der wirtschaftlichen Rechte und Pflichten der Staaten, ZaöRV 36 (1975), S. 444 ff.; *T. W. Wälde*, A Requiem for the „New International Economic Order“, in: Festschrift für I. Seidl-Hohenveldern, 1998, S. 771 ff.

§ 54. Eigentumsschutz und Verträge zum Investitionsschutz

1. Eigentumsschutz im Völkergewohnheitsrecht

Allgemeine Regeln des völkerrechtlichen Fremdenrechts setzen der Enteignung Fremder bestimmte Schranken. Dieser Schutz für ausländisches Eigentum gilt nicht nur für den völligen oder teilweisen Entzug von Eigentumsrechten, sondern erfasst auch die weitgehende Aushöhlung von Nutzungsrechten und Kontrollbefugnissen (*de facto*-Enteignung). Dabei bleibt vom Eigentum wenig mehr als eine formale Hülse. 1

Hier geht es etwa um die einschneidende Beeinträchtigung einer sinnvollen wirtschaftlichen Eigentumsnutzung durch Veränderung der rechtlichen Rahmenbedingungen oder um die faktische Verdrängung eines ausländischen Eigentümers aus der Geschäftsführung eines Unternehmens.

Nach Völkergewohnheitsrecht gelten recht strenge Voraussetzungen für die Enteignung von Ausländern. Der Entzug ausländischen Eigentums

- muss im öffentlichen Interesse stehen (darf also nicht bloß den privaten Belangen eines Machthabers dienen),
- darf keinen diskriminierenden Charakter haben (sich also nicht nur gegen die Angehörigen bestimmter Staaten richten) und
- muss mit einer angemessenen Entschädigung verknüpft sein.

2 Der Standard der gebotenen Entschädigung ist Gegenstand einer langwierigen Kontroverse. Die nach einem amerikanischen Außenminister benannte *Hull*-Formel verlangt eine unverzügliche, dem vollen Eigentumswert entsprechende und in konvertierbarer Währung geleistete Entschädigung: „prompt, adequate and effective compensation". Dagegen spricht etwa die *Charta der wirtschaftlichen Rechte und Pflichten der Staaten* von 1974 (UNYB 1974, S. 403) nur davon, dass die Entschädigung – unter Zuerkennung eines beachtlichen Einschätzungsspielraums des enteignenden Staates – „appropriate" (angemessen) sein muss (Art. 2 Abs. 2 *lit.* c):

> „Each State has the right […]
> c) to nationalize, expropriate or transfer ownership of foreign property, in which case appropriate compensation should be paid by the State adopting such measures, taking into account its relevant laws and regulations and all circumstances that the State considers pertinent."

3 Die neuere Praxis internationaler Schiedsgerichte und die meisten Investitionsschutzverträge neueren Datums verlangen im Sinne der *Hull*-Formel *volle* Entschädigung. Heute entspricht dieser Standard des vollen Wertausgleichs (Marktwert einschließlich der Renditeperspektiven) dem Völkergewohnheitsrecht.

4 Eine diskriminierende oder ohne die gebotene Entschädigung vorgenommene Enteignung von Ausländern bildet ein völkergewohnheitsrechtliches Delikt. Drittstaaten haben aber grundsätzlich keine völkerrechtliche Verpflichtung, einer völkerrechtswidrigen Enteignung die Anerkennung zu versagen. So sind deutsche Gerichte aus völkerrechtlicher Sicht frei, bei der Verbringung von völkerrechtswidrig enteigneten Sachen in die Bundesrepublik Deutschland den Enteignungsakt – etwa im Zusammenhang mit einer Klage des ursprünglichen Eigentümers auf Herausgabe – anzuerkennen oder

aber die Anerkennung zu versagen (siehe die Entscheidung des LG Hamburg, AWD 1973, S. 163, 164 – *chilenischer Kupferstreit*). Deutsche Gerichte kontrollieren die Völkerrechtmäßigkeit ausländischer Enteignungsakte jedoch dann, wenn ein hinreichender Bezug der Enteignung zur Bundesrepublik Deutschland besteht, am Maßstab des *ordre public* (der sich auf die tragenden Grundsätze der deutschen Rechtsordnung bezieht [Art. 6 EGBGB] und auch durch die allgemeinen Regeln des Völkerrechts [Art. 25 GG] geprägt wird; siehe etwa OLG Bremen, AVR 9 [1961/1962], S. 318 – *Indonesischer Tabakstreit*).

Wenn ein ausländischer Staat nicht bestimmte Sachwerte enteignet, sondern die Anteilsrechte an einer Gesellschaft (Aktien oder sonstige Kapitalbeteiligungen), folgt die Rechtsprechung des Bundesgerichtshofs der *Spalt-Theorie* (BGHZ 62, 343). Danach greift jedenfalls die entschädigungslose Enteignung der Anteilsrechte für das in der Bundesrepublik Deutschland belegene Gesellschaftsvermögen, das einer fingierten *Spalt-Gesellschaft* als Träger des Inlandsvermögens zugeordnet wird, ins Leere. Noch ungeklärt sind im Hinblick auf in der Bundesrepublik Deutschland belegenes Vermögen die Rechtsfolgen der Enteignung von Anteilsrechten, welche mit einer ausreichenden Entschädigung gekoppelt ist.Kleindruck Stop 5

Literatur: *P. Behrens*, Multinationale Unternehmen im Internationalen Enteignungsrecht der Bundesrepublik Deutschland, 1980; *K.-H. Böckstiegel*, Enteignungs- oder Nationalisierungsmaßnahmen gegen ausländische Kapitalgesellschaften, BDGVR 13 (1974), S. 7 ff.; *P. E. Comeaux/N. S. Kinsella*, Protecting Foreign Investment Under International Law, 1997; *R. Dolzer*, Eigentum, Enteignung und Entschädigung im geltenden Völkerrecht, 1985; *M. Herdegen*, Die exterritoriale Wirkung der Enteignung von Mitgliedschaftsrechten an Gesellschaften in der Bundesrepublik Deutschland, ZGR 1991, S. 547 ff.; *P. M. Norton*, A Law of the Future or a Law of the Past? Modern Tribunals and the International Law of Expropriation, AJIL 85 (1991), S. 474 ff.

2. Verträge zum Investitionsschutz

In der jüngeren Staatenpraxis haben Investitionsschutzverträge 6
eine überragende Bedeutung gewonnen. Ebenso wie einige andere westliche Staaten verfügt die Bundesrepublik Deutschland über ein dicht gewobenes Netz bilateraler Investitionsschutzverträge. Sie enthalten über den Grundsatz der Inländergleichbehandlung hinaus bestimmte Schutzpflichten der Gaststaaten und sehen für den Fall des Eigentumsentzuges vollen Wertausgleich vor. In den modernen In-

vestitionsschutzverträgen geht der Kreis der geschützten Investitionen weit über das Sacheigentum oder Kapitalbeteiligungen an Gesellschaften hinaus. Einzelne Staaten (wie die USA) sind in ihrer neueren Vertragspraxis bestrebt, nicht nur bereits getätigte Investitionen zu schützen, sondern auch den Marktzugang im Gaststaat zu regeln. Mittlerweile bestehen nahezu 3.000 bilaterale Investitionsschutzabkommen. In jüngerer Zeit haben auch Entwicklungs- und Schwellenländer untereinander eine Reihe von Investitionsschutzverträgen abgeschlossen. Neben speziellen Investitionsschutzabkommen enthalten etwa das *North American Free Trade Agreement* und neuere Handelsabkommen der USA und der Europäischen Union weit reichende Bestimmungen zum Schutz von Investitionen.

7 Die neuere Vertragspraxis hat den Schutz von Investitionen gegen Eingriffe von Seiten des Gaststaates immer weiter verfeinert. So erfasst der Investitionsschutz nach neueren Vereinbarungen längst nicht nur die förmliche Enteignung, sondern auch Maßnahmen, die von ihrer Wirkung einer Enteignung gleichkommen *(measures tantamount to expropriation).* Dieser Begriff reicht wohl weiter als *de facto* Enteignungen, die nach Völkergewohnheitsrecht entschädigungspflichtig sind. Damit werden sowohl faktische wie normative Eigentumsbeeinträchtigungen erfasst, welche die beabsichtigte Nutzung der geleisteten Investitionen erschweren oder sonst die Renditebasis erschüttern.

Die neuere Praxis (etwa im Rahmen von NAFTA und bilateralen Investitionsschutzvereinbarungen der USA) tendiert dazu, diskriminierungsfreie Regelungen im Interesse des Umweltschutzes oder anderer legitimer Belange von den enteignungsäquivalenten Eingriffen auszunehmen.

Besonders weit reichende Wirkungen entfaltet die vertragliche Verpflichtung zu einer „angemessenen und billigen Behandlung“ *(fair and equitable treatment).* Nach der neueren Schiedsgerichtspraxis wird dieser Standard als Gewährleistung eines Mindestmaßes an Transparenz, Rechtssicherheit und Berechenbarkeit von staatlichem Handeln verstanden (ICSID [Additional Facility], *Tecmed S. A. v. The United Mexican States*, ILM 43 [2004], S. 133 para. 154):

> „The foreign investor expects the host State to act in a consistent manner, free from ambiguity and totally transparently in its regulations with the foreign investor, so that it may know beforehand any and all rules and regulations that will govern its investments, as well as the goals of the relevant policies and administrative practices or directives, to be able to plan its investment and comply with such regulations.“

Neuere Verträge betonen die Freiheit der Vertragsstaaten zur Sicherung von Allgemeinbelangen insbesondere des Gesundheits- und Umweltschutzes. In diesem Sinne räumt die jüngere Spruchpraxis von Investitionsschiedsgerichten den Staaten einen beachtlichen Ermessens- und Abwägungsspielraum bei der Regelung der Rahmenbedingungen für ausländische Investitionen und deren Nutzung ein. Mit diesem Spielraum hat etwa der Schiedsspruch *Philip Morris v. Uruguay* (ICSID, *Philip Morris Brands Sàrl, Philip Morris Products S.A. and Abal Hermanos S.A. v Oriental Republic of Uruguay*, ICSID Case No ARB/10/7, Award, para 388) eine Verschärfung der Verpackungsvorschriften und eine Erhöhung des Steuersatzes für Tabakprodukte gerechtfertigt: 8

„The Tribunal agrees with the Respondent that the 'margin of appreciation' is not limited to the context of the ECHR but 'applies equally to claims arising under BITs', at least in contexts such as public health. The responsibility for public health measures rests with the government and investment tribunals should pay great deference to governmental judgments of national needs in matters such as the protection of public health. In such cases respect is due to the discretionary exercise of sovereign power, not made irrationally and not exercised in bad faith [...] involving many complex factors. As held by another investment tribunal, '[t]he sole inquiry for the Tribunal [...] is whether or not there was a manifest lack of reasons for the legislation'."

Einen völkerrechtlichen Rahmen für die Lösung von Konflikten zwischen privaten Investoren und Gaststaaten sieht das *Übereinkommen zur Beilegung von Investitionsstreitigkeiten zwischen Staaten und Angehörigen anderer Staaten* von 1965 vor (BGBl. 1969 II, S. 371). Auf der Grundlage dieses Übereinkommens ist das *International Centre for Settlement of Investment Disputes* (Internationales Zentrum zur Beilegung von Investitionsstreitigkeiten, ICSID) errichtet worden. Nach Art. 25 Abs. 1 des ICSID-Übereinkommens erstreckt sich die Zuständigkeit des Zentrums 9

„auf alle unmittelbar mit einer Investition zusammenhängenden Rechtsstreitigkeiten zwischen einem Vertragsstaat (oder einer von diesem dem Zentrum benannten Gebietskörperschaft oder staatlichen Stelle) einerseits und einem Angehörigen eines anderen Vertragsstaats andererseits, wenn die Parteien schriftlich eingewilligt haben, die Streitigkeit dem Zentrum zu unterbreiten".

Das Zentrum bildet den institutionellen Rahmen für die Durchführung von Vergleichs- und Schiedsverfahren. Ein Schiedsgericht kann dabei nach Art. 42 Abs. 1 des ICSID-Übereinkommens auf die 10

Rechtsbeziehungen zwischen dem (privaten) Investor und dem Gaststaat auch völkerrechtliche Regeln anwenden:

„Das Gericht entscheidet die Streitigkeit gemäß den von den Parteien vereinbarten Rechtsvorschriften. Liegt eine solche Vereinbarung nicht vor, so wendet das Gericht das Recht des Vertragsstaats, der Streitpartei ist, – einschließlich seines internationalen Privatrechts – sowie die einschlägigen Regeln des Völkerrechts an."

11 Eine Vielzahl bi- und multilateraler Verträge sehen eine Beilegung von Streitigkeiten zwischen Investoren aus einem Vertragsstaat und einem anderen Vertragsstaat durch ein internationales Schiedsverfahren nach dem ICSID-Übereinkommen oder nach anderen Schiedsverfahrensregeln vor. Diese Form der internationalen Schiedsgerichtsbarkeit ist im Hinblick auf die Mitwirkung privater Investoren an der Besetzung der Schiedsgerichte und die Vielfach bestehende Möglichkeit der direkten Anrufung eines Schiedsgerichts ohne vorherige Befassung staatlicher Gerichte vor allem in Europa auf Kritik gestoßen. Die neuen Wirtschaftsabkommen der Europäischen Union (und deren Mitgliedstaaten) mit Kanada und Vietnam sehen eine neue Form der Streitbeilegung mit einem institutionalisierten, zwischenstaatlichen, Investitionsgericht mit einer Berufungsinstanz vor; die Besetzung des Gerichts liegt hier allein in den Händen der Vertragsparteien.

12 Die MIGA *(Multilateral Investment Guarantee Agency)* bietet die Versicherung von Kapitalanlagen gegen nichtkommerzielle Risiken an (Gründungsvertrag von 1985 [BGBl. 1987 II, S. 454]).

Literatur: *J. E. Alvarez*, The Public International Law Regime Governing International Investment, 2011; *M. Bungenberg/J. Griebel/S. Hobe/A. Reinisch* (Hrsg.), International Investment Law, 2015; *R. Dolzer/C. Schreuer*, Principles of International Investment Law, 2. Aufl. 2012; *C. T. Ebenroth/J. Karl*, Die multilaterale Investitions-Garantie-Agentur, 1989; *H. P. Muchlinski/F. Ortino/C. Schreuer* (Hrsg.), The Oxford Handbook of International Investment Law, 2008; *C. Schreuer*, ICSID-Convention – A Commentary, 2. Aufl. 2009; *M. Sornarajah*, The International Law on Foreign Investment, 4. Aufl. 2015.

§ 55. Die völkerrechtliche Ordnung der globalen Handelsbeziehungen und des internationalen Kapitalverkehrs

1. System der Welthandelsorganisation

Das System der Welthandelsorganisation (*World Trade Organization*, WTO) bildet das Herzstück der modernen Welthandelsordnung. Das WTO-System ist aus dem Allgemeinen Zoll- und Handelsabkommen (*General Agreement on Tariffs and Trade*, GATT) von 1947 hervorgegangen. Die Verhandlungsrunde über eine Reform des Welthandelssystems von Uruguay (*Uruguay-Runde*) mündete in ein Verhandlungspaket, welches eine grundlegende Fortentwicklung der materiellen Regelungen und der institutionellen Strukturen brachte (die Schlussakte der Uruguay-Runde vom April 1994 mit dem Vertrag über die Gründung der Welthandelsorganisation und den neuen multilateralen Handelsverträgen ist veröffentlicht in: ILM 33 [1994], S. 1125 ff.; BGBl. 1994 II, S. 1442 [englisch], 1624 [deutsch]). 1

Die Welthandelsorganisation (mit Sitz in Genf) bildet das institutionelle Zentrum der Welthandelsordnung. Der Welthandelsorganisation gehören nach dem Beitritt Russlands im Jahr 2012 alle wichtigen Wirtschaftsmächte an (darunter die USA, Kanada, die Europäische Union mit ihren Mitgliedstaaten, Japan, die Volksrepublik China, Hongkong und Taiwan). Von den über 160 Mitgliedern der WTO gehören die meisten zu den Entwicklungs- und Schwellenländern. Die WTO-Mitglieder vereinen gegenwärtig in ihrer Gesamtheit über 90 Prozent des Welthandels. Als oberstes Organ der Welthandelsorganisation fungiert die Ministerkonferenz, welche aus Vertretern aller Mitgliedstaaten besteht (Art. IV Abs. 1 des WTO-Abkommens). Zwischen den Tagungen der Ministerkonferenz bildet der Allgemeine Rat das Hauptentscheidungsorgan (Art. IV Abs. 2 des WTO-Abkommens). Unterhalb des Allgemeinen Rates sind besondere Räte für einzelne Sektoren des WTO-Systems geschaffen worden. Mit der Führung der laufenden Geschäfte ist das Sekretariat der Welthandelsorganisation mit einem Generaldirektor an der Spitze betraut (Art. VI des WTO-Abkommens). 2

3 Zum WTO-System gehört eine Reihe sog. *multilateraler* Handelsabkommen (deren Ratifikation mit dem WTO-Beitritt zwingend verbunden ist) sowie weitere sog. *plurilaterale* Handelsabkommen. Unter den multilateralen Handelsabkommen ist zunächst das reformierte GATT („GATT 1994“) zu nennen. Der fortschreitende Abbau von Zöllen bildet eine zentrale Komponente im Liberalisierungsprogramm des GATT. Grundprinzipien des GATT sind
- das Prinzip der Meistbegünstigung (Art. I),
- das Diskriminierungsverbot (Art. III Abschnitt 1) und
- das Prinzip der Begrenzung handelspolitischer Schutzmaßnahmen auf Zölle (grundsätzliches Verbot von mengenmäßigen Beschränkungen und anderer import- oder exportbezogener Handelshemmnisse, Art. XI).

4 Nicht-tarifäre Handelshemmnisse bedürfen einer besonderen Rechtfertigung. Zu solchen Handelshemmnissen gehören etwa Beschränkungen des Benzinverbrauchs von Automobilen, Quoten für die Einfuhr ausländischer Produkte oder Einfuhrbeschränkungen aus Gründen des Gesundheits- und Umweltschutzes. Von zentraler Bedeutung für die Rechtfertigung derartiger Handelshemmnisse sind die allgemeinen Ausnahmen nach Art. XX GATT. Diese Vorschrift enthält eine Liste von Ausnahmen, auf die sich bestimmte handelsbeschränkende Maßnahmen stützen können. Hierzu gehören etwa
- Maßnahmen zum Schutze des Lebens und der Gesundheit von Menschen, Tieren und Pflanzen (*lit.* b),
- Maßnahmen zum Schutze nationalen Kulturgutes von künstlerischem, geschichtlichem oder archäologischem Wert (*lit.* f) und
- Maßnahmen zur Erhaltung erschöpflicher Naturschätze, sofern solche Maßnahmen im Zusammenhang mit Beschränkungen der inländischen Produktion oder des inländischen Verbrauchs angewendet werden (*lit.* g).

5 Die neuere Spruchpraxis des WTO-Streitbeilegungsorgans stellt an Produktstandards im Interesse des Gesundheitsschutzes recht strenge Anforderungen. Danach müssen Risikoeinschätzungen in hinreichender Weise empirisch abgestützt sein.

Die Geltendmachung bloßer „Phantom-Risiken“ genügt also nicht. So musste sich die Europäische Gemeinschaft im sog. *Hormonstreit* mit den Vereinigten Staaten bescheinigen lassen, dass dem europäischen Einfuhrverbot für das Fleisch hormonbehandelter Rinder keine hinreichend wissenschaftlich abgestützte Risikobewertung zugrunde liegt (WTO – Appellate Body, EC Measures Concerning Meat and Meat Products [Hormones], WT/DS 26/AB/R;

WT/DS 48/AB/R, auszugsweise abgedruckt in EuZW 1998, S. 157ff.; hierzu *B. Eggers*, Die Entscheidung des WTO Appellate Body im Hormonfall, EuZW 1998, S. 147ff.). Im Bereich der modernen Biotechnologie sind weitere Konflikte unterschiedlicher Regulierungsphilosophien zwischen der Europäischen Union und den USA aufgebrochen.

Zu den großen Herausforderungen für das WTO-System gehört 6
das Austarieren von Freihandelsprinzipien einerseits und Belangen des Umweltschutzes sowie sozialen Standards andererseits. Dieser Aufgabe soll sich der Ausschuss für Handel und Umwelt (*Committee on Trade and Environment*, CTE) der WTO annehmen. Schwierige Rechtfertigungsprobleme ergeben sich bei Handelsbeschränkungen, mit denen einzelne Staaten Belange des Umweltschutzes mit Zielrichtung gegen missbilligte Formen der Urproduktion oder des industriellen Herstellungsprozesses (*production and process methods*, PPM) einseitig durchsetzen wollen (etwa mit Einfuhrverboten wegen der andere Tierarten bedrohenden Formen des Fischfanges). Derartige produktionsbezogene Standards sind deswegen heikel, weil sie wegen der damit verbundenen Kosten die Wettbewerbsnachteile von Entwicklungsländern verschärfen.

Die jüngere Entscheidungspraxis des WTO-Streitbeilegungsorgans zeigt die Bereitschaft, Umweltbelange als Rechtfertigung für produktionsbezogene Handelsbeschränkungen (insbesondere nach Art. XX *lit.* g GATT) anzuerkennen, sofern sich der auf Umweltbelange berufende Staat vorher in diskriminierungsfreier Weise um einvernehmliche Lösungen bemüht hat (Entscheidung der Berufungsinstanz des WTO-Streitbeilegungsorgans im *Shrimp*-Streit, ILM 38 [1999], S. 118 [153ff., 166ff.]).

Das GATT wird durch mehrere Abkommen ergänzt. Hierzu gehört das 7
Übereinkommen über die Anwendung gesundheitspolizeilicher und pflanzenschutzrechtlicher Maßnahmen (*Agreement on the Application of Sanitary and Phytosanitary Measures*, SPS-Abkommen).

Das neue Welthandelssystem erfasst – über das GATT hinausge- 8
hend – nicht nur den Handel mit Waren. Das *Allgemeine Abkommen über den Handel mit Dienstleistungen* (*General Agreement on Trade in Services*, GATS) erstreckt bestimmte Grundprinzipien des GATT auf den Dienstleistungssektor (mit Ausnahmen und Sonderregelungen für bestimmte Bereiche). Dem Schutz des geistigen und gewerblichen Eigentums – etwa von Patenten – dient das *Abkommen über handelsbezogene Aspekte der Rechte des geistigen Eigentums* (*Agreement on Trade-Related Aspects of Intellectual Property Rights, Including Trade in Counterfeit Goods*, TRIPS-Abkommen).

9 Das neue WTO-System bringt eine deutliche Verbesserung der Mechanismen der Streitbeilegung durch das Streitbeilegungsorgan der Welthandelsorganisation *(Dispute Settlement Body)*. Streitigkeiten über Vertragsverletzungen können vor diesem Organ in justizförmigen Verfahren verbindlichen Entscheidungen zugeführt werden. Zum Streitbeilegungsmechanismus der Welthandelsorganisation gehört auch die mögliche Verhängung empfindlicher Sanktionen beim Verstoß gegen vertragliche Verpflichtungen.

Literatur: *P. van den Bossche*, The Law and Policy of the World Trade Organization, 3. Aufl. 2013; *M. Herdegen*, Internationales Wirtschaftsrecht, 11. Aufl. 2017, § 9; *ders.*, Principles of International Economic Law, 2. Aufl. 2016, Kap. 12; *C. Herrmann/W. Weiß/C. Ohler*, Welthandelsrecht, 2. Aufl. 2007; *M. Matsushita/T. J. Schoenbaum/P. C. Mavroidis/M. Hahn*, The World Trade Organization: Law, Practice, and Policy, 3. Aufl. 2015; *P. Mavroidis*, Trade in Goods, 2. Aufl. 2012; *A. Narlikar/M. Daunton/R. M. Stern*, The Oxford Handbook on The World Trade Organization, 2012; *H.-J. Prieß/G. M. Berrisch* (Hrsg.), WTO-Handbuch, 2003; *P.-T. Stoll/F. Schorkopf*, WTO-Welthandelsordnung und Welthandelsrecht, 2002.

2. Internationaler Währungsfonds

10 Der Internationale Währungsfonds *(International Monetary Fund)* geht auf das Gründungsabkommen von 1944 (Neufassung von 1976, BGBl. 1978 II, S. 15; spätere Änderungen BGBl. 1991 II, S. 815) zurück. Der Internationale Währungsfonds (IWF) bildet das institutionelle Kernstück des internationalen Währungssystems. Nach Art. I des IWF-Abkommens hat der Internationale Währungsfonds die Aufgabe,

- „die internationale Zusammenarbeit auf dem Gebiet der Währungspolitik durch eine ständige Einrichtung zu fördern, die als Apparat zur Konsultation und Zusammenarbeit bei internationalen Währungsproblemen zur Verfügung steht;
- die Ausweitung und ein ausgewogenes Wachstum des Welthandels zu erleichtern und dadurch zur Förderung und Aufrechterhaltung eines hohen Beschäftigungsgrads und Realeinkommens sowie zur Entwicklung des Produktionspotentials aller Mitglieder als oberste Ziele der Wirtschaftspolitik beizutragen;
- die Stabilität der Währungen zu fördern, geordnete Währungsbeziehungen unter den Mitgliedern aufrechtzuerhalten und Währungsabwertungen aus Wettbewerbsgründen zu vermeiden;
- bei der Errichtung eines multilateralen Zahlungssystems für die laufenden Geschäfte zwischen den Mitgliedern und bei der Beseitigung von Devisen-

verkehrsbeschränkungen, die das Wachsen des Welthandels hemmen, mitzuwirken;
- das Vertrauen der Mitglieder dadurch zu stärken, dass ihnen zeitweilig unter angemessenen Sicherungen die allgemeinen Fondsmittel zur Verfügung gestellt werden und ihnen so Gelegenheit gegeben wird, Unausgeglichenheiten in ihrer Zahlungsbilanz zu bereinigen, ohne zu Maßnahmen Zuflucht nehmen zu müssen, die dem nationalen oder internationalen Wohlstand schaden;
- in Übereinstimmung mit Vorstehendem die Dauer der Ungleichgewichte der internationalen Zahlungsbilanzen der Mitglieder abzukürzen und den Grad der Ungleichgewichte zu vermindern."

Dem Internationalen Währungsfonds gehören gegenwärtig 188 Mitgliedstaaten an. Die Rechte und Pflichten der Mitgliedstaaten richten sich nach *Quoten*, welche von bestimmten volkswirtschaftlichen Daten abhängig sind und den Anteil eines Mitglieds am Fonds und dessen Einlageverpflichtungen ebenso bestimmen wie die Stimmrechte im Gouverneursrat und die Möglichkeit, mit Hilfe von Mitteln des Fonds die eigene Liquidität zu verbessern (Sonderziehungsrechte). Oberstes Organ des Internationalen Währungsfonds ist der Gouverneursrat, in welchem die Mitgliedstaaten durch einen Gouverneur (in der Regel der Finanzminister oder der Präsident der Notenbank) und einen Stellvertreter vertreten sind (Art. XII Abschnitt 2 des IWF-Abkommens). Ein Exekutivdirektorium führt die laufenden Geschäfte (Art. XII Abschnitt 3 des IWF-Abkommens). 11

Der Internationale Währungsfonds ist mit Aufsichts- und Koordinierungsaufgaben im Hinblick auf Devisenbeschränkungen und auf die Sicherung der Konvertibilität von Währungen betraut. Die praktisch bedeutendste Funktion des Internationalen Währungsfonds liegt darin, den Mitgliedstaaten bei Zahlungsbilanzdefiziten finanzielle Hilfe zu gewähren. Bei der Inanspruchnahme von sog. *Sonderziehungsrechten* können Mitglieder „harte Fremdwährungen" im Austausch gegen eigene Währungen erwerben. 12

Seit geraumer Zeit ist der Internationale Währungsfonds auch in der Entwicklungsfinanzierung durch langfristige und zinsgünstige Darlehen für Entwicklungsländer engagiert. Angesichts nachhaltiger Kritik an diesem Engagement zeichnet sich ab, dass sich der Fonds auf seine ursprüngliche Kernaufgabe, die Bewältigung von Zahlungsbilanzproblemen konzentriert und auf langfristige Entwicklungsfinanzierungen verzichtet. 13

Literatur: *R. W. Edwards*, International Monetary Collaboration, 1985; *C. Proctor*, Mann on the Legal Aspect of Money, 7. Aufl. 2012; *M. Giovanoli*, International Monetary Law, 2000; *R. M. Lastra*, The Reform of the International Financial Architecture, 2001.

3. Weltbank

14 Die Weltbank (Internationale Bank für Wiederaufbau und Entwicklung, *International Bank for Reconstruction and Development*, IBRD;Weltbank-Abkommen von 1944, BGBl. 1952 II, S. 664, zuletzt geändert im Jahre 1987, BGBl. 1992 II, S. 1134) ist vor allem mit der Förderung von Strukturhilfen und der langfristigen Entwicklungsfinanzierung befasst (siehe zu den Aufgaben Art. I des Weltbank-Übereinkommens).

15 Die Mitglieder der Weltbank müssen zugleich dem Internationalen Währungsfonds angehören. Wie beim Internationalen Währungsfonds bestimmt die Kapitalbeteiligung das Maß der Verpflichtungen und Rechte der Mitgliedstaaten.

Zur Weltbankgruppe gehört auch die Internationale Entwicklungshilfeorganisation (*International Development Association,* IDA), welche für die besonders armen Länder langfristige und unverzinsliche Kredite zur Verfügung stellt, und die Internationale Finanz-Corporation (*International Finance Corporation,* IFC), die private Entwicklungsprojekte finanziert. Daneben umfasst die Weltbankgruppe die Multilaterale Investitions-Garantie-Agentur (*Multilateral Investment Guarantee Agency*, MIGA), die ausländische Direktinvestitionen in Entwicklungsländer fördert, und das Internationale Zentrum zur Beilegung von Investitionsstreitigkeiten (*International Centre for Settlement of Investment Disputes*, ICSID), welches ein justizförmig geordnetes Verfahren für die Beilegung von Investitionsstreitigkeiten zwischen Regierungen und ausländischen Investoren bereitstellt.

Literatur: *C. L. Gilbert*, The World Bank: Structure and Policies, 2000; *M. Mosler*, Finanzierung durch die Weltbank, 1987; *D. A. Phillips*, Reforming the World Bank, 2011; *I. F. I. Shihata*, The World Bank in a Changing World, Bd. 1, 1991, Bd. 2, 1995; *ders.*, The World Bank's Contribution to the Development of International and Economic Law, in: Liber amicorum Ignaz Seidl-Hohenveldern, 1998, S. 631 ff.

XIII. Kapitel. Bewaffnete internationale und interne Konflikte

§ 56. Entwicklung des Kriegsvölkerrechts (humanitären Völkerrechts)

1. Allgemeines

Das sog. „Friedensvölkerrecht" bestimmt, ob und unter welchen Voraussetzungen im Einzelnen der Einsatz militärischer Gewalt zulässig ist *(ius ad bellum)*. Demgegenüber regelt das Kriegsvölkerrecht die Art und Weise der zulässigen Kriegsführung *(ius in bello)*. Das Kriegsvölkerrecht begrenzt einmal die zulässigen Mittel der Kampfführung und schützt zum anderen bestimmte humanitäre Belange (namentlich der Zivilbevölkerung sowie der Gefangenen und Verwundeten). Für diese Regeln hat sich seit langem der Begriff „humanitäres Völkerrecht " durchgesetzt. Daneben regelt das Kriegsvölkerrecht die Rechtsstellung neutraler Staaten. 1

Entwicklungsgeschichtlich gehört das Kriegsvölkerrecht zu den Bereichen der Völkerrechtsordnung, die recht früh zu einem relativ dichten Netzwerk vertraglicher und gewohnheitsrechtlicher Normen gefunden haben. Viele dieser noch heute geltenden Regeln des Kriegsrechts stammen aus einer Zeit, als das Völkerrecht den Staaten noch weitgehend die Freiheit ließ, den Krieg als Mittel der Politik einzusetzen. Heute greifen die kriegsrechtlichen Regeln dann ein, wenn das Friedensvölkerrecht bei der Domestizierung militärischer Gewalt versagt hat. Die Regeln des Kriegsvölkerrechts binden die Konfliktparteien unabhängig von ihrer Rolle als Angreifer oder Opfer militärischer Aggression. Auch bei einer Ermächtigung zum Waffeneinsatz durch den Sicherheitsrat der Vereinten Nationen gelten die Normen des Kriegsvölkerrechts. Hieran sind auch die Vereinten Nationen selbst gebunden, wenn nationale Kontingente unter Befehlsgewalt der Vereinten Nationen zum Einsatz kommen. 2

Von einem förmlichen Eintritt in den Krieg (etwa durch eine Kriegserklärung oder ein Ultimatum) ist die Staatenpraxis seit langem abgerückt. Der Eintritt des Kriegszustandes mit der Folge, dass die 3 zwischenstaatlichen Beziehungen *voll* dem Kriegsrecht unterliegen, ist seit dem Zweiten Weltkrieg selten geworden. Im Vordergrund stehen vielmehr sektoral begrenzte Konflikte, welche weite Teile des Territoriums der Konfliktparteien unberührt lassen (etwa der Krieg um die Falklandinseln zwischen Argentinien und Großbritannien). Die moderne Vertragspraxis spricht deshalb nicht mehr vom „Krieg", sondern vom „bewaffneten internationalen Konflikt", der durch die militärische Auseinandersetzung zwischen Staaten geprägt ist. Anders als im klassischen Kriegszustand ist mit dem bewaffneten internationalen Konflikt nicht mehr zwangsläufig eine Suspendierung oder Beendigung von auf den Friedenszustand zugeschnittenen Verträgen sowie eine umfassende Anwendung des Neutralitätsrechts verbunden.

4 Während sich das klassische Kriegsvölkerrecht nur auf zwischenstaatliche Auseinandersetzungen bezog, nimmt sich das moderne Völkerrecht auch der militärischen Auseinandersetzung innerhalb von Staaten an, den sog. nicht-internationalen Konflikten. Die Bedeutung der rechtlichen Einhegung dieser nicht-internationalen Konflikte ergibt sich schon daraus, dass sich bereits seit Jahrzehnten die meisten militärischen Konflikte auf der Welt innerhalb eines Staates abspielen (Bürgerkriege). Noch keine verlässliche Klärung ist über die Regeln für die grenzüberschreitende Auseinandersetzung zwischen Staaten und internationalen Terrororganisationen erzielt worden.

5 Der „bewaffnete Konflikt" (internationaler wie nicht-internationaler Art) wird heute durch die gewaltsame Auseinandersetzung mit gewisser Intensität zwischen organisierten bewaffneten Gruppen (staatlichen Streitkräften oder nichtstaatlichen Verbänden) definiert.

In diesem Sinne hat sich die Berufungskammer des Internationalen Strafgerichtshofs für das frühere Jugoslawien im Falle Prosecutor v. Dusko Tadić geäußert:

„[…] an armed conflict exists whenever there is a resort to armed force between States or protracted armed violence between governmental authorities and organized armed groups or between such groups within a State" (Decision on the Defence Motion for Interlocutory Appeal on Jurisdiction, IT-94-AR-70, para. 70).

Ganz ähnlich hat das Use of Force Committee der International Law Association das Vorliegen eines bewaffneten Konflikts an Kämpfe jenseits der Erheblichkeitsschwelle zwischen organisierten bewaffneten Gruppen geknüpft:

„The Committee undertook extensive research into hundreds of violent situations since 1945 and identified significant state practice and *opinion iuris* establishing that as a matter of customary international law a sitruation of ar-

med conflict depends on the satisfaction of two essential minimum criteria, namely:
a. the existence of organized armed groups
b. engaged in fighting of some intensity“ (International Law Association, Use of Force Committee, Final Report of the Meaning of Armed Conflict in International Law [2010], S. 32).

In engem Zusammenhang mit dem Verbot bestimmter Kampfmittel 6
stehen Abkommen zur Rüstungsbeschränkung, welche von vornherein den Besitz oder die Verbreitung bestimmter Waffen verbieten oder begrenzen. Von besonderer Bedeutung ist der Vertrag über die Nichtverbreitung von Atomwaffen von 1968 (BGBl. 1974 II, S. 786). Dieses (auch als „Atomwaffensperrvertrag “ bezeichnete) Abkommen verpflichtet die zu den Nuklearmächten gehörenden Vertragsparteien dazu, keine Kernwaffen an Nichtkernwaffen-Staaten weiterzugeben und solche Staaten auch nicht beim Aufbau eines Atomwaffenpotentials zu unterstützen (Art. I). Die Nichtkernwaffen-Staaten verzichten auch weiterhin auf den Aufbau eines nuklearen Waffenpotentials (Art. II). Damit schreibt der Vertrag gewissermaßen ein nukleares „Zweiklassen-Regime“ nach Maßgabe der bestehenden Nuklearwaffenpotentiale fest.

Keine Vertragsstaaten sind die Atommächte Israel, Indien und Pakistan. Nordkorea hat die Kündigung des Nichtverbreitungsvertrages erklärt; dabei ist die Wirksamkeit der Kündigungserklärung umstritten. Die Entwicklung von Atomwaffen durch Nordkorea hat das Nichtverbreitungsregime erheblich erschüttert.

Atomwaffenfreie Zonen sehen für Lateinamerika der Vertrag von Tlatelolco von 1967 und für den südpazifischen Raum der Vertrag von Raratonga von 1985 vor. Auf nuklearwaffenfreie Zonen zielen auch der Vertrag von Bangkok (1995) für Südostasien, der Vertrag von Pelindaba (1996) für Afrika sowie der Vertrag von Semei (2006) für Zentralasien.

Im Jahre 2017 hat eine von der UN-Generalversammlung einberufene Staatenkonferenz mit über 120 Stimmen (darunter keine der gegenwärtigen Atommächte und kein NATO-Staat) den Vertrag zum Verbot von Atomwaffen (A/CONF.229/2017/8) angenommen. Gegenwärtig ist der Vetrag erst von sehr wenigen Staaten ratifiziert worden. Art. 1 des Vertrages begründet ein umfassendes Verbot der Entwicklung, des Besitzes und der Förderung von nuklearem Vernichtungspotential:

„Each State Party undertakes never under any circumstances to:

a) Develop, test, produce, manufacture, otherwise acquire, possess or stockpile nuclear weapons or other nuclear explosive devices;
b) Transfer to any recipient whatsoever nuclear weapons or other nuclear explosive devices or control over such weapons or explosive devices directly or indirectly;
c) Receive the transfer of or control over nuclear weapons or other nuclear explosive devices directly or indirectly;
d) Use or threaten to use nuclear weapons or other nuclear explosive devices;
e) Assist, encourage or induce, in any way, anyone to engage in any activity prohibited to a State Party under this Treaty;
f) Seek or receive any assistance, in any way, from anyone to engage in any activity prohibited to a State Party under this Treaty;
g) Allow any stationing, installation or deployment of any nuclear weapons or other nuclear explosive devices in its territory or at any place under its jurisdiction or control.“

Dieser Vertrag ist höchst umstritten. Denn die nukleare Waffentechnologie ist nun einmal verfügbar. Wenn alle Staaten den Vertrag ratifizieren und zunächst einhalten, könnte sich ein Staat mit den notwendigen technologischen Mitteln einen nuklearen Machtvorsprung verschaffen (mit oder ohne Kündigung des Vertrages).

Literatur: *W. H. Boothby/W. Heintschel von Heinegg*, The Law of War, 2018; *A. Clapham/P. Gaeta* (Hrsg.), The Oxford Handbook of International Law in Armed Conflict, 2014, Kapitel 1–3; *I. Detter*, The Law of War, 3. Aufl. 2013; *Y. Dinstein*, The Conduct of Hostilities under the Law of International Armed Conflict, 3. Aufl. 2016; *R. Liivoja/T. McCormack* (Hrsg.), Routledge Handbook of Armed Conflict, 2016; *D. Thürer*, International Humanitarian Law: Theory, Practice, Context, 2011.

2. Rechtsquellen

7 Seit Mitte des 19. Jahrhunderts sind eine Vielzahl multilateraler Verträge zur Beschränkung der zulässigen Mittel der Kriegsführung abgeschlossen worden. Zu den frühen Regelwerken gehören etwa die *Pariser Erklärung über gewisse Seerechtsregeln in Kriegszeiten* von 1856 oder die *St. Petersburger Erklärung* von 1868 (zum Verbot des Gebrauchs gewisser Wurfgeschosse in Kriegszeiten). Ein enges Netzwerk von Regeln zur Kriegsführung enthalten die Haager Abkommen von 1899 und 1907. Von zentraler Bedeutung ist das *IV. Haager Abkommen betreffend die Gesetze und Gebräuche des Landkrieges* (RGBl. 1910, S. 107) mit der als Anlage hierzu geltenden

(zweiten) Haager Landkriegsordnung. Dem IV. Haager Abkommen von 1907 sind die meisten Vertragsstaaten des Vorgängerabkommens von 1899 (mit der ersten Haager Landkriegsordnung) beigetreten. Mittlerweile ist die Haager Landkriegsordnung weitgehend in Gewohnheitsrecht erwachsen (IGH-Gutachten, *Legal Consequences of the Construction of a Wall in the Occupied Palestinian Territory*, Advisory Opinion, ICJ Reports 2004, S. 194 para. 139).

Aus der Zwischenkriegszeit sei das Genfer Protokoll von 1925 über das Verbot der Verwendung von erstickenden, giftigen oder ähnlichen Gasen sowie von bakteriologischen Mitteln im Kriege (*Genfer Giftgas*-Protokoll, RGBl. 1929 II, S. 173) hervorgehoben. Nach dem Zweiten Weltkrieg hat das Internationale Komitee vom Roten Kreuz auf eine Fortentwicklung des Kriegsvölkerrechtes vor allem zum Schutz humanitärer Belange hingewirkt. Die Bemühungen haben sich auf vertraglicher Ebene in den vier Genfer (Rotkreuz-) Abkommen von 1949 niedergeschlagen: 8

- I. Genfer Abkommen zur Verbesserung des Loses der Verwundeten und Kranken der Streitkräfte im Felde (BGBl. 1954 II, S. 783),
- II. Genfer Abkommen zur Verbesserung des Loses der Verwundeten, Kranken und Schiffbrüchigen der Streitkräfte zur See (BGBl. 1954 II, S. 813),
- III. Genfer Abkommen über die Behandlung der Kriegsgefangenen (BGBl. 1954 II, S. 838) und
- IV. Genfer Abkommen zum Schutze der Zivilpersonen in Kriegszeiten (BGBl. 1954 II, S. 917).

Die vier Genfer Abkommen von 1949 sind von fast allen Mitgliedern der Staatengemeinschaft ratifiziert worden. Auch der Inhalt dieser Abkommen hat jedenfalls weitgehend gewohnheitsrechtliche Geltung erlangt.

Dem Kulturgüterschutz dient die *Haager Konvention zum Schutz von Kulturgut bei bewaffneten Konflikten* von 1954 (BGBl. 1967 II, S. 1233).

Eine weitere Beschränkung zulässiger Kampfmittel und einen verbesserten Schutz humanitärer Belange streben die beiden Zusatzprotokolle von 1977 zu den Genfer Abkommen von 1949 an: 9

- Zusatzprotokoll über den Schutz der Opfer internationaler bewaffneter Konflikte (Zusatzprotokoll I, BGBl. 1990 II, S. 1550) und

– Zusatzprotokoll über den Schutz der Opfer nicht-internationaler bewaffneter Konflikte (Zusatzprotokoll II, BGBl. 1990 II, S. 1637).

Die beiden Zusatzprotokolle zu den Genfer Abkommen sind von den meisten Staaten ratifiziert worden. Von den NATO-Staaten sind beiden Zusatzprotokollen bislang die USA und die Türkei fern geblieben.

Das III. Zusatzprotokoll vom 8.12.2005 zu den Genfer Abkommen von 1949 (ILM 45 [2006], S. 558 ff.; BGBl. 2009 II, S. 222) sieht neben dem roten Kreuz und dem roten Halbmond ein drittes Emblem (roter Kristall) vor.

10 Das Internationale Komitee vom Roten Kreuz hat im Jahr 2005 eine Wiedergabe humanitären Völkergewohnheitsrechts vorgestellt (*J. M. Henckaerts/L. Doswald-Beck*, Customary International Humanitarian Law, 2005). Das Regelwerk ist vor allem für die Behandlung asymmetrischer Konflikte zwischen Staaten und nicht-staatlichen Akteuren von großem Interesse. Umstritten ist bei einzelnen Regeln, ob hinter ihnen eine ausreichende Staatenpraxis steht und inwieweit interne Regelwerke der Staaten für den militärischen Einsatz ihrer Streitkräfte *(rules of engagement)* Ausdruck eines entsprechenden völkerrechtlichen Verpflichtungsbewusstseins sind.

Literatur: *M. Bothe/K.-J. Partsch/W. A. Solf*, New Rules for Victims of Armed Conflicts – Commentary on the Two 1977 Protocols Additional to the Geneva Conventions of 1949, 1982; *J. Callen*, Unlawful Combatants and the Geneva Conventions, VJIL 44 (2004), S. 1025 ff.; *A. Clapham/P. Gaeta* (Hrsg.), The Oxford Handbook of International Law in Armed Conflict, 2014, Kap. 4–5; *D. Fleck* (Hrsg.), Handbuch des humanitären Völkerrechts in bewaffneten Konflikten, 1994 (englisch: Handbook of Humanitarian Law in Armed Conflicts, 3. Aufl. 2013); *H.-P. Gasser/N. Melzer*, Humanitäres Völkerrecht, 2. Aufl. 2012; *T. Gill/D. Fleck* (Hrsg.), The Handbook of the International Law of Military Operations, 2. Aufl. 2015; *J. M. Henckaerts/L. Doswald-Beck*, Customary International Humanitarian Law, 2005; *B. G. Ramcharan*, The Fundamentals of International Human Rights Treaty Law, 2011; *T. Rensmann*, Die Humanisierung des Völkerrechts durch das *ius in bello* – von der Martens'schen Klausel zur „Responsibility to Protect", ZaöRV 86 (2008), S. 111 ff.; *G. Solis*, The Law of Armed Conflict, 2010; *M. Weller* (Hrsg.), The Oxford Handbook of the Use of Force in International Law, 2015.

3. Bewaffnete internationale Konflikte

11 Das humanitäre Völkerrecht hat von den Regeln über internationale, also zwischenstaatliche bewaffnete Konflikte seinen Ausgang genommen und dann auch für andere Konflikte Maßstäbe entwickelt.

Der gemeinsame Art. 2 der vier Genfer Rotkreuz-Abkommen von 1949 bezieht sich auf den bewaffneten internationalen Konflikt als zwischenstaatliche Auseinandersetzung:

„Außer den Bestimmungen, die bereits in Friedenszeiten zu handhaben sind, ist das vorliegende Abkommen in allen Fällen eines erklärten Krieges oder jedes anderen bewaffneten Konflikts anzuwenden, der zwischen zwei oder mehreren der Hohen Vertragsparteien entsteht, und zwar auch dann, wenn der Kriegszustand von einer dieser Parteien nicht anerkannt wird.
Das Abkommen ist auch in allen Fällen vollständiger oder teilweiser Besetzung des Gebietes einer Hohen Vertragspartei anzuwenden, selbst wenn diese Besetzung auf keinen bewaffneten Widerstand stößt.
Wenn eine der im Konflikt befindlichen Mächte am vorliegenden Abkommen nicht beteiligt ist, bleiben die daran beteiligten Mächte in ihren gegenseitigen Beziehungen gleichwohl durch das Abkommen gebunden. Sie sind aber durch das Abkommen auch gegenüber dieser Macht gebunden, wenn diese dessen Bestimmungen annimmt und anwendet."

Lange Zeit hat das Recht des bewaffneten internationalen Konflikts einen weit größeren Bestand an allgemein anerkannten Regeln aufgewiesen als das Recht des bewaffneten nicht-internationalen Konfliktes. Heute besteht im Völkerrecht eine starke Tendenz, nicht-internationale Konflikte den gleichen gewohnheitsrechtlichen Regeln zu unterstellen wie internationale Konflikte.

a) Beschränkung der Befugnis zu militärischen Schädigungshandlungen auf (rechtmäßige) Kombattanten

Die Befugnis zu militärischen Schädigungshandlungen haben nur rechtmäßige Kombattanten. Hierzu zählen die Angehörigen der Streitkräfte einer am Konflikt beteiligten Partei (organisierte bewaffnete Einheiten unter einer der Partei verantwortlichen Führung mit Ausnahme des Sanitäts- und Seelsorgepersonals) (Art. 1 HLKO; Art. 43 Abs. 1 und Abs. 2 Zusatzprotokoll I). Schon die Haager Landkriegsordnung (Art. 2) hat den Kombattantenstatus für die kämpfende Bevölkerung eines nicht besetzten Gebietes vorgesehen, welche offen zu den Waffen greift sowie die Gesetze und Gebräuche des Krieges beachtet *(levée en masse)*. Keinen Kombattantenstatus haben Spione (Art. 29 HLKO, Art. 46 Zusatzprotokoll I). Das Zusatzprotokoll I spricht darüber hinaus Söldnern den Status eines Kombattanten oder eines Kriegsgefangenen ab (Art. 47). 12

b) Beschränkung der zulässigen Methoden und Mittel der Kampfführung

13 Nach Art. 22 HLKO haben die kriegführenden Parteien „kein unbeschränktes Recht in der Wahl der Mittel zur Schädigung des Feindes" (ähnlich Art. 35 Zusatzprotokoll I). Die Zufügung „überflüssiger" Verletzungen und „unnötigen Leidens" ist verboten (Art. 23 *lit.* e HLKO, Art. 35 Abs. 2 Zusatzprotokoll I). Diese Verbote sind in einer Reihe von Vorschriften näher konkretisiert. Die Bestimmungen sind Ausdruck des Gedankens der Verhältnismäßigkeit bei der Wahl der Kampfmittel. Auch die Konditionierung bestimmter Maßnahmen durch die „Kriegsnotwendigkeit" *(military necessity, necessity of war)* dient der Verhältnismäßigkeit der Kampfmittel (siehe etwa zur Zerstörung oder Beschlagnahme von feindlichem Eigentum Art. 23 *lit.* g HLKO). Besondere Bedeutung entfaltet der Grundsatz der Verhältnismäßigkeit beim Schutz der Zivilbevölkerung (siehe Art. 51 Abs. 5 *lit.* b des Zusatzprotokolls I).

14 Das Heimtückeverbot *(Perfidieverbot)* schließt etwa das Verbot des Missbrauchs der Rot-Kreuz-Flagge sowie der gegnerischen Uniform aus (Art. 23 *lit.* f HLKO, Art. 37 Zusatzprotokoll I). Methoden und Mittel der Kampfführung, die zu ausgedehnten, lang anhaltenden und schweren Schäden der natürlichen Umwelt führen können, untersagt das Zusatzprotokoll I in Art. 35.

Ein absolutes Verbot des Einsatzes von Anti-Personen-Minen enthält das *Übereinkommen von Ottawa über das Verbot des Einsatzes, der Lagerung, der Herstellung und der Weitergabe von Anti-Personen-Minen und deren Vernichtung* (BGBl. 1998 II, S. 778).

15 Nicht ausdrücklich verbotenen Schädigungshandlungen setzt die sog. *Martens'sche*-Klausel Grenzen, die sich in Absatz 8 der Präambel des IV. Haager Abkommens betreffend die Gesetze und Gebräuche des Landkrieges findet und die das Zusatzprotokoll I in Art. 1 Abs. 2 fortschreibt:

> „In Fällen, die von diesem Protokoll oder anderen internationalen Übereinkommen nicht erfasst sind, verbleiben Zivilpersonen oder Kombattanten unter dem Schutz und der Herrschaft der Grundsätze des Völkerrechts, wie sie sich aus feststehenden Gebräuchen, aus den Grundsätzen der Menschlichkeit und aus den Forderungen des öffentlichen Gewissens ergeben."

c) Kriegsgefangene

Das III. Genfer Abkommen sichert nicht nur den Mitgliedern der Streitkräfte einer Konfliktpartei (einschließlich der diesen Streitkräften eingegliederten Milizen und Freiwilligenkorps), sondern auch einer Reihe sonstiger „in Feindeshand gefallener Personen" den Status von Kriegsgefangenen oder die den Kriegsgefangenen zustehende Behandlung zu (Art. 4). 16

Umstritten ist der Status von kämpfenden Personen, welche nicht die Voraussetzungen des Art. 4 Abs. 2 *lit.* a–d (insbesondere die Einhaltung der „Gesetze und Gebräuche des Krieges") erfüllen und denen deshalb nicht der Status von Kriegsgefangenen zukommt (etwa Angehörige terroristischer Gruppierungen, die auf Seiten regulärer Verbände aus dem Hinterhalt operieren). Die Ansicht, welche einen lückenlosen Schutz von Kampfbeteiligten nach den Genfer Konventionen annimmt, stuft solche Personen als Zivilpersonen im Sinne des IV. Genfer Abkommens ein. Die Gegenmeinung argumentiert hiergegen mit einer möglichen Besserstellung solcher Personen gegenüber als Kriegsgefangene zu behandelnden Kombattanten. Hier zeigt sich, dass das Genfer Recht nicht auf „asymmetrische" Auseinandersetzungen zwischen Staaten und nichtstaatlichen Organisationen zugeschnitten ist. In jedem Falle genießen gefangene Kampfbeteiligte unabhängig von ihrem Status nach Genfer Recht den allgemeinen Menschenrechtsschutz.

Lebhafte Kontroversen hat das Haftregime der USA in *Guantánamo Bay* ausgelöst, vor allem wegen der nicht begrenzten Dauer der Haft ohne Strafverfahren (hierzu Inter-Amerikanische Menschenrechtskommission, *Detainees at Guantánamo Bay v. United States of America*, ILM 45 [2006], S. 673 ff.; hierzu weiter unter Rn. 29 ff.).

d) Schutz der Zivilbevölkerung

Zu den Grundprinzipien des Kriegsvölkerrechts gehört die Unterscheidung zwischen Zivilbevölkerung und Kombattanten sowie zwischen zivilen Objekten und militärischen Zielen. 17

Für bewaffnete internationale Konflikte enthält Art. 50 Abs. 1 des Zusatzprotokolls I eine Definition der „Zivilperson". Danach gehört zu den Zivilpersonen jede Person, die nicht Angehörige der Streitkräfte einer Konfliktpartei oder der kämpfenden Bevölkerung im Sinne von Art. 4 A Nr. 6 des III. Genfer Abkommens ist. Diese Definition entspricht Völkergewohnheitsrecht.

Kriegshandlungen dürfen sich nur gegen militärische Ziele richten (so ausdrücklich Art. 48, Art. 51 Abs. 1 und Abs. 2, Art. 52 Abs. 1 und Abs. 2 Zusatzprotokoll I): Kampfhandlungen dürfen die Zivilbevölkerung und zivile Objekte nur insoweit in Mitleidenschaft ziehen, als es sich um sog. *Kollateralschäden* beim Angriff auf militärische Ziele handelt.

18 Der Schutz der Zivilbevölkerung erstreckt sich jedoch auf Zivilpersonen nur, „sofern und solange sie nicht unmittelbar an Feindseligkeiten teilnehmen" (Art. 51 Abs. 3 Zusatzprotokoll I). Die Vorschrift des Art. 51 Abs. 3 Zusatzprotokoll I ist Ausdruck eines auch gewohnheitsrechtlich geltenden Prinzips, das ebenso auf nicht-internationale Konflikte Anwendung findet. Die Problematik des gezielten Vorgehens gegen Zivilpersonen hat bei Einsätzen gegen Angehörige von Terrororganisationen (vor allem in nicht-internationalen Konflikten) Bedeutung erlangt (hierzu unten Rn. 29ff.).

Die unmittelbare Teilnahme an Feindseligkeiten kann sowohl in der bloßen Planung von Anschlägen als auch in der unmittelbaren Ausführung liegen. Anführer von Terrororganisationen nehmen solange unmittelbar an Feindseligkeiten teil, als sie auf das feindselige Verhalten der Organisation Einfluss nehmen.

Nach dieser Ansicht war der militärische Einsatz der USA gegen den Führer des Terrornetzwerkes Al Quaida an seinem Aufenthaltsort in Pakistan im Frühjahr 2011 (im Rahmen eines nicht-internationalen Konfliktes) zulässig. Die Gegenmeinung stuft den Terroristenführer als geschützte Zivilperson ein, gegen die man nach strafprozessualen Regeln hätte vorgehen müssen. Diese in der deutschen Rechtslehre vertretene Auffassung findet international wenig Zuspruch.

Höchst umstritten ist die Zeitspanne, für welche an Feinseligkeiten teilnehmende Zivilpersonen den Schutz verlieren, also zum Ziel von Kampfhandlungen gemacht werden dürfen. Das Internationale Komitee des Roten Kreuzes beschränkt diese Spanne genau auf die Durchführung eines konkreten feindseligen Aktes (*International Committe of the Red Cross* [Hrsg.], Interpretative Guidance on the Notion of Direct Participation in Hostilities under International Humanitarian Law, verfasst von *N. Melzer*, 2009, S. 70f.).

Diese zeitliche Begrenzung auf die unmittelbare Beteiligung an Feindseligkeiten führt zu besonderen Schwierigkeiten, wenn Zivilpersonen eine Konfliktpartei immer wieder mit terroristischen Mitteln unterstützen und danach in ihr ziviles Umfeld zurückkehren und so in der Zivilbevölkerung Deckung suchen („*revolving door*"). Manche wollen solchen Personen in dieser „Ruhezeit" nicht den vollen Schutz als Zivilpersonen zuerkennen. Sehr erwägenswert, aber höchst umstritten, ist es, schon die kontinuierliche Aufrechterhaltung einer Drohung mit Anschlägen als „unmittelbare Teilnahme an Feindseligkeiten" zu qualifizieren, soweit und solange diese Drohung militärische Kräfte bindet. Ähnlich lässt sich an die erstmalige Mitwirkung an Anschlägen die Vermutung knüpfen, dass die Teilnahme an Feindseligkeiten fortgeführt wird. Allerdings ist eine an die Mitwirkung an Terrorakten anknüpfende Umkehr der Beweislast wegen ihrer praktischen Folgen problematisch. In jedem Falle liegt in der glaubwürdigen (auch konkludenten) Abkehr von diesem Bedrohungsmechanismus eine Beendigung einer Teilnahme. Dem Zeitablauf kommt dabei zumindest indizielle Bedeutung zu.

Angriffe, die militärische Ziele und Zivilpersonen oder Zivilobjekte (wie mangelnde Ausrichtung auf ein bestimmtes militärisches Ziel oder wegen der angewendeten Kampfmethoden oder Kampfmittel) unterschiedslos treffen können, sind verboten (Art. 51 Abs. 4 des Zusatzprotokolls I). Als unterschiedslose Angriffsarten sind u. a. nach Art. 51 Abs. 5 *lit.* b des Zusatzprotokolls I Angriffe verboten, bei denen die voraussichtlichen Opfer und sonstigen Schäden unter der Zivilbevölkerung außer Verhältnis zum erwarteten militärischen Vorteil stehen. Das Verbot der Unverhältnismäßigkeit beim Einsatz militärischer Mittel gilt im Hinblick auf zu erwartende Opfer bei der Zivilbevölkerung wohl schon kraft Völkergewohnheitsrechts (und zwar sowohl bei bewaffneten internationalen wie nicht-internationalen Konflikten). 19

Ein unterschiedslos wirkender Eingriff kann auch in der unangemessenen Streubreite von Artilleriebeschuss liegen. Dabei hat sich die Berufungskammer des Internationalen Gerichtshofs für das frühere Jugoslawien gegen einen strikten 200-Meter-Standard ausgesprochen, wie ihn noch die erste Instanz formuliert hatte (ICTY, *Prosecutor v. Gotovina et al.*, Appeals Chamber, Judgment, 16. November 2012, IT-06–90-A):

„57. […] [The Trial Chamber] found that all impact sites within 200 metres of a target it deemed legitimate could have been justified as part of an attack offering military advantage […]. By contrast, [it] found that all impact sites more than 200 metres from a target it deemed legitimate serves as indicators of an indiscriminate artillery attack.

58. […] The Trial Chamber appears to have accepted […] that the range of error for artillery weapons depends on a number of factors, such as wind speed and air temperature […]. However, [it] made no attempt to justify the 200 Metre Standard with respect to [these] factors.

60. […] [It applied] the 200 Metre Standard uniformly to artillery shelling in all Four Towns. […]

64. […] [T]he Appeals Chamber […] cannot exclude the possibility that all of the impact sites considered in the Trial Judgment were the result of shelling aimed at targets that the Trial Chamber considered to be legitimate.“

Das Verbot der Verursachung unverhältnismäßiger („Kollateral“-) Schäden unter der Zivilbevölkerung erlaubt einen gewissen Spielraum bei der Abwägung. Maßgeblich sind die zum Zeitpunkt des Angriffs verfügbaren Erkenntnisse, also die Beurteilung *ex ante*. Die Unverhältnismäßigkeit setzt ein evidentes Missverhältnis zwischen dem militärischen Vorteil und den Schäden unter der Zivilbevölkerung voraus (aus der Sicht eines „reasonable commander"). Dabei kann es darauf ankommen, ob ein defensives Ziel (Schutz eigener Einheiten) oder (auch) ein offensives Ziel (Schwächung des militärischen Gegners) verfolgt wird. Klärungsbedürftig ist auch, ob das Gebot der möglichsten Schonung der Zivilbevölkerung und der Verhältnismäßigkeit in Abhängigkeit von der militärischen und damit auch finanziellen Leistungsfähigkeit der einzelnen Staaten steht. Wenn das Gebot der Verhältnismäßigkeit zum Einsatz von Präzisionswaffen mit relativ geringen Kollateralschäden zwingt, begünstigt es Staaten mit fortgeschrittener Militärtechnologie.

Die Grundsätze zur möglichsten Schonung der Zivilbevölkerung gelten mittlerweile auch für den nicht-internationalen bewaffneten Konflikt. So hat der Generalbundesanwalt bezüglich der Einstellung des Ermittlungsverfahrens wegen des durch einen deutschen Kommandanten angeordneten Luftangriffs auf einen entführten deutschen Tanklastzug am 4. September 2009 in Kundus festgestellt, dass das Völkerstrafgesetzbuch „auf den vorliegenden Sachverhalt anwendbar [ist], da das gemeinsame Merkmal der Tatbestände des Abschnitts 2 des Gesetzes („Kriegsverbrechen"), nämlich der Zusammenhang mit einem bewaffneten Konflikt, hier nichtinternationaler Art, gegeben ist". Nach diesem Einstellungsbeschluss muss es „der Täter als sicher erwartet haben […], dass der Angriff die Tötung oder Verletzung von Zivilpersonen oder die Beschädigung ziviler Objekte in einem Ausmaß verursachen wird, das außer Verhältnis zu dem insgesamt erwarteten konkreten und unmittelbaren militärischen Vorteil steht, […]" (*Beschluss des Generalbundesanwalts* vom 19. April 2010, Az. 3 BJs 6/10 – 4).

Umstritten ist der Einsatz unbemannter Flugzeuge (sog. „Drohnen"), der insbesondere in der US-amerikanischen Praxis (etwa in Afghanistan und Pakistan) in jüngster Zeit zugenommen hat. Soweit es um das gezielte Vorgehen gegen Angehörige nichtstaatlicher Gruppierungen ohne unmittelbaren Zusammenhang mit Kampfhandlungen geht, stellen sich die gleichen Rechtsfragen wie bei anderen Formen von *„targeted killings"* (hierzu unten Rn. 32). Die spezielle kriegsvölkerrechtliche Problematik des Drohneneinsatzes liegt in den Auswirkungen auf die Zivilbevölkerung, die bei oft unsicherer Informationslage in beachtlichem Maße in Mitleidenschaft gezogen wird. Die Identifikation von Personen als militärisches Ziel nach typisierten Verhaltensmustern („*signature strikes*") birgt eine hohe Irrtumsanfälligkeit. Beim Drohneneinsatz muss die Programmierung und Steuerung sicherstellen, dass die Schädigung der Zivilbevölkerung möglichst vermieden wird und sich im Übrigen im Rahmen der Verhältnismäßigkeit hält. Hier scheint ein grundsätzliches Problem des Einsatzes ferngelenkter Waffen auf, nämlich die Frage nach der Ausschöpfung technologisch möglicher „schonender" Optionen. Dabei ist zu bedenken, dass auch der Einsatz konventioneller Waffen oft mit gravierenden Kollateralschäden verbunden ist und dass eine völkerrechtliche Verpflichtung zum Einsatz „minimalinvasiver Waffen" letztlich Staaten mit einem hochtechnologisierten Waffenpotential privilegieren würde. Das Europäische Parlament hat sich gegen den Einsatz von Drohnen für „gezielte Tötungen" und gegen die Programmierung von Drohnen für Zwecke einer „autonomen" Entscheidungsfindung ausgesprochen:

„The European Parliament […] [o]pposes any unlawful use of armed drones, particularly in the case of extrajudicial targeted killings [and] [i]s of the firm opinion that decisions to use lethal force taken autonomously by drones should be rendered illegal […]. (European Parliament, *Motion for a Resolution on the Use of Armed Drones*, 24. Februar 2014, 2014/2567 (RSP)).

Misshandlungen der Zivilbevölkerung lösen nach hergebrachter 20
Auffassung auf völkerrechtlicher Ebene nur Reparationsansprüche des Heimatstaates als „Kriegspartei" (Art. 3 HLKO), nicht aber der einzelnen Opfer aus (siehe zur Geiselerschießung im Fall *Distomo* BGHZ 155, 279ff.; BVerfGE 94, 315 [330ff.] – *Zwangsarbeit*; BVerfG, EuGRZ 2013, 563 – *Brücke von Varvarin*; BGH, NJW 2016, 3656 – *Kunduz*). Über Ansprüche auf Schadensersatz und sonstige Wiedergutmachung wegen der Verletzung kriegsvölkerrechtlicher Regeln zum Schutz der Zivilbevölkerung durch die Besatzungsmacht können die beteiligten Staaten später vertraglich disponieren. In der Anerkennung völkerrechtswidriger Enteignungen durch eine Besatzungsmacht oder deren Rückgängigmachung ist ein Staat vorbehaltlich besonderer Vereinbarungen nach Völkerrecht frei (vgl. zu den Enteignungen durch die sowjetische Besatzungsmacht BVerfGE 84, 90 [121ff.]; BVerfGE 112, 1 [31ff.]).

Jedoch ist denkbar, aus neuen Abkommen zum humanitären Völkerrecht auch die Zuerkennung von Verpflichtungen im Interesse Einzelner herzuleiten, die im Wege des diplomatischen Schutzes von seinem Heimatstaat geltend gemacht werden können, soweit diese Ansprüche nicht zugleich mit individualrechtlichen Reparationsansprüchen (etwa bis zu einer friedensvertraglichen Regelung) suspendiert oder (durch eine pauschale Reparationsregelung) abgegolten sind (hierzu unten § 60).

21 Besondere Regeln gelten für die militärische Gewalt auf besetztem feindlichen Gebiet (Art. 42 ff. HLKO). Eine Besatzungsmacht ist nach Übernahme der Gewalt über ein bestimmtes Gebiet verpflichtet, nach Möglichkeit die öffentliche Ordnung und das öffentliche Leben unter Beachtung der Landesgesetze wiederherzustellen und aufrechtzuerhalten (Art. 43 HLKO). Elementare Rechte der Bürger wie Leben, Privateigentum sowie religiöse Überzeugungen sind zu achten (Art. 46 HLKO). Plünderungen sind verboten (Art. 47 HLKO).

Streitkräfte der Besatzungsmacht dürfen sich nicht nur nicht an der Plünderung natürlicher Ressourcen beteiligen, sondern müssen auch Maßnahmen zum Schutz vor Plünderungen durch Privatpersonen ergreifen (IGH, *Armed Activities on the Territory of the Congo [Democratic Republic of the Congo v. Uganda]*, ICJ Reports 2005, S. 168 paras. 245 ff.).

Das Vermögen des besetzten Staates darf die Besatzungsmacht „nach den Regeln des Nießbrauches" verwalten (Art. 50 HLKO).

Die Errichtung der israelischen „Sperrmauer" auf besetztem palästinensischem Gebiet greift massiv in das Privateigentum ein, welches nach Art. 46 und 52 HLKO sowie nach Art. 53 der IV. Genfer Konvention geschützt ist (IGH-Gutachten, *Legal Consequences of the Construction of a Wall in the Occupied Palestinian Territory*, Advisory Opinion, ICJ Reports 2004, S. 194 paras. 124, 132). Allerdings ist der Schutz des Privateigentums gegenüber einer Besatzungsmacht im Hinblick auf „Kriegsnotwendigkeiten" nicht absolut. Verboten ist jedenfalls der dauerhafte Entzug von Eigentum (Art. 46 Abs. 2 HLKO). Der Internationale Gerichtshof hat in seinem Gutachten zur israelischen „Sperrmauer" die Berufung auf ein Selbstverteidigungsrecht einer Besatzungsmacht im Hinblick auf Bedrohungen verneint, die von dem von der Besatzungsmacht kontrollierten Gebiet ausgehen; insoweit vermisst der Internationale Gerichtshof eine „externe" Bedrohung und behandelt das besetzte Gebiet für Zwecke des Selbstverteidigungsrechts ähnlich wie das eigene Staatsgebiet der Besatzungsmacht (IGH, aaO, para. 139). Ein solcher Ausschluss des Selbstverteidigungsrechts wegen der Kontrolle über das besetzte Gebiet ist dann – und nur dann – schlüssig, wenn die Besatzungsmacht faktisch und rechtlich (im Rahmen der ihr obliegenden Aufrechterhaltung der öffentlichen Ordnung nach Art. 43 HLKO) zur effektiven Gefahrenabwehr in der Lage ist und dann auch notwendige Eingriffe auf das private Eigentum vornehmen kann. Soweit aber der Gefahrenabwehr der Besatzungsmacht völkerrechtliche Schranken nach Haager und Genfer Recht gezogen sind, muss Raum für das Selbstverteidigungsrecht im Hinblick auf das eigene Territorium der Besatzungsmacht bleiben (siehe Erklärung des Richters *Buergenthal* zum IGH-Gutachten zur „Sperrmauer", aaO, paras. 5f.). Sonst wäre eine Besatzungsmacht beim Schutz des eigenen Gebiets schlechter gestellt als jeder Drittstaat. Dieses Problem stellt sich freilich nur bei den Regeln über die militärische Gewalt auf besetztem Gebiet, die nicht für eine verhältnismäßige Abwägung der jeweils geschützten Rechtsgüter mit den Belangen der Besatzungsmacht und deren Aufgaben als Ordnungsmacht offen sind (wie etwa das Verbot des Auskunftszwanges nach Art. 44 HLKO). Zu prüfen ist schließlich, inwieweit die einzelnen Regeln zum Schutz der Zivilbevölkerung ihrer Zielrichtung nach absolut gelten und damit „selbstverteidigungsfest" sind.

Die israelischen Siedlungen auf palästinensischen Gebiet, die durch den israelischen Sperrzaun geschützt werden, verstoßen gegen das Umsiedlungsverbot des Art. 49 Abs. 6 der IV. Genfer Konvention (IGH, aaO, para. 120).

Das Zusatzprotokoll I verbietet unterschiedslose Angriffe, die auf 22 militärische und zivile Ziele wirken (Art. 51 Abs. 4), insbesondere den Einsatz von Massenvernichtungswaffen (Art. 51 Abs. 4 *lit.* c und Abs. 5). Unabhängig von vertraglichen Vorschriften ächtet das Völkergewohnheitsrecht den Ersteinsatz von Flächenbombardements und andere Formen der Massenvernichtung. Darüber hinaus untersagt das Zusatzprotokoll I in Art. 51 Abs. 6 kategorisch Angriffe gegen die Zivilbevölkerung auch als Repressalie (in Reaktion auf entsprechende Angriffe des Gegners). Inwieweit das Verbot der Anwendung von Massenvernichtungswaffen nach dem Zusatzprotokoll I den Einsatz von Nuklearwaffen ausschließt, ist (vor allem im Hinblick auf einen nuklearen „Zweitschlag") umstritten. Ganz allgemein enthebt eine Verletzung der Vorschriften des Art. 51 durch eine andere Konfliktpartei die Konfliktparteien nicht von ihren rechtlichen Verpflichtungen gegenüber der Zivilbevölkerung (Art. 51 Abs. 8).

In seinem Gutachten von 1996 vermochte sich der Internationale 23 Gerichtshof nicht zu völlig eindeutigen Aussagen über den zulässigen Einsatz von Nuklearwaffen durchzuringen (IGH, *Legality of the*

Threat or Use of Nuclear Weapons, ICJ Reports 1996, S. 226). Immerhin hat sich der Internationale Gerichtshof in diesem Gutachten die Ansicht zu eigen gemacht, dass für den Einsatz von Nuklearwaffen keine Ausnahme von den gewohnheitsrechtlichen Regeln des humanitären Völkerrechts gilt (IGH, aaO, S. 259f. paras. 85ff.). Unter Hinweis auf die Praxis der „nuklearen Abschreckung" gelangt der Gerichtshof im Tenor zum Ergebnis, dass sich weder im Völkergewohnheitsrecht noch im Völkervertragsrecht ein umfassendes und universelles Verbot der nuklearen Drohung oder des Einsatzes von Atomwaffen nachweisen lässt. Dabei bezieht sich der Internationale Gerichtshof insbesondere auf „extreme Umstände der Selbstverteidigung, in denen das Überleben des Staates selbst auf dem Spiel steht" (IGH, aaO, S. 263 para. 97).

24 Besondere Probleme bereitet das Phänomen der sogenannten „hybriden Kriegsführung". Hier bedienen sich Staaten im Rahmen eines internationalen Konfliktes nicht-staatlicher Akteure wie bewaffneten Banden und paramilitärischen Einheiten, die auf dem Gebiet des gegnerischen Staates operieren. Dabei versuchen die Staaten oft ihre Unterstützung und ihre Kontrolle solcher Kräfte möglichst zu verschleiern. Dies erschwert die Zurechnung des Verhaltens der nicht-staatlichen Akteure insbesondere dann, wenn man mit dem Internationalen Gerichtshof am Maßstab der „effective control" in Hinblick auf das operative Geschehen festhält (hierzu oben, § 34 Rn. 24).

Beispiele liefert die Kooperation der Russischen Föderation mit separatistischen Kräften in Abchasien, Südossetien und der Ost-Ukraine.

Literatur: *K. Ambos/J. Alkatout*, Der Gerechtigkeit einen Dienst erwiesen?, JZ 2011, S. 758ff.; *R. A. Falk*, Nuclear Weapons, International Law and the World Court: A Historic Encounter, AJIL 91 (1997), S. 64ff.; *R. Frau* (Hrsg.), Drohnen und das Recht, 2014; *R. Goodman*, Detention of Civilians in Armed Conflict, AJIL 103 (2009), S. 48ff.; *P. Hector*, Hybride Kriegsführung: Eine neue Herausforderung?, ZaöRV 2016, S. 513ff. *C. Heyns/D. Akande/L. Hill-Cawthorne/T. Chengeta*, The International Law Framework Regulating the Use of Armed Drones, ICLQ 65 (2016), S. 791ff.; *International Committe of the Red Cross* (Hrsg.), Interpretative Guidance on the Notion of Direct Participation in Hostilities under International Humanitarian Law, verfasst von *N. Melzer*, 2009; *T. Marauhn/K. Oellers-Frahm*, Atomwaffen, Völkerrecht und die internationale Gerichtsbarkeit – Anmerkungen zur Spruchpraxis internationaler Organe hinsichtlich der völkerrechtlichen Zulässigkeit von Atomwaffentests, der Drohung mit oder des Einsatzes von Atomwaffen, EuGRZ 1997, S. 221ff.; *N. Melzer*, Keeping the Balance between Military Necessity and Humanity: A Response to Four Critiques of the ICRC's

Interpretive Guidance on the Notion of Direct Participation in Hostilities, New York University Journal of International Law and Politics 42 (2010), S. 831 ff.; *M. N. Schmitt*, Military Necessity and Humanity in International Humanitarian Law: Preserving the Delicate Balance, VJIL 2010, S. 796 ff.; *ders.*, Deconstructing Direct Participation in Hostilities: The Constitutive Elements, New York University Journal of International Law and Politics 42 (2010), S. 697 ff.; *E. Vranes*, Der Verhältnismäßigkeitsgrundsatz, Herleitungsalternativen, Rechtsstatus und Funktionen, AVR 47 (2009), S. 1 ff.

4. Bewaffnete nicht-internationale Konflikte

Einen auch für bewaffnete Konflikte mit Beteiligung nicht-staatlicher Parteien geltenden humanitären Mindeststandard garantiert der gemeinsame Art. 3 der vier Genfer Abkommen von 1949: **25**

„Im Falle eines bewaffneten Konflikts, der keinen internationalen Charakter hat und auf dem Gebiet einer der Hohen Vertragsparteien entsteht, ist jede der am Konflikt beteiligten Parteien gehalten, mindestens die folgenden Bestimmungen anzuwenden:

1. Personen, die nicht unmittelbar an den Feindseligkeiten teilnehmen, einschließlich der Mitglieder der Streitkräfte, welche die Waffen gestreckt haben, und der Personen, die durch Krankheit, Verwundung, Gefangennahme oder irgendeine andere Ursache außer Kampf gesetzt sind, werden unter allen Umständen mit Menschlichkeit behandelt, ohne jede auf Rasse, Farbe, Religion oder Glauben, Geschlecht, Geburt oder Vermögen oder auf irgendeinem anderen ähnlichen Unterscheidungsmerkmal beruhende Benachteiligung. Zu diesem Zweck sind und bleiben in Bezug auf die oben erwähnten Personen jederzeit und überall verboten
   a) Angriffe auf das Leben und die Person, namentlich Tötung jeder Art, Verstümmelung, grausame Behandlung und Folterung;
   b) das Festnehmen von Geiseln;
   c) Beeinträchtigung der persönlichen Würde, namentlich erniedrigende und entwürdigende Behandlung;
   d) Verurteilungen und Hinrichtungen ohne vorhergehendes Urteil eines ordentlich bestellten Gerichtes, das die von den zivilisierten Völkern als unerlässlich anerkannten Rechtsgarantien bietet.
2. Die Verwundeten und Kranken werden geborgen und gepflegt […]“

Der gemeinsame Artikel 3 Abs. 3 der vier Genfer Konventionen sieht vor, dass die Parteien eines nicht-internationalen bewaffneten Konfliktes Sondervereinbarungen schließen können. Dabei geht es vor allem zunächst um die Anwendung der für einen internationalen Konflikt, also zwischen Staaten, geltenden Regeln. Darüber hinaus können solche Abkommen auch die Beendigung der Feindseligkeiten und unmittelbar damit zusammenhängende Fragen regeln. Der neue Kommentar des Internationalen Komitees vom Roten Kreuz rechnet zu den möglichen Gegenständen eines derartigen beschränkt völkerrechtlichen Abkommens eine Amnestie für die Teilnahme an Feindseligkeiten, die mit dem humanitären Völkerrecht vereinbar ist (also unter Ausschluss aller Kriegsverbrechen):

> A peace agreement, ceasefire or other accord may also constitute a special agreement for the purposes of common Article 3, or a means to implement common Article 3, if it contains clauses that bring into existence further obligations drawn from the Geneva Conventions and/or their Additional Protocols. In this respect, it should be recalled that 'peace agreements, concluded with a view to bringing an end to hostilities may contain provisions drawn from other humanitarian law treaties, such as the granting of an amnesty for fighters who have carried out their operations in accordance with the laws and customs of war, the release of all captured persons, or a commitment to search for the missing. If they contain provisions drawn from humanitarian law, or if they implement humanitarian law obligations already incumbent on the Parties, such agreements, or the relevant provisions as the case may be, may constitute special agreements under common Article 3. This is particularly important given that hostilities do not always come to an end with the conclusion of a peace agreement (ICRC, Commentary to the Geneva Conventions of 1949 (2016), Rn. 850).

Über diese Komplexe hinausgehende Regelungen, etwa zur politischen Ordnung oder einer Übergangsjustiz, haben keinen humanitären Charakter mehr und fallen auch nicht mehr unter den gemeinsamen Artikel 3 Absatz 3 der Genfer Abkommen.

26 Anwendung findet dieser Mindeststandard insbesondere auf Bürgerkriegssituationen. Dabei überschreitet aber nicht jede Auseinandersetzung der staatlichen Gewalt mit bewaffneten Gegenkräften die Schwelle zum bewaffneten nicht-internationalen Konflikt. Vielmehr muss die nichtstaatliche Konfliktpartei effektive Herrschaftsgewalt über einen erheblichen Teil des Staatsgebietes ausüben sowie zur Anwendung des humanitären Völkerrechts fähig und willens sein.

Der Begriff des „bewaffneten Konflikts, der keinen internationalen Charakter hat", erfasst aber nicht bloß innerstaatliche, auf das Gebiet eines Staates beschränkte Auseinandersetzungen. Vielmehr gilt der gemeinsame Art. 3 der Genfer Abkommen auch für alle grenzüberschreitenden bewaffneten Konflikte, zwischen Staaten und nichtstaatlichen Konfliktparteien. Das Merkmal „nicht-international" bedeutet also „nicht zwischenstaatlich" (so auch US Supreme Court, *Hamdan v. Rumsfeld*, ILM 45 [2006], S. 1130ff. paras. 67f.).

Oftmals bereitet die Abgrenzung des internationalen Konflikts vom nicht-internationalen Konflikt beträchtliche Schwierigkeiten. Der bewaffnete Konflikt zwischen der von den USA geführten Koalition und Afghanistan unter der Taliban-Herrschaft hatte internationalen Charakter. Umstritten ist die Natur des Konflikts zwischen den mit der neuen, von den Vereinten Nationen anerkannten afghanischen Regierung zusammenarbeitenden Alliierten einerseits und den Taliban andererseits. Dabei sollte der nicht-internationale Konflikt zwischen dem afghanischen Staat und den nicht-staatlichen Kämpfern (und nicht etwa die militärische Präsenz der alliierten Staaten in Afghanistan) den bestimmenden Maßstab bilden. Danach handelt es sich hier trotz fremder Militärpräsenz um einen nicht-internationalen Konflikt zwischen dem afghanischen Staat sowie dessen Verbündeten auf der einen Seite und den Taliban (sowie mit diesen kooperierenden Gruppierungen) auf der anderen Seite.

Das Zusatzprotokoll II zu den Genfer Abkommen erweitert den Umfang des Schutzes für Opfer nicht-internationaler Konflikte, „die im Hoheitsgebiet einer Hohen Vertragspartei zwischen deren Streitkräften und abtrünnigen Streitkräften oder anderen organisierten bewaffneten Gruppen stattfinden, die unter einer verantwortlichen Führung eine solche Kontrolle über einen Teil des Hoheitsgebiets der Hohen Vertragspartei ausüben, dass sie anhaltende, koordinierte Kampfhandlungen durchzuführen und dieses Protokoll anzuwenden vermögen“ (Art. 1 Abs. 1). 27

Mit der Anwendung des Zweiten Zusatzprotokolls ist noch keine positive Bewertung von bewaffneten Bewegungen im Sinne einer materiellen Legitimierung verbunden. Das Zusatzprotokoll II spricht auch nicht von „Kombattanten“. Es anerkennt damit auch keine Befugnis der Angehörigen nichtstaatlicher Gruppierungen, militärische Schädigungshandlungen durchzuführen. Wohl aber sind die an solchen Schädigungshandlungen auf Seiten einer nichtstaatlichen Konfliktpartei mitwirkenden Personen erlaubtes Ziel militärischer Maßnahmen des Staates.

Dennoch zögern auch demokratisch zweifelsfrei legitimierte Regierungen aus Furcht vor einer Aufwertung gegen die etablierte Staatsgewalt kämpfender Gruppen oft mit dem Bekenntnis zur Anwendbarkeit dieser Regeln in internen Konflikten (zumal dann, wenn diese Konflikte von der Gegenseite mit besonderer Brutalität gegen die Zivilbevölkerung geführt werden). Unabhängig von dieser staatlichen Perspektive kann die grundsätzlich fehlende Bereitschaft oder Fähigkeit zur Einhaltung dieser Regeln – wie erwähnt – die Anwendbarkeit des Protokolls objektiv in Frage stellen. Insoweit geht von der grundsätzlichen Wahrung der humanitären Standards eine gewisse Anreizwirkung für nicht-staatliche Konfliktparteien aus, denen das Zweite Zusatzprotokoll gewisse über das allgemein geltende humanitäre Völkerrecht hinausgehende Rechte sichert.

Keine Anwendung findet das Zusatzprotokoll II „auf Fälle innerer Unruhen und Spannungen wie Tumulte, vereinzelt auftretende Gewalttaten und andere ähnliche Handlungen [...], die nicht als bewaffnete Konflikte gelten" (Art. 2). Bewaffnete Bewegungen, die zur Einhaltung humanitärer Standards nicht willens oder zur zuverlässigen Einhaltung dieser Standards auf Grund ihrer Zusammensetzung und Organisationsstruktur nicht fähig sind, können sich nicht auf die Bestimmungen des Zusatzprotokolls II berufen.

28 Im nicht-internationalen Konflikt sind nach vordringender, auch vom Internationalen Komitte des Rotes Kreuzes vertretener Auffassung („Interpretive Guidance on the Notion of Direct Participation in Hostilities under International Humanitarian Law", 2009) geschützte Zivilpersonen von den Mitgliedern nicht-staatlicher organisierter bewaffneter Gruppen abzugrenzen. Entscheidend kommt es dabei auf die Wahrnehmung einer „kontinuierlichen Kampffunktion" *(continuous combat function)* an. Nichtstaatlichen Kämpfern zuzurechnende Personen sind danach stets legitime militärische Ziele der staatlichen Streitkräfte, ohne ihrerseits nach Völkerrecht zu Kampfhandlungen berechtigt zu sein. Dies ist vor allem bei asymmetrischen militärischen Konflikten von Bedeutung, bei denen nichtsstaatliche Parteien unter dem Deckmantel der Zivilbevölkerung heraus agieren. Personen, die nicht kontinuierlich in Kampffunktionen eingebunden sind, sind Zivilpersonen.

Ähnlich wie im internationalen Konflikt (siehe Art. 51 Abs. 3 Zusatzprotokoll I, hierzu oben Rn. 17f.) dürfen nur die direkt an Feindseligkeiten beteiligten Zivilpersonen zum Ziel militärischer Kampfhandlungen gemacht werden (Art. 13 Abs. 2 Zusatzprotokoll II).

Die UN-Generalversammlung hat sich in ihrer Resolution 2444 (XXIII) zur „Notwendigkeit der Anwendung grundlegender humanitärer Regeln in jedem bewaffneten Konflikt" bekannt. Die gewohnheitsrechtliche Geltung dieses Prinzips ist anerkannt.

29 Im Zusammenhang mit der Strafbarkeit wegen schwerer Kriegsverbrechen in Bosnien und Herzegowina hat die Berufungskammer des Internationalen Strafgerichtshofs für das frühere Jugoslawien im Falle Tadić – letztlich überzeugend – dargelegt, dass über den gemeinsamen Art. 3 der Genfer Rotkreuz-Konventionen hinaus bestimmte Grundregeln des Kriegsvölkerrechts (namentlich zum

Schutz der Zivilbevölkerung) auch für bewaffnete nicht-internationale Konflikte gelten und dass hierauf die Strafbarkeit wegen schwerer Kriegsverbrechen nach dem Statut dieses Internationalen Strafgerichtshofs gestützt werden kann (Prosecutor v. Dusko Tadić, ILM 35 [1996], S. 32 paras. 71 ff.). Dabei hat die Berufungskammer im Lichte recht allgemein gehaltener Betrachtungen zu humanitären Standards in internen Konflikten in der Unterscheidung zwischen zwischenstaatlichen und nicht-internationalen bewaffneten Konflikten keinen tragfähigen Grund für die Beschränkung elementarer Standards des humanitären Völkerrechts gesehen:

„Why protect civilians from belligerent violence, or ban rape, torture or the wanton destruction of hospitals, churches, museums or private property, as well as proscribe weapons causing unnecessary suffering when two sovereign States are engaged in war, and yet refrain from enacting the same bans or providing the same protection when armed violence has erupted only within the territory of a [single] sovereign State?“ (aaO, para. 97).

Im Ergebnis gelangt die Berufungskammer vor allem zu einer Geltung des „Wesensgehaltes“ der zwischenstaatlichen Regeln zum Schutz der Zivilbevölkerung vor unterschiedslosen Angriffen und zum Schutz ziviler Objekte sowie des Verbotes bestimmter Mittel der Kampfführung auch in nicht-internationalen bewaffneten Konflikten (aaO, paras. 126 ff.). Allerdings ist diese Erstreckung des Anwendungsbereiches humanitären Gewohnheitsrechts auf nicht-internationale Konflikte ohne ausreichenden Nachweis von Staatenpraxis und entsprechendem Rechtsbewusstsein für jede einzelne Regel und für die völkerstrafrechtliche Verantwortlichkeit der Verletzung problematisch. Diese methodische Hürde hat die Berufungskammer mit „grundlegenden Erwägungen der Menschlichkeit und des gesunden Menschenverstandes“ überspielt:

„Elementary considerations of humanity and common sense make it preposterous that [the] use by States of weapons prohibited in armed conflicts between themselves be allowed when States try to put down rebellion by their own nationals on their own territory. What is inhumane, and consequently proscribed, in international wars, cannot but be inhumane and inadmissible in civil strife“ (aaO, para. 119).

Dieser Argumentation wird man sich nicht leicht entziehen können. Ihre Überzeugungskraft gründet sich letztlich auf die innere Logik einer materiellen Wertordnung, welche die konsequente Verwirklichung ihrer Grundwerte über strenge Mechanismen der Rechtserzeugung stellt. Letztlich lässt sich die „Richtigkeit“ dieser

Argumentation aber auch im System der Rechtserzeugung abstützen: denn diese Judikatur ist in der gesamten Staatenwelt ohne Widerspruch geblieben.

Im Ergebnis haben sich die gewohnheitsrechtlichen Regeln für den bewaffneten internationalen Konflikt einerseits und für den bewaffneten nicht-internationalen Konflikt sehr stark angenähert.

Literatur: *C. Greenwood*, The Development of International Humanitarian Law by the International Criminal Tribunal for the Former Yugoslavia, Max Planck UNYB, Vol. 2 (1998), S. 97 ff.; *C. Kreß*, Der Bürgerkrieg und das Völkerrecht, JZ 2014, S. 365 ff.; *T. Meron*, Human Rights in Internal Strife: Their International Protection, 1987; *M. N. Schmitt*, Targeting and International Humanitarian Law in Afghanistan, Israeli Yearbook on Human Rights 2009, S. 99 ff.; *D. Turns*, At the „Vanishing Point" of International Humanitarian Law: Methods and Means of Warfare in Non-international Armed Conflicts, GYIL 45 (2002), S. 115 ff.

5. „Asymmetrische" internationale Konflikte zwischen Staaten und bewaffneten Organisationen

30 Den Völkerrechtsregeln zu bewaffneten internationalen Konflikten liegt die Vorstellung einer Auseinandersetzung zwischen Staaten zugrunde. Mit der Herausforderung durch internationale Terrororganisationen haben diese Regeln nicht Schritt gehalten. So ist außerordentlich umstritten, inwieweit eine mit militärischen Mitteln ausgetragene Auseinandersetzung zwischen einem Staat und einer internationalen Terrororganisation Regeln des humanitären Völkerrechts unterliegt. Klärungsbedürftig ist etwa, ob Genfer Recht überhaupt auf Angehörige terroristischer Gruppierungen im Umfeld regulärer Streitkräfte oder sonstige, völkerrechtswidrig an Auseinandersetzungen beteiligte Personen Anwendung findet (zur Behandlung als Kriegsgefangene oben bei Rn. 16) und inwieweit der allgemeine Menschenrechtsschutz dem Vorgehen gegen internationale Terrororganisationen Schranken zieht.

Für die Anwendung humanitären Völkerrechts wird geltend gemacht, dass sich auch der „Kampf gegen Terror" nicht im völkerrechtsfreien Raum vollziehen dürfe und dass die Regeln für bewaffnete (nicht-internationale) Konflikte für eine militärischer Auseinandersetzung mit der Qualifikation von terroristischen Kämpfern als legitimes Ziel der staatlichen Konfliktpartei angemessene Handlungsoptionen eröffnen. Die Gegenmeinung wendet sich gegen eine „asymmetrische" Bindung des Staates an Völkerrechtsregeln, welche die andere Konfliktpartei mit dem Terror auch gerade gegen Zivilpersonen systematisch missachtet. Ein grundsätzliches Problem für die Anwendbarkeit des Rechts des nicht-internationalen Konfliktes liegt in Voraussetzung, dass die nichtstaatliche Konfliktpartei ein Mindestmaß an faktischer territorialer Herrschaftsgewalt ausüben muss (hierzu oben Rn. 25).

Jedenfalls ist auch bei derartigen „asymmetrischen" Auseinander- 31
setzungen der gemeinsame Art. 3 der Genfer Konventionen dann zu beachten, wenn Terrororganisationen über eine territoriale Herrschaftsbasis verfügen oder im Kontext eines bewaffneten (internationalen oder nicht-internationalen) Konfliktes zwischen einem Staat und einer anderen (staatlichen oder nichtstaatlichen) Konfliktpartei agieren. Es ist zumindest erwägenswert, darüber hinaus die Regeln des gemeinsamen Art. 3 der Genfer Konventionen auf alle Konflikte zwischen einem Staat und einer Terrororganisation mit einer Basis (auch) im Ausland anzuwenden, die massive Angriffe zu führen in der Lage ist. Denn dahinter steht die Wertung, dass in *jedem* bewaffneten Konflikt das dort garantierte humanitäre Minimum Geltung beansprucht. Die gewohnheitsrechtliche Geltung des gemeinsamen Art. 3 für alle derartigen asymmetrischen Konflikte ist aber nicht einheitlich anerkannt.

Auch der US Supreme Court hat den gemeinsamen Art. 3 der Genfer Konventionen auf (angebliche) Angehörige eines mit den afghanischen Taliban zusammenwirkenden Terrornetzwerks in Guantánamo Bay erstreckt und ihnen das dort gewährte Recht auf ein Verfahren vor einem ordentlich bestellten Gericht mit den „von den zivilisierten Völkern als unerlässlich anerkannten Rechtsgarantien" zugesprochen (US Supreme Court, *Hamdan v. Rumsfeld*, ILM 45 [2006], S. 1130 ff.).

Die Einstufung der Angehörigen von Terrororganisationen als ge- 32
schützte Zivilpersonen im Sinne des Genfer Rechts droht deren verdecktes Agieren vor allem gegen die Zivilbevölkerung unangemessen zu privilegieren. Hier setzt die umstrittene Qualifikation als *„unlawful combattants"* an, die allerdings nicht auf terroristische Gewalttäter beschränkt ist, sondern sich ganz allgemein auf Personen bezieht, die ohne eigenen völkerrechtlich anerkannten Kombattantenstatus Kampfhandlungen vornehmen. Die Forderung, dass der Zielstaat jedenfalls über die Handlungsoptionen gegen Terrororganisationen verfügen müsse, die ihm das humanitäre Völkerrecht gegen Streitkräfte eines feindlichen Staates (oder auch gegen die Angehörigen von militärisch organisierten nichtstaatlichen Verbänden in einem nicht-internationalen Konflikt) offen hält, erscheint zumindest plausibel.

Die Beschränkung des Schutzes von Zivilpersonen nach Art. 51 Abs. 3 von Zusatzprotokoll I („sofern und solange sie nicht unmittelbar an Feindseligkeiten teilnehmen") lässt sich als Ausdruck eines allgemeinen Rechtsgedankens deuten.

33 Höchst umstritten ist, inwieweit die gezielte Tötung *(targeted killing)* der Angehörigen und Unterstützer bewaffneter nichtstaatlicher Organisationen mit humanitärem Völkerrecht und dem allgemeinen Menschenrechtsschutz vereinbar ist. Das Problem stellt sich in besonderer Schärfe bei Personen, die aus der Deckung in der Zivilbevölkerung heraus an terroristischen Anschlägen mitwirken, ohne als Mitglieder bewaffneter Einheiten kontinuierlich Kampffunktionen wahrzunehmen. Entscheidend kommt es hier wieder darauf an, wie der Begriff der „direkten Beteiligung an Feindseligkeiten" zu konkretisieren ist (hierzu oben Rn. 18). Im Übrigen ist umstritten, inwieweit der gewohnheitsrechtliche und vertragliche Menschenrechtsschutz gezielte Tötungen schon im Vorfeld von Anschlägen erlaubt. Die Notstandsregeln der Europäischen Menschenrechtskonvention erlauben nach Art. 15 Abs. 2 eine Tötung nur „infolge rechtmäßiger Kriegshandlungen" und verweisen damit auf die anerkannten Regeln des humanitären Völkerrechts. Hier zeigt sich, dass die Anwendbarkeit der Regeln über bewaffnete Konflikte im Vergleich zu menschenrechtlichen Standards Eingriffe mit militärischen Mitteln in weitergehendem Umfang erlauben kann.

Der Oberste Gerichtshof Israels sieht nach Völkergewohnheitsrecht Raum für ein gezieltes militärisches Vorgehen gegen an Feindseligkeiten beteiligte Zivilpersonen im Rahmen der Verhältnismäßigkeit im Hinblick auf mildere Mittel und auf die mögliche Zahl ziviler Opfer *(Public Committee Against Torture v. Government of Israel* [2006]).

Mit der völkerrechtlichen Zulässigkeit gezielter Tötungen hat sich der deutsche Generalbundesanwalt im Zusammenhang mit einem Drohnen-Angriff der USA in Pakistan auseinander gesetzt, bei dem ein deutscher Staatsangehöriger getötet wurde. Nach den Feststellungen des Generalbundesanwalts war der Getötete Angehöriger einer organisierten bewaffneten Gruppe, die unter Beteiligung der Terrororganisationen Al-Qaida und Taliban die pakistanische Armee und die in Afghanistan stationierten ISAF-Streitkräfte bekämpfte. Deshalb war nach Ansicht des Generalbundesanwalts die gezielte Tötung des deutschen Staatsangehörigen nach den Regeln des Kriegsvölkerrechts gerechtfertigt (Einstellungsvermerk, Offene Version vom 20.6.2013, Az.: 3 BJs 7/12–4, in Teilen abgedruckt in: NStZ 2013, 644). Dabei hat der Generalbundesanwalt eine Gemengelage von zwei nicht internationalen bewaffneten Konflikten in Pakistan und Afghanistan angenommen.

Literatur: *UN Human Rights Council* (Hrsg.), Report of the Special Rapporteur on Extrajudicial, Summary or Arbitrary Executions, Philip Alston, Addendum, Study on Targeted Killings, U.N. Doc. A/HRC/14/24/Add.6; *J. Callen*, Unlawful Combatants and the Geneva Conventions, VJIL 44 (2004), S. 1025 ff.; *C. Finkelstein/J. Ohlin/A. Altman*, Targeted Killings, 2012; *W. J. Fisher*, Targeted Killing, Norms, and International Law, CJTL 45 (2007), S. 711 ff.; *D. Fleck* (Hrsg.), Rechtsfragen der Terrorismusbekämpfung durch Streitkräfte, 2004; *A. Guiora*, Legitimate Target, 2013; *D. Kretzmer*, Targeted Killing of Suspected Terrorists: Extra-Judicial Executions or Legitimate Means of Defence?, EJIL 2005, S. 171 ff. *N. Melzer*, Targeted Killing in International Law, 2010; *R. Otto*, Targeted Killings and International Law, 2012; *S. Scheipers*, Unlawful Combatants, 2015; *J. Wieczorek*, Unrechtmäßige Kombattanten und humanitäres Völkerrecht, 2005.

6. Humanitäres Völkerrecht und Menschenrechte

Näherer Klärung harrt noch das Verhältnis zwischen den Regeln des humanitären Völkerrechts und den Menschenrechten. In nicht-internationalen bewaffneten Konflikten gilt der gewohnheitsrechtliche Menschenrechtsstandard umfassend. Auch Menschenrechtsverträge finden in derartigen internen Konflikten – mit ihren besonderen Einschränkungen für Krieg und Notstand (siehe etwa Art. 15 EMRK) – Anwendung. Besondere Klauseln für Krieg und andere Notstandsfälle (Art. 15 EMRK) erweitern die Eingriffsmöglichkeiten der Vertragsstaaten (etwa für „rechtmäßige Kriegshandlungen" in Art. 15 Abs. 2 EMRK), sofern die Staaten mit einer Mitteilung an die zuständigen Vertragsorgane hiervon Gebrauch machen. Staaten scheuen sich aber, sich auf bestimmte Notstandsklauseln zu berufen und sich so zu einem Verlust an staatlicher Kontrolle zu bekennen. Die Folge ist dann die volle Anwendbarkeit der vertraglichen Standards. 34

So hat sich der Europäische Gerichtshof für Menschenrechte mit massiven Menschenrechtsverletzungen im Rahmen des Konflikts in Tschetschenien auseinanderzusetzen. Im Fall *Isayeva ./. Russland* (EuGRZ 2006, S. 41), hat der Gerichtshof festgestellt, daß die Tötung der Bewohner eines von tschetschenischen Rebellen besetzten Dorfes durch den großflächigen Einsatz von Raketen und anderer Waffen durch die russischen Streitkräfte ohne Vorwarnung und Evakuierungsmöglichkeit eine Verletzung des Rechts auf Leben (Art. 2 EMRK) darstellt. Auch der Interamerikanische Gerichtshof für Menschenrechte wendet die amerikanische Menschenrechtskonvention auf Bürgerkriege und ähnliche interne Konflikte ohne grundsätzliche Einschränkungen an.

Unabhängig von besonderen Notstandsklauseln sind vertragliche Menschenrechtsgarantien und humanitäres Völkerrecht eng verflochten. So erlaubt

Art. 2 Abs. 2 *lit.* c) EMRK die Tötung infolge einer Gewaltanwendung, die „unbedingt erforderlich ist, […] um einen Aufruhr oder Aufstand rechtmäßig niederzuschlagen". Bei einem bewaffneten internen Konflikt kommt es dann auf die Einhaltung des humanitären Völkerrechts an.

Der Inter-Amerikanische Gerichtshof für Menschenrechte hat im Zusammenhang mit der Folterung und dem Verschwindenlassen eines Rebellenkommandeurs den gemeinsamen Art. 3 der Genfer Konventionen herangezogen (IAGMR, *Bamáca Velásquez v. Guatemala*, Series C No. 70, Urteil vom 25.11.2000, paras. 208ff).

35 Problematisch ist das Verhältnis des humanitären Völkerrechts und des allgemeinen Menschenrechtsschutzes in internationalen bewaffneten Konflikten. Anerkannt ist, dass gewohnheitsrechtlich oder vertraglich begründete Menschenrechte jedenfalls nicht durch den Ausbruch eines solchen Konfliktes automatisch ihre Geltung verlieren. Der Internationale Gerichtshof hat sich in seinem Atomwaffen-Gutachten zur grundsätzlichen Anwendbarkeit der Menschenrechte bekannt, zugleich aber auf vorrangig geltende Sonderregeln des humanitären Völkerrechts (namentlich zu zulässigen Kampfhandlungen) verwiesen.

„The Court observes that the protection of the International Covenant of Civil and Political Rights does not cease in times of war, except by operation of Article 4 of the Covenant whereby certain provisions may be derogated from in a time of national emergency. Respect for the right to life is not, however, such a provision. In principle, the right not arbitrarily to be deprived of one's life applies also in hostilities. The test of what is an arbitrary deprivation of life, however, then falls to be determined by the applicable *lex specialis*, namely, the law applicable in armed conflict which is designed to regulate the conduct of hostilities. Thus whether a particular loss of life, through the use of a certain weapon in warfare, is to be considered an arbitrary deprivation of life contrary to Article 6 of the Covenant, can only be decided by reference to the law applicable in armed conflict and not deduced from the terms of the Covenant itself" (IGH, *Legality of the Threat or Use of Nuclear Weapons*, ICJ Reports 1996, S. 226 para. 25).

Diese umfassende Geltung des UN-Paktes auch für Kriegshandlungen auf fremdem Staatsgebiet lässt sich mit dessen universellem Charakter rechtfertigen.

36 Bei regionalen Menschenrechtsverträgen ist es dagegen höchst zweifelhaft, ob sie eine bewaffnete Konfrontation als Anknüpfung für die Schutzwirkung zugunsten der Angehörigen eines gegnerischen Staates genügen lassen. So hat der der Europäische Gerichtshof für Menschenrechte im Fall Banković eine Geltung der EMRK für

Kriegshandlungen auf fremdem, nicht von einem Konventionsstaat kontrolliertem Staatsgebiet abgelehnt (EGMR, *Banković ./. Belgien u. a.*, EuGRZ 2002, S. 133, hierzu oben § 49 Rn. 7).

Im Fall Hassan (EGMR, *Hassan ./. United Kingdom*, Beschwerde-Nr. 29759/09, Urteil vom 16. September 2014) hat der EGMR die Ansicht der britischen Regierung zurückgewiesen, dass extraterritoriale Maßnahmen eines Konventionsstaates während der Phase aktiver Feindseligkeiten eines internationalen bewaffneten Konfliktes nicht der Europäischen Menschenrechtskonvention unterliegen, sondern nur den allgemeinen Regeln des humanitären Völkerrechts, solange der Konventionsstaat keine Besatzungsgewalt ausübt:

„76. […] Tarek Hassan was within the physical power and control of the United Kingdom soldiers and therefore fell within United Kingdom jurisdiction under the principles outlined in […] Al-Skeini […]. The Government, in their observations, acknowledged that where State agents operating extra-territorially take an individual into custody, this is a ground of extra-territorial jurisdiction which has been recognized by the Court. However, they submitted that this basis of jurisdiction should not apply in the active hostilities phase of an international armed conflict, where the agents of the Contracting State are operating in territory of which they are not the occupying power, and where the conduct of the State will instead be subject to the requirements of international humanitarian law.

77. The Court is not persuaded by this argument. Al-Skeini was also concerned with a period when international humanitarian law was applicable, namely the period when the United Kingdom and its coalition partners were in occupation of Iraq. Nonetheless, in that case the Court found that the United Kingdom exercised jurisdiction under Article 1 of the Convention over the applicants' relatives. Moreover, to accept the Government's argument on this point would be inconsistent with the case-law of the Interational Court of Justice, which has held that international human rights law and international humanitarian law may apply concurrently […]."

Jedoch hat der EGMR in diesem Falle die Verhaftung einer Person im Rahmen von Art. 5 EMRK mit der Einhaltung von humanitärem Völkerrecht gerechtfertigt und damit den Handlungsspielraum eines kriegführenden Konventionsstaates über den Wortlaut der Konvention hinaus deutlich erweitert.

„102. Turning to the criterion contained in Article 31 § 3(c) of the Vienna Convention […], the Court has made it clear on many occasions that the Convention must be interpreted in harmony with other rules of international law of which it forms part […]. This applies no less to international humanitarian law. […] The Court has already held that Article 2 of the Convention should „be interpreted in so far as possible in light of the general principles of international law, including the rules of international humanitarian law which play an indispensable and universally-accepted role in mitigating the savagery and inhumanity of armed conflict" […], and it considers that these observations apply equally in relation to Article 5.[…]

104. Nonetheless, and consistently with the case-law of the International Court of Justice, the Court considers that, even in situations of international armed conflict, the safeguards under the Convention continue to apply, albeit interpreted against the background of the provisions of international humanitarian law. By reason of the co-existence of the safeguards provided by international humanitarian law and by the Convention in time of armed conflict, the grounds of permitted deprivation of liberty set out in subparagraphs (a) to (f) of that provision should be accommodated, as far as possible, with the taking of prisoners of war and the detention of civilians who pose a risk to security under the Third and Fourth Geneva Conventions. The Court is mindful of the fact that internment in peacetime does not fall within the scheme of deprivation of liberty governed by Article 5 of the Convention without the exercise of the power of derogation under Article 15 (see paragraph 97 above). It can only be in cases of international armed conflict, where the taking of prisoners of war and the detention of civilians who pose a threat to security are accepted features of international humanitarian law, that Article 5 could be interpreted as permitting the exercise of such broad powers."

37 Bei der länger dauernden Ausübung von Hoheitsgewalt über besetzte Gebiete liegt eine Anwendung sowohl universeller wie regionaler Menschenrechtsverpflichtungen der Besatzungsmacht nahe. In seinem Gutachten zur israelischen Sperrmauer auf palästinensischem Gebiet ist der Internationale Gerichtshof davon ausgegangen, dass Israel als Besatzungsmacht an seine Verpflichtungen aus den UN-Menschenrechtspakten von 1966 und aus der UN-Kinderrechtskonvention gebunden ist (IGH, *Legal Consequences of the Construction of a Wall in the Occupied Palestinian Territory*, Advisory Opinion, ICJ Reports 2004, S. 194 paras. 107 ff.).

Menschenrechtliche Standards begrenzen wohl auch die Pflicht zur weitgehenden Respektierung der Rechtsordnung eines besetzten Staates durch die Besatzungsmacht (siehe Art. 43, 48 HLKO; Art. 54, 64 IV. Genfer Abkommen), soweit die staatlichen Gesetze die menschenrechtlichen Verpflichtungen des besetzten Staates missachten.

Literatur: *C. Heyns*, Report of the Special Rapporteur on extrajudicial, summary or arbitrary executions to the UN General Assembly (13.9.2013), UN Dok A/68/382*; R. Kolb /G. Gaggioli,* Research Handbook on Human Rights and Humanitarian Law, 2013*; F. F. Martin/S. J. Schnably/R. J. Wilson/ J. S. Siman/M. V. Tushnet*, International Human Rights & Humanitarian Law, 2006; *R. Provost*, International Human Rights and Humanitarian Law, 2002; *T. Rensmann*, Die Anwendbarkeit von Menschenrechten im Auslandseinsatz, in: D. Weingärtner (Hrsg.), Einsatz der Bundeswehr im Ausland, 2007, S. 49 ff.; *B. Schäfer*, Zum Verhältnis Menschenrechte und humanitäres Völkerrecht, 2006; *C. Tomuschat,* Human Rights and International Humanitarian Law, EJIL 21 (2010), S. 15 ff.

§ 57. Neutralität

Staaten, die nicht an einem zwischenstaatlichen Konflikt beteiligt sind und ihm auch als Neutrale dauerhaft fernbleiben wollen, sind zur Unparteilichkeit gegenüber den Konfliktparteien verpflichtet (siehe Art. 5 des V. Haager Abkommens). Bei einem internen (nicht-internationalen) Konflikt kommen die Neutralitätsregeln nicht zur Anwendung. Grundlegende und längst ins Völkergewohnheitsrecht eingegangene Neutralitätsregeln enthalten das V. Haager Abkommen betreffend die Rechte und Pflichten der neutralen Mächte im Falle eines Landkrieges von 1907 (RGBl. 1910 II, S. 151 ff.) und das XIII. Haager Abkommen zur Neutralität im Seekrieg von 1907 (RGBl. 1910 II, S. 343 ff.). Sie dürfen den Konfliktparteien keine Nutzung ihres eigenen Staatsgebietes für militärische Zwecke erlauben und auch sonst den Konfliktparteien keine militärische Unterstützung leisten. Eine neutrale Macht darf an eine Konfliktpartei keine Rüstungsgüter liefern. Eine umfassende Verpflichtung, die Ausfuhr von Rüstungsmaterial durch private Unternehmen zu verhindern, besteht nicht (siehe Art. 7 des V. Haager Abkommens). Jedoch sind etwa bei der Handhabung von Ausfuhrgenehmigungen Neutralitätspflichten zu beachten. Außerhalb des Staatsgebietes eines neutralen Staates können konfliktbeteiligte Mächte für den Gegner bestimmte Rüstungsgüter als „Kontrabande" (etwa auf Hoher See) aufbringen und beschlagnahmen. 1

Das Staatsgebiet eines neutralen Staates ist unverletzlich (siehe Art. 2 des V. Haager Abkommens). Es darf nicht für Truppenbewegungen oder Versorgungsaktionen genutzt werden (siehe Art. 3 des V. Haager Abkommens). 2

Der neutrale Status endet mit der Beteiligung eines Staates am bewaffneten Konflikt. Dabei hebt noch nicht jede neutralitätswidrige Begünstigung, wohl aber massive militärische Unterstützung zugunsten einer Konfliktpartei den Neutralitätsstatus auf. Ein Status zwischen Neutralität und Konfliktbeteiligung (sog. „nicht-Kriegsführung; *non-belligerency*), wie ihn einige Staaten (etwa im Zweiten Weltkrieg Spanien oder bis 1941 die USA) gelegentlich reklamiert haben, ist im gegenwärtigen Völkerrecht nicht anerkannt. 3

4 Einige Staaten bekennen sich zu „dauernder“ Neutralität (etwa die Schweiz seit 1815, Republik Moldau, Turkmenistan). Damit ist die Absage an jede militärische Bindung an andere Staaten verbunden.

Literatur: *K. Doehring*, Neutralität und Gewaltverbot, AVR 31 (1993), S. 193 ff.; *W. Heintschel v. Heinegg*, Seekriegsrecht und Neutralität im Seekrieg, 1995; *S. Oeter*, Neutralität und Waffenhandel, 1992.

XIV. Kapitel. Völkerrechtliche Verantwortlichkeit

§ 58. Völkerrechtliches Delikt

1. Allgemeines

Die völkerrechtliche Verantwortlichkeit *(responsibility)* bezieht 1 sich auf die Folgen des von Staaten und anderen Völkerrechtssubjekten begangenen völkerrechtlichen Delikts (Unrechts). Ausgangspunkt ist stets die Verletzung einer völkerrechtlichen Pflicht durch Tun oder Unterlassen (Verletzung einer sog. *Primärnorm*). Das Regime der Verantwortlichkeit wird von sog. *Sekundärnormen* gebildet, welche den völkerrechtlichen Unrechtstatbestand und mögliche Rechtfertigungsgründe regeln sowie die Rechtsfolgen (insbesondere die Pflicht zur Wiedergutmachung) bestimmen. Von großer Bedeutung sind die Arbeiten der *International Law Commission* zur Staatenverantwortlichkeit. Die *International Law Commission* hat 2001 in zweiter Lesung 59 Artikel zur Staatenverantwortlichkeit angenommen (*Draft Articles on Responsibility of States for Internationally Wrongful Acts*, abgedruckt in: Report of the International Law Commission, Official Records of the General Assembly, 56th Session, Supplement No. 10 [2004] S. 43 ff., im Folgenden: ILC-Artikel). Die UN-Generalversammlung hat die ILC-Artikel nicht als Vertragstext, sonders als eine Art Kodex der Regeln für völkerrechtliche Staatenverantwortlichkeit genommen (Resolution GA 56/83[2001]). Die ILC-Artikel umfassen vier Teile: (1.) Begriff und Voraussetzung des völkerrechtlichen Delikts *(internationally wrongful act of a State)*, (2.) Inhalt der Staatenverantwortlichkeit, (3.) Die Geltendmachung der Staatenverantwortlichkeit und (4.) Allgemeine Bestimmungen.

Daneben arbeitet die ILC gegenwärtig einen Entwurf zur Verantwortlichkeit internationaler Organisationen aus. Die ILC hat bislang 30 Artikel vorläufig angenommen (abgedruckt in: Official Records of the General Assembly, Sixty-first Session, Supplement No. 10 [A/61/10], Kapitel VII, Abschnitt C, para. 90).

2 Die ILC-Artikel knüpfen die Staatenverantwortlichkeit an ein rechtswidriges Handeln (Art. 1):

„Every internationally wrongful act of a State entails the international responsibility of that State."

Die Verantwortlichkeit für ein an sich rechtmäßiges, aber risikobehaftetes Handeln wird also ausgeklammert und einem besonderen Regelungsregime vorbehalten. Auch die herrschende Völkerrechtslehre differenziert zwischen der Verantwortlichkeit für rechtswidriges Verhalten *(international wrongful act)* und der Haftung für risikobehaftetes Tun.

3 Nach den ILC-Artikeln umfassen der völkerrechtliche Unrechtstatbestand als Gegenstand der Staatenverantwortlichkeit zwei konstituierende Elemente: ein zurechenbares Verhalten und die Verletzung einer völkerrechtlichen Pflicht (Art. 2):

„There is an internationally wrongful act of a State when conduct consisting of an action or omission:
a) Is attributable to the State under international law; and
b) Constitutes a breach of an international obligation of the State."

Literatur: *H. P. Aust,* Complicity and the Law of State Responsibility, 2011; *C. Annacker*, Part Two of the International Law Commission's Draft Articles on State Responsibility, GYIL 37 (1994), S. 206 ff.; *J. Crawford*, Revising the Draft Articles on State Responsibility, EJIL 10 (1999), S. 435 ff.; *ders.*, State Responsibility. The General Part, 2013; *ders.*, The International Law Commission's Articles on State Responsibility, 2002; *R. B. Lillich* (Hrsg.), International Law of State Responsibility for Injuries to Aliens, 1983; *M. Spinedi/B. Simma* (Hrsg.), United Nations Codification of State Responsibility, 1987.

2. Unrechtstatbestand

a) Verletzung einer völkerrechtlichen Pflicht

4 Voraussetzung der Staatenverantwortlichkeit ist zunächst die Verletzung einer völkerrechtlichen Pflicht. Die ILC-Artikel zur Staatenverantwortlichkeit behandeln als Unrechtstatbestand nur das rechtswidrige Verhalten. Die Gefährdungshaftung für nicht verbotenes, aber risikobehaftetes Handeln bildet demnach einen eigenen Komplex der Staatenverantwortlichkeit (hierzu unten Rn. 11 ff.).

b) Zurechenbarkeit

Die Pflichtverletzung muss dem Staat zurechenbar sein (siehe Art. 4 ff. der ILC-Artikel). Einem Staat ist zunächst einmal das Handeln seiner eigenen Organe zuzurechnen (Art. 4 der ILC-Artikel). Hierzu bestimmt Art. 4 Abs. 1 der ILC-Artikel: 5

„The conduct of any State organ shall be considered an act of that State under international law, whether the organ exercises legislative, executive, judicial or any other functions, whatever position it holds in the organization of the State, and whatever its character as an organ of the central government or of a territorial unit of the State."

Dies gilt grundsätzlich auch dann, wenn das handelnde Organ *ultra vires* gehandelt hat, also seine eigenen Kompetenzen überschritten hat (siehe Art. 7 der ILC-Artikel).

Das Verhalten von Privatpersonen ist dem Staat grundsätzlich nicht zuzurechnen. Etwas anderes gilt dann, wenn Private mit Duldung der Regierungsorgane oder gar in deren Auftrag staatliche Funktionen wahrnehmen, wie dies zeitweise nach dem Sturz des Schah-Regimes die iranischen Revolutionsgarden getan haben. Kein Zurechnungsproblem liegt dann vor, wenn der Staat völkerrechtlichen Pflichten zum Schutz auch vor nichtstaatlichen Übergriffen nicht nachgekommen ist. Solche Schutzpflichten bestehen etwa gegenüber diplomatischen Missionen. Gegenüber Ausländern hat ein Staat im Rahmen der fremdenrechtlichen Mindeststandards nach Maßgabe seiner verfügbaren (Ordnungs-)kräfte für ein Mindestmaß an Schutz vor zielgerichteten Angriffen zu sorgen (hierzu oben § 27 Rn. 4). 6

Ein besonders gravierendes Beispiel für die Zurechenbarkeit privater Übergriffe und die gleichzeitige Verletzung von Schutzpflichten liefert der *Teheraner Geiselnahme*- Fall.

Nach dem Sturz des Schahs und der Errichtung eines islamischen Regimes griffen im November 1979 Demonstranten die Botschaft der USA in Teheran an. Die Botschaft wurde besetzt, das Personal und Besucher wurden als Geiseln gefangen genommen, die Botschaftsarchive wurden verwüstet. Beim Angriff der Demonstranten auf die Botschaft blieben die iranischen Sicherheitskräfte untätig. In öffentlichen Erklärungen billigte Ayatollah Khomenei den Angriff auf die Botschaft. Auch wenn sich das Verhalten der privaten Demonstranten zunächst nicht dem iranischen Staat zurechnen ließ, so lag doch schon in dem Versagen des gebotenen Schutzes für die diplomatische Mission eine Völkerrechtsverletzung. Darüber hinaus hatte sich die iranische Regierung angesichts der Erklärungen des obersten Revolutionsführers Khomenei den Angriff auf die Botschaft zu eigen gemacht und wurde damit für das weitere Geschehen unmittelbar verantwortlich. Der Internationale Gerichtshof nahm deshalb zu Recht eine Verantwortlichkeit des Staates an und verurteilte den Iran dazu, die Geiseln freizulassen, die Botschaft freizugeben und den USA Schadensersatz zu leisten (IGH, *United States Diplomatic and Consular Staff in Tehran*, ICJ Reports 1980, S. 3).

Das Verhalten von nicht-staatlichen Einheiten ist einem Staat jedenfalls dann zuzurechnen, wenn sie unter effektiver Kontrolle eines Staates stehen und der Staat deren Verhalten auch im konkreten Falle steuert. Die ILC-Artikel bestimmen hierzu in Art. 8:

„The conduct of a person or group of persons shall be considered an act of a State under international law if the person or group of persons is in fact acting on the instructions of, or under the direction or control of, that State in carrying out the conduct."

Der Internationale Gerichtshof hat im *Genozid*-Fall (IGH, *Application of the Convention on the Prevention and Punishment of the Crime of Genocide [Bosnia and Herzegovina v. Serbia and Montenegro]*, ICJ Reports 2007, S. 43 [121 ff., paras. 388 ff.) für die Zurechnung nach Art. 8 der ILC-Artikel die effektive Kontrolle über die spezifische Verletzungshandlung verlangt:

„It must [...] be shown that this „effective control" was exercised, or that the State's instructions were given, in respect of each operation in which the alleged violations occurred, not generally in respect of the overall actions taken by the persons or groups of persons having committed the violations" (aaO, para. 400).

Danach reicht die bloße generelle Kontrolle *(„overall control")* über das das Tätigkeitsfeld der handelnden Personen oder Gruppen nicht aus (a. A. noch die Berufungskammer des Internationalen Strafgerichtshof für das frühere Jugoslawien, *Prosecutor v. Dusko Tadić*, ILM 35 [1996], S. 32 para. 145).

Die effektive Kontrolle auch über einzelne Operationen ist oft sehr schwer nachzuvollziehen. Deshalb sollte die generelle Kontrolle zumindest die widerlegbare Vermutung einer effektiven Steuerung begründen.

Beim Verhalten von Privaten, das wegen seiner Gefährlichkeit besondere Risiken für den Nachbarstaat in sich birgt (etwa beim Betrieb von Kernkraftwerken), trifft den jeweiligen Staat eine Überwachungspflicht. Die unzureichende Kontrolle begründet dann eine unmittelbare Haftung (vermittelt durch das Unterlassen der staatlichen Organe).

c) Tätigwerden staatlicher Kräfte für internationale Organisationen

Wenn ein Staat einer internationalen Organisation Streitkräfte oder Verwaltungspersonal zur Verfügung gestellt hat, kommt es für die Verantwortlichkeit der internationalen Organisation darauf an, inwieweit sie das Verhalten der staatlichen Kräfte steuert und kontrolliert. Die ILC-Artikel zur Verantwortlichkeit internationaler Organisationen bestimmen hierzu in Art. 5: 7

> „The conduct of an organ of a State or an organ or agent of an international organization that is placed at the disposal of another international organization shall be considered under international law an act of the latter organization if the organization exercises effective control over that conduct."

Danach sind die Vereinten Nationen im Rahmen friedenserhaltender oder friedensschaffender Maßnahmen grundsätzlich für Militäreinsätze verantwortlich, die der UN-Sicherheitsrat durch Resolutionen nach Kapitel VI oder VII der UN-Charta beschlossen hat. Dies muss jedenfalls insoweit gelten, als der UN-Sicherheitsrat die Ziele sowie die einzusetzenden Mittel definiert und damit den Einsatz nationaler Kontingente steuert. Daneben bleibt aber auch die Verantwortlichkeit der Entsendestaaten denkbar. Entscheidend kommt es dabei auf das Maß der bestehenden und in Anspruch genommenen Kontrolle durch den UN-Sicherheitsrat an. Der EGMR hat bei KFOR-Einsätzen im Kosovo wegen der unmittelbaren Befehlsgewalt des KFOR-Befehlshabers und der Letztkontrolle durch den UN-Sicherheitsrat sogar eine grundsätzlich ausschließliche Verantwortlichkeit der Vereinten Nationen angenommen (EGMR, *Behrami ./. Frankreich und Saramati ./. Frankreich u. a.*, EuGRZ 2007, S. 522 paras. 133 ff.). Dabei ist der EGMR mit der Annahme „effektiver Kontrolle" durch die Vereinten Nationen recht großzügig verfahren.

Problematisch ist, ob auch bei der Kontrolle durch eine internationale Organisation das Verhalten staatlicher Kräfte eine konkurrierende Verantwortlichkeit des Staates begründet. Dabei kommt eine Freistellung des Staates von der Verantwortlichkeit nur dann in Betracht, wenn der Einsatz vom UN-Sicherheitsrat als eigene UN-Mission beschlossen worden ist oder für eine regionale Organisation erfolgt, die der UN-Sicherheitsrat nach Art. 53 Abs. 1 Satz 2 in

Anspruch nimmt. Selbst dann bleibt zu erwägen, ob der einzelne Staat für Verletzungen von Kriegsvölkerrecht und Menschenrechten selbst verantwortlich bleibt, die nicht konkret von den Vereinten Nationen und den von ihnen eingesetzten Befehlsinstanzen veranlasst worden sind. Die Rechtsprechung des EGMR zur alleinigen Verantwortlichkeit der Vereinten Nationen im Fall *Behrami* (EGMR, *Behrami ./. Frankreich und Saramati ./. Frankreich u. a.*, EuGRZ 2007, S. 522 paras. 133 ff.) ist insoweit auf Kritik gestoßen. Der EGMR betont bei Militäreinsätzen aufgrund von Beschlüssen des UN-Sicherheitsrats nach dem VII. Kapitel der UN-Charta könne eine menschenrechtliche Verantwortung der Entsendestaaten mit dem Ziel der UN-Mission in Konflikt treten:

„In the present case, Chapter VII allowed the UNSC to adopt coercive measures in reaction to an identified conflict considered to threaten peace, namely UNSC Resolution 1244 establishing UNMIK and KFOR. Since operations established by UNSC Resolutions under Chapter VII of the UN Charter are fundamental to the mission of the UN to secure international peace and security and since they rely for their effectiveness on support from member states, the Convention cannot be interpreted in a manner which would subject the acts and omissions of Contracting Parties which are covered by UNSC Resolutions and occur prior to or in the course of such missions, to the scrutiny of the Court. To do so would be to interfere with the fulfilment of the UN's key mission in this field including, as argued by certain parties, with the effective conduct of its operations. It would also be tantamount to imposing conditions on the implementation of a UNSC Resolution which were not provided for in the text of the Resolution itself. This reasoning equally applies to voluntary acts of the respondent States such as the vote of a permanent member of the UNSC in favour of the relevant Chapter VII Resolution and the contribution of troops to the security mission: such acts may not have amounted to obligations flowing from membership of the UN but they remained crucial to the effective fulfilment by the UNSC of its Chapter VII mandate and, consequently, by the UN of its imperative peace and security aim" (EGMR, aaO, paras. 149).

Gute Gründe sprechen dafür, dass UN-Mitgliedstaaten, die militärische Einheiten im Rahmen einer UN-Mission – gewissermaßen altruistisch – entsenden, grundsätzlich nur für solche Völkerrechtsverletzungen verantwortlich sind, die nicht der Erfüllung eines Mandats des Sicherheitsrats geschuldet sind. Dies gilt insbesondere für Übergriffe von Streitkräften, die ganz im Bereich ihrer nationalen Befehlsgewalt liegen. Ein schwieriger Grenzfall liegt dann vor, wenn nationale Einheiten im Rahmen eines UN-Mandates ihrer Obhut unterliegende Personen Angriffen von Konfliktparteien oder Privaten preisgeben.

Nach zwei Urteilen des obersten Gerichtshofs der Niederlande hat das Verhalten einer niederländischen Einheit der UN-Schutztruppe UNPROFOR in Bosnien und Herzegowina die deliktische Verantwortlichkeit der Niederlande für den Tod dreier Männer begründet, welche von der niederländischen Einheit aus einem Schutzlager in Srebrenica verwiesen und anschließend von bosnisch-serbischen Einheiten ermodert worden waren; für den niederländischen Gerichtshof war die effektive Kontrolle des Geschehens ungeachtet einer möglichen konkurrierenden Verantwortlichkeit der Vereinten Nationen entscheidend (Niederländischer Oberster Gerichtshof, Erste Kammer, Urteile vom 6. September 2013, Nr. 12/03329 und Nr. 12/03342).

Eine andere Beurteilung ist angezeigt, wenn ein UN-Mitgliedstaat Streitkräfte außerhalb einer UN-Mission einsetzt und sich dabei auf eine Ermächtigung des Sicherheitsrats stützt. Bei einer bloßen Autorisierung durch den Sicherheitsrat ohne jede Kontrolle des operativen Geschehens lässt sich der Einsatz von Streitkräften nicht den Vereinten Nationen zurechnen.

Das House of Lords hat im Fall *Al-Jedda* bei der Inhaftierung einer Person wegen Terrorverdachts durch die britischen Truppen im Irak eine menschenrechtliche Verantwortlichkeit des Vereinigten Königreichs abgelehnt (House of Lords, *R. [on the application of Al-Jedda (FC) (Appellant) v Secretary of State for Defence (Respondent)* [2008] A.C. 332 = 137 ILR 202). Dabei haben die Richter teilweise auf die Einflussnahme der Vereinten Nationen auf die multinationalen Streitkräfte im Irak nach der Resolution 1546 (2004), teilweise auf das Mandat des UN-Sicherheitsrats zur Bekämpfung des Terrorismus abgestellt. Dagegen hat der EGMR es in diesem Falle abgelehnt, das Verhalten der britischen Steitkräfte den Vereinten Nationen zuzurechnen, da es im Irak an einer relevanten Steuerung des Einsatzes durch den Sicherheitsrat und damit an einer hinreichenden Kontrolle der multinationalen Streitkräfte gefehlt habe (EGMR [Große Kammer], *Al-Jedda ./. Vereinigtes Königreich*, Beschwerde Nr. 27021/08, Urteil vom 07.07.2011, paras. 75 ff.). Daneben hat der EGMR die Resolution 1546 (2004) in Einklang mit menschenrechtlichen Verpflichtungen der UN-Mitgliedstaaten ausgelegt und insoweit eine Rechtfertigung von Eingriffen in die Gewährleistungen der Europäischen Menschenrechtskonvention abgelehnt (aaO, para. 102). Diese Einschränkung erscheint bei universellen Menschenrechtsstandards (insbesondere des zwingenden Völkerrechts) einleuchtend. Weniger überzeugend ist dagegen dem UN-Sicherheitsrat die Beachtung regionaler Menschenrechtsverträge zu unterstellen, die je nach Vertragsbindung der unterschiedlichen Entsendestaaten zu einem Flickenteppich unterschiedlicher Menschenrechtsstandards in ein und demselben Einsatzstaat führen können.

d) Verhaltensstandards

8 Inwieweit das völkerrechtliche Delikt eine besondere Vorwerfbarkeit (Schuld) voraussetzt, ist im Einzelnen in der Völkerrechtslehre umstritten. Wenn ein Staat die Gewährleistung eines bestimmten Erfolges übernommen hat, trifft ihn eine Garantiehaftung, ohne dass es auf einen Sorgfaltsverstoß ankommt. Im Übrigen wird man die Verletzung eines objektiven Sorgfaltsmaßstabes *(due diligence)* fordern müssen. Damit ist jedenfalls das nach anerkannten Vorstellungen in der Staatengemeinschaft gebotene Maß an Sorgfalt gemeint. Nach vordringender Auffassung bedarf es einer eigenen Feststellung der Vorwerfbarkeit nach den besonderen Verhältnissen des verantwortlichen Staates nicht mehr. Beim Einsatz gefährlicher Hochtechnologien wie beim Betrieb von Kernkraftwerken richtet sich die gebotene Sorgfalt nach dem aktuellen Stand von Wissenschaft und Technik auch im Hinblick auf die Risikovorsorge. Werden diese Standards missachtet und kommt es dadurch zu Schäden in Nachbarstaaten, geht es um die Verantwortlichkeit für rechtswidriges Verhalten (und nicht etwa um eine Gefährdungshaftung für rechtmäßiges Tun).

Literatur: *A. Gattini*, Smoking/No Smoking: Some Remarks on the Current Place of Fault in the ILC Draft Articles on State Responsibility, EJIL 10 (1999), S. 397ff.; *R. Pisillo-Mazzeschi*, The Due Diligence Rule and the Nature of the International Responsibility of States, GYIL 35 (1992), S. 9ff.; *S. Shackelford/ R. Andres*, State Responsibility for Cyber Attacks: Competing Standards for a Growing Problem, Geo.J. Int'l L. 42 (2010–2011), S. 971ff.; *J. Wolf*, Die Haftung der Staaten für Privatpersonen nach Völkerrecht, 1997.

3. Schwerwiegende Verletzung einer zwingenden Norm

9 Besonders gravierende Völkerrechtsverletzungen fassen frühere Entwürfe der *International Law Commission* unter den Tatbestand des völkerrechtlichen Verbrechens (*international crime*, Art. 19 der ILC-Artikel in der Fassung von 1980). Dabei soll es sich um Völkerrechtsverletzungen handeln, die grundlegende Interessen der Völkergemeinschaft als Ganzes tangieren. Dazu sollen etwa Verstöße gegen das Aggressionsverbot oder Sklaverei, Völkermord und Apartheid gehören. In ihrem in zweiter Lesung verabschiedeten Entwurf ist die *International Law Commission* vom Konzept des völkerrechtlichen Verbrechens im Zusammenhang mit der Staatenverantwortlichkeit wieder abgerückt, um die Assoziation mit strafrechtlichen Sanktionen

für schweres Individualunrecht zu vermeiden. Stattdessen knüpft die *International Law Commission* nunmehr besondere Rechtsfolgen an die schwerwiegende Verletzung einer zwingenden Norm des allgemeinen Völkerrechts (Art. 40 Abs. 1 der ILC-Artikel zur Staatenverantwortlichkeit). Als schwerwiegend („*serious*") definieren die ILC-Artikel die Verletzung einer solchen Norm, wenn sie auf einem krassen oder systematischem Versagen („*gross or systematic failure*") bei der Erfüllung der Verpflichtung beruht (Art. 40 Abs. 2):

„A breach of such an obligation is serious if it involves a gross or systematic failure by the responsible State to fulfil the obligation."

Besonderes Interesse verdienen die Rechtsfolgen, welche die ILC- 10
Artikel an eine solche schwere Völkerrechtsverletzung knüpfen. Einmal sollen die Staaten auf die Beendigung eines derartigen Völkerrechtsbruchs hinwirken (Art. 41 Abs. 1). Zum anderen sollen die Staaten der Situation, die auf einer schweren Völkerrechtsverletzung im Sinne des Art. 40 der ILC-Artikel beruht, die Anerkennung versagen und nicht an deren Aufrechterhaltung mitwirken (hierzu unten § 60).

Literatur: *G. Gaja*, Should All References to International Crimes Disappear from the ILC Draft Articles on State Responsibility?, EJIL 10 (1999), S. 365 ff.; *R. Hofmann*, Zur Unterscheidung Verbrechen und Delikt im Bereich der Staatenverantwortlichkeit, ZaöRV 45 (1985), S. 195 ff.; *J. H. H. Weiler/A. Cassese/M. Spinedi* (Hrsg.), International Crimes of States, 1989.

4. Gefährdungshaftung

Im Völkergewohnheitsrecht haben sich noch keine befriedigenden 11
Grundsätze der Haftung für risikobehaftetes Handeln (Gefährdungshaftung) entwickelt. Eine Gefährdungshaftung sieht das *Übereinkommen über die völkerrechtliche Haftung für Schäden durch Weltraumgegenstände* von 1972 (BGBl. 1975 II, S. 1210) vor. So bestimmt Art. II dieses Übereinkommens:

„Ein Startstaat haftet unbedingt für die Leistung von Schadensersatz wegen eines von seinem Weltraumgegenstand auf der Erdoberfläche oder an Luftfahrzeugen im Flug verursachten Schadens."

Im Übrigen ist eine Haftung für besonders gefährliche Tätigkeiten 12
(ultra-hazardous activities) Gegenstand kontroverser Beurteilung. Abgemindert wird diese Rechtsunsicherheit dadurch, dass bei einem

Einsatz gefährlicher Hochtechnologien schon die Missachtung des aktuellen Standes von Wissenschaft und Technik beim staatlichen Betrieb oder bei der staatlichen Überwachung gefährlicher Anlagen eine Haftung für pflichtwidriges Verhalten (und nicht nur eine Gefährdungshaftung) für dadurch ausgelöste Schäden begründet.

13 Die ILC hat ihre Arbeiten zur Gefährdungshaftung in zwei Themenkomplexe aufgeteilt: die Verhütung grenzüberschreitender Schäden durch gefährliche Aktivitäten (*Prevention of Transboundary Damage from Hazardous Activities*) und die Haftung für grenzüberschreitende Schäden durch gefährliche Aktivitäten (*International Liability for Injurious Consequences Arising out of Acts not Prohibited by International Law*). Der Entwurf zur Verhütung von Schäden befasst sich mit der Risikovorsorge in den Fällen, in denen mit verheerenden grenzüberschreitenden Schädigungen (auch bei kleiner Schadenswahrscheinlichkeit) sowie mit sonstigen erheblichen Schäden bei hoher Wahrscheinlichkeit zu rechnen ist. Dieser Entwurf sieht eine Verpflichtung der Staaten vor, alle geeigneten Maßnahmen zur Verhinderung oder zur Reduzierung des Risikos erheblicher grenzüberschreitender Schädigungen zu treffen (Art. 3). Daneben behandelt der Entwurf Verfahrenspflichten im Vorfeld möglicher grenzüberschreitender Schädigungen. Die Problematik dieses Entwurfes liegt darin, dass er in der Konsequenz die Grenzen zwischen der Haftung für rechtswidriges Verhalten (durch Missachtung international geltender Sorgfaltsstandards) und einer reinen Gefährdungshaftung verwischt. Hier besteht weiterhin erheblicher Klärungsbedarf.

Literatur: *A. Boyle*, State Responsibility and International Liability for Injurious Consequences of Acts Not Prohibited by International Law. A Necessary Distinction?, ICLQ 39 (1990), S. 1 ff.; *R. Harndt*, Völkerrechtliche Haftung für die schädlichen Folgen nicht verbotenen Verhaltens, 1993; *P. Kunig*, Völkerrecht und Risiko, JURA 1996, S. 593 ff.; *R. D. Sloane*, On the Use and Abuse of Necessity in the Law of State Responsibility, AJIL 106 (2012), S. 447 ff.

§ 59. Rechtfertigungsgründe

1. Allgemeines

1 Rechtfertigungsgründe schließen die Verantwortlichkeit eines Staates für die Verwirklichung eines Unrechtstatbestandes aus. Die ILC-Artikel sprechen von *circumstances precluding wrongfulness* (Teil 1, Kapitel V). Die häufig zu den Rechtfertigungsgründen gezählte Einwilligung *(consent)* nimmt vielfach staatlichem Handeln schon den Unrechtscharakter an sich (etwa die Einwilligung zur Stationierung

fremder Truppen auf dem Staatsgebiet). Denkbar ist daneben, dass ein Staat im Nachhinein einem an sich rechtswidrigen Verhalten eines anderen Staates zustimmt oder jedenfalls auf Ansprüche wegen eines völkerrechtlichen Delikts verzichtet.

2. Selbstverteidigung

Selbstverteidigung im Einklang mit der UN-Charta rechtfertigt an 2
sich verbotene Gegenmaßnahmen (Art. 21 der ILC-Artikel). Jedoch kann sich ein Staat nicht auf Selbstverteidigung gegenüber Normen des humanitären Völkerrechts und anderen Verpflichtungen berufen, die auch für die Selbstverteidigung im bewaffneten Konflikt keine Durchbrechung erlauben (vgl. auch Art. 60 WVK).

3. Höhere Gewalt und Notstand

Höhere Gewalt *(force majeure)* bildet einen Rechtfertigungsgrund 3
bei unvorhersehbaren und unbeherrschbaren äußeren Ereignissen, welche die Pflichterfüllung vereiteln (Art. 23 der ILC-Artikel). Dies gilt jedoch dann nicht, wenn ein Staat auch das Risiko eines solchen Ereignisses übernommen hat. Zu den Fällen höherer Gewalt gehören schwerwiegende Naturkatastrophen.

Das Vorliegen eines Notstandes *(state of necessity)* kann die Nicht- 4
erfüllung einer völkerrechtlichen Verpflichtung rechtfertigen, wenn sie zur Gewährleistung wesentlicher Staatsinteressen erforderlich ist und diese Interessen schwerer wiegen als die Belange des beeinträchtigten Staates. Die ILC-Artikel bestimmen hierzu in Art. 25:

1. „Necessity may not be invoked by a State as a ground for precluding the wrongfulness of an act not in conformity with an international obligation of that State unless the act:
   a) Is the only way for the State to safeguard an essential interest against a grave and imminent peril; and
   b) Does not seriously impair an essential interest of the State or States towards which the obligation exists, or of the international community as a whole.
2. In any case, necessity may not be invoked by a State as a ground for precluding wrongfulness if:
   a) The international obligation in question excludes the possibility of invoking necessity; or
   b) The State has contributed to the situation of necessity."

5 Besondere Probleme stellen sich bei Leistungshindernissen, die in der Risikosphäre des sich auf Notstand berufenden Staates selbst wurzeln. Hierauf kann sich der Staat grundsätzlich dann nicht berufen, wenn er wesentlich zur Notstandssituation beigetragen hat (*Beispiel*: selbstverschuldete Zahlungsunfähigkeit). Aber selbst in einem solchen Fall wird man aus menschenrechtlichen Gründen die Berufung auf Notstand dann zulassen müssen, wenn die Erfüllung einer völkerrechtlichen Leistungspflicht wie die Rückführung eines Kredits zur Einstellung elementarer Staatsfunktionen mit erheblichem Leiden für die Bevölkerung führen würde.

4. Repressalie

6 Die Repressalie bildet ein an sich völkerrechtswidriges Handeln, mit dem ein Staat auf die Völkerrechtsverletzung eines anderen Staates reagiert und das die Rückkehr zu völkerrechtsgemäßem Verhalten sowie die Erfüllung von Wiedergutmachungsanprüchen erzwingen soll (siehe Art. 49 ff. der ILC-Artikel). Die vorausgehende Völkerrechtsverletzung eines anderen Staates rechtfertigt also die Repressalie als Gegenmaßnahme. Ein Beispiel bildet etwa die Beschlagnahme von Vermögenswerten eines anderen Staates als Reaktion auf die völkerrechtswidrige Enteignung eigener Staatsangehöriger durch den anderen Staat. Die rechtmäßige Repressalie muss gewaltfrei sein. Die ILC-Artikel listen neben dem Gewaltverbot noch weitere „repressalienfeste" Verpflichtungen auf, darunter die Achtung elementarer Menschenrechte und zwingender Normen des Völkerrechts (Art. 50):

„Obligations not affected by countermeasures

1. Countermeasures shall not affect:
   a) The obligation to refrain from the threat or use of force as embodied in the Charter of the United Nations;
   b) Obligations for the protection of fundamental human rights;
   c) Obligations of humanitarian character prohibiting reprisals;
   d) Other obligations under peremptory norms of general international law. […]"

Außerdem darf die Repressalie nicht außer Verhältnis zu der vorausgegangenen Völkerrechtsverletzung durch den anderen Staat stehen (Art. 51 der ILC-Artikel).

7 Abzugrenzen ist die Repressalie von der *Retorsion*, die eine „unfreundliche", aber an sich völkerrechtsgemäße Gegenmaßnahme dar-

stellt (etwa die Einstellung von Entwicklungshilfe oder die Verhängung eines Handelsembargos, wenn keine besonderen vertraglichen Verpflichtungen berührt sind).

Außerordentlich umstritten ist, ob bei der Verletzung von Verpflichtungen *erga omnes* (etwa besonders schwerwiegende Menschenrechtsverletzungen oder gravierende Verletzungen von Normen über die diplomatischen Beziehungen durch den Gaststaat) nur unmittelbar betroffene Staaten zu Repressalien greifen können. Der hinter dem Konzept der Verpflichtung *erga omnes* (hierzu oben § 39) stehende Schutz grundlegender Belange der gesamten Staatengemeinschaft legt es nahe, dass jeder andere Staat auf die Verletzung dieser Belange mit Repressalien reagieren kann. Danach kann jedes Mitglied in der Staatengemeinschaft etwa auf „ethnische Säuberungen" oder ähnlich schwerwiegende Menschenrechtsverletzungen mit Repressalien wie der Beschlagnahme von Vermögensguthaben des verantwortlichen Staates reagieren. Art. 54 der ILC-Artikel lässt diese Frage ausdrücklich offen. 8

Literatur: *T. M. Franck*, On Proportionality of Countermeasures in International Law, AJIL 102 (2008), S. 715 ff.; *J. A. Frowein*, Die Verpflichtungen erga omnes im Völkerrecht und ihre Durchsetzung, in: Festschrift für H. Mosler, 1983, S. 241 ff.; *ders.*, Reactions by Not Directly Affected States to Breaches of Public International Law, RdC 248 (1994), S. 353 ff.; *M. Herdegen*, Der Staatsbankrott: Probleme eines Insolvenzverfahrens und der Umschuldung bei Staatsanleihen, WM 2011, S. 913 ff.; *J. A. Kämmerer*, Der Staatsbankrott aus völkerrechtlicher Sicht, ZaöRV 65 (2005), S. 651 ff.; *P. Malanczuk*, Zur Repressalie im Entwurf der International Law Commission zur Staatenverantwortlichkeit, ZaöRV 45 (1985), S. 293 ff.

5. *Self-contained regimes*

Im *Teheraner Geiselnahme-Fall* hat der Internationale Gerichtshof das Konzept von in sich geschlossenen Regelungsmaterien *(self-contained regimes)* entwickelt, bei denen die Gegenmaßnahmen auf vorausgehende Völkerrechtsverletzungen abschließend geregelt sind. Ein solches Regime soll für den jeweiligen Bereich den umfassenden Rechtsrahmen bilden, der sowohl maßgebliche (Verhaltens-) Standards umschließt als auch die möglichen Reaktionen auf die Verletzung dieser Standards regelt. Hierzu rechnet der Internationale Gerichtshof insbesondere die vertraglichen Regeln über diplomatische Beziehungen (IGH, *United States Diplomatic and Consular Staff in* 9

Tehran, ICJ Reports 1980, S. 3 [38ff., paras. 83ff.]). Das Vorliegen eines solchen abgeschlossenen Regimes hindert insbesondere den Rückgriff auf das allgemeine Repressalienrecht.

Literatur: *B. Simma*, Self-Contained Regimes, NYIL 16 (1985), S. 111ff.

§ 60. Rechtsfolgen des völkerrechtlichen Unrechts

1 Ein völkerrechtliches Delikt verpflichtet grundsätzlich zur Beseitigung eines völkerrechtswidrig herbeigeführten Zustandes und zur Wiedergutmachung (siehe Art. 31, 34ff. der ILC-Artikel zur Staatenverantwortlichkeit). Hierzu hat der Ständige Internationale Gerichtshof im *Chorzów*-Fall (PCIJ Reports, Ser. A, No. 17 [1928], S. 4) ausgeführt:

„It is a principle of international law […] that any breach of an engagement involves an obligation to make reparation" (aaO, S. 29);

„[…] reparation must, as far as possible, wipe out all the consequences of the illegal act and reestablish the situation which would, in all probability, have existed if that act had not been committed" (aaO, S. 47).

Das Londoner Schuldenabkommen hat Wiedergutmachungsansprüche von aus dem Zweiten Weltkrieg herrührenden Forderungen gegen das Deutsche Reich aus Krieg und Besatzung „bis zu einer endgültigen Regelung der Reparationsfragen zurückgestellt" (Art. 5 Abs. 2). Mit dem als abschließendes friedensvertragliches Regime anzusehenden Vertrag von Moskau von 1990 (Vertrag zur abschließenden Regelung in Bezug auf Deutschland [BGBl. 1990 II, S. 1318]) sind diese Ansprüche gegenstandslos geworden (BGH, NJW 2003, S. 3488 [3490]).

2 Als Wiedergutmachung kommen die Naturalrestitution (etwa bei völkerrechtswidriger Entführung oder völkerrechtswidriger Beschlagnahme von Vermögenswerten) und die Leistung von Wertersatz (unter Einschluss des entgangenen Gewinnes) in Betracht (Art. 35f. der ILC-Artikel). Daneben kann die Wiedergutmachungspflicht immaterielle Formen der Genugtuung (förmliche Entschuldigung) einschließen (Art. 37 der ILC-Artikel).

3 Nach den ILC-Artikeln sollen besondere Rechtsfolgen für die schwerwiegende Verletzung einer zwingenden Norm des Völkerrechts im Sinne von Art. 40 des Entwurfs gelten: Einmal sollen alle Staaten zusammenwirken, um einer solchen Völkerrechtsverletzung

mit rechtmäßigen Mitteln ein Ende zu setzen (Art. 41 Abs. 1). Zum anderen soll kein Staat eine durch eine schwerwiegende Völkerrechtsverletzung geschaffene Situation als rechtmäßig anerkennen oder an der Aufrechterhaltung einer solchen Situation unterstützend mitwirken (Art. 41 Abs. 2):

> „No State shall recognize as lawful a situation created by a serious breach within the meaning of article 40, nor render aid or assistance in maintaining that situation."

Diese Pflicht zur Nichtanerkennung steht in der Tradition der sog. *Stimson*-Doktrin (hierzu oben § 8 Rn. 27), welche sich gegen die Anerkennung einer völkerrechtswidrigen Annexion richtet (siehe auch zur Nichtanerkennung der irakischen Annexion von Kuwait UN S/Res. 661 und 662 [1990]).

In seinem Gutachten zur Rechtmäßigkeit der von Israel errichteten „Sperrmauer" (Sicherheitszaun) innerhalb des palästinensischen Autonomiegebiets (IGH, *Legal Consequences of the Construction of a Wall in the Occupied Palestinian Territory*, Advisory Opinion, ICJ Reports 2004, S. 136) hat der Internationale Gerichtshof aus der Verletzung des humanitären Völkerrechts durch Israel folgende Konsequenzen für alle Staaten abgeleitet: 4

> „Given the character and the importance of the rights and obligations involved, the Court is of the view that all States are under an obligation not to recognize the illegal situation resulting from the construction of the wall in the Occupied Palestinian Territory, including in and around East Jerusalem. They are also under an obligation not to render aid or assistance in maintaining the situation created by such construction. It is also for all States, while respecting the United Nations Charter and international law, to see to it that any impediment, resulting from the construction of the wall, to the exercise by the Palestinian people of its right to self-determination is brought to an end" (IGH, aaO, para. 159).

Die Resolution der UN-Generalversammlung zur Nichtanerkennung der Abspaltung der Krim (GA/Res. 68/262 [2014]) folgt ebenfalls der Doktrin, dass völkerrechtswidrige Gebietsverschiebungen nicht anerkannt werden dürfen (hierzu oben § 24 Rn. 11). 5

Ein ungeklärtes Problem einer Pflicht zur Nichtanerkennung liegt in der Wirkung des Zeitablaufs und der anhaltenden Stabilisierung einer Situation, die auf einem schweren Völkerrechtsbruch beruht. Offen ist dabei auch, welche Rolle die innere Billigung, bloße Hinnahme oder Ablehnung einer völkerrechtswidrig geschaffenen Lage durch 6 die betroffene Bevölkerung spielt (Beispiel: völkerrechtswidrige Annexion von Tibet durch die Volksrepublik China). Nach geltendem Völkergewohnheitsrecht darf ein Staat an einen völkerrechtswidrig geschaffenen Zustand als bestehende Realität durchaus Rechtsfolgen knüpfen, die von der zugrunde liegenden Völkerrechtsverletzung abstrahieren; dies gilt namentlich im Interesse der einzelnen Menschen oder von Personengruppen (§ 24 Rn. 7ff.). Diese Rechtsfolgen können sich mit dauerhafter Verfestigung des völkerrechtswidrig geschaffenen Zustandes den Rechtswirkungen völkerrechtskonformer Verhältnisse annähern.

7 Eine Pflicht zur Wiedergutmachung in Form von Entschädigung kann sich auch aus der Verletzung von Menschenrechten ergeben. Umstritten ist, ob ein solcher Entschädigungsanspruch im Rahmen des diplomatischen Schutzes dem verletzten Individuum selbst zusteht oder aber dessen Heimatstaat (, der dann nach Ermessen über die Weitergabe an den Verletzten entscheiden kann).

Nach Art. 19 lit. c des Entwurfs der ILC zum diplomatischen Schutz (draft articles on diplomatic protection) soll ein Staat, der im Rahmen des diplomatischen Schutzes Entschädigung für die Verletzung eines Staatsangehörigen erhalten hat, diese an den Verletzten weiterreichen. Im *Falle Ahmadou Sadio Diallo* (Republic of Guinea v. Democratic Republic of Congo) hat der IGH der Republik Guinea einen Schadensersatzanspruch für die Verletzung des *Internationalen Pakts über politische und bürgerliche Rechte* und der Afrikanischen Charta der Rechte der Menschen und der Völker durch die Verhaftung und Vertreibung eines Staatsangehörigen durch die Demokratische Republik Kongo zugesprochen und dabei betont, dass die zuerkannte Summe dem verletzten Staatsangehörigen Guineas Wiedergutmachung leisten soll (IGH, ICJ Reports 2012, S. 324 para 57). Der EGMR hat im Fall *Zypern ./. Türkei* wegen der Verletzung von Konventionsrechten griechischer Zyprer im Nordteil Zyperns entschieden, dass auch im Verfahren der Staatenbeschwerde die zuerkannte Entschädigung nach Art. 41 EMRK den Opfern der festgestellten Konventionsverletzungen zugutekommen solle (EGMR große Kammer *Zypern ./. Türkei*, Beschw. Nr. 25781 Rn. 46, 58f.).

Literatur: *B. W. Eichhorn*, Reparation als völkerrechtliche Deliktshaftung, 1992; *A. Randelzhofer/C. Tomuschat* (Hrsg.), State Responsibility and the Individual: Reparation in Instances of Grave Violations of Human Rights, 1999.

§ 61. Völkerstrafrecht und seine Durchsetzung

1. Entwicklung

Die strafrechtliche Ahndung schwerer Völkerrechtsverletzungen 1
nach völkerrechtlichen Grundsätzen hat sich nach dem Zweiten Weltkrieg mit den Prozessen von Nürnberg und Tokyo Bahn gebrochen. Der Internationale Militärgerichtshof von Nürnberg geht auf das von den alliierten Siegermächten (USA, Sowjetunion, Großbritannien und Frankreich) geschlossene Londoner Abkommen über die Verfolgung und Bestrafung der Hauptkriegsverbrecher der europäischen Achsenmächte von 1945 (abgedruckt in: AJIL 39 [1945], Supplement, S. 257) zurück. Das Statut des Internationalen Militärgerichtshofs *(Charter of the International Military Tribunal)* ist dem Londoner Abkommen als Anhang beigefügt. Nach Art. 6 des Statuts erstreckt sich die Strafgewalt des Internationalen Militärgerichtshofs von Nürnberg auf Verbrechen gegen den Frieden, Kriegsverbrechen und Verbrechen gegen die Menschlichkeit. Die sich an die Prozesse von Nürnberg und Tokio knüpfenden Erwartungen der Entwicklung eines umfassenden Völkerstrafrechts zur strafrechtlichen Absicherung eines Kernbestandes an völkerrechtlichen Grundpflichten blieb lange Zeit unerfüllt. Immerhin sehen aber eine Reihe multilateraler Abkommen aus der Folgezeit die Strafbarkeit gravierender Verletzungen der Menschenrechte und des humanitären Völkerrechts vor. Solche völkerrechtlichen Straftatbestände enthalten namentlich die *Völkermord-Konvention* von 1948 (BGBl. 1954 II, S. 730) sowie die Genfer Abkommen von 1949 (etwa Art. 129 f. des *III. Abkommens über die Behandlung der Kriegsgefangenen* und Art. 146 f. des *IV. Abkommens zum Schutze von Zivilpersonen in Kriegszeiten*). Die *Anti-Folterkonvention* (Übereinkommen gegen Folter und andere grausame, unmenschliche oder erniedrigende Behandlung oder Strafe, BGBl. 1990 II, S. 247) verpflichtet die Vertragsstaaten zu wirksamen Untersuchungs- und Verfolgungsmaßnahmen (Art. 5 bis 7). Dies setzt die Einführung des Weltrechtsprinzips im nationalen Strafrecht voraus (IGH, *Questions relating to the Obligation to Prosecute or Extradite [Belgium v. Senegal]*, ICJ Reports 2012, S. 422 para. 74).

Die unter dem Einfluss der Nürnberger Prinzipien begonnenen 2
Arbeiten der *International Law Commission* an Grundlinien des ma-

teriellen Völkerstrafrechts ruhten seit den fünfziger Jahren und wurden erst Jahrzehnte später wieder aufgenommen. 1996 hat die *International Law Commission* den Entwurf eines Strafgesetzbuches der Verbrechen gegen den Frieden und die Sicherheit der Menschheit (*Draft Code of Crimes Against the Peace and the Security of Mankind*, abgedruckt in: HRLJ 1997, S. 96ff.) vorgelegt. Dieses Strafgesetzbuch enthält einen ersten Teil mit allgemeinen Grundsätzen zur Strafbarkeit und Verfahrensregeln sowie einen zweiten Teil mit den konkreten Verbrechenstatbeständen.

3 Die Durchsetzung völkerrechtlicher Straftatbestände durch internationale Organe hat mit der Schaffung des *Internationalen Strafgerichtshofs für das frühere Jugoslawien* im Jahre 1993 und des *Internationalen Strafgerichtshofs für Ruanda* auf Grund von Beschlüssen des UN-Sicherheitsrates erheblichen Auftrieb bekommen. Die verbleibenden Funktionen beider Gerichte werden nach deren Schließung nun vom *United Nations Mechanism for International Criminal Tribunals* (MICT) wahrgenommen. Der *Spezielle Strafgerichtshof für Sierra Leone* ist auf der Grundlage eines Abkommens zwischen den Vereinten Nationen und der Regierung von Sierra Leone von 2002 auf Empfehlung des UN-Sicherheitsrats eingerichtet worden. 2007 hat der UN-Sicherheitsrat die Einrichtung des *Special Tribunal for Lebanon* beschlossen (S/Res. 1757 [2007], VN 2007, S. 174). Im Jahre 2013 hat die Berufungskammer (*Appeals Chamber*) des *Speziellen Strafgerichtshofs für Sierra Leone* den früheren liberischen Präsidenten Charles Taylor wegen Kriegsverbrechen verurteilt.

2. Der Internationale Strafgerichtshof

4 Die Grundlage für eine umfassende internationale Strafgerichtsbarkeit ist mit dem Statut des Internationalen Strafgerichtshofs (*International Criminal Court*) – Römisches Statut – (BGBl. 2000 II, S. 1393) gelegt worden. Nach der Ratifikation durch über 60 Staaten ist das Statut des Internationalen Strafgerichtshofs im Jahre 2002 in Kraft getreten.

Die USA haben das Statut zwar unterzeichnet, aber mittlerweile erklärt, dass sie von einer Ratifikation Abstand nehmen. Dahinter steht vor allem die Angst vor einer möglichen Strafverfolgung von Angehörigen der amerikanischen Streitkräfte und die Sorge um die aus der Sicht der USA unzureichenden Einwirkungsbefugnisse des

Sicherheitsrates. Wie die USA hat auch die Russische Föderation eine Ratifizierung endgültig abgelehnt. Anfang 2015 hat die Regierung des „Staates von Palästina" den Beitritt zum Römischen Statut erklärt, den der UN-Generalsekretär (als Depositar) für wirksam behandelt hat.

Die Strafverfahren gegen Staatschefs und andere Regierungsmitglieder verschiedener Staaten Afrikas haben in diesem Kontinent Widerstände gegen den Internationalen Strafgerichtshof und den Vorwurf einer Voreingenommenheit des Gerichtshofs genährt. Burundi, Gambia und Südafrika sowie die Philippinen haben das Römische Statut gekündigt. Auf der anderen Seite haben einige afrikanische Staaten ausdrücklich am Römischen Statut festgehalten. Südafrika hat seine Kündigungserklärung wieder zurückgenommen, nachdem ein südafrikanisches Gericht die Kündigung durch die Regierung ohne Zustimmung des Parlaments für verfassungswidrig erklärt hat. Auch Gambia ist wieder von der Kündigung des Römischen Statuts zurückgetreten.

Der Vorwurf einer Voreingenommenheit gegen afrikanische Länder trifft im Grunde nicht den Internationalen Gerichtshof, sondern fällt auf dahinter stehende Regierungen zurück, die oft selbst in schwere Völkerrechtsverletzungen verstrickt sind oder eilfertig Solidarität mit solcher Verletzungen verdächtigen Mitgliedern anderer Regierungen zeigen. Zu beachten ist im Hinblick auf behauptete regionale Ungleichgewichte in der internationalen Strafgerichtsbarkeit, dass der Internationale Strafgerichtshof für das ehemalige Jugoslawien einen erheblichen Beitrag zur Aufarbeitung von Genozid, Verbrechen gegen die Menschlichkeit und Kriegsverbrechen geleistet hat.

Aufschlussreich ist die (später zurückgenommene) Kündigungserklärung der südafrikanischen Regierung (Declaratory statement by the Republic of South Africa on the decision to withdraw from the Rome Statute of the International Criminal Court, Reference: C.N.786.2016.TREATIES-XVIII.10 [Depositary Notification]). Sie beruft sich auf die Spannung zwischen einer „idealistischen" Durchsetzung des Völkerrechts mit Hilfe strafrechtlicher Verantwortlichkeit einerseits und der Wahrung von politischer Stabilität andererseits. Dabei klingt eine sehr bedenkliche Prämie auf den faktischen Machtbesitz an:

„In complex and multi-faceted peace negotiations and sensitive post-conflict situations, peace and justice must be viewed as complementary and not mutually exclusive. The reality is that in an imperfect world we cannot apply international law in an idealistic view that strives for justice and accountability and thus competing with the immediate objectives peace, security and stability."

In der unterschiedlichen Haltung zum Internationalen Strafgerichtshof scheinen grundsätzliche Divergenzen in der Bewertung der internationalen Strafgerichtsbarkeit auf. Kritiker befürchten, dass aus Sicht der *„political eco-*

nomy" eine Strafverfolgung gegen Mitglieder der politischen und militärischen Führung eines Landes Anreize schafft, sich nur noch fester an die Macht zu klammern. Dagegen steht die dissuasive Wirkung einer möglichen internationalen Strafverfolgung, die das dauerhafte Vertrauen auf Komplizenschaft und Schwächen der Justiz im eigenen Land schultern mag. Daneben hat eine exemplarische Strafverfolgung von Führungsdelikten für die nachhaltige Befriedung innerer Konflikte nicht zu unterschätzende Bedeutung.

Die Mitgliedstaaten der Europäischen Union, die Truppenverbände in der *International Security and Assistance Force* (ISAF) in Afghanistan stellten, haben sich in einer Vereinbarung mit der afghanischen Interimsregierung zusichern lassen, dass ihre Soldaten nicht an einen Internationalen Gerichtshof ausgeliefert werden.

Die neuen Vereinbarungen zwischen Afghanistan und der NATO (ILM 54 [2015], S. 275) sowie mit den USA (ILM 54 [2015], S. 290) von 2014 sehen vor, dass die Gerichtsbarkeit über Straftaten und sonstige unerlaubte Handlungen von entsandten Militär- und Zivilpersonen bei deren Heimatstaat liegen soll (s. etwa Art. 11 des Abkommens mit der NATO).

5 Die Zuständigkeit des Internationalen Strafgerichtshofs umfasst das Verbrechen des Völkermords, Verbrechen gegen die Menschlichkeit, Kriegsverbrechen und das Verbrechen der Aggression (Art. 5 ff. des Statuts). Zu den Verbrechen gegen die Menschlichkeit zählen etwa Mord, Deportation, Folter und andere Verbrechen, die als Teil systematischer Verfolgungsmaßnahmen gegen Angehörige der Zivilbevölkerung begangen werden:

„Im Sinne dieses Statuts bedeutet „Verbrechen gegen die Menschlichkeit" jede der folgenden Handlungen, die im Rahmen eines ausgedehnten oder systematischen Angriffs gegen die Zivilbevölkerung und in Kenntnis des Angriffs begangen wird:

a) vorsätzliche Tötung;
b) Ausrottung;
c) Versklavung;
d) Vertreibung oder zwangsweise Überführung der Bevölkerung;
e) Freiheitsentzug oder sonstige schwer wiegende Beraubung der körperlichen Freiheit unter Verstoß gegen die Grundregeln des Völkerrechts;
f) Folter;
g) Vergewaltigung, sexuelle Sklaverei, Nötigung zur Prostitution, erzwungene Schwangerschaft, Zwangssterilisation oder jede andere Form sexueller Gewalt von vergleichbarer Schwere;
h) Verfolgung einer identifizierbaren Gruppe oder Gemeinschaft aus politischen, rassischen, nationalen, ethnischen, kulturellen oder

religiösen Gründen, Gründen des Geschlechts im Sinne des Absatzes 3 oder aus anderen nach dem Völkerrecht universell als unzulässig anerkannten Gründen im Zusammenhang mit einer in diesem Absatz genannten Handlung oder einem der Gerichtsbarkeit des Gerichtshofs unterliegenden Verbrechen;

i) zwangsweises Verschwindenlassen von Personen;

j) das Verbrechen der Apartheid;

k) andere unmenschliche Handlungen ähnlicher Art, mit denen vorsätzlich große Leiden oder eine schwere Beeinträchtigung der körperlichen Unversehrtheit oder der geistigen oder körperlichen Gesundheit verursacht werden" (Art. 7 Abs. 1 des Statuts).

„Angriff gegen die Zivilbevölkerung" bedeutet „eine Verhaltensweise, die mit der mehrfachen Begehung der in Absatz 1 genannten Handlungen gegen eine Zivilbevölkerung verbunden ist, in Ausführung oder zur Unterstützung der Politik eines Staates oder einer Organisation, die einen solchen Angriff zum Ziel hat" (Art. 7 Abs. 2 *lit.* a des Statuts). Bei der Auslegung des Begriffs „Politik einer Organisation" (*organizational policy*), ist umstritten, welche Anforderungen an den Organisationsgrad nicht-staatlicher Verbände bei der Begehung von Verbrechen gegen die Menschlichkeit zu stellen sind. Die bisherige Spruchpraxis stellt hier keine strengen Anforderungen und lässt weitgehend ungehinderte Übergriffe bewaffneter Banden genügen (International Criminal Court, *In the Case of the Prosecutor v. Francis Kirimi Muthaura, Uhuru Muigai Kenyatta and Mohammed Hussein Ali*, No. ICC-01/09–02/11, 23. Januar 2012). Eine Mindermeinung verlangt dagegen eine dauerhafte Organisation mit einer funktionierenden Kommandostruktur im Dienste eines gewissen Herrschaftsanspruches sowie die Fähigkeit, weitreichende Angriffe auf die Zivilbevölkerung durchzuführen (abweichendes Votum des Richters Kaul, aaO, paras. 7ff., 30ff.).

Die der Zuständigkeit des Internationalen Strafgerichtshofs unterliegenden Kriegsverbrechen schließen Verletzungen des humanitären Völkerrechts in nicht-internationalen bewaffneten Konflikten ein (Art. 8 des Statuts).

Im Einklang mit Art. 5 Abs. 2 des Römischen Statuts hat die Konferenz der Vertragsstaaten von Kampala im Jahre 2010 die noch ausstehende Definition des Verbrechens der Aggression vorgenommen und die insoweit geltenden Bedingungen für die Ausübung der Gerichtsbarkeit festgelegt (siehe zum Inkrafttreten der Änderungen Art. 121 Abs. 4 und 5 des Statuts). Danach handelt es sich bei dem Verbrechen der Aggression um eine Angriffshandlung, die eine offenkundige Verletzung der UN-Charta darstellt (Art. 8 *bis* Abs. 1 des Statuts). Dabei nimmt Art. 8 *bis* Abs. 2 des Statuts auf die Definition der Aggression in der Resolution der UN-Generalversammlung 3314 (XXIX) (hierzu oben § 34 Rn. 22) Bezug. Die in Kampala beschlossenen Art. 15 *bis* und 15 *ter* des Statuts knüpfen die Ausübung der Gerichtsbarkeit über das Verbrechen der Aggression an eine Reihe einengender Bedingungen. Die Versammlung der Vertragsstaaten hat im Dezember 2017 gemäß Art. 15 *bis* Abs. 3 des Statuts beschlossen, dass der Internationale Strafgerichtshof seine Zuständigkeit für das Verbrechen der Aggression ab dem 17. Juli 2018 ausüben kann. Ein Vertragsstaat kann die Gerichtsbarkeit für von ihm selbst begangene Verbrechen der Aggression bei Befassung des Internationalen Strafgerichtshofes durch einen anderen Vertragsstaat oder bei Einleitung des Verfahrens durch den Ankläger ausschließen (Art. 15 *bis* Abs. 4). Erschwert ist auch die Strafverfolgung, wenn das Verbrechen der Aggression von den Staatsangehörigen eines Nicht-Vertragsstaates oder auf dessen Territorium begangen worden ist (Art. 15 *bis* Abs. 5 des Statuts).

6 Die Zuständigkeit des Internationalen Strafgerichtshofs erstreckt sich zunächst auf Straftaten, die auf dem Gebiet des Vertragsstaats (Art. 12 Abs. 2 *lit a*) oder von Angehörigen eines Vertragsstaats (Art. 12 Abs. 2 *lit b*) begangen worden sind und die von einem Vertragsstaat dem Ankläger unterbreitet werden (Art. 13 *lit a*) oder die der Ankläger von sich aus zum Gegenstand von Ermittlungen gemacht hat (Art. 13 *lit c*).

Die Anknüpfung an das Hoheitsgebiet eines Vertragsstaates (Art. 12 Abs. 2 *lit* a) greift auch dann, wenn die Tat von einem anderen Staat aus durchgeführt wird, aber der Erfolg auf dem Gebiet des Vertragsstaats eintritt. Von Bedeutung ist dies etwa für die strafrechtliche Verantwortlichkeit der Angehörigen einer Terrororganisation, die von der Basis in einem anderen Staat aus Anschläge als „Hintermänner" steuern oder unterstützen (wie bei den Anschlägen in Paris im November 2015).

Nicht-Vertragsstaaten können die Ausübung der Gerichtsbarkeit für bestimmte Verbrechen anerkennen (Art. 12 Abs. 3). Schließlich kann der UN-Sicherheitsrat im Rahmen von Kapitel VII der UN-Charta eine Situation dem Ankläger unterbreiten (Art. 13 *lit.* b). Insoweit können auch Vorgänge in einem Nicht-Vertragsstaat erfasst werden. Dabei dürfte eine Resolution des Sicherheitsrates bestehende Immunitäten der Amtsträger von Nicht-Vertragsstaaten (Art. 98 des Statuts) konkludent aufheben.

Ein Ermittlungsverfahren kann auf Initative eines Vertragsstaates, des UN-Sicherheitsrates nach dem VII. Kapitel der UN-Charta sowie des Anklägers selbst eingeleitet werden (Art. 13 ff. des Statuts). 7

Nach Art. 13 *lit.* b hat der UN-Sicherheitsrat im Jahre 2005 (mit Resolution 1593) die Situation in Darfur (Sudan) und im Jahre 2011 (mit Resolution 1970) die Situation in Libyen dem Ankläger unterbreitet.

Ein auf diese Weise eingeleitetes Ermittlungsverfahren bestimmt auch den Rahmen der Zuständigkeit des Strafgerichtshofs. In bestimmten Fällen setzt die Ausübung der Gerichtsbarkeit voraus, dass sie von dem Staat des Tatortes oder dem Heimatstaat des Angeklagten anerkannt worden ist (Art. 12 Abs. 2 des Statuts). Die Zuständigkeit des Internationalen Strafgerichtshofs ist gegenüber nationalen Strafverfahren subsidiär und tritt gegenüber effektiver Strafverfolgung durch einen hierfür zuständigen Staat zurück (Art. 17 des Statuts). Allgemeine Grundsätze der Strafbarkeit regelt das Statut in seinem dritten Teil (Art. 22 ff. des Statuts). Hierzu gehören etwa das Rückwirkungsverbot (Art. 24 des Statuts), subjektive Tatbestandselemente (Art. 30 des Statuts) sowie bestimmte Strafausschließungsgründe (Art. 31 ff. des Statuts). Unter bestimmten Voraussetzungen kann die Vorverfahrenskammer des Internationalen Strafgerichtshofs auf Antrag des Anklägers einen Haftbefehl erlassen.

Auf dieser Grundlage hat der Internationale Strafgerichtshof einen Haftbefehl gegen den sudanesischen Präsidenten Umar al-Baschir wegen Kriegsverbrechen und Verbrechen gegen die Menschlichkeit (ILM 48 [2009], S. 463 ff.) und einen weiteren Haftbefehl wegen Völkermordes im Zusammenhang mit den Greueltaten in Darfur sowie gegen den libyschen Staatschef Gaddafi (Arrest Warrant ICC-01/11) erlassen. Die südafrikanische Regierung hat al-Bashir bei einem Besuch Südafrikas trotz des Haftbefehls ungehindert ausreisen lassen. Der Internationale Strafgerichtshof hat dies als Verstoß gegen die Verpflichtungen Südafrikas aus dem römischen Statut gerügt.

Von Seiten afrikanischer Regierungen gibt es massive Kritik an der internationalen Strafverfolgung amtierender Staatspräsidenten. Die Konferenz der Vertragsstaaten vom November 2013 hat Ausnahmen von der Präsenzpflicht von Angeklagten u. a. wegen wichtiger amtlicher Verpflichtungen nach den Verfahrensregeln beschlossen.

Richtet der Sicherheitsrat in einer Resolution nach dem VII. Kapitel der UN-Charta im Hinblick auf ein bestimmtes Strafverfahren ein entsprechendes Ersuchen an den Gerichtshof, so müssen gemäß Art. 16 des Römischen Statuts alle Ermittlungen und Strafverfolgungsmaßnahmen suspendiert werden.

Abweichend von den allgemeinen Regeln des Römischen Statuts hat der UN-Sicherheitsrat auf Drängen der USA zweimal eine befristete generelle Befreiung von der Gerichtsbarkeit für militärische Einheiten aus Nichtvertragsstaaten beschlossen, die an UN-Einsätzen teilnehmen (S/Res. 1422 [2002], VN 2002, S. 166; S/Res. 1487 [2003], VN 2003, S. 137). Hierin lag eine äußerst heikle Einwirkung des UN-Sicherheitsrats auf multilaterale Verträge, die bei vielen Staaten auf Ablehnung gestoßen ist.

8 Im Zusammenhang mit der Schaffung des Internationalen Strafgerichtshofs hat der deutsche Gesetzgeber ein Völkerstrafgesetzbuch verabschiedet (VStGB). Das Völkerstrafgesetzbuch begründet die Strafbarkeit von Völkermord (§ 6), Verbrechen gegen die Menschlichkeit (§ 7), schwerwiegenden Verstößen gegen das humanitäre Völkerrecht (Kriegsverbrechen nach §§ 8 ff.) und Verbrechen der Aggression (§ 13).

Für Taten nach dem Völkerstrafgesetzbuch gilt grundsätzlich das Weltrechtsprinzip (§ 1 Satz 1). Für das Verbrechen der Aggression findet das Völkerstrafgesetzbuch unabhängig vom Recht des Tatorts Anwendung, wenn der Täter Deutscher ist oder die Tat sich gegen die Bundesrepublik Deutschland richtet (§ 1 Satz 2). Eine einschränkende Handhabung des Weltrechtsprinzips sehen die §§ 153 f. StPO vor. Dahinter steht der Gedanke, dass bei Taten nach dem Völkerstrafgesetzbuch vorrangig der Tatortstaat, der Heimatstaat von Täter und Opfer sowie ein zuständiger internationaler Strafgerichtshof zur Strafverfolgung berufen sind (so die Verfügung des Generalbundesanwalts zu angezeigten Vorfällen im irakischen Gefängnis Abu Ghraib, JZ 2005, S. 311).

Literatur: *H. Albrecht*, Geschichte der völkerrechtlichen Strafgerichtsbarkeit im 20. Jahrhundert, 1999; *K. Ambos*, Internationales Strafrecht, 4. Aufl. 2014; *ders.*, The Crime of Aggression After Kampala, GYIL 53 (2010), S. 463 ff.; *M. C. Bassiouni* (Hrsg.), International Criminal Law, drei Bde, 2. Aufl. 1999; *C. de Bock*, The Crime of Aggression: Prospects and Perils for the Third World, Chinese Journal of International Law 13 (2014) S. 91 ff.; *A. Cassese/P. Gaeta*, Cassese's International Criminal Law, 3. Aufl. 2013; *E. David*, La Cour pénale internationale, RdC 313 (2005), S. 325 ff.; *Y. Dinstein* (Hrsg.), War Crimes in International Law, 1996; *K. Dörmann*, Elements of War Crimes under the Rome Statute of the International Criminal Court, 2003; *K. F. Gärditz*, Weltrechtspflege: Eine Untersuchung über die Entgrenzung staatlicher Strafgewalt, 2006; *C. C. Jalloh*, What Makes a Crime Against Humanity a Crime Against Humanity, American University International Law Review 28 (2013), S. 381 ff.; *S. Kirsch* (Hrsg.), Internationale Strafgerichtshöfe, 2005; *J. A. Kleffner*, Complementarity in the Rome Statute and National Criminal Jurisdictions, 2008; *C. Kreß*, Strafrecht und Angriffskrieg im Licht des „Falles Irak“, ZStW 115 (2003), S. 294; *ders.*, The Crime of Genocide under International Law, International Criminal Law Review 6 (2006), S. 461 ff.; *ders./von Holtzendorff*, Durchbruch in Kampala, VN 58 (2010),

S. 260 ff.; *C. Mangold*, Die völkerstrafrechtliche Verfolgung von Individuen durch internationale Strafgerichtshöfe, 2007; *R. O'Keefe*, International Criminal Law, 2015; *M. Politi*, The ICC and the Crime of Aggression, JICJ 10 (2012), S. 267 ff.; *J. Pichon*, Internationaler Strafgerichtshof und Sicherheitsrat der Vereinten Nationen, 2010; *C. P. R. Romano/A. Nollkaemper/J. K. Kleffner* (Hrsg.), Internationalized Criminal Courts, 2004; *H. Satzger*, Internationales und Europäisches Strafrecht, 7. Aufl. 2016; *B. Van Schaack*, Negotiating at the Interface of Power and Law: The Crime of Aggression, CJTL 49 (2011), S. 505 ff.; *W. A. Schabas*, An Introduction to the International Criminal Court, 5. Aufl. 2017; *ders.*, The International Criminal Court: A Commentary on the Rome Statute, 2. Aufl. 2016; *K. Schmalenbach*, Das Verbrechen der Aggression vor dem Internationalen Strafgerichtshof, JZ 2010, S. 745 ff.; *C. Stahn/M. M. El Zeidy* (Hrsg.), The International Criminal Court and Complementarity, 2 Bde., 2011; *C. Stahn/G. Sluiter* (Hrsg.), The Emerging Practice of the International Criminal Court, 2008; *O. Triffterer/K. Ambos*, The Rome Statute of the International Criminal Court, 3. Aufl. 2016; *G. Werle/F. Jeßberger*, Völkerstrafrecht, 4. Aufl. 2016; *ders./F. Jeßberger*, Principles of International Criminal Law, 3. Aufl. 2014; *E. de Wet*, The Implication of the Visit of Al Bashir to South Africa for International and Domestic Law, JICJ 13 (2015), S. 1049 ff.

XV. Kapitel. Friedliche Streitbeilegung

§ 62. Mechanismen der friedlichen Streitbeilegung

1 Die Verpflichtung zur friedlichen Beilegung zwischenstaatlicher Streitigkeiten gehört zu den zentralen Grundsätzen der UN-Charta, wie sich aus Art. 2 Nr. 3 UN-Charta ergibt:

„Alle Mitglieder legen ihre internationalen Streitigkeiten durch friedliche Mittel so bei, dass der Weltfriede, die internationale Sicherheit und die Gerechtigkeit nicht gefährdet werden."

Die UN-Charta nennt als Mechanismen der friedlichen Streitbeilegung ausdrücklich „Verhandlung, Untersuchung, Vermittlung, Vergleich, Schiedsspruch, gerichtliche Entscheidung, Inanspruchnahme regionaler Einrichtungen oder Abmachungen" (Art. 33 Abs. 1 UN-Charta). Ergänzen lässt sich diese Liste um die Leistung „guter Dienste", welche ein Dritter (etwa der UN-Generalsekretär) gewissermaßen als ehrlicher Makler erbringen kann.

2 Ein klassisches Mittel der Streitbeilegung durch ein förmliches Verfahren bildet die internationale Schiedsgerichtsbarkeit. Dieser Mechanismus der Streitbeilegung hat seit dem *Jay-Vertrag* von 1794 zwischen den USA und Großbritannien einen großen Aufschwung genommen. Im Anschluss an den schweren Konflikt über den Angriff auf die amerikanische Botschaft in Teheran und die Beschlagnahme iranischer Guthaben in den USA haben die USA und Iran sich auf die Einsetzung eines Schiedsgerichts (mit von beiden Staaten ernannten sowie von einer unabhängigen Instanz berufenen Schiedsrichtern), das *Iran-U. S. Claims Tribunal* verständigt. Zur Zuständigkeit dieses Schiedsgerichts gehören sowohl Streitigkeiten zwischen den beiden Vertragsstaaten als auch Klagen von Angehörigen des einen Staates gegen den anderen Staat.

3 In der Nachfolge des zum System des Völkerbundes gehörenden Ständigen Internationalen Gerichtshofs ist nach dem Zweiten Weltkrieg der Internationale Gerichtshof als ein Hauptorgan der Vereinten Nationen (Art. 7 Abs. 1 UN-Charta) eingerichtet worden. Auf der Grundlage der UN-Seerechtskonvention wurde der Internationale Seegerichtshof geschaffen (hierzu oben § 31 Rn. 20). Für interna-

tionale Handelsstreitigkeiten hat der Streitbeilegungsmechanismus der neuen Welthandelsorganisation überragende Bedeutung gewonnen. Auf regionaler Ebene hat etwa der Gerichtshof der Europäischen Union größte Wirksamkeit im Prozess der europäischen Integration entfaltet.

Literatur: *R. Bernhardt*, Die gerichtliche Durchsetzung völkerrechtlicher Verpflichtungen, ZaöRV 47 (1987), S. 17 ff.; *D. D. Caron*, The Nature of the Iran-United States Claims Tribunal and the Evolving Structure of International Dispute Resolution, AJIL 84 (1990), S. 104 ff.; *J. I. Charney*, The Impact on the International Legal System of the Growth of International Courts and Tribunals, New York University Journal of International Law and Politics 31 (1999), S. 697 ff.; *J. Collier/V. Lowe*, The Settlement of Disputes in International Law, 1999; *R. Khan*, The Iran-United States Claims Tribunal, 1990; *B. Kingsbury*, Is the Proliferation of International Courts and Tribunals a Systemic Problem?, New York University Journal of International Law and Politics 31 (1999), S. 679 ff.; *K. Oellers-Frahm/A. Zimmermann* (Hrsg.), Dispute Settlement in Public International Law, 2. Aufl. 2001; *C. P. R. Romano/K. J. Alter/Y. Shany* (Hrsg.), The Oxford Handbook of International Adjudication, 2014; *Y. Shany*, Assessing the Effectiveness of International Courts: A Goal-Based Approach, AJIL 106 (2012), S. 225 ff.; *S. J. Toope*, Mixed International Arbitration, 1990.

§ 63. Internationaler Gerichtshof: Zuständigkeit und Verfahren

Der Internationale Gerichtshof (hierzu bereits oben § 40 Rn. 25 f.) 1
ist nach der Konzeption der UN-Charta *das* gerichtliche Forum mit einer potentiell umfassenden Zuständigkeit zur Regelung zwischenstaatlicher Streitigkeiten. Grundsätzlich entscheidet der Gerichtshof als Plenum (Art. 25 Abs. 1 IGH-Statut), das alle 15 Mitglieder (Art. 3 Abs. 1 IGH-Statut) umfasst. Für bestimmte Kategorien von Rechtssachen sowie zur Entscheidung einzelner Streitigkeiten können Kammern gebildet werden (Art. 26 IGH-Statut). Voraussetzung für die Zuständigkeit einer Kammer ist jeweils ein übereinstimmender Antrag der Parteien (Art. 26 Abs. 3 IGH-Statut).

Die Parteifähigkeit beschränkt sich auf Staaten (Art. 34 Abs. 1 2
IGH-Statut). Der Zugang zum Gerichtshof steht den Vertragsparteien des IGH-Statuts offen (Art. 35 Abs. 1). Unter bestimmten Voraussetzungen können auch andere Staaten Zugang zum Gerichtshof erlangen (Art. 35 Abs. 2 und Abs. 3 IGH-Statut).

3 Die Zuständigkeit des Gerichtshofs kann auf unterschiedliche Art und Weise begründet werden. Voraussetzung ist stets, dass sich die Parteien eines Rechtsstreits der Zuständigkeit des Gerichtshofs unterworfen haben (Art. 36 IGH-Statut). Die Parteien können entweder für einen bestimmten Rechtsstreit (etwa über den Verlauf der gemeinsamen Grenze) oder für vorab in Verträgen geregelte Angelegenheiten die Zuständigkeit des Gerichtshofs begründen (Art. 36 Abs. 1 IGH-Statut). Daneben kann ein Vertragsstaat sich allgemein der Zuständigkeit des Gerichtshofs in Streitigkeiten mit jedem anderen Staat unterwerfen, der die gleiche Unterwerfungserklärung abgegeben hat. Diese Zuständigkeit des Internationalen Gerichtshofs ist Gegenstand der sog. Fakultativklausel des Art. 36 Abs. 2 IGH-Statut:

„Die Vertragsstaaten dieses Statuts können jederzeit erklären, dass sie die Zuständigkeit des Gerichtshofs von Rechts wegen und ohne besondere Übereinkunft gegenüber jedem anderen Staat, der dieselbe Verpflichtung übernimmt, für alle Rechtsstreitigkeiten über folgende Gegenstände als obligatorisch anerkennen:

a) die Auslegung eines Vertrags;
b) jede Frage des Völkerrechts;
c) das Bestehen jeder Tatsache, die, wäre sie bewiesen, die Verletzung einer internationalen Verpflichtung darstellt;
d) Art und Umfang der wegen Verletzung einer internationalen Verpflichtung geschuldeten Wiedergutmachung.“

4 Diese Unterwerfung nach der Fakultativklausel kann vorbehaltlos oder vorbehaltlich einer entsprechenden Verpflichtung mehrerer oder einzelner Staaten oder für einen bestimmten Zeitabschnitt abgegeben werden (Art. 36 Abs. 3 IGH-Statut). In Fragen seiner eigenen Zuständigkeit verfügt der Gerichtshof über eine beschränkte *Kompetenz-Kompetenz* nach Art. 36 Abs. 6 IGH-Statut:

„Wird die Zuständigkeit des Gerichtshofs bestritten, so entscheidet dieser.“

5 In der Praxis wird die Zuständigkeit des Gerichtshofs meist durch eine besondere Vereinbarung zwischen den Streitparteien für einen bestimmten Rechtsstreit oder durch eine Zuständigkeitsklausel in Verträgen nach Art. 36 Abs. 1 IGH-Statut begründet. Immerhin anerkennen gegenwärtig 71 Staaten allgemein die Zuständigkeit des Gerichtshofs durch eine Unterwerfungserklärung nach der Fakultativklausel des Art. 36 Abs. 2 IGH-Statut. Hierzu gehören Australien, Belgien, Indien, Japan, Nigeria, Polen, Portugal, die Schweiz, das

Vereinigte Königreich und (seit 2008) auch die Bundesrepublik Deutschland.

Die Unterwerfungserklärung der Bundesrepublik Deutschland nimmt von der allgemeinen Zuständigkeit des IGH unter anderem Streitigkeiten über die Verwendung von Streitkräften im Ausland und die Nutzung deutschen Hoheitsgebietes für militärische Zwecke aus.

Frankreich hat nach den Auseinandersetzungen über Atomtests im Pazifik seine allgemeine Unterwerfungserklärung zurückgezogen. Die USA haben ihre allgemeine Unterwerfungserklärung aus tiefer Verstimmung über die Behandlung der Zuständigkeitsfrage im Rechtsstreit mit Nicaragua (IGH, *Military and Paramilitary Activities in and against Nicaragua [Nicaragua v. USA],* Jurisdiction and Admissibility, ICJ Reports 1984, S. 392) zurückgenommen. China und Russland (sowie früher die Sowjetunion) haben sich nie nach der Fakultativklausel der Zuständigkeit des Internationalen Gerichtshofs unterworfen.

Bei der Klage gegen mehrere NATO-Staaten wegen der Luftschläge im Frühjahr 1999 hat sich die Bundesrepublik Jugoslawien zum einen auf die Völkermordkonvention von 1948 (Art. IX) berufen, um die Zuständigkeit des Gerichtshof zu begründen. Zum anderen hatte die Bundesrepublik Jugoslawien eine spontane Unterwerfungserklärung nach Art. 36 Abs. 2 IGH-Statut gegenüber den beklagten Staaten eingereicht, die (wie etwa Belgien) bereits vor vielen Jahren eine solche Erklärung abgegeben hatten. Dabei machte die BJug. zunächst die angebliche Identität mit der früheren sozialistischen Bundesrepublik von Jug. geltend. Im Verfahren gegen zwei Staaten (Spanien und die USA) hat der Gerichtshof auf deren Vorbehalte gegenüber seiner Zuständigkeit nach der Völkermordkonvention abgestellt (siehe etwa IGH, *Legality of Use of Force* [*Yugoslavia v. USA*], ILM 38 [1999], S. 1188 ff. paras. 22 ff.]). In den anderen Verfahren verneinte der Internationale Gerichtshof seine Zuständigkeit mit der Begründung, dass die Bundesrepublik Jugoslawien (nunmehr Serbien und Montenegro) zum Zeitpunkt der Klageerhebung kein Mitglied der Vereinten Nationen und damit auch kein Mitglied des IGH-Statuts gewesen sei. Denn die frühere Sozialistische Bundesrepublik Jugoslawien sei untergegangen; dabei verwies der Gerichtshof auf die Aufnahme der (neuen) Bundesrepublik Jugoslawien (Serbien und Montenegro) in die Vereinten Nationen im Jahre 2000 (siehe etwa IGH, *Legality of Use of Force [Serbia Montenegro v. Belgium]*, ICJ Reports 2004, S. 279 paras. 45 ff.). Die klagende Bundesrepublik Jugoslawien (Serbien und Montenegro) hatte demnach bei Klageerhebung keinen Zugang zum Gerichtshof nach Art. 35 Abs. 1 IGH-Statut. 6

Vor einer endgültigen Entscheidung kann der Internationale Gerichtshof einstweilige Anordnungen treffen (Art. 41 IGH-Statut). Im 7

LaGrand-Fall hat der IGH klargestellt, dass einstweilige Anordnungen bindende Wirkung entfalten (IGH, *LaGrand [Germany v. USA]*, ICJ Reports 2001, S. 466 = EuGRZ 2001, S. 287 ff., paras. 98 ff. m. Anm. v. *K. Oellers-Frahm*, ebenda, S. 265 ff.).

In diesem Fall ging es um die Vollstreckung der Todesstrafe gegen einen deutschen Staatsangehörigen, der in den USA unter Verstoß gegen die Regeln zum konsularischen Beistand verurteilt worden war (hierzu oben § 38 Rn. 9). Auf Antrag der Bundesrepublik Deutschland hatte der IGH die USA mit einer einstweiligen Anordnung aufgefordert sicherzustellen, dass der verurteilte Deutsche bis zur Entscheidung in der Hauptsache im Verfahren zwischen Deutschland und den USA nicht hingerichtet wird. Trotz dieser Anordnung wurde noch am selben Tage die Hinrichtung vollzogen.

8 Jedes Mitglied der Vereinten Nationen ist verpflichtet, als Streitpartei Entscheidungen des Internationalen Gerichtshofs zu befolgen (Art. 94 Abs. 1 UN-Charta). Kommt eine Streitpartei ihren Verpflichtungen aus einem Urteil des Internationalen Gerichtshofs nicht nach, so kann der UN-Sicherheitsrat Empfehlungen abgeben oder Maßnahmen zur zwangsweisen Durchsetzung des Urteils beschließen (Art. 94 Abs. 2 UN-Charta). Die Überwachung der Urteilsbefolgung ist damit eine politische Funktion, die streng von der richterlichen Kompetenz zur Streitbeilegung getrennt ist.

Einzelne regionale Verträge mit Unterwerfung unter die Gerichtsbarkeit des IAA schreiben für den Fall der Nichtbefolgung von Urteilen vor der Anrufung des UN-Sicherheitsrates die Befassung einer politischen Regionalinstanz vor (zur Befassung einer Außenministerkonferenz Art. L des amerikanischen Vertrags zur friedlichen Streitbeilegung [Pakt von Bogotá]).

9 Urteile des Internationalen Gerichtshofs sind für die Parteien verbindlich (Art. 59 IGH-Statut) und sind endgültig (Art. 60 IGH-Statut). Sie entfalten Rechtskraft (Prinzip der *res iudicata*) mit der Folge, dass ein als unbegründet abgewiesener Anspruch nicht erneut geltend gemacht werden kann. Voraussetzungen für die Qualifikation eines Anspruchs als *res iudicata* sind die Identität der Parteien, Identität des Klagebegehens und Identität des Rechtsgrundes (IGH, *Question of the Delimitation of the Continental Shelf between Nicaragua and Colombia beyond 200 Nautical Miles from the Nicaraguan Coast [Nicaragua v. Colombia]*, Preliminary Objections, paras 55 ff. [2016]). Jedoch hat der Gerichtshof in einer umstrittenen Entscheidung (bei Stimmengleichheit mit Stimme des Präsidenten) eine weitere Bedingung der Rechtskraft eingeführt, nämlich, die erkennbare

Absicht des Gerichts, über einen Anspruch wirklich abschließend zu entscheiden:

„It is not sufficient, for the application of res judicata, to identify the case at issue, characterized by the same parties, object and legal ground; it is also necessary to ascertain the content of the decision, the finality of which is to be guaranteed. The Court cannot be satisfied merely by an identity between requests successively submitted to it by the same Parties; it must determine whether and to what extent the first claim has already been definitively settled." (IGH, *Question of the Delimitation of the Continental Shelf between Nicaragua and Colombia beyond 200 Nautical Miles from the Nicaraguan Coast [Nicaragua v. Colombia]*, Preliminary Objections, para 59 [2016]).

Dieser Ansatz führt zu einer problematischen Differenzierung zwischen vorläufiger und endgültiger Abweisung eines Anspruches als unbegründet. Im konkreten Fall hat der Gerichtshof die erneute Verfolgung eines Anspruches von Nicaragua auf einen Festlandssockel über 200 Seemeilen hinaus zugelassen, obwohl er einen solchen Anspruch aus Gründen der Beweislast bereits einmal zurückgewiesen hatte (IGH, aaO, paras 62ff.). Diese Rechtsprechung höhlt die befriedende Wirkung von Urteilen aus. Sie fördert nicht die Bereitschaft der Staaten, sich der Zuständigkeit des Gerichtshofs zu unterwerfen.

Einstweilige Anordnungen oder Verpflichtungen zur Wiedergutmachung etwa durch Überprüfung von Strafurteilen binden nur die als Partei betroffenen Staaten. Sie entfalten keine unmittelbare Wirkung vor Gerichten und anderen innerstaatlichen Organen. Vielmehr bleibt es einer Partei überlassen, durch welche Mittel sie ihre Verpflichtungen erfüllt und den gebotenen Erfolg sicherstellt.

Dies hat der Internationale Gerichtshof im Hinblick auf die Verpflichtung der USA klargestellt, für die Überprüfung von Strafurteilen im Lichte einer festgestellten Vertragsverletzung durch das zugrundeliegende Strafverfahren zu sorgen:

„The *Avena* Judgment nowhere lays down or implies that the courts in the United States are required to give direct effect to paragraph 153 (9). The obligation laid down in that paragraph is indeed an obligation of result which clearly must be performed unconditionally; non-performance of it constitutes internationally wrongful conduct. However, the Judgment leaves it to the United States to choose the means of implementation, not excluding the introduction within a reasonable time of appropriate legislation, if deemed necessary under domestic constitutional law. Nor moreover does the Avena Judgment prevent direct enforceability of the obligation in question, if such an effect is permitted by domestic law. In short, the question is not decided in the Court's original Judgment and thus cannot be submitted to it for interpretation under Article 60 of the Statute." (IGH, Request for Interpretation of the Judgment of 31 March 2004 in the Case concerning Avena and Other Mexican Nationals *[Mexico v. United States of America]*, ICJ Reports 2009, S. 3 para. 44).

Im Streit um amerikanische Wirtschaftssanktionen gegen den Iran hat der Internationale Gerichtshof die USA im Wege der einstweiligen Anordnung verpflichtet, bestimmte Güter wie Arzneimittel, Lebensmittel und Flugzeugersatzteile von Exportbeschränkungen auszunehmen (IGH, Alleged Violations of the 1955 Treaty of Amity, Economic Relations, and Consular Rights *[Islamic Republic of Iran v. United States of America*], Request for the Indication of provisional Measures, einstweilige Anordnung vom 3. Oktober 2018). Dabei stützt sich der Internationale Gerichtshof auf das Freundschaftsabkommen zwischen den beiden Staaten von 1955, dessen Fortgeltung außerordentlich zweifelhaft ist und das die USA nach Erlass der Anordnung gekündigt haben.

10 Neben der Entscheidung in zwischenstaatlichen Streitigkeiten kann der Gerichtshof auf Anforderung der UN-Generalversammlung oder des UN-Sicherheitsrates sowie anderer Organe der Vereinten Nationen und Sonderorganisationen mit jeweiliger Ermächtigung durch die Generalversammlung ein Gutachten abgeben (Art. 96 UN-Charta, Art. 65 ff. IGH-Statut). Der Internationale Gerichtshof übt sein Ermessen zur Ablehnung einer Gutachtenanfrage sehr restriktiv aus. So bilden für den Internationalen Gerichtshof bei einer Gutachtenanfrage der Generalversammlung weder die Befassung des Sicherheitsrats mit der Problematik noch die notwendige Auslegung von Sicherheitsratsresolutionen einen Ablehnungsgrund (IGH, *Accordance with International Law of the Unilateral Declaration of Independence in Respect of Kosovo*, Advisory Opinion, ICJ Reports 2010, S. 403 paras. 29 ff.).

Besonderes Aufsehen hat etwa das (etwas sibyllinisch formulierte) Gutachten des Internationalen Gerichtshofs zur Drohung mit und zum Einsatz von Atomwaffen (IGH, *Legality of the Threat or Use of Nuclear Weapons*, ICJ Reports 1996, S. 226) erregt (hierzu oben § 56 Rn. 23, 34).

Auf Ersuchen der UN-Generalversammlung hat der Internationale Gerichtshof ein Gutachten zur Rechtmäßigkeit der von Israel errichteten „Sperrmauer“ (Sicherheitszaun) innerhalb des palästinensischen Autonomiegebiets (IGH, *Legal Consequences of the Construction of a Wall in the Occupied Palestinian Territory*, Advisory Opinion, ICJ Reports 2004, S. 194) und zur Unabhängigkeitserklärung des Kosovo (IGH, *Accordance with International Law of the Unilateral Declaration of Independence in Respect of Kosovo*, Advisory Opinion, ICJ Reports 2010, S. 403, hierzu oben § 36 Rn. 7) erstellt.

Literatur: *J. I. Charney*, Compromissory Clauses and the Jurisdiction of International Court of Justice, AJIL 81 (1987), S. 855 ff.; *M. Herdegen*, Internationale Gerichtsbarkeit, in: H. Kube/R. Mellinghoff/G. Morgenthaler/U. Palm/T. Puhl/C. Seiler (Hrsg.), Leitgedanken des Rechts, 2013, S. 965 (965 f.); *R. Y. Jennings*, The International Court of Justice after Fifty Years, AJIL 89 (1995), S. 493 ff.; *R. Kolb*, The International Court of Justice, 2014; *V. Lowe/M. Fitzmaurice* (Hrsg.), Fifty Years of the International Court of Justice, 1996; *S. Rosenne*, The World Court. What it is and How it Works, 6. Aufl. 2003; *A. Zimmermann/C. Tomuschat/K. Oellers-Frahm/C. J. Tams* (Hrsg.), The Statue of the International Court of Justice, 2. Aufl. 2012.

Sachverzeichnis

Die Angaben beziehen sich auf Paragraphen und Randnummern.